中国政法大学
优秀博士学位论文丛书

张 涛 / 著

信用规制法治化研究

RESEARCH ON THE RULE OF LAW OF
CREDIT-BASED REGULATION

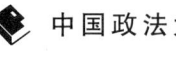 中国政法大学出版社

2023·北京

声　　明　　1. 版权所有，侵权必究。

　　　　　　 2. 如有缺页、倒装问题，由出版社负责退换。

图书在版编目（CIP）数据

信用规制法治化研究/张涛著. —北京：中国政法大学出版社，2023.4
ISBN 978-7-5764-0910-9

Ⅰ.①信… Ⅱ.①张… Ⅲ.①信用制度－法治－研究－中国 Ⅳ.①D922.282.4

中国国家版本馆CIP数据核字(2023)第094283号

出 版 者	中国政法大学出版社
地　　址	北京市海淀区西土城路25号
邮寄地址	北京100088 信箱8034分箱　邮编100088
网　　址	http://www.cuplpress.com（网络实名：中国政法大学出版社）
电　　话	010-58908586(编辑部) 58908334(邮购部)
编辑邮箱	zhengfadch@126.com
承　　印	固安华明印业有限公司
开　　本	880mm×1230mm　1/32
印　　张	19
字　　数	480千字
版　　次	2023年4月第1版
印　　次	2023年4月第1次印刷
定　　价	89.00元

总　序

博士研究生教育是我国国民教育的顶端，肩负着培养高层次人才的重要使命，在国民教育体系中具有非常重要的地位。相应地，博士学位是我国学位制度中的最高学位。根据《中华人民共和国学位条例》的规定，在我国，要获得博士学位需要完成相应学科博士研究生教育阶段的各项学习任务和培养环节，特别是要完成一篇高水平的博士学位论文并通过博士学位论文答辩。

博士学位论文是高层次人才培养质量的集中体现。要写出好的博士学位论文，需要作者高端定位，富有思想；需要作者畅游书海，博览群书；需要作者术业专攻，精深阅读；需要作者缜密思考，敏于创新。一位优秀的博士研究生应该在具备宽广的学术视野和扎实的本学科知识的基础上，聚焦选题，开阔眼界，深耕细作，孜孜以求，提出自己独到深刻创新的系统见解。

为提高法大博士学位论文的整体质量，鼓励广大博士研究生锐意创新，多出成果，法大研究生院设立校级优秀博士学位论文奖，每年通过严格的审评程序，从当年授予的 200 多篇博士学位论文中择优评选出 10 篇博士论文作为学校优秀博士学位论文，并对论文作者和其指导教师予以表彰。

优秀博士学位论文凝聚着作者多年研究思考的智慧和指导教师的思想，是学校博士研究生教育质量的主要载体，是衡量一所大学学术研究和创新能力的重要指标。好的哲学社会科学博士学位论文，选题上要聚焦国内外学术前沿问题，聚焦国家经济社会发展基础命题和重大问题，形式上要符合学术规范，内容上要富有创新，敢于提出新的思想观点，言而有物，论而有据，文字流畅。法大评出的优秀博士学位论文都体现了这些特点。将法大优秀博士学位论文结集，冠名"中国政法大学优秀博士学位论文丛书"连续出版，是展示法大博士学术风采，累积法学原创成果，促进我国法学学术交流和繁荣法学研究的重要举措。

青年学子最具创造热情和学术活力。从法大优秀博士学位论文丛书中可以看到法大博士理性睿智，沉着坚定，矢志精进的理想追求；可以看到法大博士关注前沿，锐意进取，不断创新的学术勇气；可以看到法大博士心系家国，热血担当，拼搏奋进的壮志豪情。

愿法大优秀博士学位论文丛书成为法学英才脱颖而出的培育平台，成为繁荣法学学术的厚重沃土，成为全面推进依法治国的一块思想园地。

李曙光
中国政法大学研究生院院长、教授、博士生导师

序

在推进国家治理体系和治理能力现代化的背景下,行政机关开展了丰富多样的治理实践创新,信用规制即为当前社会治理领域中得以广泛应用的创新性规制工具。信用规制既是实现国家治理体系和治理能力现代化的重要举措,也是社会信用体系建设的重要内容。在理论层面,信用规制依靠大数据、算法等先进技术,能够有效地整合多元治理主体和多元规制工具,建构统一的信息秩序和公法信用制度,是风险规制理论与回应型规制理论的进一步发展,有助于推动政府治理现代化。然而,在信用规制实践中,行政机关滥用或者误用信用规制措施的问题较为突出,导致信用规制陷入了合法性危机,信用规制法治化正是对此合法性质疑的积极回应。由于信用规制为新型治理实践,传统行政法学理论难以为信用规制的法治化提供充分的理论基础,而学界关于这一领域的研究尚处于初始阶段。《信用规制法治化研究》一书,正是在此背景下,对信用规制法治化开展的具有重大理论价值和现实意义的探索。

就本书的内容而言,我认为具有以下几个突出特点,非常值得肯定:第一,该书主题重大,但结构安排合理,反映出作者具备很强的结构体系安排能力。该书既涉及信用规制本体论,又涉及法治化的一系列要素,如何合理安排篇章布局是本选题的难题，但该书很好地解决了这一问题。第二，该书不仅选题新颖，内容也有一系列重大创新。例如，借助现代公共性理论，提出了信用信息公共性这一命题，并对其进行初步论证，以此来证成信用规制的内在合理性；综合运用了经济学中的"信用传递理论"、政治学中的"国家能力理论"、哲学中的"治理术"理论以及法学中的"权利保障"理论，为信用规制的理论基础展开了论证；等等。第三，该书熟练应用多种研究方法，并综合运用了信息经济学、信用学、公共管理学、数字社会学等多学科知识，研究视野开阔，论证有深度，结论有很强的说服力。第四，该书的中英文文献资料丰富，语言文字规范，行文流畅，思路清晰。我相信本书的出版将有助于丰富我国行政法学基本理论研究，并且有助于推动政府规制理论研究与实践应用的发展。

《信用规制法治化研究》一书以张涛的博士学位论文为基础完成。作为张涛的博士生导师，我见证了他的博士学位论文从确定选题到最终成文的全过程：入学即开始文献和立法资料、实践素材收集，基础资料丰富；初期反复讨论、提炼选题，认真吸收开题老师意见确定研究大纲，很好地把握了重点研究的问题；中期严格安排写作计划和进度，认真吸收指导教师和预答辩老师的修改意见，论文写作有充分的时间保障和意见沟通交流；后期反复修改形成定稿，最终提交了三十余万字的厚重论文。在外审评阅和最终答辩阶段，论文均获得了专家学者的一致好评，并相继入选2021年度中国政法大学优秀博士学位论文和"2022年北京市优秀博士学位论文提名奖"。最终，论文获得"中国政法大学优秀博士论文丛书"资助出版，《信用规制法治化研究》一书今日得以展现在读者诸君面前。

我自2006年开始招收博士研究生，迄今，张涛无疑是表现最为突出的一位学生。他在攻读博士学位期间，展现了惊人的时间管理能力和超强的研究计划执行力。三年学习期间，不仅如期高质量完成了三十余万字的博士学位论文，还同时在《中国行政管理》《行政法学研究》等期刊独立发表学术论文15篇，获得"应松年行政法学奖学金""宝钢优秀学生奖""中华法学硕博英才奖"等多项荣誉奖励。让学生获得系统学术训练，最终"青出于蓝而胜于蓝"，是我作为老师所致力追求的目标，惟如此，学术才能完成代际传承，不断获得突破性发展，而张涛正在展现我的这一愿景。故值此张涛的大作即将出版之际，他邀请我为本书作序，我十分乐意为之作序，热烈祝贺他所有努力皆得所愿！

张涛取得博士学位后，进入清华大学法学博士后流动站，得以跟随余凌云教授从事行政法学、数字法学相关领域的研究工作。他在从事博士后研究工作期间，科研获得新突破，在《法学》《比较法研究》《现代法学》等法学核心期刊发表学术论文4篇，科研能力不断精进。如今，他即将完成博士后研究工作，回到法大正式开启学术之旅，我衷心期待他不断超越自我，超越老师，未来的学术生涯更为精彩！

是为序。

王万华
2023年4月于蓟门桥

目录
CONTENTS

总　序 / 001

序 / 003

绪　论 / 001

  第一节　问题缘起与研究意义 / 002

    一、问题缘起 / 004

    二、研究意义 / 009

  第二节　研究综述与待研问题 / 016

    一、研究综述 / 016

    二、待研问题 / 034

  第三节　研究方法与思路安排 / 035

    一、研究方法 / 035

    二、思路安排 / 040

第一章　作为政府规制创新的信用规制 / 043

  第一节　信用规制及相关概念辨析 / 044

    一、信用规制的内涵界定 / 045

    二、信用规制与社会信用体系的关系辨析 / 057

三、信用规制与传统政府规制的关系辨析 / 062

第二节 信用规制的现实必要性 / 068

一、信用失范的表现 / 069

二、规制失灵的表现 / 086

第三节 信用规制的内在必然性 / 095

一、信用信息公共性的证成 / 096

二、信用信息公共性的实现 / 105

第四节 信用规制的多学科理据 / 108

一、经济学理据：信用规制是一种信号传递机制 / 108

二、政治学理据：信用规制是一种国家能力建设 / 113

三、哲学理据：信用规制是福柯意义下的治理术 / 120

四、法学理据：信用规制蕴含信息权利保障价值 / 130

第二章 信用规制的制度实践及其合法性问题 / 140

第一节 信用规制的立法与政策检视 / 140

一、信用规制的顶层设计与制度安排 / 141

二、信用规制的地方立法与政策分析 / 151

第二节 信用规制的制度与基本逻辑 / 155

一、信用规制的制度构成 / 156

二、信用规制的制度逻辑 / 165

第三节 信用规制的实践现状考察：以信用黑名单为例 / 179

一、信用黑名单的制度内涵 / 180

二、信用黑名单的立法与政策 / 181

三、信用黑名单的法律性质 / 184

四、信用黑名单的制度运行 / 188

第四节 信用规制面临的合法性问题 / 193

　　一、信用规制的合法性要求与分析框架 / 194

　　二、信用规制立法的问题：违反法律保留原则与
　　　　法律明确性原则 / 200

　　三、信用规制措施的问题：违反比例原则和不当联结
　　　　禁止原则 / 204

　　四、信用规制程序的问题：不符合正当法律程序
　　　　原则 / 213

　　五、信用规制结果的问题：公民权利保护不足 / 220

第三章　信用规制法治化的基本思路与路径选择 / 246

第一节　信用规制法治化的科学内涵 / 247

　　一、法治的基本内涵 / 247

　　二、法治化的基本内涵 / 258

　　三、信用规制的法治化 / 261

第二节　域外信用规制法治化的经验借鉴 / 263

　　一、域外信用规制的前提条件：信用评级与
　　　　信用报告 / 264

　　二、域外信用规制的实践现状：基于信用的规制 / 269

　　三、域外信用规制的监督保障：对信用进行规制 / 279

　　四、中外信用规制的比较分析：参考与借鉴 / 289

第三节　信用规制法治化的目标设定 / 294

　　一、权利保护：信用规制法治化的基础目标 / 295

二、良法善治：信用规制法治化的根本目标 / 297

第四节 信用规制法治化的认知模式 / 302

一、管理论视角下信用规制法治化的弊端 / 304

二、控权论视角下信用规制法治化的不足 / 308

三、平衡论视角下信用规制法治化的优势 / 312

第五节 信用规制法治化的基本框架 / 316

一、行政行为形式理论下的信用规制法治化路径 / 317

二、以行政过程理论建构信用规制法治化框架 / 322

第四章 信用规制立法的法理基础与规范建构 / 334

第一节 信用规制立法的背景与意义 / 335

一、信用规制立法的背景 / 335

二、信用规制立法的意义 / 338

第二节 信用规制的立法理念与基本原则 / 343

一、信用规制的立法理念 / 343

二、信用规制的基本原则 / 345

第三节 信用规制的立法模式和框架设计 / 355

一、我国信用规制的立法模式选择 / 356

二、我国信用规制立法框架的总体设计 / 360

第四节 信用规制立法的核心内容：信用信息保护与利用 / 370

一、信用信息内涵的重新界定 / 370

二、信用信息处理的基本原则 / 378

三、信用主体享有的主要权利 / 385

目 录

第五章 信用规制措施的目标设定与执行机制 / 394

　第一节 信用规制措施的执行过程与目标 / 395

　　一、信用规制措施的过程分解：设计、选择与实施 / 395

　　二、信用规制措施的设计：最佳性 / 399

　　三、信用规制措施的选择：匹配性 / 405

　　四、信用规制措施的实施：有效性 / 408

　第二节 信用规制措施的设计：运用规制影响评估 / 414

　　一、规制影响评估的概念、逻辑与目标 / 415

　　二、规制影响评估的基本框架 / 417

　　三、规制影响评估在信用规制中的运用 / 424

　第三节 信用规制措施的选择：迈向回应性规制 / 430

　　一、规制措施的选择："行为洞察力"的启示 / 431

　　二、回应性规制的基本内容："针锋相对"的方法 / 437

　　三、回应性规制下信用规制措施的类型化与
　　　　选择模型 / 443

　第四节 信用规制措施的实施：采用整体遵守模型 / 451

　　一、规制遵守的理论阐释：客观主义和解释主义 / 452

　　二、规制遵守的影响因素：动机、能力、检查和环境 / 454

　　三、促进信用规制中的规制遵守：整体遵守模型 / 457

第六章 信用规制程序的价值基础与制度完善 / 463

　第一节 信用规制程序的基础：程序正义 / 464

　　一、程序正义的理论阐释 / 465

　　二、程序正义与规制遵守之间的关系 / 469

三、程序正义下信用规制程序的功能 / 472

第二节 信用规制程序的内容：正当法律程序 / 475

一、正当法律程序在美国的兴起与发展 / 475

二、程序性正当程序的基本要素 / 483

三、程序性正当程序的衡量标准 / 487

四、信用规制程序中的正当程序制度 / 492

第三节 信用规制程序的革新：技术性正当程序 / 500

一、算法自动化决策在信用规制中的应用 / 502

二、自动化信用评价对正当法律程序的挑战 / 505

三、自动化信用评价的程序控制：技术性正当程序 / 509

第七章 信用规制中的权利救济机制 / 520

第一节 信用规制中权利救济的反思 / 521

一、信用规制中"权力-权利"的失衡 / 521

二、信用规制中权利救济的基本原则 / 523

第二节 信用规制中信用修复的完善 / 527

一、矫正信用修复的误区 / 527

二、完善信用修复的标准 / 531

三、明确信用修复的限度 / 534

四、规范信用修复的程序 / 535

第三节 信用规制中异议申诉的完善 / 539

一、异议申诉的功用 / 539

二、异议申诉的类型 / 542

三、异议申诉的途径 / 543

四、异议申诉的程序 / 545

五、对异议申诉决定不服的救济 / 548

结　论 / 550

参考文献 / 556

后　记 / 583

图表目录
TABLE OF CONTENTS

图 0-1　思路安排和研究路线 / 042

图 1-1　社会信用体系的五个子体系 / 059

图 1-2　政府规制的分类 / 068

图 2-1　信用规制的主要制度构成 / 156

图 2-2　协同规制的运作机理 / 167

图 2-3　全过程规制的运作机理 / 175

图 2-4　分类规制的运作机理 / 178

图 3-1　我国信用规制的实施机制 / 290

图 3-2　域外信用规制的运行机制 / 290

图 3-3　行政行为形式理论的基本建构机制 / 318

图 5-1　规制影响评估的程序 / 423

图 5-2　"执法金字塔"的结构 / 441

图 5-3　信用规制中的"执法金字塔" / 448

图 5-4　尼尔森-帕克整体遵守模型 / 458

表 1-1　信用规制与经济性规制、社会性规制的比较 / 064

表 2-1　中央层面对信用规制进行系统性规定的政策概览 / 143

目 录

表 2-2 《国务院办公厅关于加快推进社会信用体系建设构建以信用为基础的新型监管机制的指导意见》的内容概览 / 148

表 2-3 国务院各部门有关信用规制的政策与立法概览 / 149

表 2-4 关于信用规制的地方性法规概览 / 152

表 2-5 中央层面对黑名单进行专门规定的规范性文件概览 / 182

表 2-6 信用黑名单的规范结构类型及其对应的法律性质 / 185

表 3-1 形式法治与实质法治的不同形式 / 252

表 3-2 "薄的法治"与"厚的法治"的不同要素 / 253

表 3-3 "管理论""控权论"和"平衡论"的比较 / 303

表 3-4 行政过程的阶段性法律构造 / 326

表 5-1 政策设计的五个核心要素 / 401

表 5-2 行为政策问题"ABCD"框架概览 / 435

表 5-3 信用规制措施的类型化 / 447

表 5-4 规制遵守的"11 要素表" / 455

绪 论

从古代农业社会到现代工业社会，信用问题均备受关注。信用秩序被称为"人类秩序的元规则"，[1]从古至今，我国诸多古圣先贤、历史名家和文化典籍均有大量关于"信用"的经典论述。[2]在儒家思想中，"诚实不欺、讲究信用"不仅是一个人的"为人之道"，也是社会行为规范的重要内容，以《论语》为例，"信"在其中共出现了28次。进入现代社会以后，信用的意涵也发生了变化，信用的经济性、社会性、工具性等特征不断凸显，"信用"逐渐成为个人和组织的"第二身份证"，信用问题也变得更为复杂。从社会经济发展的角度看，良好的信用文化和完善的信用制度是建立和维系严明有序市场经济秩序的重要保证。[3]然而，随着社会环境的急剧变化和科学技术的快速发展，信用文化的形成和信用制度的建立仅仅依靠市场自我调节机制很难适应社会经济活动的发展趋势，这意味着国

---

[1] 张捷：《信用战：全球历史演进元规则》，山西人民出版社2012年版，第64页。

[2] 作为中国最早的历史文献汇编的《尚书》就记载了"信用昭明于天下""允哉允哉，以言非信则百事不满也"的说法，这里便指出了信用在社会关系、事物发展乃至社会、国家治理中的巨大作用。参见郭生祥：《信用与信仰——复制的文明：信用与信仰是如何互相发现价值的》，东方出版社2007年版，第79页。

[3] 参见"李克强：市场经济首先是信用经济，信用经济必须是法治经济"，载 http://www.gov.cn/xinwen/2020-11/27/content_5565353.htm，最后访问日期：2020年12月4日。

家应当在信用秩序的制度供给中承担重要角色。

"以信用为基础的新型监管机制"正是我国政府部门在社会信用体系建设和国家治理现代化这一宏大背景下的制度创新。[1]在大数据、物联网、算法等先进技术的加持下,"以信用为基础的新型监管机制"为公共行政带来了机遇与挑战,同时也成了行政法学理论需要认真对待的研究课题。我们需要以一种"实证性"视角来观察中国公共行政在新时代出现的新变化,[2]认真梳理面临的现实问题,提炼具有创新性的问题解决方案,为全球治理、区域治理乃至于其他国家的治理贡献"中国之治"的经验。[3]因此,借鉴和吸收人类共同拥有的信用文化,建构具有中国特色的信用法治体系,是一个全新的课题,也为推进中国法学的自主性、强化中国理论贡献提供了良好契机。[4]

第一节 问题缘起与研究意义

改革开放以来,我国的工业化进程不断加快,社会形态、经济体制、思想观念等在"现代性"的冲击下均发生了巨大变化。由于传统道德文化的式微、法律制度的不健全以及市场经济本身的消极影响,[5]我国社会内部原来传统的、维系发展的

---

[1] 参见钱海梅:"治理工具创新:激活内生型社会信用秩序",载《理论与改革》2014年第6期。

[2] 参见 [日] 大桥洋一:《行政法学的结构性变革》,吕艳滨译,中国人民大学出版社2008年版,第57页。

[3] 参见邓亦林、谢浩进、严姗红:"论'中国之治'的历史逻辑、理论逻辑和实践逻辑",载《新疆师范大学学报(哲学社会科学版)》2020年第2期。

[4] 参见马长山:"智能互联网时代的中国法学自主性",载《中国社会科学评价》2018年第4期。

[5] 参见王青斌:"社会诚信危机的治理:行政法视角的分析",载《中国法学》2012年第5期。

绪　论

信用平衡被打破，出现了一个个信用的真空地带，"社会信用危机"或"社会诚信危机"成为显著的社会问题。[1]普遍存在的信用危机引发了全社会的广泛关注，很多反映在信用层面的问题都与体制、制度或法律法规联系在一起。在此背景下，"以信用为基础的新型监管机制"不仅解决了政府规制中面临的诸多难题，也为治理信用失范问题提供了解决方案，并取得了较好的成效，成了政府规制改革和社会治理创新的基础性制度。与此同时，"以信用为基础的新型监管机制"也面临诸多问题，尤其是与公法基本原则的背离以及对公民合法权益的侵害，这已经制约了这一制度创新的进一步发展。因此，我们有必要对"以信用为基础的新型监管机制"展开系统研究，推动其实现法治化发展。[2]鉴于本书的研究背景和问题关切，本书将"以信用为基础的新型监管机制"称为"信用规制"（credit-based regulation），[3]而"信用规制法治化"则是本书的主要研究内容。

---

[1]《社会信用体系建设规划纲要（2014—2020）》也曾指出："社会诚信意识和信用水平偏低，履约践诺、诚实守信的社会氛围尚未形成，重特大生产安全事故、食品药品安全事件时有发生，商业欺诈、制假售假、偷逃骗税、虚报冒领、学术不端等现象屡禁不止，……"

[2]《法治社会建设实施纲要（2020—2025年）》将"推进社会诚信建设"作为法治社会建设的重要组成部分。

[3] 国内对"regulation"有不同的译法，主要有"规制""管制""监管"和"条例"四种译法，这四种译法都无所谓对错。其差别主要在于："管制"一词朗朗上口，符合中国人的语言习惯，但它暗含统制和强制的意味，如治安管理中就有"管制刀具"的说法。"监管"一词主要在实务部门中被广泛使用，如市场监管、金融监管等，不过一些实务人员常常将"监管"理解为"监督与管理"的简称，这样凡是政府机关的行政监督与管理行为都被泛称为"监管"。因此，监管的使用范围泛化了。"规制"一词虽然在语言表达上较为拗口，但基本能够传达"regulation"的原意，且在我国学术研究中已被广泛使用。"条例"一词则适用于特定语境，在欧盟法律体系中，"条例"（regulation）指的是五种法律形式之一：条例（regulation）、指令（directive）、决定（decision）、建议（recommendation）和意见（opinion）。需要指出的是，无论是"管制"，还是"规制"或者"监管"，它们在本质上都是基本一致的。本书采用"规

一、问题缘起

在深化"放管服"改革和推动国家治理现代化的背景下,建构一套科学合理、行之有效并且符合现代法治国精神的"信用规制"已经成为政府部门和理论研究者共同关注的一项重要课题。

(一)信用规制成为整个政府规制的基础性机制

在深化"放管服"改革的背景下,信用规制受到各级政府部门的高度重视。在中央层面,国务院及各政府部门制定了许多与信用规制相关的政策,全国人大常委会也对一些法律进行了修改,增加了与信用规制相关的内容。在政策文件方面,一系列重要的政策文件为信用规制实践指明了方向。[1] 其中,2019 年印发的《国务院办公厅关于加快推进社会信用体系建设构建以信用为基础的新型监管机制的指导意见》(国办发〔2019〕35 号)为信用规制的制度建构进行了顶层设计,而 2020 年印发的《国务院办公厅关于进一步完善失信约束制度构建诚信建设长

(接上页)制"的译法,在论及相关研究成果或规范文件时,为保证引用的准确性,如果原文使用的是"管制""监管",在引用时不做修改。

[1] 中央层面出台的有关信用规制的政策文件主要包括:国务院于 2014 年印发的《社会信用体系建设规划纲要(2014—2020 年)》(国发〔2014〕21 号)、2015 年印发的《国务院办公厅关于运用大数据加强对市场主体服务和监管的若干意见》(国办发〔2015〕51 号)、2016 年印发的《国务院关于建立完善守信联合激励和失信联合惩戒制度加快推进社会诚信建设的指导意见》(国发〔2016〕33 号)、2019 年印发的《国务院办公厅关于加快推进社会信用体系建设构建以信用为基础的新型监管机制的指导意见》(国办发〔2019〕35 号)、2020 年印发的《国务院办公厅关于全面推行证明事项和涉企经营许可事项告知承诺制的指导意见》(国办发〔2020〕42 号)、2021 年印发的《国务院办公厅加强信用信息共享应用促进中小微企业融资实施方案》(国办发〔2021〕52 号)、中共中央办公厅与国务院办公厅于 2022 年印发的《关于推进社会信用体系建设高质量发展促进形成新发展格局的意见》等。

效机制的指导意见》（国办发〔2020〕49号）则为信用规制的法治化发展指明了方向。在法律法规方面，根据笔者的梳理，截至2022年4月，一共有40部法律、50部行政法规、113部部门规章均不同程度地对信用规制予以规定。不过，总体而言，现有的法规范在内容上尚显粗疏，仍有待进一步完善。

在地方层面，除了上海、河南、山西、江苏、青海、武汉等省市制定了本省市有关"推行以信用为基础的新型监管机制实施方案"的规范性文件外，还有很多省市制定了与信用规制相关的地方性法规或政府规章，如《天津市社会信用条例》《河南省社会信用条例》等，还有很多政府部门出台了与信用规制相关的政策文件，涉及的制度、规制领域非常广泛。在"顶层政策驱动、地方立法先行"的政策驱动模式下，[1]信用规制成了新时代整个政府规制的基础性机制。[2]因此，加强对信用规制的理论研究，是促使这种新的市场监管模式真正落地生效的重要保证。

（二）信用规制在深化"放管服"改革中效果显著

当前，中国经济发展已经迈入"新常态"，即由"结构性增速"转向"结构性减速"。[3]经济"新常态"需要新的制度环境予以支持，法律制度作为重要的制度环境要素，影响着治理模式和市场经济的发展。[4]为了应对百年变局、重塑竞争格局、开拓发展新局，"放管服"改革成了新时代政府治理模式重构的

---

〔1〕 参见郑辉："从地方制度实践浅析我国社会信用立法的规制重点"，载《上海人大月刊》2020年第10期。

〔2〕 2019年印发的《国务院办公厅关于加快推进社会信用体系建设构建以信用为基础的新型监管机制的指导意见》（国办发〔2019〕35号）明确指出："进一步发挥信用在创新监管机制、提高监管能力和水平方面的基础性作用，……"

〔3〕 参见李扬、张晓晶：《论新常态》，人民出版社2015年版，第94页。

〔4〕 See Frank H. Stephen, "The Institutional Environment Required to Support China's New Normal Economy", *China-EU Law Journal*, Vol. 5, Issue 3~4 (2017), pp. 119~134.

重要举措,它契合了经济发展新常态,旨在不断推进"简政放权、放管结合、优化服务"。[1]在此背景下,我国各类市场主体数量由改革开放初期的49万户增长到2018年11月底的1.09亿户,增长了222倍。[2]与此同时,大数据、物联网、云计算等新兴技术快速发展,催生了诸如互联网医疗、网约车、直播带货等新兴业态。新业态伴随新的风险,政府监管面临新的监管环境和监管任务,新型监管体系亟待建构,由"放出活力"向"管出活力"转变。商事制度由"严准入"向"宽准入"转变,在激发市场活力的同时,也给市场监管提出了挑战:第一,市场主体数量急剧增加,囿于执法资源和手段的限制,传统以"人治"为主的线下监管手段难以实现全面、及时的监管。第二,精准监管更加困难,市场准入门槛的降低导致市场主体"鱼龙混杂",容易因监管疏漏导致"劣币"驱逐"良币"。第三,审慎监管更加困难,随着大数据、算法等新兴技术的广泛应用,新兴经济业态迭代快、跨界融合多、影响范围广,形成了许多"监管灰色地带",违法行为发现难、取证难、定性难。[3]

信用规制由于在规制理念、规制方式、规制手段、规制机制等方面均不同于传统规制方式,为深化"放管服"改革注入了"最直接、最有力、最有效动力",[4]可以有效应对新时代

---

〔1〕参见张占斌、孙飞:"改革开放40年:中国'放管服'改革的理论逻辑与实践探索",载《中国行政管理》2019年第8期。

〔2〕参见陈晨:"改革开放40年我国市场主体数量增长222倍",载《光明日报》2018年12月26日。

〔3〕参见王建、王岩:"'互联网+监管'开启数字政府3.0新时代",载 https://mp.weixin.qq.com/s/dTUKvSTygnAS15qPXuERzA,最后访问日期:2020年12月4日。

〔4〕何玲、陈洪宛:"信用监管将为'放管服'改革注入最直接最有力最有效动力——访国家发展改革委财政金融和信用建设司司长陈洪宛",载《中国信用》2019年第8期。

政府监管面临的挑战。以浙江省为例,"以信用为基础的新型监管模式"改变了传统监管模式"平均用力、成本高昂"的现状,大幅提升了政府监管的靶向精准性。在环境领域执法中,政府监管部门将信用评级较差的433家企业纳入检查重点,共发现47个环境问题,问题检出率达10.9%,较常规"双随机"抽查的问题检出率1.6%提高了5倍以上;在企业信用领域,应用企业风险模型后,问题检出率从2.3%提升至56.8%。[1]由此可知,信用规制在深化"放管服"改革、创新社会治理中发挥了重要作用,对于提升行政效能,提高应对化解区域性、行业性、系统性监管问题的能力,具有重要意义。因此,有必要从理论上对信用规制取得的良好经验进行总结,凝练出可供复制推广的经验,以便更好地指导政府监管实践。

(三) 信用规制在政府监管实践中问题较为突出

目前,从中央到地方,信用规制已经在政府监管实践中全面铺开、广泛实施。在制度建构方面,信用承诺、信用评价、信用黑名单、信用公开、信用惩戒、信用修复等制度已经不同程度地在诸多政府规制领域建制运行。由于理论研究准备不足,再加上缺乏权威的法律规范对诸多制度划定界限,导致信用规制在提升政府监管能力和水平的同时,也存在很多问题亟待厘清和解决,至少有以下两个方面:第一,信用规制到底应当如何理解,它与社会信用体系建设之间有何联系,它在规制理论、行政法学理论中到底处于何种位置。若不对前述问题从理论上予以澄清,可能会导致政府监管部门在推行信用规制时出现偏差,背离最初的制度设计。目前,从中央层面有关"信用规制"的一系列文件表述来看,"以信用为基础的新型监管机制"主要

---

[1] 参见王岚:"构建以信用为基础的新型监管机制的思考",载《天津经济》2020年第9期。

被定位为一种市场监管模式，[1]同时发挥社会治理功能。[2]然而，从各级政府部门的实践来看，"信用规制"出现了"功能外溢和超常发挥"的现象，有的政府部门将"信用规制"等同于社会信用体系建设，还有的政府部门将"信用规制"作为治理社会公德缺失问题、建构"社会文明体系"的手段。[3]第二，信用规制的兴起动因和运行机理到底是什么，其制度实践到底进行到何种程度，其制度运作对公民、法人和其他组织的合法权益到底有何种影响。目前，一些政府部门在推行"以信用为基础的新型监管机制"的过程中，出现了不当增加行政相对人的法律义务或减损合法权益之现象，备受社会舆论、[4]理论学者的质疑和批判。[5]若不对前述问题予以深入研究，恐将不利于信用规制的有序发展，不利于发挥信用规制的制度优势。

目前，信用与公共行政正在以前所未有的广度和深度进行融合。这给公共行政的机制、理念、行为、工具等方面带来了深刻变革，同时也对政府与市场主体之间的关系产生了深远影响。在信用规制实践中，一方面，信用规制在提升行政效能、优化营商环境、创新社会治理等方面具备制度优势；另一方面，政府规制机构的行政权力膨胀或强化与被规制对象的权利限制

---

[1] 参见胡仙芝、马长俊："市场信用监管的政府责任及其实现机制"，载《中国行政管理》2020年第3期。

[2] 参见倪楠："以信用为基础的新型市场监管模式：动因、框架与构建路径"，载《江海学刊》2020年第5期。

[3] 参见林钧跃："辨识社会信用体系的性质及其现实意义"，载《征信》2020年第9期。

[4] 参见王庆峰："信用不是筐 什么都能装"，载《南方日报》2019年8月27日。

[5] 参见沈岿："社会信用体系建设的法治之道"，载《中国法学》2019年第5期。

或救济不足形成了鲜明对比。这亟待行政法学理论、政府规制理论予以积极回应,为信用规制在法治轨道内平稳运行提供理论支撑。

在此背景下,信用规制法治化已经成为理论与实务共同关注的课题。2020年11月,时任总理李克强在主持召开国务院常务会议时,对完善社会信用体系建设提出了"六点要求",明确了"依法合规、保护权益、审慎适度、清单管理"的原则,多次强调"法律"在信用体系建设中的作用。[1]马怀德教授认为:"'信用、信息与规制'这一主题契合中国行政法治发展的基本方向和客观规律,是一个兼具理论性、实践性和应用性的学术议题,相关问题的深入研究必将对中国法治政府建设发挥重要的推动作用。"[2]信用规制作为一种新型行政活动,其既不同于警察国家时代的秩序行政,也不同于福利国家时代的给付行政,它是一种"以客观的信用信息为基础、以分类管理手段和声誉机制为后盾"的新型行政模式。[3]正因如此,信用规制为何及如何实现法治化成了我国行政法学界应当积极研究的重要课题。

二、研究意义

信用规制已经成为理论与实务共同关注的重要课题,实有

---

[1] "李克强主持召开国务院常务会议 确定完善失信约束制度健全社会信用体系的措施等",载 http://www.gov.cn/xinwen/2020-11/26/content_5565216.htm,最后访问日期:2020年12月4日。

[2] 法治政府研究院:"中国行政法学研究会政府规制专业委员会2019年年会成功在吉大举办",载 http://fzzfyjy.cupl.edu.cn/info/1021/10983.htm,最后访问日期:2020年2月24日。

[3] 参见王瑞雪:"政府规制中的信用工具研究",载《中国法学》2017年第4期。

进行系统研究的必要性。从行政法学和政府规制角度对信用规制法治化展开研究，不论是对行政法理论革新，还是对政府规制实践都非常重要。

（一）理论意义

面对日益复杂的社会环境和公共治理任务，行政法学、行政学等学科均面临理论上的检讨与转变。目前，传统的规制理论和行政法理论对于一些新的公共行政或政府规制实践存在解释力不足的问题，信用规制法治化研究在一定程度上可以整合法学、社会学、管理学、信用学等诸多学科的理论，打破传统的学科界限，采取一种新的"综合法学"的研究途径，[1]可以在研究的视角、内容、方法等方面对当前的学术研究的进行补充和丰富。

1. 信用规制法治化研究可以完善行政法学的理论体系

行政法是与政府规制实践结合得最为紧密的法律之一，其理论也应当能够有效解释和指导制度实践。在公共行政任务急剧扩张的时代背景下，政府行政活动的手段、方式、机制等在理论上的新发展已经成为现代行政法学研究的主要"知识增量"。[2]作为行政法逻辑起点的公共行政观念正在发生变化，这对行政处罚、行政许可、行政强制等传统行政法理论提出了挑战，行政法学需要对新的行政活动进行回应，并为实践提供理论指引。[3]行政法学因为传统的秩序法制与法教义学方法，面临社会与技术变迁挑战所产生的"危机"，各国均有"新行政法学"等改革

---

[1] 参见宋涛、郑金虎："综合法学关于法律本质问题的研究述评"，载《山东社会科学》2005年第7期。

[2] 参见朱新力、唐明良："现代行政活动方式的开发性研究"，载《中国法学》2007年第2期。

[3] 参见章志远："监管新政与行政法学的理论回应"，载《东方法学》2020年第5期。

理论提出，[1]行政法学的研究重点也逐渐由"以司法为中心的行政法"（court-centered administrative law）转向"以行政为中心的行政法"（agency-centered administrative law）。[2]目前，我国各级政府部门正在全面推动信用规制的规范及制度建构，信用规制已经成为一种"监管新政"。[3]因此，通过对信用规制法治化的研究，可以加强行政法理论与政府规制实践的结合，进一步拓展行政法理论研究的深度和广度，沟通行政法基础理论与政府规制具体制度，达到理论与制度的相互证成和相互支撑。

2. 信用规制法治化研究可以完善政府规制的一般理论

过去几十年以来，"规制"一直是一个激励诸多学科进行广泛讨论的热门话题，尤其是法学、经济学、政治学等学科。[4]规制研究无论是在智识上，还是在实践中，均有了很大的进步，可以用于分析特定领域、不同文化背景下的一般规制过程，并且越发成为一种"跨学科和交叉学科研究领域"。[5]作为一个兼具实务性和学术性的领域，规制研究要认真对待的是，作为规制过程的核心要素，大多数被规制行业的行为有怎样的变革速度。因此，新技术的发展、新产品的设计和出售、新类别组

---

[1] 参见高誓男：《由法释义学到政策导向之行政法学》，元照图书出版有限公司2018年版，第6页。

[2] See Jerry L. Mashaw, "Agency-Centered or Court-Centered Administrative Law-A Dialogue with Richard Pierce on Agency Statutory Interpretation", *Administrative Law Review*, Vol. 59, Issue 4 (2007), pp. 889~904; 参见谭宗泽、杨靖文："面向行政的行政法及其展开"，载《南京社会科学》2017年第1期。

[3] 参见章志远："监管新政与行政法学的理论回应"，载《东方法学》2020年第5期。

[4] See Robert Baldwin, Martin Cave, Martin Lodge, *Understanding Regulation: Theory, Strategy, and Practice*, Oxford University Press, 2012, p. 1.

[5] [英]罗伯特·鲍德温、马丁·凯夫、马丁·洛奇编：《牛津规制手册》，宋华琳等译，宋华琳校，上海三联书店2017年版，第4~12页。

织机构的设立、消费者偏好的转变都对政府规制提出了新的挑战。随着政府、规制实务界和学者关切的发展，为规制研究提供基础的视角也已经发生了相应的改变。信用规制是政府规制实践的新发展，在实践中形成了一些新的规制工具和规制机制，给传统规制模式带来了机遇和挑战，同时面临一些新的问题，这些可以为规制研究提供新的基础性材料，进而丰富和拓展规制理论研究的深度和广度。

3. 信用规制法治化研究可以促进信用规制理论自身的体系化

信用规制法治化研究可以将信用规制领域所涉及的不同法律制度有效串接起来，使信用规制的制度内容更加科学化和体系化。在行政法学研究中，"体系化"简单来说就是基于某种观点而将所观察或处理的素材加以归类，从而使得这些素材彼此之间具有某种"秩序"或"关联"，而非零散地存在。[1]"体系化"可以减轻行政实务的负担，将系争的行政事件纳入体系中的中心概念，使该事件与相邻法律制度之间的相互比较成为可能。[2]此外，在系统科学中，"体系思维"被定义为一种解决问题的方法，通过将"问题"视为整个系统的一部分，而不是对特定的部分、结果或事件做出反应，有可能导致意想不到的后果的进一步发展。[3]目前，针对信用规制的研究比较注重单一法律制度研究或具体领域的制度分析，而在信用规制的整体性研究方面有待加强。政府规制领域虽然可以细分，不同的规

---

[1] 参见张桐锐："行政法与合作国家"，载《月旦法学杂志》2005年第121期。

[2] 参见［德］施密特·阿斯曼：《秩序理念下的行政法体系建构》，林明锵等译，北京大学出版社2012年版，第4~5页。

[3] See Jeffrey Yi-Lin Forrest et al., *Managerial Decision Making: A Holistic Approach*, Springer, 2020, pp.7~8.

制领域可能需要配置不同的治理机制，但政府行政活动整体上具有内在统一性，因此信用规制的基本原理也是统一的。信用规制法治化研究可以将目前政府在不同规制领域中的单一制度实践有效统合起来，形成一个较为稳定的理论体系，建构起一套可以用于分析特定领域的理论视角和见解，形成一个新的理论"储藏室"。

（二）实践价值

现代社会科学家已经逐渐摒弃绝对"价值中立"（value neutrality）的立场，而主张采取一种实用主义（pragmatism）态度，希望借由专业学术的研究，提出对现实问题的矫正建议。[1]本书以信用规制理论建构作为起点，以信用规制政策、立法与制度运行作为支撑，通过对中国、美国、欧盟等国家（地区）的信用规制实践现状进行考察，作为本书理论建构的印证，增添其理论的实用色彩，对我国的信用规制实践具有重要的参考价值。

1. 可以为信用规制实践提供指导，提高规制的科学性

从我国的信用规制实践来看，信用规制的启动和推行并不是完全建立在理性分析与法律约束的基础上，有的政府部门是迫于"府际竞争"压力而被迫实施，有的政府部门则是依靠"政策驱动"机制而盲目实施。政府部门对信用规制缺乏正确的认识和定位，往往导致信用规制措施存在错误使用或过度使用的现象，甚至成为一些政府部门"越权行政"或"懒政"的借口。"各种政策工具失灵是由于对政策工具的知识不足造成的。"[2]

---

[1] See T. R. S. Allan, "Pragmatism and Theory in Public Law", *The Law Quarterly Review*, Vol. 104, 1988, pp. 422~447.

[2] [美] B. 盖伊·彼得斯、弗兰斯·K. M. 冯尼斯潘编：《公共政策工具——对公共管理工具的评价》，顾建光译，中国人民大学出版社2007年版，第13页。

通过信用规制法治化研究，可以用公法理论、法治思维对信用规制进行重塑，能够将各种单一的信用规制措施纳入一个统一的法治框架，并为之确立基本的行为规则，从而能够为信用规制实践提供科学的理论指引，最大限度地避免规制实践的盲目性和随意性。

2. 可以为政府治理现代化提供路径，提高制度的可操作性

在推进国家治理现代化的背景下，算法、人工智能、区块链等数字科技被广泛运用于公共行政，[1]对推动政府治理实现电子化、自动化、智慧化转型具有重要作用。然而，政府部门对各类数据驱动型工具的使用并非"一蹴而就"的易事，其既有可能受到各类制度性或非制度性因素（如治理理念、组织结构等）的阻碍，也有可能因为缺乏具体的制度规则而无的放矢。[2]因此，以一种具体的数据驱动治理机制或制度作为建构重点，不仅可以为政府治理现代化提供路径，而且还可以产生辐射效应，激发其他领域的治理现代化改革。信用规制正是以大数据、算法等技术手段作为支撑，是"放管服"改革的关键议题，其旨在提高政府治理的精准性，更为合理地配置有限的规制资源，它是政府治理现代化的重要内容。政府治理现代化要想实现"有效之治"和"稳定之治"，必须以法治化作为重要路径，这意味着在治理的理念、体系、能力、方式等方面均要实现法治

---

[1]《促进大数据发展行动纲要》（国发［2015］50号）明确指出："建立'用数据说话、用数据决策、用数据管理、用数据创新'的管理机制，实现基于数据的科学决策，将推动政府管理理念和社会治理模式进步，加快建设与社会主义市场经济体制和中国特色社会主义事业发展相适应的法治政府、创新政府、廉洁政府和服务型政府，逐步实现政府治理能力现代化。"

[2]《中共中央关于坚持和完善中国特色社会主义制度 推进国家治理体系和治理能力现代化若干重大问题的决定》明确指出："建立健全运用互联网、大数据、人工智能等技术手段进行行政管理的制度规则。"

化。[1]信用规制作为政府治理的一种方式,理应实现法治化。因此,信用规制法治化研究可以在法治框架内为政府治理现代化提供一种可操作的制度路径。

3. 可以为政府规制创新提供指引,提高规制的可接受性

在互联网、大数据、算法、物联网等先进技术的加持下,我国经济社会处于快速变化之中,一些新的经济业态、新的社会问题不断出现,并且可能迅速朝着不利方向发展。规制主体由于规制资源有限或规制习惯使然,往往对一些传统的命令-控制型工具存在路径依赖,或者新创一些规制工具加以应对。由于缺乏对这些规制工具的合法性、合理性与适当性的分析,常常导致规制失灵,面临合法性、正当性质疑。信用规制作为政府规制创新的一种类型,其所面临的问题与其他很多新型规制模式或机制具有共通性。因此,通过研究信用规制法治化的一般原理,也可以为政府部门在创设其他规制工具、机制或模式时提供参考和借鉴,增加对规制创新的管控力和预判力,提高政府规制的可接受性。

4. 可以为社会信用体系建设高质量发展提供重要的制度支撑

目前,我国社会信用体系建设已经全面展开,并取得了较好的成效,积累了许多重要的实践经验,但仍然存在一些制度性问题,制约了社会信用体系建设的长远发展,这引起了中央的高度重视。2020年12月,中共中央印发《法治社会建设实施纲要(2020-2025年)》,将"守法诚信"作为社会主义法治社会的基本内涵之一,明确提出"推进社会诚信建设","推动出台信用方面的法律"。2020年12月印发的《国务院办公厅关于

---

[1] 参见卓泽渊:"国家治理现代化的法治解读",载《现代法学》2020年第1期。

进一步完善失信约束制度构建诚信建设长效机制的指导意见》，将"法治化、规范化"作为社会信用体系建设的总体目标。在推进社会信用体系建设高质量发展过程中，信用规制至关重要。由于信用规制的诸多制度与社会信用体系的制度建构之间高度重合，在某种程度上，信用规制法治化水平将决定整个社会信用体系建设的法治化水平。因此，信用规制法治化可以被视为社会信用体系法治化、规范化、高质量发展的"阿基米德支点"。

第二节 研究综述与待研问题

在对信用规制法治化进行具体研究之前，有必要对国内外已有的研究成果进行全面梳理，这有助于了解信用规制法治化的研究现状，进而形成本书的研究重点和研究框架。

一、研究综述

在我国，信用规制研究的兴起与推进社会信用体系建设、深化"放管服"改革等改革发展目标的出现密切相关。信用规制不仅关系被规制对象的合法权益保障，还与政府规制水平和规制能力的提高密切相关。因此，信用规制不仅引发了实务界的广泛关注，而且也激发了理论界的研究旨趣。本书主要是从行政法的角度对信用规制法治化展开研究，因此关注的研究成果和研究空白主集中在法学界。此外，在研究过程中，为了更为全面地展示信用规制的研究图景，亦会对其他学科的相关研究成果进行简要梳理。

（一）国内研究现状

信用规制与社会信用体系建设密切相关。尽管我国关于社会信用体系建设的研究已经积累了内容丰富的研究成果,然而,对于信用规制的研究却是最近几年的事情。[1]通过对现有研究成果的梳理,我们可以发现目前国内学者对信用规制的研究主要聚焦于以下几个方面的问题。

1. 信用规制的基本理论研究

关于信用规制的基本理论,早期关注较多的主要是经济学领域的学者,他们从经济学、信息经济学的角度对信息、信用与规制的关系进行了探讨。近两年也有法学界的学者从规制理论、行政法理论、经济法理论的角度对信用规制进行了初步探讨。

(1) 信用规制的基本内涵研究。鉴于"信用"这一概念本身的不确定性,已有的研究成果大部分对"信用规制"的概念均予以回避,不过仍然有少量研究成果对"信用规制"的概念进行了初步界定。陈丽君等从心理学的期望理论出发,对"社会信用监管体系"的内涵与结构进行了研究。[2]袁文瀚从行政法的角度对"信用监管"的内涵及特征进行了解读。[3]王瑞雪则从规制理论的角度对政府规制中"信用工具"进行了概念界定。[4]

(2) 信用规制的理论基础研究。不同学科的学者从本学科的知识背景出发,对信用规制的理论基础进行了研究。于立等

---

[1] 需要指出的是,早在 2004 年,李晓安和阮俊杰两位学者就曾撰写专著《信用规制论》,不过他们关注的是政府如何对企业的各种信用行为进行规制,这从该书的主要章节名称中也能看出,如"信用筹资规制""信用担保规制""商业信用规制"等,这与本书所研究的主题不尽相同。本书所关注的是政府利用信用信息对公民、法人或其他组织进行规制的法治原理。参见李晓安、阮俊杰:《信用规制论》,北京大学出版社 2004 年版。

[2] 参见陈丽君、杨宇:"构建多元信用监管模式的思考",载《宏观经济管理》2018 年第 12 期。

[3] 参见袁文瀚:"信用监管的行政法解读",载《行政法学研究》2019 年第 1 期。

[4] 参见王瑞雪:"政府规制中的信用工具研究",载《中国法学》2017 年第 4 期。

从经济学的角度揭示了"信用、信息与规制"之间的关系。[1]他们认为,从信息经济学的角度看,"失信行为"是一种"理性"的经济行为,防止失信的机制则主要包括"信号传递机制""信用激励机制"和"应变机制"。王瑞雪对信用规制的兴起背景和制度功能进行了研究。[2]她认为,信用规制兴起的理论、实践背景主要体现在"公共治理与治理工具创新""科技发展与国家信息义务的深化"和"确保行政义务履行制度的新发展"三个方面。

2. 信用规制的合法性研究

信用规制的合法性是学术界关注的重要议题,也是信用规制引发社会热议的主要原因。综观已有的研究成果,大部分学者均认为信用规制存在合法性危机,主要体现在以下三个方面。

(1) 信用规制缺乏明确的法律依据。宋方青等对设区的市信用立法的现状进行了研究。[3]他们认为,设区的市社会信用立法存在内容泛化扩张、体系冲突不协调等问题。王伟认为,信用政策对信用规制的调整具有非强制性、非权威性特征,难以对信用规制中诸多背离法治精神的现象予以控制,应当在国家层面制定统一的信用法律,确立信用规制的合法性与正当性。[4]

(2) 信用规制违反一般法律原则。陈玉洁等对中国社会信用体系的发展历程进行了审视,并且纠正了国际媒体中有关中

---

[1] 参见于立、于左、丁宁:"信用、信息与规制——守信/失信的经济学分析",载《中国工业经济》2002年第6期。

[2] 参见王瑞雪:"政府规制中的信用工具研究",载《中国法学》2017年第4期。

[3] 参见宋方青、李佳飞:"论设区的市信用立法的问题与路径",载《东南学术》2019年第5期。

[4] 参见王伟:"论社会信用法的立法模式选择",载《中国法学》2021年第1期。

国社会信用体系的误解。[1]他们认为,中国社会信用体系最核心的四个机制分别是信息收集、信息共享、信用标签和联合惩戒,这种新的社会治理模式可以被称为"诚信之治"(Rule of Trust)。然而,"诚信"概念的不确定性以及不相称的惩罚制度将有损于宪法中"依法治国"的理念。沈毅龙从合宪性审查的角度对信用规制实践进行了分析。[2]他认为,已有的公共信用立法及实践在不同程度上违反了法律保留原则、法律明确性原则和比例原则。

(3)信用规制侵害公民基本权利。私益保障一直是信用规制中的一个重要议题。陈泳熙(Yongxi Chen)等认为,[3]社会信用体系是一个大数据驱动的制度,它可能跟踪和分析每个人,并根据国家制定的标准对个人或组织进行评级,从而产生法律和社会后果。然而,目前的社会信用立法未能实现个人数据保护的原则,以至于这种规制方法几乎可以自由使用全部有关不当行为的记录,包括许多个人认为敏感且应当保密的记录,这将会对一系列与隐私相关的权益造成威胁。

关于信用规制的合法性,除了上述学者对信用规制进行整体评价外,还有一些学者主要是以信用承诺、信用黑名单、信用评分、信用惩戒等具体制度为切入点进行了局部分析。

3. 信用规制的规制工具研究

政府规制中的规制工具一直是学术界研究的重点问题。应

---

[1] See Chen Yu-Jie, Lin Ching-Fu, Liu Han-Wei, "Rule of Trust: The Power and Perils of China's Social Credit Megaproject", *Columbia Journal of Asian Law*, Vol. 32, Issue 1 (2018), pp. 1~36.

[2] 参见沈毅龙:"公共信用立法的合宪性考察与调整",载《行政法学研究》2019年第1期。

[3] See Chen Yongxi, Anne Sy Cheung, "The Transparent Self under Big Data Profiling: Privacy and Chinese Legislation on the Social Credit System", *Journal of Comparative Law*, Vol. 12, Issue 2 (2017), pp. 356~378.

飞虎等从经济法的视角对政府信息工具的基本理论进行了研究，强调了信息工具的功能优势，主张将信息工具广泛运用于政府规制。[1]规制工具的选择与运用也是信用规制研究的重要内容，已有研究成果主要聚焦于以下几个方面。

（1）信用评级相关研究。信用评级是信用规制中的基础性工具，因此成了各个学科关注的重点问题，主要包括以下内容。

其一，信用评级的基础理论研究。史小康等对目前个人信用评级建模的特点进行了总结，并提出了改进建议。[2]张涛对目前我国地方实施的个人信用评分制度进行了实证研究，并就个人信用评分的基本内涵、法律属性等内容进行了论述。[3]张运昊对"信用行政评价"的法律属性及其司法控制进行了研究。[4]

其二，信用评级的实践困境研究。李拥军等对信用评级中算法自动化决策系统运用的风险及其规制进行了研究。[5]王瑞雪从公法学视野对环境信用评价制度面临的困境进行了研究。她认为，环境信用评价目前存在法律依据不足、违反比例原则、评价指标缺乏科学性、评价结果准确性难以保证等问题。[6]

---

[1] 参见应飞虎、涂永前："公共规制中的信息工具"，载《中国社会科学》2010年第4期。

[2] 参见史小康、马学俊："个人信用评级模型的指标选择方法"，载《统计与决策》2014年第23期。

[3] 参见张涛："个人信用评分的地方实践与法律控制——以福州等7个城市为分析样本"，载《行政法学研究》2020年第1期。

[4] 参见张运昊："论信用行政评价的属性及其司法控制——一种后果取向的分析视角"，载《政治与法律》2020年第2期。

[5] 参见姜野、李拥军："破解算法黑箱：算法解释权的功能证成与适用路径——以社会信用体系建设为场景"，载《福建师范大学学报（哲学社会科学版）》2019年第4期。

[6] 参见王瑞雪："公法视野下的环境信用评价制度研究"，载《中国行政管理》2020年第4期。

（2）信用承诺相关研究。事实上，从21世纪之初到现在，与信用承诺相关的实践探索一直不同程度地在开展，而与之相关的研究成果也在逐渐增多，最近几年随着信用规制的全面推进，信用承诺的实践活动和理论研究也持续跟进。袁曙宏等对告知承诺制的价值和意义进行了研究。[1]李孝猛对告知承诺制的历史沿革、制度逻辑、法律属性、实践困境等进行了研究，并提出只有废除告知承诺制才能解决该制度引发的诸多问题。[2]陈兴华对信用承诺进行了相对系统的研究。他认为，信用承诺是信用建设的重要环节，目前还存在覆盖领域不全、过于重视事前监管等问题，未来还需要理论补强和制度创新。[3]

（3）信用黑名单相关研究。随着信用规制的不断推进，信用黑名单制度开始不断融入行政活动，并且引发了许多争议，与之直接相关的研究成果也层出不穷。胡建淼从行政处罚的基本要素出发，对信用黑名单的法律属性进行了研究。[4]范伟则以行政过程论视角主张从依据、适用、程序、救济等方面对信用黑名单进行法律控制。[5]

还有学者以学术专著的形式对信用黑名单制度进行了系统研究。赵旭东等在《黑名单制度》一书中对国内外信用黑名单制度的实践情况进行了广泛梳理和分析，对黑名单制度深层次

---

[1] 参见袁曙宏、杨伟东："论建立市场取向的行政许可制度"，载《中国法学》2002年第5期。
[2] 参见李孝猛："告知承诺制及其法律困境"，载《法治论丛（上海政法学院学报）》2007年第1期。
[3] 参见陈兴华："市场主体信用承诺监管制度及其实施研究"，载《中州学刊》2019年第5期。
[4] 参见胡建淼："'黑名单'管理制度——行政机关实施'黑名单'是一种行政处罚"，载《人民法治》2017年第5期。
[5] 参见范伟："行政黑名单制度的法律属性及其控制——基于行政过程论视角的分析"，载《政治与法律》2018年第9期。

的法律原理进行了全面、系统的归纳、总结和挖掘。[1]

（4）信用惩戒相关研究。信用惩戒是信用规制的重要组成部分，也是引发争议最大的一项规制措施，受到学术界的持续关注。综观已有的研究成果，主要集中体现在以下三个方面。

其一，信用惩戒的基础理论研究。学术界对信用惩戒的基础理论研究主要包括基本概念、基本原理、法律性质等内容。徐国栋对失信联合惩戒机制中"信"的含义进行了研究。[2] 柯林霞对"失信行为"的认定标准及范围进行了研究。[3] 张晓莹基于行政处罚的界定标准对失信惩戒的法律属性进行了研究。[4]

其二，信用惩戒的实践困境研究。"失信行为"的认定一直是信用惩戒实践面临的关键问题。鲁良从社会生物学的角度对失信行为发生的动因进行了研究。[5] 张晓冉认为，个人信用是社会信用体系建设的重要组成部分，目前个人失信惩罚存在主管机关权责不明、惩罚对象罚则不明、申诉机制尚未确立、适用条件不公平等问题。[6]

其三，失信惩戒的制度建构及完善研究。早在2002年，林钧跃便对"失信惩罚机制"的作用、效果、原理、具体操作等内容进行了研究。[7] 王伟从市场、行业、社会、司法四个角度

---

[1] 参见赵旭东等：《黑名单制度》，中国法制出版社2018年版。

[2] 参见徐国栋："'失信联合惩戒机制'中'信'的含义之澄清"，载《中国法律评论》2021年第1期。

[3] 参见柯林霞："失信惩戒制度下失信行为的范围及限度"，载《河南社会科学》2021年第1期。

[4] 参见张晓莹："行政处罚视域下的失信惩戒规制"，载《行政法学研究》2019年第5期。

[5] 参见鲁良："失信行为的社会生物学解读"，载《求索》2016年第9期。

[6] 参见张晓冉："我国个人失信惩罚的规范研究：类型、适用及其限制"，载《电子政务》2019年第2期。

[7] 参见林钧跃："失信惩罚机制的设计和维护"，载《经济社会体制比较》2002年第3期。

对失信惩戒进行了类型化研究。他认为,"失信惩戒"并非精准的法律概念,但并不违反行政法中的"一事不再罚原则",可以针对不同类型的惩戒措施建立不同的法律控制机制。[1]

4. 信用规制的制度建构研究

关于信用规制中的制度建构研究,各个学科的学者从本学科的知识背景出发展开了研究,主要聚焦于信用信息归集、信用修复、信用责任等方面。

(1)信用信息归集制度研究。白云以专著的形式专门对个人信用信息的法律保护进行了研究,包括个人信用信息的利用与保护、权利体系、立法框架等内容。[2]杨胜刚等也在《公共信用信息采集技术及其应用研究》一书中专门对公共信用信息采集进行了研究,包括公共信用信息采集的原则与方法、平台建设、技术应用、运行机制等问题。[3]

(2)信用修复制度研究。部分学者对信用修复的基本理论与制度建构进行了研究。石新中对信用修复的概念、类型、目的进行了初步探讨。[4]程波等对我国信用修复的地方立法进行了实证研究,对立法存在的问题进行了梳理,并提出了未来的立法建议。[5]卢护锋对我国信用修复实践存在的误区进行了梳理,并从理论层面进行了澄清,最后提出了立法建议。[6]

---

[1] 参见王伟:"失信惩戒的类型化规制研究——兼论社会信用法的规则设计",载《中州学刊》2019年第5期。

[2] 参见白云:《个人信用信息法律保护研究》,法律出版社2013年版。

[3] 参见杨胜刚、吴志明:《公共信用信息采集技术及其应用研究》,中国金融出版社2018年版。

[4] 参见石新中:"浅析信用修复的基本理论",载《中国信用》2019年第11期。

[5] 参见程波、龚小瑾:"信用修复地方立法研究",载《广西政法管理干部学院学报》2020年第3期。

[6] 参见卢护锋:"信用修复的实践误区及其立法应对",载《广东社会科学》2020年第6期。

(3) 信用责任研究。骆小春等对市场主体信用责任的概念、构成、性质、必要性、实现路径等问题进行了研究,[1]并主张将"市场主体信用责任"界定为一种不同于传统法律责任的新型经济法律责任。刘俊海对信用责任的正当性、可行性、基本特征、建构路径、立法框架等问题进行了研究。[2]

(二) 国外研究现状

信用制度一直是国外学术界关注的重要问题,无论是经济学、统计学、哲学、伦理学,还是法学、社会学等学科,都积累了很多重要的研究成果。在对国外信用规制研究现状进行梳理之前,需要作出如下说明:首先,本书主要对信用规制相关的英文文献及著作(包括中译本)进行梳理,至于其他语言的学术著作较少涉及,除了部分已经由国内学者进行翻译的著作外。其次,考虑到信用规制这一选题具有"跨学科"特征,本书在梳理文献的过程中将对社会学、经济学等学科的一些代表性研究成果进行梳理。综观已有的研究成果,欧美学术界对信用规制的研究主要集中体现在信用规制的基础理论、信用信息(报告)规制、信用评级规制、信用修复规制等四个方面。

1. 信用规制基础理论研究

经济学理论长期以来一直强调信用对经济发展和增长的重要性,因此与信用风险、信息不对称、信用配给等在市场经济中的影响有关的课题成了经济学界关注的重点。早在1894年美国经济学家西德尼·舍伍德(Sidney Sherwood)就从经济学的角

---

[1] 参见骆小春、高家宝:"论市场主体信用责任之构建",载《南方金融》2008年第2期。

[2] 参见刘俊海:"信用责任:正在生长中的第四大法律责任",载《法学论坛》2019年第6期。

绪 论

度对信用的性质以及运作机制进行了研究。[1]此后，经济学界开始从不同角度探讨信用在市场经济中的作用，尤其是信用市场的形成和金融市场的发展。美国学者乔治·阿克尔洛夫（George A. Akerlof）以汽车市场为例，率先探讨了质量不确定性问题、信任的重要性、信息不对称在金融关系中的作用等问题。[2]随后，美国经济学学者德怀特·杰菲和托马斯·拉塞尔进一步研究了信息不对称与信用配给之间的关系。他们研究发现，诚实的借款人只接受他们预期会偿还的贷款合同，而不诚实的人，只要违约成本足够低，就会违约。[3]

经济学领域有关信用的理论研究为政府的信用政策制定提供了坚实的理论基础。以美国为例，《公平信用报告法》等一系列有关信用制度的法律法规在 20 世纪 70 年代以后开始密集出台。法律制度的建立和完善为信用制度的理论研究提供了问题意识和基础资料。例如，美国乔治华盛顿大学信用研究中心主任迈克尔·斯塔顿（Michael Staten）等在一本论文集中就公共政策对消费者信用产生的影响进行了深入研究。[4]该书汇集了美国经济学界、法学界、金融学界众多学者，深入探讨了众多与信用规制相关的课题，如个人破产制度、披露作为消费者保护、信用教育、平等获得信用、信用评分的影响、个人信息保

---

[1] See Sidney Sherwood, "The Nature and Mechanism of Credit", *The Quarterly Journal of Economics*, Vol. 8, Issue 2 (1894), pp. 149~167.

[2] See George A. Akerlof, "The Market for 'Lemons': Quality Uncertainty and the Market Mechanism", *The Quarterly Journal of Economics*, Vol. 84, Issue 3 (1970), pp. 488~500.

[3] See Dwight M. Jaffee, Thomas Russell, "Imperfect Information, Uncertainty, and Credit Rationing", *The Quarterly Journal of Economics*, Vol. 90, Issue 4 (1976), pp. 651~666.

[4] See Thomas A. Durkin, Michael E. Staten, "The Impact of Public Policy on Consumer Credit", *Springer*, 2002.

护等。欧洲信用研究中心研究员安帕罗·圣何塞（Amparo San José Riestra）对私营信用局和公共信用局的作用、实践、问题等进行了研究。[1]

2. 信用信息（报告）规制研究

信用信息（报告）规制研究是国外信用规制研究的重要组成部分。有的学者将信用信息（报告）作为一个独立的研究课题，展开系统而全面的研究，有的学者将信用信息放在个人隐私保护或个人数据保护的语境中展开研究。美国纽约大学经济学学者雅尔·卡尔伯格（Jarl G. Kallberg）等研究了全球最大的私人信息中介公司邓白氏（Dun & Bradstreet）是如何收集、共享各类信用信息的，以及这些信息在信用报告、信用评级中发挥的作用。[2]德国经济研究所研究员尼古拉·詹茨奇（Nicola Jentzsch）对美国和欧盟各成员国的信用报告制度进行了比较研究，她对由公共信用报告机构和私人信用报告机构组成的双重制度的设计和功能进行了系统评估，并利用信息和隐私理论讨论了信用报告的历史发展和实践现状，最后在经验层面提出了对信用报告进行规制的完善路径。[3]

3. 信用评级（分）规制研究

信用评级（分）规制研究可以说是整个信用规制中最为重要的部分，各类研究成果汗牛充栋，并在持续积累中。西班牙

---

[1] See Amparo San José Riestra, "Credit Bureaus in Today's Credit Markets", *ECRI RESEARCH REPORT NO.4*, Available at European Credit Research Institute：https：//www. files. ethz. ch/isn/110578/004_ Credit%20Bureaus. pdf（Last visited on March 9, 2020）.

[2] See Jarl G. Kallberg, Gregory F. Udell, "The Value of Private Sector Business Credit Information Sharing：The US Case", *Journal of Banking & Finance*, Vol. 27, 2003, pp. 449~469.

[3] See Nicola Jentzsch, "Financial Privacy：An International Comparison of Credit Reporting Systems", *Springer*, 2007.

学者拉克尔·高科塔·阿尔库比拉（Raquel García Alcubilla）等在《欧洲对信用评级机构的监管：从宽松到严格》一书中对欧盟信用评级机构监管框架进行了研究，同时讨论了信用评级机构在商业模式、市场竞争、民事责任等方面可能存在的监管新发展。[1]德国慕尼黑大学学者安德烈亚斯·克鲁克（Andreas Kruck）探究了信用评级机构在政府规制中的地位及其背后的理论渊源。[2]英国阿斯顿大学学者丹尼尔·卡什（Daniel Cash）对信用评级机构的地位和作用、信用评级机构予以规制的必要性、现有规制框架存在的困境等问题进行了深入研究。[3]

除了上述研究成果外，还有一些学者针对信用评级（分）中新近出现的一些新现象、新问题展开了研究。美国学者纳撒尼尔·库勒顿（Nathaniel Cullerton）对数据挖掘和跟踪技术在信用评分中的应用及其挑战进行了研究。[4]他认为，由数据挖掘和跟踪技术所形成的"行为信用评分"已经违反了隐私法和反歧视法的规定，但是目前的规制框架却无法对这种现象提供有力的解决方法。美国学者米凯拉·赫尔利（Mikella Hurley）和朱利叶斯·阿德巴约（Julius Adebayo）对大数据技术在信用评分中的应用及引发的问题进行了研究。[5]他们认为，对于大部分美国公民而言，良好的信用（strong credit）是获得就业、租

---

[1] 参见［西］拉克尔·高科塔·阿尔库比拉、杰威尔·瑞恩·德尔珀瑞：《欧洲对信用评级机构的监管：从宽松到严格》，高汉译，化学工业出版社 2014 年版。

[2] See Andreas Kruck, "Private Ratings, Public Regulations: Credit Rating Agencies and Global Financial Governance", *Palgrave Macmillan*, 2011.

[3] See Daniel Cash, "Regulation and the Credit Rating Agencies: Restraining Ancillary Services", *Routledge*, 2018.

[4] See Nate Cullerton, "Behavioral Credit Scoring", *Georgetown Law Journal*, Vol. 101, Issue 3 (2013), pp. 807~838.

[5] See Mikella Hurley, Julius Adebayo, "Credit Scoring in the Era of Big Data", *Yale Journal of Law and Technology*, Vol. 18, 2016, pp. 148~216.

房、保险等基本服务所必需的,而个人对如何评分几乎没有控制权,对不准确、有偏见或不公平的信用评分难以提出有效的异议。

4. 信用修复规制研究

信用修复是整个信用制度体系中一个比较重要的制度,在很多欧美国家都已经实现了制度化、法制化,美国便于 1996 年通过了《信用修复组织法》。美国印第安纳大学詹姆斯·内夫(James P. Nehf)对信用修复行业兴起的背景、存在的问题、已有的规制框架进行了研究,最后提出了以减少欺诈为目的之立法框架。[1]美国福特汉姆大学吉纳维芙·汉夫特(Genevieve Hanft)对《信用修复组织法》赋予消费者"诉权"的适用困境进行了研究。[2]她研究发现,尽管《信用修复组织法》赋予了消费者起诉信用修复组织的权利,但是实践中信用修复组织往往在与消费者签订的合同中写入强制仲裁条款,使得消费者无法向法院起诉,而各巡回法院在这些仲裁协议的可执行性问题上存在分歧。

(三) 国内外信用规制研究述评

通过对国内外信用规制研究成果的综述,我们可以发现,总体而言,国内学者对信用规制的关注相对较晚,尚未形成成熟的理论体系;国外学术界虽然对信用规制进行了持续且深入的研究,但其研究视角却不同于国内研究。这些主题多元、内容丰富的研究成果已经对一些基本问题进行了初步探索,这为本书在研究的方法、内容、视角等方面提供了参考与借鉴。

1. 国内研究现状述评

信用规制在我国的快速发展和广泛推广也就是近几年的事

---

[1] See James P. Nehf, "A Legislative Framework for Reducing Fraud in the Credit Repair Industry", *North Carolina Law Review*, Vol. 70, Issue 3 (1992), pp. 781~822.

[2] See Genevieve Hanft, "Giving Arbitration Some Credit: The Enforceability of Arbitration Clauses under the Credit Repair Organizations Act", *Fordham Law Review*, Vol. 79, Issue 6 (2011), pp. 2761~2808.

绪 论

情,与之相关的理论研究也尚处于起步阶段。通过对国内已经积累的学术文献进行梳理,可以发现信用规制的国内研究现状主要具有下列几个特征。

(1) 现有研究主要是"问题导向"的对策型研究。很多研究成果往往通过解读目前有关信用规制的政策规范和总结信用规制的制度实践,整理出信用规制在上述两个层面存在的问题,然后据此提出相应的解决方案或立法建议。这种研究进路并无不妥,可以积累有关信用规制的经验事实,也有助于我们快速发现制度困境。然而,过于分散的制度研究偏重于对单个制度的描述,对信用规制的理论总结和提炼稍显不足,尚未形成一套能够支撑实践进行持续创新的理论体系。换言之,尚未从理论层面对信用规制的一般原理进行全面且深入的阐述。

(2) 现有研究主要是基于"以司法为中心的行政法"视角对信用规制展开合法性审查。从现有研究的论证逻辑来看,无论是整体性研究,还是个别性研究,学者们均主要从不同层面对信用规制活动中的具体行为之行政合法性问题进行分析。其基本路径是:从系争事实中整理出行政机关的各种行为,并确认其法律性质,然后以宪法、法律法规及一般公法原则等客观的法规范为基础,循序检视各种行为的合法性。不可否认,从行政法治的基本精神来看,行政合法性问题是任何形式的行政活动都无法回避的问题,信用规制亦不例外。然而,信用规制是政府在新的社会环境下面对新的行政任务进行的一项规制创新,提升行政效能既是其制度目标,亦是其功能优势,如何在行政效能原则与依法行政原则之间保持平衡亦成为需要进行认真讨论的课题。[1]信用规制的本质是对信用信息的综合利用,信

---

[1] 参见沈岿:"论行政法上的效能原则",载《清华法学》2019年第4期。

用信息兼具私权和公共属性，[1]既涉及私益，同时也关切公益。在依宪行政的背景下，我们更要注意公私利益的调和，公益与私益的衡量应当公正、客观，不能有先入为主的观念，一定要偏于公益或私益。[2]换言之，我们在审视信用规制的合法性问题时，应当仔细把握传统公法原则在信用规制中的适用条件与适用程度，不能"为了否定而否定"，进行"削足适履"式的机械套用，而应当探索一种"激励相容"的法治化路径。[3]

（3）现有研究对信用规制所涉问题的关注度呈现不均衡格局。除了一些研究社会信用体系的成果顺带对信用规制进行研究外，那些对信用规制进行专门研究的成果并未完全反映信用规制面临的理论及实践问题。一方面，很多研究关注的信用规制领域相对狭窄，主要集中在对信用黑名单、失信惩戒等具体规制工具的研究，而对于信用规制的其他核心制度关注则较少，如信用信息归集、信用承诺、信用评价、信用修复等制度，导致信用规制研究体系性不足。另一方面，很多研究主要关注信用规制的制度层面或工具性层面，即聚焦于具体的制度建构问题，而对信用规制的抽象理论问题则关注不够，导致理论研究落后于实践探索，无法为规制实践提供持续的理论支撑。例如，当理论界开始对行政审批中的信用承诺展开研究时，实践中已经出现信用承诺在行政执法中的探索。[4]

---

[1] 参见张勇："个人信用信息法益及刑法保护：以互联网征信为视角"，载《东方法学》2019年第1期。

[2] 参见翁岳生：《法治国家之行政法与司法》，元照图书出版有限公司2008年版，第226页。

[3] 参见周汉华："探索激励相容的个人数据治理之道——中国个人信息保护法的立法方向"，载《法学研究》2018年第2期。

[4] 例如，浙江省市场监管局和浙江省司法厅于2020年5月联合印发了《关于在市场监管领域实施轻微违法行为告知承诺制的意见》，明确对市场监管领域市场主体首次、轻微且没有造成明显危害后果的67种轻微违法行为，实施告知承诺制。

绪 论

从研究结论来看,近几年国内学者对信用规制的研究逐步由规制工具转向理论思辨,试图从规制理论、行政法理论对信用规制进行解释。学者之间形成共识的内容主要包括以下两个方面:一是信用规制作为一种新型规制模式,对解决政府治理难题具备制度优势,因此具有正当性基础;二是信用规制作为一种行政活动,应当被纳入法治轨道,予以法治化。

综合信用规制现有的研究状况和制度现实,本书认为,学术界未来仍需研究的内容主要包括以下几个方面:

(1)信用规制的基础理论。在现有研究中,行政法学者通常将信用规制理解为政府借助信用来实施规制。换言之,就是把信用作为一种规制工具,或者将信用规制理解为一种新的"行政行为"。而信用学、经济学的一些学者通常则将信用规制理解为政府对信用活动本身进行规制。换言之,各类市场主体的各类信用行为(如信用担保、信用交易、信用评级等)是政府的规制对象。因此,信用规制的基础理论仍然是一个值得进行深入探讨的问题。

(2)信用规制的制度逻辑。"制度逻辑"(institutional logic)是指社会建构的、历史性的文化符号和物质实践,个人和组织据此为其日常活动提供意义;作为一种分析视角,制度逻辑是分析社会系统中机构、个人和组织之间相互关系的元理论框架。[1] 信用规制是由诸多单一的、相互关联的制度构成的,这些制度之间存在许多相似之处,其所遵循的内在逻辑也具有一致性。以往的研究成果很少对信用规制的制度逻辑、运作机理进行系统探讨,甚至很少将信用规制的各种工具进行勾连和统

---

[1] See Patricia H. Thornton, William Ocasio, Michael Lounsbury, *The Institutional Logics Perspective: A New Approach to Culture, Structure, and Process*, Oxford University Press, 2012, p. 2.

合。因此，有必要以一种"实证性"视角对信用规制进行整体观察，在此基础上提炼总结出信用规制的制度逻辑。

（3）信用规制的法律界限。各类信用规制活动正在如火如荼地开展，各类信用规制工具更是层出不穷，并且已经深深嵌入了市场监管机制与社会治理体制。信用规制不仅与个人和组织的合法权益直接相关，而且事关信用失范、规制失灵的解决。因此，明确信用规制的法律界限是法治国家、法治政府和法治社会一体化建设的应有之意。行政法的一项关键功能就是为行政行为提供合法化策略。"它包含了可适用于行政部门行使权力和职责的一般原则，以确保行政部门和其他公共决策者拥有的众多规则和自由裁量权符合合法性和公平性的基本标准。"[1] 传统行政法学实现"合法性控制"的主要途径便是司法审查，其基本逻辑是法院在个案中依据行政法对型式化的行政行为进行合法性审查。然而，无论是外在表现形式，还是内在运作机理，信用规制中的诸多行政行为均与传统的行政行为存在区别，若严格站在"以司法为中心的行政法"之理论视角来建构信用规制法治化路径，或许并不能很好地在信用规制所涉及的私益与公益之间取得适当平衡。因此，需要进一步探索适合信用规制自身特征的法治化道路。

2. 国外研究现状述评

信用制度在欧美等市场经济比较发达的国家具有较长的制度发展史，与信用制度相关的学术研究成果也较为丰富和多元，而信用规制只是其中的一个课题。综观现有研究成果，国外信用规制研究现状主要具有以下几个特征。

（1）信用规制的研究视角多元。信用规制是一个跨学科的

---

[1] Peter Leyland, Gordon Anthony, *Textbook on Administrative Law* (*Seventh Edition*), Oxford University Press, 2013, pp. 1~2.

研究课题，除了法学的知识外，尚需要其他学科的理论支撑。从国外的研究成果来看，信用规制是诸多学科共同关注的课题，不同学科的学者结合本学科的理论知识和研究方法，从不同程度对信用规制展开了研究。这些研究成果或涉及信用规制的基础理论，或涉及信用规制的制度建构，不断推进信用规制理论和实践向前发展。

（2）信用规制的研究方法多样。从国外的研究成果来看，历史分析、规范分析、实证分析、个案分析等研究方法被广泛运用于信用规制研究。例如，针对中国社会信用体系的研究，不仅有广泛的社会调查，还有深入的文本分析。针对信用报告制度，不仅有本国制度历史溯源和大范围跨国研究，还有结合立法展开的规范分析和根据个案进行的实证分析。

（3）信用规制的研究重点突出。国外学术界在对信用规制进行整体关注的同时，还对一些关键制度［如信用评级（分）、信用报告等］进行了系统研究，积累了很多重要的研究成果，已经形成了学术著作群，能够为我国的理论研究和制度实践提供参考借鉴。

总体而言，国外学术界对信用规制的研究相对较为成熟，相关的理论和实践也较为丰富，可以为我国的理论研究和制度实践提供参考借鉴。不过，需要指出的是，我国与美国、欧盟在信用规制的制度设计、具体实践等方面存在较大差异。在欧美的法治语境中，信用规制主要侧重于政府对企业或其他组织实施的各类信用行为进行规制，如信用报告行为、信用评级行为、信用修复行为等。这与我国经济学界、信用学界对信用监管的理解相似。至于政府利用信用信息来对公民、法人或者其他组织的行为进行规制，主要局限于政府采购、金融规制等有限领域，只有极少数研究成果主张将信用评级作为信息规制工具的一种。[1]在我国当前的政策语境中,信用规制尽管也涉及对市场中的各类信用活动进行规制(如征信、信用评级等),但主要是指政府运用信用信息来对公民、法人或者其他组织予以规制。简言之,就信用规制的模式、主体、对象等方面而言,我国与欧美等国家存在明显的差异。这意味着,我们在参考借鉴国外的经验时要审慎选择,而非全盘接受。

二、待研问题

近年来,"研究问题"(research question)似乎已经成为各国法学界普遍接受的学术规范。[2]本书并非全面论述信用规制的所有内容,否则难免有面面俱到但又无一深入之憾。既如此,本书将主要以信用规制在理论与实践层面存在的主要问题为切入点,以期在法治一体化建设的背景下,倡导平衡论视角下的信用规制法治化模式,寄希望于以行政过程论作为信用规制法治化进路,重塑信用规制的合法性模式。基于此,本书研究的核心问题是:信用规制为何以及如何实现法治化。具体而言,这一问题又可以被细分为以下研究问题。

(1)信用规制作为一种规制创新,它到底"新"在什么地方?其基本内涵是什么?具有哪些典型特征?其制度构成是什么?其背后的制度逻辑是什么?其与社会信用体系有何联系?与传统的政府规制模式又有何不同?

(2)信用规制的理念与实践由来已久,为何在近几年突然

---

[1] See Arie Freiberg, *The Tools of Regulation*, Federation Press, 2010, pp.171~172.

[2] 韦恩·布斯等认为:"如果作者提不出值得深究的问题,就无法提供一个值得一读的解答。"[美]韦恩·C.布斯、格雷戈里·G.卡洛姆、约瑟夫·M.威廉姆斯:《研究是一门艺术》,陈美霞、徐毕卿、许甘霖译,新华出版社2009年版,第40页。

在我国开始大规模、全方位地进行制度实践？信用规制在理论上是否具备坚实的理论基础？

（3）在当前的信用规制实践中，信用规制给公民、法人或者其他组织的合法权益带来了何种影响？信用规制法治化到底进行到何种程度？

（4）在未来的信用规制实践中，政府应当采取何种价值取向的法治化模式？应当依靠何种制度安排来实现法治化过程？

第三节　研究方法与思路安排

任何学术问题的研究都需要借助一定的研究方法，尤其是复杂的学术问题，单一的研究方法尚不足以应对，往往需要一个"方法群"。[1]确定了研究问题、具备了适当的研究方法后，还需要合理的逻辑结构将论点、论据进行一一呈现，同样的话语，以不同的顺序呈现出来，效果是不同的。

一、研究方法

美国行政法先驱肯尼斯·戴维斯（Kenneth C. Davis）曾指出，要想解决行政法上的问题，其方法包含三项要素：第一是权威性资料（authoritative materials），如法条、判例等；第二是逻辑（logic），演绎、归纳、分析及综合，都离不开逻辑推理；第三是政策观念（ideas about policy），因为行政法多是政策的法制化。[2]

---

[1] 英国数学家卡尔·皮尔逊（Karl Pearson）曾指出："科学方法是通向绝对知识或真理的唯一入口和唯一道路。……整个科学的统一是在于其方法而不在于材料。"戴世强：《科研方略18讲》，上海大学出版社2014年版，第8页。

[2] See Kenneth C. Davis, *Administrative Law Text*, West Publishing Company, 1972, p. 6.

现代国家面临的社会环境及问题日趋复杂多元,政府若想制定优质的政策或法制,并提升治理的效能加以解决,并非单一途径所能达成。相反,须针对公共问题的复杂性与互赖性特质采取整体研究途径,以寻求具有合理性与妥适性的解决方案。信用失范问题和规制失灵问题涉及诸多制度性或非制度性因素,并且涉及多学科的知识与理论。因此,较为适宜采用科技整合观点,坚持综合性研究途径和研究立场。

(一) 规范分析法

规范分析法是法学研究中最基础,也是最重要的研究方法,它所要解决的问题是研究对象"应该是什么"的问题,其深受经验主义哲学、新康德主义等哲学观点的影响。[1]规范分析法是从认知规范事实的内容开始,在此基础上对规范事实进行分析、归纳、总结,提炼出规范事实的普遍性因素,而所谓的规范事实就是法律规范本身。[2]在本书的研究中,在国家层面,尽管尚未制定信用规制的统一法律,但与信用规制相关的条款已经散见于诸多法律中,并且已经出台了一些法规、规章和规范性文件。在地方上,专门针对信用规制而制定的地方性法规、政府规章正在逐渐增多,而相关的政策文件更是不计其数。本书在探讨具体问题时,将对相关规范进行系统梳理和分析,立足于目前规范的不足,在此基础上探讨信用规制法律控制的完善路径。

(二) 实证分析法

实证分析法是法学研究中的一种重要方法,它主要着眼于法律秩序和法律规范自身逻辑的客观分析,所要解决的问题是

---

[1] 参见喻中:"法学方法论视野中的规范分析方法及其哲学基础",载《新疆社会科学》2004年第3期。

[2] 参见谢晖:"论规范分析方法",载《中国法学》2009年第2期。

研究或分析对象"是什么"的问题。实证分析方法主要受到实证主义哲学的影响，根据实证主义哲学创始人奥古斯特·孔德的观点，"实证"一词包含了"真实""有用""肯定""精确""组织""相对"等意义。[1]经过约翰·奥斯丁、汉斯·凯尔森等人将实证主义引入法学研究，不仅拓展了法学理论，而且也丰富了法学研究方法。实证分析法可以使研究更加有力和真实，能够使研究人员了解可能发生的动态变化。通过实证分析，我们不仅可以了解法律在现实中是怎么运行的，还能发现运行过程中存在的问题及原因。在本书的研究中，分析和挖掘信用规制活动中的一些典型案例或事例，不仅可以为我们了解信用规制法治化现状提供最直接、最原始的材料，而且也能避免研究工作陷入"空中楼阁"的泥沼，使理论建构和制度设计更具针对性。

（三）比较研究法

"比较"是人类认知事物的心智方式，也是知识研究的基本方法。"一切认识、知识均可溯源于比较。"[2]法律的比较研究是运用比较过程以认识法律的一种智识活动，其作用在于"比其异同，较其得失"，亦即通过对世界不同法制（或法系）的批判性比较，以改善本国法制、创造"理想型"法制的目的，具有浓厚的应然取向色彩。[3]从比较的方法来看，可以分为描述性比较（descriptive comparison）和功能性比较（functional comparison），前者仅呈现不同法制的面貌；后者则进一步去比较不同

---

[1] 参见［法］奥古斯特·孔德：《论实证精神》，黄建华译，商务印书馆1996年版，第29~31页。

[2] ［德］茨威格特、克茨：《比较法总论》，潘汉典等译，中国法制出版社2017年版，德文第二版序。

[3] 参见张永健："社会科学式的比较法研究"，载《中研院法学期刊》2017年第20期。

法制在各个法系中运作的功能。[1]部分国家或地区信用制度经历了较长时间的健全与完善,相应的政府规制体制也较为成熟,故在研究时有必要运用比较方法参酌他国和地区的经验及教训。为了更好地发现国外的有益经验,本书主要运用功能主义的比较法进行微观比较。原因在于,看似相同的制度在不同的国家产生的作用可能是不同的,而形态迥异的制度在不同的法系又发挥着相似功能,如"信用"一词在我国与其他国家(地区)的含义就存在明显的差异。

(四) 历史研究法

历史研究法是一种重要方法,尽管这种方法的重点是回答"过去是什么"的问题,但是这些研究的目的还是帮助人们理解当前。历史研究法深受历史主义的影响,赫尔德、黑格尔等均对历史主义作了系统、全面的理论建构。[2]在法学研究中,萨维尼、梅因等人成了历史主义的重要支持者,并形成了历史法学派,他们的基本信念是:一个社会的法律就像语言一样,自发地形成于它的生活方式,即文化、传统和风俗。[3]换言之,在历史法学者看来,法是属于历史世界的,其像一切变成历史的事物一样,以各式各样、个别的形态存在着。法律的历史研究是借由了解某一法制产生的背景渊源,发现运用上的长处与短处,并培养进化的法律观,进而理解法制历史事实的原理原

---

[1] See Mary Ann Glendon, Michael W. Gordon, Christopher Osakwe, *Comparative Legal Traditions: Text, Materials, and Cases on the Civil and Common Law Traditions, With Special Reference to French, German, English*, West Group, 1994, pp.8~9.

[2] 所谓"历史主义"就是"试图以历史化的方法来思考一切问题的立场。即必须把眼前的一切事物都作为生成、发展而来的东西来理解"。[日]大木雅夫:《比较法》(修订译本),范愉译,法律出版社2006年版,第42页。

[3] 参见[英]雷蒙德·瓦克斯:《读懂法理学》,杨天江译,广西师范大学出版社2016年版,第333~334页。

则。[1]就本书的研究主题而言,"信用"在我国有着深厚的文化根基,诚信作为一种美德更是具有悠久的历史。而"信用规制"不仅与"以德治国"有着千丝万缕的联系,[2]且制度实践也经历了不同的发展阶段。因此,利用历史研究法,通过对相关历史资料的收集和分析,可以明确事件或制度之间的关系,有助于提高研究的信效度,增加结论的说服力。

（五）跨学科研究法

跨学科研究法又称为"科际整合法"（interdisciplinary），它是将两个或两个以上学科或既定专业领域的知识和思维模式整合在一起,以产生认知上的进步,如解释一个现象、解决一个问题或创造一个产品,而这些是通过单一学科手段不太容易实现的。[3]按照学者的总结,跨学科研究有三个关键特征：首先,它是由问题驱动的,不管是讨论社会问题还是科学问题,研究方法都能互惠互利；其次,它是合作研究,是不同学科理论、方法进行相互学习；最后,它是面向解决方案的,研究的成果是提供既适合问题背景,又能概括为科学知识体系的问题解决方法。[4]"行政法并不是研究行政国家的唯一有利角度。公共行政学、政治学、政治理论、经济学和社会学都提供了另一种视角。这些其他学科对行政国家的参与表明,并非所有控制行政权力的手段

---

[1] 参见高誓男：《由法释义学到政策导向之行政法学》，元照图书出版有限公司2018年版，第31页。

[2] See Delia Lin, Susan Trevaskes, "Creating a Virtuous Leviathan: The Party, Law, and Socialist Core Values", *Asian Journal of Law and Society*, Vol. 6, Issue 1 (2019), pp. 41~66.

[3] See Carlo Fantappiè, "Interdisciplinary Canon Law: Ideas for Epistemological Renewal", *Ius Canonicum*, Vol. 60, Issue 120 (2020), pp. 479~504.

[4] 参见［美］伊恩·斯佩勒博格等主编：《可持续性的度量、指标和研究方法》，周伟丽等译，上海交通大学出版社2017年版，第471~472页。

都涉及具体的法律控制模式。"[1]信用规制是一个典型的跨学科研究领域，需要借助法学、信用学等多学科的知识和思维方式，才有可能对其进行准确的认知。因此，本书在论述具体问题时，将坚持科际整合的研究立场，在立足行政法学基本理论的同时，充分借鉴其他相关学科的方法和理论，从法律与社会的互动关系出发，研究信用规制的运作过程及其社会控制效果，对信用规制法治化涉及的问题进行系统分析，以求提升信用规制研究的理论水平，提出一套科学合理的问题解决办法。

二、思路安排

本书的基本论证逻辑是：首先，在理论层面对信用规制的基础理论进行"应然建构"；其次，通过对信用规制的实践现状进行"实然分析"，发现信用规制法治化存在的问题；最后，重塑信用规制法治化的价值定位与基本框架，提出进一步推动信用规制法治化发展的具体路径。基于此，本书主要分为三个部分七个章节对此论题进行阐述（如图0-1所示）。

第一部分是制度原理篇，共1章，主要回答了两个大问题：什么是信用规制和为什么要实施信用规制，而这两个问题又是回答"信用规制为何要法治化"的逻辑起点。具体而言，首先以信用规制的内涵界定入手，通过对"信用"和"规制"这两个基础性概念进行分析，进而对本书所研究的"信用规制"作出界定。然后，通过将信用规制与社会信用体系建设、经济性规制和社会性规制的关系进行阐述，进一步确定信用规制在理论体系中的位置。在此基础上，从现实背景和理论基础两个方面对"为什么要实施信用规制"这一问题进行回答。在现实背

---

[1] Peter Cane, Leighton McDonald, Kristen Rundle, *Principles of Administrative Law* (*Third Edition*), Oxford University Press, 2018, p.1.

景方面，主要对当前的信用失范、规制失灵的表现及其原因展开分析，挖掘信用规制的必要性依据。在理论基础方面：一是从信用规制本身的内在逻辑入手，以信用信息的公共性作为合理性依据；二是运用信号传递理论、治理术理论、国家能力理论、权利保障理论等多学科理论探讨信用规制的合理性和必要性。

第二部分是制度实践篇，共1章，主要回答了一个问题"信用规制的实践现状及其影响是什么"，而这个问题直接决定了"信用规制法治化存在何种问题"的答案。具体而言：首先，对我国信用规制的立法与政策进行检视，分别从中央和地方两个层面对信用规制法治化程度进行分析。其次，对信用规制的制度构成与制度逻辑进行研究，并重点对信用黑名单制度的实践现状进行研究，通过以小见大的方式管窥信用规制的实践现状。最后，对信用规制合法性的基本要求及分析框架进行界定，并从依据、措施、程序、结果等四个方面对信用规制面临的合法性问题进行"解剖麻雀"式分析。

第三部分是制度完善篇，共5章，主要回答了"信用规制如何实现法治化"这一问题。具体而言，第三章以信用规制法治化的价值定位和基本框架入手，首先通过对"法治""法治化"等概念进行阐述，得出了"信用规制法治化"的科学内涵，然后比较分析了欧盟、美国的信用规制法治化经验。在此基础上，对信用规制法治化的目标体系、认知模式进行了详细分析，最后探讨了行政过程论在建构信用规制法治化的基本框架中的优势，初步确立从依据、措施、程序和救济四个方面推动信用规制法治化。第四章着眼于信用规制依据的制定，以立法论为视角，从立法背景与意义、立法理念与原则、立法模式与框架设计以及核心内容等方面对完善信用规制立法进行阐述。第五章则聚焦于信用规制措施的运用，以比例原则、不当联结禁止原则、行政效能原则等行政法基本原则为指引,将信用规制措施细分为设计、选择和实施三个维度,对每一个维度的主要目标及其实现机制进行阐述。第六章主要强调信用规制程序的设定,探讨了程序正义作为信用规制程序之价值基础的必要性,将正当法律程序作为具体设定信用规制程序的参照,同时对自动化信用评价的程序要求进行了分析。第七章主要研究了信用规制中的权利救济机制,重点就如何完善信用修复和异议申诉这两项重要的、常态化的救济制度进行阐述。

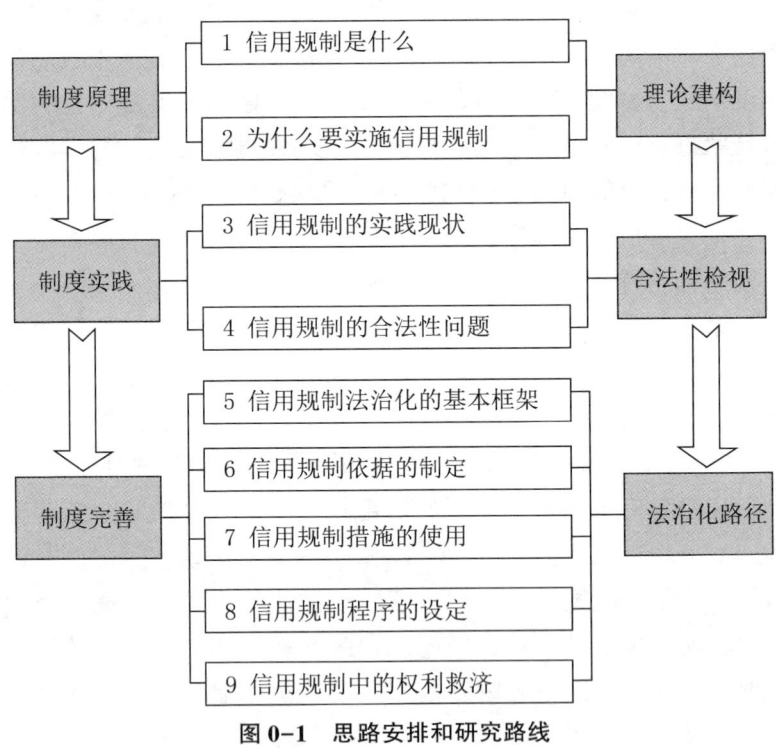

图0-1 思路安排和研究路线

第一章
作为政府规制创新的信用规制

"随着传统问题解决机制的前提条件的变化,治理方法的创新,已经成为一个主导性的需求。"〔1〕在规制理论中,学者们用"规制创新"(regulatory innovation)来代指"用新的办法解决老问题或者用新的办法解决'新的'(或新建构的)问题",具体而言,"规制创新"是指"在规制职能的履行、体制结构和组织过程中发生的对规制制度产生影响的二阶或三阶变化"。〔2〕信用规制正是政府部门在深化"放管服"改革和全面推进社会信用体系建设这一大背景下,面对新的规制环境和规制任务而采取的一种规制创新,其目的之一便是提升政府规制的能力和水平。〔3〕在实践中,政府部门在推行信用规制时,不断扩大信用规制的调控范围,不断推出新的信用规制措施,信用规制已经

---

〔1〕 [英]马丁·洛奇、凯·韦格里奇:《现代国家解决问题的能力——治理挑战与行政能力》,徐兰飞、王志慧译,中国发展出版社2019年版,第8页。

〔2〕 按照英国学者朱莉娅·布莱克(Julia Black)的观点,"二阶变化"(second-order changes)是指正在使用的技术或过程的变化,如从镰刀变为联合收割机;"三阶变化"(third-order changes)是"范式转变"(paradigm shifts),即规制制度(regulatory regime)的认知或规范框架的变化。See Julia Black, "What is Regulatory Innovation?", in Julia Black, Martin Lodge, Mark Thatcher (eds.), *Regulatory Innovation*, Edward Elgar, 2005, pp. 1~15.

〔3〕 2019年7月9日出台的《国务院办公厅关于加快推进社会信用体系建设构建以信用为基础的新型监管机制的指导意见》(国办发〔2019〕35号)在开篇就明确指出,构建以信用为基础的新型监管机制的目的是"为加强社会信用体系建设,深入推进'放管服'改革,进一步发挥信用在创新监管机制、提高监管能力和水平方面的基础性作用,更好激发市场主体活力,推动高质量发展"。

出现滥用和泛化的趋势。信用规制之所以在实践中偏离最初的顶层设计，这与政策执行者或实施者对"信用规制"本身缺乏正确的认识和合理的定位密切相关。因此，有必要对信用规制进行正本清源式的理论分析，对信用规制的基本内涵进行深入研究，厘清信用规制与社会信用体系和传统的政府规制之间的关系，在此基础上，对信用规制的现实动因和理论基础进行阐述。

第一节 信用规制及相关概念辨析

新兴技术使新产品、新服务和新商业模式的发展成为可能，而这些在几年前还是难以想象的，它们的速度和范围继续对市场和社会产生惊人的影响。政府规制机构在新兴技术方面面临一系列相互关联的挑战：规制框架可能不够灵活，无法适应技术的迅速发展；在许多情况下，现行规则可能已经过时，不再适用；规制机构还可能缺乏对新兴技术如何影响市场和更广泛社会的了解，"塑造规制机构的未来"成了一种世界趋势。[1] 信用规制是我国政府部门在深化"放管服"改革背景下的一种规制创新，是对政府规制机制的重塑。尽管信用规制是一种新的行政活动方式，但其背后依然是行政权力的行使，理应遵循行政权力运行的基本原则，实现法治化发展。若要将信用规制纳入法治轨道，首先必须回答"什么是信用规制"这一基础性问题。换言之，只有通过建构信用规制的法律概念才能准

---

[1] See OECD, *Shaping the Future of Regulators: The Impact of Emerging Technologies on Economic Regulators*, OECD Publishing, 2020, p. 13.

确划定信用规制的法律界限，确保信用规制的合法有效运行。[1]

一、信用规制的内涵界定

关于信用规制的内涵，目前还没有统一且明确的定义。在理论上，有的学者认为，信用规制是一种"行政行为"[2]或"监管行为",[3]有学者认为信用规制是一种"规制工具",[4]还有学者认为信用规制是一种"行政活动"或"规制活动"。[5]在实践中，有的规范将信用规制界定为"管理方式",[6]有的

---

[1] 正如美国学者埃德加·博登海默（Edgar Bodenheimer）所言："概念乃是解决法律问题所必需和必不可少的工具。没有限定的专门概念，我们便不能清楚地和理智地思考法律问题。"[美] E. 博登海默：《法理学——法哲学及其方法》，邓正来、姬敬武译，华夏出版社1987年版，第465页。

[2] 例如，袁文瀚将"信用监管"界定为"行政机关或法律、法规授权的具有公共管理职能的组织对相对人的公共信用信息进行记录、归集、使用，并按照一定指标体系展开评价、评级、分类，进而分别采取激励或惩戒等措施，实现政府规制目的的行为"。袁文瀚："信用监管的行政法解读"，载《行政法学研究》2019年第1期。

[3] 例如，钱弘道、徐博峰认为，信用监管是指"由政府主导的、对市场主体生产和经营活动的信用状况做出评价与处理的公权力监管行为"。钱弘道、徐博峰："企业信用监管中行政处罚的法治化指标研究"，载《浙江大学学报（人文社会科学版）》2017年第4期。

[4] 例如，王瑞雪将"政府规制中的信用工具"界定为"行政主体在履职过程中，通过记录、评价、公开和使用公民、法人或其他组织的公共信用信息达到监管目标的规制工具"。王瑞雪："政府规制中的信用工具研究"，载《中国法学》2017年第4期。

[5] 例如，张太航认为，信用监管是指"政府管理部门依据相关信用法规和市场主体发展状况，对市场主体在商品交易活动中发生的相互信任行为进行规范和管理的活动总称"。张太航："信用监管是市场经济条件下政府经济管理的必然选择"，载《中国市场监管研究》2017年第7期。

[6] 例如，国家标准《信用基本术语》（GB/T 22117—2018）将"信用监管"界定为"基于信用主体的信用状况实施的管理方式"。

规范则将信用规制界定为"制度和方式"。[1]已有的观点从不同角度对信用规制进行了描述,有助于我们更全面、更深入地认识信用规制现象,但也反映出了信用规制内涵界定的混乱,亟待从理论上进行厘清。本书认为,若要对信用规制的内涵进行科学、合理的界定,应当建立在对"信用"和"规制"这两个基础性概念的准确理解之上。

(一)何为信用

"信用"这一术语在我国古代就已经使用,其主要是由"信"和"用"这两个字的意思合成。[2]在现代汉语中,"信用"一词使用广泛,且含义众多。[3]在英语中,"信用"对应的英文单词为"credit",既可以是名词,也可以动词,其原初含义可以解释为:我给予信任(I place trust),[4]其现代含义则包括"对某事的真相或现实的依赖""商定延期支付债务""享有他人的信任而产生的影响或权力"等。在理论研究中,由于信用本身具有经济性、伦理性、工具性等特征,因此不同学科均从自身的理论视角出发对信用进行了广泛研究。

---

[1] 例如,《浙江省工商行政管理机关企业信用监督管理办法》第2条规定:"企业信用监管是指工商行政管理部门以法定职能为依托,以企业信用信息公示系统为支撑,以信用信息公示为基础,以信用分类监管和协同监管为核心,通过信用公示、信用分类、信用反馈、信用奖惩、信用指导等方式,对企业实施监督管理的制度和方式。"

[2] 《辞源》对"信用"作出如下解释:信任使用,《左传·宣公十二年》曾载:"王曰:'其君能下人,必能信用其民矣。'。"广东、广西、湖南、河南辞源修订,商务印书馆编:《辞源》(修订本·1~4合订本),商务印书馆1988年版,第211页。

[3] 《辞海》对"信用"作出如下解释:①谓以诚信任用人;信任使用;②遵守诺言,实践成约,从而获得的信任;③以偿还为条件的价值运动的特殊形式,多产生于货币借贷和商品交易的赊销或预付之中。参见夏征农、陈至立主编:《辞海》(第6版彩图本),上海辞书出版社2009年版,第2557页。

[4] 参见喻敬明、林钧跃、孙杰编著:《国家信用管理体系》,社会科学文献出版社2000年版,第2页。

第一章 作为政府规制创新的信用规制

在伦理学中,学者们认为,人类是一种"伦理性动物"(ethical animals),这并不是说人类天生就表现得特别好,也不是说人类总是无休止地告诉别人应当怎么做,而是意味着人类会进行打分和评估,比较和欣赏,提出主张并进行辩解。[1]因此,在伦理学看来,信用的兴起实际上是由人的"社会性"决定的,尤其是群居生活方式。"从根本上说,一切有机生命之间都能结成共同体,人类的理性共同体就存在于人们中间",[2]沟通、交流与合作成了人与人之间建立理性共同体的重要方式。在这个过程中,人们通过比较与评估,逐渐认识到以诚相待、言行一致在建立联系中的重要性,诚实信用逐渐成为一种约定俗成的行为规则。因此,信用问题首先是一个道德伦理问题,信用首先是一种重要的"道义伦理要求"。[3]伦理学意义上的信用包含了信任心理、约定形式、规则要求、价值评价等要素,[4]主要可以被分为"规则信用"和"承诺信用"。[5]

在经济学中,信用与商品生产、货币流通、市场交易等经济活动的快速发展密切相关,可以简称为"商定延期支付债务"。[6]学者们一般认为,信用是指一方基于对另一方的信任,允许另一

---

[1] See Simon Blackburn, *Ethics: A Very Short Introduction*, Oxford University Press, 2009, p.4.

[2] [德]斐迪南·滕尼斯:《共同体与社会》,张巍卓译,商务印书馆2019年版,第103页。

[3] 参见万俊人:"信用伦理及其现代解释",载《孔子研究》2002年第5期。

[4] 参见王淑芹等:《信用伦理研究》,中央编译出版社2005年版,第7页。

[5] 参见王淑芹:"信用概念疏义",载《哲学动态》2004年第3期。

[6] 例如,英国经济学家托马斯·图克(Thomas Tooke)曾在《通货原理研究》一书中对"信用"作出如下阐述:"信用,最简单地说,就是信任,这种信任不管有没有充分的根据,都会使一个人以货币的形式或商品(其价值按事先约定的货币价值计算)的形式,把一定数量的资本托付给另一个人,并且无论在哪种情况下,都要在规定的到期日予以偿还。"[英]托马斯·图克:《通货原理研究》,张胜纪译,商务印书馆1993年版,第86页。

方以"无须立即偿还,承诺未来归还"的方式取得金钱或资源。[1]因此,在市场经济中,信用主要体现为一客观的偿付能力,它主导了人们在经济活动中的基本行为规则,主要反映了授信方与受信方之间的债权债务关系。[2]

在法学研究中,学者们对信用的理解主要受到经济学意义上信用含义的影响,[3]主要将信用概念集中于民事主体在契约关系中的经济能力或履约能力及其获得的社会评价。[4]在此背景下,法学意义上的信用具有三个基本特征:①信用的主体是法律上的民事主体;②信用的基本内容是民事主体的偿债能力和偿债意愿;③信用的表现形式是民事主体经济信赖获得的社会评价。[5]

长期以来,经济学意义上的信用概念一直在有关信用的讨论中占据主导地位。对此,有学者曾提出批判意见,认为经济信用只是信用的一种表现形式,若以经济信用取代一般信用,可能会导致人们对信用理解的狭隘,而忽视其他信用形式的建设。[6]

---

[1] 经济学家吴敬琏认为:"所谓信用,是指一种建立在授信人(债权人)对受信人(债务人)偿付承诺的信任的基础上,使后者无需付现即可或缺商品、服务或货币的能力。"吴敬琏:"国民信用体系建设任重道远",载《中国税务》2004年第2期。

[2] 参见中国工商行政管理学会编:《信用工商理论与实务》,中国工商出版社2006年版,第2页。

[3] 例如,《牛津法律大辞典》将"信用"界定为"在作为回报而得到或提供货物或服务时,并非立即进行偿付时,而是允诺在将来进行偿付的做法……一方当事人是否通过信用与另一方进行交易,取决于其对债务人的人格、偿付能力和所提供的担保的评估"。[英]戴维·M.沃克:《牛津法律大辞典》,李双元等译,法律出版社2003年版,第282~283页。

[4] 例如,吴汉东教授认为,信用是指"民事主体所具有的偿付债务的能力而在社会上获得的相应的信赖和评价"。吴汉东:"论信用权",载《法学》2001年第1期。

[5] 参见秦宝燕、江雄主编:《信用法概论》,上海财经大学出版社2015年版,第2页。

[6] 参见王淑芹:"信用概念疏义",载《哲学动态》2004年第3期。

第一章 作为政府规制创新的信用规制

近年来,随着社会信用体系建设的全面推进,越来越多的学者意识到单一的经济学意义上的信用含义已经无法对我国的社会信用实践作出合理解释,因此主张采取一种整体性、综合性的视角来界定信用。例如,吴晶妹教授提出了"三维信用论",认为信用是由基本素质中的诚信度、社会活动中的合规度和经济活动中的践约度三个维度构成。[1]王雨本教授等主张"二维信用论",即认为信用是"一定主体履行法定义务和约定义务的状况"。[2]罗培新教授也持类似的观点,他将"社会信用"界定为"具有完全行为能力的自然人、法人和非法人组织遵守法定义务或者履行约定义务的状况"。[3]

综合上述分析,本书认为,不同学科对"信用"的理解都存在一些共性,"诚信"均是所有信用概念的内核或基础,即使在学科特征最为明显的经济学领域,诚信也依然是信用的重要价值支撑。因此,从这个意义上看,并不存在所谓的"经济信用"与"社会信用"截然对立的关系,二者可能的区别或许仅仅在于涵盖范围或具体场景上的不同。随着社会环境的变化,固守哪一种单一的信用概念都无法适应现代社会的发展趋势,因此必须采取一种"包容审慎"的态度来界定信用。综合已有的研究成果,结合国内信用立法[4]或信用标准[5]的制定经

---

[1] 参见吴晶妹:《三维信用论》,当代中国出版社2013年版,第28页。
[2] 沈凯、王雨本:"信用立法的法理分析",载《中共中央党校学报》2009年第3期。
[3] 罗培新:《社会信用法:原理·规则·案例》,北京大学出版社2018年版,第38~39页。
[4] 目前,已有的地方信用立法,如《上海市社会信用条例》《天津市社会信用条例》《山东省社会信用条例》《南京市社会信用条例》《河南省社会信用条例》《河北省社会信用信息条例》《宿迁市社会信用条例》《厦门经济特区社会信用条例》等地方性法规。
[5] 国家标准《信用 基本术语》(GB/T 22117—2018)将"信用"界定为"个人或组织履行承诺的意愿和能力",其中"承诺"包括"法律法规和强制性标准

验,本书认为,将"信用"的内涵界定为"守法义务和履约义务",综合了多学科语境中的信用含义,总体上也符合我国社会信用体系理论及实践的发展趋势。

(二) 何为规制

"规制"一词在我国古代就已经被使用,其主要是由"规"和"制"这两个字的意思合成。[1]在现代汉语中,"规制"一词被赋予了新的含义,[2]并开始在我国学术研究中广泛使用。[3]在英语中,"规制"对应的单词是"regulation"。"regulation"这一词形成于17世纪70年代,意为"规制行为;处于有序状态",是"regulate"的名词形式;而"regulate"来源于拉丁文"regulatus",意为"按规则控制,指挥"(to control by rule, direct)。《朗文当代高级英语词典》将"regulation"解释为:①官方的规则或命令;②控制,秩序的建立。[4]由此可知,规制与信用相同,均具有丰富的内涵。

在学术研究中,人们常常将"规制"视为是一种可识别的、

(接上页) 均将"(社会)信用"界定为"遵守法定义务或履行约定义务的状况"。规定的、合同条款等契约约定的、社会合理期望等社会责任的内容"。

〔1〕 例如,《新唐书·韦述传》便曾记载:"及萧嵩引述撰定,述始摹周六官领其属,事归于职,规制遂定。"在这里,"规制"的含义是"规格制式"。

〔2〕 《现代汉语词典》将"规制"界定为:"规则,制度;(建筑物的)规模形制。"中国社会科学院语言研究所词典编辑室编:《现代汉语词典》(第5版),商务印书馆2005年版,第514页。

〔3〕 国内也有一些学者专门对"规制""监管"等概念进行考证式研究。参见马英娟:"监管的概念:国际视野与中国话语",载《浙江学刊》2018年第4期;史际春、冯辉:"'规制'辨析",载《经济法学评论》2017年第1期;阎桂芳:"政府规制概念辨析",载《生产力研究》2009年第6期;马英娟:"监管的语义辨析",载《法学杂志》2005年第5期。

〔4〕 《朗文当代高级英语辞典》(英英·英汉双解),朱原等译,商务印书馆1998年版,第1267页。

第一章 作为政府规制创新的信用规制

独立的政府活动（governmental activity）模式。[1]尽管"规制"已经成为一个相对独立的学术研究领域，但"规制"的确切含义却一直处于"仁者见仁，智者见智"的状态。从经济学的角度看，规制是政府部门采用各种政策工具对经济运行进行干预，其目的是因应市场失灵。[2]美国学者丹尼尔·史普博（Daniel F. Spulber）认为，规制是"行政机构执行的施加于市场的一般性法规和特殊行为"。[3]政治学主要关注规制决策的形成过程，以及在这个过程中权力分立、资源配置、公众参与等对规制的影响。[4]例如，美国学者肯尼思·梅尔（Kenneth J. Meier）认为："规制本质上是一个政治过程，政治行动者通过这一过程来

---

[1] See Robert Baldwin, Colin Scott, Christopher Hood (eds.), *A Reader on Regulation*, Oxford University Press, 1998, p. 1.

[2] 日本学者植草益认为："通常意义上的规制，是指依据一定的规则对构成特定社会的个人和构成特定经济的经济主体的活动进行限制的行为。"参见［日］植草益：《微观规制经济学》，朱绍文等译校，中国发展出版社1992年版，第1页。

[3] ［美］丹尼尔·F. 史普博：《管制与市场》，余晖等译，余晖总校，上海人民出版社2017年版，第31~32页。

[4] 美国学者马弗·伯恩斯坦于1955年在《独立委员会的商业规制》一书中指出，在美国环境中，寻求公共政策保护的团体要求规制，以防止有害的商业行为继续存在，规制政策必须适应经济组织、产业实践、政治思想和社会目标的动态变化。他认为，"规制"有以下几种理解：①规制是一个高度政治化的过程。规制过程不可避免地具有政治性，只要规制受制于政治和社会大环境，只要规制仍然建立在有组织的团体利用公共权力促进私人目的或公共福利的基础之上，它就仍然是政治生活的一个重要方面。②规制是对利益相关方需求矛盾的反映。对经济活动的规制引发了相互竞争的需求，因此在建立规制模式的过程中，规制机构必须权衡各方的利益。③规制是一个调整的过程。从公众的角度看，规制机构必须将国会的授权转化为公共政策，因此在执行立法授权的过程中，需要根据利益相关方的实力和活动不断进行调整。④规制是对人类行为的控制。规制机构通过非正式活动、颁布规章制度、裁决纠纷、执行规章制度，承担影响和强制人类行为的任务。⑤规制是一个决策领域。从功能的角度看，规制过程可以被视为一个广泛的决策领域。⑥规制是一个双向的过程。规制机构和被规制团体均试图控制对方的行为。See Marver Bernstein, *Regulating Business by Independent Commission*, Princeton University Press, 2015, pp. 278~279.

分配国家权力,以实现自身利益。"[1]在法学的规制研究中,主要侧重于政府权力的行使、规制规则的制定、规制程序的设计以及规制行为的司法审查等。[2]美国学者菲利普·塞尔兹尼克(Philip Selznick)将规制界定为"公共机构对那些社会共同体重视的活动实施持续且集中的控制"。[3]英国学者迈克尔·克拉克(Michael Clarke)认为,规制是指从内部或(和)外部建立一种形式的权威(authority),以便在生活的某一领域实现秩序,而这一领域已引起人们的注意,显示出了无序、反常或过度的倾向。[4]

任何一个研究领域都意味着使用占支配地位的方法论或分析框架,来研究其中的现象。[5]从这个角度看,规制显然不是某一学科的"子学科",而是作为跨学科研究领域。[6]根据英

---

[1] Kenneth J. Meier, "The Politics of Insurance Regulation", *The Journal of Risk and Insurance*, Vol. 58, Issue 4 (1991), pp. 700~713.

[2] 美国最高法院大法官史蒂芬·布雷耶(Stephen Breyer)是较早关注规制理论的法律学者之一。史蒂芬·布雷耶于1982年在《规制及其改革》一书中对规制理论进行了系统研究。布雷耶认为,所有对"规制"加以概括的努力常常显得太过抽象,或者不得不设太多的例外,以至于在制定政策时无法发挥多少作用。因此,布雷耶从规制模式的角度,对经典规制的内涵进行了界定。他认为,经典规制主要体现为六种模式:①服务成本费率制定;②基于历史的价格规制;③基于公共利益标准的配置;④标准制定;⑤基于历史的配置;⑥个别审查。参见[美]史蒂芬·布雷耶:《规制及其改革》,李洪雷等译,北京大学出版社2008年版,第55~193页。

[3] Philip Selznick, "Focusing Organisational Research on Regulation", in Roger G. Noll (ed.), *Regulatory Policy and the Social Sciences*, University of California Press, 1985, p. 363.

[4] See Michael Clarke, *Regulation: The Social Control of Business between Law and Politics*, Palgrave Macmillan, 2000, p. 3.

[5] 参见[英]罗伯特·鲍德温、马丁·凯夫、马丁·洛奇编:《牛津规制手册》,宋华琳等译,宋华琳校,上海三联书店2017年版,第12页。

[6] See Christel Koop, Martin Lodge, "What is Regulation? An Interdisciplinary Concept Analysis", *Regulation & Governance*, Vol. 11, Issue 1 (2017), pp. 95~108.

国学者罗伯特·鲍德温（Robert Baldwin）等的总结，"规制"至少有五种不同的内涵：①作为一系列具体的命令，在这种情形中，规制涉及颁布一系列有约束力的规则，由专门机构负责实施；②作为蓄意的国家影响，在这种情形中，规制的内涵更为广泛，涵盖了所有旨在影响商业或社会行为的国家行为；③作为所有形式的社会性或经济性影响，在这种情形中，所有影响行为的机制，无论是以国家为中心的，还是以市场为中心的，都被认为是"规制性的"；④作为一种限制行为和防止某些不良活动发生的活动，即"红灯"（red light）；⑤作为一种扶持性或便利性的影响，即"绿灯"（green light）。[1]

诚然，所有的政府都会进行规制，但并非所有的规制都是由政府承担的。由于受到"新公共管理""法律多元化""新治理"等理论的影响，有学者主张以一种"去中心化"（decentering）的视角来界定规制。英国学者茱莉娅·布莱克（Julia Black）认为，"去中心化"意味着政府没有垄断规制，也不应当垄断规制，规制是在其他社会行为者内部和其他社会行为者之间进行的。[2]基于对复杂性、知识的碎片化与建构、权力行使与控制权的分散、自主性、公私界限的模糊等因素的考量，茱莉娅·布莱克将规制界定为："按照确定的目标，采用制定标准、收集信息等机制，持续且集中地试图改变他人的行为，以产生一个或多个广泛确定结果的过程。"[3]

---

[1] See Robert Baldwin, Martin Cave, Martin Lodge, *Understanding Regulation: Theory, Strategy, and Practice*, Oxford University Press, 2012, p. 3.

[2] See Julia Black, "Decentring Regulation: Understanding the Role of Regulation and Self-regulation in a 'Post-regulatory' World", *Current Legal Problems*, Vol. 54, Issue1 (2001), pp. 103~146.

[3] Julia Black, "Regulatory Conversations", *Journal of Law and Society*, Vol. 29, Issue 1 (2002), pp. 163~196.

综合上述分析，结合本书的研究需要，本书主要采用茱莉娅·布莱克对规制作出的界定。据此定义，规制主要包括三项功能：①标准制定（standard-setting），以便区分不同的偏好状态；②信息收集（information-gathering），以便了解系统的当前状态；③行为修正（behavior-modification），以便纠正偏离标准的状态。[1]总体而言，规制对于经济和社会的正常运作是不可或缺的，它们为公民、企业、政府和民间社会制定了"游戏规则"（rules of the game），它们支撑着市场秩序，保护个人和组织的权利，维护社会安全，并确保公共产品和服务的提供。规制政策（regulatory policy）的目标是确保规则标准和规制框架有效地为公共利益服务。

（三）何为信用规制

结合本书对"信用"和"规制"的理解，本书认为，信用规制是指行政主体在行政管理过程中，以信息技术为支撑，依法对公民、法人或者其他组织（以下简称"信用主体"）的信用信息进行归集、评价、公开，并运用信用承诺、信用奖励、信用惩戒等措施对信用主体进行监督管理的活动的总称。简而言之，本书所研究的"信用规制"是"基于信用的规制"（credit-based regulation），即政府的规制过程是以"信用"为基础，从规制授权到规制对象的确定，再到规制措施的选择与实施，"信用"均发生基础性作用。换言之，本书所指的"信用规制"不同于政府对信用活动进行直接规制，更不局限于备受关注的"失信惩戒"，而是一个系统工程，是一种规制创新。

（1）信用规制是一种规制模式，而非一种单一的规制工具。在信用规制概念的逻辑结构上，本书主要遵循了大多数规制定

---

[1] See Christopher Hood, Henry Rothstein, Robert Baldwin, *The Government of Risk: Understanding Risk Regulation Regimes*, Oxford University Press, 2001, p.21.

第一章 作为政府规制创新的信用规制

义的"五要素结构",并采用了一种"本质主义的"概念化进路。按照茱莉娅·布莱克的总结,大多数"规制"定义都包含以下五个基本要素:规制=由(b)主体以(c)形式在(d)领域使用(e)机制执行的(a)活动;所采取的概念化进路主要包括"规制的功能主义定义""规制的本质主义定义"和"规制的传统主义定义"。其中,"规制的本质主义定义"试图确定与"规制"概念具有分析性关系(analytical relationship)的要素,为"规制"一词的适用规定一组不变的充分必要条件,若没有这些条件,就不能在逻辑上说"规制"得到了恰当适用,其语言表达范式为"规制是……"。[1]

(2)信用规制是政府行政权力的运用,是由诸多行政行为构成的复合性行政活动。信用规制实际上是行政主体对相对人的行为持续施加影响的过程,这一过程具有权威性、执行性、强制性、普遍性等特征。因此,信用规制过程是行政权力行使的过程。从传统的行政行为形式理论来看,很难将信用规制准确界定为某种具体的行政行为,原因在于信用规制包含了诸多行为类型,它是一个"行为束"或"行为集"。

(3)信用规制是信息规制的升级,核心是以信用信息为基础设计各类规制措施。对于政府规制而言,信息非常重要,[2]规制机构与被规制对象在不同的时点所了解的信息在很大程度上决定了最优规制政策的性质。[3]在规制理论中,信息

---

[1] See Julia Black, "Critical Reflections on Regulation", *Australian Journal of Legal Philosophy*, Vol. 27, 2002, pp. 1~35.

[2] 参见应飞虎、涂永前:"公共规制中的信息工具",载《中国社会科学》2010年第4期。

[3] 参见[美]约瑟夫·斯蒂格利茨:《信息经济学:应用》,纪沫、陈佳、刘海燕译,中国金融出版社2007年版,第282页。

规制（informational regulation）是一种非常重要的规制类型，[1]"以传播为基础的工具通过丰富目标受众可获得的信息来规范行为，从而使他们能够对自己的行为做出更明智的选择，并希望他们选择以有利于实现规制目标的方式行事。因此，其目的是对个人决策施加某种间接的社会压力，希望它能导致行为的改变"。[2]在治理理论中，"基于信息的治理"（information-based governance）是一个利用信息引导社会和经济实现集体协商目标的过程，[3]它可以节约治理成本，提高治理效率。信用规制实际上是在信息规制、"基于信息的治理"基础上的更进一步发展，它不仅通过信用信息的公布来达到规制目的，[4]更为重要的是利用信用信息设计规制工具，并将这些以信用信息驱动的规制工具用于政府规制实践。因此，从这个意义上看，信用规制具备了信息规制的一般原理和制度功能。

（4）信用规制是风险规制的发展，目的是依据公民、法人或者其他组织的信用风险水平来实施不同的规制策略。自从贝克（Ulrich Beck）于20世纪90年代提出人类社会已经进入

---

[1] 凯斯·桑斯坦认为："信息规制已经成为上一代美国法律中最引人注目的发展之一。" See Cass R. Sunstein, "Informational Regulation and Informational Standing: Akins and Beyond", *University of Pennsylvania Law Review*, Vol. 147, Issue 3 (1999), pp. 613~676。

[2] Bronwen Morgan, Karen Yeung, *An Introduction to Law and Regulation: Text and Materials*, Cambridge University Press, 2007, p. 96.

[3] See Graham Bullock, "Information-Based Governance Theory, in Christopher Ansell", Jacob Torfing (eds.), *Handbook on Theories of Governance*, Edward Elgar Publishing, 2016, p. 281.

[4] 一般认为，信息规制主要分为两种情形：一是对信息本身的规制，主要是对错误或误导性信息进行控制；二是通过信息进行规制，主要是指由规制机构将信息本身作为一种规制措施运用到规制过程中，以实现规制目标。参见［英］安东尼·奥格斯：《规制：法律形式与经济学理论》，骆梅英译，苏苗罕校，中国人民大学出版社2008年版，第123~128页。

"风险社会"以来,风险及其管理就一直受到个人、社会和国家的广泛关注。除了"风险社会"以外,我们也被认为生活在一个"规制国家"(regulatory state)。[1]事实上,"风险社会"和"规制国家"这两个概念确实可以联系起来,因为风险和安全往往被认为是当代规制增长的主要动力。反过来,许多人将风险规制(risk regulation)的发展解释为反映了更广泛的政治和文化变化。[2]风险规制成了现代规制国家的重要内容,风险与规制的关系大致也可以被分为两种情形:一是风险与对规制的授权,即作为规制对象的风险;二是风险与规制授权,即作为规制正当化依据的风险。[3]信用规制中的重要机制就是对公民、法人或其他组织的信用风险水平进行评估,并以此作为"分级分类规制"的重要依据,推行不同的规制策略,采取干预强度不同的规制措施,这符合风险规制的基本原理和发展趋势。[4]

二、信用规制与社会信用体系的关系辨析

在社会信用体系建设的背景下,信用规制实践得以快速发展和广泛推广。然而,对于"信用规制"与"社会信用体系建设"之间的关系,实践中的政府部门存在不同认识,其中有一种误区是认为信用规制就是社会信用体系建设。本书认为,正是由于对信用规制与社会信用体系建设的关系缺乏正确的认识,

---

[1] See Giandomenico Majone, "The Rise of the Regulatory State in Europe", *West European Politics*, Vol. 17, Issue 3 (1994), pp. 77~101.

[2] See Christopher Hood, Henry Rothstein, Robert Baldwin, *The Government of Risk: Understanding Risk Regulation Regimes*, Oxford University Press, 2001, p. 4.

[3] 参见[英]罗伯特·鲍德温、马丁·凯夫、马丁·洛奇编:《牛津规制手册》,宋华琳等译,宋华琳校,上海三联书店2017年版,第342~344页。

[4] See Maria Weimer, "The Origins of 'Risk' as an Idea and the Future of Risk Regulation", *European Journal of Risk Regulation*, Vol. 8, Issue 1 (2017), pp. 10~17.

才导致政府部门在实践中将社会信用体系的诸多内容或功能附加于信用规制,进而导致信用规制出现所谓的"内容过载"或"功能外溢",出现了"信用是箩筐,什么都能装"的乱象。[1]因此,有必要从学理上对信用规制与社会信用体系之间的关系进行厘清,这样有助于我们准确把握信用规制在社会信用体系建设中的地位与功能,准确设定信用规制的目标。

从比较法的角度看,社会信用体系理论是我国为因应社会经济转型所形成的一种应用型理论,它根植于我国特定的社会现实和制度环境,具有强烈的中国问题意识。[2]尽管社会信用制度兴起之初受到了发达国家信用管理制度的启发,但其整个制度走向却具有鲜明的中国特色,它既是社会主义市场经济制度的组成要素,也是社会治理机制的重要内容。[3]在理论上,学者们从不同角度对社会信用体系理论进行了阐释,尽管存有差异,但是也基本形成了一些共识,这些共识被我国的社会信用体系建设实践所吸收,并最终体现在社会信用体系建设的顶层设计中。[4]根据理论与实践经验,可以按照结构和功能对社会信用体系进行层次划分,如图1-1所示。

---

[1] 参见张太航:"信用监管是市场经济条件下政府经济管理的必然选择",载《中国市场监管研究》2017年第7期。
[2] 参见张丽丽、章政:"新时代社会信用体系建设:特色、问题与取向",载《新视野》2020年第4期。
[3] 参见林钧跃:"社会信用体系理论的传承脉络与创新",载《征信》2012年第1期。
[4] 《社会信用体系建设规划纲要(2014—2020年)》对"社会信用体系"作出了如下描述:"社会信用体系是社会主义市场经济体制和社会治理体制的重要组成部分。它以法律、法规、标准和契约为依据,以健全覆盖社会成员的信用记录和信用基础设施网络为基础,以信用信息合规应用和信用服务体系为支撑,以树立诚信文化理念、弘扬诚信传统美德为内在要求,以守信激励和失信约束为奖惩机制,目的是提高全社会的诚信意识和信用水平。"

第一章 作为政府规制创新的信用规制

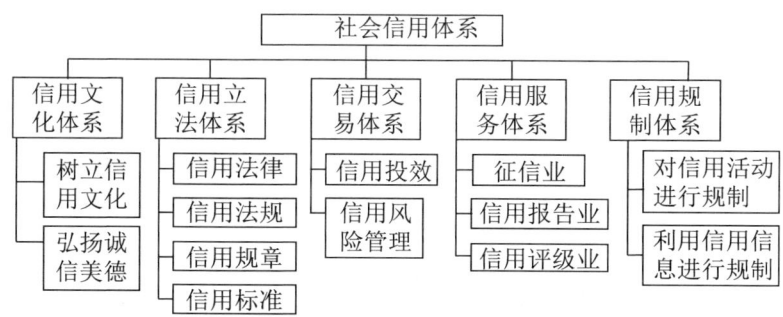

图 1-1 社会信用体系的五个子体系

（1）信用文化体系。它是指通过宣传、教育等途径加强公民、法人和其他组织的诚信道德和守信意识，增进社会成员之间互相信任，在全社会营造良好的信用环境。"文化"通常指的是社会生活中大量的、多样化的、大多是无形的方面。按照社会学家们的观点，文化由人们共同拥有的价值观、信仰、语言系统、交流和实践组成，可以用来将他们定义为一个集体（collective）。[1]文化有别于社会结构和社会的经济方面，但它又与社会结构和社会经济联系在一起，既不断地向它们提供信息，也从它们那里获得信息。信用文化属于文化的一种类型，也受到各种各样因素的影响，如个人和组织的信用价值观、社会的信用习惯、国家的信用规范等，它与信用经济、信用制度之间关系密切。从功能主义的角度看，信用文化体系是社会信用体系建设的目标体系，它能对社会信用体系的其他子体系发挥重要的指引和推动作用。

（2）信用立法体系。它是指国家制定与信用相关的法律法规及其他法规范文件，并形成科学、合理的法规范体系，为信

---

[1] See Talcott Parsons, "Culture and Social System Revisited", *Social Science Quarterly*, Vol. 53, Issue 2 (1972), pp. 253~266.

用制度的建构提供法律依据。信用立法体系是社会信用体系迈向规范化、法治化发展的前提条件，它能对社会信用体系的其他子体系之不同环节进行调控，为其合法有效运行提供行为指引和规范依据。因此，从这个意义上看，信用立法体系与信用规制体系之间也存在交叉与重叠。原因在于，从规制的原初含义看，信用规制实际上包含了"通过信用规则的统治"，[1]而最权威、最稳定的"信用规则"莫过于"信用法律法规"。

（3）信用交易体系。它是指各类市场主体围绕信用而开展的各类经济活动的总称，它是由信用的经济属性所决定的。[2]信用交易体系主要涉及各类市场主体，尤其是从事金融行业的企业和个人。与此同时，政府部门以及其他一些社会组织也是信用交易体系的重要参与者。信用交易体系与国家的经济发展直接相关，尤其是系统性的金融风险，更是成了决定经济秩序稳定发展的重要因素。经济主体绝大部分的信用信息均是在信用交易体系中产生和积累的，即通常所称的"市场信用信息"。从这个意义上看，信用交易体系与信用规制体系也密切相关，尽管在信用规制中主要以"公共信用信息"的收集、处理和使用为主，但"市场信用信息"仍然是重要的信息补充来源。

（4）信用服务体系。它是指各类信用中介机构，依照国家法律法规的规定，对各类经济主体的信用信息进行收集、存储、加工，并为社会经济活动中的参与者提供各类信用产品。[3]信用服务机构在信用服务体系中占据重要地位，按照业务性质划

---

[1] 参见［英］罗伯特·鲍德温、马丁·凯夫、马丁·洛奇编：《牛津规制手册》，宋华琳等译，宋华琳校，上海三联书店2017年版，第6页。

[2] 参见李新庚：《社会信用体系运行机制研究》，中国社会出版社2017年版，第13页。

[3] 参见展西亮：《信用工程论》，中国金融出版社2015年版，第99页。

分，主要包括信用报告机构、信用调查机构等。[1]从域外国家信用制度的发展经验来看，以市场为主导的信用体系，信用服务体系通常都比较健全与发达。在我国社会信用体系建设过程中，信用服务体系也至关重要，它可以提高社会经济活动中组织和个人管理信用风险的意识和能力，与信用交易体系关系密切。此外，信用服务机构提供的信用产品或信用工具也可以服务于政府部门。例如，在信用规制中，公共信用评价制度就直接受益于信用服务体系中的信用评价制度。

（5）信用规制体系。它是指政府部门依据信用法律法规，对市场中的各类信用活动进行监督管理，或者使用"信用信息驱动的措施"对个人和组织在社会经济活动中的行为予以控制的体系。由此可知，从广义上看，信用规制体系实际上又可以被分为"政府对信用活动予以规制"和"政府利用信用信息进行规制"两个子体系。其中，"政府对信用活动予以规制"与信用交易体系、信用服务体系密切相关，它是这些子体系得以有效运行的重要保障；"政府利用信用信息进行规制"则主要是指政府通过建立公共信用信息数据库，并设计和实施各类"信用信息驱动的措施"，对个人和组织在社会经济活动中的行为进行控制，这也是本书的主要研究对象。整体而言，信用规制体系是社会信用体系的重要组成部分，它也是社会信用体系实现"社会治理"功能的主要途径。

综上所述，社会信用体系是由多个子体系共同构成的宏大体系，每一个子体系在整个社会信用体系建设中均扮演着不同的角色，发挥着不同的作用，这意味着我们在对这些子体系进行制度建构时所采取的方案或路径应当有所区别。与此同时，

---

[1] 参见史福厚、唐明琴主编：《广东信用知识读本》，广东人民出版社2015年版，第111页。

我们也应当看到不同子体系之间关系密切，存在很多共性，呈现一种和谐共生的关系。这意味着我们在进行制度建构时不应当将这些子体系之间完全孤立起来，而是应当"求同存异"，统筹推进。无论是广义上的信用规制体系，还是狭义上的信用规制体系，都只是社会信用体系的重要内容之一。尽管信用规制体系与其他子体系之间关系密切，并且在整个社会信用体系中意义重大，但并不能将社会信用体系简单等同于信用规制体系，也不宜将社会信用体系的所有目标全部寄希望于信用规制体系，避免出现子体系的"功能外溢和超常发挥"。[1]

三、信用规制与传统政府规制的关系辨析

信用规制是我国政府部门在新的历史时期面临新的规制环境和规制需求而采取的规制模式，带有很强的"问题导向"色彩。那么，信用规制与传统的政府规制模式有何不同呢？这就需要我们将信用规制放置在整个规制理论体系中来看待，这样才能更加准确地把握信用规制法治化遭遇的困境及未来的发展方向。

目前，我国学术界对于信用规制的定位存在不同的观点，出现了"信用工具说"、[2]"信用责任说"、[3]"信用权力

---

[1] 参见林钧跃："辨识社会信用体系的性质及其现实意义"，载《征信》2020年第9期。

[2] 王瑞雪教授从规制工具的角度出发，将信用规制界定为政府规制中的"信用工具"，这是一种以信用信息为基础、以分类管理手段和声誉机制为后盾的规制工具。参见王瑞雪："政府规制中的信用工具研究"，载《中国法学》2017年第4期。

[3] 刘俊海教授从法律责任的角度出发，将"黑名单""失信联合惩戒"等信用规制措施概括为"信用责任"，并主张制定《信用基本法》，将信用责任纳入法律责任体系，使其作为与民事责任、行政责任与刑事责任并列的第四类新型独立法律责任。参见刘俊海："信用责任：正在生长中的第四大法律责任"，载《法学论坛》2019年第6期。

说"[1]等观点，这些观点对我们准确认识信用规制的基本原理具有启发意义。本书认为，信用规制不仅仅是政府规制在规制工具方面的单一创新，而是政府规制在"规制机制"方面的综合创新。[2]所谓"规制模式"是指政府部门在规制实践中，就解决某一类社会问题而形成的一类解决方案，它可以为其他政府部门解决相同问题提供参考与借鉴。[3]信用规制正是对长期以来政府利用信用信息进行规制的实践予以总结，从理论上对单一制度实践（如信用黑名单、失信联合惩戒等）的共性进行抽象概括，形成一种新的政府规制模式，其在规制的理念、方式、手段、机制等方面均形成了可供复制的经验。[4]

在规制理论中，传统的政府规制模式主要分为经济性规制（economic regulation）和社会性规制（social regulation）。经济性规制的目的一般是提高市场提供货物和服务的效率，它可以包

---

[1] 戴昕教授从权力形态的角度出发，认为尽管从形式上信用规制机制被定位为只是行政权以及司法权行使的新型手段，但是以制定信用评价和使用规则、实施信用奖惩为主要内容的权力更像是一种叠加在传统规制权力之上的一种新型权力，可以称之为"信用权"。参见戴昕："理解社会信用体系建设的整体视角：法治分散、德治集中与规制强化"，载《中外法学》2019年第6期。

[2] 林钧跃教授也认为，对于政府的市场监管部门来说，社会信用体系、社会治理创新和诸多新技术形成了一个新框架，造成监管方式的"范式转移"是不可避免的。参见林钧跃："论政府市场信用监管的创新方向"，载《中国信用》2019年第5期。

[3] 参见中国市场学会信用学术委员会编：《中国社会信用体系模式探索》，中国方正出版社2012年版，第9页。

[4] 国家发展和改革委员会财产金融和信用建设司司长陈洪宛在接受记者采访时指出，与传统政府监管相比，"以信用为基础的新型监管模式"主要体现出"四个新"：①监管理念新，要求贯穿市场主体全生命周期；②监管方式新，要求根据不同信用状况实施分级分类监管；③监管手段新，要求以大数据为基础、以信用评价为依据实施精准监管；④监管机制新，要求跨地区、跨部门和全社会协同监管。参见胡俊超、余蕊："国家发改委：以信用为基础的监管机制有'四个新'"，载https://baijiahao.baidu.com/s? id=1640766528203778328&wfr=spider&for=pc，最后访问日期：2020年6月1日。

括政府对企业在价格、数量、服务和进入和退出方面的决定施加的限制;社会性规制的目的是保护整个社会的福利和权利,它可以包括工作场所的健康和安全、保护环境、保护工人的权利以及保护买方免受卖方欺诈或不称职行为的影响。[1]信用规制是具有相对独立性的一种新的规制类型,其与经济性规制和社会性规制有着明显的不同,如表1-1所示。

表1-1 信用规制与经济性规制、社会性规制的比较

主要项目	经济性规制	社会性规制	信用规制
规制原因	自然垄断、信息不对称等	信息不对称、外部效应、公共物品供给、非价值物品供给等	市场失灵、规制失灵、信用失范等
规制目标	提高资源配置效率和企业内部效率	增进社会福利(公平、正义、安全)为根本目标	提高行政效能、维护公共利益(如培育诚信文化、优化营商环境、增进社会互信、确保高质量发展等)
规制范围	自然垄断产业(电信、电力、铁路运输、自来水、天然气供应等)、特定产业(银行、证券、保险等)	医疗保健、公共安全、环境保护、灾害防治等	经济领域(食品药品、工程质量、安全生产等)、社会领域(生态环境、养老托幼等)、文旅领域(文化娱乐、上网服务、网络文化)等
规制对象	主要是企业	主要是企业,也包括个人	既包括公民,也包括法人和其他组织

[1] See OECD, "Regulatory Reform and Innovation", http://www.oecd.org/sti/inno/2102514.pdf (Last visited on March 21, 2021).

第一章 作为政府规制创新的信用规制

续表

主要项目	经济性规制	社会性规制	信用规制
规制工具	价格规制、进入规制、投资规制、质量规制等	行政许可、行政处罚、标准制定、信息披露、行政收费、行政补贴等	信用承诺、信用奖励、信用惩戒、信用名单、信用公示、信用约谈、信用警示等
规制趋势	放松规制	强化规制	优化规制

（1）规制原因存在差异。首先，经济性规制兴起的动因主要是信息不对称和自然垄断。例如，在我国电力市场改革过程中，为了避免电力企业滥用其市场垄断地位获取超额利润，我国《电力法》[1]便以法律的形式授予了国务院相应的规制权力，以便其对电价进行调控。[2]其次，社会性规制的主要原因是负外部性、公共物品供给等。例如，为了避免消费者因信息不对称而导致合法权益受损，《广告法》授权市场监督管理部门对广告进行规制。[3]最后，信用规制的原因除了传统的市场失灵（如信息不对称、外部性等）外，还有规制失灵、信用失范等其他原因，尤其是社会经济活动中出现的"寡信轻诺"问题。

（2）规制目标存在差异。经济性规制的目标主要是提高资源配置效率，即将有限的资源在不同行业、不同区域、不同主体之间进行合理分配，避免资源分配不合理、不公正而导致效率低下，制约经济发展。社会性规制的目标主要是增进社会整体

---

[1]《电力法》，即《中华人民共和国电力法》，为表述方便，本书中涉及我国法律，直接使用简称，省去"中华人民共和国"字样，全书统一，后不赘述。
[2]《电力法》第35条规定："本法所称电价，是指电力生产企业的上网电价、电网间的互供电价、电网销售电价。电价实行统一政策，统一定价原则，分级管理。"
[3]《广告法》第6条规定："国务院市场监督管理部门主管全国的广告监督管理工作，国务院有关部门在各自的职责范围内负责广告管理相关工作。县级以上地方市场监督管理部门主管本行政区域的广告监督管理工作，县级以上地方人民政府有关部门在各自的职责范围内负责广告管理相关工作。"

福利，如公平、正义、安全等，避免附带性损害，它与福利国家的兴起密切相关。信用规制的目标既包括提升行政效能，提高政府的规制能力和水平，还包括诸多以社会公共利益为取向的规制目标，如弘扬诚信道德、树立信用文化、增进社会互信等。[1]

（3）规制范围存在差异。经济性规制主要集中在自然垄断产业（如电信、电力、铁路运输、自来水、天然气供应等）和特定产业（如银行、证券、保险等）。社会性规制则主要集中在医疗保健（如食品、药品、化妆品等）、公共安全（如交通安全、生产安全、劳动安全、网络安全等）、环境保护（如水资源保护、土地资源保护、森林保护等）、灾害防治（水污染、大气污染、噪声污染等）等。信用规制的范围更为广泛，除了社会性规制、经济性规制涵盖的领域被广泛引入信用规制以外，体育、教育、科研、旅游、文化、互联网等诸多领域也属于信用规制的调控范围。

（4）规制对象存在差异。在经济性规制中，政府部门主要对企业的行为予以规制。在社会性规制中，政府部门主要对企业和个人的行为予以规制，其中企业是重点规制对象。在信用规制中，政府部门主要对公民、法人和其他组织在社会经济活动中的行为予以规制。

（5）规制工具存在差异。经济性规制主要是政府利用国家的"强制力"（coercive power）来改变企业的定价、进入、生产、投资和产品选择决策等，进而实现预期的规制目标。社会性规制主要通过行政许可、行政处罚、标准制定、信息披露、

---

[1]《国务院办公厅关于加快推进社会信用体系建设构建以信用为基础的新型监管机制的指导意见》（国办发［2019］35号）在开篇就指出了信用规制的目的：一是加强社会信用体系建设；二是深入推进"放管服"改革；三是提高政府规制能力和水平；四是激发市场主体活力；五是推动经济社会高质量发展。

行政收费、行政补贴等手段来实现规制目标。信用规制不仅可以通过信用承诺、信用奖励、信用惩戒、信用黑名单等手段实现规制目标，而且还能将前述规制手段与其他经济性规制和社会性规制中的规制手段结合使用。

（6）规制趋势存在差异。就经济性规制而言，从国内外的规制改革实践看，其主要呈现出"放松规制"（deregulation）的趋势，即减轻政府部门的制约和控制，由市场机制自发调控资源配置。[1]就社会性规制而言，从国内外的规制实践来看，其主要呈现"强化规制"（strengthen regulation）的趋势，即增加政府部门对环境保护、医疗保健、食品安全、公共安全等事关全社会福利的领域之控制强度，进一步发挥政府规制的作用。[2]信用规制的趋势既不是放松规制，也不是单纯强化规制，而是"优化规制"（optimize regulation），即通过一系列自成体系的制度安排和严密的制度逻辑，借助大数据、预测分析算法等先进技术手段，合理配置稀缺的规制资源，增加政府规制的科学性、精准性和实效性。[3]

综合上述分析，我们不难发现，尽管信用规制与经济性规制、社会性规制之间存在一些相似之处，但三者在规制的原因、目标、范围、对象、工具、趋势等方面存在较大的差异。因此，无论是将信用规制纳入经济性规制，还是纳入社会性规制，在很大程度上都忽视了信用规制本身的独特性，故而应当将信用

---

[1] 参见高明华、王延明：《政府规制与国有垄断企业公司治理》，东方出版中心2016年版，第23页。

[2] 参见何立胜、杨志强：《转型期的政府社会性规制变革研究》，中国法制出版社2015年版，第405~406页。

[3] 戴昕教授认为："由于公共规制资源在任何给定的时点注定是有限的，因此提高监管效率并非要在总体上增强对所有监管对象的行为激励力度，而是实现稀缺监管资源的最优配置。"参见戴昕："理解社会信用体系建设的整体视角：法治分散、德治集中与规制强化"，载《中外法学》2019年第6期。

规制视为一种具有相对独立性的新型规制模式,如图1-2所示。

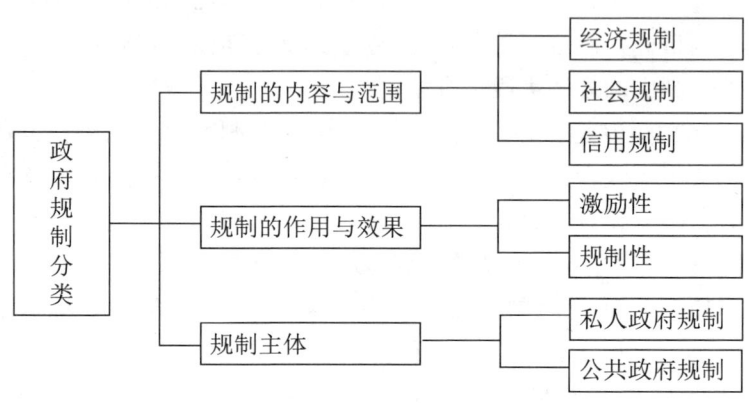

图1-2　政府规制的分类

不过,需要说明的是,尽管规制创新意味着在规制职能的履行、体制结构和组织过程中发生对规制制度产生影响的二阶或三阶变化,但是评估这种影响是一项复杂且有争议的工作。我们不应当先入为主地假定规制创新就是成功的创新,因为对"成功"或"惨败"的评估往往需要更为详细地说明评估所用的标准和方法。信用规制创新与其他所有类型的规制创新一样,其成功与否还需要按照一定的标准进行评估和检验。

第二节　信用规制的现实必要性

信用规制在我国的兴起与发展,受到不同因素的驱动。[1]

---

[1]　有学者认为,在政府规制中,信用工具的兴起背景主要体现在三个方面:一是公共治理与治理工具创新;二是科技发展与国家信息义务的深化;三是确保行政义务履行制度的新发展。参见王瑞雪:"政府规制中的信用工具研究",载《中国法学》2017年第4期。

第一章　作为政府规制创新的信用规制

其中，社会信用失范（credit anomie）[1]和政府规制失灵（regulatory failure）是最为直接的动因，[2]前者是指在我国现代化进程中，信用关系在社会秩序维系、社会关系发展中的地位越来越重要，但社会形成或加强信用关系的条件却供给不足，这种深刻的悖论引起了频繁的、全面的价值体系紊乱；[3]后者是指面对纷繁的规制对象和复杂的规制任务，政府部门由于规制理念落后、规制机制僵化、规制手段缺乏或误用等因素的影响，无法有效回应社会的规制需求。"信用失范"和"规制失灵"共同揭示了信用规制的"现实必要性"，它们从社会现实的角度回答了"为什么要实施信用规制"。

一、信用失范的表现

目前，在我国社会经济活动中造假售假、坑蒙拐骗、学术不端、偷税漏税等违法失信行为时有发生，[4]这是无序行为和

---

[1] "失范"这一概念最早是由法国社会学家埃米尔·涂尔干提出的。按照渠敬东教授的总结，涂尔干之所以引入这个概念，主要是出于以下考量：首先，就强调社会整合的理论传统来说，失范既代表了社会秩序的紊乱和道德规范失衡的反动倾向，又是这一理论无法逃避的社会基本事实；其次，对正常的社会秩序而言，失范现象实际上是一种可以治愈的反常现象或病态现象，它对整合理论的基础并不会构成多大的威胁。参见渠敬东：《缺席与断裂：有关失范的社会学研究》，商务印书馆2017年版，第20页。

[2] See Robert Baldwin, Martin Cave, Martin Lodge, *Understanding Regulation*: *Theory, Strategy, and Practice*, Oxford University Press, 2012, p.68.

[3] 参见季卫东："法治与普遍信任——关于中国秩序原理重构的法社会学视角"，载《法哲学与法社会学论丛》2006年第1期。

[4] 《社会信用体系建设规划纲要（2014—2020年）》曾指出我国当前信用失范情况仍然严峻："社会诚信意识和信用水平偏低，履约践诺、诚实守信的社会氛围尚未形成，重特大生产安全事故、食品药品安全事件时有发生，商业欺诈、制假售假、偷逃骗税、虚报冒领、学术不端等现象屡禁不止，政务诚信度、司法公信度离人民群众的期待还有一定差距等。"

越轨行为大量发生的结果,[1]学术界将此种现象概括称为"信任危机"[2]、"信用危机"[3]或"诚信危机"[4],本书将其概括为"信用失范"。对于信用失范的表现形式,可以从多个方面和角度罗列出各式各样的现象。[5]在理论研究中,有的学者对信用失范在不同领域的体现进行了梳理,[6]有的学者则围绕各种信用形式所存在的问题来分析信用失范的表现。[7]为了较为全面地揭示我国信用失范之全貌,综合已有的研究成果和社会现实情况,本书主要从信用主体的角度,对个人、企业、政府和社会中介组织的信用失范问题进行阐述。

(一)个人信用失范及表现

个人是否诚实守信决定了社会成员之间能否建立普遍的信

---

[1] 无序行为是指社会主体的行为缺乏规范约束;越轨行为是指社会主体的行为不受规范约束。参见曹立前、张玉伟:"我国社会转型期信任危机的成因",载《山东师范大学学报(人文社会科学版)》2005年第2期。

[2] 参见高兆明:"信任危机的现代性解释",载《学术研究》2002年第4期。

[3] 参见胡大武:"转型期中国社会信用危机及其治理研究",载《南京师大学报(社会科学版)》2007年第2期。

[4] 参见王青斌:"社会诚信危机的治理:行政法视角的分析",载《中国法学》2012年第5期。

[5] 我国经济学家吴敬琏总结了信用失范的七种表现:履约率低;债务人逃废债务;假冒伪劣充斥市场,毒米毒酒事件不断;企业虚假披露,上市圈钱行为屡见不鲜;有偿新闻、虚假广告、虚假财务报告和"黑嘴股市分析"满天飞;大量银行不良贷款和盗窃知识产权。参见刘芳:"吴敬琏谈信用失范",载《经济研究参考》2002年第15期。

[6] 在这种分析视角下,信用危机主要体现为商业领域的信用危机、金融领域的信用危机、证券市场的信用危机、消费领域的信用危机、社会领域的信用危机等。参见孙智英:《信用问题的经济学分析》,中国城市出版社2002年版,第283~303页。

[7] 在这种分析视角下,信用危机主要体现为个人信用发育程度很低、商业信用遭受重创、银行信用受到严峻挑战、国家信用水平不够稳定等。参见商庆军:《转型时期的信用制度构建》,上海三联书店2011年版,第110~123页。

任关系,因此个人信用是整个社会信用体系的基础。[1]个人是社会的细胞,社会的进步依靠个人之间时常接触、互相供应刺激,只有这样彼此之间才能获得新观念与新经验,发展出一个寻求进步的欲望;若社会上个人所组成的各种团体,相互之间没有多少联系,缺乏接触的机会,不能交换经验和情感,而是处于一种封闭隔绝的状态,那么个人及社会的生活将陷入一个静止的状态。[2]因此,从这个意义上看,个人信用实际上对组织信用起着决定性作用,因为个人的意识及行为往往影响着组织的行为。近年来,社会生活中一些因个人违信或失信而引发的社会事件时有发生,并产生了不好的社会影响,引发了连锁反应,比较典型的便是南京"彭宇案"所引发的"不敢扶、不愿扶老人"现象。[3]总体而言,个人信用失范主要表现在两个方面:一是个人与个人之间的关系中信用失范现象较为普遍;二是个人与组织之间的关系中信用失范现象较为普遍。

1. 个人与个人之间的关系中出现信用失范

个人与个人之间的关系是社会关系的基本单元,比较典型的信用失范行为主要有以下几类:一是各类电信网络诈骗行为。

---

[1] 德国社会学家西美尔认为:"离开了人们之间的一般性信任,社会自身将变成一盘散沙,因为几乎很少有什么关系能够建立在对他人确定的认知之上。如果信任不像理性证据或个人经验那样强或更强,也很少有什么关系能够持续下来。"参见[德]西美尔:《货币哲学》,陈戎女、耿开君、文聘元译,华夏出版社2002年版,第111页。

[2] 参见[美]约翰·杜威:《平民主义与教育》,常道直编译,杨来恩校订,福建教育出版社2016年版,第46页。

[3] 中国青年报社会调查中心于2013年12月通过手机腾讯网对139 010人进行了一项调查。对于"如果遇到老人倒地,你的第一反应是什么"这一问题,调查显示:55.6%的受访者选择直接走开;23.4%的受访者选择留下证据或找到证人后再扶;12.6%的受访者选择拨打110并等待;仅有5.4%的受访者选择毫不犹豫主动扶起来。参见向楠:"84.9%公众坦言扶不扶老人很纠结",载《中国青年报》2013年12月10日。

随着互联网的快速发展，个人的工作、购物、学习、娱乐等都可以在线上完成，这使得个人的大量数字足迹被记录下来，再加上个人信息泄露事件频繁发生，导致很多个人信息被运用到各种诈骗行为。[1]二是传销活动中的各类"杀熟"行为。在传销活动中，一些人为了自己的"利益"，专挑关系较好的亲戚朋友"下手"，这便是典型的"杀熟"行为。"杀熟"的本质就是利用熟人的信任损害熟人的利益为自己牟利。[2]三是私人合同中的各种故意违约行为，尤其是民间借贷中各种欠债行为和劳务关系中的各种欠薪行为。在社会经济活动中，"老赖"现象已经成为一个亟待解决的问题，[3]不仅破坏了正常的社会经济秩序，而且还挑战了司法权威，这引起了国家的高度关注，"恶意欠薪"甚至成了我国刑法予以规范调整的违法犯罪行为。

2. 个人与组织之间的关系中出现信用失范

在个人与组织之间的关系中，比较典型的信用失范行为主要有以下几类：一是各类偷税漏税行为。税收事关国家的财政安全和稳定，"依法纳税"更是我国宪法规定的一项公民义务。尽管我国税收管理工作有所加强，但是一些个人偷税漏税的现

---

[1] 艾媒咨询（iiMedia Research）于2016年9月发布《2016年中国电信诈骗事件分析报告》。报告显示：近70%的受访者表示被窃取过银行账户、密码和手机号码等信息；22%的受访者表示收到过仿冒银行的短信；43.2%的受访者表示曾经历过电信网络诈骗。参见"2016年中国电信诈骗事件分析报告"，载 https://www.iimedia.cn/c400/45172.html，最后访问日期：2020年5月25日。

[2] 参见王小章主编：《中国社会心理学》，浙江大学出版社2008年版，第215页。

[3] 最高人民法院、国家发展改革委等44个部门于2016年联合印发了《关于对失信被执行人实施联合惩戒的合作备忘录》，专门对最高人民法院公布的失信被执行人实施联合惩戒。

象仍然普遍,[1]尤其是一些名人的偷税漏税行为在社会上造成了不良影响。二是各类学历造假行为。个人在求职过程中为了获得工作机会或升职加薪,不惜伪造个人的学习经历、学位证书和毕业证书,还有一些个人在申请学历认证的过程中虚报材料,企图骗取国家的学历认证,达到伪造学历的目的。[2]三是各类学术不端行为。长期以来,论文造假、伪造实验数据、骗取课题经费、伪造同行评议等科研乱象屡禁不绝,尤其是学术论文造假,甚至已经形成一条"黑色产业链",科研诚信问题引发了社会关注。[3]

(二) 企业信用失范及表现

信用是经济平稳发展不可或缺的基础性要素。正如瑞典经济学家魏克塞尔（Knut Wicksell）所指出的:"在经济进展中,信用的现象是没有一个时期能完全不存在的。"[4]企业是市场经济活动中最为核心的主体,企业活动对个人的经济生活和国家的经济发展至关重要。因此,企业信用建设对于在社会经济活动中形成诚实守信的氛围至关重要。随着我国经济体制转型和企业制度改革的深化,企业信用建设也初步取得了一些成效,一些基础性制度在不断建立和完善,但总体而言,依然存在企

---

[1] 学者利用发现-控制模型对我国个人所得税流失率进行了估量。研究结果表明:稽查查补1元税款的背后,有1.17元的流失没有被发现,即个人所得税流失率为53.9%,意味着我国个人所得税流失过半,税收流失程度较高。参见马念谊、靳友雯:"个人所得税流失估算研究——基于发现—控制模型的实证分析",载《经济经纬》2019年第4期。

[2] 教育部留学服务中心自2018年4月开始对国(境)外学历学位认证申请过程中查处的失信行为进行公示。截至2020年5月,共有615人被查出在学历认证过程中存在弄虚作假的行为。

[3] 参见济兼:"论文代写'黑产'何时不再成新闻",载《光明日报》2020年5月15日。

[4] [瑞典]魏克塞尔:《利息与价格》,蔡受百、程伯撝译,商务印书馆2017年版,第57页。

业守信意识不足、内部信用管理制度缺失等深层次问题,企业信用缺失现象仍然较为普遍。[1]首期《失信黑名单月度分析报告》显示:在新增失信被执行人中,71.8%的企业涉及履约失信,主要集中在借贷违约、买卖违约及拖欠工资等领域。[2]具体而言,企业信用失范主要体现在以下几个方面。

1. 企业与企业之间的信用失范问题

随着市场经济的快速发展和产业分工的不断细分,企业与企业之间的原料供应、产品交换、投资合作等经济活动变得更为普遍和重要。企业与企业之间的信用关系可以被概括为"商业信用",[3]在信用经济环境中,商业信用对于企业的长远发展至关重要。[4]随着我国工商登记制度改革的不断推进,再加上减税免费、政务服务优化等一系列措施释放的政策红利,我国各类市场主体大幅增加。这在一定程度上激发了市场活力,但也加剧了企业之间的竞争,企业之间采取各种不正当手段进行恶性竞争,这严重冲击了商业信用秩序。目前,商业信用失范一般表现为企业之间在借贷、买卖、合作投资等关系中的各类违法违约现象,尤其是由于企业应收账款被长期拖欠而引发的"三角债"或"多角债"问题,更是成了企业商业信用危机的重要风向标。[5]随着我国经济发展进入新常态,经济增长的速

---

[1] 参见王阳:"我国企业信用危机的根源及其治理",载《甘肃社会科学》2003年第1期。

[2] 参见国家公共信用信息中心:"失信黑名单月度分析报告",载 https://www.creditchina.gov.cn/toutiaoxinwen/201806/t20180610_117749.html,最后访问日期:2020年5月25日。

[3] 参见王晓光主编:《货币银行学》(第2版),北京理工大学出版社2016年版,第39页。

[4] 参见徐立新:"商业信用、企业异质性与技术创新——基于中国工业企业的实证研究",载《西安电子科技大学学报(社会科学版)》2016年第4期。

[5] 参见范小仲:"20世纪90年代初清理'三角债'的考察及启示",载《湖北经济学院学报(人文社会科学版)》2019年第11期。

度也明显放缓，企业面临较大的生存压力。在此背景下，全国企业应收账款增长提速，[1]这在一定程度上反映出企业之间的信用关系出现了恶化倾向，尤其是中小企业之间，这不利于我国经济的健康稳定发展。

2. 企业与消费者之间的信用失范问题

从理论上讲，企业与消费者之间的关系应当是一种"平等互利关系"。对于企业而言，"顾客就是上帝"，广大消费者的喜好和需求往往决定了很多服务性、生产性企业的发展；对于消费者而言，在 21 世纪的今天，"自给自足"的生活方式已经不太现实，为了满足基本的生活需求和提升生活品质，消费者需要从企业那里获得优良的服务和优质的产品。换言之，企业与消费者之间因为产品和服务而联系在一起，从这个意义上看，对于企业与消费者之间的信用关系可以被概括为"商品信用"。[2]总体而言，企业违反商品信用，侵害消费者合法权益的行为主要具有两方面特征：一方面，失信行为具有普遍性，主要表现在产品或服务的质量低下、制造假冒伪劣商品、虚假广告等。根据市场监督管理部门的统计数据：2017 年，全国共受理商品类投诉案件 120.63 万件，占 50.3%，主要集中在日用百货、家用电器、食品等领域。[3]另一方面，失信行为具有严

---

[1] 根据《中国统计年鉴》"规模以上工业企业主要指标"一表中"应收账款"的数据计算，2012-2017 年增速分别为 19.21%、15.9%、10.3%、9.13%、8.19%、6.94%，明显逐年降低。然而，2018 年以来，全部工业企业应收账款同比增幅指标开始上升，1 月至 11 月这项指标同比增幅达到 10.3%。参见梅新育："企业三角债风险突增须警惕"，载《国际商报》2019 年 4 月 15 日。

[2] 参见丁邦开等：《社会信用法律制度》，东南大学出版社 2006 年版，第 183 页。

[3] 参见"全国工商和市场监管部门 2017 年处理消费者投诉举报咨询情况分析"，载 http://www.gov.cn/xinwen/2018-03/15/content_ 5274426.htm，最后访问日期：2020 年 5 月 26 日。

重危害性,很多企业的失信行为不仅对广大消费者的财产权造成损害,而且还有可能对消费者的生命健康造成威胁或损害,这从近年来频频发生的"食品、药品安全事件"也能得到印证。[1]

3. 企业与金融机构之间的信用失范问题

金融机构虽然并不直接生产、运送或分配商品,但却在市场经济发展中发挥着重要作用。对企业而言,在其整个生命周期中,贷款、理财、上市、投保等活动均有可能与金融机构打交道。对于企业与金融机构之间的信用关系可以被统称为"金融信用"。[2]目前,由于受到诸多制度性或非制度性因素的影响,一些金融领域的信用失范问题相对突出,这不仅影响到了整个市场经济秩序的稳定,而且也对企业自身的长远发展造成了不利影响。

(1)在银行信用领域,大量银行贷款逾期难以收回,企业采用"新设企业""违规兼并""假破产,真逃废"等新型方式逃废银行债务,[3]导致银行不良贷款率上升,不利于经济的平稳发展。根据媒体的报道:从2012年至今,中国银行协会先后通报了700多家逃废银行债务机构,估计导致银行至少损失上千亿元。[4]在地方层面,企业恶意逃废债引起政府部门的高度

---

[1] 例如,在新冠肺炎疫情防控期间,截至2020年4月24日,全国市场监管部门共查获问题口罩8904.6万只,查获其他问题的防护用品41.8万件,查获问题用品的货值高达760.9万元。参见操秀英:"国家市场监督管理总局:保持打击制售假冒伪劣防护用品的高压态势",载 http://www.xinhuanet.com/2020-04/27/c_1125909489.htm,最后访问日期:2020年5月26日。

[2] 参见吴维海、张晓丽:《大国信用——全球视野的中国社会信用体系》,中国计划出版社2017年版,第184页。

[3] 参见金骏:"当前企业逃废债的形式、问题以及应对策略",载《银行家》2016年第12期。

[4] 参见张卫彬、张圣曼:"企业逃废银行债务问题立法规制研究",载《东北农业大学学报(社会科学版)》2019年第4期。

重视，已经成为影响地方经济秩序稳定的重要风险因素。例如，在2015至2017年，湖南省共有51家机构发生了逃废银行债务事件，涉及银行贷款15.97亿元，造成不良贷款10.96亿元。[1]

（2）在证券信用领域，上市公司、基金公司在资本市场中的一些典型违法失信行为屡禁不止，如财务造假、操纵市场、内幕交易等行为，而且还出现了一些新的违法失信行为。[2]这不仅扰乱了市场秩序，而且还侵害了投资者权益，不利于资本市场健康稳定发展。[3]

4. 企业与政府之间的信用失范问题

企业的生存与政府的决策有着莫大的关系，而"合规"是企业与政府之间建立良好信用关系的基础。对于企业而言：一方面，企业作为依法进行登记的市场主体，其最基本的要求便是依法经营；另一方面，国家、社会为企业提供了其生产与发展所需的条件与环境，企业还应当积极承担社会责任。从狭义的层面看，在企业与政府的信用关系中，信用失范集中体现为纳税失信行为普遍。例如，全国税务稽查部门于2016年共查补收入1096.71亿元；截至2016年底，全国税务稽查部门共查处骗税和违规退税挽回国家税款损失共计177.05亿元（分别是2014年和2015年的4.88倍和1.95倍）；截至2016年底，全国税务稽查部门共查处虚开增值税专用发票443.73万份，涉及金

---

[1] 参见刘瀛洲："打击逃废债须补齐哪些短板"，载《银行家》2018年第9期。

[2] 参见毕舸："资本市场信用管理 需强化'失信名单效应'"，载《新京报》2019年7月29日。

[3] 根据证监会的数据：首批公示的证券期货市场严重违法失信主体共629个市场主体，其中人员563名，机构66家。参见中国证券监督管理委员会："证监会对证券期货市场严重违法失信主体进行专项公示"，载 http://www.csrc.gov.cn/pub/newsite/zjhxwfb/xwdd/201907/t20190726_359797.html，最后访问日期：2020年5月26日。

额 6127.78 亿元，涉及税额 1024.7 亿元（分别是 2014 年和 2015 年的 6.16 倍和 3.15 倍）。[1]

5. 企业与社会之间的信用失范问题

企业与个人一样，均是社会生活的细胞，现代企业与社会之间的关系是相互的、互动的。因此，正确处理企业与社会之间的关系，对企业自身的发展和整个社会经济的发展都很重要。企业与社会之间的信用关系集中体现为企业社会责任的承担和履行，尤其是环境保护问题、资源节约问题、社区参与问题等。以企业的环保信用为例，目前，不同领域不同规模的企业普遍存在违法违规排放污染物质、篡改环境保护监测数据等信用失范现象。企业在环境保护信用领域的违法失信行为频发，其直接后果便是各类环境污染公害事件屡禁不止，我国整体的环境质量还达不到人民群众的要求，与人民群众对美好生活的向往不相匹配。[2]

6. 企业与内部员工之间的信用失范问题

和谐稳定的劳动关系既是社会秩序和谐稳定的基础，也是市场经济平稳发展的保证。目前，在企业与内部职工之间的关系中，存在诸多信用失范现象，如无故拖欠工资、超时加班且不支付报酬、随意解除劳动合同且不支付经济补偿金、未提供安全生产环境、强令违章作业致使职业危害等。这些信用失范问题不仅不利于构建和谐稳定的劳动关系，而且还侵犯了劳动

---

[1] 国家税务总局稽查局编：《中国税务稽查年鉴·2017》，中国税务出版社 2017 年版，第 4~8 页。

[2] 根据数据统计：截至 2015 年 11 月底，全国范围检查企业 177 万家（次），查处各类环境保护违法企业 19.1 万家，全国环境污染形势仍然严峻。参见中国环境年鉴编辑委员会编：《中国环境年鉴 2016》，中国环境年鉴社 2016 年版，第 3 页。

者的合法权益。[1]

(三) 政府信用失范及表现

在社会经济活动中,政府扮演着多重角色。一方面,政府制定各种经济活动规则,并通过各种规制措施维护经济活动的正常秩序,是社会经济活动的"管理者";另一方面,政府也通过各种"私经济行为",以"参与者"的身份融入社会经济活动,这意味着政府不能违反社会经济活动的各种规则,而应当信守承诺,树立诚信形象。[2]近年来,各类政府信用失范现象时有发生,主要集中体现在行政规范性文件缺乏明确性及稳定性、行政决策反复无常、行政执法中滥用行政裁量权、民事活动中随意违反约定。[3]政府信用失范问题势必会增加社会公众对政府部门的不信任感,降低政府部门的公信力,不利于整个社会信用体系建设的全面推进,这引起了中央的警惕和重视,[4]一些重要的政策文件[5]和法律法规[6]专门对政府信用失范问题予

---

[1] 据数据统计:2018年,全国共受理劳动人事争议仲裁案件894 053件,涉及劳动者当事人1 110 175人,其中劳动报酬类案件最多,全国共计380 751件;在劳动保障监察案件中,2018年,全国追发劳动者工资等待遇涉及人数为168.9万人,涉及金额为160.4亿元。参见国家统计局人口和就业统计司、人力资源和社会保障部规划财务司编:《中国劳动统计年鉴2019》,中国统计出版社2019年版,第10页。

[2] 参见李新庚:《社会信用体系运行机制研究》,中国社会出版社2017年版,第315~316页。

[3] 参见于新循:《政府信用理论与法制保障要论》,中国政法大学出版社2013年版,第139页。

[4] 李克强总理于2016年3月在国务院第四次廉政工作会议上强调:"各级政府必须把诚信施政作为重要准则,以徙木立信之态取信于民,带动全社会诚信意识的树立和诚信水平的提高。"参见"李克强:各级政府必须把诚信施政作为重要准则",载http://www.gov.cn/guowuyuan/2016-03/28/content_5059193.htm,最后访问日期:2020年6月10日。

[5] 2016年12月,国务院专门印发了《国务院关于加强政务诚信建设的指导意见》(国发[2016]76号),对加强政务诚信建设进行规定。

[6] 《优化营商环境条例》第31条规定:"地方各级人民政府及其有关部门应当履行向市场主体依法作出的政策承诺以及依法订立的各类合同,不得以行政区划调

以回应和规范。具体而言,政府信用失范问题主要体现在以下几个方面。

1. 行政立法中的政府信用失范

行政立法既是国家行政机关实施的一种行政行为,又是国家立法体制的重要组成部分,因此,必须遵循一定的程序和原则。[1]行政立法中的政府信用失范主要体现为行政机关对行政立法原则的违反或背离。具体而言,主要包括三个方面的内容:一是在立法权限上,一些行政机关存在借"法"扩权的现象,随意增加自身所享有的行政权力,故意逃避或弱化自身应当承担的法律责任,不仅严重影响了法制的协调统一,而且还引起了一定程度的混乱,让行政相对人无法预期行政行为的效果,更为重要的是有损法律权威和尊严。[2]二是在立法程序上,尽管国家已经专门制定了法律法规,明确了行政立法应当遵循的基本程序,但是"简化程序""不遵守程序""关门立法"等现象在行政立法中仍然时有发生。三是在立法技术上,一些行政立法文本经常使用一些模棱两可的语言,造成理解歧义和概念模糊,导致行政相对人难以预测自己的行为结果,并增加了行政

(接上页)整、政府换届、机构或者职能调整以及相关责任人更替等为由违约毁约。因国家利益、社会公共利益需要改变政策承诺、合同约定的,应当依照法定权限和程序进行,并依法对市场主体因此受到的损失予以补偿。"

〔1〕 胡建淼教授认为,行政立法应当遵循依法立法原则、民主立法原则、科学合理立法原则、统一协调原则和可操作性原则。参见胡建淼主编:《政府法治建设》,国家行政学院出版社 2014 年版,第 59~61 页。

〔2〕 例如,在"鲁潍(福建)盐业进出口有限公司苏州分公司诉江苏省苏州市盐务管理局盐业行政处罚案"中,法院认为,法律及国务院《盐业管理条例》没有设定工业盐准运许可证这一行政许可,《江苏省〈盐业管理条例〉实施办法》作为地方政府规章不能再设定工业盐准运证制度。参见指导案例 5 号:鲁潍(福建)盐业进出口有限公司苏州分公司诉江苏省苏州市盐务管理局盐业行政处罚案(最高人民法院审判委员会讨论通过 2012 年 4 月 9 日发布)。

机关自由裁量的空间,给行政机关提供了"寻租"的借口。[1]

2. 行政决策中的政府信用失范

行政决策是政府活动的重要组成部分,[2]事关公共政策目标的实现和社会公共利益的维护,其法治化、规范化、科学化水平也对法治政府建设产生了重要影响。[3]目前,行政决策中的政府信用失范问题主要体现在以下两个方面:一是"新官不理旧账"。一些地方政府的领导干部法律意识淡薄、契约观念欠缺,不重视行政决策的连续性,为表现自己的政绩,往往对前任领导的"旧账"概不理会。[4]二是行政规划、政策"朝令夕改"。一些地方政府在进行决策时,前期并未进行充分的调查与论证,草率作出决策后,又随意变更决策。例如,楼市政策"一日游"现象在全国许多城市循环上演,2020年3月3日,广州市出台了一项新的楼市政策,但第二日就被删除;2020年3月12日,宝鸡市出台一项新的楼市政策,发布当天就被撤回;等等。[5]

3. 行政执法中的政府信用失范

行政执法与社会公众的关系最为密切,因此执法部门能否

---

[1] 参见芦学林:"新时代行政立法工作的问题及对策",载《中国司法》2019年第1期。

[2] 一般认为,"行政决策"是指"行政机关及其工作人员在处理国家行政事务时,为达到预定的目标,对所要解决的问题或处理的事务拟定和选择行动方案,并作出决定的过程"。参见曹康泰主编:《国务院关于加强市县政府依法行政的决定辅导读本》,中国法制出版社2008年版,第26页。

[3] 参见肖北庚:"行政决策法治化的范围与立法技术",载《河北法学》2013年第6期。

[4] 参见李松:《风雷动:中国反腐肃纪全景观察》,新华出版社2018年版,第364页。

[5] 参见樊旭:"楼市政策'一日游'现象频发,未来房地产调控怎么走?",载https://www.jiemian.com/article/4178574_foxit.html,最后访问日期:2020年6月9日。

遵法守信、履行承诺，对于树立诚信政府形象关系重大。目前，行政执法中政府信用失范问题主要聚焦于执法机关违法或不当使用自由裁量权，[1]侵犯个人和组织的合法权益。在理论上，行政自由裁量权的问题，习惯上被视为一种具有准立法和准司法性质色彩的行为，它与行政权之间存在"超度联系"，"自由裁量权是行政权的核心"。[2]虽然自由裁量权本身并不要求行政机关有义务行使或以特定方式行使，但行政机关仍然必须按照法律规定公正、合理地行使自由裁量权，避免造成压迫或不必要的损害。"在行政法理论中，有三种形式的违法性：过度使用自由裁量权、未行使自由裁量权和滥用自由裁量权。"[3]为了让行政执法机关能够及时、有效地应对复杂多变的执法环境，法律法规通常会允许行政执法机关在较大范围内享有裁量空间，几乎所有执法场景或执法环节均有可能涉及自由裁量权的行使。[4]在此背景下，行政执法机关不正确行使自由裁量权的可能性便大大增加，这成了行政执法信任危机或信用失范的直接来源，最典型的便是"钓鱼执法"问题。[5]由于"钓鱼执法"的现象在实践中比较多见，以至于行政相对人对行政执法机关做出的一

---

[1] 菲利普·塞尔兹尼克认为："自由裁量权意味着选择的权力，它同时也是一种干预行为，即进入一个既定的社会场域，制造不平衡和焦虑，直到经过调整重新获得秩序和安全感。"参见［美］菲利浦·塞尔兹尼克：《田纳西河流域管理局与草根组织——一个正式组织的社会学研究》，李学译，重庆大学出版社2014年版，第42页。

[2] ［美］伯纳德·施瓦茨：《行政法》，徐炳译，群众出版社1986年版，第566页。

[3] Martina Kiinnecke, "Tradition and Change in Administrative Law: An Anglo-German Comparison", *Springer*, 2007, p. 37.

[4] 参见游振辉："论行政执法中的自由裁量权"，载《中国法学》1990年第5期。

[5] 参见胡宝岭："中国行政执法的被动性与功利性——行政执法信任危机根源及化解"，载《行政法学研究》2014年第2期。

些服务民生措施也会表示怀疑，不愿意相信。[1]

4. 行政协议中的政府信用失范

在"合作国家"的理论框架下，行政行为形式逐渐由"高权式"的行政行为发展为"合作式"的行政行为，倡导由公共机构和私人组织共同来完成一些重要的公共行政任务。[2]行政协议在合作治理中的工具性作用越发凸显，它要求行政机关应当遵循私法契约中有关诚实信用的基本原理。[3]目前，行政协议中的政府信用失范问题主要表现在以下两个方面：一是政府部门在签订的各类行政协议中随意违约、不兑现承诺等问题。[4]一些政府部门在签订行政协议后，以各种理由不严格履行协议约定的义务，甚至以"优益权"为由随意单方变更或解除行政协议，这不仅有损政府公信力，而且还会对协议相对方的合法权益造成侵害。二是在行政协议履行过程中无故拖欠债务。近年来，政府投资项目拖欠企业工程款的现象时有发生，[5]

---

〔1〕 例如，2020年各地出台"松绑"政策推动"地摊经济"发展，一些地方的综合执法部门主动打电话通知小商贩到指定地点摆摊经营，但不少小商贩接到通知的第一反应是：假的，怀疑执法部门"钓鱼执法"。参见谢元森："江西九江瑞昌市：城管喊商贩去摆摊，对方的反应亮了"，载 https://www.thepaper.cn/newsDetail_forward_7700398，最后访问日期：2020年6月10日。

〔2〕 参见张桐锐："行政法与合作国家"，载《月旦法学杂志》2005年第121期。

〔3〕 参见梁凤云："行政协议案件适用合同法的问题"，载《中国法律评论》2017年第1期。

〔4〕 2016年5月，国务院督查组在黑龙江省调研时，一些受访的企业反映，政府招商引资时企业被奉为座上宾，但在项目投产后，地方政府承诺的条件不兑现情况比较普遍，这种现象被形象地描述为"JQK"：先勾我们进来，圈块地给我们，然后又克我们。参见李松：《风雷动：中国反腐肃纪全景观察》，新华出版社2018年版，第168页。

〔5〕 根据工信部的统计数据：截至2019年12月底，各级政府部门和大型国有企业共梳理出拖欠民营企业小微企业账款8900多亿元，已清偿6600多亿元，清偿进度约75%。参见王政："去年清偿拖欠民营企业小微企业账款6600亿元"，载《人民日报》2020年1月17日。

引发了社会的广泛关注，社会上甚至出现了一种"政府项目无底洞"的说法，这都是政府信用失范的集中表现。此外，因不履行人民法院生效判决文书而被确定为失信被执行人的政府部门也不在少数，这不仅给社会树立了"背信弃约"的不好榜样，而且还有损法律尊严和司法权威。[1]

（四）社会中介组织信用失范及表现

社会中介组织在国民经济发展和社会秩序维系中发挥着重要作用。一方面，企业、个人的社会经济活动需要依靠社会中介组织的服务；另一方面，政府规制机构也需要借助社会中介组织的力量实现其规制目标。[2]因此，社会中介组织信用的建设也是整个社会信用体系建设的重要内容。长期以来，我国社会中介组织一直处于缓慢发展的过程中，信用失范问题一直是制约社会中介组织充分发挥作用的重要因素。[3]在实践中，社会中介组织信用失范主要体现在以下几个方面：

（1）社会公益类社会组织存在"诈捐""骗捐""不按规定使用捐款"等信用失范现象。例如，在"春蕾计划"的实施过程中，2019年"春蕾一帮一助学"项目资助的1267名高中生中，竟然有453名为男生，这背离了这一公益项目"资助贫困地区失学或辍学的女童重返校园"的目的，引发了社会公众，

---

〔1〕 根据学者的不完全统计：截至2017年8月1日，最高人民法院实时公布的失信被执行人名单中有319例政府失信信息，共涉及276个地方政府，还有43个地方政府两次以上被纳入失信名单。参见秦昕："破解政府失信难题 推进地方治理法治化——基于对各级人民政府列入失信被执行人名单的现状调查"，载《学理论》2018年第9期。

〔2〕 参见丁邦开等：《社会中介组织法律地位》，东南大学出版社2008年版，第4~5页。

〔3〕 根据中国社会组织公共服务平台公布的社会组织严重违法失信名单，自2018年1月到2020年6月，全国共有2501个社会组织被列入严重违法失信名单，被列入的事由包括被登记机关处罚、警告、吊销登记证等。

尤其是项目捐助者的质疑。[1]随着互联网公益的兴起，各类网络公益众筹平台不断涌现，然而，各类信用失范行为时有发生，尤其是各种形式的"诈捐""骗捐"事件，这极大地损害了社会公众对网络公益众筹的信任，不利于公益事业的健康发展。[2]

（2）评估监督类社会中介组织存在各类信用失范行为。律师事务所、注册会计师事务所等评估监督类组织在社会经济发展中的作用越来越大，然而，这些组织协助个人或企业弄虚作假的行为也经常发生。[3]

（3）准司法类社会中介组织存在"虚假鉴定""虚假公证"等信用失范行为。在中国法律服务网上，公证机构（人员）、司法鉴定机构（人员）给不真实、不合法事项出具鉴定书或公证书而被处罚的案例时有发生，有的机构甚至在一年之内被多次处罚。

在当前的社会历史时期，导致信用失范问题的原因是多方面的，[4]除了有传统文化道德的"断裂"和市场经济本身的负面效应外，还有法律制度的不完善及其他不确定性因素。[5]要

---

[1] 参见杨建楠："春蕾计划疑似诈捐？资助人的捐款初衷不该被辜负"，载http://www.thecover.cn/news/3220034，最后访问日期：2020年6月10日。

[2] 参见于立生："揭穿'诈捐'事件不能总等网友曝"，载《中国青年报》2019年6月20日。

[3] 国家认证认可监督管理委员会于2015年对全国3.1万余家检验检测机构进行监督检查，其中共有1415家检测机构因违法违规或不规范运行受到资质认定部门的行政处罚。参见王晓东："去年700余家检验检测机构被撤销注销资质"，载http://china.chinadaily.com.cn/2016-06/12/content_25684143.htm，最后访问日期：2020年6月10日。

[4] 参见凌斌："中国当代社会信用危机的成因及其市场解决"，载《陕西师范大学学报（哲学社会科学版）》2008年第4期。

[5] 参见王青斌："社会诚信危机的治理：行政法视角的分析"，载《中国法学》2012年第5期。

有效治理信用失范问题，既要在道德教育中强化诚信道德、在文化建设中促进信用文化，增加失信的柔性约束，也需要通过法律制度形成一种应对信用失范行为的治理机制，加强失信的刚性约束。[1]正如学者所指出的："激活国家的核心是致力于以共同利益为导向的公民意识，国家可以通过治理结构协调和促进这种意识。"[2]信用规制的一个重要功能便是形成一套信用失范行为的奖惩机制，通过提高违法失信行为的成本，促进社会成员之间的互信，提升社会整体信用水平。

二、规制失灵的表现

在规制理论中，学者们对规制失灵（regulatory failure）的表现及成因进行了深入研究，形成了一些识别"规制失灵"的标准。有的观点主要以经济效率作为衡量规制失灵的标准，[3]还有的观点将"市场活力"和"社会公正"作为规制失灵的衡量标准。[4]美国学者凯斯·桑斯坦对"规制国悖论"的一般性阐述，[5]在一定程度上也可以被视为是对"规制失灵"轮廓的

---

[1] 参见王海燕："我国社会信用危机的法经济学分析"，载《征信》2010年第6期。

[2] Katrin Möltgen-Sicking, Thorben Winter, Verwaltung und Verwaltungswissenschaft, 2018, § 3, S. 140.

[3] 规制失灵是指："政府在推行公共规制政策时，经济效率完全不能改善或规制实施后的经济效率低于未实施规制前的效率的现象。"参见李郁芳："政府规制失灵的理论分析"，载《经济学动态》2002年第6期。

[4] 规制失灵是指："政府规制未能达到提高市场活力和维护社会公正的预期目标，或造成了负面效应，引致经济绩效和社会福利的净损失。"参见王学军、胡小武："论规制失灵及政府规制能力的提升"，载《公共管理学报》2005年第2期。

[5] 桑斯坦认为，规制国悖论是指"规制方法在导致了与其追求的目标恰恰相反的效果这一意义上以自我挫败而告终"。主要体现在以下几个方面：一是要求采用最佳可用技术却阻碍了技术发展；二是为了健康和安全利益而规制新风险却使旧风险继续存在，因而降低了健康和安全；三是通过规制进行再分配的努力最终反而损

勾勒。

(一) 规制失灵的一般表现

按照英国学者罗伯特·鲍德温等的总结，总体而言，无论是何种制度环境中的规制失灵，其均主要体现在两个大的方面：一是过程失灵（process failure）；二是结果失灵（outcome failure）。[1]

1. 过程失灵

在规制过程中，政府部门的规制活动可以被划分为不同的阶段，而规制失灵则可能出现在每个阶段中：一是规制标准制定失灵。在任何规制体系中，规制标准的制定都居于首要位置，这是规制得以有效实施的前提条件。[2]然而，由于规制标准的制定者可能存在现实认知错误、信息不对称、预期判断失误、利益分配不均等问题，因此规制失灵可能首先从规制标准制定开始。"失灵"的制定法不可避免地会使事情变得更糟而不是更好，"忠实地实施规制法会带来一些社会改良，但它同时也会造成不必要的成本，导致更多的不合理或不公正"。[3]二是规制执行失灵。规制策略或规制工具设计完成后，需要依靠规制机构去实施和执行才能发挥规制实效，实现预期的规制目标。然而，即使规制标准在制定时已经接近完美，面对复杂多变的执行环

（接上页）害了最弱势的社会成员；四是严苛的规制控制反而导致了规制不足。See Cass R. Sunstein, "Paradoxes of the Regulatory State", *University of Chicago Law Review*, Vol. 57, Issue 2 (1990), pp. 407~442.

〔1〕 See Robert Baldwin, Martin Cave, *Martin Lodge*, *Understanding Regulation*: *Theory, Strategy, and Practice*, Oxford University Press, 2013, pp. 69~72.

〔2〕 参见[英]罗伯特·鲍德温、马丁·凯夫、马丁·洛奇编：《牛津规制手册》，宋华琳等译，宋华琳校，上海三联书店2017年版，第115页。

〔3〕 [美]凯斯·R.桑斯坦：《权利革命之后：重塑规制国》，钟瑞华译，李洪雷校，中国人民大学出版社2008年版，第96页。

境，规制标准仍然可能被执行机构曲解或误用，进而偏离最初的政策目标，导致规制失灵。[1]三是规制绩效评估失灵。绩效评估对于规制而言至关重要，它会影响规制机构实现预期结果的能力，因为一个不能评估自身业绩和调整战略的规制机构将无法应对新的挑战。[2]

2. 结果失灵

从规制效果来看，规制失灵可以体现为两个方面：一是规制不足，简而言之就是"该管的没管到位"。在不同的时代，公共行政的任务有很大的差别，这意味着行政权力行使的边界也有所不同，有些在过去不需要行政权力介入的领域却有可能变为最需要行政权力予以干预的领域。在警察国家时代，"秩序行政"占据主导地位，行政权力行使的主要目的是"创设良好公共秩序"，主要是采取各种干预程度较高的手段限制公民的行为。[3]随着福利国家的兴起，工业化和城市化给社会带来了巨大的冲击，再加上全球性经济危机引发的恐慌，人们希望政府发挥更为积极的作用，依赖于国家提供生产给养的要求更为迫切，对人民的生存照顾成了国家及政府的重要职能。[4]在此背景下，政府规制失灵主要体现为规制不足，即政府对于"应当办的事情没有办或者没有办好"，如在文化教育、食品安全、网络安全、环境保护、公共卫生等领域投入不够、规制不足。二

---

[1] 桑斯坦认为："无知、错误的诊断、对行政管理者的激励不当、对市场的误解以及强势私人集团所施加的压力，会使法律的事实向无效或歪曲的方向发展。"参见［美］凯斯·R. 桑斯坦：《权利革命之后：重塑规制国》，钟瑞华译，李洪雷校，中国人民大学出版社 2008 年版，第 95 页。

[2] See Robert Baldwin, Martin Cave, Martin Lodge, *Understanding Regulation: Theory, Strategy, and Practice*, Oxford University Press, 2013, p. 71.

[3] 参见李震山：《行政法导论》（修订第 11 版），三民书局 2019 年版，第 4 页。

[4] 参见杨小军：《行政机关作为职责与不作为行为法律研究》，国家行政学院出版社 2013 年版，第 5 页。

第一章 作为政府规制创新的信用规制

是规制过度,简而言之,就是"不该管的管得过多"。在"国家目的是为人民谋福利"的理由之下,行政职能开始大幅扩张,几乎涉及了所有的生活领域,甚至包括私人生活领域。在此背景下,规制失灵主要体现为政府超越职权范围,过度干扰市场机制的正常运转,如政府利用行政审批手段,巧立审批名目、延长审批时间、增加审批环节等导致市场主体丧失发展良机或负担加重。[1]

(二)规制失灵的特定表现

我国政府规制体制直接源于社会主义市场经济的发展需要,既受到欧美经典规制理论及实践的影响,又植根于我国特殊的政治经济国情,在中国国情与经典理论下独特成型。[2]自改革开放以来,我国政府规制理论不断成熟,政府规制体系逐步完善。政府规制在国有企业改革、市场准入机制、市场价格控制、私有财产权保护、文化教育、环境保护、维护社会秩序等领域发挥了较大的作用。[3]然而,由于受诸多制度性或非制度性因素的制约,再加上规制环境的复杂多变,我国政府规制仍然存在许多问题,亟待改进和优化。[4]

1. 经济性规制领域的规制失灵

经济性规制一直是我国政府规制的重要内容,经过多年的实践,相关的体制、机制也已经逐步建立,市场机制在资源配

---

[1] See Robert Baldwin, Martin Cave, *Martin Lodge*, *Understanding Regulation: Theory, Strategy, and Practice*, Oxford University Press, 2013, pp. 69~70.

[2] 参见黎映桃:"中国政府监管改革研究——背景、问题与对策",载《中南大学学报(社会科学版)》2008年第2期。

[3] See OECD, *China: Defining the Boundary between the Market and the State*, OECD Publishing, 2009, p. 3.

[4] 《中共中央关于全面深化改革若干重大问题的决定》明确指出:"经济体制改革是全面深化改革的重点……着力解决市场体系不完善、政府干预过多和监管不到位问题。"

置中的基础性地位得以确立,[1]政府在市场监管中的角色与定位也更加明晰,一些重要的市场失灵问题也得到了妥善解决。[2]目前,在我国的经济性规制领域中,规制失灵问题主要包括以下几个方面。

(1) 行政性垄断行业规制失灵。在整个国民经济的运行和发展过程中,行政性垄断行业主要涉及一些比较重要且特殊的产业,如核原料、军工等,它们也是法律规制的重要对象。目前,规制失灵问题也存在于行政性垄断行业的政府规制中:一是在市场准入方面,行政性垄断企业主要以"公益性""重要性"等比较抽象的标准来划分产业格局,采用以"允许"为主导的市场准入政策,阻碍非国有经济参与市场竞争,使得一些基础性产业难以实现产业优化升级。[3]二是在价格规制方面,目前在很多产业的价格形成过程中政府部门仍然占据主导或支配地位。尽管一些法律法规对在定价程序中引入"听证"等制度予以明确规范,但并未最大限度地发挥实效作用,行政性垄断企业依然可以垄断定价,而消费者只能无奈接受"价格听证会"预设的结果——涨价。[4]有学者将前述问题总结为"监管机构'傍大款'的现象",[5]还有学者甚至认为,行政性垄断已经成为阻碍我国社会主义市场经济进一步发展的主要障

---

[1] 《中共中央关于全面深化改革若干重大问题的决定》明确指出:"经济体制改革是全面深化改革的重点,核心问题是处理好政府和市场的关系,使市场在资源配置中起决定性作用和更好发挥政府作用。"

[2] 参见卢福财主编:《产业经济学》,复旦大学出版社2013年版,第155页。

[3] 参见郑芬芳:"探讨国有企业行政性垄断问题——以'新36条'为视角",载《长春师范学院学报》2013年第7期。

[4] 参见黄华:"完善我国价格听证制度的思路探析",载《经济问题》2014年第3期。

[5] 余晖:"中国政府监管体制的战略思考",载《财经问题研究》2007年第12期。

第一章 作为政府规制创新的信用规制

碍。[1]

（2）竞争性行业规制失灵。在市场经济条件下，大部分竞争性行业均能够借助市场机制，对资源进行合理配置。不过，在经济体制改革与转型阶段，竞争性行业的健康发展仍然需要政府的引导与监督，这就需要政府把握好介入市场的尺度。[2]目前，竞争性行业也存在不同程度的规制失灵问题：一是规制过度，政府机制对市场机制造成过多干预，资源配置的效率不高。主要体现在：政府设置行政性准入壁垒，阻碍了有效竞争，不可避免地出现了寻租现象；不同性质、不同规模的企业之间，存在市场地位不平等的现象，其中国有企业通常占据绝对性优势。二是规制缺失，政府职能缺位。主要体现在：规制措施未能得到有效实施，机会主义现象较为严重，尤其是在资本市场规制中，由于存在规制主体定位不明、规制依据不完善、规制有效性标准不一等问题，导致虚假信息、操纵价格、内幕交易、虚假发行等现象难以得到有效规制。[3]此外，"由于传统的原因，在行政执行中，地方政府以及各规制机构的行政命令、行政决策往往更具有有效性，政策的不稳定性干扰了竞争性行业的发展"。[4]

2. 社会性规制领域的规制失灵

随着社会环境的急剧变迁和科学技术的快速发展，带有强

---

[1] 参见刘学军主编：《新常态·新作为》，国家行政学院出版社2015年版，第35页。

[2] 参见杨龙主编：《新型工业化背景下的政府职能研究》，天津人民出版社2011年版，第207页。

[3] 参见高景芳："政府经济性规制失灵的表现、成因及其矫治"，载《改革与战略》2007年第11期。

[4] 杨龙主编：《新型工业化背景下的政府职能研究》，天津人民出版社2011年版，第216页。

烈"公共利益取向性"的社会性规制成为政府规制的重要内容，并且呈现"强化规制"的总体发展趋势。我国在社会性规制领域制定了一系列基础性的法律法规，建立了一些重要的法律制度，已取得一定的成效，但仍然存在诸多亟待解决的问题。

（1）社会性规制的立法还不够健全，导致存在规制依据匮乏的问题。社会性规制与公共利益关系密切，涉及许多重要的社会民生领域，这意味着国家在制定社会性规制相关的法律法规时需要更为审慎、全面、细致地考虑多种因素。目前，我国社会性规制立法主要存在如下问题：一方面，我国立法中存在"僵尸条文"现象。有些规定本身"先天不足"，在立项之初就缺乏充分论证，没有进行科学合理的立法前评估，未考虑立法条件是否具备、立法时机是否成熟，导致一些立法条文流于形式，未能得到很好的执行，无法解决社会问题。[1]另一方面，我国立法中"部门立法"色彩浓厚。[2]季卫东教授将现代国家的立法划分为"人民意志的公平反映"与"社会结构的客观体现"两大部分，与前者相对应的具体立法手段就是议员提案，与后者相对应的就是行政主导。[3]"部门立法"带有明显的"利益导向"色彩，而且主要是立足于行政管理部门自身的利益。一些政府部门表面上是为了"强化规制"，实际上却可能"暗度陈仓"，不当扩大自身的行政权力，违法设定行政执法手段，使"部门利益"慢慢地实现"合法化"，实践中甚至存在

---

[1] 参见万其刚："怎样实现科学立法"，载《中国发展观察》2014年第3期。
[2] 所谓的"部门立法"就是指"政府部门从自身的立场和利益出发去制定法律，以此方式'立'出的'法律'带有明显的部门色彩"。参见毛寿龙："化解部门立法问题的制度结构"，载《理论视野》2012年第5期。
[3] 参见季卫东："什么是真正的立法改革"，载《财经》2007年第15期。

"立一个法规肥一个部门"的怪象。[1]

（2）社会性规制的水平不高、能力不足，难以有效应对新的规制任务。自改革开放以来，为了与不断发展的社会经济环境相适应，我国政府部门在社会性规制领域出台了许多重要的举措。然而，面对不断增长的规制需求和多元化的规制任务，政府部门社会性规制能力的提升速度却呈现不匹配的局面。一方面，就国内的规制需求而言，尽管在环境保护、食品安全、医疗保健、灾害防治等方面已经初步建立了政府规制体系，但是一些可能给社会公共利益带来不利影响的问题仍然没有得到彻底解决，对于一些新出现的问题，政府部门"规制不足"的现象较为多发。[2]另一方面，随着经济全球化的推进和深入，政府部门的社会性规制能力难以有效应对不断增多的社会性规制国际化问题。[3]

（3）社会性规制效果不佳，政府部门难以准确把握规制尺度。除了食品安全、环境保护、医疗卫生等传统的社会性规制领域外，网络安全、信息安全、共享经济、新兴技术等成了社会性规制的重点领域。对于以互联网为基础而发展起来的新兴业态，政府规制要么存在反应过度，要么就是回应不足，相应的规制框架、规制机制亟待进行调整和完善。以网约车行业为例，作为共享经济的典型业态，网约车在我国以前所未有的速度发展，成了人们短途旅游或通勤的重要方式之一。然而，网

---

[1] 参见何军：《民主立法的理论与北京市人大的实践》，知识产权出版社2011年版，第196页。

[2] 按照余晖教授的总结，"规制不足"主要体现在四个方面：一是消费者权益难于实现；二是居民的健康、安全正受到日益下降的产品及服务质量的威胁；三是职业安全与卫生水平下降；四是环境状况恶化。参见余晖："中国政府监管体制的战略思考"，载《财经问题研究》2007年第12期。

[3] 参见王健："社会规制国际化及其对国际贸易的影响"，载《天津行政学院学报》2007年第3期。

约车行业也引发了一些新的规制难题，其中最突出的便是安全问题，由于法律标准不足，再加上一些地方政府直接将传统的规制思维、模式、措施机械性地照搬到网约车行业，导致很多问题并未得到妥善解决。〔1〕在《网络预约出租汽车经营服务管理暂行办法》出台以后，国家为网约车行业的政府监管指明了方向，并建立了一些基本的监管原则和具体规则，但是一些政府部门仍然没有改变以往的规制理念，未能准确理解和适用新的规制规则，呈现规制过度的趋势。〔2〕此外，在个人信息保护领域则存在明显的规制不足。在很多侵犯个人信息的场景中，普遍存在个人举报投诉途径不畅、取证困难、索赔困难等问题，而目前个人信息保护政府规制则存在"目标弱化、主体分散、措施乏力和程序模糊等问题"，〔3〕属于明显的规制不足。

随着大数据时代的来临，人类社会已经迈入数字化转型的轨道，个人的行为方式、企业的经营方式、政府的治理手段均发生了很大的变化。〔4〕面对新的规制环境、规制任务和规制目标，传统的政府规制陷入了"规制失灵"的困境，亟须进行体制的变革和模式的转变。"现代公法的一项主要任务是发展出可以降低规制失灵可能性的结构，并将原初的宪法保障引入已经发生急剧变化的政府体系之中。"〔5〕在此背景下，规制创新已经

---

〔1〕 参见王静："中国网约车的监管困境及解决"，载《行政法学研究》2016年第2期。

〔2〕 参见马亮、李延伟："中国城市网约车监管：政策走向与发展前景"，载https://baijiahao.baidu.com/s? id=1621610272518009787&wfr=spider&for=pc，最后访问日期：2020年12月7日。

〔3〕 邓辉："我国个人信息保护行政监管的立法选择"，载《交大法学》2020年第2期。

〔4〕 参见［英］维克托-迈尔-舍恩伯格、肯尼思·库克耶：《大数据时代：生活、工作与思维的大变革》，周涛等译，浙江人民出版社2013年版，第1～9页。

〔5〕 ［美］凯斯·桑斯坦：《权利革命之后：重塑规制国》，钟瑞华译，李洪雷校，中国人民大学出版社2008年版，第257页。

成为现代规制国家的普遍性活动,[1]我国亦不例外。[2]从理论上看,"规制创新"应当有助于确保所有活动领域的法规范充分适应周围经济、社会和技术条件的变化。规制过程必须考虑到规制对创新的影响,以及技术变革对规制理由和设计的影响。此外,规制创新并非单纯的技术问题,而是要形成一个由各种程序和机制组成的规制管理体系,所有规制策略的制定、执行和监督都依赖这些程序和机制。信用规制在规制理念、规制工具、规制方式等方面均不同于传统的政府规制,有助于提高政府的规制能力和规制水平,逐渐成了当前政府规制创新的重要路径,一些政府部门甚至将信用规制作为政务创新的"名片"。

第三节 信用规制的内在必然性

信用失范、规制失灵等现实问题亟待一种稳定的制度予以解决,这是信用规制存在的重要现实根据。与此同时,从制度的逻辑自洽性来看,"信用规制"内部各制度或机制之间以"信用信息"为核心形成了合理的制度运行机理。在信用规制中,信用信息贯穿整个信用规制过程,信用规制的实质就是行政主体对信用信息的收集、处理和使用,这契合了行政法理论中有关"行政过程实际上就是信息的收集、处理和使用过程"的基

---

[1] See Julia Black, "What is Regulatory Innovation?", in Julia Black, Martin Lodge, Mark Thatcher (eds.), *Regulatory Innovation: A Comparative Analysis*, Edward Elgar Publishing, 2005, pp. 1~2.

[2] 魏成龙等对政府规制创新实践展开了研究,重点讨论了政府规制中的合同规制、质量规制、激励性规制和农村金融规制。参见魏成龙等:《政府规制创新》,经济管理出版社2016年版。

本主张。[1]尽管信用信息不同于一般的信息，具有财产属性和人身属性，但同时也具有强烈的公共属性。信用信息公共性及其实现成了信用规制的"内在必然性"。

一、信用信息公共性的证成

信用信息是客观反映公民、法人或者其他组织"遵法守约"的各类数据和资料，在具体形式上包括借贷记录、行政处罚、刑事犯罪等评价情况记录。在大数据时代，信用信息的价值随着利用深度和广度的加大而愈加凸显。信用信息产生并存在于公共领域，除了可以帮助维护个人或组织的声誉之外，还存在不容忽视的公共利益和公共价值。从经济学的角度看，也是一种重要的"公共物品"。本书将信用信息所具有的不同维度的特征统称为信用信息的"公共性"（publicness）。[2]

（一）公共性的理论阐释

"公共性"一向是公共行政、公共政策等学科领域的理论核心。那么，何为"公共性"呢？在理论研究中，不同学者主要从各自偏好的面向切入讨论"公共性"的内涵，进而得出不同的

---

[1] 日本行政法学者盐野宏曾指出："行政过程，着眼于信息的话，可以说是信息的收集、积蓄、利用、提供的过程。"参见［日］盐野宏：《行政法总论》，杨建顺译，北京大学出版社2008年版，第216页。

[2] 近年来，信息的公共性引发了国内理论界的关注，尤其是个人信息的公共物品属性逐渐获得学者的认可。高富平教授对个人信息的公共性进行了论述，并以此作为个人信息保护由个人控制转向社会控制的依据。参见高富平："个人信息保护：从个人控制到社会控制"，载《法学研究》2018年第3期。林鸿潮教授对个人信息的公共性进行了论证，并将其作为行政机关在社会风险治理中使用个人信息的理据。参见林鸿潮："个人信息在社会风险治理中的利用及其限制"，载《政治与法律》2018年第4期。刘金瑞博士对个人信息具有的社会公共利益进行了分析，提出应当坚持利益平衡的原则，根据个人信息上存在的利益，对个人信息进行界分和分类确权。参见刘金瑞：《个人信息与权利配置——个人信息自决权的反思和出路》，法律出版社2017年版，第118~125页。

第一章 作为政府规制创新的信用规制

认知。

（1）从公共领域与私人领域的区隔出发，讨论公共性及其实现。德国学者哈贝马斯将"公共领域"（Öffentlichkeir）界定为市民可以自由表达及沟通意见，以形成民意或共识的社会生活领域。在哈贝马斯看来，尽管公共领域有着不同的呈现形式，但却有三项共同的特征：①公共领域中进行的是一种不分阶级地位的社会交往；②基于关注共同问题，因此不断有新信息被引入公共领域，以解决问题；③公共领域必须是每个人皆有能力参与。[1]哈贝马斯认为，人们在公共领域中发表个人意见并对于公众事务作出讨论的社会互动形式，得以证成公共性的实现。英国学者斯图尔特·兰森（Stewart Ranson）等认为，"公共"同时具有集体性（collectivity）和多元性（plurality），亦即同时具有"集体"与"个体"的双重特征，公共领域之所以具有"公共性"，其关键在于公民身份（citizenship）能同时体现上述双重特征。公共管理者必须使公民对于共同生活的社群具有能力与机会提供贡献。同时，还应当基于公共利益，采取有利于公众的作为。换言之，"公共性"就是政府在"参与型政府"（participatory government）与"代表型政府"（representative government）之间取得平衡的一些活动。[2]

（2）从公共组织与私人组织的区别切入，对公共性及其实现进行讨论。荷兰学者乌多·佩奇（Udo Pesch）认为，从区分公共组织与私人组织的角度出发，至少有五种不同的方法来探讨公共性：第一，通用方法（generic approach），它假定公共组

---

[1] 参见[德]哈贝马斯：《公共领域的结构转型》，曹卫东等译，学林出版社1999年版，第252页。

[2] See Stewart Ranson, John Stewart, "Citizenship and Government: The Challenge for Management in the Public Domain", *Political Studies*, Vol. 37, Issue 1 (1989), pp. 5~24.

织与私人组织没有显著差别;第二,经济学家的核心方法(economist core approach),这是处理公共组织的主要方法,这种观点是基于国家和市场之间的区别,这两个领域被描述为生产经济产品的领域;第三,政治核心方法(political core approach),这种方法主张公共组织具有政治影响力,因此应当作为政治实体来处理;第四,规范方法(normative approach),这是政治核心方法的延伸,与政治方法不同,这种方法并不中立地观察公共组织的政治角色,而是强调这一角色,并试图利用这一角色来实现"公共利益";第五,维度方法(dimensional approach),既使用政治方法,也使用经济方法。乌多·佩奇认为,仔细观察这五种方法有关公共性的论证逻辑,可以发现这五种方法实际上是围绕公共行政公共性的两个概念版本展开的:第一个概念版本对公共性的理解源于"公共物品"(public goods);第二个概念版本对公共性的理解则来源于"公共利益"(public interest)。乌多·佩奇进一步认为,这种公共性概念之间存在不相容的本体论论述,分别是以个体主义为基础的政治自由主义和以有机观点为基础的公共领域观点。[1]

(3)从公共价值的构成与实现出发,对公共性及其实现进行讨论。丹麦学者托本·贝克·约根森(Torben Beck Jørgensen)选取1990至2003年间,英国、美国以及北欧国家等三个地区有关公共价值的文献,统计筛选出"公共部门对社会的贡献""将利益转换成决策""公共行政的组织内部面向""公共部门员工行为面""公共行政人员与政治人物间的关系""公共行政与人民间的关系""公共行政人员与环境间的关系"等七大类公共价值,其中含有20种价值组合(value set)。最后再以价值接近

---

[1] See Udo Pesch, "The Publicness of Public Administration", *Administration & Society*, Vol. 40, Issue 2 (2008), pp. 170~193.

性（proximity of values）、价值层级性（values hierarchy）与价值因果关系（values causality）等三个面向，来对这些价值进行基础性建构，作为公共性的重要衡量标准。[1]

综合上述分析，本书认为，将公共性的研究应用在信用信息公共性的分析时，在研究途径上比较适合先观察实务上所推动的各项信用信息管理策略与行动内容；其次，参照从公共领域和公共价值出发证成公共性的路径，作为分析信用信息公共性的基础，并分析其所包含的具体内涵；最后，参照基于公共物品的公共性和基于公共利益的公共性之分析框架，对信用信息公共性的根源及其实现展开分析。

（二）信息公共性的解读

以"公共性"作为基本的判断标准，一些学者认为，信息具有公共物品的特征，即非排他性和非竞争性，[2]因此可以将公共性作为信息的基本属性。[3]美国学者约瑟夫·斯蒂格利茨认为，信息经济学的根本性突破是认识到信息从根本上不同于其他"商品"，信息拥有许多公共物品的属性。一方面，信息的消费是非竞争性的，很多人可以共同利用同样的信息，使用者之间看不到竞争关系；另一方面，信息的消费具有非排他性，这意味着就算没有等价支付的人，也不会从信息的消费中

---

[1] See Torben Beck Jørgensen, Barry Bozeman, "Public Values: An Inventory", *Administration & Society*, Vol. 39, Issue3 (2007), pp. 354~381.

[2] 非排他性是指一种公共物品一旦被生产出来，可以同时供一个以上的个人联合消费，无论个人对这种物品是否支付费用，都无法排除他使用这种物品；非竞争性是指某一个人或厂商在使用某种公共物品或服务时，并不排斥和妨碍他人对这种物品的使用，而且也不会减少其他人使用这种物品的数量和质量。参见现代管理词典编委会编：《现代管理词典》（第3版），武汉大学出版社2012年版，第232页。

[3] 参见宋建武、徐艺心："论信息的公共性"，载《新闻与写作》2017年第7期。

被排除。[1]

此外，从信息与公共价值和公共利益的关系出发，公共性也应当被视为信息的基本属性。于良芝教授等认为，信息的公共性有两大基础：第一，信息的共享不会削弱它对每个人的价值；第二，信息可以改善公民的素质，限制它的传播会让整个社会付出代价。[2]宋建武教授等认为，信息的公共性具有三层含义：第一，信息内容涉及社会成员的"普遍利益"；第二，信息传播活动体现为社会成员的普遍参与；第三，信息生产和传播成本由社会整体承担。[3]

综上所述，信息与公共物品、公共利益和公共价值之间存在内在契合，将公共性作为信息的基本属性更符合信息在信息社会中所扮演的角色和发挥的作用。与此同时，信息公共性之证成也为信用信息公共性的确立奠定了基础。

（三）"信用信息公共性"的三种含义

信用信息与人类社会发展相伴而生，在不同的历史时期，信用信息具有不同的表现形式，其传播机制也不尽相同，但其在社会经济发展中的基础性作用始终未变。将公共性作为信用信息的基本属性之一，主要是基于以下几点考虑。

（1）信用信息产生于公共领域，同时也存在于公共领域。一方面，信用信息的主体涉及全体社会成员，公民、法人和其他组织在参与社会经济活动的过程中，均可能产生与之相关的

---

[1] See Joseph E. Stiglitz, "The Contributions of the Economics of Information to Twentieth Century Economics", *The Quarterly Journal of Economics*, Vol. 115, Issue 4 (2000), pp. 1441~1478.

[2] 参见于良芝、李晓新、王德恒：《拓展社会的公共信息空间——21世纪中国公共图书馆可持续发展模式》，科学出版社2004年版，第9页。

[3] 参见宋建武、徐艺心："论信息的公共性"，载《新闻与写作》2017年第7期。

信用信息。这些信用信息可能是正面的,也可能是负面的;可能是大量的,也可能是少量的;可能存在于客观载体上,也可能存在于主观记忆中。另一方面,信用信息的形成是社会成员广泛参与的结果,信用信息往往是社会主体在某种显性或隐性的契约关系中产生的,它可能涉及遵守法律的程度,也可能涉及履行约定的程度,其具体内容往往以法律规定或合同约定为依据。

(2)信用信息的内容涉及公共利益的保护。"公共利益用于描述这样的情形,特定个人的净收益可能并未增加,但某些为共同体凝聚或发展所必需的事物却得以保障。"[1]信任关系的建立和维系是社会经济繁荣发展的基础,它有助于减少社会中剑拔弩张的"戾气",增进社会成员之间的理解和团结,[2]进而形成"合作共赢"的社会关系。无论是个人的信用信息,还是组织的信用信息,从信息哲学的角度看,它们都是个体信用的间接存在形式。借助这些信用信息,社会成员得以判断自身及其他人的信用状况,这对于形成信任关系至关重要。因此,从这个意义上看,信用信息不仅与个人利益密切相关,而且还与更广泛的公共利益保护直接相关。

(3)信用信息的传播涉及公共价值的实现。"价值源于个体的需求与感觉",[3]政府和民间社会所做的很多事情对公众来说都是有价值的,但大致可分为三大类:第一类价值是由诸如维护良好的道路或医院等服务所提供的;第二类价值是结果,比如较低的犯罪率,或免受入侵的安全;第三类价值是最广泛意

---

[1] John Bell, "Public Interest: Policy of Principle?", In Roger Brownsword (ed.), *Law and the Public Interest*, Franz Steiner Verlag, 1993, p. 30.

[2] See Tony Prosser, "Regulation and Social Solidarity", *Journal of Law and Society*, Vol. 33, Issue 3 (2006), pp. 364~387.

[3] [美]马克·H. 穆尔:《创造公共价值——政府战略管理》,伍满桂译,陈振明校,商务印书馆2016年版,第73页。

义上的信任，包括政府的工作是否被视为公正和公平，或者更广义的机构是否值得信任。[1]"信任"作为一种公共价值，在一定程度上也受人们对公共服务的满意度影响，同时也受人们对政府诚信、可靠度和回应能力的感知影响。此外，"信任"还能产生"连带效应"（flow-on effects），"机构的感知质量"（perceived quality of institutions）反过来会影响人们对他人的信任。信用信息的广泛传播，可以提高"机构的感知质量"，进而影响人们对其他个人、组织的信任感，确保"信任"这种公共价值得以实现。

（四）"信用信息公共性"的三种根源

从根源上讲，信用信息公共性是由人的社会性及自我呈现、信用信息的公共物品属性和信用的公共性所决定的。

1. 信用信息公共性是由人的社会性及自我呈现所决定的

在亚里士多德看来，人如果不归属于任何城邦，那么这个人要么是野兽，要么是神灵，就像棋局中的一个闲子，是"自然的弃物"，而城邦则是"至善的社会团体"。[2]马克思亦曾说过："人的本质并不是单个人所固有的抽象物。在其现实性上，它是一切社会关系的总和。"[3]个人从降生开始，就总是处于多种社会关系中，并且随着年龄的增长和生活范围的逐渐扩大，其所处的社会关系也会更加复杂和多元。[4]因此，在某种程度

---

[1] See Geoff Mulgan et al., *Public Value: How can it be Measured, Managed and Grown?*, Nesta, 2019, p. 10.

[2] 亚里士多德曾给人下过一个经典定义："人类自然是趋向于城邦生活的动物（人类在本性上，也正是一个政治动物）。"参见［古希腊］亚里士多德：《政治学》，吴寿彭译，商务印书馆1983年版，第7~8页。

[3] ［德］卡尔·马克思："关于费尔巴哈的提纲"，载《马克思恩格斯选集》，人民出版社2012年版，第133~140页。

[4] 参见胡俊生主编：《社会学教程新编》（第2版），武汉大学出版社2016年版，第74页。

上，人就是各种社会关系的综合体，人的本质也正是体现在其所处的各种社会关系中。"人固然有私欲，人性另一部分则是渴望成为更广大的共同体的一员。"[1]

在社会关系的形成过程中，信息交换至关重要，它主要包括"寻求信息"（acquire information）和"自我呈现"（presentation of self）。美国学者欧文·戈夫曼（Erving Goffman）认为："获得个体的信息，有助于限定情景，能使他人预先知道该个体对他们所给予的期望，和他们或许可以对他所给予的期望。"[2]对于个体而言，为了形成或增进相互合作关系，其常常会有"自我呈现"的动因。从社会心理学的角度看，"自我呈现"主要有五个方面的理由，即宣泄、自我澄清、社会确认、社会控制和关系发展。[3]哈贝马斯认为："个体化不是一个独立的行为主体在孤独和自由中完成的自我实现，而是一个以语言为中介的社会化过程和自觉的生活历史建构过程，通过用语言达成相互理解。"[4]因此，从工具性的角度看：一方面，信用信息是个体标识自己信用状况的重要载体，"人不仅寻求物质舒适，还需要得到尊敬和认可，他们相信他们值得被尊敬，因为他们拥有某种价值或尊严"；[5]另一方面，信用信息也成了他人或社会识别个体信用状况的手段。这两个方面构成了信用信息在社会关

---

[1] [美]弗朗西斯·福山：《信任：社会美德与创造经济繁荣》，郭华译，广西师范大学出版社2016年版，第10页。

[2] [美]欧文·戈夫曼：《日常生活中的自我呈现》，黄爱华、冯钢译，浙江人民出版社1989年版，第1页。

[3] 参见[美]泰勒、佩普劳、希尔斯：《社会心理学》（第10版），谢晓非等译，北京大学出版社2004年版，第287页。

[4] [德]尤尔根·哈贝马斯：《后形而上学思想》，曹卫东、付德根译，译林出版社2001年版，第173~174页。

[5] [美]弗朗西斯·福山：《历史的终结及最后之人》，黄胜强、许铭原译，中国社会科学出版社2003年版，第171页。

系中的基础性作用，也决定了信用信息的公共性或社会性。

2. 信用信息公共性是由信用信息的公共物品属性决定的

在所有的信息类型中，政府信息具有更高的公共性。一方面，政府信息的形成与政府职能行使、公共资源使用密切相关；[1]另一方面，政府信息蕴含着广泛的社会价值，不仅对于公共机构的决策很重要，对于私人决策同样很重要，它能减轻私人信息不足带来的危害。[2]在信用规制中，政府部门所收集、处理和使用的信用信息主要是指公共信用信息，即由政府部门在行使公共管理职能或提供公共服务过程中形成的信用信息。从种属关系来看，公共信用信息应当属于广义的政府信息范畴。既然公共物品属性是政府信息的基本属性之一，那么自然也可以将公共物品属性作为信用信息的基本属性。

此外，从信用信息自身的特性来看，其也具备公共物品的典型特征。[3]一方面，信用信息具有非排他性，即信用信息一旦形成，不仅信用主体和信用信息控制者可以使用，其他组织或个人也可以同时使用；另一方面，信用信息具有非竞争性，一个人或组织对信用信息的使用并不会减少其他人或组织对信用信息的使用，这也是由信用信息的可传递性、可扩散性、可再现性等特征所决定的。[4]

---

[1] 由于政府信息通常是政府部门在履行公共管理职能或提供公共服务的过程中制作、形成、获得或掌握的信息，并且这些信息是由政府利用公共财政来组织生产、提供或收集、保存的，因此它们属于公共物品的范畴，具有更高的公共性。参见杨霞：《政府信息公开实现条件研究》，首都师范大学出版社2006年版，第37页。

[2] See Stephen Morris, Hyun Song Shin, "Social Value of Public Information", *The American Economic Review*, Vol. 92, Issue 5 (2002), pp. 1521~1534.

[3] 参见凌岚主编：《公共经济学原理》，武汉大学出版社2010年版，第63页。

[4] 参见徐政五、甘露、汪利辉主编：《信息论导引》（第2版），电子科技大学出版社2017年版，第4页。

3. 信用信息公共性是由信用的公共性所决定的

信用信息是个体信用状况的重要载体和间接存在方式，因此，信用本身的公共性也决定了信用信息的公共性。按照学者的总结，信用的公共性主要体现在以下几个方面：第一，信用是一种社会规则，以公共领域为适用范围。无论是"潜规则"，还是"明规则"，都具有社会性。第二，信用是一种资本，其评价是由社会进行的。从经济学的角度看，信用是资本，更是虚拟资本，同时也是高风险资本，其风险具有系统性特征。因此，要想对信用资本作出准确、客观的评价，必须由正式的、权威的机构负责，并且这些机构应当主要以公共利益为目标或者能够很好地代表或维护公共利益。第三，信用是社会资源配置的新依据。在信誉经济时代，数字信用已经成为企业和个人的核心竞争力，成为个体的"第二身份证"。[1]在很多情况下，对于个人和组织是否具有参与社会资源配置的资格，信用往往具有决定性作用，即"一票否决"，这种情况在当前的信用规制实践中已经得到印证，信用已经成为个体进入市场、职场甚至官场的重要考量因素，这显然会涉及社会利益问题。[2]

二、信用信息公共性的实现

公共性既不可以还原到个体，也不能直接分享，需要通过一定的形式才能实现。按照学者的总结，公共性的实现需要考虑以下因素：①公共性的实现与国家建设存在关联。国家可以通过采取一系列措施来推动公共性的实现，与此同时，国家任务的变迁也可以带动公共性进行扩展。②公共性的实现与政府

---

[1] 参见［美］迈克尔·费蒂克、戴维·C.汤普森：《信誉经济：大数据时代的个人信息价值与商业变革》，王臻译，中信出版社2016年版，第16~17页。

[2] 参见吴晶妹：《现代信用学》，中国人民大学出版社2009年版，第24~31页。

过程有关。政府的组织样式、运行过程是否具有参与性、公开性及回应性，关系公共性的实现。③公共性的实现与公共权力有关。为了实现公共性，公共权力应当以"公共利益"为主要目标，应当加强公共权力与社会组织的合作，增加公共物品的提供效率，同时强化对公共权力的监督与制约。④公共性的实现与民主政治有关。协商民主的发展有助于公共性不断回归个人本位。⑤公共性的实现与社会交往关系有关。只有实现社会主体间的交往过程中平等关系的广泛实现，公共性才能最大限度地实现。〔1〕

以此作为参照，信用信息公共性的实现也需要一系列条件予以支撑：首先，信用信息公共性的实现与国家的信息化建设有关。〔2〕只有不断推进信息化技术创新，加强信息基础设施建设，才能为信用信息在社会经济活动中快速传播奠定基础，最大限度地增加市场中的信用信息流量，有效解决"信用信息赤字"问题。〔3〕其次，信用信息公共性的实现与国家的信息义务深化有关。在大数据时代，信息的数量呈指数级快速增长，信息的类型不断丰富，信息的传播速度不断加快，信息的质量良莠不齐，以至于超过了个人的信息处理和利用能力，给个人带来了巨大的心理压力，这种现象被称为"信息超载"或"信息

---

〔1〕 参见孙宏伟：《中国转型社会中的公共秩序建构》，东北大学出版社2016年版，第30~31页。

〔2〕 国家信息化主要是指国家对信息化的作用以及信息化对国家的各种推动作用，是指国家级领导集体，运用举国体制，动员和调配全国有关资源，在国家层面的统一规划和组织下，在社会经济、农业、工业、科技、军事、生活等各领域，各方面不断推进信息化技术创新，建设信息化基础设施，深入广泛开发利用信息资源，加速实现信息化的过程。参见佟平编著：《国家信息化与信息化工具》，西安电子科技大学出版社2017年版，第31页。

〔3〕 参见［英］安东尼·奥格斯：《规制：法律形式与经济学理论》，骆梅英译，苏苗罕校，中国人民大学出版社2008年版，第123页。

第一章 作为政府规制创新的信用规制

爆炸"。[1]信用信息也面临前述问题,各种不同类型、不同质量、不同格式的信用信息散布在各处,已经远远超越了个体的信息收集能力和处理能力。在这种情况下,若要实现信用信息的公共性,需要国家为个人或组织创造更多低成本使用信用信息的机会。最后,信用信息公共性的实现与公共权力的行使有关。信用信息对社会经济活动中信任关系的形成至关重要,这就要求信用信息的归集或应用不能只局限于某一领域或某一行业,否则可能出现个体在A领域、B领域存在信用失范,在C领域却依然获得广泛信任,导致"又红又黑"的问题。[2]因此,信用信息公共性的实现既需要公共权力的协同,也需要公共权力与市场力量、社会力量的合作。

信用规制作为一种"以信用为基础的新型监管机制",是信用信息公共性得以实现的重要途径。首先,信用规制以各类信息技术作为支撑,依赖于各类信息基础设施的完善,其本身就可以被视为国家信息化建设的一种具体行动。在信用规制中,在政府主导或支持下,各类公共信用信息数据库得以建立,可以让信用信息流量所产生的边际收益大致相当于制造和传播这些信息的边际成本,从而达到"最佳"的信用信息量,保障公民获得信息的权利。[3]其次,在信用规制过程中,政府部门发挥主导性作用,能够有效避免信用信息归集、共享和利用过程中出现的"分配性"问题。如果社会的弱势群体由于信息能力不足而难以掌握充分的信息量,那么政府设立公共机构来提供

---

[1] 参见王治河主编:《后现代主义辞典》,中央编译出版社2004年版,第674页。
[2] 参见范水兰:《企业信用监管法律制度研究》,法律出版社2019年版,第36页。
[3] 参见[英]安东尼·奥格斯:《规制:法律形式与经济学理论》,骆梅英译,苏苗罕校,中国人民大学出版社2008年版,第123~124页。

信息，则有利于增进他们的福利。[1]最后，在信用规制过程中，坚持以社会共享共治为理念，能够最大限度地在社会成员之间形成有关信用问题的共识，促进社会各个领域信用秩序的一体化建设，最大限度地确保信用信息公共性的实现。

总而言之，在"有效信息贫乏"和"无效信息爆炸"共存的时代，[2]信用信息具有明显的公共性，这是由人的社会性、信用信息的公共物品特性和信用本身的公共性所决定的，而信用规制是实现信用信息公共性的重要机制。因此，在此意义上，信用信息的公共性成了建构信用规制的内在必然性。

第四节 信用规制的多学科理据

信用失范的普遍性和信用信息的公共性分别从不同角度对信用规制的正当性基础展开了解释。如前所述，信用规制是一个跨学科和交叉学科研究领域，那么从与之密切相关的各个学科出发，信用规制是否具备相应的理论依据呢？本书认为，由于信用规制本身具有跨学科属性，因此信用规制在诸多学科中均有坚实的理论基础，信号传递理论、国家能力理论、福柯治理术理论、权利保护理论等理论或视角均可以进一步为信用规制的必要性与合理性提供解释。

一、经济学理据：信用规制是一种信号传递机制

根据信息经济学理论，信息失灵或信息不对称容易导致逆

---

[1] 参见宋保振："'数字弱势群体'权利及其法治化保障"，载《法律科学》2020年第6期。

[2] See Cass R. Sunstein, *Too Much Information: Understanding What You Don't Want to Know*, The MIT Press, 2020, pp.1~2.

第一章 作为政府规制创新的信用规制

向选择和道德风险,这也是引发信用失范的重要根源之一,因此,消除或减少信息不对称问题的主要方法便是尽可能减少不同主体之间的信息差距。信号传递理论(signaling theory)所要解决的基本问题便是:在社会经济活动中应当采取哪一类方式在不同主体之间传递有价值的信息,以此来克服由信息不对称带来的各类风险与问题。[1]

(一)信息不对称问题与信号传递理论

信息交换是经济交易的初始和最基本的阶段,没有信息交换,市场参与者就不会相互信任,交易就不会发生,这在任何时候均适用于所有市场的所有交易。[2]然而,在社会经济活动中,一些人可能希望传递信息,而其他人则不希望传递信息。这背后的原因主要有两点:一方面,在决策时,个人不仅要考虑自身的偏好,而且还要考虑怎样改变别人对他的看法;另一方面,个人有"撒谎"的动机,如能力低的人倾向于高报自己的能力。[3]多项实证研究结果也表明,在没有法定披露要求的情况下,医院不会披露风险调整后的死亡率、学校不会报告标准化考试成绩、健康维护机构不会披露质量、餐馆几乎从不披露卫生检查报告。[4]有鉴于此,可以借助一些可供使用的方法,让信息能够在社会经济活动中进行快速、高效、可靠的传递。

信号传递(signaling)是解决信息不对称的重要方法。在美国学者迈克尔·斯宾塞建立的信号传递模型中,虽然教育水平

---

[1] See Brian L. Connelly et al., "Signaling Theory: A Review and Assessment", *Journal of Management*, Vol. 37, Issue 1 (2011), pp. 39~67.

[2] See Nicola Jentzsch, "The Economics and Regulation of Financial Privacy: An International Comparison of Credit Reporting Systems", *Physica-Verlag HD*, 2006, p. 1.

[3] 参见[美]约瑟夫·斯蒂格利茨:《信息经济学:基本原理》(上),纪沫、陈工文、李飞跃译,中国金融出版社2009年版,第52页。

[4] See David Dranove, Ginger Jin, "Quality Disclosure and Certification: Theory and Practice", *Journal of Economic Literature*, Vol. 48, Issue 4 (2010), pp. 936~963.

可能与工作能力并无直接关系,但却可以作为一种"信号"向企业传递有关求职者能力的信息。[1]"一个信号就是某一活动或某一决策,用来证明相关的代理人具有某一能力或特征,或具备某一信息,或者换言之,相关代理人属于全部人群的一个子集。"[2]信号传递则可以促进委托人与代理人之间的信息交换,尤其是能够让拥有私人信息的主体在社会经济活动中尽可能披露真实的情况。[3]信号传递理论成了解决信息不对称问题的重要工具,该理论在经济学中得到了快速发展,并被管理学、政治学等学科所重视,成了解决一些传统的管理问题、治理问题的新视角。

在理论上,一个"信号"如果要奏效,必须满足特定的标准:第一,信号必须对接收者(信息较少方)是可验证的;第二,信号必须是可信的;第三,信号对于传递者(拥有信息较多的一方)一定是要有成本的,并且这种成本在不同质量的传递者之间必须是不同的。[4]为了能够在社会经济活动中建立有效的信号传递机制,其基本逻辑是进行"信息的供给侧改革"。具体而言,主要可以采取以下四种路径:①可以由拥有较多信息的一方直接向拥有较少信息的一方提供信息,最常见的便是强制性信息披露。②可以由社会经济活动中具有相对独立性的第三方提供信息,该第三方与交易双方没有直接利害关系,实践中比较典型的便是悬赏举报制度。③可以由政府部门通过适

---

[1] See Michael Spence, "Job Market Signaling", *The Quarterly Journal of Economics*, Vol. 87, Issue 3 (1973), pp. 355~374.

[2] [西班牙]因内思·马可-斯达德勒、大卫·佩雷斯-卡斯特罗里:《信息经济学引论:激励与合约》,管毅平译,上海财经大学出版社2004年版,第142页。

[3] 参见张维迎:《博弈论与信息经济学》,格致出版社、上海三联书店、上海人民出版社2012年版,第339页。

[4] 参见[比]吉恩·希瑞克斯、[英]加雷思·D. 迈尔斯:《中级公共经济学》,张晏等译,格致出版社、上海三联书店、上海人民出版社2011年版,第196页。

第一章 作为政府规制创新的信用规制

当的渠道向信息较少的一方提供信息。④由于相同行业的市场主体所需的信息通常具有同质性，因此可以由所属同一行业的其他市场主体提供信息。[1]信号传递可以通过不同行为来实现，在实践中，比较常见的方法有认证、审计、售后保证、自愿性披露等，还有公权力机关直接介入的强制信息披露、政府公共警告等，这些方法都成了克服信息不对称的重要制度。

(二) 信用规制可以发挥信号传递功能

信用规制在运作机理上符合信号传递理论的基本要求，不仅可以有效应对社会经济活动中的信用信息不对称问题，而且还可以缓解政府规制活动中的信息不对称问题。正如美国学者凯斯·桑斯坦所言："有意义、清楚传达的信息往往比数据统计和抽象的信息对人类行为有着更严重的影响。"[2]

(1) 对于社会经济活动中的参与者而言，信用规制作为一种信号传递机制，可以弥补不同交易主体之间的信息不对称，降低获取信息的成本，提高市场效率。"市场上不完全信息的存在为行政管制体系提供了合理性。"[3]就解决社会经济活动中的信息不对称问题而言，信用规制的功能主要体现在两个方面：一方面，政府部门在履行职能或者提供服务的过程中，可以对公民、法人和其他组织的各类信用信息进行记录、收集、处理、存储和共享，并按照一定的标准开展信用评级，借助信用公示、信用报告等制度向利益相关者传递信用信息。这可以最大限度地增加社会经济活动中信用信息的整体供给水平，弥补信用信息劣势者遭遇的"信息赤字"困境，让个人或组织在行为决

---

[1] 参见应飞虎：《信息失灵的制度克服研究》，法律出版社 2004 年版，第 71 页。
[2] [美] 卡斯·桑斯坦：《简化：政府的未来》，陈丽芳译，中信出版社 2015 年版，第 65 页。
[3] [美] 丹尼尔·F. 史普博：《管制与市场》，余晖等译，余晖总校，上海人民出版社 2017 年版，第 69 页。

策前就能了解交易对方的信用状况，更好地作出决策。另一方面，行政主体通过守信奖励、失信惩戒等激励机制，可以使守信者获得一定的"守信奖励"（credit reward），同时使信用失范行为的"期望成本"大于"期望收益"，这样能够诱导社会经济活动中的参与者尽可能释放出真实的信息，作出适当的行为。[1]

（2）对于政府规制活动中的参与者而言，信用规制可以弥补规制主体与规制对象之间的信息不对称，提升规制实效性，更好地实现规制目标。在传统的政府规制中，公民、法人和其他组织的信用信息通常分散在各个政府部门中，由于受到官僚制度的结构性制约，"信息孤岛"现象较为普遍，信用信息难以在政府部门之间进行有序流动，这在客观上导致被规制对象总是比规制机构拥有更多关于自身违法失信的信息。[2]此外，由于在互联网信息技术的加持下，新兴业态迭代较快、规制任务更加多元、规制环境更为复杂，政府规制部门获取信息的速度和广度通常滞后于行业的发展，这就进一步加剧了规制关系中的信息不对称问题。在信用规制中，由政府机构或政府设立的专门机构进行的第三方专业化信息传递机制在克服政府规制活动中信用信息不对称方面可以发挥重要作用。[3]信用规制依靠大数据、人工智能等技术，整合被规制对象的各类信用信息，通过搭建专门的信用信息共享系统，不仅可以使政府规制部门对其所规制领域的被规制对象的违法失信情况有较为精准的掌

---

[1] 参见于立、于左、丁宁："信用、信息与规制——守信/失信的经济学分析"，载《中国工业经济》2002年第6期。

[2] 参见吴雪芳："约束作用逐步显现 信息孤岛仍然存在"，载《中国市场监管报》2019年4月23日。

[3] 参见范水兰：《企业信用监管法律制度研究》，法律出版社2019年版，第37页。

握,而且也使其他政府规制部门能够对被规制对象的违法失信状况有较为全面的掌握,从而可以提高规制策略、规制措施的精准性和有效性。

二、政治学理据:信用规制是一种国家能力建设

国家能力(state capacity)是所有政治制度的决定性特征之一,一切问题的解决之道,一切政策创新,都需要以国家能力为支撑,尤其是国家行政能力。在讨论国家的政治学和社会学文献中经常使用"国家能力"的概念以及相关的术语,如"权力""国家实力""制度"等。"国家能力"的概念(以其各种形式)已经存在了很长一段时间,是19世纪和20世纪德国社会学理论的主要研究内容。不过,一直到20世纪70年代,"国家能力"才成为一个被各类学术研究所广泛使用的术语。[1]总体而言,"国家能力"概念的演变主要可以分为三个阶段:第一阶段,国家能力概念的理论根源与现代国家的具体属性有关,如行政集权和合法强制手段的垄断,其主要涉及预防冲突、攫取资源等能力;第二阶段,国家能力概念开始与更广泛的一组属性相联系,即韦伯式的官僚组织和行政架构,其主要用于解释经济结构的变化;第三阶段,国家能力概念已经被广泛应用于具体的公共政策分析。[2]"国家治理能力现代化"是当前及今后一段时期我国各项制度改革与完善的重要目标。因此,国家能力理论亦受到我国理论界的关注,这也为解释信用规制提供了一种独特视角。

---

〔1〕 参见黄清吉:《论国家能力》,中央编译出版社2013年版,第8页。
〔2〕 See Elaine Enriquez, Miguel Angel Centeno, "State Capacity: Utilization, Durability, and the Role of Wealth vs. History", *International and Multidisciplinary Journal of Social Sciences*, Vol. 1, Issue 2 (2012), pp. 130~162.

(一) 国家能力理论的兴起与发展

国家能力的概念可以追溯到现代关于国家建立的学术文献。在早期的学者看来，国家的建立是基于对发动战争和强制行动的相互依存关系。[1]在此之后，由于需要解释战后世界的特殊经济转型，出现了"国家中心主义进路"（state-centered approaches），国家被视为一个自主的行为者（autonomous actor），拥有构建政治和社会领域的权力，对于理解社会经济变化是极其重要的。[2]根据这种研究进路，"自主性"是指国家制定和执行政策的可能性，而不仅仅是对利益集团和社会阶层的要求的回应。因此，根据历史制度主义者的观点，国家自主权和国家能力之间存在因果关系，其中自主权有助于制定政策和消除实施国家目标的障碍。"国家中心主义进路"的代表性学者是布里埃尔·阿尔蒙德，他将国家比作"政治系统"（political system），并从政治系统对环境的适应能力角度将国家能力分解为提取、行为管制、分配和象征性输出四个方面。[3]对此，美国学者西达·斯考克波（Skocpol）认为，自主性不是国家的结构性特征，因为它可能会随着官僚机构受到内部变革以及与其他政府部门关系的影响而波动。同样，如果国家能力的基础在于是否有一个合格的官僚机构和是否有适当的政策工具，那么这些特征也会随着时间的推移、政策部门的不同以及每个政策部门的体制

---

[1] See Charles Tilly, *The Formation of National States in Western Europe*, Princeton University Press, 1975, pp. 3~4.

[2] 参见［美］西达·斯考克波："找回国家——当前研究的战略分析"，载［美］彼得·埃文斯、迪特里希·鲁斯迈那、西达·斯考克波编著：《找回国家》，方力维等译，生活·读书·新知三联书店2009年版，第10~12页。

[3] 参见［美］加布里埃尔·A. 阿尔蒙德、小·G. 宾厄姆·鲍威尔：《比较政治学——体系、过程和政策》，曹沛霖等译，上海译文出版社1987年版，第7~13页。

第一章　作为政府规制创新的信用规制

和政治安排的不同而变化。[1]

随着理论研究的深入,学者们开始将"国家能力"放置在不同背景下加以讨论。美国学者彼得·埃文斯(Peter Evans)对阿尔蒙德和斯考克波的观点进行了完善。在他看来,国家能力不仅来自国家的机制特征(machinery characteristics),而且还来自国家与社会结构之间的关系。因此,埃文斯认为,自主性与国家能力之间的关联不应当总是被理解为积极的。[2]美国学者乔尔·米格代尔(Joel Migdal)进一步以"社会中的国家"作为分析进路,将国家能力界定为"国家领导人通过国家的计划、政策和行动来实现其改造社会的目标的能力",具体包括"渗入社会的能力、调节社会关系、提取资源,以及以特定方式配置或运用资源四大能力"。[3]美国学者安德鲁·沃德(Andrew G. Walder)则以"社会主义国家"为研究对象,认为在现代世界中国家能力主要分为四种:①汲取能力(extractive capacity),即从社会上调动财政资源以追求中央决策者所认为的"国家利益"的能力;②引导能力(steering capacity),即引导国家社会经济发展的能力;③合法化能力(legitimation capacity),即利用象征和创造共识的支配能力;④强制能力(coercive capacity),即使用或威胁使用武力的支配能力。[4]

---

[1] 参见[美]西达·斯考克波:"找回国家——当前研究的战略分析",载[美]彼得·埃文斯、迪特里希·鲁斯迈耶、西达·斯考克波编著:《找回国家》,方力维、莫宜端、黄琪轩等译,生活·读书·新知三联书店2009年版,第20~21页。

[2] See Peter Evans, *Embedded Autonomy: States and Industrial Transformation*, Princeton University Press, 1995, pp. 40~41.

[3] [美]乔尔·S. 米格代尔:《强社会与弱国家:第三世界的国家社会关系及国家能力》,张长东等译,江苏人民出版社2009年版,第5页。

[4] See Andrew G. Walder (ed.), *The Waning of the Communist State: Economic Origins of Political Decline in China and Hungary*, University of California Press, 1995, p. 89.

近年来，公共政策和公共行政领域的学者也对国家能力的概念展开了研究。瑞典学者乔恩·皮埃尔（Jon Pierre）等认为，当代国家制定和执行公共政策所需的能力不应等同于1960年和1970年的国家能力。在他们看来，只关注政府作为国家的一个方面，可能会引发错误的结论，因为国家能力指向国家与社会之间关系的重要性。他们进一步认为，国家能力由两种模式创造和支持：第一种是由国家和能够制定、执行政策的政府系统内生的。因此，治理能力（governing capacities）将与政府决策与确定资源分配战略、有效管理必要的资源以取得成果以及动员社会支持与认可其行动的能力相关联。第二种和国家与社会之间关系的性质有关。从这一角度看，国家能力是建设允许社会参与国家行动的制度之结果，同时适当注意维持不被狭隘政治利益所控制的机构。[1]英国学者马丁·洛奇等则以"当代治理挑战"为背景，将"国家能力"聚焦于"创新和解决问题的能力"，具体包括提供能力、协调能力、监管能力和分析能力四种核心能力。[2]

国内学术界对国家能力展开系统研究起源于20世纪90年代。王绍光和胡鞍钢两位学者将"国家能力"界定为"国家将自己意志、目标转化为现实的能力"，并将其具体化为汲取、调控、合法化和强制四种能力。[3]经过多年的研究，王绍光教授对国家能力理论进行了修正和补充，提出了八项"基础性国家

---

[1] See Martin Painter, Jon Pierre, "Unpacking Policy Capacity: Issues and Themes", In Martin Painter, Jon Pierre (ed.), *Challenges to State Policy Capacity: Global Trends and Comparative Perspectives*, Palgrave Macmillan, 2005, pp. 2~7.

[2] 参见[英]马丁·洛奇、凯·韦格里奇：《现代国家解决问题的能力——治理挑战与行政能力》，徐兰飞、王志慧译，中国发展出版社2019年版，第14页。

[3] 王绍光、胡鞍钢：《中国国家能力报告》，辽宁人民出版社1993年版，第6页。

能力"，即强制、汲取、濡化、认证、规管、统领、再分配和吸纳与整合能力。在此基础上，王绍光教授将上述八项能力进一步类型化：强制、汲取和濡化是近代国家的基本能力；认证、规管、统领和再分配是现代国家的基础能力；吸纳与整合是民主国家的基础能力。[1]

近年来，国家能力理论受到了国内学术界的广泛关注。欧树军教授专门对"认证能力"进行了系统研究。他认为，认证能力是国家能力的基础，是建设税收国家、监管国家、福利国家的前提条件。[2]赵胜忠博士认为，在现代国家成长中，"统计"是一种重要的"权力技术"。一方面，国家职能、权力结构和决策方式会影响统计制度的变迁方向；另一方面，统计作为提供信息的技术，可以促进汲取能力、决策能力等国家能力的提高。[3]随着信息社会、智能社会的来临，还有学者提出了"信息力"、[4]"国家数据能力"[5]等，作为国家能力在数字化背景下的发展。

(二) 信用规制能够推动国家能力建设

国家能力理论为信用规制提供了一种理论解释力。徐亚文

---

[1] 参见王绍光："国家治理与基础性国家能力"，载《华中科技大学学报（社会科学版）》2014年第3期。

[2] 参见欧树军：《国家基础能力的基础》，中国社会科学出版社2013年版，第14页。

[3] 参见赵胜忠：《数字与权力：中国统计的转型与现代国家成长》，江苏人民出版社2015年版，第18~19页。

[4] 汪永成教授认为，"信息力"是一个政府收集、传递、转换、拥有、运用信息的能力，它的关键作用在于渗透在其他构成要素之中，是其他构成要素能量发挥的催化剂和倍增器。参见汪永成："政府能力的结构分析"，载《政治学研究》2004年第2期。

[5] 胡凌教授认为，"数据能力"是国家信息基础能力的一部分，包含了国家作为公共管理者搜集、存储与分析的能力，国家不仅要有专门的部门负责社会生活重要方面的基础数据的搜集与分析，而且更要建立起一种权威的自主性。参见胡凌："信息基础权力：中国对互联网主权的追寻"，载《文化纵横》2015年第6期。

教授等以国家能力理论作为分析框架,将社会信用体系作为国家认证制度的组成部分,原因在于信用体系与认证制度具有相同的结构和功能。[1]在"技术赋权"时代,信息技术改变了行政权力的运作和表现形式,牧领权力、生命权力、主权权力、规训权力等权力类型得以通过各种显性或隐性的方式增强。[2]信用规制是技术赋权的产物,也是"技术治理"的体现,它具有"信息量化、清晰预算和精细管理"的特征,[3]不仅提升了政府在传统领域的规制能力,而且也构成了政府能力本身。以国家能力理论为参考。本书认为,信用规制本身就是一种国家能力建设,原因在于信用规制的制度功能与国家能力结构存在内在契合,主要体现在以下几个方面。

(1)信用规制对诚信道德的强化,契合现代国家的濡化能力。诚信是人类社会经过漫长的历史文化更迭所形成的道德传统,诚信价值观更是一项基础性的核心价值观。[4]信用规制的一个重要目标是增进社会互信,提升社会整体信任度,强化诚信道德,促进个体"自律",这与现代国家能力中国家在内部秩序对核心价值观的濡化是一致的。戴昕教授认为,社会信用体系建设中蕴含了"德治集中"的制度逻辑,其具体的政策措施主要体现为政府通过采纳市场化信用,延伸政府规制的触角。[5]

---

[1] 参见李林芳、徐亚文:"社会信用体系法治化原理探析",载《学习与实践》2019年第11期。

[2] 参见[澳]保罗·亨曼:《电子治理:电子政府与公共管理、政策和权力的重塑》,刘虹、李玮译,华中科技大学出版社2019年版,第175~177页。

[3] 彭勃教授认为,技术治理以信息量化、清晰预算和精细管理等工作机制,明显提升了行政体系在传统领域(即小规模诊疗型治理)的能力。参见彭勃:"技术治理的限度及其转型:治理现代化的视角",载《社会科学》2020年第5期。

[4] 参见吴弘:"诚信价值观融入信用立法研究",载《东方法学》2018年第1期。

[5] 参见戴昕:"理解社会信用体系建设的整体视角:法治分散、德治集中与规制强化",载《中外法学》2019年第6期。

美国学者乔什·劳尔（Josh Lauer）在对美国消费信用制度的性质进行分析时也曾认为："金融身份是一种道德身份，而消费者信用监视——报告、评级和评分——是一种道德核算形式。"[1]

（2）信用规制对信用信息的归集、加工和使用，契合国家的信息能力或数据能力。[2]马克·土温曾有一句名言："先要知道事实真相，然后你才能按照自己的想法来歪曲事实。"这句话看似诙谐，实际上却揭示了"良好决策"的真谛，即决策需要仔细搜索最充分的信息，而不是凭感觉或经验。[3]然而，"信息对决策者的价值，显然取决于有关数据的合用程度、数据提供的及时性以及数据与真实环境的符合程度"。[4]在信用规制中，信用信息归集制度的主要功能就在于将散布在各个部门的信用信息进行统一归集，最大限度地反映个人和组织的真实信用状况，为个人或组织的决策提供参考。从这个意义上看，这与现代国家能力中国家作为公共管理者对社会经济生活中的关键数据进行归集、加工和使用的"数据能力"是一致的。

（3）信用规制中通过信用评级来实施分类规制的制度设计，契合现代国家的认证能力。在传统的国家治理中，户籍制度、档案制度、单位制度等共同构成了国家的认证体系，这对于解

---

[1] Josh Lauer, *Creditworthy: A History of Consumer Surveillance and Financial Identity in America*, Columbia University Press, 2017, p. 22.

[2] 历史学家黄仁宇在《万历十五年》中曾提出，中国之所以在近代没有成为现代化国家，问题在于没有用"数字目管理"。一方面，皇权强调的道德在现实中无法实践，沦为虚伪；另一方面，缺乏数目字管理，使得中央政府无法准确调节。参见［美］黄仁宇：《万历十五年》，九州出版社2011年版。

[3] 参见［美］斯蒂芬·罗宾斯：《做出好决定：理性掌控工作与生活》，包云波译，北京联合出版公司2016年版，第6~7页。

[4] ［美］埃冈·纽伯格等：《比较经济体制——从决策角度进行的比较》，荣敬本等译校，商务印书馆1984年版，第53页。

决广阔疆域中的治理难题意义重大。[1]随着社会经济改革的不断深入,户籍制度、单位制度等逐渐松动,城乡一体化不断推进,人们的身份不断多元化,由"单位人"变为"社会人",社会流动性加快,社会结构进一步分化。[2]在此背景下,"如果不确认、识别和掌握国土上人口、财产、产品、行为和事务的基本事实、流动方向、真假优劣和利弊得失,就无法恰当行动,无法实现目标"。[3]在信用规制中,行政主体可以根据一定的标准对公民、法人或者其他组织的信用状况或信用风险进行评价,并利用直观易懂的符号予以显示,进而在行政执法过程中以此为参考依据,采取不同干预强度的规制措施,这与现代国家能力中的认证是一致的。

(4)信用规制通过采取信用奖励、信用惩戒等措施对个人和组织在社会经济活动中的行为进行规制,契合现代国家的规管能力。在信用规制过程中,行政主体利用大数据、人工智能等先进技术提供的技术优势,同时依靠包括政府、企业、个人等不同主体在内的社会共治优势,对个人和组织在社会经济活动中的行为进行精准规制、全过程规制,形成一种"他律机制",[4]这与现代国家能力中国家对人们外部行为进行规管是相契合的。

三、哲学理据:信用规制是福柯意义下的治理术

"治理术"(governmentality)这一术语是法国哲学家米歇

---

[1] 参见欧树军:《国家基础能力的基础》,中国社会科学出版社2013年版,第94页。
[2] 参见柴彦威等:《中国城市的单位透视》,东南大学出版社2016年版,第85~86页。
[3] 欧树军:《国家基础能力的基础》,中国社会科学出版社2013年版,第39页。
[4] 参见姜涌:"社会信用体系的他律性建构",载《广东社会科学》2019年第2期。

尔·福柯于1978年在法兰西学院的系列讲座中首次提出的,它重点探讨了自文艺复兴以来,不断变化的思维形式是如何影响西欧国家及其人口治理的。[1]"治理术"这个词最初并没有引起学界的广泛关注,直到20世纪90年代初,《福柯效应:治理术研究》一书的出版,[2]一些英语国家的学者才开始使用这个术语。如今,"治理术"理论在批判社会学、历史学、文化研究、政治地理学等众多学科中均得到了应用和发展,已经成为理解当代国家治理的不同实践和技术的重要理论视角。[3]"治理术"作为一种思维形式,使我们能够从信用行为及其治理的角度出发,侧重于建构适当的主体性和自我规制的、有信用意识的公民。

(一)福柯"治理术"理论的产生与发展

在讲座中,福柯将"治理术"这一术语称为是一个"邪恶的词"(ugly word),将它分解为"治理"(government)和"心理"(mentality)或"合理性"(rationality)。[4]福柯认为,"治理"指的是"行为的引导"(conduct of conduct),即在一个或多或少开放的可能性领域内引导他人行为方式的艺术(art)。[5]"治理"意味着构建被治理者自我治理的可能性领域。由此可知,在福柯看来,"治理"不是一个机构(政府),而是一种权力形式,

---

[1] See Peter Triantafillou, "Governmentality", in Christopher Ansell, Jacob Torfing (eds.), *Handbook on Theories of Governance*, Edward Elgar Publishing Limited, 2016, p. 353.

[2] See Graham Burchell, Colin Gordon, Peter Miller (eds.), *The Foucault Effect: Studies in Governmentality*, University of Chicago Press, 1991.

[3] 参见[英]科林·斯科特:《规制、治理与法律:前沿问题研究》,安永康译,宋华琳校,清华大学出版社2018年版,第123页。

[4] 参见[法]米歇尔·福柯:《安全、领土与人口:法兰西学院演讲系列,1977-1978》,钱翰、陈晓径译,上海人民出版社2010年版,第100页。

[5] 参见[法]米歇尔·福柯:"福柯的附语:主体与权力",载[美]L.德赖弗斯、P.拉比诺:《超越结构主义与解释学》,张建超、张静译,光明日报出版社1992年版,第287页。

根据其定义，被行使权力的主体有相当程度的选择权或自由来管理自己的行为。

对于"治理术"的第二部分到底是"心理"，还是"合理性"，福柯并未给出明确的解释，这在理论上也引发了争议。根据美国学者科林·戈登（Colin Gordon）的观点，"治理术"应当是"治理合理性"（governmental rationality）的缩写，因此，"治理术"的第二部分应当是"合理性"。他认为，"治理的合理性"（rationality of government）是对治理实践的性质（如治理是什么、谁可以治理、治理什么等）的一种思考方式，能够使某种形式的活动对其实践者和被实践者而言都是可思考的和可行的。[1]根据法国学者米歇尔·塞纳尔特（Michel Senellart）的观察，一些德国学者主张"治理术"是"治理"和"心理"的混合词。[2]不过，福柯和他的许多追随者更倾向于使用治理的"理性"或"合理性"。之所以认为"理性"这个词最恰当，是因为福柯在其作品中不厌其烦地辩称，他指的不是抽象的原则、意识形态或世界观，而是非常具体的思考、计算、策略和推理方式，即如何最好地治理一个国家的领土，尤其是居住在这个领土上的民众之财富和福祉。因此，治理术、政府理性或政治理性实际上是关于如何最好地治理一个国家的一套"手段-目的"（means-ends）的计算。[3]

关于"治理术"的具体意涵，福柯在《安全、领土与人口》

---

[1] See Colin Gordon, "Governmental Rationality: An Introduction", in Graham Burchell, Colin Gordon, Peter Miller (eds.), *The Foucault Effect: Studies in Governmentality*, University of Chicago Press, 1991, p. 1.

[2] See Mark G. E. Kelly, *Foucault and Politics: A Critical Introduction*, Edinburgh University Press, 2014, p. 141.

[3] See Peter Triantafillou, "Governmentality", in Christopher Ansell, Jacob Torfing (eds.), *Handbook on Theories of Governance*, Edward Elgar Publishing, 2016, p. 354.

第一章 作为政府规制创新的信用规制

一书进行了阐述。在福柯看来,"治理术"有三种截然不同的含义,[1]具有不同程度的历史特殊性。福柯认为,"治理术"是"行为的指导",而权力的本质并不总是压制性的(repressive)。相反,它是生产性的(productive),"权力的行使在于引导行为可能性和整顿可能的后果"。[2]正如德国学者托马斯·莱姆克(Thomas Lemke)在对福柯系列讲座的反思中所指出的:

> 治理不仅是政治学中讨论的术语,而且也是哲学、宗教、医学和教育学中讨论的术语。除了国家或行政部门的控制或管理外,"治理"还意味着自我控制、对家庭和儿童的指导、家庭管理、引导灵魂等问题。为此,福柯将治理定义为引导,或者更准确地说,定义为"行为的引导",因此它是一个从"治理自我"到"治理他人"的术语。[3]

"治理术"理论的提出引发了人们对个体主体性的塑造、调动以及个体的自我治理能力的关注。治理实践被广泛地理解为

---

[1] "'治理术'一词有三个意思:(1)由制度、程序、分析、反思、计算和策略所构成的总体,使得这种特殊然而复杂的权力形式得以实施,这种权力形式的目标是人口,其主要知识形式是政治经济学,其根本的技术工具是安全配置。(2)很久以来,整个西方都存在一种趋势好战线,它不断使这种可被称为'治理'的权力形式日益占据了突出地位,使它比其他所有权力形式(主权、纪律等)更重要,这种趋势,一方面形成了一系列治理特有的装置,另一方面则导致了一整套知识的发展。(3)'治理术'这个词还意味着一个过程,或者说是这个过程的结果,在这一过程中,中世纪的司法国家,在15世纪和16世纪转变为行政国家,并逐渐向'治理术'转化。"参见[法]米歇尔·福柯:《安全、领土与人口:法兰西学院演讲系列,1977-1978》,钱翰、陈晓径译,上海人民出版社2010年版,第91页。

[2] [法]米歇尔·福柯:"福柯的附语:主体与权力",载[美]L. 德赖弗斯、P. 拉比诺:《超越结构主义与解释学》,张建超、张静译,光明日报出版社1992年版,第286~287页。

[3] Thomas Lemke, "'The Birth of Bio-politics': Michel Foucault's Lecture at the Collège de France on Neo-liberal Governmentality", *Economy and Society*, Vol. 30, Issue 2 (2001), pp. 190~207.

"自我的技术"（technologies of the self），它使个体对社会风险负责，并将其转变为一个"自我照顾"（self-care）的问题，这些技术是人们选择成为某种主体的方式。[1]哥伦比亚学者彼得·布兰德（Peter Brand）从福柯学派关于治理的合理性和人口控制的视角对城市环境管理进行了研究，重点探讨了"环境如何转变为社会纪律和个人义务的领域"。他认为，传统的环境思想和政策旨在鼓励环境"意识"（awareness），即促进关于生态和自然资源系统的基本认识，进而影响个人理性决策。"主体性"（subjectivity）提供了一种更丰富、更有价值的分析方法，因为它以更复杂、更现实的方式处理个人行为，即一个人对自己的身份和在世界中的地位的感觉。城市环境管理通过运用技术、空间和道德规制的集体效应，在日常生活中引入"生态公民"，建构公民的主体性，明确"良好"公民的社会规范，使城市环境管理成为公民的"自我治理"。[2]加拿大学者马修·帕特森（Matthew Paterson）和瑞典学者约翰内斯·斯皮普尔（Johannes Stripple）利用福柯的治理术理论对个人碳排放治理进行了研究。他们将个人对其自身碳排放行为的治理称为"碳排放行为的指导"（conduct of carbon conduct），它是通过某些形式的知识（测量和计算自己的碳足迹）、某些技术（将碳排放转化为可交易的商品）和某种伦理（理想的低碳生活方式）实现的治理。[3]

---

[1] See Stephanie Rutherford, "Green Governmentality: Insights and Opportunities in the Study of Nature's Rule", *Progress in Human Geography*, Vol. 31, Issue 3 (2007), pp. 291~307.

[2] See Peter Brand, "Green Subjection: The Politics of Neoliberal Urban Environmental Management", *International Journal of Urban and Regional Research*, Vol. 31, Issue 3 (2007), pp. 616~632.

[3] See Matthew Paterson, Johannes Stripple, "My Space: Governing Individuals' Carbon Emissions", *Environment and Planning D: Society and Space*, Vol. 28, Issue 2 (2010), pp. 341~362.

第一章　作为政府规制创新的信用规制

尽管对治理术的研究具有不同的学科取向，关注的是不同的实证对象，但它们仍然受到了共同分析视角的影响，即主要是探究福柯提出的"治理的艺术"（art of government），关注"个人、个体或群体"的行为机制。总体而言，作为分析视角的治理术可以在方法论层面上为我们提供五个原则：第一，治理术研究不以权力与主体性、国家与社会、结构与行动、理念与实践等二元对立为逻辑起点，而是寻找理性形式与治理技术之间的系统联系。第二，治理术研究遵循"上升分析"（ascending analysis）的原则，从地方理性模式和治理实践开始，关注微观的治理实践。第三，治理术研究开辟了一个被福柯定义为"真理政治"（politics of truth）的政治认识论领域。与对意识形态的纯粹批判不同，治理术研究并不以真假之分来描述思想或理论，也不意味着权力与知识之间的对立。相反，其关注的是话语操作、发声者的立场和产生真理主张的体制与机制。第四，治理术研究强调治理的技术方面。这里的"技术"包括技术人工制品、社会工程战略和自我技术；它既指部署机器、媒介网络、记录和可视化系统等，也指个体和集体塑造彼此或自身行为的一系列程序设定。第五，治理术研究主要集中在对政治性（political）的分析上，譬如，如何将问题定义为政治性问题，并将可能的解决方案概念化；在治理技术中如何将主体作为自主性的、解放的、负责任的公民。[1]

实践经验表明，治理实践很少依靠直接的"命令-控制"方式来运作。无论是服从的原则，还是强制的运用，均会产生高

---

[1] See Ulrich Bröckling, Susanne Krasmann, Thomas Lemke, "From Foucault's Lectures at the Collège de France to Studies of Governmentality: An Introduction", in Ulrich Bröckling, Susanne Krasmann, Thomas Lemke (eds.), *Governmentality: Current Issues and Future Challenges*, Routledge, 2011, pp. 12~13.

昂的成本，而且有很大的风险。因此，引导个体或集体"通过他们的自由"实现自我治理，给予他们以某种方式行动的积极激励，并促使他们将自身理解为自由主体，似乎更有效。国家在很多领域所采用的技术都旨在改变公民的行为，使难以驾驭的社会现实转变成某些可以进行工具性计算的东西，[1]这些技术和政策并不是简单的"命令-控制"，而是积极地建构各种类型的公民。正如美国学者丹妮尔·洛伦津所指出的，福柯意义下的治理术是治理人类的一种特殊艺术，它由三部分组成：治理术作为一系列技术，建构了个体的"环境"（milieu），以便从他们的行为中获得特定的效果；治理术作为一种治理的合理性，将个人自由转变为指导个人的工具；治理术作为一系列政治策略，构成了一种具体的、明显的、可治理的主体性形式。[2]

（二）福柯"治理术"理论下的信用规制

福柯的治理术理论为我们深入把握治理中的权力关系提供了一个新的分析框架，更重要的是对于建构及调动个体的主体性、自我治理能力提供理论解释力。尽管信用规制的基本原理是建立在科学知识和技术干预基础上的，但只有通过改变个人或组织在广泛的活动范围内，尤其是在社会经济活动中的行为方式，才能彻底实现规制目标。因此，对于信用规制的内在权力关系而言，我们仅仅关注国家的强制力是不够的，还必须考虑个体在应对某些被认定为有问题的议题时所采取的行动方式。从治理术理论的角度看，信用规制也可以被视为"行为的引导"，它可以通过技术、伦理、法律等手段的集体效应，在

---

[1] See Nikolas Rose, Peter Miller, "Political Power Beyond the State: Problematics of Government", *The British Journal of Sociology*, Vol. 43, Issue 2 (1992), pp. 173~205.

[2] See Daniele Lorenzini, "Governmentality, Subjectivity, and the Neoliberal form of Life", *Journal for Cultural Research*, Vol. 22, Issue 2 (2018), pp. 154~166.

第一章　作为政府规制创新的信用规制

日常生活中发挥"守信公民"或"守信企业"的示范效应，建构个体的主体性和积极性，强化个人或组织对其行为的"自我治理"。德国研究者马里奥·图姆勒（Mario Tümmler）曾用福柯的治理术理论对我国社会信用体系建设进行分析，[1]以此为参考借鉴，本书认为，治理术理论亦可以为信用规制提供理论支撑。

（1）信用规制的"治理合理性"可以通过政府文件、社会现状来进行评估。社会经济活动中普遍存在的信用失范被认定为重要的社会问题，[2]它提高了社会经济交往的成本，已经危及社会成员良性互动的信任基础。因此，信用失范问题的识别可以使一种涵盖所有社会互动的治理形式合理化。

（2）将"治理合理性"与个体联系起来的"治理技术"是公共信用评价，它具有范围广泛、影响深远、高度集中等特点。"治理技术"并不是寻求对人类行为的全面规制或秩序化。相反，它寻求的是对可能的行动领域进行结构化。[3]与大多数"治理技术"一样，信用规制采用了多种途径、多种技术、多种方式来归集信用信息，个体在同样的数字评价系统中将获得不同的分数、不同的等级。在公共信用评价系统建立之前，虽然

---

[1] See Mario Tümmler, "The Social Credit System and Governmentality in China", https://soziologieblog.hypotheses.org/11485（Last visited on June 23, 2020）.

[2]《社会信用体系建设规划纲要（2014-2020年）》对"信用失范问题"作出如下描述："覆盖全社会的征信系统尚未形成，社会成员信用记录严重缺失，守信激励和失信惩戒机制尚不健全，守信激励不足，失信成本偏低；信用服务市场不发达，服务体系不成熟，服务行为不规范，服务机构公信力不足，信用信息主体权益保护机制缺失；社会诚信意识和信用水平偏低，履约践诺、诚实守信的社会氛围尚未形成，重特大生产安全事故、食品药品安全事件时有发生，商业欺诈、制假售假、偷逃骗税、虚报冒领、学术不端等现象屡禁不止，政务诚信度、司法公信度离人民群众的期待还有一定差距等。"

[3] See Mitchell Dean, "Putting the Technological into Government", *History of the Human Sciences*, Vol.9, Issue 3（1996）, pp.47~68.

银行系统的金融信用评分和司法系统的犯罪记录已经对个体的生活产生影响，但由于它们处于相对分散的领域中，并没有形成良性互动，因此所产生的影响也会受到限制。公共信用评价系统的建立和广泛推行将改变这种现状，信用评价的影响也将超越各个组成部分的总和。原因在于：一方面，公共信用评价系统的"数据输入"汇集了分散在不同部门、不同领域的信用信息，将海量数据转化为一个单一的、可视的分数或等级，能够更为准确地反映个体的信用状况；另一方面，公共信用评价系统的"结果输出"将不同部门、不同领域作为应用场景，广泛融入公共决策和私人决策，其影响力和控制力不断扩大。在此背景下，个体可以针对自己的信用评价结果采取相应的强化行为或矫正行为，这就使信用规制成了一项比以前的数据应用更为有效的"技术"。换言之，信用规制大大促进了社会政策中新限制性条件的扩散，一个政策领域中福利和服务的获得取决于个体在另一个独立政策领域中的行为，通过这种方法，新的显著条件使人类行为和社会问题的本质个体化。[1]

（3）信用规制通过将公共信用评价与"诚实守信"的道德理想联系在一起，能够产生"普遍意义上的伦理规则与道德精神"所具有的规范性。如前所述，人具有社会性，在社会经济活动中采取适当的方式进行"自我呈现"至关重要。在我国的社会文化语境中：一方面，"面子文化"极大地影响了个人的日常社会生活；[2]另一方面，随着中国社会由传统乡土型熟人社会进入现代陌生人社会，"差序格局"中客观社会关系的层面将

---

[1] 参见［澳］保罗·亨曼：《电子治理：电子政府与公共管理、政策与权力的重塑》，刘虹、李玮译，华中科技大学出版社2019年版，第184页。

[2] 参见姜彩芬："面子文化产生根源及社会功能"，载《广西社会科学》2009年第3期。

无法再维持下去。[1]在此背景下，个体很有可能希望通过拥有一个良好的信用评价结果来塑造自己"诚实守信"的社会形象，这可能与个体对信用评价结果的有效性或真实性的任何实际信念无关，只要它作为"诚实守信"的象征发挥作用，它就实现了作为"治理技术"的功能。当个体开始将他们的行为定位于他们对信用评级的假定影响时，公共信用评价就成了他们自律技术（techniques for self-disciplining）的一部分。因此，在这个意义上，信用规制实际上通过他律性的建构来维护和保障"个体自律"，[2]以非强制的方式建构个人在社会经济活动中的行动领域。[3]

（4）信用规制是对社会秩序进行量化的一种计算实践（calculative practice），通过在公共生活中建立有效的测量手段，进而实现"按指标治理"（governance by indicators）。信用规制中蕴含着量化思维和统计哲学，就公共决策而言，"量化"被视为"一种社会技术"，"统计"更是被视为一种"政治算术"，二者背后隐含一种观念，即"社会现实是建立在某种社会秩序的基础之上的，数据能以其强大的准确性揭示这种秩序"。[4]从技术的角度看，人类的行为并不是为了特定的目的而被简单问题化，它往往会成为"常备资源"（standing-reserve）的一个要素，成

---

[1] 参见王小章："重思'差序格局'——兼与朱苏力教授商榷"，载《探索与争鸣》2019年第3期。

[2] 参见姜涌："社会信用体系的他律性建构"，载《广东社会科学》2019年第2期。

[3] 美国学者凯斯·桑斯坦认为："法律体系的一个目标并不仅仅是通过允许偏好获得满足而实现自治，它更基本的是要促进偏好形成过程中的自治。"参见[美]凯斯·R.桑斯坦：《权利革命之后：重塑规制国》，钟瑞华译，李洪雷校，中国人民大学出版社2008年版，第44页。

[4] [英]洛伦佐·菲尔拉蒙蒂：《数据之巅：数据的本质与未来》，张梦溪译，中华工商联合出版社2020年版，第18页。

为被聚集在一起的东西,以便其组合和集合的力量可以被释放、提取、存储、传递和分配。[1]"治理技术"可以将人类的精神、身体力量以及自然和技术资源进行集中和组合,成为一个"能量容器"(power-container)。[2]信用规制正是通过对社会秩序与个体行为予以统计和量化,建构出一套客观的评估标准,将个体特征与具体风险连接,形成可以将个体划入不同风险水平的风险概况,使风险的概念化、分析和管理呈现个体差异化。[3]"由数据制定规则比单纯的自上而下强制要复杂得多",它可以从根本上设计主体的行为方式。[4]总之,信用规制有助于形成一种"自愿遵守"的体制,通过对各种"技术"的综合运用,激发个体和集体的自主性,以复杂的方式引导个体和集体的行动方式和范围。

四、法学理据:信用规制蕴含信息权利保障价值

"加强公民的基本权利保护"被认为是现代民主法治国家的"最大职志",也是"最为突出的共性之一"。[5]在社会正义浪潮下,国家有义务使个人基本权利相互调和,使每个人的基本权利发挥最大效用。换言之,在具体个案中,国家对人民基本

---

[1] See Mitchell Dean, "Putting the Technological into Government", *History of the Human Sciences*, Vol. 9, Issue 3 (1996), pp. 47~68.

[2] See Nikolas Rose, Peter Miller, "Political Power Beyond the State: Problematics of Government", *The British Journal of Sociology*, Vol. 43, Issue 2 (1992), pp. 173~205.

[3] 参见[澳]保罗·亨曼:《电子治理:电子政府与公共管理、政策与权力的重塑》,刘虹、李玮译,华中科技大学出版社2019年版,第184页。

[4] [英]洛伦佐·菲尔拉蒙蒂:《数据之巅:数据的本质与未来》,张梦溪译,中华工商联合出版社2020年版,第23页。

[5] 参见杨建顺:《行政规制与权利保障》,中国人民大学出版社2007年版,第15页。

权利的实现有"保护义务"。[1]在此背景下,当我们在对信用规制进行理论分析时,不能只关注其"工具性",还应当挖掘其"价值性",追求工具性与价值性的有机统一,这不仅有助于强化信用规制的正当性基础,而且还能够对信用规制形成内在约束。

(一)权利保护是政府规制的新动因

在传统规制理论中,在回答"为什么要进行规制"这一问题时,学者们主要是从经济性理由中寻找答案,很少有将权利保护作为规制理由进行讨论的,原因是权利与规制之间经常表现出对立或不一致的现象,规制在很多时候被认为是一种限制权利的机制。[2]美国学者奥利·洛贝尔(Orly Lobel)便指出,在近代法律思想中的二元对立观念逐渐式微的背景下,规制与权利的二元对立仍然普遍存在于决策意识中。她以就业和劳动法领域为例对规制市场行为的行政动机(administrative impulse)与保护个人权利的裁决动机(adjudicative impulse)之间的分歧进行了研究。她认为,劳动法既涉及个人关系,又涉及宏观市场政策,劳动法中的权利框架关注的是劳动者或雇主的个体权益。相比之下,政府的社会性规制关注的重点是劳动力市场的整体福利最大化,为达到宏观目的而对个案采取功利主义的态度。[3]

尽管权利与规制之间存在诸多冲突之处,但随着规制实践

---

[1] 参见李惠宗:《行政法要义》(第7版),元照图书出版有限公司2016年版,第48页。

[2] See Bronwen Morgan, "The Intersection of Rights and Regulation: New Directions in Sociolegal Scholarship", in Bronwen Morgan (ed.), *The Intersection of Rights and Regulation: New Directions in Sociolegal Scholarship*, Ashgate Publishing Limited, 2007, p. 1.

[3] See Orly Lobel, "Form and Substance in Labour Market Policies", in Bronwen Morgan (ed.), *The Intersection of Rights and Regulation: New Directions in Sociolegal Scholarship*, Ashgate Publishing Limited, 2007, p. 23.

和规制环境的变化,规制与权利在一些特定的社会生活领域中也存在高度重叠或互补的情况。澳大利亚学者布朗文·摩根(Bronwen Morgan)认为,权利与规制之间存在强大的、相互依存的关系,集中体现在"点名、指责和索赔"和"规则制定、监督和执行"这两组众所周知的"三角关系"中。[1]英国学者托尼·普罗瑟进一步认为,保护基本权利已经成为规制的重要动因之一,权利可能通过以下几种方式与规制机构相关:①规制机构的作用可能是通过制定反映相关权利的标准并检查监督这些标准的适用,直接保护公民的权利。②权利可以对规制机构可能作出的决定施加实质性的限制,如阻止规制机构采取侵犯私人财产权的行为。③权利与规制机构相关的第三种方式可能是与规制机构运作有关的程序性权利的适用,以及允许受规制决策影响者的参与程度。[2]

在法学理论中,"权利"通常被认为是对某种事物的请求,或者是受保护的行动选择(options to act),某人享有权利,这能为权利持有人或者其他人提供独有的行动理由。[3]在公法理论中,基本权利保护是一个恒久的主题,尤其是基本权利的作用或功能历来受到学者们的重视。在比较法中,德国宪法理论认为,基本权利的传统功能主要分为防御和给付。前者是基本权利的最初功能,是指人民对抗公权力的功能,希望不要受到公权力的恣意侵害;后者是基本权利的发展功能,是指人民得

---

〔1〕 See Bronwen Morgan, "The Intersection of Rights and Regulation: New Directions in Sociolegal Scholarship", in Bronwen Morgan (ed.), *The Intersection of Rights and Regulation: New Directions in Sociolegal Scholarship*, Ashgate Publishing Limited, 2007, p. 2.

〔2〕 参见[英]托尼·普罗瑟:《政府监管的新视野:英国监管机构十大样本考察》,马英娟、张浩译,译林出版社2020年版,第18~19页。

〔3〕 参见[美]朱尔斯·科尔曼、斯科特·夏皮罗主编:《牛津法理学与法哲学手册》,杜宴林等译,上海三联书店2017年版,第524页。

第一章　作为政府规制创新的信用规制

依据基本权利规范之规定，向公权力主体主张特定的经济和社会给付。[1]张翔教授以德国基本权利的功能理论为参考，将客观价值秩序功能作为新的功能，主要对应国家的保护义务。[2]"行政法律制度以国家宪法性法律传统和文化价值为基础"，[3]因此行政法又被称为"具体化之宪法"，这意味着行政法在发扬宪法理念时扮演着责无旁贷的角色。[4]应松年教授就曾指出："对基本权利的保护是中国行政法目的之所在。"[5]

（二）信用规制对信息权利保障的因应

权利保护已经成为政府规制的重要动因之一，即使这可能涉及否决市场参与者的偏好和家长主义作风，但通过规制推进社会目标的实现已经逐渐成为一种共识。[6]因此，将信用规制放在"权利保护"的背景下来讨论，可以更好地发现信用规制所蕴含的"价值性"。对于"权利保护"的具体内容，既要遵循传统基本权利保护的一般原理，同时也要考虑"信息社会"这一特殊的时代背景。

1. 信息权利的理论证成

当人类由工业社会步入信息社会以后，"信息权利"（information rights）逐渐受到人们的重视，越来越多的理论学说主张

---

[1] 参见陈慈阳：《宪法学》，元照图书出版有限公司2016年版，第474~475页。

[2] 参见张翔：《基本权利的规范建构》（增订版），法律出版社2017年版，第69~70页。

[3] Martina Kiinnecke, "Tradition and Change in Administrative Law: An Anglo-German Comparison", *Springer*, 2007, p. 1.

[4] 参见陈新民：《公法学札记》（增订新版），法律出版社2010年版，第17页。

[5] 应松年：《应松年文集（2006-2015）》，中国法制出版社2016年版，第1362-1363页。

[6] See Robert Baldwin, Martin Cave, Martin Lodge, *Understanding Regulation: Theory, Strategy, and Practice*, Oxford University Press, 2012, pp. 22~23.

将"信息权利"作为宪法层面的基本权利。[1]《世界人权宣言》第19条直接将"信息权利"纳入人权范畴,成了一项基本人权。[2]那么,信息权利为何要成为一项基本人权呢?

作为人类,我们获取、使用和储存信息的能力对我们的生存至关重要。在实践层面,我们通过对信息的利用,可以避免灾害,防止事故,甚至维持生计。信息本身固然重要,但我们对所提供信息的可靠程度的辨别能力,对于资源或关系的利用,或对虚假信息的揭露,是至关重要的。科学研究表明,以咨询吉凶、观看星象或占卜作为未来事件的可靠指示是不理性的。信息是做出明智选择或明智判断的必要条件,道德和伦理评价取决于通过自己和前人的经验获得的信息。事实形式的信息构成了我们生活秩序、共同体、规律和知识的基础。[3]

为了思考或做决定,我们把数量、物质和因果性等思想范畴,或空间和时间等"先验的直觉",应用到我们所遇到的无数现象上。根据康德的观点,这些范畴或直觉存在于头脑本身的活动中。他认为,它们是我们组织混乱数据的起点,它们是最基本的信息形式,它们的存在是一个基本事实。如果没有这些范畴和直觉的应用,我们将无法实现判断或做出决定,这种直觉和范畴是人类困境中不可避免的。[4]但是,我们运用判断力和决策力的信息绝非一成不变,它可能会发生变化、历史演变、

---

[1] See Mark Bovens, "Information Rights: Citizenship in the Information Society", *The Journal of Political Philosophy*, Vol. 10, Issue 3 (2002), pp. 317~341.

[2] 《世界人权宣言》第19条规定:"人人有权享有主张和发表意见的自由;此项权利包括持有主张而不受干涉的自由,和通过任何媒介和不论国界寻求、接受和传递消息(information)和思想的自由。"

[3] See Patrick Birkinshaw, *Freedom of Information: The Law, the Practice and the Ideal (Fourth Edition)*, Cambridge University Press, 2010, p. 18.

[4] [美] S. E. 斯通普夫、J. 菲泽:《西方哲学史:从苏格拉底到萨特及其后》(修订第8版),匡宏等译,世界图书北京出版公司2009年版,第274页。

第一章 作为政府规制创新的信用规制

不准确、歪曲或不完整等。这就是为什么我们通常高度重视讲真话、忠实准确地记录事件、谨慎地提供信息；也是为什么我们要惩罚作弊和欺诈，或谴责说谎者，或追究因疏忽传递信息而造成伤害的责任。[1]

在人类交流中使用信息时，相互和默示接受某些基本规则非常重要，与思想范畴一样，这些规则是存在的一个不可避免的特征。其中，信息自由就是一个重要的基本规则，它意味着个人可以从国家获得、存储和使用信息。因此，确立信息权利在法律上的地位至关重要，这意味着国家需要承担相应的义务予以保障。[2]此外，信息权利作为一项法定权利，还蕴含着丰富的伦理价值和道德理想。首先，信息权利是基于人对自由的道德理想追求而设立的；其次，信息权利的实现状况深刻地影响着平等、公正、正义等公共价值的实现；再次，信息权利是信息社会实现对公民尊重的重要条件；最后，信息权利能够最大限度地保障公民共享更多的信息资源。[3]

2. 信息权利的内容与困境

在理论上，学者们对信息权利的结构或向度有不同的描述，不过都一致认为信息权利并非一项单一的权利，而是一种"权利束"。李震山教授认为，信息权利至少包括两个层面：对外积极要求政府应公开关于公共行政的国家信息，促使政府信息能够及时公开、广泛流通和有效使用，在这个层面，它与知情权（the right to know）有密切关系；对内而言，它是个体通过控制

---

[1] See Patrick Birkinshaw, *Freedom of Information: The Law, the Practice and the Ideal (Fourth Edition)*, Cambridge University Press, 2010, p. 19.

[2] See Philip Coppel, *Information Rights: Law and Practice (Fourth Edition)*, Hart Publishing, 2014, p. 366.

[3] 参见吕耀怀等：《数字化生存的道德空间——信息伦理学的理论与实践》，中国人民大学出版社2018年版，第44~46页。

个人信息而保护个人尊严免受亵渎，进而使人格自我形塑的空间不断扩大。[1]荷兰学者马克·波文斯（Mark Bovens）认为，在信息社会背景下，信息权利可以被称为"第四组公民权利"，它包含三个层次：一是初级信息权利（primary information rights）。这些权利使公民可以直接要求获得实际的（政府）信息。二是第二级信息权利（secondary information rights）。这些权利使公民有权得到政府的支持，以"接近"关键的信息渠道。三是第三级信息权利（tertiary information rights）。这些权利支持公民与其他公民和私营法律实体的横向信息关系。[2]

与此同时，我们也应当注意到，社会信息化、数字化、智能化的发展对信息权利本身也造成了很大的冲击，各种侵害信息权利的不道德现象、违法现象时有发生，严重破坏了数字化环境的信息生态平衡。[3]首先，人们对信息资源迫切的共享需求与现实中各行各业或多或少存在的信息垄断之间形成了冲突；其次，在大数据时代，信息的传播途径和方式均发生了较大的变化，这也给信息权利的界定提出了新的挑战；最后，在网络空间中，各类主体的数量急剧增长，再加上网络本身的虚拟性，使得信息主体与信息之间的关系更为复杂，信息所衍生的各种权益容易引发争议，这使得信息权利的确认和保护变得困难。[4]总体而言，信息的完整性、真实性、有效性、私密性目前正在遭遇前所未有的挑战，如果有关的信息权利得不到法律

---

[1] 参见李震山：《多元、宽容与人权保障——以宪法未列举权之保障为中心》，元照图书出版有限公司2005年版，第196~197页。

[2] See Mark Bovens, "Information Rights: Citizenship in the Information Society", *The Journal of Political Philosophy*, Vol. 10, Issue 3 (2002), pp. 317~341.

[3] See Philip Coppel, *Information Rights: Law and Practice (Fourth Edition)*, Hart Publishing, 2014, pp. 361~381.

[4] 参见吕耀怀等：《数字化生存的道德空间——信息伦理学的理论与实践》，中国人民大学出版社2018年版，第37页。

的有效保障,将破坏信息社会的平衡。

3. 信用规制对信息权利保障的回应

在公法理论中,所有的宪法权利均要求政府承担一定程度的法律义务(legal obligation),而这种法律义务在某种程度上始终代表着一种"保障"(guarantee)。一般认为,宪法权利所能产生的义务可以被区分为四种类型:一是尊重义务(obligation to respect),即政府必须尊重公民的自由,不得侵犯这些自由;二是保证义务(obligation to ensure),即政府应当积极努力,使公民的权利得到直接、具体的落实;三是促进义务(obligation to promote),即政府应当通过长期的政策计划等方式促进公民权利的实现;四是保护义务(obligation to protect),即政府应当为公民的宪法权利提供有效保护,防止其他公民的非法侵犯。根据上述标准,荷兰学者马克·波文斯认为,不同类别的信息权利所产生的法律义务存在区别:初级信息权利主要是要求政府承担"保证义务",即政府必须能够保证公民能够获得具体的信息;第二级信息权利主要是要求政府承担"促进义务",即政府必须促进公民充分获得与社会相关的信息渠道;第三级信息权利主要是要求政府承担"保护义务",即政府必须采取措施,确保在公民之间的相互关系中维护初级信息权利和第二级信息权利。[1]以波文斯的分析框架为参照,信用规制通过一系列制度安排,有助于政府在信息社会背景下对信息权利提出的各项法律义务进行积极回应。

首先,信用规制有助于实现信息权利要求的"保证义务"。随着社会的数字化转型不断加深,信息数量不断增长和累积,结构化的与非结构化的信息、真实的与虚假的信息交织在一起。

---

[1] See Mark Bovens, "Information Rights: Citizenship in the Information Society", *The Journal of Political Philosophy*, Vol. 10, Issue 3 (2002), pp. 317~341.

面对巨量信息，个体接收、存储和处理信息的能力是有限的，因此有效信息的"可获得性"反而不太容易实现。正如德国学者施密特·阿斯曼教授所言："可利用信息之量的增加，并不必然使得自由获得等量的增加。"[1]在此背景下，信用规制作为一种特殊的"信息活动"，通过对信用信息进行记录、汇总、综合、分类，以一种更为"集约化"的方式向个人或组织提供有用的信用信息，可以尽可能地确保个人和组织能够以有限的成本、快捷的方式、安全的途径获得高质量的、完整的、及时的、相关联的信用信息。[2]

其次，信用规制有助于实现信息权利要求的"促进义务"。个人或组织在社会经济活动中所产生的信用信息通常分散在不同领域、不同部门，具有来源分散性特征。对个体而言，若要对其他个体的信用状况进行较为完整的掌握，需要花费较高的成本去归集信用信息。信用规制通过建立统一的、权威的信用信息共享系统和信用信息公开平台，能够促进个人和组织充分获得信用信息的渠道。[3]

最后，信用规制有助于实现信息权利要求的"保护义务"。在社会经济活动中，信用信息对个人和组织的重要性不断凸显，成为个人和组织的"第二身份证"。随着信息技术的发展，部分信息行为主体有能力通过垄断或"偷窃"一些重要信息而在信息交换中谋取更加丰厚的利润。可是，涉及社会大众公共利益的、应公开的信息被个人垄断或偷窃，就很有可能阻碍社会进

---

[1] [德]施密特·阿斯曼：《秩序理念下的行政法体系建构》，林明锵等译，北京大学出版社2012年版，第265页。

[2] 参见王瑞雪："政府规制中的信用工具研究"，载《中国法学》2017年第4期。

[3] 参见虞青松："算法行政：社会信用体系治理范式及其法治化"，载《法学论坛》2020年第2期。

步或侵犯他人合法权益,导致不公平、不道德的结果。信用规制通过政府设立的公共机构或政府许可的专门机构负责公共信用信息的归集、共享与开放,在市场自律机制尚未完全形成的情况下,可以有效缓解由私人垄断行为带来的不平等、不公平现象,为个人和组织的合法权益提供保护。[1]

---

[1] 参见孟融:"国家治理体系下社会信用体系建设的内在逻辑基调",载《法制与社会发展》2020年第4期。

第二章
信用规制的制度实践及其合法性问题

对信用规制而言,除了需要在理论上对其"应然状态"进行合理建构外,还需要对信用规制的"实然状态"进行解构,并将研究发现反馈到理论层面或决策层面,这样才能不断提升理论对实践的解释能力,才能不断优化实践,实现预期的政策目标。现有法学研究的常见论证逻辑是按照行政行为形式理论对信用规制中的单一制度或行为的法律属性进行界定,通过对"极端"信用规制措施的不完全列举来佐证信用规制已经陷入合法性危机。[1]此种研究进路大有"为了否定而否定"的嫌疑,由于缺乏对信用规制合法性全貌的系统认识,因此很难提出具有针对性的建设性方案。基于此,本书首先对信用规制的立法与政策进行规范分析,揭示信用规制已有的规范体系及主要规则,同时借助制度分析方法,对信用规制的制度构成、制度逻辑与制度实践进行阐述,在此基础上对信用规制的合法性问题进行"解剖麻雀"式分析,明晰信用规制在何种程度、哪些方面以及如何非法或合法。

第一节 信用规制的立法与政策检视

政府改革是一种世界性趋势,中央政府的顶层设计在制度

---

[1] 参见沈岿:"社会信用体系建设的法治之道",载《中国法学》2019年第5期。

创新和制度建构中发挥着重要作用。[1]政府不仅经常利用公法和契约手段来设定具有法律约束力的标准,还会运用其管理权威,不去颁布具有法律约束力的条例,而是去设定各种规制标准,实现其所追求的政策目标和社会变革。[2]其中,不乏各种指导性政策文件,它们无需经过立法机关批准,无需立法授权即可制定标准,甚至不以一般的立法框架为依据,但却会产生实际的规范效果。[3]信用规制在我国的兴起与发展,既有信用失范与规制失灵提供的需求动力,也有电子政务与大数据提供的技术条件,更为重要的是国家的顶层设计和行政推动。

一、信用规制的顶层设计与制度安排

在有关社会变革的理论研究中,学者们往往强调立法与社会变革之间的关系,而忽视公共政策在其中发挥的作用。[4]事实上,公共政策、立法与社会变革之间存在一种内在的互动关系。澳大利亚政治学学者约翰·乌尔(John Uhr)认为,在现代民主法治国家,政策过程充满公民权利的政治争议,宪法是对政策分歧进行公共管理的重要手段,它有时通过澄清核心权利的含义,但更广泛的是通过澄清解决政策争议的程序,当然也包

---

[1] 学者认为,现代化治理体系的建立是顶层设计与实践经验的综合体,是人为设计的、需要不断完善、协调的复杂系统。参见蓝志勇、魏明:"现代国家治理体系:顶层设计、实践经验与复杂性",载《公共管理学报》2014年第1期。

[2] See Robert B. Seidman, "Research Priorities: The State, Law and Development", *Contemporary Crises*, Vol. 8, 1984, pp. 329~344.

[3] 参见[英]罗伯特·鲍德温、马丁·凯夫、马丁·洛奇编:《牛津规制手册》,宋华琳等译,宋华琳校,上海三联书店2017年版,第118页。

[4] See David M. Trubek, "Toward a Social Theory of Law: An Essay on the Study of Law and Development", *Yale Law Journal*, Vol. 82, Issue 1 (1972), pp. 1~50.

括权利政策（rights policies）的争议。[1]在法学理论中，学者们提出了所谓的"政策法学"或"法政策学",[2]改变了以往只重视法律"观点"而忽视法律"运作"的状态，开始关注"法律与社会的互动"，将法律视为是一整套的决策过程，并运行于一个更大的社会过程中，而不仅仅是一套规则而已。美国学者罗纳德·德沃金曾对"规则、原则和政策"的关系进行了阐述,[3]在德沃金看来，"原则"和"政策"虽然存在区别，但却是与法律规则同一层次的其他准则。

因此，本书在对信用规制有关的法律规范进行检视时，不仅对中央和地方有关立法规范进行分析，而且还对中央与地方的一些重要政策文本进行研究，这样才能更为完整地揭示信用规制的规范体系。正如英国学者雷蒙德·瓦克斯所指出的："人们经常认为在对法律这种社会机制进行评价时，要想做到完全、彻底，就必须对其进行如实的、不带价值判断的描述与分析。"[4]

（一）对信用规制进行系统性规定的政策

在我国的制度建设和国家治理体系中，"顶层设计"一直发

---

[1] See John Uhr, "Constitution and Rights", in B. Guy Peters, Jon Pierre (eds.), *Handbook of Public Policy*, SAGE Publications, 2006, p. 183.

[2] See Harold D. Lasswell, Myres S. McDougal, "Legal Education and Public Policy: Professional Training in the Public Interest", *The Yale Law Journal*, Vol. 52, Issue 2 (1943), pp. 203~295.

[3] 德沃金认为："当法学家们理解或者争论关于法律上的权利和义务问题的时候，特别是在疑难案件中，当我们与这些概念有关的问题看起来及其尖锐时，他们使用的不是作为规则发挥作用的标准，而是作为原则、政策和其他各种准则而发挥作用的标准。"参见［美］罗纳德·德沃金：《认真对待权利》，信春鹰、吴玉章译，中国大百科全书出版社1998年版，第40~41页。

[4] ［英］雷蒙德·瓦克斯：《法哲学：价值与事实》，谭宇生译，译林出版社2008年版，第2页。

挥着重要作用，它直接关系改革的议程设置。[1]所谓的"议程设置"是指政府识别出问题是一个值得关注的"公共"问题，而不是只影响小部分人的一般问题，也不是政府无力解决以至于被迫接受的"背景"条件。[2]信用规制便是当前及未来一段时期值得重点关注的公共问题，它不仅关系政府部门的行政效能能否得到改善，而且还与个人和组织的合法权益保护密切相关。在中央层面，信用规制的建构方向是在政策不断调整的过程中慢慢聚焦的，中央在不同时期的不同政策文件中对信用规制进行了不同程度的规定。根据笔者的梳理，[3]目前，中央层面对信用规制进行系统性规定的政策文件大致有十余份，可以分为不同的类型，如表2-1所示。总体而言，信用规制的顶层设计主要呈现出"政策驱动"特征。

表2-1　中央层面对信用规制进行系统性规定的政策概览

发布单位	日期	文件名称	主要政策目标
国务院	2014年6月	《关于促进市场公平竞争维护市场正常秩序的若干意见》	完善市场监管体系，促进市场公平竞争，维护市场正常秩序
国务院	2014年6月	《社会信用体系建设规划纲要（2014—2020年）》	全面推动社会信用体系建设

---

[1] 参见张伯瀚、郭强："加强顶层设计引领改革实践"，载《人民论坛》2020年第31期。
[2] 参见吴逊等：《公共政策过程：制定、实施与管理》，叶林等译，格致出版社、上海人民出版社2016年版，第23页。
[3] 本书主要是通过"北大法宝"法律法规数据库、"信用中国"网站和各级政府部门官方网站等途径对信用规制的政策和立法进行梳理。

续表

发布单位	日期	文件名称	主要政策目标
中央精神文明建设指导委员会	2014年7月	《关于推进诚信建设制度化的意见》	全面推进诚信建设制度化
国务院办公厅	2015年6月	《关于运用大数据加强对市场主体服务和监管的若干意见》	增强政府服务和监管的有效性,推动简政放权和政府职能转变
国务院办公厅	2016年12月	《关于加强个人诚信体系建设的指导意见》	为弘扬诚信传统美德,增强社会成员诚信意识,加强个人诚信体系建设
国务院	2018年9月	《关于在全国推开"证照分离"改革的通知》	加快推进政府职能深刻转变,优化营商环境
国务院办公厅	2019年7月	《关于加快推进社会信用体系建设构建以信用为基础的新型监管机制的指导意见》	进一步发挥信用在创新监管机制、提高监管能力和水平方面的基础性作用
国务院	2019年9月	《关于加强和规范事中事后监管的指导意见》	推进"放管服"改革
国务院办公厅	2020年10月	《关于全面推行证明事项和涉企经营许可事项告知承诺制的指导意见》	推动形成标准公开、规则公平、预期明确、各负其责、信用监管的治理模式
国务院办公厅	2020年12月	《关于进一步完善失信约束制度构建诚信建设长效机制的指导意见》	依法依规实施失信惩戒,提高社会信用体系建设法治化、规范化水平

续表

发布单位	日期	文件名称	主要政策目标
中共中央、国务院	2022年3月	《关于加快建设全国统一大市场的意见》	强化市场基础制度规则统一
中共中央办公厅、国务院办公厅	2022年3月	《关于推进社会信用体系建设高质量发展促进形成新发展格局的意见》	进一步发挥信用对提高资源配置效率、降低制度性交易成本、防范化解风险的重要作用

（1）在以"促进市场公平竞争，维护市场正常秩序"为主要目标的政策文件中对信用规制进行规定。这类政策文件出台的主要目的在于进一步明晰"政府与市场"的关系，让市场机制与政府监管能够相互配合，避免政府对市场的过度干预或放任不管，进而促进市场公平竞争，维护市场秩序的正常运行。由于信用秩序对于整个市场秩序的正常运转至关重要，因此市场主体在经济活动中的各类信用行为便成了政府监管的重要对象。换言之，在这一类政策文件中，信用规制主要是指政府部门运用各类政府规制措施对市场主体在社会经济活动中与信用直接相关的各种行为或活动进行监管，目的是促进市场主体"守合同、重信用"，建构良好的市场秩序。[1]

（2）在以"推动社会信用体系建设"为主要目标的政策文件中对信用规制进行规定。这类政策文件或是从整体上对社会信用体系建设进行部署，对一些主要的信用管理制度进行方向性规划，[2]或是聚焦于某个具体的信用制度建构，如个人信用

---

[1] 例如，2014年6月印发的《国务院关于促进市场公平竞争维护市场正常秩序的若干意见》（国发〔2014〕20号），使用的便是"监管信用"一词。

[2] 例如，2014年6月印发的《国务院社会信用体系建设规划纲要（2014—2020年）》（国发〔2014〕21号）提出，要加快推进政务诚信建设、深入推进商务诚信建设、全面推进社会诚信建设等。

制度、[1]政府信用制度[2]等。由于信用规制体系是社会信用体系的组成部分，因此这些政策文件都不同程度地对信用规制进行了规定。不过，在这些政策文件中，信用规制的主要政策意涵又略微不同，主要是指政府部门对社会主体的信用行为进行监管，不再局限于市场主体，在功能意义上主要体现为"执行信用法律法规"。

（3）在以"推动商事制度改革，完善市场监管"为主要目标的政策文件中对信用规制予以规定。在深化"放管服"改革的背景下，商事制度改革成了重要的政策目标，因此必须建立与之相适应的市场监管制度。有的政策文件对大数据技术在信用监管中的应用进行了规定，不过主要还是聚焦于大数据技术如何发挥技术优势为一些基础性的信用监督管理制度提供辅助，如信用信息公示制度、失信联合奖惩制度等。[3]此外，还有一些政策文件将信用监管作为"证照分离""先证后照""事中事后监管"等制度改革的配套措施，对信用监管的制度建构进行了方向性规定，主要突出强调"信用约束"，即让失信主体"一处违法，处处受限"。

（4）在以"建立以信用为基础的新型监管机制"为主要目标的政策文件中对信用规制予以规定。随着信用规制实践的不断推进，一些有益的实践经验被这类政策文件所吸收，信用在政府监管制度中的基础性作用逐步获得确认，信用规制也逐渐

---

[1] 例如，2016年12月印发的《国务院办公厅关于加强个人诚信体系建设的指导意见》（国办发［2016］98号）。

[2] 例如，国务院于2016年12月印发的《关于加强政务诚信建设的指导意见》（国发［2016］76号）。

[3] 例如，2015年6月印发的《国务院办公厅关于运用大数据加强对市场主体服务和监管的若干意见》（国办发［2015］51号）明确提出"运用大数据加强和改进市场监管"，要求"建立健全信用承诺制度""加快建立统一的信用信息共享交换平台""建立健全失信联合惩戒机制"等。

从"监管信用"过渡到"用信用监管"。在此背景下,国家政策文件对信用规制的规范重心又发生了三次转变:首先,政策制定者发现"失信联合奖惩制度"在市场监管中的制度实效后,迅速将其作为"建立以信用为基础的新型监管机制"的主要切入点和突破口,用于解决市场监管中的一些"顽疾"。[1]其次,对实践中形成的"信用信息驱动的措施"予以概括总结,并与商事制度改革、市场监管改革紧密联系起来,对信用规制的制度构成、运行机理等内容进行整体规范。其中,最具代表性的便是2019年7月印发的《国务院办公厅关于加快推进社会信用体系建设构建以信用为基础的新型监管机制的指导意见》(国办发〔2019〕35号),该文件充分吸收了上述所有文件对信用规制的规定,是目前为止对信用规制规定得最为详尽的文件,内容涵盖了五大制度建构方向共计22项具体措施,如表2-2所示。这类文件的重心主要在于推动信用规制快速"落地",可能引发的问题并不是政策所重点考量的,因此也未预设相应的制度,即使安排了一些控制机制,也没有作为重点予以执行。最后,在对信用规制的实际运行情况进行深入观察后,开始回应信用规制实践引发的社会问题,对实践中背离改革初衷及法治精神的现象予以"纠偏",强调信用规制的"规范化""法治化"发展。[2]

---

[1] 例如,2016年5月印发的《国务院关于建立完善守信联合激励和失信联合惩戒制度加快推进社会诚信建设的指导意见》(国发〔2016〕33号)在开篇便指出:"健全社会信用体系,加快构建以信用为核心的新型市场监管体制,有利于进一步推动简政放权和政府职能转变,营造公平诚信的市场环境。为建立完善守信联合激励和失信联合惩戒制度,加快推进社会诚信建设,现提出如下意见。"

[2] 例如,2020年12月7日印发的《国务院办公厅关于进一步完善失信约束制度构建诚信建设长效机制的指导意见》(国办发〔2020〕49号)在开篇便明确指出:"进一步明确信用信息范围,依法依规实施失信惩戒,完善失信主体信用修复机制,提高社会信用体系建设法治化、规范化水平。"

表 2-2 《国务院办公厅关于加快推进社会信用体系建设构建以信用为基础的新型监管机制的指导意见》的内容概览

序号	制度建构方向	具体建构措施
1	创新事前环节信用监管	建立健全信用承诺制度
		探索开展经营者准入前诚信教育
		积极拓展信用报告应用
2	加强事中环节信用监管	全面建立市场主体信用记录
		建立健全信用信息自愿注册机制
		深入开展公共信用综合评价
		大力推进信用分级分类监管
3	完善事后环节信用监管	健全失信联合惩戒对象认定机制
		督促失信市场主体限期整改
		深入开展失信联合惩戒
		坚决依法依规实施市场和行业禁入措施
		依法追究违法失信责任
		探索建立信用修复机制
4	强化信用监管的支撑保障	着力提升信用监管信息化建设水平
		大力推进信用监管信息公开公示
		充分发挥"互联网+"、大数据对信用监管的支撑作用
		切实加大信用信息安全和市场主体权益保护力度
		积极引导行业组织和信用服务机构协同监管
5	加强信用监管的组织实施	加强组织领导
		开展试点示范
		加快建章立制
		做好宣传解读

第二章 信用规制的制度实践及其合法性问题

（二）不同领域中信用规制的政策与立法

如前所述，有关信用规制的顶层设计对信用规制在各领域的制度建构以及各政府部门的主要职责给出了方向性指引。为了进一步落实中央政府在顶层设计中提出的政策要求，尽快落实好相关的配套制度，一些承担重要监管职能的政府部门结合本部门的职能权限制定了信用规制的具体实施规则。由于国务院各部门在监管权限、监管对象等方面存在不同，因此各部门在制定有关信用规制的政策与立法时也有较大的差异。为了更为全面地揭示中央层面信用规制的政策与立法现状，有必要对国务院各部门制定的信用规制政策与立法进行考察。根据笔者的梳理，这些规范既有的对不同规制领域中的信用规制进行整体性规定，也有的就信用规制的某项具体制度进行局部规定，如信用黑名单、信用承诺、失信惩戒等。本部分主要针对就信用规制作出整体性规定的规范进行梳理，如表2-3所示。总体而言，信用规制的实施规则主要呈现出"行政主导"的特征。

表2-3 国务院各部门有关信用规制的政策与立法概览

发布部门	规范名称	发布日期	效力级别
文化和旅游部	《文化和旅游市场信用管理规定》	2021年11月	部门规章
海关总署	《海关注册登记和备案企业信用管理办法》	2021年9月	部门规章
国家知识产权局	《国家知识产权局知识产权信用管理规定》	2022年1月	规范性文件
国家发展和改革委员会、国家粮食和物资储备局	《粮食企业信用监管办法（试行）》	2022年1月	规范性文件

续表

发布部门	规范名称	发布日期	效力级别
国家市场监督管理总局	《关于推进企业信用风险分类管理进一步提升监管效能的意见》	2022年1月	规范性文件
中国民用航空局	《民航行业信用管理办法》	2021年4月	规范性文件
国家统计局	《企业统计信用管理办法》	2019年3月	规范性文件
国家铁路局	《铁路运输业信用管理暂行办法》	2018年10月	规范性文件
国家邮政局	《快递业信用管理暂行办法》	2017年12月	规范性文件
住房和城乡建设部	《建筑市场信用管理暂行办法》	2017年12月	规范性文件
交通运输部	《公路水路行业安全生产信用管理办法（试行）》	2017年12月	规范性文件
国家税务总局	《纳税信用管理办法（试行）》	2014年7月	规范性文件

总体而言，在中央层面，信用规制的政策与立法存在以下几个特点：①"政策驱动"特征较为明显。对信用规制进行系统性规定的法律法规目前尚未制定，主要还是以国务院制定的政策作为信用规制实践的依据；②"部门割据"现象较为突出。在国务院所属的部门中，绝大多数部门都结合自身的职责范围出台了有关信用规制的政策文件，并着手建立相应领域的信用信息数据库，随后便开始探索信用评价、失信惩戒、信用黑名单、信用修复等制度在本规制领域的实施。

二、信用规制的地方立法与政策分析

在地方层面，与信用规制直接相关的政策与立法规范数量非常多、规范类型非常丰富。根据笔者的统计：截至 2022 年 4 月，已经有 55 个地方政府以《国务院办公厅关于加快推进社会信用体系建设构建以信用为基础的新型监管机制的指导意见》为蓝本，对当地的信用规制实践作出了系统性的政策指引。[1] 还有很多地方政府部门则按照自身的职能划分，制定了许多规范性文件，对不同领域的信用规制进行细化规定，便于实务部门进行具体操作。根据笔者的统计：截至 2022 年 4 月，已经有 54 份规范名称含有"信用监管"的规范性文件，[2] 而规范名称含有"信用信息""失信惩戒""信用评价"等有关信用规制核心制度的规范性文件更是不计其数。[3]

除此以外，还有部分地方以社会信用立法或公共信用信息立法为契机，在一些地方性法规和政府规章中对信用规制予以规定。其中，陕西省和宁波市分别以地方政府规章的形式制定了《陕西省企业信用监督管理办法》和《宁波市企业信用监管和社会责任评价办法》。根据笔者的梳理：截至 2022 年 4 月，

---

[1] 例如，甘肃省人民政府办公厅于 2020 年 11 月 19 日印发了《甘肃省人民政府办公厅关于加快推进社会信用体系建设构建以信用为基础的新型监管机制的实施意见》，江苏省人民政府办公厅于 2020 年 3 月 4 日印发了《江苏省政府办公厅关于加快推进社会信用体系建设构建以信用为基础的新型监管机制的实施意见》，等等。

[2] 例如，广东省消防救援总队于 2021 年 3 月 16 日印发了《广东省消防安全信用监管实施办法（试行）》，海南省自然资源和规划厅于 2020 年 11 月 10 日印发了《海南省自然资源和规划领域市场信用监管实施办法（试行）》，等等。

[3] 以信用信息为例，根据笔者的统计：截至 2022 年 4 月，规范名称含有"信用信息"的地方规范性文件达 578 件，如《山东省公共信用信息归集管理办法》《宁夏回族自治区房地产开发企业信用信息管理办法（试行）》《广州市互联网租赁自行车行业信用信息管理办法》《宁波市交通建设市场信用信息管理办法》等。

在地方层面，现行有效的与信用规制密切相关的地方性法规及政府规章共计54部，其中地方性法规有24部，如表2-4所示。总体而言，我国信用规制立法呈现出了"地方试验"的特征。

表2-4 关于信用规制的地方性法规概览

发布日期	发布部门	规范名称	效力级别
2021年11月	陕西省人大常委会	《陕西省社会信用条例》	地方性法规
2021年11月	辽宁省人大常委会	《辽宁省社会信用条例》	地方性法规
2021年11月	甘肃省人大常委会	《甘肃省社会信用条例》	地方性法规
2021年11月	江西省人大常委会	《江西省社会信用条例》	地方性法规
2021年9月	海南省人大常委会	《海南自由贸易港社会信用条例》	地方性法规
2021年9月	吉林省人大常委会	《吉林省社会信用条例》	地方性法规
2021年7月	江苏省人大常委会	《江苏省社会信用条例》	地方性法规
2021年5月	重庆市人大常委会	《重庆市社会信用条例》	地方性法规
2021年3月	青海省人大常委会	《青海省公共信用信息条例》	地方性法规
2021年3月	内蒙古自治区人大常委会	《内蒙古自治区公共信用信息管理条例》	地方性法规
2021年3月	广东省人大常委会	《广东省社会信用条例》	地方性法规
2020年12月	天津市人大常委会	《天津市社会信用条例》	地方性法规

续表

发布日期	发布部门	规范名称	效力级别
2020年7月	山东省人大常委会	《山东省社会信用条例》	地方性法规
2020年1月	南京市人大常委会	《南京市社会信用条例》	地方性法规
2019年11月	河南省人大常委会	《河南省社会信用条例》	地方性法规
2019年4月	厦门市人大常委会	《厦门经济特区社会信用条例》	经济特区法规
2018年11月 2021年12月修订	宿迁市人大常委会	《宿迁市社会信用条例》	地方性法规
2017年9月	浙江省人大常委会	《浙江省公共信用信息管理条例》	地方性法规
2017年9月	河北省人大常委会	《河北省社会信用信息条例》	地方性法规
2017年6月	上海市人大常委会	《上海市社会信用条例》	地方性法规
2017年3月	湖北省人大常委会	《湖北省社会信用信息管理条例》	地方性法规
2016年7月	泰州市人大常委会	《泰州市公共信用信息条例》	地方性法规
2015年12月	无锡市人大常委会	《无锡市公共信用信息条例》	地方性法规
2011年11月	陕西省人大常委会	《陕西省公共信用信息条例》	地方性法规

目前，信用规制已经在一些地方实现了"法制化"，即通过地方社会信用立法对信用规制予以明确规定。此外，还有许多地方制定了内容各异的规范性文件对信用规制予以规范。从规范形式的角度看，地方层面关于信用规制的立法主要呈现出以

下几个特征。

(1) 立法数量较少。尽管目前已经有 54 份地方信用法规及政府规章对信用规制进行了规定，但是相对于我国地方政府的数量而言，信用规制的立法数量仍然相对较少。对于大多数地方政府部门而言，仍然主要以规范性文件作为信用规制的驱动力量。这些规范性文件数量众多，涵盖范围非常广泛，制定程序较为简单、灵活，在推动信用规制实践过程中发挥了重要作用，但也存在权威性不足、稳定性较弱、内容相冲突、违反较高层级立法等问题。[1]

(2) 专门立法较少。从目前地方信用规制立法的现状来看，大多数地方是在社会信用立法中对信用规制进行部分规定，专门针对信用规制的立法非常少。从节约立法资源和保持立法体系完整性的角度看，由于信用规制体系属于社会信用体系建设的重要组成部分，因此在社会信用立法中对信用规制进行规定具备一定的合理性。不过，从已有的地方信用立法来看，主要聚焦于信用规制中的一些基础性制度，如信用信息管理、告知承诺、失信联合惩戒等，并未对信用规制的基本原则和一般规则进行整体性规定，信用规制的主体、对象、程序、手段、救济等内容均有待进一步明确。

(3) 立法位阶较低。目前有一些地方立法对信用规制的一些核心制度进行了规定，比较常见的是"信用信息归集"，其立法形式多为"违反本条例或办法的规定，记入信用记录（档案）"。从内容上看，这些规定一般都较为简单，比较抽象，主要目的在于对政府部门进行授权，但无法为执法部门提供具体的行为规则。相比较而言，信用信息归集、信用评价、信用修

---

[1] 参见周雨："社会信用立法的地方立法实践与路径选择"，载《征信》2020年第12期。

复等核心制度的内容，主要还是由地方规范性文件进行规定。一些政府部门通常以"方便管理"的理念制定信用规制的具体实践规范。在这个过程中，由于缺乏立法机关的审查，再加上制定过程不透明，制定程序参与性不足，导致一些规范性文件存在"夹带私货"现象，即以有利于政府的监督管理为中心，忽视相对人合法权益的保护。[1]

（4）地区差异较大。从各地方就信用规制所制定的立法与政策之数量和内容来看，当前地方信用规制立法的地区差异较大。其中，信用规制在东部沿海地区的"落地"程度和"法制化"程度总体上高于中西部地区，信用规制已经切实地融入了政府的日常规制活动，并且发挥了实效，在推动"放管服"改革过程中意义重大。相比较而言，在中西部地区，尽管省级政府或市级政府或许专门出台了相关政策文件，但很多制度并未实际建立和运行，信用规制并未很好地融入已有的政府规制体制。这也意味着一些需要地区协同才能更好地发挥制度功能的信用规制措施可能会因为地区差异而受到限制。

第二节　信用规制的制度与基本逻辑

通过上文对信用规制的立法与政策进行规范分析，我们可以发现，信用规制是一个系统性工程，并非一种单一的法律制度或单一的行政行为，而是由一系列具体制度或复数行政行为构成的。为了能够进一步揭示信用规制的实践现状，我们有必要对信用规制的主要制度进行考察，并对隐藏在背后的制度逻辑进行阐述。

---

〔1〕 参见罗培新："遏制公权与保护私益：社会信用立法论略"，载《政法论坛》2018年第6期。

一、信用规制的制度构成

从系统论的角度看,[1]信用规制也可以被视为一个"系统",它是由一系列相互联系、相互制约的具体制度或机制构成的。从信用规制的制度实践来看,主要包括信用信息、信用评价、信用公开、信用应用和信用修复等五项核心制度,如图2-1所示。

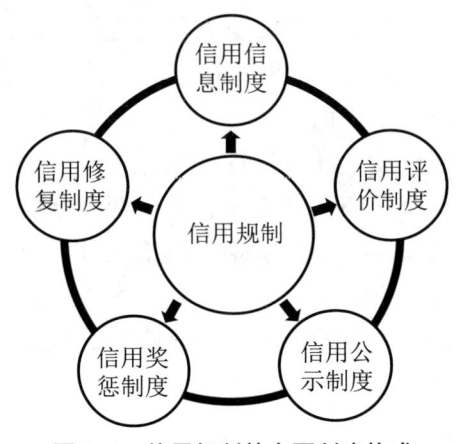

图2-1 信用规制的主要制度构成

(一) 信用信息制度

信用与信息之间天然地存在一种密切联系。张维迎教授认为,信用依赖于信息,"过去的信息包含着未来,是未来行动的一个良好预期",[2]个人正是基于反映他人的行为特征、收入

---

[1] 按照系统论的观点,系统是无处不在的,它是"相互作用着的若干要素的复合体",如果我们知道了一个系统所包含的所有组成部分以及它们之间的各种关系,那么就可能从组成部分的行为推导出这个系统的行为。参见[美]冯·贝塔朗菲:《一般系统论:基础、发展和应用》,林康义等译,清华大学出版社1987年版,第51页。

[2] 张维迎:《信息、信任与法律》,生活·读书·新知三联书店2003年版,第255~256页。

第二章　信用规制的制度实践及其合法性问题

水平、遵纪守法等信息，才会信任他人，才会接受他人的信用。王若磊教授认为，信用是某种行为兑现的期待可能性的评价性转化，它是"信任程度可观察、可识别、可度量、可比较、具体化了的社会共评信息"，表达着主体的可信度，彰显着兑现承诺、履行约定的能力，因此信用本质上是一种"信息"。[1]总而言之，若缺乏信息作为载体，信用是很难形成的。换言之，信用信息实际上是信用主体过去的信用行为之载体，并且还在一定程度上揭示了信用主体未来的信用风险。关于"信用信息"的内涵与外延，目前尚无统一的共识。[2]按照本书所采用的"信用"概念，信用信息主要是指可用于识别信用主体守法、履约状况的数据和资料。按照信息性质或来源进行划分，一般可将信用信息分为公共信用信息和市场信用信息。[3]在信用规制中，政府部门主要以公共信用信息的处理为主，在一些特殊情况下，也会将市场信用信息作为参考。

信用信息制度是信用规制得以有效运行的前提条件。[4]美国学者弗兰克·古德诺曾指出："为了使政府的日常工作能进行下去，政府组织必须掌握所需的广泛的资料信息和各种知识……此类信息的大部分只能通过一系列长期的观察才能

---

[1] 参见王若磊："信用、法治与现代经济增长的制度基础"，载《中国法学》2019年第2期。

[2] 国家标准《信用基本术语》（GB/T 22117—2018）将"信用信息"界定为"个人或组织在社会与经济活动中产生的与信用有关的记录，以及与评价其信用价值相关的各类信息"。

[3] 国家标准《信用基本术语》（GB/T 22117—2018）将"公共信用信息"界定为"依法行使公共职能的部门履职过程产生的有关各类市场主体的信用信息"。

[4]《国务院办公厅关于加快推进社会信用体系建设构建以信用为基础的新型监管机制的指导意见》明确指出："全面建立市场主体信用记录。根据权责清单建立信用信息采集目录，在办理注册登记、资质审核、日常监管、公共服务等过程中，及时、准确、全面记录市场主体信用行为，特别是将失信记录建档留痕，做到可查可核可溯。"

得到。"[1]因此，是否具有完善的信用信息制度是能否对信用主体进行精准规制的基础。根据笔者的统计：截至2020年12月，很多地方的信用立法和政策均对公共信用信息进行了专门规定，其中地方性法规有8部，地方政府规章有22部，地方规范性文件则多达480余部。从这些规范的内容来看，主要涉及信用信息处理的主体、范围、原则、方式、程序等内容，由于缺乏统一的法律法规作为规范指引，各地方对上述内容的规定存在较大差异。以信用信息的范围为例，尽管地方信用立法对信用信息的内涵界定趋于一致，但在外延方面却差异较大，有的以性质为划分标准，[2]有的以类型为划分标准，[3]出现了"未分类+概括性列举"、[4]"二分法+概括性列举"、[5]"三分法+概

---

〔1〕 [美] F.J.古德诺：《政治与行政》，王元译，华夏出版社1987年版，第63页。
〔2〕 根据《公共信用信息分类与编码规范》的规定，按照性质进行划分，信用信息由正面信息、中性信息和负面信息构成。
〔3〕 根据《公共信用信息分类与编码规范》的规定，信用信息由基本信息、业务信息、司法信息、行政执法信息、公用事业信息、信用评价信息和其他信息构成。
〔4〕 有些地方信用立法并未对信用信息进行明确分类，而是直接采取概括性列举的方式。例如，《河南省社会信用条例》第12条规定："公共信用信息提供单位应当按照公共信用信息目录记录信用主体的公共信用信息。公共信用信息记录内容主要包括：（一）公共管理和服务中反映信用主体基本情况的登记类信息；（二）行政许可、行政处罚、行政强制、行政确认、行政征收、行政给付、行政裁决、行政补偿、行政奖励、行政检查等行政行为中反映信用主体信用状况的信息；（三）法律法规授权的具有管理公共事务职能的组织以及群团组织在履行公共管理职责过程中产生或者掌握的信息；（四）受到表彰奖励以及参加社会公益、志愿服务等信息；（五）生效判决认定构成犯罪的信息；（六）拒不执行判决、裁定和调解书等生效法律文书的信息；（七）法律、法规和国家规定应当记录的其他信息。"
〔5〕 有些地方信用立法将信用信息分为两类，并且同时进行了概括性列举。例如，《陕西省公共信用信息条例》将信用信息分为"基本信息"和"提示信息"。其中，"基本信息"包括企业工商登记信息、资产负债信息、认证信息等6类；"提示信息"则包括法院生效判决信息、欠缴税收信息、行政处罚信息、行政强制信息、荣誉信息等9类。

括性列举"、[1]"四分法+概括性列举"[2]等多种模式。

(二) 信用评价制度

信用评价也称为信用评级,作为信用规制的中间环节,它是在信用信息的基础上展开的。信用评价结果既是信用公示的内容之一,也是信用应用的重要依据。信用评价的确切含义,目前还存在争议。有观点认为,信用评价是指行政主体基于归集而来的信用信息,根据一定的评价标准和程序,对相对人的信用状况进行评价的行政活动。[3]本书所指的信用评价主要是指行政主体根据特定的标准,依靠大数据、算法等技术手段,对信用主体的信用状况进行综合评价,并用简单明了的符号加以表达。[4]

在理论上,信用评价制度的形成与发展和声誉理论密切相关。声誉理论的研究者认为,在范围较小的社会群体中,如果群体成员知道其他人过去的行为方式,良好的声誉可以成为诚

---

[1] 有些地方信用立法则将信用信息分为三类,并同时进行了概括性列举。例如,《浙江省公共信用信息管理条例》将信用信息分为"基础信息""不良信息"和"守信信息"。其中,"基础信息"包括法人和非法人组织的登记注册信息、自然人身份识别信息、行政许可信息等3类,"不良信息"包括不正当手段取得行政许可的信息、最终维持原决定的行政处罚信息、不履行生效法律文书的信息等6类,"守信信息"则未进行列举。

[2] 有些地方信用立法则将信用信息分为四类,并同时进行了概括性列举。例如,《南京市社会信用条例》将信用信息分为"基础信息""良好信息""失信信息"和"其他信息"。其中,"基础信息"又分为自然人的姓名、身份号码、婚姻状况等5类和法人与非法人组织的社会信用代码、登记注册等4类;"良好信息"包括表彰奖励、志愿服务等3类;"失信信息"包括反映信用状况的刑事处罚信息及行政处罚信息、未履行生效法律文书的信息、行业禁入信息、经催缴仍拒缴纳的税费欠缴信息等7类,自然人的失信信息还包括酒后驾驶、违法饲养烈性犬、学术不端等7类,其他信息包括信用承诺、抽查及约谈信息等3类。

[3] 参见王瑞雪:"论行政评级及其法律控制",载《法商研究》2018年第3期。

[4] 国家标准《信用基本术语》(GB/T 22117—2018)则将"信用评分"界定为"根据信息主体的信用信息,运用统计和其他方法,建立信用评分模型,对信用主体的信用进行评价,并用分数的形式表现出来的活动"。

实行为的有效纽带,即使任何两个特定的群体成员只是偶尔见面。[1]声誉机制可以激励群体成员诚实行事,通过对违规者实施制裁,敦促群体成员改善其行为方式。在传统社会或前现代社会,由于受到地域限制,人们的交际范围比较小,一个村落通常便可以形成一个"乡土社会",很多人一辈子都不曾离开这个圈子半步。因此,声誉机制主要靠群体成员之间的"口耳相传"或"闲言碎语""嚼舌根"来维系,一个人信用的好与坏,"十里八乡"尽人皆知。然而,现代社会的来临和市场经济的发展使得地域之间的区隔变弱,城乡融合不断加快,土地对人的束缚也大为弱化,社会成员的活动范围、人际关系范围大大拓展。在一个人员复杂、规模庞大的社会群体中,群体成员要想完全了解彼此的行为方式,成本将会非常高昂。此外,在一个开放的"陌生人社会"中,"闲言碎语"比较难以激起人们的"羞耻心"或"愧疚感",导致传统的信用机制难以继续发挥作用,不过,有一些机构可以使用范围小得多的信息来重建声誉机制的有效性。[2]信用评价制度正是一种以技术作为支撑的声誉机制,它对于私人系统和公共治理的运作都至关重要,它的有效运转可以激励社会成员信守承诺,诚实行事。

作为一种"技术化"的声誉机制,信用评价制度是信用规制的关键制度。[3]从规范制定的角度看,根据笔者的统计:截

---

[1] See Paul Milgrom, Douglass C. North, Barry R. Weingast, "The Role of Institutions in the Revival of Trade: The Law Merchant, Private Judges, and the Champagne Fairs", *Economics and Politics*, Vol. 2, Issue 1 (1990), pp. 1~23.

[2] 参见张维迎:《产权、政府与信誉》,生活·读书·新知三联书店2001年版,第7页。

[3] 《国务院办公厅关于加快推进社会信用体系建设构建以信用为基础的新型监管机制的指导意见》明确指出:"深入开展公共信用综合评价。全国信用信息共享平台要加强与相关部门的协同配合,依法依规整合各类信用信息,对市场主体开展全覆盖、标准化、公益性的公共信用综合评价,……"

第二章 信用规制的制度实践及其合法性问题

至 2020 年 12 月，无论是中央层面的政府部门，还是地方各级政府部门，均制定了大量有关信用评价的规范。在中央层面，交通运输部、水利部、国家税务总局等部门分别就交通、水利、税务等领域市场主体的信用评价制定了规范；在地方层面，与信用评价直接相关的地方规范性文件多达 357 份，涉及医疗保障、供水、园林绿化、电力交易、房地产开发、公路施工等众多领域。从信用评价的实践现状看，主要有四个特征：一是广泛性，信用评价的对象几乎涉及所有领域的市场主体；二是标准化，信用评价的标准基本上均采取定量指标，并以量化的分数或等级作为评价结果的标识；三是公益性，信用评价是由政府部门实施的，具有强烈的"公益取向性"特征；四是强制性，信用评价是由政府部门主动依法实施的，不受相对人自身意愿的影响。

（三）信用公开制度

信用公开制度是指行政主体将归集的信用信息或信用评价结果，以互联网信息技术为支撑，向其他组织、个人进行公开或披露的制度。[1] 从信用公开的政策与实践看，按照不同的标准，信用公开可以分为不同的类型。根据公开方式的不同，信用公开可以分为查询公开和主动公开，查询公开是指信用主体依法向行政主体查询自身的信用信息；主动公开是指行政主体依法主动将其拥有的信用信息予以公开。根据公开对象的不同，信用公开可以被分为内部信用信息共享和外部信用信息公示，前者是指行政主体之间共享其拥有的信用信息，后者是指行政主体向其他非行政主体公开其拥有的信用信息。根据公开范围的不同，可以被分为原始信用信息公开和二次信用信息公开，

---

[1] 参见中国工商行政管理学会编：《企业信用监管理论与实务》，中国工商出版社 2003 年版，第 130 页。

前者是指行政主体将其拥有的未经二次处理的信用信息予以公开，最典型的便是违法事实公开，后者是指行政主体将经过处理后的信用信息予以公开，最典型的便是信用评价结果公开。

在理论上，有关信用公开的法律属性，目前有公共警告说、行政处罚说、政府信息公开行为说等观点。〔1〕从功能主义的角度看，信用公开与信息公开相同，均可以作为政府部门的一项规制工具。〔2〕"公开的速度较快，成本较低，目前不受司法审查或其他有效的法律管制，而且纯属行政自由裁量权的行使。"〔3〕美国学者凯斯·桑斯坦认为，信息公开可以实现三大不同的目标：一是信息公开可以鼓励个人和组织改善自己的表现，开放的社会往往更有能力解决紧急问题，减轻民众的痛苦，使人们的总体生活水平更好。二是信息公开可以为个人提供随时可以查阅和应用的信息，人们能够更好地做出关于营养、儿童保健、汽车、能源、健康、投资等事项的决策。三是信息公开可以提升政府决策的能力，确保政府官员更全面地了解全国各地分散的信息。〔4〕因此，从这个意义上看，信用公开本质上是一种特定的信息公开，信息公开所具备的功能价值也适用于信用公开。

在信用规制框架中，信用公开作为一种具体的信息传递机制，可以有效应对社会经济活动以及政府规制活动中存在的信息不对称问题。〔5〕在社会经济活动中，信息不对称是导致信用

---

〔1〕 参见朱兵强："论公共信用信息的公开"，载《征信》2020年第12期。

〔2〕 See Daniel E. Ho, "Fudging the Nudge: Information Disclosure and Restaurant Grading", *Yale Law Journal*, Vol. 122, Issue 3 (2012), pp. 574~689.

〔3〕 Ernest Gellhorn, "Adverse Publicity by Administrative Agencies", *Harvard Law Review*, Vol. 86, Issue 8 (June 1973), pp. 1380~1441.

〔4〕 参见［美］卡斯·桑斯坦：《简化：政府的未来》，陈丽芳译，中信出版社2015年版，第85~87页。

〔5〕 参见王伟等：《企业信息公示与信用监管机制比较研究——域外经验与中国实践》，法律出版社2020年版，第8~9页。

失范行为的重要原因之一,要解决由信息不对称带来的问题,需要在信息供给和信息需求两个方面建立相应的制度。[1]信用公开制度作为一种信息传递机制,[2]可以向组织或个人提供相应的信息,增加信息供给。与此同时,信用公开制度可以通过提供一种高度浓缩的信息(信用评价结果),减少信息需求。此外,从博弈论的角度看,依靠信用公开制度,信用规制可以为组织和个人的市场交易、履约守法构建重复博弈的环境,从而促进社会信用的提升。

(四)信用应用制度

任何一种应用都是围绕某个具体场景展开的,因此信用信息价值得以实现的一个重要前提,是找到一个合适的应用场景,该应用场景既直击需求痛点并有"投资回报预期",又有数据积淀和IT建设基础。"信用+"正成为一种新的"潮流",为经济发展、社会治理、私人治理等提供支撑,如"信用+治理""信用+监管""信用+公共服务""信用+普惠金融"等,信用应用制度逐渐成为社会信用体系建设的重要工作。[3]在信用规制体系中,信用应用制度实际上是"信用+治理"和"信用+监管"的综合体系,它主要是指行政主体依法将信用主体的信用信息或信用评价结果运用到行政决策和政府规制过程中。

信用应用制度具有如下特征:①信用应用的主体主要是行政主体,尤其是承担市场监管职能和提供公共服务的政府机关。

---

[1] 参见应飞虎:《信息失灵的制度克服研究》,法律出版社2004年版,第26页。

[2] 张维迎教授认为:"使人不骗人,前提是欺骗行为能被受害者及时发现并被潜在的市场参与人知晓。如果你骗了我,别人不知道,那你还可以继续骗别人,就没有必要讲信誉了。因此,有关交易者行为的信息传递对建立信用制度非常重要。"参见张维迎:《产权、政府与信誉》,生活·读书·新知三联书店2001年版,第15页。

[3] 参见徐杨杨:"社会信用体系建设背景下的信用应用创新研究",载《信息系统工程》2020年第2期。

②信用应用的场景主要集中在行政领域,不仅包括行政许可、行政处罚、行政给付、行政执法等行为领域,而且还包括食品药品安全、环境保护、安全生产等具体规制领域。③信用应用是全方位和全局性的应用,它贯穿于市场主体的全生命周期,包括市场准入、投资建设、生产运营、退出市场等阶段。此外,信用应用也出现在事前、事中、事后等监管环节。④信用应用的方式主要表现为设计各种以信用信息为基础的规制措施,包括信用奖励、信用教育、信用承诺、信用约谈、信用警告、信用黑名单、信用惩戒等措施。事实上,将各种"信用信息驱动的措施"广泛运用于政府规制也是信用规制的一个重要特征。

(五)信用修复制度

在信用管理制度中,信用修复是最后一个环节,它是对失信、违信行为的一种补救机制。一般认为,信用修复是指信用主体因违法失信行为而受到负面的信用评价或信用惩戒后,通过在规定的时间内采取有效措施及时纠正违法失信行为,并向行政主体申请恢复信用状况的一种措施。[1]从信用修复的类型来看,大致可以分为三类:①自然修复,即把修复交给"时间",主要是以失信信息的存储期限是否届满作为判断标准;②错误信用信息纠正的信用修复;③信用主体改善自身行为的信用修复。[2]也有观点认为,信用修复主要分为两大类:一是经济领域失信行为的修复,主要关注违约行为的可修复性;二是社会领域失信行为的修复,重点在于违法行为的可修复性。[3]

---

〔1〕 参见胡艺萌:"让信用修复和失信惩戒相得益彰",载《中国市场监管报》2019年11月12日。

〔2〕 参见石新中:"浅析信用修复的基本理论",载《中国信用》2019年第11期。

〔3〕 参见王伟:"信用修复实践与法治路径分析",载《中国市场监管报》2019年2月26日。

以功能主义的视角观之，信用修复制度可以发挥以下几个方面的作用：①监督功能。信用修复制度通过受理信用主体的信用修复请求，在一定程度上可以对信用规制机构或信用信息来源机构的行为予以审查，接受信用主体的监督，有效保证信用规制机构的行为符合法律规定。②补救功能。在信用规制中，一个核心的运作逻辑就是"向信用信息要监管能力"，即就是以个体的信用信息的"量化结果"辅助行政机关的规制决策。因此，信用信息的准确性至关重要，稍有不慎就有可能因信息错误而导致决策失误。信用修复制度可以为信用主体提供纠正错误信用信息的机会，为信用主体的合法权益提供救济。③教育功能。信用修复制度是一项衔接信用应用制度，尤其是信用奖惩制度的重要制度。信用主体通过参与信用修复过程，有助于他们了解自己应当遵循的行为规范，为他们重新树立守法履约的信念提供指引和激励。[1]

二、信用规制的制度逻辑

所谓制度逻辑，是指在特定历史条件下社会建构出来的一套自恰的规则、假设、价值和理念，通过它们，个体得以组织时间和空间，理解社会现实的意义，实现和再造自己的存在。[2]信用规制作为一种复合性的法律制度，除了由诸多相互关联的制度构成外，还有其自身的制度逻辑。研究表明，在类似的社会环境和外在压力下，一些组织在富有成效的紧张关系

---

[1] 石新忠教授认为，信用修复目的是改善信用主体的信用评价，使得失信者能够树立起新的信用状况及守信的观念，督促社会主体守信。参见石新中："浅析信用修复的基本理论"，载《中国信用》2019年第11期。

[2] 参见杨开峰："国家治理的制度逻辑：一个概念性框架"，载《公共管理与政策评论》2020年第3期。

中维持着多种制度逻辑，而另一些组织则陷入了难以解决的冲突，或将与一种逻辑相关的要求置于另一种逻辑之上。[1]通过对信用规制直接相关的立法及政策进行规范分析，再结合信用规制的主要制度构成，本书认为，信用规制的制度逻辑主要体现在四个方面：一是组织逻辑，即如何处理不同主体之间的关系；二是技术逻辑，即技术在制度中是如何发挥作用的；三是运行逻辑，即制度与主体是如何互动的；四是行为逻辑，即主体在制度中是如何行为的。

（一）信用规制的组织逻辑：协同规制

"制度环境通常是多元的……因此，各组织在寻求外部支持和稳定的过程中，会融入各种不相容的结构要素。"[2]信用规制所处的制度环境较为复杂，涉及不同类型的参与主体。信用规制由谁来组织？如何组织？这是制度逻辑的重要组成部分。尽管信用规制的主体是行政主体，但这仅仅意味着信用规制由它们承担组织责任或主体责任。至于通过何种方式来组织，则可能涉及各种多元主体，这些主体在信用规制过程中协同互动，共同促进信用规制的有效运行，本书将这种组织逻辑称为"协同规制"（collaborative regulation），[3]其运行机理如图2-2所示，这也契合我国在社会信用体系建设中采取的"多中心理念、

---

[1] See Julie Battilana, Silvia Dorado, "Building Sustainable Hybrid Organizations: The Case of Commercial Microfinance Organizations", *Academy of Management Journal*, Vol. 53, Issue 6 (2010), pp. 1419~1440.

[2] John W. Meyer, Brian Rowan, "Institutionalized Organizations: Formal Structure as Myth and Ceremony", *American Journal of Sociology*, Vol. 83, No. 2 (1977), pp. 340~363.

[3]《国务院关于加强和规范事中事后监管的指导意见》也提出："加强政府协同监管。加快转变传统监管方式，打破条块分割，打通准入、生产、流通、消费等监管环节，建立健全跨部门、跨区域执法联动响应和协作机制，实现违法线索互联、监管标准互通、处理结果互认。"

整体性思想"。[1]"协同规制"有助于修复法律系统与社会生活之间的断裂,并适度抑制机会主义泛滥,在政府、市场与社会之间形成共识,从而为法治建设奠定基础。[2]

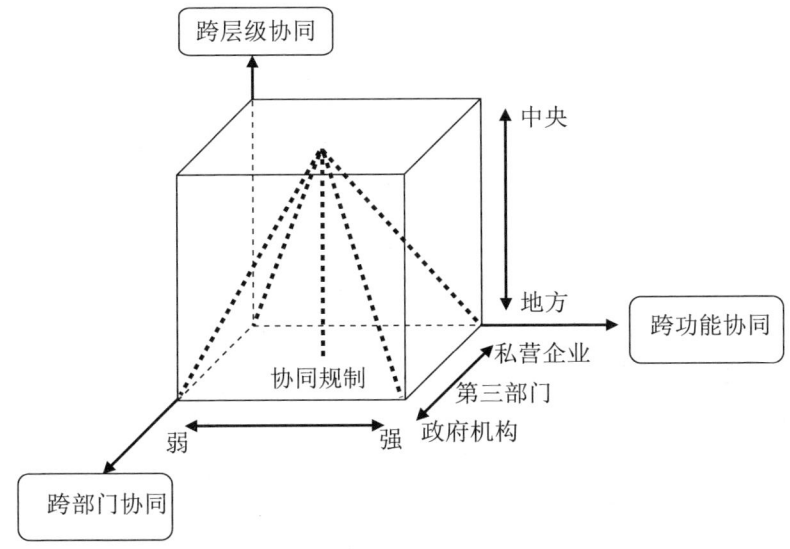

图 2-2　协同规制的运作机理

在理论上,协同规制来源于治理理论中的"协作治理"(collaborative governance)和规制理论中的"合作规制"(co-regulation)。21世纪初期,随着国家的空心化、私人承包公共工作的范围扩大以及无数非政府组织的出现,公共与私人之间的鸿沟开始软化。在必要的情况下,不同组织中的人员开始跨越机构和部门边界直接合作。如今,公共部门、私营部门和非营

---

[1] 参见张卫、成婧:"协同治理:中国社会信用体系建设的模式选择",载《南京社会科学》2012年第11期。
[2] 参见唐清利:"社会信用体系建设中的自律异化与合作治理",载《中国法学》2012年第5期。

利部门之间的区别远没有那么明显或僵化，部门内部的等级制度也更具渗透性（permeable）。[1]"协作治理"便是在此种背景下产生的，它也契合"新公共管理"（new public management）的基本主张，即为完成公共工作而作出间接的协作安排（collaborative arrangements）。[2]狭义上的"协作治理"通常指向公共治理中的"公私合作"。[3]不过，在实践中，"协作治理"具有更为广泛的含义，它泛指"在多组织安排下，为解决单一组织无法解决或不易解决的问题而提供便利或运作的过程"，它可以存在于公共机构之间，也可以存在于公共机构与非公共机构之间。[4]协作治理的兴起可以归因于诸多因素，但有两个长期存在的趋势尤为突出：第一，"抗解问题"（wicked problems），由于信息不完整或相互矛盾、环境迅速变化和复杂的相互依存关系而难以或无法解决的问题正在增加。第二，随着公共问题的数量和复杂性不断增加，解决这些问题的背景也越来越复杂。[5]总而言之，协作治理是一种新兴的替代性方案，可以替代传统以"命令-控制"方式来制定、实施和执行政策之模式。

---

[1] See Kirk Emerson, Tina Nabatchi, *Collaborative Governance Regimes*, Georgetown University Press, 2015, p. 1.

[2] 参见解亚红："'协同政府'：新公共管理改革的新阶段"，载《中国行政管理》2004年第5期。

[3] 美国学者克里斯托弗·安塞尔（Christopher Ansell）等将"协作治理"界定为："一个或多个公共机构直接让非国家利益相关者参与正式的、以共识为导向的集体决策过程，其目的是制定或执行公共政策或管理公共项目或资产的一种治理安排。" See Christopher Ansell, Alison Gash, "Collaborative Governance in Theory and Practice", *Journal of Public Administration Research and Theory*, Vol. 18, Issue 4 (2007), pp. 543~571.

[4] See Robert Agranoff, Michael McGuire, *Collaborative Public Management: New Strategies for Local Governments*, Georgetown University Press, 2003, p. 4.

[5] See Kirk Emerson, Tina Nabatchi, *Collaborative Governance Regimes*, Georgetown University Press, 2015, p. 6.

第二章　信用规制的制度实践及其合法性问题

有学者提出，行政法学应当进行反思，重新确立和调整问责制、效率、透明度、参与和协作这五种基础性价值在行政法中的地位，积极构建"下一代行政法"，以促进更多审议性的公众参与和协作作为规范起点。[1]

在经典规制理论中，"命令-控制规制"（command and control regulation）、"自我规制"（self-regulation）和"合作规制"一起构成了三种经典的规制形式（forms of regulation）。[2]"命令-控制规制"是国家主导的、科层化的规制，自我规制是一种私人规制形式，合作规制是对前述两种极端的综合。一般认为，合作规制是私人和公共行为者对特定利益和目标的规制。因此，从这个意义上看，合作规制是将私人和公共行为者聚集在规制过程的不同阶段的规制形式。[3]当合作规制被应用于特定政策领域时，这可能意味着私人行为者能够建立某些规范，以便根据公共行为者在立法行为中确定的一般原则和条件来规制具体的政策问题。[4]在合作规制框架中，国家和非国家行为者之间在标准制定、信息收集和行为修正这三项规制功能方面存在某种互动。

信用规制的组织逻辑明显契合了"协作治理"和"合作规制"的基本特征，它将众多目标一致的利益相关者聚集在一

---

[1] See Lisa Blomgren Bingham, "The Next Generation of Administrative Law: Building the Legal Infrastructure for Collaborative Governance", *Wisconsin Law Review*, Vol. 2010, Issue 2 (2010), pp. 297~356.

[2] See Robert Baldwin, Martin Cave, Martin Lodge, *Understanding Regulation: Theory, Strategy, and Practice*, Oxford University Press, 2012, pp. 105~106.

[3] See Linda Senden, "Soft Law, Self-regulation and Co-regulation in European Law: Where do they Meet?", *Electronic Journal of Comparative Law*, Vol. 9, Issue1 (2005), pp. 1~27.

[4] See Paul Verbruggen, "Does Co-Regulation Strengthen EU Legitimacy?", *European Law Journal*, Vol. 15, Issue 4 (2009), pp. 425~441.

起，使各方主体共同参与到治理网络中，实现了从"管理技能"到"赋权技能"的转变。[1]"当合作治理的方式得到很好的运用，它能够成为创造公共价值的有力手段。"[2]对于信用规制而言，[3]协同规制主要有以下三层含义：①跨部门协同，即不同的部门之间在信用规制过程中互相协作，如不同部门之间共享信用信息、不同部门之间联合实施信用规制措施。②跨层级协同，即处于不同科层位阶上的政府部门在信用规制过程中互相配合与支持，如市级部门向省级部门共享信用信息，省级部门又向中央政府部门共享信息。③跨功能协同，即政府、社会、市场等具有不同功能的主体在各自的范围内相互协作，形成共治局面。

（二）信用规制的技术逻辑：智慧规制

随着信息技术的发展，尤其是植根于信息技术的互联网革命，人类社会呈现再结构化，进入"网络社会"。[4]数字技术已经被广泛运用于私人部门和公共部门的大量决策。例如，亚马逊、谷歌、淘宝、百度等私人技术平台有效地控制了全球信息、服务和产品的获取，这些头部企业通过其专有算法在设定市场准入和言论自由的"参数"方面发挥了重要作用。然而，对于普通的社会公众而言，这些算法的威力和威胁并不明显，很难在直观上有一个准确认知。公共部门的决策也越来越多地

---

[1] 参见［美］莱斯特·M.萨拉蒙主编：《政府工具：新治理指南》，肖娜等译，北京大学出版社2016年版，第13页。

[2] ［美］约翰·D.多纳休、理查德·J.泽克豪泽：《合作：激变时代的合作治理》，徐维译，中国政法大学出版社2015年版，第5页。

[3] 《国务院办公厅关于加快推进社会信用体系建设构建以信用为基础的新型监管机制的指导意见》多次对协同规制进行了规定，如"加快构建跨地区、跨行业、跨领域的失信联合惩戒机制""支撑形成数据同步、措施统一、标准一致的信用监管协同机制""积极引导行业组织和信用服务机构协同监管""整合形成全社会共同参与信用监管的强大合力"等。

[4] 参见谢俊贵："当代社会变迁之技术逻辑——卡斯特尔网络社会理论述评"，载《学术界》2002年第4期。

第二章　信用规制的制度实践及其合法性问题

受到算法治理系统的支配,在域外已经出现了利用预测性算法来计算囚犯未来的再犯风险,并在法院审判的量刑决定中使用的案例。[1]人类社会的数字化、智慧化转型引发了人们对数字世界治理的担忧与焦虑。数字世界与线下世界存在明显的不同,它由涉及政府、技术公司、民间社会和国际组织的权力关系组成,这些行为主体如何融入数字世界的治理过程?如何涉及数字世界的治理?这些都给传统的政府治理机制提出了挑战。

信息技术是公共管理变革的"核心力量",大数据、算法等先进技术的广泛运用使公共治理面临一些新的治理难题,但与此同时,这些先进技术也为公共治理的现代化变革提供了助力。其主要体现在三个方面:首先,行政决策方式的变革。在大数据技术的支持下,行政决策可以被细分为"宏决策"和"微决策",前者指基于多维度数据的智能化分析与判断,最终得出智能、科学的决策,后者是指在相对微观的小环境下,通过自动化系统识别和判断一些具有通用模式的决策模式,自动做出决策。[2]其次,行政组织结构及流程的变革。大数据、算法等技术的使用可以促进公共行政实现"一站式、全渠道、无缝化"等目标,实现组织结构扁平化。最后,公共治理工具的变革。传统治理工具主要包括政策扶持、目标规划、法律法规等,在大数据、算法等技术的推动下,新型治理工具不断涌现,基于行为预测的各类工具不断融入公共行政。

信用规制正是政府规制在规制理念、行政过程及程序、治理工具等方面发生变革的结果,大数据、算法等技术被广泛融

---

[1] See Julian Adler, Sarah Picard, Caitlin Flood, "Arguing the Algorithm: Pretrial Risk Assessment and the Zealous Defender", *Cardozo Journal of Conflict Resolution*, Vol. 21, Issue 3 (2020), pp. 581~596.

[2] 张建锋编著:《数字政府 2.0——数据智能助力治理现代化》,中信出版社 2019 年版,第 60 页。

入信用规制过程，并成了信用规制重要的技术支撑。[1]信用规制既是一种"技术"，也是一种社会现象，是一种复杂的"社会-技术系统"（socio-technical system）。其中，技术和社会的关系不是完全分离的，而是紧密相连、互相影响的。不仅技术的设计者或创造者自身的社会经验会影响技术的性质、形式和性能，采用和适应新技术的使用者之社会实践也会对技术产生影响。[2]信用规制能够跨越多个设置和时间塑造关注点、组织决策和生成结果，而且速度更快、精度更高、针对性更强，它对个体之间的交流、关系及其社会经济生活具有塑造、促进和限制作用，其本质上也是一种"数治"（rule by number）行为。[3]从技术逻辑的角度看，大数据、算法等技术所具备的"全数据模式""强相关关系""趋势预测"等特性也影响了信用规制在技术层面的运作机理，本书将这种技术逻辑称为"智慧规制"。

在理论上，智慧规制可以追溯到被诸多学科广泛讨论的"集体智慧"（collective intelligence）理论。一般认为，"集体智慧"是指"指一群人集体做看起来很聪明的事情"，它曾广泛存在于家庭、公司、国家的行为中。[4]在过去几年里，集体智慧的研究普及度和成熟度显著提高，尤其是以信息技术为基础的新形式

---

[1]《国务院办公厅关于运用大数据加强对市场主体服务和监管的若干意见》（国办发[2015]51号）明确提出："充分运用大数据的先进理念、技术和资源，是提升国家竞争力的战略选择，是提高政府服务和监管能力的必然要求，有利于政府充分获取和运用信息，更加准确地了解市场主体需求，提高服务和监管的针对性、有效性；……"

[2] 参见[英]莱斯利·巴德、丽莎·哈里斯主编：《电子治理：管理还是治理?》，张熹珂译，华中科技大学出版社2019年版，第79页。

[3] See Alain Supiot, *Governance by Numbers: The Making of a Legal Model of Allegiance*, Hart Publishing, 2017, pp. 78~102.

[4] See Thomas W. Malone, "What is Collective Intelligence and What Will We Do About it?", in Mark Tovey (ed.), *Collective Intelligence: Creating a Prosperous World at Peace*, Earth Intelligence Network, 2008, p. 1.

的集体智慧,正在改变着全世界许多人的日常生活,最具代表性的便是"人机交互"(human-computer interaction)和"人工智能"。人机交互的经验教训可以用于集体智慧的不同方面。一方面,集体中的人(人群)只有在有适当的激励措施,并且界面以可用和有意义的方式引导他们时,才会做出贡献。另一方面,那些对利用集体感兴趣的人需要可用的方法来协调、理解和从正在进行的集体工作中提取价值,通常是代表他们。最终,集体智慧涉及技术基础设施和人与人之间互动(human-human interaction)的共同设计:一个社会技术系统。[1]人工智能对集体智慧的意义在于,它能最大限度地对集体中的"个人"进行准确"定义",原因是人工智能算法通常会采集世界的原始数据,然后利用这些数据来归纳建立模型,并在下次遇到类似情况时做出智能反应。[2]在技术层面,信用规制融合了"人机交互"和自动化算法决策系统的技术原理,以实现智慧规制,其目的就是将人与计算机连接起来,使他们的整体行为比任何个人、团体或计算机以前所做的任何事情都更加智能,而这正是集体智慧的核心目标。

(三)信用规制的运行逻辑:全过程规制

在管理学中,按照控制时点的不同,可以将管理控制分为事前控制、事中控制、事后控制。[3]事前、事中、事后控制的

---

[1] See Jeffrey P. Bigham, Michael S. Bernstein, Eytan Adar, "Human-Computer Interaction and Collective Intelligence", in Thomas W. Malone, Michael S. Bernstein (eds.), *Handbook of Collective Intelligence*, The MIT Press, 2015, p. 57.

[2] See Daniel S. Weld et al., "Artificial Intelligence and Collective Intelligence", in Thomas W. Malone, Michael S. Bernstein (eds.), *Handbook of Collective Intelligence*, The MIT Press, 2015, p. 89.

[3] 事前控制是在正式工作开始之前对工作中可能产生的偏差进行预测和估计并采取防范措施;事中控制是指在工作过程中实施的控制,一旦发生偏差,马上予以纠正;事后控制则是在工作或行为结束发生之后进行的控制。参见王林雪编著:《管理学——原理、方法与技能》(第2版),西安电子科技大学出版社2014年版,第213~214页。

方式也不同程度地被应用于政府规制。例如，在规制理论看来，行政许可通常被视为是一种事前规制工具，具有准入控制、信息收集、行为监管等功能。[1]一方面，行政许可是政府规制机构应对市场失灵、维护公共利益的一种有效手段；另一方面，若过度使用行政许可，则会严重抑制市场和社会的活力，甚至让经济发展停滞不前。[2]为了有效解决"重事前规制，轻事中、事后规制"带来的负面效果，政府规制机构需要转变规制观念，创新规制模式。[3]当前正在推进的"放管服"改革，其目标就是为了实现"简政放权、加强监管、优化服务"，激发和释放市场与社会的创造力，提高政府的社会治理和公共服务的水平。其中，"加强监管"的主要内容就是"创新监管方式，由事前监管向事中事后监管"。[4]

然而，目前由事前监管向事中事后监管转移尚存在一些困境和难题：首先，事前监管与事中、事后监管之间缺乏一个稳定的、有效的衔接机制。其次，在改革的过程中，着重强调事前"放"的改革，而对事中事后"管"的改革缺乏完整的制度设计，传统政府监管中存在的执法资源匮乏、执法手段单一、执法理念落后、部门条块分割等问题仍然制约着事中事后监管。[5]在此背景下，由于"信用信息"贯穿整个市场主体的生命周期，从

---

[1] 参见 Colin Scott："作为规制与治理工具的行政许可"，石肖雪译，载《法学研究》2014年第2期。

[2] 参见张康之："行政审批制度改革：政府从管制走向服务"，载《理论与改革》2003年第6期。

[3] 应松年教授指出的："行政机关应当逐步减少对行政许可的依赖甚至迷恋，尽快转变观念和创新管理方式，更多地采用事中管理和事后管理手段。"参见应松年："行政审批制度改革：反思与创新"，载《人民论坛·学术前沿》2012年第3期。

[4] 参见王丛虎、门钰璐："'放管服'视角下的行政审批制度改革"，载《理论探索》2019年第1期。

[5] 参见卢超："事中事后监管改革：理论、实践及反思"，载《中外法学》2020年第3期。

第二章 信用规制的制度实践及其合法性问题

"进入市场"到"退出市场",每一个环节都可能产生信用信息。因此,信用规制成了衔接事前规制、事中规制、事后规制的关键,[1]它针对不同的规制阶段,形成了不同的规制措施,本书将这种运行逻辑称为"全过程规制",如图2-3所示。"全过程的信用监管形成一个逻辑闭环,不仅有利于全过程监控和管理,也有利于放宽准入、加强事中事后监管的监管重心转变"。[2]在地方层面,各级地方政府部门在推进事中事后监管改革时均以"信用规制"作为主要抓手和突破口,信用规制已经成为"创新完善监管方式"的重要途径,进一步"提升信用监管效能"也成了完善事中事后监管改革的重要目标。

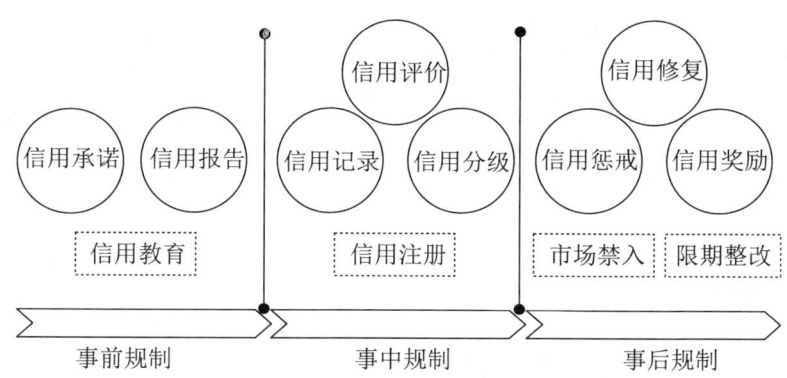

图 2-3 全过程规制的运作机理

在信用规制中,全过程规制主要具有以下三层含义:①在

---

[1] 《国务院办公厅关于加快推进社会信用体系建设构建以信用为基础的新型监管机制的指导意见》明确指出:"以加强信用监管为着力点,创新监管理念、监管制度和监管方式,建立健全贯穿市场主体全生命周期,衔接事前、事中、事后全监管环节的新型监管机制,……"

[2] 胡仙芝、马长俊:"市场信用监管的政府责任及其实现机制",载《中国行政管理》2020年第3期。

事前规制环节中,规制机构的主要目标是要对被规制对象的信用风险有一个初步的把握,并进行适当的预防。规制机构借助信用报告、信用教育、信用承诺等规制措施,[1]能够对市场主体的信用风险有一个预判,并对不同风险的信用主体给予不同的准入控制。其中,信用承诺是目前事前规制中运用得最多的规制措施,它与传统的行政许可进行结合,成为衔接事前、事中和事后规制的关键,不仅可以发挥记录信用信息的功能,而且还是"违法责任"向"失信责任"转化的桥梁。[2]②在事中规制环节中,规制机构的主要任务是促进被规制对象遵守法律法规的要求,其主要方式就是日常的执法监督检查,目标是收集不合规行为的信息,对被规制对象的信用风险进行全面把握,为采取规制策略做准备。规制机构借助信用记录、信用评价、信用分级等措施,[3]可以有效地分配执法资源,提高规制能力和水平。③在事后规制环节中,规制机构需要对一些违反规制标准的行为进行"纠偏",使被规制对象重回守法诚信的轨道。规制机构通过使用信用惩戒、信用奖励、信用修复等措施,[4]既可以增加被规制对象违法失信的成本,也可以激励其遵法守信。

---

[1] 根据《国务院办公厅关于加快推进社会信用体系建设构建以信用为基础的新型监管机制的指导意见》的规定,在事前信用规制创新中,主要采取以下三种形式:建立健全信用承诺制度;探索开展经营者准入前诚信教育;积极拓展信用报告应用。

[2] 参见林鸿潮、张涛、李昱音:"公共安全领域告知承诺制的实施困境及其调适",载《中国行政管理》2021年第3期。

[3] 根据《国务院办公厅关于加快推进社会信用体系建设构建以信用为基础的新型监管机制的指导意见》的规定,在事中信用规制创新中,主要采取以下四种形式:建立市场主体信用记录;健全信用信息自愿注册机制;开展公共信用综合评价;推进信用分级分类。

[4] 根据《国务院办公厅关于加快推进社会信用体系建设构建以信用为基础的新型监管机制的指导意见》的规定,在事后信用规制创新中,主要采取以下六种形式:健全失信行为认定机制;督促失信主体限期整改;开展失信联合惩戒;实施市场禁入;追究违法失信责任;建立信用修复机制。

第二章 信用规制的制度实践及其合法性问题

(四) 信用规制的行为逻辑：分类规制

在传统的政府规制中，很多规制措施的实施往往均以相对人的均质性假设为基础，舍去了各类相对人的特殊性，假定所有相对人之间是无差别的，因此通常采取均一化的规制主义路线。[1]这种行为逻辑固然有助于在形式上实现"法律面前人人平等"这一基本原则，但也忽略了主体之间的差别，容易导致相对人之间形成实质上的不平等，同时也给政府规制机构带来极高的规制成本。[2]

对作为信用规制相对方的个人或组织而言，由于受主客观因素的限制，他们守法、履约的意愿和能力均可能存在很大的差异，因此信用规制秉持实质平等的思想，以差别性假设为基础，主张采取一种差异化规制主义路线。[3]所谓的"差异化规制主义路线"是指在规制过程中不对所有信用主体采取整齐划一的规制措施，而是根据不同规制主体的信用风险和信用水平，采取不同强度的规制措施，实现精准化规制，本书将这种行为逻辑称为"分类规制"，也有学者将其称为"信用风险分类监管模式"，[4]如图2-4所示。从思维方法学的角度看，分类实际上是通过比较来实现"求同存异"的，根据找出的"异同点"将事物放入不同的类别，它是认识世界的一种逻辑方法，也是一

---

[1] 参见魏礼群等：《中国现代行政管理体系研究》，国家行政学院出版社2012年版，第110页。

[2] 柏拉图曾指出："以平等的方式对待不平等的对象，如果不用特定的比例来加以限制，就会以不平等的结果而告终。"参见 [古希腊] 柏拉图：《柏拉图全集》(第3卷)，王晓朝译，人民出版社2003年版，第513页。

[3] 《国务院关于加强和规范事中事后监管的指导意见》明确提出："推进信用分级分类监管，依据企业信用情况，在监管方式、抽查比例和频次等方面采取差异化措施。"

[4] 卢超："事中事后监管改革：理论、实践及反思"，载《中外法学》2020年第3期。

种对复杂性进行简化的机制。[1]

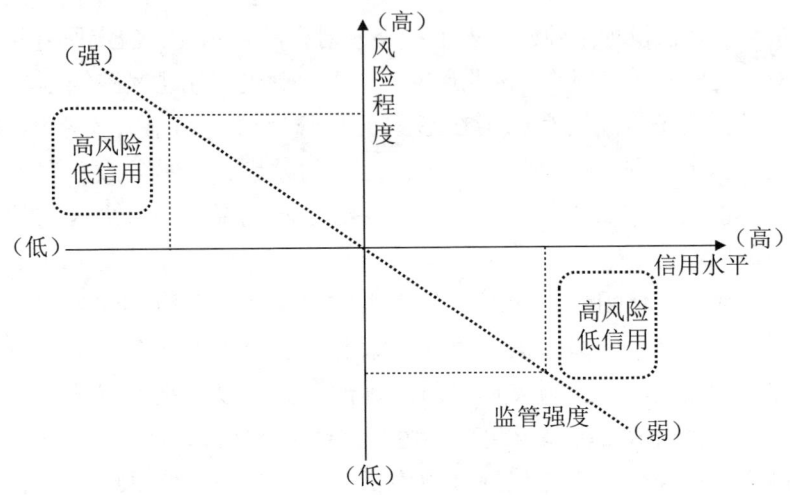

图 2-4 分类规制的运作机理[2]

在规制理论中,分类规制也可以找到相应的理论依据,它很好地契合了美国学者伊恩·艾尔斯(Ian Ayres)和澳大利亚学者约翰·布雷思韦特提出的"回应性规制"(responsive regulation)理论。他们认为,"回应性规制"的核心就是采取一种"针锋相对"(tit-for-tat,TFT)的规制执法策略,设计出一种"执法金字塔",根据不同的规制目标,采用不同规制强度的执法措施。在他们看来,"回应性规制"不仅可以在约束纯经济行为者的不合规方面起到很好的作用,而且还有助于灌输信任和公

---

[1] 参见彭健伯:《创新的源头工具:思维方法学》,光明日报出版社 2010 年版,第 138 页。
[2] 参见胡仙芝、马长俊:"市场信用监管的政府责任及其实现机制",载《中国行政管理》2020 年第 3 期。

民美德（trust and civic virtue）。[1] 经济合作与发展组织通过对各国"规制执行"（regulatory enforcement）最佳实践经验的总结，提出了12条评估标准，其中一条标准便是：规制执行需要以风险为基础，并与之相称，亦即检查的频率和所使用的资源应当与风险程度相称，执法行动的目的应当是减少由违规行为带来的实际风险。[2]

"分类规制"的基本理念与"回应性规制"的基本主张存在高度契合。[3] 首先，对于信用风险较高的被规制对象，规制机构可以进行高频率的监督检查，同时采用干预强度较高的规制措施，如罚款、责令停产停业等。其次，对于信用风险中等的被规制对象，规制机构可以进行常规的监督检查频率，同时采用干预强度适中的规制措施。最后，对于信用风险较低的被规制对象，规制机构可以进行低频率的监督检查，做到"无事不扰"，同时采用干预强度较低的规制措施，如行政指导、信用警示等。

第三节 信用规制的实践现状考察：以信用黑名单为例

信用黑名单是信用规制中最为重要的规制措施，属于信用应用制度的范畴。为了更为直观地揭示信用规制的实践现状，本书主要以信用黑名单制度作为具体的考察对象，通过信用黑

---

[1] See Ian Ayres, John Braithwaite, *Responsive Regulation: Transcending the Deregulation Debate*, Oxford University Press, 1995, pp. 19~20.

[2] See OECD, *OECD Regulatory Enforcement and Inspections Toolkit*, OECD Publishing, 2018, p. 7.

[3] 《国务院办公厅关于加快推进社会信用体系建设构建以信用为基础的新型监管机制的指导意见》明确提出："对信用较好、风险较低的市场主体，可合理降低抽查比例和频次，减少对正常生产经营的影响；对信用风险一般的市场主体，按常规比例和频次抽查；对违法失信、风险较高的市场主体，适当提高抽查比例和频次，依法依规实行严管和惩戒。"

名单制度的实践情况来客观反映信用规制的实践。在实践中，信用黑名单被大量运用于食品、药品、环境、旅游、文化、体育等诸多领域；在理论上，有关信用黑名单的研究成果也处于积累过程中，尚未形成成熟的理论体系。正如赵旭东教授等所指出的："黑名单制度的建设具有理论上和现实中的复杂性。"理论的复杂性在于国外没有成熟的经验可以借鉴，现实的复杂性在于信用黑名单已经在中央和地方以及各行各业全面铺开，若按照统一要求进行统一调控，具有极大的挑战性。[1]为了充分把握信用规制法治化的现状，本书将从制度内涵、立法现状、制度运行三个方面对信用黑名单的制度实践进行考察。

一、信用黑名单的制度内涵

从词源学的角度看，在汉语中，"黑名单"一词有多种涵义，并且具有不同的历史渊源。[2]在英语中，"黑名单"与"blacklist"一词对应，《柯林斯英语词典》将"blacklist"解释为：受怀疑或被认为不可信、不忠诚等的个人或组织名单，尤其指由政府或组织编制的名单。"黑名单"在我国被运用最早是在中华人民共和国建立初期，改革开放以后，"黑名单"的内涵和用法也发生了新的变化，成了一种带有"负面评价"和"贬损色彩"的工具，发展出了"通讯黑名单""网络黑名单"等各种各样的黑名单。在美国，"黑名单"与冷战初期的"麦卡锡主义"有关，"好莱坞黑名单"（hollywood blacklist）便是在这一

---

[1] 参见赵旭东等：《黑名单制度》，中国法制出版社2018年版，第21~22页。

[2] 《现代汉语词典》将"黑名单"一词解释为：①反动势力为进行政治迫害而开列的革命者和进步人士的名单；②指有关部门对不合格产品或违反规约的企业、个人等开列的名单，通过一定渠道向社会公布。参见中国社会科学院语言研究所词典编辑室编：《现代汉语词典》（第5版），商务印书馆2005年版，第557页。

时期诞生的。[1]如今,"黑名单"也被广泛运用于公共治理和私人治理,"禁飞名单"(No Fly List)、"禁止选举名单"(No Vote List)、"恐怖分子观察名单"(Terrorist Watchlist)等形式各样的"黑名单"充斥在美国社会中,影响着公民的就业、选举、出行等权利和自由。[2]

在理论上,有关黑名单的含义,目前尚无定论。[3]本书认为,在信用规制框架中,"信用黑名单"可以被界定为:行政主体依照法律法规的规定,以行政相对人的信用状况为参考,将行政相对人纳入带有负面评价色彩的名单,并向社会公开或运用于行政管理活动中。据此定义,本书所指的"信用黑名单"主要是指行政主体主导的"信用黑名单",也可以被称为"行政黑名单",不包括私人实体(private entity)设置的其他各类"黑名单",如经营机构设置的消费者黑名单、网络平台设置的"直播黑名单"或"网贷黑名单"等。

二、信用黑名单的立法与政策

在中央层面,现行有效的法律规范很少对"黑名单"进行明确且具体的规定,即使零星有一些条款涉及黑名单制度,[4]其内

---

[1] See Thomas Doherty, *Show Trial*: *Hollywood*, *HUAC*, *and the Birth of the Blacklist*, Columbia University Press, 2018.

[2] See Margaret Hu, "Big Data Blacklisting", *Florida Law Review*, Vol. 67, Issue 5 (2015), pp. 1735~1810.

[3] 有观点认为,"黑名单制度"是指"政府针对经营者、经营者针对消费者的严重违法或违约行为,采取公布违法行为,限制、剥夺权利等监管手段或惩戒措施的制度"。参见张家宇:"经济法视阈中的黑名单制度研究",载《延安大学学报(社会科学版)》2013年第5期。

[4] 《环境保护法》第54条第3款规定:"县级以上地方人民政府环境保护主管部门和其他负有环境保护监督管理职责的部门,应当将企业事业单位和其他生产经营者的环境违法信息记入社会诚信档案,及时向社会公布违法者名单。"

容也非常抽象,难以提供具体的行为规则。目前有关信用黑名单的规定主要集中体现在国务院制定的行政法规、规范性文件及其各部门出台的政策文件中。根据笔者的梳理:截至2022年4月,国务院出台的含有"黑名单"一词且现行有效的政策文件共有69份,分别体现在工商、税务、安监、环保、食药、文旅等规制领域,[1]国务院各部门出台的含有"黑名单"一词且现行有效的政策文件则多达1683件。不过,总体而言,专门对"黑名单"或者"失信惩戒名单"进行系统性规定的政策文件并不多,如表2-5所示。

表2-5 中央层面对黑名单进行专门规定的规范性文件概览

序号	发布日期	发布部门	规范名称
1	2021年11月	人力资源和社会保障部	《拖欠农民工工资失信联合惩戒对象名单管理暂行办法》
2	2021年7月	国家市场监督管理总局	《市场监督管理严重违法失信名单管理办法》
3	2022年1月	国家税务总局办公厅	《税务系统信息化服务商失信行为记录名单制度(试行)》
4	2019年10月	人力资源和社会保障部	《社会保险领域严重失信人名单管理暂行办法》
5	2019年10月	民政部	《养老服务市场失信联合惩戒对象名单管理办法(试行)》

---

[1]《食品安全法实施条例》第66条规定:"国务院食品安全监督管理部门应当会同国务院有关部门建立守信联合激励和失信联合惩戒机制,结合食品生产经营者信用档案,建立严重违法生产经营者黑名单制度,将食品安全信用状况与准入、融资、信贷、征信等相衔接,及时向社会公布。"

续表

序号	发布日期	发布部门	规范名称
6	2018年12月	交通运输部	《交通运输守信联合激励和失信联合惩戒对象名单管理办法(试行)》
7	2018年8月	体育总局	《体育市场黑名单管理办法》
8	2018年2月	国家发展和改革委员会、国家能源局	《关于加强和规范涉电力领域失信联合惩戒对象名单管理工作的实施意见》
9	2017年10月	国家发展和改革委员会、中国人民银行	《关于加强和规范守信联合激励和失信联合惩戒对象名单管理工作的指导意见》
10	2012年8月	国家食品药品监督管理局	《药品安全"黑名单"管理规定(试行)》

在地方层面,信用黑名单被广泛应用于食品安全、药品安全、建筑行业、金融监管、安全生产等领域。从政策与立法的角度看,主要有以下几个特征:①在一般性的地方立法中对信用黑名单制度进行原则性规定。例如,《河北省生态环境保护条例》第17条规定,依据环境保护信用评价结果,建立排污企业黑名单制度。②在地方信用立法中对信用黑名单制度进行原则性规定。例如,《山东省社会信用条例》第30条规定了"严重失信主体名单";《南京市社会信用条例》第37条规定了"重点关注名单"、第40条规定了"严重失信主体名单"。③对不同领域中的信用黑名单制度进行专门规定。这类规范一般都是采用规范性文件的形式,其依据既包括中央层面的相关政策文件,也包括地方立法中有关信用黑名单的原则性规定。例如,山东省农业农村厅于2020年6月制定了《山东省农产品质量安全信

用红黑名单管理办法（试行）》、江苏省物价局于2018年5月制定了《江苏省价格严重失信黑名单认定管理办法》、陕西省发展和改革委员会于2016年3月制定了《陕西省违法失信"黑名单"信息共享和联合惩戒办法》等。

三、信用黑名单的法律性质

在理论上，学者们从不同角度对信用黑名单的法律性质展开论述。根据已有的研究成果，目前主要分为以下几种观点：

（1）直接将行政机关主导的信用黑名单认定为是一种行政处罚，更具体地说是一种"声誉罚"。[1]李明超博士认为，尽管信用黑名单具有指导性、警示性等特征，但其突出特征是"惩罚性"。换言之，信用黑名单会对行政相对人的合法权益造成不利处分，因此信用黑名单属于一种新型的行政处罚措施。[2]

（2）根据功能差别对信用黑名单进行分类，并对信用黑名单的法律性质进行具体分析。例如，刘平等认为，按照不同的功能，信用黑名单可以被分为惩罚性、警示性、备案类和普法类四类，其法律性质分别为具体行政处罚行为、行政指导行为、内部行政行为和行政事实行为。[3]

（3）根据行政过程理论对信用黑名单进行阶段性分析，并对不同阶段的行为之法律性质进行具体界定。例如，范伟博士认为，信用黑名单的"拟列入行为"在性质上属于"准备行

---

[1] 参见胡建淼："'黑名单'管理制度——行政机关实施'黑名单'是一种行政处罚"，载《人民法治》2017年第5期；张晓莹："行政处罚视域下的失信惩戒规制"，载《行政法学研究》2019年第5期。

[2] 参见李明超："行政'黑名单'的法律属性及其行为规制"，载《学术研究》2020年第5期。

[3] 参见刘平、史莉莉："行政'黑名单'的法律问题探讨"，载《上海政法学院学报》2006年第2期。

第二章　信用规制的制度实践及其合法性问题

为"，具体又可以被定性为"多阶段行政行为之前阶段行为"；信用黑名单的"列入行为"，若直接向当事人或社会公众公布，则应当属于"具体行政行为"，若不对外公布，则应当属于"内部行政行为"；信用黑名单的对外"公布行为"应当属于"行政事实行为"；信用黑名单的"惩戒行为"在性质上应当被定性为行政处罚。[1]

（4）从政府规制的角度对信用黑名单的性质进行界定。例如，徐晓明教授认为，立足于"信用约束和信用惩戒"这一核心功能，信用黑名单是一种重要的规制措施，它可以发挥信用信息共享、信用文化培育、信用责任附加等功能。[2]

虽然学界对信用黑名单的法律性质尚未达成统一共识，但现有的研究基本认同信用黑名单属于一种行政活动。本书认为，信用黑名单并非一种单一的行为类型，也并非一种单一的过程构造。从现有的规范与实践来看，信用黑名单具有不同的规范结构，与之对应的"表示行为"和"效果意思"也不尽相同，因此法律性质也不相同，如表2-6所示。

表2-6　信用黑名单的规范结构类型及其对应的法律性质

规范结构		表示行为	效果意思	法律性质
单一备案型黑名单	非内部共享	对内表示	信息记录	内部行政行为
	内部共享	对内表示	信息共享	内部行政行为
单一公开型黑名单	个人公开	对外表示	行政警告	行政处罚行为
	社会公开	对外表示	规制性羞辱	行政处罚行为

---

〔1〕 参见范伟："行政黑名单制度的法律属性及其控制——基于行政过程论视角的分析"，载《政治与法律》2018年第9期。

〔2〕 参见徐晓明："行政黑名单制度：性质定位、缺陷反思与法律规制"，载《浙江学刊》2018年第6期。

续表

规范结构		表示行为	效果意思	法律性质
复合惩戒型黑名单	直接惩戒	对外表示	不利处分	行政处罚行为
	间接惩戒	对内表示	信息共享	多阶段行政行为之前阶段行为

通过对已有的信用黑名单规范进行分析,从规范结构的角度看,信用黑名单可以被分为以下三种类型:

(1)单一备案型黑名单。有的规范在规定信用黑名单制度时,仅仅规定将行政相对人的某些行为列入信用黑名单,其目的主要在于对行政相对人的行为进行记录或备案,但并未规定任何其他类型的惩戒措施,这种类型的信用黑名单可以被称为"单一备案型黑名单"。具体而言,又可以进一步分为"内部共享型黑名单"和"非内部共享型黑名单",前者是指规范虽然没有规定惩戒措施,但同时规定在政府部门内部共享黑名单,后者指规范仅仅规定主管的政府部门负责建立黑名单,但并未规定应当将黑名单进行内部共享。[1]对于将行政相对人列入单一备案型黑名单的行政行为,由于其表示行为主要是对内表示,且效果意思主要是信息记录或信息共享,因此符合内部行政行为的特征,应当认定为内部行政行为。

(2)单一公开型黑名单。有的规范在规定信用黑名单制度时,不仅规定将行政相对人的某些行为列入信用黑名单,而且还规定要向社会公开,不过并未规定相应的惩戒措施。本书将这种类型的信用黑名单称为"单一公开型黑名单",具体又可以

---

[1] 例如,《枣庄市电梯安全条例》第36条规定:"市特种设备安全监督管理部门应当每年对电梯维护保养单位进行考核评价,建立电梯维护保养单位以及维护保养人员黑名单制度"。

分为"个人公开型黑名单"和"社会公开型黑名单"。前者是指信用黑名单的主要向特定的行政相对人公开,后者是指信用黑名单向不特定的行政相对人公开。例如,《环境保护法》第54条规定"及时向社会公布违法者名单"。对于将行政相对人列入单一公开型黑名单的行为,无论是向个人公开,还是向社会公开,其本质上都是通过对行政相对人的信用状况进行负面评价,目的是对行政相对人的声誉进行减损。尽管目前我国《行政处罚法》尚未对"声誉减损"进行法定化,不过从行政处罚理论的来看,列入单一公开型黑名单的行为应当属于行政处罚。[1]由此可知,列入单一公开型黑名单的行为已经具备了行政处罚的核心特征,可能对行政相对人的声誉造成减损,应当认定为行政处罚,具体而言可以归为一种新型的声誉罚。

(3)复合惩戒型黑名单。有的规范在规定信用黑名单时不仅规定了列入信用黑名单的具体情形以及社会公开,而且还规定了相应的惩戒措施。本书将这种类型的信用黑名单称为"复合惩戒型黑名单",具体又可以分为两类:①直接惩戒型黑名单。有的规范直接规定了列入信用黑名单可以直接实施的惩戒措施。[2]②间接惩戒型黑名单,有的规范间接规定了列入信用黑名单后可以实施惩戒措施,但具体实施何种惩戒措施,则要

---

[1] 在行政处罚理论中,"声誉罚"是通过对行政相对人的名誉、荣誉、信誉等施加影响,引起其精神上的警惕,使其不再违法的处罚形式。其主要形式包括警告、通报批评等。参见姜明安主编:《行政法与行政诉讼法》(第6版),北京大学出版社2015年版,第266~268页。

[2] 例如,《河南省扶贫开发条例》第68条规定,行政相对人"骗取扶贫政策待遇的,由相关部门列入诚信黑名单并取消其政策待遇";《河北省食品小作坊小餐饮小摊点管理条例》第44条规定"列入黑名单的小作坊、小餐饮、小摊点,三年内不得从事食品生产经营活动"。

结合其他规范才能确定。[1]

对于复合惩戒型黑名单,按照不同标准可以分为不同类型。对于列入直接惩戒型黑名单的行为,法律规范已经明确规定了列入该类信用黑名单时行政相对人需要承担的法律后果,这意味着一旦行政主体作出列入直接惩戒型黑名单的行政决定,行政相对人的财产权、人身权等合法权益将会受到直接影响,如增加义务或克减权利。因此,对于列入直接惩戒型黑名单的行为,在性质上应当认定为行政处罚,具体属于何种类型的行政处罚,则需要进行具体分析。对于列入间接惩戒型黑名单的行为,法律规范并未明确规定列入该类信用黑名单时行政相对人需要承担的法律后果,需要结合其他法律规范才能最终确定。由于列入间接惩戒型黑名单的行为只是后续各类惩戒行为的一个前提要件,类似于一种"事实证据",其本身并未确定信用黑名单所具有的惩罚性权利义务内容,因此应当属于"多阶段行政行为之前阶段行为"。[2]不过需要指出的是,若间接惩戒型黑名单同时向社会公开,即与单一公开型黑名单相重叠时,则属于"前阶段行为"的信用黑名单便具有了独立的法律效果。

四、信用黑名单的制度运行

信用黑名单在政府规制实践中广泛运用,其制度运行由多方面的内容构成,主要体现在以下几个方面。

---

[1] 例如,《食品安全法实施条例》第66条规定:"……建立严重违法生产经营者黑名单制度,将食品安全信用状况与准入、融资、信贷、征信等相衔接,……"《江西省旅游者权益保护条例》第38条规定"对严重违法失信的旅游经营者和从业人员,按照国家规定列入旅游市场黑名单管理,并予以联合惩戒"。

[2] 参见李建良:"论多阶段行政处分与多阶段行政程序之区辨——兼评最高行政法院96年度判字第1603号判决",载《中研院法学期刊》2011年第9期。

第二章　信用规制的制度实践及其合法性问题

（一）信用黑名单的列入标准

目前，法律法规尚未对信用黑名单的列入标准进行明确规定，由于不同规制领域的内容不同，导致信用黑名单的列入条件"五花八门"。在一些地方出台的规范性文件中，信用黑名单的列入标准杂糅了"失信信息""违法违规行为"等不同类别的标准。

就失信信息而言：一方面，行政机关作出的行政决定以及人民法院作出生效判决文书，如果其记载了反映公民、法人和其他组织信用状况的"原始信息"，可以作为信用黑名单的列入依据。另一方面，信用评价机构作出的信用评价结果、其他政府部门已经作出的"诚信黑名单"或"失信黑名单"等"二次信息"也可以作为信用黑名单的列入依据。[1]

就失信行为而言：一方面，有的规范规定，失信行为须经过行政主体依法作出行政处理决定后才能作为信用黑名单的列入标准。[2]另一方面，有的规范规定，失信行为未经行政主体依法作出行政处理决定，也可以直接作为列入信用黑名单的依据。[3]

（二）信用黑名单的列入程序

尽管信用黑名单从规范结构的角度可以分为不同类型，并且具有不同的法律属性，但绝大部分信用黑名单都与个人和组织的人身权、财产权等合法权益密切相关。根据现有的法律规范和

---

[1] 例如，《杭州市劳动保障违法行为黑名单认定和公布办法》规定，劳动保障违法行为黑名单的认定标准既包括因克扣工资、违反休假休息规定等被依法查处的信息，也包括劳动保障守法诚信等级被划为C级的信息。

[2] 例如，《严重违法失信企业名单管理暂行办法》规定，组织策划传销的行为、直销违法行为、不正当竞争行为、产品质量严重违法行为、虚假广告违法行为、商标侵权违法行为等需要两年内累计受到3次以上行政处罚的，才列入严重违法失信企业名单。

[3] 例如，《体育市场黑名单管理办法》规定，发生重大兴奋剂违规行为、重大安全事故等，承担主要责任的经营主体或从业人员列入体育市场黑名单。

制度实践，列入信用黑名单所遵循的行政程序主要有以下特征：

（1）信用黑名单列入程序的"完备程度"存在较大的差异。在大多数对信用黑名单进行原则性规定的规范中，很少有对信用黑名单的列入程序进行规定的。在少数对信用黑名单进行专门规定的规范中，基本上都有类似于"评定程序"或"列入程序"的条款，[1]不过不同领域的规定差别也较大。总体而言，有关信用黑马的列入程序还不完善，无法从程序上对行政权力进行控制。

（2）信用黑名单列入程序的"具体内容"存在较大的差异。大多数信用黑名单规范都规定了如下程序：形成信用黑名单—听取申诉意见—审查信用黑名单—作出列入决定。[2]不过，也有一些政府部门对于"听取申诉意见"与"作出列入决定"之间的顺序有不同的规定。[3]此外，还有极少数政府部门专门制定了信用黑名单的程序规范。[4]

（三）信用黑名单的社会公开

对很多政府部门而言，"社会公开"是发挥信用黑名单规制功能的关键，其最终目的是通过社会舆论和其他个人与组织的"用脚投票"来遏制违法失信的机会主义倾向。根据已有的制度实践情况，信用黑名单的社会公开主要有以下特征：

（1）信用黑名单社会公开的内容存在不同。对于信用黑名

---

[1] 例如，《旅游市场黑名单管理办法（试行）》第6~7条；《体育市场黑名单管理办法》第13~14条。

[2] 例如，《拖欠农民工工资"黑名单"管理暂行办法》规定，人力资源社会保障行政部门将用人单位列入拖欠工资"黑名单"的，应当提前书面告知，听取其陈述和申辩意见。核准无误的，应当作出列入决定。

[3] 例如，《体育市场黑名单管理办法》规定，体育主管部门在信用黑名单公布后5个工作日内，将列入黑名单情况通知当事人，并告知当事人陈述和申辩的权利。

[4] 例如，汕头市《建筑市场"黑名单"认定程序暂行规定》规定，信用黑名单的认定程序包括：启动—调查—陈述和申辩—审核和决定—列入和解除。

单的公开内容,若内容过于详细,则可能会对个人隐私、商业秘密等合法权益造成侵害;若内容过于简略,则可能达不到公开的效果和目的。目前,有的规范只是原则性地规定信用黑名单应当向社会公开,但对公开的具体内容并未进行明确规定。[1]有的规范则对信用黑名单社会公开的内容作出了相对"详细的"规定。[2]

(2)信用黑名单社会公开的方式存在不同。对于信用黑名单的公开方式,若选择不当或不规范,可能会影响信用黑名单的权威性和传播度,达不到公开的目的和效果。目前,各地方信用黑名单的公布方式基本上都以互联网作为公开媒介,由于信用黑名单的设立主体多样,导致信用黑名单的公示平台也比较多样。例如,有的规范规定信用黑名单应当通过"企业信用信息公示系统"进行公示,有的规范要求信用黑名单应当通过政府部门的门户网站进行公示,有的规范要求信用黑名单应当通过"信用中国"网站及其微信公众号进行公布。

(四)信用黑名单的移出标准

信用黑名单的移出标准和个人与组织的合法权益密切相关,若移出标准过于严苛,则不利于保护信用主体的合法权益;若移出标准过于宽松,则可能会架空整个信用黑名单制度,造成"制度空转",使信用黑名单流于形式。从已有的规范和实践来看,信用黑名单的移出标准主要有以下几种类型:①列入信用黑名单的有效期届满,可以由当事人申请移出或行政机关主动移出。②行政机关因为信用信息错误、信用评价错误等原因导

---

[1] 例如,《杭州市生态文明建设促进条例》规定,将严重破坏生态环境的企业事业单位列入黑名单并向社会公开,但对公开的内容并未规定。
[2] 例如,《药品安全"黑名单"管理规定(试行)》规定,信用黑名单公布的事项包括:违法生产经营者的名称、营业地址、法定代表人或责任人员的姓名、职务、身份证号码(隐去部分号码)、违法事由、行政处罚决定、公布起止日期等信息。

致信用黑名单的认定出现错误。③原来的信用黑名单认定标准发生变化，导致已有的信用黑名单决定不符合实际情况。④在信用黑名单有效期限届满之前，当事人依照法定程序完成了信用修复，其失信状况已经改善。

(五) 信用黑名单的救济途径

从已有的规范和实践来看，对于信用黑名单的救济途径，各地方或各规制领域的规定存在较大的不同。目前，在中央层面对信用黑名单进行专门规定的 11 份规范中，只有 3 份规范明确规定行政相对人享有复议和诉讼的权利。[1]在地方层面对信用黑名单进行专门规定的 30 份规范中，只有 8 份规范明确规定行政相对人享有复议和诉讼的权利。

不过，对于行政相对人行使复议或诉讼权利的条件又存在不同规定：①直接行使行政复议权利或行政诉讼权利，即行政相对人若对列入或移出信用黑名单的决定不服，可以直接申请行政复议或提起行政诉讼。[2]②先异议申诉，后行政复议或行政诉讼，即行政相对人若对列入或移出信用黑名单的决定不服，需要先向行政机关申请异议申诉，只有对"异议处理结果"不服的，才能申请复议或提起诉讼。[3]此外，还有一些规范规定了"诉讼不停止执行"和"行政赔偿"。[4]

---

[1] 例如，《严重违法失信企业名单管理暂行办法》规定，对企业被列入、移出严重违法失信企业名单的决定，可以依法申请行政复议或者提起行政诉讼。

[2] 例如，《湖北省建筑市场"黑名单"管理暂行办法》规定，对被纳入"黑名单"不服的，可以依法申请行政复议或提起行政诉讼。

[3] 例如，《泸州市严重失信黑名单社会公示管理办法（试行）》规定，当事人对复核处理结果不服的，可以依法通过行政复议或行政诉讼等方式维护自身合法权益。

[4] 例如，《山东省海域、无居民海岛有偿使用黑名单管理办法（试行）》规定，信用主体提出行政复议或者行政诉讼的，不停止公布。信用黑名单经行政复议或行政诉讼被撤销、变更的，认定部门应当及时更正，并通过原发布渠道进行公开澄清，恢复其名誉。

第四节　信用规制面临的合法性问题

"行政法的核心目标是调和两个主要目标：官僚机构成功地行使规制权力和行政机构与法治的联系。第一个目标从根本上讲涉及规制治理；第二个目标则涉及合法性问题。"[1]在现代法治国原则的支配和统制下，公共行政应当在法律设定的框架之下行事，不得违反宪法、法律及一般法律原则。[2]"任何行政行为都应当依法作出，行政改革行为也不例外。"[3]信用规制作为一种政府规制创新，自然也应当在法律设定的框架下进行。对于所谓的"重塑政府"或"规制改革"的倡议，作为行政法学者必须保持警惕，因为"它们可能不仅破坏了重要的法律规范，而且还降低了政府的效率"。[4]在对信用规制的实践现状进行全面检视的基础上，如何去探析现状背后存在的问题呢？从行政法的角度看，可以对信用规制进行全面、细致的"合法性追问"。正如学者所指出的："合法性追问的目的，无非要使政府行为合于一定的标准。"[5]

---

[1] Daniel B. Rodriguez, "Administrative Law", in Gregory A. Caldeira, R. Daniel Kelemen, Keith E. Whittington (eds.), *The Oxford Handbook of Law and Politics*, Oxford University Press, 2008, pp. 340~341.

[2] 参见李建良：《行政法基本十讲》，元照图书出版有限公司2019年版，第95页。

[3] 罗豪才、宋功德："坚持法治取向的行政改革"，载《行政管理改革》2011年第3期。

[4] Jerry L. Mashaw, "Reinventing Government and Regulatory Reform: Studies in the Neglect and Abuse of Administrative Law", *University of Pittsbrugh Law Review*, Vol. 57, Issue 2 (1996), pp. 405~442.

[5] 沈岿："因开放、反思而合法——探索中国公法变迁的规范性基础"，载《中国社会科学》2004年第4期。

一、信用规制的合法性要求与分析框架

"每一代人都倾向于用自己的术语来界定危机……每一代人都针对自己所认为的问题制定了解决办法。"[1]"合法性"并不是一个静止和绝对的概念，不同的时空条件会有不同的标准。[2]奥托·迈耶时代所创立的"依法律行政"（Herrschaft des Gesetzes）原则将对行政权的限制系于狭义的法律之上，[3]因此"依法行政"在当时等同于"依法律行政"，"合法性"就等同于"合法律性"。法国行政法学者古斯塔夫·佩泽尔（Gustave Peiser）则从渊源、适用和违反后果三个方面对"合法性原则"进行了阐述。他认为，在法治国家中，行政机关的权能和行为必须被限定在一定范围之内，必须遵守法律规则，服从合法性原则。合法性原则的渊源包括成文法（如宪法、条约、法律、法规、指令等）、一般法律原则和判例；合法性原则既适用于行政作为和行政不作为，同时也适用于裁量行为和羁束行为；违反合法性原则不仅会导致行政行为"不存在"，而且还会接受行政监督和司法监督。[4]

由此可知，"合法性"并不等同于"合法律性"，越来越多的学者主张采取一种"开放反思"的立场来重构行政合法性理

---

[1] James O. Freedman, *Crisis and Legitimacy: The Administrative Process and American Government*, Cambridge University Press, 2009, pp. 7~9.

[2] 参见沈岿：《公法变迁与合法性》，法律出版社2010年版，"姜明安教授序"第6~7页。

[3] 参见［德］奥托·迈耶：《德国行政法》，刘飞译，商务印书馆2013年版，第68~69页。

[4] 参见［法］古斯塔夫·佩泽尔：《法国行政法》（第19版），廖坤明、周洁译，张凝校，国家行政学院出版社2002年版，第32~52页。

第二章 信用规制的制度实践及其合法性问题

论。[1]政治学、公共行政学等学科提出的"结构主义"观点：以公共行政本身的结构为基础，对行政合法性进行结构划分，可以为我们建构信用规制的合法性分析框架提供参考。美国学者戴维·伊斯顿（David Easton）认为，在传统上，合法性一直与公共当局的权力形影不离，但实际上一个系统中的合法性情感可能指向的对象还包括个人以及典则的规范和结构。在此基础上，他认为，合法性可以被划分为三种类型：意识形态的合法性、结构的合法性和个人的合法性。[2]美国学者托马斯·卡特洛（Thomas J. Catlaw）等人以"社会场域"（social field）理论作为指导，认为社会场域中的权力关系配置可以解释为什么有些情形比其他情形更有可能发生，为什么某些形式的言论和行为被认为是合法的，而其他形式的言论和行为则是不合法的。换言之，社会场域可以确立合法性"斗争"的坐标。在此基础上，他们将公共行政分为三个方面：普遍的、制度化的场域，专业场域和学术研究场域。不同场域之间的合法化过程存在重要的区别，每个场域既要约束自己的合法化"斗争"，也要从其他场域汲取"符合的资源"来确立自己的合法性和地位。[3]

美国学者戴维·比瑟姆（David Beetham）认为，理解合法性概念的关键在于认识到它具有多面性。合法性有三个不同的要素或层次：①合法性的第一个层次是规则（rules）。规则对应

---

〔1〕 参见沈岿："因开放、反思而合法——探索中国公法变迁的规范性基础"，载《中国社会科学》2004年第4期。

〔2〕 参见［美］戴维·伊斯顿：《政治生活的系统分析》，王浦劬等译，华夏出版社1999年版，第346~347页。

〔3〕 See Thomas J. Catlaw, Qian Hu, "Legitimacy and Public Administration: Constructing the American Bureaucratic Fields", *American Behavioral Scientist*, Vol. 53, Issue 3 (2009), pp. 458~481.

于"合乎法律",这是合法性最基本的层次。如果权力是根据既定规则获得和行使的,那么首先可以说它是合法的。反之,如果权力是在违反规则的情况下获得的,或者是以违反或超越规则的方式行使的,那就是非法的(illegitimate)。②合法性的第二个层次是基于信仰的正当理由(justifications grounded on beliefs)。法律效力本身不足以确保合法性,因为获得和行使权力的规则本身需要"正当理由"(justifications),只要权力规则能够在支配者和从属者的共同信仰方面得到证明,那么权力就是合法的。为了具备"正当理由",权力必须来自有效的权威来源;规则必须规定执掌权力的人须具备行使权力所需的素质;权力结构必须被视为服务于公认的普遍利益,而不仅仅是强者的利益。③合法性的第三个层次是行为(actions)。从属者需要通过提供同意证据的行为,主要通过以下两种方式实现目的:一方面,这些行为对作出行为的人具有主观约束力,无论他们的行为动机是什么;另一方面,这些行为具有公开的象征性或宣示性的力量,它们构成了从属者对强势者地位的明确承认。这三个层次并不是替代性方案,因为它们都有助于合法性,都为从属者提供了遵从或与强势地位者合作的道德理由。[1]

信用规制并非一种单一的行政行为,传统的"行政合法律性"并不足以促进信用规制的合法性。从制度论的角度看,信用规制是一种法律制度,其合法性要求也应当遵循制度正当性的普遍性标准,需要放置在制度分析这一广阔背景中。按照英国学者麦考密克和奥地利学者魏因贝格尔的观点,制度的正当性取决于"正当化的过程"以及为了达到这一目的而运用的

---

[1] See David Beetham, *The Legitimation of Power*, Palgrave, 1991, pp. 16~18.

第二章 信用规制的制度实践及其合法性问题

"说服的技术"。[1]李惠宗也认为:"具有实质正当性的决定,须有形式合法性作为其支撑;但不具有实质正当性的措施,不因有形式合法性即可取得规范上应有的地位。"[2]以国内外已有的研究成果作为参考,本书将信用规制的合法性要求分为两个层次:

(1)形式合法性,即合法律性。信用规制的形式合法性是指信用规制在形式方面必须"合乎法律之规定",集中体现为"合法律性"。形式合法的信用规制应当满足以下三个条件:①信用规制必须是由具有管辖权的行政主体作出的。一般认为,符合管辖权的规定主要体现在两个方面:一方面,所针对的行政事务必须属于该行政主体的任务范围;另一方面,所适用的地域必须属于该行政主体的管辖空间。[3]②信用规制应当遵守基本的程序要求。一般认为,行政主体在作出行政行为,若依法令须经一定的程序方可作出,一旦未经法定程序,其便会被视为违法行为。综合行政法学及各国(地区)的行政程序法,行政行为的作成程序一般可以分为:行政公正程序(如告知、回避等)、行政信息公开程序(如主动公开、依申请公开等)和行政中民众参与的程序(如陈述意见、听证等)。[4]③信用规制应当

---

[1] 麦考密克和魏因贝格尔认为,形式的正当化是通过严格维护规范的内涵、外延和位阶体系以及恪守程序实现的;合意的正当化功能是绝对的,但是合意的质量又取决于形式和程序要件的充足程度。只有把合意与议论、程序统一起来、从整体上来把握,才能使"应然"和"实然"得以在制度层次上结合,使制度的正当性从实质和形式这两个方面得到保障。参见[英]麦考密克、[奥]魏因贝格尔:《制度法论》,周叶谦译,中国政法大学出版社1994年版,第126~128页。

[2] 李惠宗:《行政法要义》(第7版),元照图书出版有限公司2016年版,第149页。

[3] 参见陈新民:《中国行政法学原理》,中国政法大学出版社2002年版,第157页。

[4] 参见李震山:《行政法导论》(修订第7版),三民书局2007年版,第262页。

符合法定形式。在行政法治实践中,常见的行政决定多半是以书面的形式作出,相关的文书要符合格式要求,载明一定的事项及印信。此外,行政决定还应当"善尽说理的义务",能够"首尾兼顾"。[1]

(2)实质合法性,即合价值性和合目的性。信用规制的实质合法性是指信用规制的内容以及对信用规制进行约束的法律本身应当具有社会的正当性,主要体现为合价值性和合目的性。信用规制的合价值性是指信用规制应当符合社会最一般的道义原则以及最重要的伦理价值,体现为一种价值理性和价值期待。合价值性的信用规制既要符合公平、正义、自由等普遍性价值追求,也应当符合法律的基本原则和精神,尤其是宪法原则和价值,如基本权利保护、尊重人性尊严、法律保留、合乎比例等。在康德看来,理论理性和实践理性之间存在明显的鸿沟,为了将绝对的和内容空洞的正义等思想相对化和具体化,实现理性的统一,需要寻找一个桥梁。[2]按照德国学者拉德布鲁赫的观点,这可以通过"合目的性"来实现:国家意志确定了一个明确的目的,这一目的可以通过法律设置来达到,而且这一确定的目的有助于在平等、公平、正义等问题充当实质性的区分标准。[3]就行政活动的目的而言,法国行政法学者古斯塔夫·佩泽尔曾作出如下论述:"一个行政行为,无论它是怎样的,只能以公共利益为目的,而决不能以私人或党派利益为目的。"[4]

---

[1] 参见陈新民:《中国行政法学原理》,中国政法大学出版社2002年版,第162页。

[2] 参见[德]文德尔班:《哲学史教程——特别关于哲学问题和哲学概念的形成和发展》,罗达仁译,商务印书馆2017年版,第309页。

[3] 参见[德]古斯塔夫·拉德布鲁赫:《法哲学》,王朴译,法律出版社2013年版,第81~82页。

[4] [法]古斯塔夫·佩泽尔:《法国行政法》(第19版),廖坤明、周洁译,张凝校,国家行政学院出版社2002年版,第44页。

第二章 信用规制的制度实践及其合法性问题

信用规制的合目的性意味着信用规制必须被建立在公共利益之上,是一种"公益性规制"(public-interested regulation),改善社会福利应当是其终极目标,它不是旨在改善少数人的利益而使多数人付出更大代价。[1]

此外,从行政法理论的角度看,具有实质合法性的信用规制应当满足以下五个条件:①与现行法律相一致。这个条件和形式合法性强调遵守管辖、程序和作出形式的合法性规定等要求是一致的。②授权基础的遵守。信用规制因为涉及被规制对象的合法权益,追根究底都应当有授权法律(法律保留原则)。③须无裁量错误。信用规制中的行政裁量应当依据法律授权的目的及限度行使,应当恰如其分。④比例原则的遵守。依照比例原则,信用规制应当以法律追求之目的作为出发点,并给予相对人尽可能最小的损害。⑤确定性原则的实现。信用规制可能对相对人在个案中的权利或义务产生影响,因此在内容上应当充分确定,使相对人能够知悉行政主体的意思表示,对自身行为的法律后果有一个合理的预期,并知道自己权利义务的范围。[2]

事实上,信用规制作为一种"制度的事实",其合法性问题的分析框架还可以参考制度合法性的分析进路。韦伯在对政治制度的合法性进行分析时将"合法性"描述为人们对政治权威的信念(beliefs),并将其分为三个主要来源:人们之所以对某一政治或社会秩序有"信仰"(faith),可能是因为它已经存在了很长时间(传统),可能是因为他们对统治者有信心(魅力),也可能是因为他们相信它的"合法律性"。无论是哪一种

---

[1] See Steven P. Croley, *Regulation and Public Interests: The Possibility of Good Regulatory Government*, Princeton University Press, 2009, pp. 10~11.

[2] 参见陈新民:《中国行政法学原理》,中国政法大学出版社2002年版,第162~163页。

合法性来源，国家都会制定相应的规则来分配和行使权力，只有在严格遵守的条件下，政治制度才具有合法性。美国学者理查德·斯科特认为，一项制度主要包括规制、规范和认知三项基础性要素，其合法性基础分别为法律制裁、道德支配和文化支持。[1]艾伦·布坎南将合法性与公正相结合，认为一个合法化的制度是指"通过至少自身达到了最低程度公正的程序和政策来满足对个体最低标准的权利保护"。[2]国内有学者认为，公共行政可以被分解为组织制度、实践活动和学术研究，并分别具有合法性来源与判断标准。[3]在此背景下，我们可以将信用规制的合法性问题分为信用规制立法、信用规制措施、信用规制程序和信用规制结果四个"场域"，并分别进行合法性检讨，这样有助于深入挖掘信用规制合法性问题的具体内容，为进一步推动信用规制法治化进程提供更具针对性的建议。

二、信用规制立法的问题：违反法律保留原则与法律明确性原则

尽管当前信用规制的政策与立法对推动我国信用规制实现制度化发展意义重大，但我们也应当对此保持警醒，认清存在的缺陷与不足，并积极探索建设性方案。宋方青教授等对设区的市信用立法现状进行了实证研究。他们认为，目前设区的市信用立法存在两个突出问题：一是信用立法在内容上存在明显的扩张趋势，超越了立法权限；二是信用立法在内容和体系上

---

[1] 参见 [美] W. 理查德·斯科特：《制度与组织——思想观念与物质利益》（第3版），姚伟、王黎芳译，中国人民大学出版社2010年版，第58~59页。

[2] Allen Buchanan, *Political Legitimacy and Democracy*, Ethics, Vol. 112, Issue 4 (2002), pp. 689~719.

[3] 参见赵瑛、郁建兴："公共行政合法性：概念、结构及危机"，载《浙江社会科学》2015年第5期。

第二章　信用规制的制度实践及其合法性问题

存在明显的不融贯、不协调现象。[1]沈岿教授认为，目前很多有关信用规制的立法与政策显然违反了法律保留原则，超越了上位法依据。[2]综合学者们的观点，结合本书对信用规制立法现状的考察分析，当前信用规制立法与政策主要存在以下两个方面的问题。

（一）立法权限：一些低层级立法违反法律保留原则

在公法理论中，法律保留通常是指任何行政行为，虽然其直接依据是行政法规，但再究其来源，一定可以追溯到有法律的授权基础，故也被称为"积极的依法行政原则"。[3]法律保留在"市民法治国"时期主要体现为"全部保留"，即认为，所有的"公权力行政"均适用法律保留，而不对干预行政、给付行政等作明显的区分。[4]随着"社会法治国"的兴起，"部分保留"作为一种折中办法对"全部保留"进行了修正，即扬弃以干预和给付为区分标准而形成所谓的"干预保留"和"授益保留"，而是以"重要性理论"来判断是否需要法律保留，即以事务是否涉及基本权利实现的重要性而定。[5]

法律保留原则也多次体现在我国实定法中。首先，我国《宪法》建立法律保留的原则性框架，通过一系列条款对"基本权利限制"的法律保留进行了规定。[6]其次，我国《立法法》

---

[1]　参见宋方青、李佳飞："论设区的市信用立法的问题与路径"，载《东南学术》2019年第5期。

[2]　参见沈岿："社会信用体系建设的法治之道"，载《中国法学》2019年第5期。

[3]　参见吴庚：《行政法之理论与实用》（增订第8版），中国人民大学出版社2005年版，第53页。

[4]　参见李震山：《行政法导论》（修订第11版），三民书局2019年版，第56页。

[5]　参见陈新民：《行政法学总论》（第9版），三民书局2015年版，第95~96页。

[6]　参见于文豪：《基本权利》，江苏人民出版社2016年版，第138页。

第 8、9 条对法律保留原则作了全面、细致的规定，弥补了宪法规定的粗疏。最后，我国《行政处罚法》《行政许可法》等众多单行法中也对法律保留原则进行了具体规定。

目前，我国尚未制定统一的信用法律，信用规制实践的推进主要采取"政策推动、行政主导"的模式。[1] 从中央到地方，各级政府部门出台了许多有关信用规制的立法和政策，其中有些立法与政策存在违反法律保留原则的问题，尤其是信用规制措施的设定与实施。例如，《行政处罚法》第 10 条对具有限制人身自由性质的行政处罚措施的设定权限进行了限制，要求只能由法律予以规定。目前，在信用规制实践中，一些效力层级较低的规范性文件设定了诸多带有限制人身自由性质的信用惩戒措施。例如，在中央层面，中国铁路总公司于 2018 年 4 月印发了《限制铁路旅客运输领域严重失信人购买车票管理办法》（铁总客〔2018〕59 号），对因在动车组列车上"霸座"而被认定为"失信行为"的旅客，采取 180 天内限制购买车票及乘车的措施。尽管"限制购买车票及乘车"并未完全限制公民之行动自由，但其客观上限制了公民自由行动的地域范围，足以产生限制公民行动自由的效果。因此，此类措施的设定已然违反了法律保留原则的要求。又如，在地方层面，《南京市社会信用条例》在性质上属于设区市的地方性法规，但其第 41 条却规定了"限制出境，限制乘坐飞机、乘坐高等级列车和席次"等带有限制出行自由性质的惩戒措施，明显超出了立法权限。

（二）立法内容：诸多核心概念不符合明确性要求

法律明确性原则是指在规范客体允许的情况下，立法者在

---

[1] 参见张丽丽、章政："新时代社会信用体系建设：特色、问题与取向"，载《新视野》2020 年第 4 期。

"制定法律"时应当要求其在内容上清楚、确定而且明确,能够让公民知道法律所欲传达的意思,对权利义务范围、法律责任承担有一个合理预期,公民可以据此对自己的行为进行安排与规划。[1]有关"明确性"的具体意涵,一般认为应当包括可理解性、可预见性和可审查性;就明确性原则要求的标的而言,既包括抽象法律规范本身的明确,即法律、行政法规等法规范本身应当明确,也包括行政行为的明确,即行政机关作出的各类行政行为应当使相对人知悉或至少达到足以预见该行政行为的效果。[2]法律明确性原则在我国《立法法》[3]、《行政法规制定程序条例》[4]等法律法规中也有具体要求,因此信用规制立法也应当遵循法律明确性原则。

目前,在信用规制立法中,很多概念已经从"政策术语"逐渐转变为"实定法术语",如"信用信息""公共信用""诚信记录""失信行为""失信惩戒"等,但是已有的法律规范却并未对这些概念进行明确界定,由此可能产生一系列系统性问题。首先,无法为识别信用信息或评价失信行为提供实质性标准。目前,已有的地方信用立法均将"社会信用"界定为"公民、法人和其他资质履行守法义务或约定义务的状态",但是在认定信用信息的外延时却标准不一,将"志愿服务""慈善公益""饲养烈性犬""车厢饮食"等作为"信用行为"纳入评价范围,这显然已经超越了一般人对"信用"的基本理解,可能

---

[1] 参见许育典:《宪法》(第6版),元照图书出版有限公司2013年版,第61页。

[2] 参见李惠宗:《行政法要义》(第7版),元照图书出版有限公司2018年版,第108~113页。

[3] 《立法法》第7条第2款规定:"法律规范应当明确、具体,具有针对性和可执行性。"

[4] 《行政法规制定程序条例》第6条第1款规定:"行政法规应当备而不繁、逻辑严密,条文明确、具体,用语准确、简洁,具有可操作性。"

导致行为人无所适从，难以预见自己行为的性质和后果。[1]其次，无法为司法审查提供审查依据。在司法实践中，足够明晰的规定在适当的时候有助于法院对具体个案进行客观的司法审查。相反，一些关键法律概念的不确定将可能导致人民法院在审查信用规制行为时无法根据现有法律准确作出合法性判断。[2]目前，信用规制立法与政策中因违反法律明确性原则而引发的"泛化、滥用"问题也引起了国家的高度重视，[3]一些地方政府部门也在开始清理信用立法及政策中的不适当或与法治精神相背离的规定。[4]

三、信用规制措施的问题：违反比例原则和不当联结禁止原则

信用规制措施是确保信用规制目标得以实现的重要保证。目前，在信用规制实践中，除了信用惩戒、信用黑名单等较为常见的信用规制措施正在被广泛使用外，信用承诺、信用约谈等信用规制措施也在不断拓展使用范围。然而，这些信用规制措施的使用并非完全符合法治国原则，其合法性仍然有待检验。

---

[1] 参见沈毅龙："公共信用立法的合宪性考察与调整"，载《行政法学研究》2019年第1期。

[2] 参见张运昊："论信用行政评价的属性及其司法控制——一种后果取向的分析视角"，载《政治与法律》2020年第2期。

[3] 《国务院办公厅关于进一步完善失信约束制度 构建诚信建设长效机制的指导意见》（国办发〔2020〕49号）明确指出："行政机关认定失信行为必须以具有法律效力的文书为依据""规范严重失信主体名单认定标准"。

[4] 例如，2021年2月24日，江苏省发展和改革委员会、江苏省司法厅和江苏省政务服务管理办公室联合印发《关于开展我省失信约束措施清理规范工作的通知》（苏发改信用发〔2021〕177号），要求各地各部门对江苏省行政区域内现行有效的失信认定、记录、归集、共享、公开、惩戒和信用修复等文件（包括但不限于信用管理、信用信息管理、黑名单管理、信用评价、信用惩戒等相关法规、规范性文件和其他文件）进行全面梳理摸排。

本书主要以比例原则和不当联结禁止原则来对信用规制措施的合法性进行检验。

（一）比例原则与信用规制措施

在公法理论中，比例原则是一项重要原则，"比例性"（proportionality）也是宪法和司法审查中的一个重要概念，该概念起源于德国行政法，在某些方面与不合理、目的不正当、相关与不相关的考虑密切相关。[1]不过，对于"比例性"的具体含义却难以进行准确界定。大部分理论学者认为可以通过下列四项标准来测试"比例性"：①政府目标的正当性（legitimacy）；②为实现这些目标而选择的手段的适当性（suitability）；③为实现这些目标而选择的手段的必要性（necessity）；④政府行为的总体平衡（balance），也被称为"狭义的比例性"或"严格意义上的比例性"。[2]作为一项行政法基本原则，比例原则已经逐渐获得我国理论与实务的肯认。[3]在行政法治实践中，《法治政府建设实施纲要（2015—2020年）》提出的"规范裁量范围、种类、幅度"体现了比例原则的基本要求，《行政处罚法》第5条第2款[4]等法律规定均比较充分地反映了比例原则的基本精神。因此，以比例原则作为评判标准，有助于我们更好地分析信用规制措施的合法性问题。然而，由于信用规制措施的种类繁多，并且适用场景也较为广泛，所以很难对信用规制措施从

---

[1] See Peter Leyland, Gordon Anthony, *Textbook on Administrative Law* (*Seventh Edition*), Oxford University Press, 2013, p.325.

[2] Martin Luteran, "The Lost Meaning of Proportionality", in Grant Huscroft, Bradley W. Miller, Gregoire Webber (eds.), *Proportionality and the Rule of Law: Rights, Justification, Reasoning*, Cambridge University Press, 2014, p.21.

[3] 参见黄学贤、杨红："我国行政法中比例原则的理论研究与实践发展"，载《财经法学》2017年第5期。

[4] 《行政处罚法》第5条第2款规定："设定和实施行政处罚必须以事实为依据，与违法行为的事实、性质、情节以及社会危害程度相当"。

整体上得出其是否符合比例原则的确切结论，这有赖于具体个案或具体措施的进一步分析。本书采取"整体+局部"交叉的方式来对信用规制措施与比例原则的关系进行初步分析，以概览其存在的合法性问题。

（1）信用规制措施的设定与实施初衷基本符合目的正当性的要求。信用规制措施面临的现实背景是信用失范和规制失灵，其目的在于增进社会诚信意识和信用水平，同时提高行政效能，营造良好的营商环境。[1]从已有的地方信用立法来看，几乎所有的地方信用立法均在立法中明确了上述目的，带有明显的"公益取向性"。[2]在与信用规制措施直接相关的立法与政策中，也基本上明确了上述目的。[3]从这个角度看，信用规制措施可以通过目的正当性的审查。在已有的研究成果中，学者们在对各类信用规制措施的合法性或合宪性进行审查时，也基本达成了上述共识，即信用规制措施符合目的正当性的要求。[4]

---

[1]《国务院办公厅关于加快推进社会信用体系建设构建以信用为基础的新型监管机制的指导意见》（国办发〔2019〕35号）明确指出信用规制的目的是"为加强社会信用体系建设，深入推进'放管服'改革，进一步发挥信用在创新监管机制、提高监管能力和水平方面的基础性作用，更好激发市场主体活力，推动高质量发展"。

[2] 例如，《山东省社会信用条例》第1条规定："为了规范社会信用信息管理，推进社会信用体系建设，创新社会治理方式，完善诚信建设长效机制，提高全社会的诚信意识和信用水平，根据有关法律、行政法规，结合本省实际，制定本条例。"

[3] 例如，《陕西省违法失信"黑名单"信息共享和联合惩戒办法》第1条规定："为了加快推进诚信陕西建设，有效遏制各行业、各领域存在的突出失信问题，规范市场经济秩序，营造良好信用环境，根据有关政策法规，结合本省实际，制定本办法。"

[4] 参见沈毅龙："论失信的行政联合惩戒及其法律控制"，载《法学家》2019年第4期；沈岿："社会信用体系建设的法治之道"，载《中国法学》2019年第5期；陈兴华："市场主体信用承诺监管制度及其实施研究"，载《中州学刊》2019年第5期；王伟："失信惩戒的类型化规制研究——兼论社会信用法的规则设计"，载《中州学刊》2019年第5期。

(2) 某些信用规制措施不符合必要性原则的要求。在信用规制过程中，一些规制措施的使用难以通过必要性原则的检验。一方面，有些信用规制措施在整体上是不是既有助于实现高度抽象、难以量化的目标（提高行政效能、增进社会信用等），同时又对相对人侵害最小，这很难进行确定。另一方面，有些信用规制措施在具体实施过程中不符合"侵害最小的要求"，换言之，在个案中存在不符合"比例性"的情形。[1]例如，在信用惩戒措施实施过程中，一些政府部门并未对违法失信行为的严重程度加以区分，而是采取"一刀切"的方式全部纳入"黑名单"。譬如，有的地方规定只要存在不履行赡养义务或抚养义务、非法高利放贷、恶意拖欠农民工工资等情形之一，便应当列入诚信黑名单，并向社会公示。[2]还有一些信用规制措施虽然是以行政相对人的信用风险水平作为实施依据，但具体到每一个信用风险等级所使用的具体信用惩戒措施却并不符合最小侵害原则。例如，在信用公开的过程中，尤其是信用黑名单公示中，有的地方将姓名、身份证号码、照片、家庭住址等信息不加处理一并公开，这显然不符合必要性原则，而且在网络诈骗、电信诈骗越发严重的情况下，公开身份证号码、照片、家庭住址等信息很有可能会给被公开对象带来其他潜在的危害。

(3) 某些信用规制措施不符合均衡性原则的要求。均衡性原则或隐或现地适用于几乎所有对行政权力进行合宪性审查的

---

[1] 参见沈岿："社会信用体系建设的法治之道"，载《中国法学》2019年第5期。
[2]《昌吉回族自治州乡村治理促进条例（试行）》第40条规定："乡镇人民政府、村民委员会应当建立健全乡村社会诚信制度，由村民委员会建立诚信档案，纳入村规民约进行管理。有下列情形之一的，应当列入诚信黑名单，并进行公示：（一）不履行赡养、抚养义务；（二）恶意拖欠农民工工资；（三）非法高利放贷；（四）不按期偿还贷款；（五）套取惠农、惠民政策补贴；（六）违反法律、法规、规章及村规民约的其他行为。"

地方。德国学者罗伯特·阿列克西（Robert Alexy）曾对均衡性原则作出如下描述："对一项权利或原则的不满足或损害程度越大，满足另一项权利或原则的重要性就越大。"[1]均衡性原则的核心是"损益衡量"，即侵害之严重性与目的之重要性之间的衡量。侵害之严重性是由受侵害的基本权利性质和侵害手段的样态决定的。大体而言，人性尊严、人身自由等事关人性内在的基本权显然处于优先地位。相对的，经济方面的基本权则处于较次要地位。侵害手段的形式主要体现为全部"剥夺"或部分"限制"，侵害持续时间是永久性或暂时性，侵害有无"配套措施"等。目的之重要性是由公益的重要性和公益的迫切性决定的。大体而言，公益的重要性可以被分为"一般公益""重要公益"和"极重要公益"。公益的迫切性则视拟保护的公益所面临的危险而定，包括危险之"严重程度"和危险之"发生概率"。

在信用规制过程中，一些政府部门结合自身的职责范围，在一些具体行业或领域实施了系统性的信用规制，包括信用信息归集、信用评价、信用公开、信用应用等环节。然而，这些具体领域或行业内实施的信用规制措施所追求的公共利益与相对人因此而遭受的损害之间存在明显的不均衡性。例如，在信用规制实践中，很多地方专门针对信访失信行为制定了信用惩戒规范，有的地方规定对严重信访失信行为可以采取"禁止报考公务员、国有企业工作人员、村'两委'成员及其他承担公共事务管理服务职能单位的工作人员""限制贷款""限制参与政府各项招标"等惩戒措施，其中可以被认定为"严重信访失信行为"的包括"签署息访息诉承诺书后，仍多次赴省进京越级走访""信访事项已经复查复核终结，仍多次赴省进京越级走

---

[1] Robert Alexy, *A Theory of Constitutional Rights*, Oxford University Press, 2010, p. 102.

访"等。首先，上述有关"严重信访失信行为"的认定标准的合理性本身存在疑义，其并不符合《信访条例》第20条所规定的禁止性信访行为。[1]其次，上述对"严重信访失信行为"的惩戒措施，涉及对公民基本权利的限制，尤其是"就业权"。[2]按照阿列克西提出的"均衡法则",[3]信访人的"严重失信信访行为"对"社会秩序和谐稳定"的干预最多是中度（m），甚至可能仅仅是轻度的（l），而失信惩戒措施对信访人的信访权、就业权等基本权利的影响是持久的和严重的。换言之，信访人的基本权利的重要性是重度的（s）。在此背景下，"社会秩序和谐稳定"并不当然优于信访人的基本权利，这也就意味着针对信访人所设置的失信惩戒措施对公民基本权利的限制不符合均衡性原则。

（二）不当联结禁止原则与信用规制措施

"关联性"（relevance）概念在法律事实认定中起着举足轻重的作用。从证据法的角度看，任何不相关的东西都不能被法院接受为证据，除了许多例外和限制条件外，任何相关的东西都可以被法院接受为证据。换言之，只有在某一事实具有"关

---

[1]《信访条例》第20条规定："信访人在信访过程中应当遵守法律、法规，不得损害国家、社会、集体的利益和其他公民的合法权利，自觉维护社会公共秩序和信访秩序，不得有下列行为：（一）在国家机关办公场所周围、公共场所非法聚集，围堵、冲击国家机关，拦截公务车辆，或者堵塞、阻断交通的；（二）携带危险物品、管制器具的；（三）侮辱、殴打、威胁国家机关工作人员，或者非法限制他人人身自由的；（四）在信访接待场所滞留、滋事，或者将生活不能自理的人弃留在信访接待场所的；（五）煽动、串联、胁迫、以财物诱使、幕后操纵他人信访或者以信访为名借机敛财的；（六）扰乱公共秩序、妨害国家和公共安全的其他行为。"

[2]"就业权包括一般工作的就业权，以及特定领域就业权如从事公职。不管普通职业还是从事公职，因失信惩戒而被剥夺录用资格，首先限制了就业权，也客观上限制了公民参与担任公职的政治权利。"参见贾茵："失信联合惩戒制度的法理分析与合宪性建议"，载《行政法学研究》2020年第3期。

[3] 刘权教授对阿列克西提出的均衡性原则进行了介绍。参见刘权："均衡性原则的具体化"，载《法学家》2017年第2期。

联性"的情况下,才可以在法律程序中援引证据来证明该事实。在公法理论中,"不当联结禁止"是一项重要的公法原则。它是指:国家权力机关在其权力作用上,应只考虑到合乎事物本质的要素,不可将与法律意旨及目的不相干的法律上及事实上的要素纳入考虑。在法位阶上,不当联结禁止原则既是"宪法原则",是立法行为应当遵循的依据,[1]同时也是行政法上的"一般法律原则",行政机关应当予以遵守。[2]总而言之,不当联结禁止原则"要求行政行为之目的与手段间须有一种合理的联结关系",不仅要符合逻辑上的关联性,而且还要符合法律上的关联性。[3]不当联结禁止原则所关注的并非"形式合法性"的问题,而是"实质正当性"的问题,它旨在防止行政机关滥用其权力,以免行政权力不断扩大、漫无边界。[4]

以不当联结禁止原则作为检测标准,现有的一些以"一处失信、处处受限"为指导精神的信用规制措施与信用规制目的之间明显欠缺"正当合理的关联",已经违反了不当联结禁止原则。

在信用信息归集中,一些政府部门本着"应归尽归"的原则将很多与信用并无直接关联的信息纳入了信用信息的范围,

---

〔1〕 参见赵义德:"析论不当联结禁止原则",载城仲模主编:《行政法之一般法律原则(一)》,三民书局1999年版,第223~229页。

〔2〕 行政法上的不当联结禁止原则是指:"行政机关行使公权力、从事行政活动,不得将不具事理上关联的事项与其所欲采取的措施或决定相互结合,尤其是行政机关对人民课以一定的义务或负担,或造成人民其他的不利益时,其采取的手段与所欲追求的目的之间,必须存在合理的联结关系。"参见李建良:"行政法上不当联结禁止原则",载《月旦法学杂志》2002年第82期。

〔3〕 参见蔡震荣:《行政法概要》(第2版),五南图书出版有限公司2015年版,第43页。

〔4〕 正如胡建淼教授所指出的:"如果我们在工作中不能坚持禁止不当联结原则,就难以有效保护公民、公务员的合法权益,可能人为扩大打击面和处理面,远离国家治理的现代化和法治化。"参见胡建淼:"法治禁止不当联结",载《学习时报》2019年8月21日。

第二章　信用规制的制度实践及其合法性问题

这些信息并不能客观反映个人和组织的"守法履约"状态,这显然不符合不当联结禁止原则的要求。例如,很多地方将"志愿服务""慈善捐赠"等作为正面的(良好的)信用信息;将民族、婚姻状况、学历水平、工作经历等信息作为信用信息中的基础信息进行归集。

在信用评价中,关联性是一个尤其值得考虑的问题,数据要与结果有关,要能够为分数和决策提供有意义的帮助,要确保在逻辑上是有意义的。[1]目前,一些政府部门将与信用风险或信用状况并无直接关联的信息作为评价指标,这不符合不当联结禁止原则的要求。例如,一些地方将学历水平、工作年限、居住稳定性等赋予不同分值,作为信用评价的标准;还有一些地方将"计划生育领域内的违法失信行为"作为评判行为人是否具有参与政府招投标资格的参考依据。

在信用应用中,一些信用惩戒措施与失信行为之间缺乏"正当合理的关联"。例如,一些地方专门制定了交通失信行为联合惩戒办法,对存在严重交通失信记录的车辆驾驶人、行人、乘车人,可以采取"限制贷款""禁止报考公务员、工勤人员"等惩戒措施。[2]严重交通失信行为可能对公共交通安全以及公民的人身财产安全造成威胁,因此有必要予以规制,但是交通失信行为本身与贷款所需的还款能力、还款意愿等并无直接关系。一些地方社会信用立法直接以《关于对失信被执行人实施联合惩戒的合作备忘录》作为蓝本,将许多以失信被执行人为对象的信用惩戒措施作为一般性信用惩戒措施统一适用于所有

---

[1] 参见[加]雷蒙·安德森:《信用评分工具:自动化信用管理的理论与实践》,李志勇译,中国金融出版社2017年版,第234页。
[2]《太原市交通失信行为联合惩戒办法(试行)》第24条第2款规定:"各级行政机关招录公务员、工勤人员,事业单位招聘工作人员时,对有特别严重交通失信记录、被依法列为失信联合惩戒对象的,不得录用。"

的"严重失信主体"。[1]然而,失信被执行人的信用惩戒措施主要是为了解决被执行人拒不履行生效判决文书的问题,其主要内容是"债权债务关系中的履约义务",[2]若将这些措施普遍适用于所有的"严重失信主体",可能会导致某些措施与失信行为之间缺乏正当合理的关联性。例如,有的地方规定"亵渎英烈行为"属于"严重失信行为",可以对信用主体采取"限制出境""限制乘坐飞机""限制购买不动产"等惩戒措施。显然,这些惩戒措施与失信行为之间缺乏合理的关联性。[3]

此外,还有一些地方将信用状况作为评判公民能否获得社会救助(如最低生活保障等)的参考依据。[4]长期以来,当事人通过伪造材料、虚假陈述等方式骗取社会救助的现象确实存在。为了核实当事人的真实情况,很多政府部门需要多方核查信息,甚至实地走访考察,这给行政资源不足的政府部门带来

---

〔1〕 《南京市社会信用条例》第41条规定:"行政机关、司法机关、法律法规授权具有管理公共事务职能的组织等在法定权限范围内,对严重失信主体依照国家有关规定采取下列惩戒措施:……(四)限制出境,限制乘坐飞机、乘坐高等级列车和席次,限制购买不动产以及国家相关主管部门规定的高消费;……"

〔2〕 参见徐继敏:"论失信被执行人联合惩戒的性质、正当性与完善路径",载《河南社会科学》2020年第3期。

〔3〕 参见李烁:"论失信联合惩戒的合法性及其补强——以《对失信被执行人实施联合惩戒的合作备忘录》为样本的分析",载《中国法律评论》2021年第1期。

〔4〕 例如,在"熊某德诉施秉县城关镇文化社区居民委员会不履行法定职责案"中,熊某德的女儿在学校申请办理国家贫困生补助,需要居委会出具《家庭父母收入实况证明》。熊某德到施秉县城关镇文化社区居民委员会申请开具该证明,工作人员以熊某德因起诉施秉县人民政府行政处罚违法一事被政府列入黑名单为由不予开具该证明,并称以后熊某德的子女毕业后也不能通过政府部门的政审,不能参加国家事业单位工作,最终导致熊某德之女未能向学校提供该证明,无法申请到国家贫困学生补助。法院认为,城市居民委员会属于基层群众性自治组织,宣传群众、教育群众、组织群众、服务群众应是其工作的应有之义,施秉县城关镇文化社区居民委员会以未获法律法规授权为由拒绝出具《家庭父母收入实况证明》没有事实和法律依据,遂判令施秉县城关镇文化社区居民委员会出具《家庭父母收入实况证明》。参见贵州省黔东南苗族侗族自治州中级人民法院[2019]黔26行终61号行政判决书。

了极大的压力。然而,按照法律的规定,社会救助的主要目的是"保障公民的基本生活",[1]收入水平、财产状况等是实施社会救助的首要考量因素。[2]这意味着一旦当事人的经济状况和贫困程度达到了社会救助的标准,并且情况属实,政府部门就应当积极提供救助。此时若再以信用状况作为评判依据,既不具有法律上的关联性,也不具有事实上的关联性。

在信用修复中,一些信用修复措施与失信行为之间很难找到正当合理的关联,存在突破不当联结禁止原则的情形。在信用修复实践中,一些政府部门普遍将"公益慈善""志愿服务"等作为一种信用修复方式。不可否认,在一些特殊情形中,这类修复方式确实具备合理性,如企业因污染环境被认定为失信主体,为了修复信用,该企业向环境保护基金大量捐款,并组织公司员工积极投身环保公益活动。在这种情况下,"公益慈善"作为信用修复方式也合情合理,具备逻辑上的关联性。[3]然而,在有一些情形中,作为信用修复方式的公益慈善、志愿服务与失信行为之间便缺乏合理关联性,如以公益慈善的方式来修复交通领域的违法失信行为。[4]

四、信用规制程序的问题:不符合正当法律程序原则

每项基本权利的实践都内含着程序的内容,而有"程序保

---

[1]《社会救助暂行办法》第1条规定:"为了加强社会救助,保障公民的基本生活,促进社会公平,维护社会和谐稳定,根据宪法,制定本办法。"

[2]《社会救助暂行办法》第9条规定:"国家对共同生活的家庭成员人均收入低于当地最低生活保障标准,且符合当地最低生活保障家庭财产状况规定的家庭,给予最低生活保障。"

[3] 参见戴昕:"声誉如何修复",载《中国法律评论》2021年第1期。

[4] 例如,《江苏省机动车驾驶人文明交通信用管理办法(试行)》第21条规定:"1年内参加文明交通惠服务活动满60个小时,或因见义勇为被市级以上表彰评为先进个人的,可以对一般交通失信用记录进行修复;……"

障"的需求与功能,这是宪法保障个别基本权利的客观功能中推导出来的。[1]换言之,国家不仅负有尊重基本权利的义务,而且还应当提供相当的程序及组织来帮助其落实,国家必须制定符合保障或实现基本权利的组织及程序规范。[2]此外,"人民享有程序性权利,因为国家有责任从政治道德上为他们提供公平的程序,以解决有关法律适用的争端。这一义务源于国家有责任将每个人视为法律秩序中自由和平等的成员"。[3]然而,"程序"本身也有好坏之分、优良之分。现代公法理论普遍认为:以"自然正义"(natural justice)为底色,符合"正当性"(due)要求的程序才能发挥保障公民权利、提升行政效能、增进公信力等功能。[4]正如学者所指出的:"程序和法律的关系比人们想象的要更加紧密。程序是执行和发展实体法的手段和方法。因此,实体法的最佳发展需要一个最佳的程序,正如我所表明的那样,这个程序是一个与正当程序相一致的程序,并以正当程序为依据。"[5]

在此背景下,"正当法律程序"(due process of law)作为一项重要的公法原则逐渐获得了现代民主法治国家的肯认,它也成为行政机关必须遵守的首要程序性原则(procedural principles)。这体味着行政机关的行为必须符合公平对待个人的最低标准,如在作出行政决定前应当通知相对人,并为其提供有意义的陈述

---

[1] 参见许宗力:"基本权的功能",载《月旦法学教室》2002年第2期。
[2] 参见法治斌、董保城:《宪法新论》(第5版),元照图书出版有限公司2012年版,第143页。
[3] Hamish Stewart, "Procedural Rights and Factual Accuracy", *Legal Theory*, Vol. 26, Issue 2 (2020), pp. 156~179.
[4] 参见李震山:"程序基本权",载《月旦法学教室》2004年第19期。
[5] Simona Grossi, "Procedural Due Process", *Seton Hall Circuit Review*, Vol. 13, Issue 2 (2017), pp. 155~202.

第二章　信用规制的制度实践及其合法性问题

机会。[1]信用规制作为一种政府规制创新,亦是以行政权力作为支撑,可能会对公民的人性尊严、平等权、隐私权等基本权利造成侵害。因此,其必须受到正当法律程序的约束。以正当法律程序作为评判标准,目前信用规制的程序设计尚未完全符合正当标准,具体表现在以下两个方面。

(一) 信用规制程序中告知及陈述意见程序不完善

在理论上,只要可能受到行政机关行政决定影响的任何人均应当收到充分的"事先告知"(prior notice),以使其有机会表达意见及表示反对理由。[2]事先告知的"充分性"(sufficiency)通常取决于它是否有能力让受影响的个人了解将要决定的问题、支持政府主张的证据以及机构的决策过程。[3]明确的告知可以降低政府行为建立在"不正确或误导性的事实前提或误用规则"上的可能性。[4]陈述意见被誉为"最基本、最原始的人民参与形态",让合法权益可能受到不利影响的公民在行政决定作出之前能够获得通知并陈述意见是其最起码也是最重要的程序权利。[5]

在信用规制过程中,几乎所有环节均有可能对个人或组织的合法权益造成侵害,"告知及陈述意见程序"显得尤为重要。[6]然而,在信用规制实践中,"告知及陈述意见程序"还有许多不尽如人意的地方,不符合正当性要求。

---

[1] See Ernest Gellhorn, Barry B. Boyer, *Administrative Law and Process in a Nutshell*, West Academic Publishing, 2017, p. 204.

[2] Mullane v. Cent. Hanover Bank & Trust Co., 339 U.S. 306.

[3] See Eugene F. Kobey, "Sufficiency of Notice under Requirements of Due Process", *Marquette Law Review*, Vol. 34, Issue 2 (1950), pp. 120~122.

[4] Goldberg v. Kelly, 397 U.S. 254, 268 (1970).

[5] 参见许宗力:"行政程序的透明化与集中化",载许宗力:《宪法与法治国行政》(第2版),元照图书出版有限公司2006年版,第384页。

[6] 中国青年报社会调查中心的一项在线调查显示。83.9%的受访者表示最担心在不知情的情况下被列入"黑名单"。参见杨维立:"信息主体权利越有保障征信系统越有公信力",载《北京青年报》2019年4月24日。

（1）在信用信息归集实践中，很多信用信息提供部门在归集信用信息时，并未明确告知当事人信用信息的采集依据、处理方式、存储期限、异议途径等内容。在信用规制实践中，信用信息归集大部分均采取的是"先归集+后告知+再异议"的程序设计，这已经违反了"事先告知"的程序要求。[1]

（2）在信用评价实践中，一些政府部门在作出信用评价决定时，并未将评价结果直接告知信用主体，也未明确信用主体对信用评价结果是否可以提出异议、陈述意见。虽然一些规范对信用评价中的异议程序进行了规定，但其主要采取"先公开+后异议"的模式，亦即只有当信用评价结果向社会公开以后，当事人才能在规定期限内提出异议申请，[2]这显然也不符合"事先告知"的程序要求。此外，大数据技术和自动化系统进一步侵蚀了信用评价中的程序保障。当政府作出影响我们生活、自由和财产的重要决定时，依据"正当程序"，我们拥有对这些决定的"告知"和"反对"的机会，但是自动化系统破坏了这些保证。[3]有一些自动化信用评价系统或者以信用为基础的政府信息系统通常是秘密设计和部署的，[4]还有一些自动化决策系统缺乏记录留

---

〔1〕 例如，《上海市公共信用信息归集和使用管理办法》第28条规定，信息主体认为上海市信用平台记载的公共信用信息存在错误、遗漏、侵犯商业秘密、个人隐私等情形的，可以向上海市信用中心提出异议申请，并提供证明材料。

〔2〕 例如，《水利建设市场主体信用评价管理办法》第15条规定："对信用评价结果有异议的水利建设市场主体、单位或个人，应在公示期内，以书面形式向信用评价机构提出复核申请或异议，说明理由并提供相关证明材料。信用评价机构应在15个工作日内对提出的申请或异议完成复核，并将复核结果予以回复。"

〔3〕 See Ryan Calo, Danielle Keats Citron, "The Automated Administrative State: A Crisis of Legitimacy", *Emory Law Journal*, Vol. 70, Issue 4 (2021), pp. 797~846.

〔4〕 例如，在"宋某强与珠海市人民政府政府信息公开行政纠纷上诉案"中，宋某强认为，珠海市人民政府将其列入"信访黑名单系统"，导致其无法购买火车票，在火车站遭受执法人员盘查及扣留，人身自由受到不当限制，起诉至法院后，行政机关否认存在此类系统，而当事人又无法提供证据予以证明，导致合法权益难以获得救济。参见广东省高级人民法院[2013]粤高法行终字第144号行政判决书。

痕,使公众无法审查支持系统决定的法律和事实。

(3) 在信用公开实践中,一些政府部门在进行信用信息公开和共享时,并未明确告知信用主体是否享有异议和申诉的权利,信用主体即使发现信用信息在披露过程中存在错误、遗漏等情形,也难以向有关部门主张自己的意见。尽管有一些政府部门明确规定信用主体对于信用信息披露过程中存在的错误、遗漏、侵犯隐私等情形可以进行异议申诉,但同时又规定了"异议不停止公开"。[1]鉴于信用信息披露可能产生的"示众效果",在网络环境中可能对信用主体的声誉带来持续的影响,因此信用公开的信息须为确定的、正确的且无异议的,"异议不停止公开"显然是不恰当的。此外,很多地方信用立法都规定了信用信息共享中的更新或更正程序,即发现信用信息错误、遗漏或相关依据被依法撤销时,信用信息提供部门应当及时更正或更新相关信息。在实践中,已经出现信用信息提供部门在失信信息认定依据撤销后,怠于进行信用信息更正或更新,导致信用主体权益受损,最终被法院判定违法的案例。[2]

(4) 在信用应用实践中,在作出列入信用黑名单决定或实施信用惩戒决定时,一些政府部门并未对信用主体进行"事先告知",也未给信用主体提供负有意义的陈述意见的机会,而是

---

[1] 例如,《银川市卫生健康行业诚信"红黑名单"制度(试行)》第19条规定,医疗卫生机构、医护人员对公示的卫生健康行业诚信"红黑名单"内容有异议的,可以申请查询核实,并提供相关证明材料,异议处理期间,不影响"红黑名单"的公示。

[2] 例如,在"周某军与中国农业银行股份有限公司十堰人民路支行名誉权纠纷案"中,原告周某军在偿还助学贷款后,因被告农业银行未及时更正逾期还款记录,导致原告在购房时无法按揭贷款。法院认为,农行人民路支行未及时履行告知义务存在过失,导致双方纠纷产生,从而引起诉讼,判决农行人民路支行消除周某军在人民银行征信系统中的逾期还款记录。参见湖北省十堰市中级人民法院[2020]鄂03民终310号民事判决书。

直接予以公开或共享，最终可能导致信用黑名单因"错误"而被法院判决撤销。[1]此外，还有一些政府部门即使将信用惩戒决定告知了信用主体，但也存在"救济教示"缺乏的情况，[2]即未明确告知信用主体享有的救济途径，导致实践中一些信用主体在受到信用惩戒时，无法通过有效途径陈述意见或寻求救济。[3]在信用规制实践中，列入信用黑名单行为本身具有复杂性，通常可能涉及多个行政主体，由于行政主体在作出列入信用黑名单的决定后，没有明确告知信用主体享有的权利救济途径，导致一些信用主体被错列黑名单以后无法及时获得司法救济，增加了维权成本。[4]

---

〔1〕 例如，在"洛阳炼化工程有限责任公司诉济源市人力资源和社会保障局劳动和社会保障行政管理案"中，法院认为，人社局在作出《劳动保障监察限期整改指令书》时只听取了投诉举报人的陈述，并未充分听取原告公司的意见，故人社局认定该事实的证据明显不足，作出的《劳动保障监察限期整改指令书》属于事实不清、证据不足，据此同时作出的将原告公司列入拖欠农民工工资"黑名单"的行政行为，亦属证据不足，依法应予撤销。参见河南省焦作市中级人民法院［2020］豫08行终30号行政判决书。

〔2〕 例如，在"江苏金厦建设集团有限公司与晋中市人力资源和社会保障局劳动和社会保障确认复议纠纷案"中，法院认为，晋中人社局作出的《拖欠农民工工资"黑名单"决定通知》没有按照规定载明权利救济期限和途经，存在瑕疵。参见山西省晋中市中级人民法院［2019］晋07行终154号行政判决书。

〔3〕 例如，在国家市场监督管理总局的公众留言中有一个案例：深圳某公司的高管在进行人才申报时，系统显示其"在人员黑名单内（市场监管）"。此前，该公司高管并未收到任何有关列入黑名单的通知，因此并不清楚因何种行为被列入黑名单以及如何撤销黑名单。该公司向深圳市场监督管理局咨询相关情况，市局答复人员黑名单属于国家市场监督管理总局管辖，市局无法答复。参见"急了！'人员黑名单（市场监督）'，到底咋回事？"，载 https://mp.weixin.qq.com/s/vN8PxXCB98FGvkTqsRRINw，最后访问日期：2020年9月5日。

〔4〕 例如，在"江苏东方鹏程建设有限公司诉盐城经济技术开发区建设局不服限制企业市场准入的失信惩戒行为案"中，盐城经济技术开发区管理委员会认为原告江苏东方鹏程建设有限公司符合列入"黑名单"的条件，便向盐城市城乡建设局建议将原告列入"黑名单"。随后，盐城经济技术开发区建设局将包括原告在内的30家企业列入"盐城限制市场准入企业名单"，并予以公布，最后江苏江苏省住房和城乡建设厅将包含原告在内的64家企业列入"全省限制市场准入企业名单"，并

(5) 在信用修复实践中,尽管目前有一些政府部门已经初步形成了"修复告知、提出申请、机构受理、修复决定、修复执行、数据处理"等信用修复程序。然而,目前有关信用修复程序的规定仍然不统一,处理方式也存在较大差异,并且很多信用规制立法和政策规范并未对信用修复的条件、方式、程序等内容向相对人进行公开,导致相对人无法及时进行信用修复。

(二) 信用规制程序中决策透明度及说明理由不足

在现代民主法治国家,保持透明和说明理由已经成为行政决策的基本原则。一方面,透明度和说明理由有助于防止政府部门在决策过程中的恣意行为,侵害公众的合法权益;另一方面,透明度和说明理由也有利于公民知情权的实现,同时也有助于公民在权利受到侵害时能够及时、有效地获得权利救济。美国学者杰瑞·马肖认为,在某种程度上,"解释"(explanations)可能有助于官员获得公众的合作,并避免投诉或诉讼,因为即使最终发现官员没有责任,投诉或诉讼本身也会令人不愉快。此外,"说明理由权"(the right to reasons)有利于从科层、法律和政治三个层面促进问责制,是一种监督官方行为的重要手段。[1]在信用规制过程中,目前很多规制决策的作出均存在透明度不足的情况,行政主体也未进行充分的理由说明,这种情况集中体现在信用评价程序中。

在当前的信用评价实践中,除了一些领域还保留了传统的"专家评价"模式外,大部分信用评价系统均已经开始借助大数

(接上页) 向社会公布。法院认为,原告江苏东方鹏程建设有限公司属于错列被告,遂驳回起诉。参见江苏省盐城市亭湖区人民法院 [2016] 苏 0902 行初 1 号行政裁定书。

[1] Jerry L. Mashaw, "Reasoned Administration: The European Union, the United States, and the Project of Democratic Governance", *George Washington Law Review*, Vol. 76, Issue 1 (2007), pp. 99~124.

据、智能算法等技术，形成以大数据驱动的自动化信用评价系统。[1]已有的研究表明，自动化信用评价系统存在三个基本问题：不透明（opacity）、结果随意（arbitrary results）、歧视性影响。[2]就不透明而言，主要在于信用评价系统所使用的算法总是保持一种"神秘性"，除了系统开发机构和运营机构之外，一般的社会公众很难对底层预测算法进行审核；信用评价系统缺乏透明度，导致被评价对象对自己的分数、等级如何变化以及为什么会改变感到困惑。就结果随意而言，从目前各个地方设定的信用评分差异和"直接判定信用等级机制"可以得到证明，尤其是行政主体在一些特殊情况下可以根据相对人的行为表现直接判定其信用等级，而这些直接判定信用等级的依据往往具有很大的不确定性，行政主体对这些依据的合理性也未说明理由，这在一定程度上增加了结果的随意性。

五、信用规制结果的问题：公民权利保护不足

在现代民主法治国家，人权保障是行政权力合法运行的价值追求，[3]公民权利保护原则也是行政法的基本原则。[4]其主

---

[1] 国家市场监督管理总局信用监管司负责人刘琳于2020年9月4日在国新办举行深化商事制度改革激发企业活力国务院政策例行吹风会上表示："在加大企业信用信息归集力度的同时，依托国家企业信用信息公示系统，利用互联网、大数据、机器学习等现代科技手段，对企业信用风险实行自动判别和自动分类。"参见"推动'双随机、一公开'监管常态化 有效减轻企业负担"，载 http://www.scio.gov.cn/32344/32345/42294/43563/zy43567/Document/1686636/1686636.htm，最后访问日期：2020年9月8日。

[2] See Danielle Keats Citron, Frank Pasquale, "The Scored Society: Due Process for Automated Predictions", *Washington Law Review*, Vol. 89, Issue 1 (2014), pp. 1~34.

[3] 参见周佑勇：《行政法基本原则研究》，武汉大学出版社2005年版，第154页。

[4] 参见杨临宏主编：《行政法与行政诉讼法》，云南大学出版社2012年版，第44页。

第二章　信用规制的制度实践及其合法性问题

要包括两个面向：一方面，限制行政权力的滥用，确保其在法治框架内运行，不对公民的合法权益造成侵害；另一方面，推动行政主体的各类行政行为和行政决策具有"公益取向性"，并为公民个人合法权益的实现提供支持和保障。[1]在信用规制实践中，由于对信用规制权力的授予及运行尚未形成严密的法律控制体系，导致信用规制权力的运行结果不符合"公民权利保护原则"之基本要求，存在公民权利保护不足的问题。

（一）对公民权利的不当限制

"技术理性"（technical rationality）代表了逻辑实证主义的应用，即认为社会现实是客观的、可测量的，并能用实践来解释，它体现在专业上是为了丰富科学解决问题的能力。[2]在技术理性主导下，技术化的过程就是按照技术理性所要求的可量度、可通约、可计算、可预测的严格程序对自然界和社会进行改造、控制的过程。[3]新的事物不仅轻易地进入了人类世界，它们还改变了原有事物的属性以及自身的行动和影响范围，技术的存在重塑了世界，因重塑而带来的变化就好比游戏规则变化给棋手造成的影响。[4]

信用规制是大数据、算法等先进技术在政府规制中的应用，其基本逻辑在于，政府借助先进的信息技术工具，通过各种途径归集公民、法人或者其他组织的信用信息，依靠大数据技术进行加工处理，对公民、法人或者其他组织进行"信用画像"，

---

〔1〕 参见周佑勇：《行政法基本原则研究》，武汉大学出版社2005年版，第155页。

〔2〕 See Andrew Feenberg, "Modernity, Technology and the Forms of Rationality", *Philosophy Compass*, Vol. 6, Issue 12（2011）, pp. 865~873.

〔3〕 参见林学俊："技术理性扩张的社会根源及其控制"，载《科学技术与辩证法》2007年第2期。

〔4〕 参见［澳］保罗·亨曼：《电子治理：电子政府与公共管理、政策与权力的重塑》，刘虹、李玮译，华中科技大学出版社2019年版，第20页。

并以此作为后续行政决策或政府规制的参考依据，提高行政效率，促进社会诚信。信用规制的技术理性呈现两面性：一方面，它追求行政决策和政府规制的科学性、精准性和高效率，主张政府部门的关键任务是对信用信息进行归集和处理并基于数据分析进行决策和管理；另一方面，信用规制对技术理性的过度强调导致价值理性的失落，人类行为和生活的许多方面都被量化衡量，人类的判断正在被算法模型所取代，算法模型的重要功能便是计算人类的价值。基本权利是权力的界限，"在所有对国家权力的限制中，法律上最有效的就是国家不能涉入个人自我决定的领域"。[1]技术理性在信用规制中的扩张，不可避免地对公民的基本权利造成了重大影响，至于造成了何种程度的影响，则需要进行深入分析。

1. 对人性尊严的挑战

"人性尊严"是哲学、伦理学中的重要概念，并且已经由学术话语体系流入公共话语体系。人性尊严的含义，按照英国哲学家多丽丝·施罗德（Doris Schroeder）的总结，至少有五种：①传统天主教式尊严（traditional catholic dignity）。尊严是上帝赋予所有人的不可侵犯的财产，它使每个人的生命变得神圣。②康德式尊严（kantian dignity）。尊严是所有理性人因其道德自治能力而拥有的不可侵犯的财产。作为尊严的拥有者，理性人有权要求永远尊重他们的目的感和自我价值。③贵族式尊严（aristocratic dignity）。尊严是指人被赋予优越的等级和地位，并据此行事的品质。④举止尊严（comportment dignity）。尊严是一个人在外表上表现出来的品质，他的行为符合社会对礼貌举止的期望。⑤有价值的尊严（meritorious dignity）。尊严是一种美德，它包

---

[1] [美]卡尔·罗文斯坦：《现代宪法论》，王锴、姚凤梅译，清华大学出版社2017年版，第226页。

第二章　信用规制的制度实践及其合法性问题

括四种基本美德和一个人的自我价值（self-worth）感。[1]随着社会的发展，"人性尊严"已经成为宪法价值的一部分，[2]人性尊严的规范性核心（normative core）可以表现为人的基本地位（basic status），而"基本地位"意味着人不仅受法律约束，而且具有不可侵犯的法律权利，这是因为人是法律的来源（sources），既是义务的来源，也是价值的来源。[3]

虽然我国现行宪法文本中并未对保障"人性尊严"进行明确规定，但鉴于人性尊严在现代宪法理论中的根本价值地位，可以将人性尊严保障视为我国宪法的当然内涵，从宪法的整体规范推导出来。"人性尊严"已经成为世界各国人民在广泛意义上普遍接受的一种基本价值的表达。[4]对于法律而言，人不仅是义务的来源，也是价值的来源，这意味着个人基本地位是用"法律""主权"和"权利"的话语来予以正确表达的，但这并不意味着法律主导了人性尊严的意义，而排斥了其他规范性要求和规范体系。相反，这意味着法律对于捍卫人性尊严是至关重要的，法律蕴含在人性尊严的规范性核心中。[5]从社会承认理论和最小化保护内涵的角度看，人性尊严正是基于整合人类社会多元道德观的需要，是整体法秩序得以建立的基础。[6]

---

[1] See Doris Schroeder, "Human Rights and Human Dignity: An Appeal to Separate the Conjoined Twins", *Ethical Theory and Moral Practice*, Vol. 15 (2012), pp. 323~335.

[2] 《德国联邦基本法》第1条规定："人性尊严不可侵犯，对其之尊重与保护系国家各权力之义务"。

[3] See Stephen Riley, "Human Dignity and Law: Legal and Philosophical Investigations", *Routledge*, 2018, p. 32.

[4] See Oscar Schachter, "Human Dignity as a Normative Concept", *American Journal of International Law*, Vol. 77, Issue 4 (1983), pp. 848~854.

[5] See Stephen Riley, "Human Dignity and Law: Legal and Philosophical Investigations", *Routledge*, 2018, p. 32.

[6] 参见蔡维音："人性尊严作为法概念之出路"，载《法律与生命科学》2009年第3期。

在大数据时代，人性尊严是大数据伦理的核心，[1]以技术理性为底层逻辑的信用规制，不可避免地会对人性尊严这一基本价值构成挑战和冲击，集中体现为引发人的主体性困境[2]或自主性危机。[3]具体主要体现在以下三个方面：

（1）本体论意义上的主体性困境。英国学者凯伦·杨（Karen Yeung）和马丁·洛奇利用约瑟夫·拉兹提出的"自主性三要件"对算法工具进行了测试评估。他们得出的结论是：算法工具对个人自主（personal autonomy）的影响似乎是负面的，尽管在理性和可选性条件方面存在希望，但仍有理由认为算法工具对自主的独立性条件会产生负面影响。[4]首先，用于收集个人信用大数据的手段、数据处理方式，均对个人自治和信息自决施加了压力。个人信用大数据分析依赖于小数据输入，包括各个政府部门储存的信用信息、互联网上的信息、私营部门存储的信息。这些小数据输入被汇总后产生信用大数据集，分析技术将对其进行挖掘以获得洞察力。这种数据收集往往是在无形中发生的，而且只会越来越快，这意味着个体很难在基于完整的和充分理解的信息的情况下作出同意信用信息收集决定。其次，个人信用大数据是寻求对个人"信用身份"进行识别，但也可能对个人身份造成威胁。正如隐私权的重要内核是"独处的权利"，[5]

---

［1］ See Neil M. Richards, Jonathan H. King, "Big Data Ethics", *Wake Forest Law Review*, Vol. 49, Issue 2（2014）, pp. 393~432.

［2］ 参见郭蓉："从技术理性到行政伦理——大数据时代智慧治理的伦理反思"，载《道德与文明》2018年第6期。

［3］ See Sofia Grafanaki, "Autonomy Challenges in the Age of Big Data", *Fordham Intellectual Property, Media & Entertainment Law Journal*, Vol. 27, Issue 4（2017）, pp. 803~868.

［4］ 参见［英］凯伦·杨、马丁·洛奇编：《驯服算法——数字歧视与算法规制》，林少伟、唐林垚译，上海人民出版社2020年版，第119页。

［5］ See Julie E. Cohen, "What Privacy is For", *Harvard Law Review*, Vol. 126, Issue 7（2013）, pp. 1904~1933.

身份权(the right to identity)的真谛就在于自由选择"我是谁"的权利。个人信用大数据通过对个人进行信用画像,将"我是诚信的""我将守信"转变为"你是诚信的""你将守信"。如果个人缺乏单独说出"我是谁"的能力,如果过滤、助推和个性化推荐破坏了我们的智力选择(intellectual choices),即使个人将会被认同,那也是以牺牲过去所定义和珍视的身份为代价。[1]再次,无处不在的个人信用大数据收集、处理和使用可能会对个人行为产生"寒蝉效应",因为它会给人一种正在被监视或监测的感觉,从而对个人行为产生抑制和控制作用。最后,个人信用大数据处理可能会削弱个人在不同情况下以不同方式"自我呈现"(self-present)的能力,从而鼓励个人放弃多重自我,在所有情况下都以一种方式行事。[2]

(2)规制主体的主体性困境。在信用规制中,规制主体看似在规制关系中处于主动一方,在与大数据、算法的互动关系中,看似具有天然的主体性,但实际上他们的主体性却受到了限制。[3]在信用规制中,大数据技术通过对信用信息进行处理,形成信用评价结果,对信用主体的信用风险进行预测和研判,这成了规制主体实施规制策略的重要参考依据。由于对数据、技术所体现出来的"客观性、科学性"存在天然的崇拜倾向,"数据画像"结果很容易成为规制决策的"唯一依据"。[4]"人们为了让机器看起来一直比人聪明,会主动降低自己的智商。"在这种情况

---

[1] See Neil M. Richards, Jonathan H. King, *Three Paradoxes of Big Data*, Stanford Law Review Online, Vol. 66, 2013, pp. 41~46.

[2] See Orla Lynskey, *The Foundations of EU Data Protection Law*, Oxford University Press, 2015, p. 215.

[3] 参见郭蓉:"从技术理性到行政伦理——大数据时代智慧治理的伦理反思",载《道德与文明》2018年第6期。

[4] 参见[美]杰伦·拉尼尔:《你不是个玩意儿——这些被互联网奴役的人们》,葛仲君译,中信出版社2011年版,第32页。

下,"对行为的科学分析逐出了自主的个人,并且把假定由人类施加的控制力移交给环境"。[1]信用大数据驱动的信用规制,不但没有进一步扩展规制主体的自主性,反而有可能使规制主体一切都听命于数据,处处受制于数据,使规制主体的自主性、创造性受到限制,甚至产生规制创新的"惰性"。正如美国学者兰登·温纳所指出的:"一种技术秩序,在此秩序中根本没有任何人或群体在真正意义上施行统治。一些个人和精英出现在决策过程中,但他们的作用和行动同技术系统的结构和程序所确立的框架如此紧密地协调一致,以至于任何声称根据人的选择作出决定的主张都变成了纯粹的幻觉。"[2]在信用规制实践中,一些地方政府部门对信用规制"过度依赖",认为其是解决所有治理问题的"万能工具箱",一旦出现违法、违规或违反道德的行为,就全部纳入"信用黑名单"或进行"信用惩戒",这不仅是规制主体的主体性失落的直接体现,也是"懒政"的另外一种表现形式。[3]

(3)被规制者的主体性困境。信息通信技术和数字化在我们的生活中无处不在,信息通信技术还与纳米技术、生物技术、神经技术等其他技术联系在一起,构成更为复杂的"颠覆性创新技术",成为数字化转型的重要推动力量。"数字化"已经渗透到我们生活的方方面面:这项技术在个人的身体内(如各种芯片植入),在人与人之间(如通过微信、微博等社交媒体),对个人的了解越来越多(如通过大数据、情感识别等技术),

---

[1] B. F. Skinner, *Beyond Freedom and Dignity*, Hackett Publishing Company, 2002, p. 205.

[2] [美]兰登·温纳:《自主性技术——作为政治思想主题的失控技术》,杨海燕译,北京大学出版社2014年版,第149页。

[3] 参见王珏玢、潘晔:"信用惩戒泛化乱象调查:失信行为'箩筐化'之忧",载 http://www.xinhuanet.com/2020-07/13/c_1126228656.htm,最后访问日期:2020年9月1日。

第二章　信用规制的制度实践及其合法性问题

并不断学习个人的行为（如机器人和软件表现出来的智能行为）。[1]在大数据时代，个人的日常活动轨迹被广泛收集并成为电子化的数据，想要避免个人数据被收集几乎已经是不可能的事情，这使得包括信用信息在内的各类信息之数量及可获得性均大幅度提升。在这种情况下，不同时空的有关特定主体的信息互相关联变得非常简单，"个体"这个概念不再恰当，微粒化的主体得以显现。[2]在哲学中，将不是物体的东西变成一个物体，并把它当作一个物体来对待，并通过它的物理属性来使用、操纵、控制和了解的过程被称为"物化"（objectification）。[3]一般认为，物化是侵犯人性尊严的典型方式，其核心是"一个人被当作服务于他人目的之工具"。[4]在信用规制中，行政主体通过对各类信用信息的加工处理，在数据权力、算法权力等新兴权力的加持下，[5]个人的风险或价值被重新定义，现实的人逐渐被抽象或还原为数据。[6]这意味着个体不再被当成"主体"

---

[1] See Lambèr Royakkers et al., "Societal and Ethical Issues of Digitization", *Ethics and Information Technology*, Vol. 20, 2018, pp. 127~142.

[2] 参见［德］克里斯多夫·库克里克：《微粒社会》，黄昆、夏柯译，中信出版社2018年版，第7页。

[3] See Martha C. Nussbaum, "Objectification", *Philosophy & Public Affairs*, Vol. 24, Issue 4 (1995), pp. 249~291.

[4] RM Calogero, "Objectification Theory, Self-Objectification, and Body Image", in Thomas F. Cash (ed.), *Encyclopedia of Body Image and Human Appearance (Vol. 2)*, Academic Press, 2012, pp. 574~580.

[5] 参见陈鹏："算法的权力和权力的算法"，载《探索》2019年第4期。

[6] 澳大利亚学者艾米·希尔兹·多布森（Amy Shields Dobson）等认为，中国的社会信用体系实际上是将金融信用评分体系与更广泛的社会诚信量化相结合，尝试对公民的价值和美德进行衡量和量化，这与国际上长期存在的"评级文化"（ratings cultures）有异曲同工之处，二者共同的隐忧是"我们只是数据"（We're just data）。See Karen Li Xan Wong, Amy Shields Dobson, "We're Just Data: Exploring China's Social Credit System in Relation to Digital Platform Ratings Cultures in Westernised Democracies", *Global Media and China*, Vol. 4, Issue 2 (2019), pp. 220~232.

对待，而是作为可计算、可测量、可控制的客体，从而威胁生物意义上和社会意义上的人的存在。[1]

2. 对个人信息权益的限制

通过权利方式对个人信息提供保护已经成为一种世界趋势，[2]越来越多的国家或地区都在不断制定或修订有关个人信息保护的法律。然而，对于个人信息保护和基本权利之间的关系，各国有不同的法制框架。在欧盟，数据保护权（the right to data protection）是一项独立的基本权利，受到《欧盟基本权利宪章》的保护，[3]并且该权利下属的诸多具体权利也由《通用数据保护条例》予以明确规定。在我国，宪法文本并没有明确规定"个人信息权"或"个人信息保护权"。在理论上，有学者主张可以效法域外经验，将"个人信息自决权"（the right to informational self-determination）作为我国宪法上的一项基本权利，[4]还有学者主张建构"个人信息受保护权"，与个人信息的国家保护义务相对应。[5]在制定法中，除了《个人信息保护法》正在起草制定外，《民法典》主要使用了"个人信息"一

---

[1] 参见郑戈："算法的法律与法律的算法"，载《中国法律评论》2018年第2期。

[2] 参见程关松："个人信息保护的中国权利话语"，载《法学家》2019年第5期。

[3] 《欧盟基本权利宪章》第8条"个人数据保护"规定："每个人都有权保护自己的个人数据。此等数据必须为明确的目的公平处理，并以有关人员的同意或法律规定的其他合法依据为基础。每个人都有权获得已收集的有关他或她的数据，并有权要求对其进行纠正。应当由独立机构监督这些规则的遵守。" See "Charter of Fundamental Rights of the European Union（2012/C 326/02）", https://eur-lex.europa.eu/legal-content/EN/TXT/PDF/? uri=CELEX：12012P/TXT&from=EN（Last visited on August 31, 2020）.

[4] 参见姚岳绒："论信息自决权作为一项基本权利在我国的证成"，载《政治与法律》2012年第4期。

[5] 参见王锡锌："个人信息国家保护义务及展开"，载《中国法学》2021年第1期。

词。鉴于在我国实定法上并未使用"个人信息保护权"或"个人信息权"的表述,本书采用"个人信息权益"这一术语。

在个人信息保护中,由于政府部门的公权力地位及行政资源均优于信息主体,其不同于非政府部门与信息主体之间是在私法秩序下的合同订立时,即对双方的权利与义务予以明确。因此,当政府部门对个人信息进行归集、处理和使用时,必须严格遵循行政权力行使所应受到的限制,否则可能导致个人信息的滥用,侵犯个人信息权益。按照我国学者洪家殷的总结,政府部门在归集、处理和使用个人信息时,应当遵循以下原则,才具有合法性:①目的拘束原则,即与个人相关的信息,只有在合法目的之下,才允许被归集和使用。②必要原则及预存资料之禁止,即与个人相关的信息,只有达到目的所必要时,才容许为各种信息的处理,信息的归集,只有基于具体目的时,才容许归集,原则上不得预存信息,留到以后再处理。③同意原则及告知义务,即信息归集者应当以合理的方式使信息主体能够知悉其个人信息将如何被归集、处理或使用。另外,同意应当以信息主体对于其与信息归集者之间的意思表示一致的了解作为前提。④直接取得原则,即与个人有关的信息,原则上仅能直接从信息主体处取得,若要以其他方式取得,则必须有法定的正当依据。[1]我国《民法典》将个人信息处理的基本原则确立为"合法、正当、必要",同时规定了个人信息处理合法化的条件包括同意、公开、明示等,这些原则同样也适用于政府部门的个人信息处理行为。

从信息生命周期的角度看,信用规制包括信用信息归集、存储、处理、公开、使用、删除等重要环节,每一个环节均有可能涉及个人信息权益保护问题。

---

[1] 参见洪家殷:"公务机关资料之归集与个人资料之保护",载《东吴法律学报》2018年第4期。

（1）信用信息的归集违反必要原则。目前，有关信用信息的内涵与外延，并未有统一的法律进行明确规定。在信用规制实践中，尽管很多地方信用立法均规定应当通过"信用信息目录或清单"来对信用信息进行管理。然而，对于信用信息目录的具体内容，各地方存在很大的差异，很多与信用并无直接关联的信息均被纳入信用信息的归集范围，这已经违反了个人信息保护的必要性原则。例如，《榆林市个人信用评价工作规范》将"工作年限""学历""居住稳定性"作为个人信用基础信息，并纳入信用评价范围，不同的工作年限、学历及居住稳定性，所占的评分权重不同。

（2）信用信息的使用违反目的拘束原则。对信用规制机构而言，若要准确评估被规制对象的信用风险，信用信息的完整性、准确性是前提条件。因此，将分布在不同政府部门的信用信息整合到一个统一的信用信息数据库，是信用信息处理的必经阶段。事实上，数据集合本身并不是一种新的风险，但这种方式越来越普遍且结果难以预测。在整合数据的基础上，信息处理者可以作出新的推断，换言之，数据的组合可以创建"新的"关于个人的数据。对于政府部门而言，依照法定职权在其职责范围内依法对信用信息进行归集和处理，并未对被规制对象造成事实上的权利限制。然而，若政府部门在对原始信用信息进行归集时并未明确告知信用主体是否将该等信用信息用于后续的共享、公开及评价，那么一旦政府部门将其以前基于其他目的所归集的信用信息，整合至公共信用信息共享平台，并对信用主体进行整体性的信用评价，则可能会偏离信用信息归集的原初目的，涉嫌违反目的拘束原则。

（3）信用信息的长期存储可能侵犯"信息安全利益"。针对个人信息存在的信息安全风险，我国学者施育杰提出了"资

第二章　信用规制的制度实践及其合法性问题

安基本权"这一概念,将其视为与 IT 基本权和信息自决权平行的一项基本权利。他认为:"'资讯安全'最终目的,虽然重点仍在于保障'资讯'本身;但以'无漏洞的权利保护'作为目标,资讯安全可以提前保护、防范风险,其本身应该得以作为一种重要利益,而在科技进展的时代提升其宪法地位。"[1]云存储、云计算等信息技术的快速发展和广泛应用,使信用信息的存储变得高效又经济,为建立巨型信用信息数据库提供了条件。在信用归集过程中,很多政府部门都对信用信息的存储期限进行了规定,不良信用信息的保存期限一般都在 1 年以上,有的甚至达到 10 年以上,良好信用信息甚至可以进行永久保存。将不同类别的信用信息归集到统一的信用信息数据库进行存储,虽然可以提升信用评价的准确性,尽可能全面地反映信用主体的信用状况,但也使得这些巨型的信用信息数据库或成为"黑客"攻击的目标,或成为内部工作人员非法牟利的工具,引发信息安全风险。在实践中,信用信息泄露、篡改、毁损、窃取的事件也时有发生。[2]

3. 对人格权的限制

"人格的保护,为现代法律的基本任务。"[3]关于人格权的权利属性,在理论上曾存有争议。[4]现有理论基本上放弃了这种

---

[1] 参见施育杰:"'资安基本权'之研究——以'线上搜索'为核心",载《世新法学》2019 年第 2 期。

[2] 例如,获得央行批准的 8 家个人征信试点机构之一的考拉征信通过合法渠道获取个人信用信息,再非法转卖,向套路贷扩散,泄露信息近 1 亿条,并且已经形成了一条完整的黑色产业链。参见孟凡霞、宋亦桐:"涉嫌泄露亿条公民信息 考拉征信被查",载《北京商报》2019 年 11 月 21 日。

[3] 王泽鉴:《民法总则》(增订新版),新学林图书出版有限公司 2014 年版,第 154 页。

[4] 尹田:"论人格权的本质——兼评我国民法草案关于人格权的规定",载《法学研究》2003 年第 4 期。

"非此即彼"的立场,而是同时肯认人格权在宪法和民法上的地位。王泽鉴先生认为,人格权保护体系是以宪法为基础,肯定人格权是受宪法保护的基本权利,体现了人性尊严及人格自由的价值体系。[1]在公法与私法不断交融的今天,需要将人格权的公法品格和私法品格结合在一起,为其提供全方位的法律保护。在我国,学者们倾向于将《宪法》第38条"人格尊严"条款作为我国宪法上人格权的规范基础。[2]作为一种基本权利,人格权当然也就具备防御、保护等基本权利功能。这意味着国家不仅不能侵害公民的人格权,而且还应当提供有效的保护机制。[3]

信用规制与其他政府规制活动存在诸多不同之处,其中最突出之处便是对信用信息的归集、处理和使用。在信用规制中,一旦信用信息不符合关联性、准确性、完备性、时效性、一致性等数据质量要求,信用评价的结果就有可能对人格权造成限制。主要体现在以下两个方面:

(1)对一般人格权造成限制。如前所述,信用的起源与人类的群居生活方式和思想观念有关,它是在人与人之间的交往过程中产生的,其本身就是一种人格化的产物。尽管从自然经济、计划经济到市场经济的演变,促使信用呈现出非人格化的发展趋势,但人格属性一直是信用的基础要素。[4]即便是在经济学意义上的信用占据主导地位的美国社会,与品质、一般声誉、个人性格等相关的信息在个人信用评价中也仍然具有重要

---

[1] 参见王泽鉴:《民法总则》(增订新版),新学林图书出版有限公司2014年版,第155页。

[2] 参见王锴:"论宪法上的一般人格权及其对民法的影响",载《中国法学》2017年第3期。

[3] 参见王泽鉴:"宪法上人格权与私法上人格权",载王利明主编:《民法典·人格权法重大疑难问题研究》,中国法制出版社2007年版,第16页。

[4] 参见丁邦开等:《金融信用法律环境论》,东南大学出版社2006年版,第7页。

地位。在信用规制中，信用评价的重要作用就是对信用主体的信用状况进行量化评估，并用简单明了的数字化方式予以呈现。然而，在实践中，信用评价的功能已经突破了"信用风险评估"，而逐渐演化为一种"道德评价"，即对诚信美德进行量化，尤其是在个人信用评价中。[1]从很多地方的个人信用评价实践来看，对于信用评价结果，直接以"诚信"或"不诚信"作为分级标准，这实际上是对个人的人格形象进行标签化。就信用评价的指标体系来看，失信信息或负面信息所涵盖的范围以及评分权重往往会超过守信信息或正面信息，这意味个人的诚信品质受到否定评价的概率是要大于受到肯定评价的。一旦在信用评价过程中存在信息不完整、信息错误等信息质量缺陷，那么否定性的信用评价结果借助公共信用评价机构的权威性和互联网媒介的便捷性，很容易给个人造成人格上的负担，对一般人格权产生不当限制。

（2）对宪法隐私权造成限制。尽管"隐私保护"与"个人信息保护"之间紧密相连，[2]但不能完全等同。[3]因此，本书将隐私权与个人信息权益分开讨论。一般认为，隐私权是人格权之一种，属于具体人格权，隐私权同时也是宪法上的一项基本权利。在信用规制中，政府部门运用大数据技术对个体的信用信息进行处理，可能涉及个人的私密活动和私密信息，对隐私权造成侵犯。[4]首先，在个人信用信息归集过程中，收集的

---

[1] 参见张涛："个人信用评分的地方实践与法律控制——以福州等7个城市为分析样本"，载《行政法学研究》2020年第1期。

[2] 参见王利明："论个人信息权的法律保护——以个人信息权与隐私权的界分为中心"，载《现代法学》2013年第4期。

[3] 《民法典》第1034条第3款规定："个人信息中的私密信息，适用有关隐私权的规定；没有规定的，适用有关个人信息保护的规定。"

[4] 参见刘志永："论信用信息公开过程中公民隐私权的保护"，载《南海法学》2019年第2期。

数据越多,就越有可能描绘出个人的生活全貌或揭示出个人不愿为他人所知的行为习惯。已有的信用立法和政策对于信用信息范围的规定过于宽泛,几乎涵盖了个人生活的方方面面,很多与信用并无直接关联的信息也被纳入了信用信息归集范围。其次,在信用评价过程中,诸多不同类别的信用信息被整合到一个数据集。大量数据整合可能产生新的个人数据,这些新数据有可能对个人未来的生活细节进行分析,并形成行为预判。再次,在信用公开过程中,尤其是"红黑名单"的公布,可能会对隐私权造成侵害。对于信用红名单的公布而言,个人可能因为见义勇为、公益慈善、社会志愿等行为而被评为"守信模范",但是并不意味着每个人都希望这些"正面信息"向社会公开;对于信用黑名单的公开而言,目前立法和政策对于信用黑名单本身应当包含的信息尚未进行范围限定,实践中一些地方在公布信用黑名单时,不仅公开了姓名、性别、年龄、身份证号码等信息,[1]有的地方甚至还公开了个人肖像、家庭住址等信息。[2]最后,在信用应用环节,很多地方都在积极推动"信易+",即鼓励私营企业、社会组织积极开发与信用应用相关的产品或服务,这就意味着个人信用大数据可能会向这些第三方主体进行开放和共享,而这就增加了个人隐私受到侵犯的风险,因为个人对这些第三方主体的信息处理行为通常是缺乏控

---

〔1〕 最典型的例子便是失信被执行人名单的公开,根据《最高人民法院关于公布失信被执行人名单信息的若干规定》第6条的规定,自然人作为失信被执行人时,名单信息包括姓名、性别、年龄、身份证号码。需要说明的是,从最广义的角度讲,失信被执行人名单也属于信用黑名单的范畴,但由于这类名单通常是由人民法院作出、共享和披露,因此并不属于本书所探讨的信用黑名单的范围。不过,由于一些政府部门在收到失信被执行人名单后,往往会通过官方媒体进行二次披露,因此也可以纳入信用黑名单进行讨论。

〔2〕 "南阳公布一批失信被执行人 姓名家庭住址曝光",载https://henan.qq.com/a/20180525/032264.htm,最后访问日期:2020年9月2日。

第二章　信用规制的制度实践及其合法性问题

制的。

4. 对平等权的限制

"平等"（equality）是一个备受争议的概念，它表示一组不同的物体、人、过程或环境之间的对应关系，这些物体、人、过程或环境至少在一个方面具有相同的特征，但并非所有方面都具有相同特征。[1]在公法理论中，"平等"同时具有客观法规范和主观公权利的性质。[2]一般认为，平等权是"指公民平等地享有权利，不受任何差别对待，要求国家给予同等保护的权利"。[3]"平等"在其规范性用法中，与一般的道德和正义，尤其是分配正义有着密切的联系，自古以来，平等一直被认为是正义的一个构成性特征。平等有不同的分类，如"形式平等"（formal equality），即当两个人至少在一个规范性相关方面具有平等地位时，他们必须在这方面得到平等对待，还有"比例平等"（proportional equality）、"道德平等"（moral equality）等。

在信用规制中，整体数据理念、信用信息全面共享、个性化的分类施策等似乎满足了社会公众对平等保护的期待和愿望。然而，在实际的规制过程中，仍然存在一些违反平等原则、不利于平等权保护的问题，具体内容如下：

（1）信用规制中存在数字鸿沟问题。进入21世纪以后，人与计算机的互动大大增加。为了能让个人完全融入社会生活的方方面面，使用计算机和互联网的能力变得越来越重要。然而，

---

[1] See Stefan Gosepath, "Equality", in Edward N. Zalta (ed.), *The Stanford Encyclopedia of Philosophy* (*2011 Edition*), https://plato.stanford.edu/archives/spr2011/entries/equality/ (Last visited on March 5, 2021).

[2] 参见李惠宗：《行政法要义》（第7版），元照图书出版有限公司2018年，第114页。

[3] 胡锦光、韩大元：《中国宪法》（第3版），法律出版社2016年版，第189页。

并不是每个人都有机会使用这类技术。[1]在理论上,学者们将信息和网络社会中的不平等和分化统称为"数字鸿沟"(digital divide)。[2]美国学者曼努埃尔·卡斯特利斯(Manuel Castells)认为,"数字鸿沟"在通常意义上是指接入互联网机会的不平等,"在一个复杂的互动过程中,互联网拥有者与非拥有者之间的差异为不平等和社会排斥的现有根源增加了新的裂痕,这似乎加大了信息时代的愿景与世界各地许多人的惨淡现实之间的差距"。[3]随着社会数字化转型的不断推进,"数字鸿沟"问题不容忽视。

尽管我国能够使用电脑和互联网的人数逐年飙升,但数字鸿沟也继续以惊人的速度扩大。一方面,已经联网的社会群体,如工作稳定、收入较高、受教育程度较高的白领群体,正在更快地采用新技术,而且联网的数量更多;另一方面,传统上互联网和计算机使用率较低的社会群体仍然远远落后。[4]由于信用规制主要是以大数据、算法等技术作为支撑,数字化的信用信息更是其得以有效运行的基础,因此整体性的"数字鸿沟"问题自然也就延伸到了信用规制中。"数字鸿沟"的存在意味着并非每个个体或群体的信用信息均能够被及时、完整、准确地收集和处理。换言之,有一部分人可能成为"数据富人",而有

---

[1] See Bridgette Wessels, "The Reproduction and Reconfiguration of Inequality: Differentiation and Class, Status and Power in the Dynamics of Digital Divides", in Massimo Ragnedda, Glenn W. Muschert (eds.), *The Digital Divide: The internet and social inequality in international perspective*, Routledge, 2013, p. 18.

[2] See Pippa Norris, *Digital Divide: Civic Engagement, Information Poverty, and the Internet Worldwide*, Cambridge University Press, 2000, p. 4.

[3] Manuel Castells, *The Internet Galaxy: Reflections on the Internet, Business, and Society*, Oxford University Press, 2003, p. 247.

[4] 参见邓崧:《大数据时代的地方政府治理研究——数据开放、流程再造、行政决策》,云南大学出版社2017年版,第114页。

一部分人则可能成为"数据穷人"。在"信息就是权力"的时代，信用信息的可用性、完整性在一定程度上决定了个体或群体的话语权，这意味着有些个体或群体的诉求和意愿将无法体现在整体性的数据中，还有可能受到其他群体数据的"裹挟"，进一步加剧已有的不公正。[1]可以预见的是，随着信用规制的不断推进，信用在个人日常生活中的影响越来越大，因数字鸿沟而引发的社会不公正问题将成为政府部门必须认真对待的重要议题，因为当信用信息成为个人和组织行使权利、履行义务或参与社会资源分配的基本条件时，对于缺少可获得信用机会的人而言，这种条件限制将会成为一种不合理的差别对待。

（2）信用规制中存在群体歧视和个体歧视的风险。除了因数字鸿沟引发的社会不公正问题外，信用规制中还存在一些由人为因素、技术因素引发的群体歧视和个体歧视风险。

就人为因素而言，主要是指信用立法和政策人为设定了一些在"本质上没有必要予以差别"的条件，导致不合理的差别待遇。在信用规制实践中，一些地方把"户籍"作为纳入信用规制范围的基本条件之一，只有具有某地方户籍的公民才能纳入信用规制范围，进行信用信息归集，适用信用奖惩措施。[2]随着社会人口流动加速，以"户籍"作为是否纳入信用规制范围的标准显然不符合社会发展趋势，并且对于那些非户籍人口

---

[1] 在实践中，"数字鸿沟"引发的不公正问题已经开始凸显，尤其是老年人群体，由于没有智能手机或不会使用智能手机，导致一些老年人无法通过网上购票、预约挂号、扫描健康宝等方式享受正常的公共服务。参见郭吉刚："被智能时代遗忘的人"，载《济南时报》2020年7月12日。

[2]《呼和浩特市个人信用积分（丁香分）管理办法（试行）》第2条规定："本办法所称个人是指在我市行政区域内，年满18周岁且具有民事行为能力的常住户籍人口。"《福州市个人信用积分（茉莉分）管理暂行办法》第2条规定："本办法适用于本市行政区域内具有完全民事行为能力的常住户籍人员和已办理居住证满1年的非户籍人员。"

而言，因为户籍原因而不适用信用奖惩措施，这显然属于不合理的差别待遇。正如赵宏教授所指出的，户籍登记管理本身并无问题，有问题的是以户籍为载体的各类不平等。[1]还有一些信用立法和政策在信用应用的过程中将信用作为实施行政许可、行政处罚、行政给付等具体行政行为的重要依据。[2]在理论上，公民获得教育、就业等社会福利属于宪法所保障的基本权利，若将这些事项一律与信用状况挂钩，不仅不符合人们对信用的一般理解，而且还可能形成"逆差别待遇"，在个体之间、群体之间造成新的不平等。

就技术因素而言，主要是信用规制过程中使用的大数据分析和智能算法产生的歧视性影响或差别性影响（disparate impact），[3]通常被称为"数字歧视"或"算法歧视"，即指依据算法所做自动决策实施的直接或间接歧视性行为。[4]在一般观念中，算法生成的自动化决策是完美的，不像人类决策有这样那样的问题，且相比人类做出的决策，算法决策无需过多的检查。然而，研究表明，自动化决策，尤其是机器学习算法，极容易受程序员的社会经验、之前所作决策以及社会偏见的影响，从而生成歧视性结果。[5]在金融信用管理中，AI信用评价系统逐渐取代传统的信用评价系统，使用"替代性数据"对个人或组织的信用状况进行评估，其最大的隐忧之一便是：无数的数

---

[1] 参见赵宏："户籍改革与公民平等权保护"，载《人民论坛》2017年第10期。
[2] 例如，《榆林市个人信用管理暂行办法》第18条规定，对信用优秀的个人，在教育、就业、住房、养老、医保、社会救助等公共事业领域给予优先安排。
[3] See Solon Barocas, Andrew D. Selbst, "Big Data's Disparate Impact", *California Law Review*, Vol. 104, Issue 3 (2016), pp. 671~732.
[4] 参见[英]凯伦·杨、马丁·洛奇编：《驯服算法——数字歧视与算法规制》，林少伟、唐垚译，上海人民出版社2020年版，第91页。
[5] See Jon Kleinberg et al., "Discrimination in the Age of Algorithms", *Journal of Legal Analysis*, Vol. 10, 2018, pp. 113~174.

据点和机器学习所提供的相关性结合在一起，可能产生歧视性结果，而这些结果并不是立即显现出来的，并且在诉讼中也是难以证明的。[1]在信用规制实践中，公共信用评价所采用的信用评价系统大多是由政府部门委托私营大数据公司开发的，其原始模型基本上也是源于金融信用评价系统，因此信用规制中的信用评价系统大多也是由大数据和算法共同驱动的自动化系统，这意味着自动化算法决策系统所隐含的歧视性问题仍然存在于公共信用评价中。

5. 对其他基本权利的限制

信用规制除了可能对上述基本权利（益）造成不当限制外，还有可能对其他基本权利产生不当限制，如人身自由、政治权利[2]等。此外，信用规制还有可能对一些新兴（型）权利造成不当限制。[3]新兴权利因同时具备利益的正当性和保护个人选择的重要性，因而得以证成，具有保护的合理性、合法性和现实性。[4]具体而言，信用规制可能对信访权、算法解释权[5]等新兴权利产生不当限制。

以信访权利为例，从制度史的角度看，信访在我国历史上就

---

[1] See Katja Langenbucher, "Responsible A.I.-Based Credit Scoring: A Legal Framework", *European Business Law Review*, Vol. 31, Issue 4 (2020), pp. 527~572.

[2] 例如，《沈阳市排污单位黑名单管理办法》第6条规定，对纳入"黑名单"管理的排污单位以后，在人大代表、政协委员等资格审查中，一律出具否定性意见。

[3] 姚建宗教授认为："经典的权利在新的时代背景下衍生出许多新的具体的权利问题，而新的社会关系要求在权利大家族中添列新的成员，新兴权利与日俱增。"参见姚建宗："新兴权利论纲"，载《法制与社会发展》2010年第2期。

[4] 参见雷磊："新兴（新型）权利的证成标准"，载《法学论坛》2019年第3期。

[5] 参见姜野、李拥军："破解算法黑箱：算法解释权的功能证成与适用路径——以社会信用体系建设为场景"，载《福建师范大学学报（哲学社会科学版）》2019年第4期。

具有相应的制度雏形，可以追溯到古代的"登闻鼓"制度。[1]"信访权"作为一种权利类型，一般认为，我国《宪法》第41条规定的"建议权""申诉权"可以为其提供宪法依据。[2]在比较法中，信访权与域外国家的"请愿权"具有相似的功能，它是一种复合性的新兴权利。[3]在信用规制实践中，一些地方将与信访相关的诸多行为信息作为信用信息进行归集，并且纳入信用评价范围，与信用惩戒措施相关联。例如，荣成市《个人信用信息评价标准》专门将"信访领域"作为信用评价"减分标准"，具体细分为17类行为信息，如"直接到省走访的"减20分、"直接进京走访的"减50分等。还有一些地方专门制定了信访人严重失信惩戒规范，对信访人的严重失信行为采取惩戒措施。[4]尽管将严重失信的信访行为纳入信用规制范围，在一定程度上可以遏制"非法上访"行为，但是这些"严重失信信访行为"是否属于《信访条例》明确规定的违法行为却有待进一步检验。此外，将大范围的信访行为纳入信用规制范围，可能会给公民正常行使信访权造成一种"心理压力"，反过来影响信访权的行使，不利于发挥信访制度的积极作用。

（二）权利救济制度不完善

"获得权利救济的权利"本身就是一项受宪法及法律保护的

---

[1] 参见杨小军："信访法治化改革与完善研究"，载《中国法学》2013年第5期。

[2] 参见杜承铭、朱孔武："'信访权'之宪法定位"，载《辽宁大学学报（哲学社会科学版）》2006年第6期。

[3] 任喜荣教授认为，信访权既具有实体性权利的特征，也具有程序性权利的特征，既是自由权也是参政权，同时还具有救济权的特点。参见任喜荣："作为'新兴'权利的信访权"，载《法商研究》2011年第4期。

[4] 例如，《徐州市信访人严重失信惩戒实施办法（试行）》《镇江市严重失信信访人信用管理实施办法（试行）》《泰州市信访人失信惩戒办法》等。

权利。[1]就行政法领域的权利救济而言,按照我国学者蔡志方的总结,完善的权利救济制度需要具正确、实现、完整、经济、迅速等五项基本要求。[2]以上述原则作为评判标准,我国信用规制中的权利救济制度还存在很多不完善的地方,主要体现在以下几个方面。

1. 行政复议、行政诉讼等救济制度的完整性不足

公民是否享有行政救济权的问题至少在宪法制度和行政法理论的层面早已得到解决,但是,公民在多大范围内和多大程度上享有行政救济权,亦即法律在多大的范围内赋予行政救济权,这涉及行政救济的完整性。[3]在当前的行政救济制度中,尤其是行政诉讼,由于受到法定受案范围的严格限定、诉讼类型的严重缺失等因素的影响,导致行政救济权的保护不健全,难以及时、有效地为公民权利保护提供救济。这不仅意味着法律赋予公民的一些合法权益可能被排除在行政救济范围之外,而且还意味着大量新出现的公民权益更加难以进入行政救济程序。在已有的信用立法和政策中,只有极少数的规范明确规定行政相对人享有行政复议权或行政诉讼权。[4]在司法实践中,已经出现一些由信用规制行为引发的行政诉讼,在一些案件中,原告最终由于受到受案范围的严格限定,导致"状告无门",难

---

[1] 参见林来梵:《从宪法规范到规范宪法》,商务印书馆2017年版,第241页。

[2] 参见蔡志方:《行政救济法新论》(第3版),元照图书出版有限公司2007年版,第8~11页。

[3] 参见高家伟:《公正高效权威视野下的行政司法制度研究》,中国人民公安大学出版社2013年版,第26页。

[4] 例如,《南京市社会信用条例》第62条规定:"社会信用主体认为公共信用信息归集、应用等相关管理活动中的行政行为侵犯其合法权益的,可以依法申请行政复议或者提起行政诉讼。"

以获得司法保护。[1]

2. 行政复议、行政诉讼等救济制度的有效性不足

在理论上，权利救济制度的有效性主要表现为公民能够以多么便利的方式、多么充分的程序来获得权利救济。在信用规制实践中，行政复议、行政诉讼等行政救济制度存在明显的有效性不足，难以最大限度地满足行政相对人的救济需求，主要体现在两个方面。

（1）已有的制度设计在客观上对被规制对象的行政救济权利造成限制。一方面，在信用规制实践中，行政主体不履行行政救济权的告知义务：一是以"动作行为方式"作出行政处理决定，不告知相对人的行政救济请求权；二是作出书面决定，但在处理决定中不告知相对人行政救济请求权。另一方面，在信用规制实践中，一些行政决定是由非行政部门作出的或者是由多个行政部门联合作出的，比如一些政府部门以"社会信用体系建设办公室""失信联合惩戒联席会议"等名义作出列入、公布信用黑名单的决定，这使得实际上的行政相对人难以准确识别直接相关的行政主体，无法有效行使行政救济权。

（2）已有的制度设计不符合信用规制中权利侵害行为的特殊性。例如，在有关信用黑名单的救济途径中，有的规范明确

---

[1] 例如，在"成都新航标教育咨询有限公司与成都市锦江区教育局教育行政管理纠纷案"中，成都市锦江区教育局在锦江区人民政府门户网站发布了《锦江区校外培训机构"白名单""黑名单"通告》，并具体说明，"白名单"是指有资质、无不良行为的校外培训机构名单，"黑名单"是指有安全隐患、无资质和有不良办学行为的校外培训机构名单。成都新航标教育咨询有限公司认为，锦江区教育局公布黑名单行为，导致其商誉下降，影响了权利义务，要求撤销。法院最终认为，教育局公布校外培训机构"黑名单"行为属于对当事人权利义务不产生实际影响的程序性的告知行为，因此不属于行政诉讼受案范围。参见四川省成都市中级人民法院[2020]川01行终546号行政裁定书。

规定行政相对人享有复议权和诉讼权,但是仍然沿用了传统的"诉讼不停止执行"原则,即在复议或诉讼期间,信用黑名单仍然有效,仍然可以向社会进行公示,可以向其他行政主体进行共享,在规制实践中仍然可以使用。[1]在信用经济时代,一旦信用黑名单出现错误公示,将可能给相对人的合法权益造成难以估计的损失。因此,是否在信用规制中也应当完全坚持"诉讼不停止执行"原则值得反思。

3. 信用规制中信用修复存在制度供给不足

如前所述,信用修复是信用规制的一项核心制度,可以发挥监督、教育、补救等功能。从实证研究的结果来看,在信用规制实践中,政府部门普遍存在"重信用信息的归集和使用,而轻信用修复"的现象,这体现在制度构建上,主要表现为信用修复的制度供给不足。[2]具体而言,主要体现在以下几个方面。

(1) 对信用修复缺乏正确的认知和定位。在信用规制实践中,一些政府部门对信用修复缺乏正确的认知,主要体现在四个方面:①认为信用修复就是直接删除失信信息。②认为信用修复就是失信惩戒的终止,一旦相对人的信用已经修复,相应的失信惩戒措施即刻失效或终止。③认为信用修复就是信用主体对原行政处理决定的履行。譬如,行政相对人因违法行为受到行政处罚,按时缴纳罚款后,即可以修复信用。④认为信用

---

[1] 例如,《山东省海域、无居民海岛有偿使用黑名单管理办法(试行)》规定,黑名单公布期间,信用主体提出行政复议或者行政诉讼的,不停止公布。黑名单经行政复议或者行政诉讼被撤销、变更的,认定部门应当及时更正,并通过原发布渠道进行公开澄清,恢复其名誉。

[2] 信用修复制度供给不足问题已经引起国家的重视,2021年2月18日,国家市场监管总局发布《市场监管总局关于健全信用修复机制的实施意见(征求意见稿)》,对信用修复的范围、方式、程序、限制等内容进行了规定。

修复就是参加培训和作出承诺。[1]

(2) 尚未制定统一、权威的信用修复规范。从前文对信用规制立法与政策的梳理来看，从中央到地方，有关信用信息归集、信用黑名单、信用惩戒的法规范较多，但是关于信用修复的法规范却比较少。信用修复规范的缺乏，直接导致很多有关信用修复的关键问题均缺乏可供指引的依据，如信用修复的组织、条件、方式、范围、程序等内容。

(3) 尚未形成完善的信用修复程序。信用修复程序是信用主体行使信用修复权利和政府部门履行信用修复工作职责的重要保证。在已有的地方信用立法中，对于信用修复的规定均比较原则和笼统，大多数立法仅仅通过1个至2个条文简单规定信用主体享有信用修复权，但对于信用修复如何申请、信用修复通过何种途径进行、信用修复决定如何审查、信用修复决定如何送达及救济等内容缺乏规定。

4. 信用规制中异议申诉机制的实效性不足

从国内外征信行业的发展来看，异议申诉是征信行业中最为重要的权利救济机制，在信用信息的采集、整理、保存、加工和公布等所有环节，信用主体均可以通过异议申诉机制来寻求权利救济。如前所述，信用规制与征信之间存在很多共性，最典型的便是二者的所有行为均是围绕信用信息展开。因此，异议申诉在信用规制中也有广泛的适用空间，成为信用主体的一种常规救济机制。在信用规制实践中，异议申诉机制虽然已经初步建立，但有关异议申诉的条件、方式、程序等问题仍然有待进一步明晰，异议申诉对信用主体的合法权益保护存在实效性不足的问题。

---

[1] 参见卢护锋："信用修复的实践误区及其立法应对"，载《广东社会科学》2020年第6期。

（1）在信用信息记录、归集、公开、评价、应用、修复等所有环节均课予信用主体较重的"举证责任"，不利于发挥异议申诉的实效性。在信用信息记录、归集、修复等环节，所涉及的信用信息大多是"原始信用信息"，即是以相应的生效法律文书或法律法规作为依据，这意味着信用主体对这些信用信息拥有较强的控制权。在这种情况下，让信用主体承担较重的"举证责任"，不会给信用主体行使异议权造成太大的障碍。然而，在信用评价、信用应用等环节，所涉及的信用信息大多是"二次信用信息"，即由自动化信用评价系统作出的信用评分或信用评级，这些信用信息及处理过程具有很强的技术性和专业性，还存在"算法黑箱"问题。在这种情况下，让信用主体承担较重的"举证责任"，将会给信用主体行使异议权造成阻碍，不利于发挥异议申诉机制的实效性。

（2）异议申诉的运作机制与信用规制的协同性、智慧性不相匹配。如前所述，协同规制、智慧规制是整个信用规制的制度逻辑，其目的是要借助大数据、互联网、算法等技术实现多元主体的协同治理和智慧治理。然而，在信用规制实践中，异议申诉的运作机制却与信用规制的协同性、智慧性不匹配。以信用黑名单为例，一些信用主体若对信用黑名单的列入或公布有异议，是可以向有关部门进行异议申诉的。然而，由于很多信用黑名单的列入或公布通常涉及不同层级的部门或同一层级的不同部门，这将导致信用主体在异议申诉过程中出现"反复试错"现象，与现今数字政府建设中倡导的"一网通办""数据多跑路，群众少跑路"等理念相背离。

第三章
信用规制法治化的基本思路与路径选择

法治常常被认为是合法政府的要素之一,[1]"遵循法治是全世界范围内政府正统性的公认标尺"。[2]发展中国家寻求建立法治,规制良好的社会力求维护法治,而大多数政府则声称拥护法治,无论其实际做法的性质及程度到底如何,这使得法治几乎成了一种普遍的价值观。正如学者所指出的:"法治是为数不多的(全球)规范之一,很少有人会公开表示怀疑;事实上,很难想象一个拒绝法治而又维护美好生活的世界。"[3]近代法治从兴起至今就处于不断变动之中,并且呈现出一种"未完成性"特征,尤其是随着风险社会、智能社会的来临,法治范式也会发生跨越式转型升级。[4]在此背景下,行政法治范式也在发生变化。随着公共行政功能的变迁,传统的依法行政逻辑面临新的挑战,其"合法化能力"遭遇困境。[5]传统以"合法性"为中心的一维结构或许已经无法完整描述法治政府(行政法

---

〔1〕 参见[加拿大]大卫·戴岑豪斯编著:《重构法治:法秩序之局限》,程朝阳、李爱爽译,浙江大学出版社2020年版,第1页。

〔2〕 [美]布雷恩·Z.塔玛纳哈:《论法治——历史、政治和理论》,李桂林译,武汉大学出版社2010年版,第4页。

〔3〕 Christopher May, Adam Winchester, "Introduction to the Handbook on the Rule of Law", in Christopher May, Adam Winchester (eds.), *Handbook on the Rule of Law*, Edward Elgar Publishing, 2018, p. 1.

〔4〕 参见马长山:"数字社会的治理逻辑及其法治化展开",载《法律科学(西北政法大学学报)》2020年第5期。

〔5〕 参见王锡锌:"行政法治的逻辑及其当代命题",载《法学论坛》2011年第2期。

治)的全貌,亟须融入新的价值或引入新的合法化逻辑作为补充。[1]因此,对于信用规制法治化而言,设定何种价值目标、采用何种法治化模式、实施何种法治化路径等问题将直接决定信用规制能否在法治框架内既确保行政权力、算法权力、数据权力不被滥用,同时又促使传统权力与新型权力有效发挥作用以适应风险行政、信息行政、智慧行政和信用行政的发展要求。

第一节 信用规制法治化的科学内涵

"法治国家、法治政府、法治社会一体化建设"是习近平法治思想的重要内容,[2]它为信用规制法治化提供了历史方位和理论背景。信用规制法治化必须被置于"法治国家、法治政府、法治社会一体化建设"这一宏大命题之下,才能准确把握其科学内涵,为推动法治一体化建设提供助力。

一、法治的基本内涵

"法治"被认为是当今世界"最重要的政治理想",[3]政治家、媒体和学者经常引用这一概念,试图对国家行为、政治决定或整个法律制度进行辩护或谴责。那么,什么是"法治"? 这

---

[1] 参见朱新力、唐明良:"法治政府建设的二维结构——合法性、最佳性及其互动",载《浙江学刊》2009年第6期。

[2] 2012年12月4日,习近平总书记在纪念现行宪法颁布施行三十周年大会上的讲话中提出了坚持依法治国、依法执政、依法行政共同推进,坚持法治国家、法治政府和法治社会一体化建设的命题。参见马怀德:"习近平法治思想中法治政府理论的核心命题",载《行政法学研究》2020年第6期。

[3] [美]布雷恩·Z. 塔玛纳哈:《论法治——历史、政治和理论》,李桂林译,武汉大学出版社2010年版,第3页。

个词意味着什么状态?声称"法治"的存在必须具备哪些条件才是合法的?在当前的各种话语体系中,"法治"已经成为一个流行口号。正如理查德·贝拉米和约瑟夫·拉兹所指出的那样:"一些关于'法治'的说法将该词作为一个包罗万象的口号,用来形容人们可能希望看到的每一项理想政策。"[1]对于任何辩论、争论或对话的参与者而言,(至少)以类似的方式理解他们对话的术语,对于成功和有意义的交流都是很重要的。"法治"话语的问题在于,参与者往往以非常不同的方式使用这个术语,从而无法进行有意义的对话。[2]因此,有必要对不同时期、不同理论视角下的"法治"概念进行比较和分析,这有助于我们澄清和反思一些误解,为有意义的对话提供条件,也为"信用规制法治化"的讨论确立一个合适的法治观。

从语义上看,"法治"一词在汉语中有不同的解释,[3]在英语中对应"rule of law"一词,[4]是拉丁语"imperium legum"的英译,其含义是"法律的帝国,而不是人的帝国"。[5]虽然

---

[1] Richard Bellamy, *Political Constitutionalism: A Republican Defence of the Constitutionality of Democracy*, Cambridge University Press, 2007, p. 54.

[2] See Courtney Taylor Hamara, "The Concept of the Rule of Law", in Imer B. Flores, Kenneth Einar Himma (eds.), *Law, Liberty, and the Rule of Law*, Springer, 2013, p. 12.

[3] 《现代汉语词典》将"法治"解释为:①先秦时期法家的政治思想,主张以法为准则,统治人民,处理国事;②指根据法律治理国家和社会。参见中国社会科学院语言研究所词典编辑室编:《现代汉语词典》(第5版),商务印书馆2005年版,第371~372页。

[4] 《牛津法律大辞典》对"法治"作出了如下描述:"在所有法律制度中,法治意味着:对立法权的限制;制止行政权滥用的措施;获得法律咨询、帮助和保护的充分和平等的机会;个人和集体权利和自由的适当保护;在法律面前人人平等"。参见[英]戴维·M.沃克:《牛津法律大辞典》,李双元等译,法律出版社2003年版,第990页。

[5] Mortimer N. S. Sellers, "What Is the Rule of Law and Why Is It So Important?", in James R. Silkenat, James E. Hickey, Jr., Peter D. Barenboim (eds.), *The Legal Doctrines of the Rule of Law and the Legal State* (*Rechtsstaat*), Springer, 2014, p. 4.

第三章　信用规制法治化的基本思路与路径选择

概念确实会随着时间的推移而发展，但同样不可否认的是，如果一个术语的使用随着时间的推移保持连续性，那么在如何理解和使用一个术语方面可能也会有某种连续性。就"法治"而言，有一段漫长而丰富的历史值得考虑：至少在2000多年前亚里士多德在《政治学》中辩论"'法治'而非人治"的可取性时，[1]这个术语就已经存在了。从几个世纪以来对"法治"的讨论中，我们可以提炼出各种相关的主题，但大多数主题都围绕着这样一个观点："法治"在某种程度上是权力任意使用的对立面。在"法治"话语的历史上，有两种思潮占主导地位：①"法治"，而非人治；②作为形式合法性的"法治"。[2]美国学者朱迪思·施克莱（Judith Shklar）在对法治历史的概述中，也勾勒了两种法治模式，一种是将法治视为"理性之治"（rule of reason），另一种是将法治看作是用以防止政府机关压迫大众的制度性限制。[3]

随着社会福利国家的兴起，行政权获得了前所未有的扩张，这成了法治的主要威胁，因此法治理论家们对法治的阐述也发生了相应的变化，并且为现代法秩序中对法治的理解奠定了基础。英国法学家阿尔伯特·戴雪（Albert V. Dicey）认为，法治由三个相互联系的要素组成：首先，法治要求，除非违反了事

---

[1] 亚里士多德在《政治学》中认为："法治应包含两重意义：已成立的法律获得普遍的服从，而大家所服从的法律又应该本身是制订得良好的法律。"参见［古希腊］亚里士多德：《政治学》，吴寿彭译，商务印书馆1983年版，第199页。

[2] See Courtney Taylor Hamara, "The Concept of the Rule of Law", in Imer B. Flores, Kenneth Einar Himma (eds.), *Law, Liberty, and the Rule of Law*, Springer, 2013, p. 16.

[3] See Judith N. Shklar, "Political Theory and the Rule of Law", in Allan Hutchinson, Patrick J. Monahan (eds.), *The Rule of Law: Ideal or Ideology*, Carswell, 1987, pp. 1~16.

先制定的法律，否则任何人都不应该受到惩罚，普通法院才是判断是否发生这种违法行为的适当场所。因此，法治与政府官员"行使广泛的、任意的或自由裁量的专断权力"是不相容的。其次，法治要求，法律面前人人平等。这意味着政府官员不应享有特别豁免权（君主除外），并应在普通法院对其行为负责。最后，在没有全面成文宪法的联合王国，法治源于对个人权利的司法承认。这意味着法治包括一系列保护个人不受政府恣意行为影响的法律保障，而法院则有权作为这些保障的"守护者"（safeguards）。[1] 在戴雪之后半个世纪，英国学者哈耶克对戴雪的观点进行了呼应，他提出了一个流传甚广的法治定义。[2] 在哈耶克看来，在法治观念下，法律必须具有三个属性：首先，法律必须具有普遍性，因为它们必须事先以抽象的方式规定，并规范每个人的行为，这意味着法律必须由一个独立于司法机构的立法机构通过。其次，法律必须具有平等性，因为它们应当平等地适用于每个人，而不是规定任意的差别待遇。最后，法律必须具有确定性，以便个人能够原则上预见其行为和与之交往的其他人的行为之法律后果。

随着现代民主法治国家的发展，法治理论家们普遍认为，法治是由各种不同的要素（elements）组成的，这些要素可以从使用的各种定义中衍生出来。在这些要素的基础上，法治主要发挥两种功能——保护公民不受国家的侵害和保护公民不受同

---

[1] 参见[英]戴雪：《英宪精义》，雷宾南译，中国法制出版社2001年版，第244~245页。

[2] 哈耶克认为："法治的意思就是指政府在一切行动中都受到事前规定并宣布的规则的约束——这种规则使得一个人有可能十分肯定地预见到当局在某一情况中会怎样使用它的强制权力，和根据对此的了解计划它自己的个人事务。"参见[英]弗里德里希·奥古斯特·哈耶克：《通往奴役之路》，王明毅等译，中国社会科学出版社1997年版，第73页。

第三章　信用规制法治化的基本思路与路径选择

胞的侵害。[1]显然，法治的这两种功能之间存在一种张力：保护公民不受国家侵害意味着需要限制国家的权力；保护公民不受同胞的侵害则需要一个强大的国家。[2]由此，法治理论家们提出了许多相互竞争的理论构想（competing theories）。英国著名公法学者保罗·克雷格（Paul Craig）将法治概念区分为"形式的"（formal）和"实质的"（substantive）两种。[3]克雷格指出，形式的法治概念无须通过对法律内容的评判，相反，它们"仅关涉法律制定颁布的方式，随后所产生的法律规范的明晰性，以及所制定的法律规范的时间维度"。[4]相反，实质的法治构想，譬如像罗纳德·德沃金那样的，是从一种正义说明中引申出它的法治理论的，"在这一观点看来，法治只不过是一种基于权利的法律理论和裁判理论的代名词"。[5]美国学者布雷恩·塔玛纳哈则进一步认为，尽管有关法治的竞争性表述不在少数，但可以归纳为两个基本类别，即形式法治和实质法治，每种版本都有三种不同的形式（forms），如表3-1所示。[6]

---

[1] See Adriaan Bedner, "An Elementary Approach to the Rule of Law", *Hague Journal on The Rule of Law*, Vol. 2, Issue 1 (2010), pp. 48~74.

[2] See Adriaan Bedner, "The Promise of a Thick View", in Christopher May, Adam Winchester (eds.), *Handbook on the Rule of Law*, Edward Elgar Publishing, 2018, p. 36.

[3] See Paul Craig, "Formal and Substantive Conceptions of the Rule of Law: An Analytical Framework", *Public Law*, Vol. 3, 1997, pp. 467~487.

[4] Paul Craig, "Formal and Substantive Conceptions of the Rule of Law: An Analytical Framework", *Public Law*, Vol. 3, 1997, p. 467.

[5] Paul Craig, "Formal and Substantive Conceptions of the Rule of Law: An Analytical Framework", *Public Law*, Vol. 3, 1997, pp. 477~479.

[6] 参见[美]布雷恩·Z. 塔玛纳哈：《论法治——历史、政治和理论》，李桂林译，武汉大学出版社2010年版，第117页。

表 3-1　形式法治与实质法治的不同形式[1]

类型	比较薄弱――――→到――――→比较浓厚		
形式版本	1. 以法而治——法律是政府的工具	2. 形式合法性——普遍，面向未来，明晰，确定	3. 民主+合法性——合意决定法律的内容
实质版本	4. 个人权利——财产，隐私，自治	5. 尊严权和（或）正义	6. 社会福利——实质平等，福利，共同体的存续

同样是以功能和要素作为法治的分类标准，荷兰学者阿德里安·贝德纳（Adriaan Bedner）则将法治的两种不同版本归纳为："薄的法治"（thin rule of law）和"厚的法治"（thick rule of law）。在贝德纳看来，法治定义所包含的要素越多，法治就越"厚"，不过从最薄的法治到最厚的法治并不是一条直线。尽管"以法而治"（rule by law）几乎是所有法治版本的出发点，但不能将"形式合法性"（legal formality）、司法独立、基本权利保护等整齐地叠加在一起，来构建更厚的法治。贝德纳认为，"薄的法治"与"厚的法治"的分水岭取决于是否包含两个要素，第一个是民主的程序性要素，第二个是人权的实体性要素。在此基础上，可以将二者的区别大致归纳为"薄=某些程序性要素"和"厚=所有程序性要素+实体性要素"。不过，这也不是绝对的，因为许多法治定义包含了人权要素，但它们却排除了民主的程序性要素。按照贝德纳的总结，"薄的法治"与"厚的法治"之间的不同取决于程序性要素、实体性要素和执法机

---

[1] 本表参见［美］布雷恩·Z. 塔玛纳哈：《论法治——历史、政治和理论》，李桂林译，武汉大学出版社2010年版，第117页。

制（enforcement mechanisms）这三类要素，如表3-2所示。[1]

表 3-2　"薄的法治"与"厚的法治"的不同要素[2]

	程序性	实体性	执法机制
薄	以法而治	正义的基本原则	司法独立
↓	依法而治	个人权利和自由	专门机构
	形式合法性	社会与经济权利	——
厚	民主	群体权利	——

不同类型的法治理论对我们认识法治具有启发意义。事实上，尽管存在"形式法治"与"实质法治"或"薄的法治"与"厚的法治"的区分，但这并不意味着不同类型的法治之间是截然对立的。丹麦学者乔根·穆勒（Jørgen Møller）等采用"树状概念结构"（tree-like conceptual structure）将法治理念分为四大维度、五大属性。其中，"四大维度"包括规则的核心、控制、同意和内容，"五大属性"包括形式合法性、制约与平衡、人民主权、积极权利和消极权利。[3]美国学者杰里米·沃尔德伦（Jeremy Waldron）对三种可能的法治构想方式进行了区分：首先，法治是由形式要求所界定的，这些要求包括法律必须是公开的、不矛盾的、不溯及既往的等；其次，法治应当注重程序保

---

[1] See Adriaan Bedner, "The Promise of a Thick View", in Christopher May, Adam Winchester（eds.）, *Handbook on the Rule of Law*, Edward Elgar Publishing, 2018, pp.34~47.

[2] 本表由本书作者翻译制作。See Adriaan Bedner, "The Promise of a Thick View", in Christopher May, Adam Winchester（eds.）, *Handbook on the Rule of Law*, Edward Elgar Publishing, 2018, p.41.

[3] See Jørgen Møller, Svend-Erik Skaaning, *The Rule of Law: Definitions, Measures, Patterns and Causes*, Palgrave Macmillan, 2014, pp.17~26.

障,因为它们保护个人作为"能动智慧"(active intelligences)的尊严;最后,法治还应当具备可能的实质性要求。[1]本书认为,法治理论家们所列举的各类要素或原则实际上反映了法治的不同侧面,沃尔德伦从形式、程序、实质三个方面对法治构想的划分具有启发性,值得参考借鉴。

1. 法治的形式方面

当代形式主义理论倾向于认同自由主义的法治观,认为法治等同于形式合法性。因此,从这一角度看,法治并不涉及法律的具体内容,而是涉及法律制度的最佳运作,以使个人在其行为的法律后果方面具有一定程度的可预测性。换言之,这种意义上的"法治"强调了规则的特征和好处,法律被视为一种规则,而规则的目的通常被认为是对人类行为的指导。诸多法治理论家对法治的形式要求进行了论述,其中最具代表性的当数美国学者富勒和英国学者拉兹。富勒提出了"法律的内在道德"(inner morality of law)之八项形式原则,即普遍性(generality)、公开性(publicity)、前瞻性(prospectivity)、可理解性(intelligibility)、一致性(consistency)、实用性(practicability)、稳定性(stability)和同等性(congruence)。[2]这些原则是形式上的,因为它们涉及适用于我们行为的规范之形式。作为法律实证主义的代表人物,拉兹认为,法治是个人自由的前提条件,法治作为一种"消极价值",其作用是尽量减少任意(arbitrary)行使自由裁量权可能带来的危险,法律必须能够指导个人行为。

---

[1] See Jeremy Waldron, "The Rule of Law and the Importance of Procedure", in James E. Fleming (ed.), *Getting to the Rule of Law*, New York University Press, 2011, pp.3~31.

[2] 参见[美]富勒:《法律的道德性》,郑戈译,商务印书馆2005年版,第46~47页。

第三章　信用规制法治化的基本思路与路径选择

为此，拉兹也提出了迈向形式法治的八条重要原则。[1]与富勒一样，拉兹也承认，法治需要在一定程度上遵守这些原则，但完全遵守法治不应当是社会的最终目标。相反，法治应当被作为实现其他社会目标的手段。

2. 法治的程序方面

法治除了在形式方面有一些必须遵守的基本原则外，一些程序性要素或原则也不可或缺。程序性要素主要是指政府行使权力的方式和法律的"质量"。[2]杰里米·沃尔德伦指出，为了准确理解法治，还需要将富勒的"八项形式原则"与同样不可缺少的程序特征清单相匹配。沃尔德伦提出了"十项程序原则"，[3]用以确保任何人都不应当受到政府强加给他

---

[1] 拉兹提出的八项原则包括：①所有法律都应当可预期、公开且明确；②所有法律都应当是相对稳定的，不能太频繁的修改；③法律本身的制定应当遵循公开、稳定、明确和普遍的规则；④必须确保司法机关的独立性，以确保法院正确地适用法律；⑤必须遵守自然正义的原则，以使法院的审判既公平又公开，并在没有偏见的情况下作出决定；⑥法院应当有权对立法和行政行为进行司法审查，以确保其遵守法律；⑦法院应当便于使用，尽量减少长时间的拖延和过高的费用；⑧不允许执法机构的自由裁量权规避法律。参见［英］约瑟夫·拉兹：《法律的权威：法律与道德论文集》，朱峰译，法律出版社2005年版，第185~189页。

[2] See Adriaan Bedner, "The Promise of a Thick View", in Christopher May, Adam Winchester (eds.), *Handbook on the Rule of Law*, Edward Elgar Publishing Limited, 2018, p.37.

[3] 沃尔德伦提出的十项程序原则包括：①由一个公正的法庭进行听证，该法庭必须根据正式提交给它的证据和论据采取行动，这些证据和论据涉及有关处罚、羞辱、损失等；②受过法律培训的司法官员，确保其独立于其他政府机构；③有权由律师代理，并有必要的时间和机会准备案件；④有权在诉讼的所有关键阶段出席；⑤有权与不利于被拘留者的证人对质；⑥有权要求保证政府提交的证据是在适当监督下收集的；⑦有权代表自己提出证据的权利；⑧有权对证据的证明力和案件有关的各种法律规范的适用力进行法律论证；⑨有权在法庭作出裁决时听取法庭对提交给法庭的证据和论据作出回应的理由；⑩向类似性质的高级法庭提出上诉的权利。See Jeremy Waldron, "The Rule of Law and the Importance of Procedure", in James E. Fleming (ed.), *Getting to the Rule of Law*, New York University Press, 2011, p.6.

的任何惩罚、羞辱或严重损失。在沃尔德伦看来，这些程序性要求往往与"自然正义""人性尊严"等术语联系在一起，因此它们是法治的重要组成部分。他进一步认为，如果我们仅仅将法治理解为由富勒、拉兹等人提出的形式标准所组成，而将上述程序性要求排除在外，那么我们就从根本上低估了法治的理念；当这些程序性要求没有得到应有的重视，或者本应体现这些程序性要求的制度受到破坏或干预时，那就背离了法治。[1]

由此可知，"程序法治"（procedural rule of law）所关注的重点在于，在不确保以尊重个人尊严的公平方式对个人施加具有不利法律后果的法律时，国家不得使任何人面临被强制施加惩罚、责任、谴责或羞辱的风险。那么，如何才能实现"公平方式"呢？按照"程序法治"的要求，公平方式的最低限度是，如果个人成为国家的"目标"，将有机会明智地参与已经将"剑"悬在其头上的法律体系。[2]因此，在程序法治中，当政府部门作出对个人不利的决定时，个人应当受到公正的裁判，在裁判过程中，个人应当具有获得律师帮助的权利，并且通过正当程序，个人有机会陈述自己的意见和主张，以确保政府是根据相关联的信息作出决定，而不是随意决定。

3. 法治的实质方面

法治的实质方面实际上是与法治的形式方面相对应的，其基本主张是一个制度要符合法治，必须包含具体的、特别是实

---

[1] See Jeremy Waldron, "The Rule of Law and the Importance of Procedure", in James E. Fleming (ed.), *Getting to the Rule of Law*, New York University Press, 2011, pp. 3-31.

[2] See Jeremy Waldron, "The Rule of Law and the Importance of Procedure", in James E. Fleming (ed.), *Getting to the Rule of Law*, New York University Press, 2011, p. 23.

第三章　信用规制法治化的基本思路与路径选择

质性的价值，如正义、公平、公正等理念。实质法治所依据的假设是，存在正义和权利的基本原则，这些原则具有普遍性，是任何人都不能剥夺的。[1]美国学者罗纳德·德沃金是"实质法治"的主要倡导者之一，他提出了法治的"权利概念"（rights conception），而不是形式主义理论家所倡导的"规则手册"（rule-book）概念。德沃金认为，法治不仅要求遵守形式合法性，还要求法律承认道德和政治权利，并允许个人通过法院或者其他机制行使这些权利。[2]有一些学者认为，法治和维护与支持私有财产之间有着特殊的"亲和力"。美国学者罗纳德·卡斯（Ronald Cass）便认为："对法治之承诺的一个关键方面是界定和保护财产权，即控制、使用或转让物品的权利"。[3]在卡斯看来，社会受法律约束的程度，取决于让财产权在法律规则下得到保障的过程，这些法律规则将得到可预测的适用，不受特定个人之"突发奇想"的影响，对这些进程的承诺便是法治的精髓。还有一些学者从基本权利保护或社会福祉的视角对法治的实质方面进行了探索。德国学者阿尔弗雷多·纳瓦兹·梅德西戈（Alfredo Narváez Medécigo）认为，无论何种版本的法治理

---

[1] See Gianluigi Palombella, "The Rule of Law as Institutional Ideal", *Comparative Sociology*, Vol. 9, Issue 1 (2010), pp. 4~39.

[2] 德沃金在《政治法官与法治》一文中作出了如下描述："我将第二种法治观称为'权利'概念。它在若干方面比规则手册的观念更为宏大。它假定公民对彼此有道德权利和义务，作为一个整体对国家享有政治权利。它坚持认为，这些道德和政治权利应在实在法中得到承认，以便在实际可行的情况下，根据公民个人的要求，通过法院或其他类似的司法机构执行这些权利。这种观念上的法治，是以准确的公众个人权利观念为治理理想。它不像规则手册观念那样区分法治和实体正义；相反，它要求作为法律理想的一部分，规则手册中的规则必须获取和执行道德权利。" See Ronald Dworkin, *Political Judges and the Rule of Law*, Proceedings of the British Academy, Vol. 64, 1978, pp. 259~287.

[3] Ronald Cass, "Property Rights Systems and the Rule of Law", in Enrico Colombatto (ed.), *The Elgar Companion to the Economics of Property Rights*, Edward Elgar Publishing, 2004, p. 131.

念都有一个最低限度：法律制度具有可预测性，能够为个人行为提供指引，要实现这一目标，法治原则必须具有"宪法至上"地位，由"法治"升级为"宪治"（Rule-of-the Constitution），将宪法权利和宪法原则作为法治的重要内容。[1]

由此可知，法治的实质方面所强调的是，为了与法治理念相匹配，不仅决定国家行为的法律规则应当具有一定的效力，而且这些法律规则应当包含民主、人的尊严、法律面前人人平等、社会正义等价值。正如美国学者简·斯特隆塞思所指出的，法治"描述了一种状态，即国家成功地垄断了暴力手段，大多数人在大部分时间能够选择以符合程序公正、中立和普遍适用规则之方式，并以尊重基本人权规范的方式解决争端"。[2]

二、法治化的基本内涵

"法治化"是一个被理论和实践广泛使用的术语。在学术文献中，冠以"法治化研究"的学术成果数量众多，[3]不过很少有研究成果对法治化的内涵进行具体界定，似乎这已经成为一个不证自明的概念。在政策文件中，很多重要的政策文本都在

---

[1] See Alfredo Narváez Medécigo, *Rule of Law and Fundamental Rights*, Springer, 2016, p. 21.

[2] Jane Stromseth, *Can Might Make Rights: Building the Rule of Law After Military Interventions*, Cambridge University Press, 2006, p. 78.

[3] 比较典型的著作。廖秀健：《信访法治化研究》，中国法制出版社 2017 年版；韩忠全：《大学生管理法治化研究》，北京大学出版社、黑龙江大学出版社 2018 年版；张志铭、于浩：《转型中国的法治化治理》，法律出版社 2018 年版；江利红：《行政收费法治化研究》，法律出版社 2017 年版；栗燕杰：《行政决策法治化探究》，中国法制出版社 2011 年版；王青斌：《行政规划法治化研究》，人民出版社 2010 年版；等等。

第三章 信用规制法治化的基本思路与路径选择

频繁使用"法治化"一词。[1]从政策文件中使用"法治化"的语境来看,法治化既可以是一种"过程",同时也可以是一种"状态",不过其确切含义仍有讨论的空间。

从字面上看,"法治化"与"法治"密切相关。关于法治的内涵,上文已经从形式、实体、程序三个方面予以阐述。那么,"法治化"到底意味着什么呢？莫纪宏教授认为,"法治化"的概念实质上是"法治"价值的"外化",即通过制度化的手段或者是人们的行为习惯来使"法治"价值得到具体的实现。[2]还有一些学者虽未直接对"法治化"进行界定,但是他们通过对法治化的具体实践、基础条件、实现路径等方面的讨论从侧面也可以为我们理解法治化提供参考。[3]张文显教授认为,国家治理法治化包括两个方面：一方面是治理体系法制化,主要是指国家治理制度由宪法和法律进行确认、建构和定型；另一方面是治理能力法治化,主要是指"善用法治思维和法治方式"。[4]

上述学者的观点为我们深入理解法治化奠定了基础。从词义的角度看,《辞海》对"化"的第一层解释是"变；改"。[5]

---

[1] 例如,党的十八大报告提出"实现国家各项工作法治化"；党的十九大报告提出"提高社会治理社会化、法治化"；《中共中央关于坚持和完善中国特色社会主义制度 推进国家治理体系和治理能力现代化若干重大问题的决定》提出"提高社会治安立体化、法治化"；《国务院办公厅关于进一步完善失信约束制度 构建诚信建设长效机制的指导意见》(国办发［2020］49号)提出"提高社会信用体系建设法治化、规范化水平"等。

[2] 参见莫纪宏："法治与小康社会",载《中国法学》2013年第1期。

[3] 例如,夏锦文教授等认为,法治化是一个"精巧而完整的系统工程",由立法产生的具体法律条件是法治化的"外表",而法律的精神、理念、原则与价值才是法治化的"筋骨和精髓","法律至上"的法律观念是法治化的观念基础。参见夏锦文、蔡道通："论中国法治化的观念基础",载《中国法学》1997年第5期。

[4] 张文显："法治化是国家治理现代化的必由之路",载《法制与社会发展》2014年第5期。

[5] 夏征农、陈至立主编：《辞海》(第6版彩图本),上海辞书出版社2009年版,第936页。

综合上述分析可知，当前我国学术文献和政策文本在使用"法治化"这一术语时基本上隐含了"变、改"的含义。此外，一些与法治化密切相关的概念也可以为我们理解法治化提供参考。首先是"合法化"（legalize/legalization）。《布莱克法律词典》将其解释为：①使合法，通过法律制裁授权或证明；②灌输法律精神，使尊重法律。[1]由此可知，"合法化"主要侧重于将一种行为或状态由"非法"变为"合法"的过程。其次是制度化（institutionalization）。一般认为，制度化也是一个过程，"是向手头任务灌输技术要求之外的价值观"。[2]更具体地说，制度化"是有序的、稳定的社会整合模式，从稳定的、组织松散的和狭隘的技术活动中出现的过程"。[3]由此可知，法治化与合法化、制度化等概念之间存在某种内在的契合和呼应，均强调价值理念向实践转化的过程。

综上所述，法治化可以被视为法治精神、法治理念、法治原则、法治价值的"制度化"。具体而言，是法治在形式、程序、实质三个方面的标准或要求从理想变为现实的过程，并且保持一种稳定的、持续的状态。之所以采取上述界定方法，除了充分借鉴已有的研究成果和实践经验外，还有以下两方面原因：一方面，法治本身可以被视为一种关于法律的制度理念（institutional ideal）；[4]另一方面，所有法概念都是一种"理性的制度化"，都来自正当制定性、社会实效、实质正确性三个要

---

[1] Bryan A. Garner (ed.), *Black's Law Dictionary* (9th), Thomson West, 2010, p. 977.

[2] Philip Selznick, *Leadership in Administration: A Sociological Interpretation*, University of California Press, 1984, pp. 16~17.

[3] Philip Selznick, *The Moral Commonwealth: Social Theory and the Promise of Community*, University of California Press, 1994, p. 232.

[4] See Gianluigi Palombella, "The Rule of Law as Institutional Ideal", *Comparative Sociology*, Vol. 9, Issue 1 (2010), pp. 4~39.

素的解释和权衡。[1]

三、信用规制的法治化

信用规制是一种政府规制创新,是一种重要的社会治理方式,也是一种新型的行政活动,其本质上属于国家治理的范畴,也是实现国家治理现代化的重要支撑。法治与信用规制之间存在逻辑上和事实上的联系,法治化是信用规制有序发展的必由之路。首先,信用规制的制度功能需要进行法治化。信用规制是应对信用失范和规制失灵的重要举措,并且符合公共行政功能扩张和政策创新的大趋势,具备广泛的理论支撑。推动信用规制实现法治化发展也是"固化"有益制度实践经验的重要方式。其次,信用规制的现实困境需要进行法治化。信用规制是行政权力行使的一种新的方式,在实践中可能对人性尊严、平等权、人格权、财产权等基本权利造成不当限制,面临"合法性危机"。因此,有必要通过法治化对信用规制进行"规训",将其纳入法律框架,实现"规则之治"与"信用之治"的深度融合。再次,法治可以为信用规制注入良法的基本价值,实现"权利保护"和"良法善治"。从人类法治文明发展的世界元素和中国标准来看,法治化可以将秩序价值、公正价值、人权价值、理性价值等注入信用规制体系。最后,信用规制法治化是法治一体化建设的题中之义。信用规制法治化与法治政府建设、法治社会建设直接相关。因此,实现信用规制法治化既是法治一体化建设的要求,也是法治一体化建设的支撑。

从上述对法治和法治化基本内涵的阐述来看,再结合当前

---

[1] 参见[德]罗伯特·阿列克西:《法:作为理性的制度化》,雷磊编译,中国法制出版社2012年版,第1页。

信用规制所面临的实践困境,信用规制法治化应当涵盖以下三个方面的基本要求:

(1)立法机关应当为信用规制制定完备的法律规范,且符合形式法治的要求。从形式法治的要求看,法律规范应当具备一些最低限度的形式标准,可以统称为"形式合法性",集中表现为富勒的"形式法治八原则",其中普遍性是"规则"的应有之义,与特殊"命令"相对,而可预测性则是最低标准。在信用规制过程中,无论是信用信息归集,还是信用评价,抑或是信用规制措施的实施,都需要信用规制机构以相应的法律规则作为依据。为了保证信用规制的公平、公正和规范,为信用规制提供依据的法律规则应当符合形式法治的要求。

(2)行政主体在执行信用规制法律规范时应当遵循合理的程序,且符合程序法治的要求。"制定法赋予决策者的权力,其行使必须总是促进该法案的政策和目标,而不应阻止或者去促进其他目标。"[1]为了防止行政机关滥用法律所赋予的自由裁量权,法治要求其必须遵循最低限度的程序要求,如公开、公正、透明等,可以统称为"程序正义"(procedural justice)或更具体地说是"正当法律程序"。[2]在信用规制过程中,法律规范将赋予行政机关广泛的规制权力,如果没有正当程序对这些规制权力的行使进行严格规范,一方面可能导致权力滥用,过度侵入私益领域,甚至对私益造成侵害;另一方面还可能导致行政相对人的合法权益在遭受侵害后,无法通过适当的程序知悉权益被侵害的事实及理由,进而影响相对人及时寻求权利

---

[1] [英]汤姆·宾汉姆:《法治》,毛国权译,中国政法大学出版社2012年版,第89页。

[2] See Steven E. Clark et al., "Legitimacy, Procedural Justice, Accuracy, and Eyewitness Identification", *UC Irvine Law Review*, Vol. 8, Issue1 (2018), pp. 41~84.

救济。

（3）行政相对人的合法权益在信用规制过程中应当受到保护，且符合实质法治的要求。法治的一个主要功能防止公民受到国家权力任意行使的侵害，这基本上已经成为现代民主法治国家的普遍共识，因此，个人权利与自由也是法治的核心内容。随着社会的发展，社会权利、经济权利、文化权利、群体权利等也逐渐成为法治的基本要素，这意味着国家负有提供福利的义务。对个人权利与自由、群体权利、社会经济权利等基本权利或价值的保护是法治的实质方面的要求。在信用规制过程中，行政机关在行使规制权力时，为了自身的行政管理目标或其他社会公共利益，不可避免地会对相对人的合法权益造成侵害，因此必须将实质法治的要求贯彻到信用规制实践中，做好权利的平衡和保护。

基于上述对信用规制法治化基本要求的描述，可以将信用规制法治化概括为：通过制定形式和实质的良法，将法治思维和法治方式融入信用规制过程，设定正当程序促进行政主体与行政相对人的良性互动，控制行政权力的行使，保护相对人的合法权益，实现权利保护和更好规制的平衡，最终实现良法善治。

第二节 域外信用规制法治化的经验借鉴

"一切认识、知识均可溯源于比较。"[1]当我们基于我国的信用规制实践以及法治一体化建设背景，对信用规制法治化有了一个初步认识以后，我们还有必要了解域外信用规制实践及

---

[1] [德] 茨威格特、克茨：《比较法总论》，潘汉典等译，中国法制出版社2017年版，德文第二版序。

其法治化经验,这样有助于我们加深对信用规制法治化的正确认识。目前,国内已经有一些研究成果专门对国际信用管理体系进行系统分析,[1]并根据国家、市场、社会在信用管理中扮演的角色,总结出了发达国家信用体系的三种主要模式,即"美国模式""欧洲模式"和"日本模式"。[2]还有一些研究成果在专门讨论某项信用制度或信用机制时对域外经验进行了系统研究,如专门研究美国的消费信用、[3]专门研究国际信用评级制度[4]等。不过,很少有研究成果对本书所探讨的"信用规制"(基于信用的规制)进行比较分析。有鉴于此,本书主要从"基于信用的规制"的角度对国外相对应的制度进行比较研究,以此来揭示中外信用规制之间存在的差异,为推动我国信用规制法治化提供参考和借鉴。

一、域外信用规制的前提条件:信用评级与信用报告

金融市场上有几种不同类型的信息中介机构,如评级机构、商业报告机构或公共信用登记机构。其中,信用评级(credit rating)和信用报告(credit reporting)是域外发达国家信用体系的核心。信用评级机构通过收集企业的信用信息以及某些金融产品的违约风险信息,并将其浓缩为衡量相对信用风险的单一指标,即以字母等级的形式来表示信用等级。信用评级机构发布的这些简明的信用风险评估结果,不仅被私人行为者(private actors)广泛用于市场上的各类投资决策,同时也被政府规制机

---

[1] 参见孙志伟:《国际信用体系比较》,中国金融出版社2014年版。
[2] 参见刘肖原等:《我国社会信用体系建设问题研究》,知识产权出版社2016年版,第60~61页。
[3] 参见孙志伟:《美国消费信用探幽》,中国经济出版社2014年版。
[4] 参见彭秀坤:《国际社会信用评级机构规制及其改革研究》,中国民主法制出版社2015年版。

构应用于规制活动中,尤其是金融规制。信用报告机构通过归集、分析和发布个人的信用信息,为特定的主体提供信用报告。美国学者米凯拉·赫尔利(Mikella Hurley)等认为:"对大多数美国人而言,获得信用是向上流动和财务成功的基本要求。良好的信用评级是购买房屋或汽车、创办新企业、寻求高等教育或追求其他重要目标的必要条件。对于许多消费者而言,良好的信用评级也是获得就业、租房和保险等基本服务的必要条件。"[1]本书所关注的主要是信用评级和信用报告在政府规制中的使用,即所谓的"基于信用的规制"。不过,在对政府规制机构利用信用评级和信用报告进行规制进行详细阐述之前,有必要先对域外信用评级和信用报告的含义、特征、性质等内容进行简要概述。

(一)何为信用评级?

目前,理论界对信用评级没有一个统一的定义,但是根据一些主要的信用评级机构给出的定义,可以找出一些共同特征。例如,标准普尔(Standard & Poor's)对信用评级的描述是:信用评级是对债务发行人(如企业或政府)按时、足额履行其财务义务的能力和意愿的前瞻性意见。[2]按照德国学者安德烈亚斯·克鲁克(Andreas Kruck)的总结,信用评级是衡量相对信用风险的指标,它以字母等级的形式表达了信用评级机构对发生信用违约的相对可能性的评估,即漏付或迟付债务利息或本金的可能性。[3]总体而言,信用评级的价值在于其向所有关注

---

[1] Mikella Hurley, Julius Adebayo, "Credit Scoring in the Era of Big Data", *Yale Journal of Law and Technology*, Vol. 18, 2016, pp. 148~216.

[2] See Standard & Poor's, "What are Credit Ratings?", https://www.spglobal.com/ratings/en/about/understanding-credit-ratings(Last visited on September 13, 2020).

[3] See Andreas Kruck, *Private Ratings, Public Regulations: Credit Rating Agencies and Global Financial Governance*, Palgrave Macmillan, 2011, p. 19.

市场主体当前信用风险状况的长期影响的人提供客观反馈。

关于信用评级的性质,信用评级机构通常主张:信用评级仅仅是对相对信用风险的一种"意见"(opinions),从本质上讲,评级机构的主要作用是协助各类投资者做出明智的投资决策。[1]在现代资本市场中,投资者在进行决策时,迫切希望市场中能够有一种机制,通过对大量信息的归集,对债券发行人的潜在信用风险及其财务义务发表意见。信用评级可能适用于各种实体,包括主权国家、金融机构和非金融公司,以及它们所发行的证券或其他债券,这意味着信用评级机构在金融市场的各个领域均有巨大的影响力。从理论上讲,机构进行的专家研究和分析可以保护投资者不至于"在不知不觉中承担信用风险"。然而,在整个金融危机期间蒙受的经济损失,尤其是那些涉及高评级金融产品投资的损失,不断引发人们对信用评级行业角色定位的讨论。

在实践中,经常出现由信用评级的准确性引发的民事纠纷,信用评级机构通常以其核心职能是"新闻报道"(journalism)为由,逃避其评级不准确的责任。[2]在美国的司法实践中,一些法院支持这一主张,并适用美国联邦最高法院关于新闻的"实际恶意标准"(actual malice standard)来确定评级机构对其评级准确性的责任,[3]这导致原告在与信用评级机构的诉讼中一般很难胜诉。美国学者特蕾莎·纳吉(Theresa Nagy)认为,这种

---

[1] See Neil D. Baron, "The Role of Rating Agencies in the Securitisation Process", in Leon T. Kendall, Michael J. Fishman (eds.), *A Primer on Securitization*, MIT Press, 2000, p. 81.

[2] See Jonathan Zell, "On the Civil Liability of Credit Rating Agencies", *Tel Aviv University Law Review*, Vol. 33, Issue 2 (2010), pp. 327~372.

[3] See Arthur R. Pinto, "Control and Responsibility of Credit Rating Agencies in the United States", *American Journal of Comparative Law*, Vol. 54, Supplement Issue (2006), pp. 341~356.

第三章 信用规制法治化的基本思路与路径选择

现实只能助长这些机构的不良表现,促使它们把自己的利润置于投资者利益之上,《美国宪法第一修正案》不应当使评级机构因评级严重失实而免于承担法律责任。[1]

如今,信用评级已经变得无处不在。几乎在资本市场的各个角落,投资者、发行人和规制机构都开始依赖这些由字母数字组成的"报告单"(report cards)。对于发行人而言,信用评级会从根本上影响其融资成本。对于投资者而言,信用评级决定了他们的买入和卖出决策。对于规制机构而言,信用评级已经成为金融监管中的重要决策依据。

(二)何为信用报告?

没有信息交换,市场就不存在。信息交换是每一项经济交易的初始阶段,没有信息交换,市场参与者就不会相互信任,交易就不会发生。[2]在市场交易中,商人之间通过口耳相传共享有关个人信用可靠度的信息由来已久。因为人们相信:对未来行为最好的预测是过去的行为。[3]然而,随着市场的不断扩大,远距离的商业活动不断增多,如何识别远在他乡且不知名的交易对象的信用可靠程度成了横亘在商业贸易中的重要问题。在此背景下,一些民间机构开始收集市场上各类参与主体的信用信息,包括其基本信息、还款记录、公共服务费用支付情况、涉诉情况、行政处罚情况、刑事犯罪情况等,并在对这些信息进行分析的情况下对个人的信用状况进行评分,这就是所谓的

---

[1] See Theresa Nagy, "Credit Rating Agencies and the First Amendment: Applying Constitutional Journalistic Protections to Subprime Mortgage Litigation", *Minnesota Law Review*, Vol. 94, Issue 1 (2009), pp. 140~167.

[2] See Nicola Jentzsch, *Financial Privacy: An International Comparison of Credit Reporting Systems*, Springer, 2007, p. 1.

[3] See Luke Herrine, "Credit Reporting's Vicious Cycles", *New York University Review of Law & Social Change*, Vol. 40, Issue 2 (2016), pp. 305~350.

信用报告制度。换言之，信用报告制度由机构、个人、规则、程序、标准和技术组成，使信用信息能够流动到与信用和信贷协议有关的决策中。信用报告制度的核心是信用信息数据库，以及支撑这些数据库有效运作的体制、技术和法律框架。作为对个人财务行为的记录，信用报告正在成为经济生活中的"第二身份"，它将越来越多地决定商品和服务的获取及价格。

按照德国学者尼古拉·詹茨奇（Nicola Jentzsch）的总结，目前主要有三种信用报告制度：一是"双轨制"（dual systems），即同时存在公共信用登记机构和私营信用机构；二是私营制度（private systems），即只有私营信用机构；三是公共制度（public systems），即只有公共信用登记机构。[1]一个国家在发展信用报告制度方面走什么样的道路，通常取决于历史、文化、经济等因素。总体而言，人们普遍认为，公共和私人信用报告机构在许多情况下是相辅相成的，而且确实发挥着不同的作用。不过，我们也必须认识到公共和私人信用报告机构在报告的门槛、信息的使用等体制设计方面存在明显的不同。意大利学者费德里科·费拉逖（Federico Ferretti）认为，无论采用何种制度，承担信用报告职责的机构均可以被统称为"征信机构"（Credit Reference Agencies），其主要工作都在于汇编和管理有关消费者金融交易、借款、支付行为和家庭财务等方面的数据库，这些信息和其他来源的信息一起，传播给市场中的第三方机构或个人使用。[2]

信用报告使人们可以快速获得关于潜在交易对象的信用信

---

[1] See Nicola Jentzsch, *Financial Privacy: An International Comparison of Credit Reporting Systems*, Springer, 2007, p.61.

[2] See Federico Ferretti, *The Law and Consumer Credit Information in the European Community: The Regulation of Credit Information Systems*, Routledge-Cavendish, 2008, p.9.

第三章 信用规制法治化的基本思路与路径选择

息,减少信息不对称,因此是减轻逆向选择和道德风险的有效工具。由于银行和其他金融中介机构对信用报告的巨大需求,以及越来越多的私营公司、零售商、雇主、公共部门在决策中使用信用报告,信用报告在全世界正变得越来越重要。数据处理技术的进步提高了信用评分工具的准确性和成本效益,增加了私营机构和公共部门获取信息的价值。互联网和电子商务正在创造越来越多的机会,使信用数据和其他个人信息、商业信息能用于各种商业目的或非商业目的。

关于信用报告的用途,世界银行金融专家玛格丽特·米勒(Margaret J. Miller)认为主要有三种:①通过协助风险评估和建立消费者行为模型来支持金融和商业交易;②使银行监管人员能够准确评估受监管金融机构的信用风险;③经济分析。[1]意大利学者费德里科·费拉逖则认为,征信机构的信用数据库大致有十种用途:①信用评分;②打击过度负债;③市场营销;④预防诈骗;⑤信用申请人的身份验证;⑥打击身份盗窃;⑦控制洗钱犯罪;⑧用于政府规制活动;⑨私人交易;⑩其他不断拓展的用途。[2]本书主要对信用报告在政府规制过程中的使用进行重点研究。

二、域外信用规制的实践现状:基于信用的规制

尽管越来越多的政府部门都开始在政府规制活动中使用信用信息,但是具体的制度设计却因政治、经济、文化等因素的影响

---

[1] See Margaret J. Miller, "Introduction", in Margaret J. Miller (ed.), *Credit Reporting Systems and the International Economy*, The MIT Press, 2003, p. 12.

[2] See Federico Ferretti, *The Law and Consumer Credit Information in the European Community: The Regulation of Credit Information Systems*, Routledge–Cavendish, 2008, p. 19~29.

而不同。有鉴于此，本书主要以美国和欧盟为例，对政府规制机构在规制活动中使用信用评级和信用报告的实践现状进行考察。

(一) 信用评级在欧美规制体系中的使用

一般认为，国家机关与信用评级之间的联系通常有三种方式：首先，国家本身就是信用评级机构进行信用风险评估的对象（主权评级）。其次，国家立法机关和其他政府规制部门为信用评级机构的业务活动制定法律框架。最后，国家机关在政府规制活动中使用信用评级机构提供的信用风险评估。[1]对于政府规制机构在规制活动中使用信用评级进行规制，通常被称为"基于评级的规制"（ratings-based regulation）或"依赖评级的规制"（ratings-dependent regulation）。[2]在过去的三十多年里，国家和国际规制机构越来越多地采用"基于评级的规制"，尤其是在金融市场规制中，其目的是确保金融体系的稳定。"基于评级的规制"可以让政府规制机构根据信用评级设计和实施对金融市场的"风险敏感"（risk-sensitive）规制，[3]允许政府规制机构基于灵活的规则，按照不同的风险程度自动调整规制要求。[4]此外，信用评级也广泛运用于政府采购决策中，有助于政府机构筛选出财力不足、信誉不佳的供应商，同时确保并向社会发出信号：纳税人的利益不会受到威胁和损

---

[1] See Andreas Kruck, *Private Ratings, Public Regulations: Credit Rating Agencies and Global Financial Governance*, Palgrave Macmillan, 2011, p. 33.

[2] Fernando Gonzalez et al., "Market Dynamics Associated with Credit Ratings: A Literature Review" (2004), ECB Occasional Paper No. 16, Available at SSRN: https://ssrn.com/abstract=752065.

[3] See Dieter Kerwer, "Standardising as Governance: The Case of Credit Rating Agencies", in Adrienne Héritier (ed.), *Common Goods: Reinventing European Integration Governance*, Rowman & Littlefield Publishers, 2002, p. 294.

[4] See Lawrence J. White, "The Credit Rating Industry: An Industrial Organization Analysis", in Richard M. Levich, Giovanni Majnoni, Carmen Reinhart (eds.), *Ratings, Rating Agencies and the Global Financial System*, Springer, 2002, pp. 41~63.

害。[1]

1. 信用评级在美国规制体系中的使用

"基于评级的规制"在美国政府规制体系中有着悠久的历史，可以追溯到"新政时期"。1931年，美国货币监理署将信用评级在BBB级（或同等级别）以上的债券与评级较低的债券区分开来，规定后者必须由银行减记至市场价值，资本必须针对由此产生的账面损失的50%持有。1935年，《美国银行法》（Banking Act）禁止国家银行购买不符合美国货币监理署给出的"投资证券"定义的证券，后来《美国联邦储备法》（Federal Reserve Act）将这一规则扩大到了各州银行。[2]由此可知，在美国，"基于评级的规制"最初主要限于对银行的规制。直到1975年，美国证券交易委员会发布第15c3-1号规则允许经纪商根据"国家认可的统计评级组织"（NRSROs）提供的评级对某些证券实行较小的"折价率"（haircuts）。[3]随着1975年美国证券交易委员会新规的广泛实施，参照信用评级，尤其是NRSROs评级进行规制的做法很快扩散到整个金融规制领域，美国的诸多公共规制机构，如证券交易委员会（SEC）、货币监理署（OCC）、劳工部（Department of Labor）等部门，均将信用评级用于广泛的规制目的。[4]

---

[1] See Kevin Green, Xuan Tian, Han Xia, "Buying on Certification: Credit Ratings and Government Procurement (March 1, 2020)", *Kelley School of Business Research Paper No. 15-8*, Available at SSRN: https://ssrn.com/abstract=2540251.

[2] See Richard Cantor, Frank Packer, "The Credit Rating Industry", *The Journal of Fixed Income*, Vol. 5, Issue 3 (1995), pp. 10~34.

[3] See Frank Partnoy, "The Siskel and Ebert of Financial Markets: Two Thumbs Down for the Credit rating Agencies", *Washington University Law Quarterly*, Vol. 77, Issue 3 (1999), pp. 619~712.

[4] See Fernando Gonzalez et al., "Market Dynamics Associated with Credit Ratings: A Literature Review" (2004), *ECB Occasional Paper No. 16*, Available at SSRN: https://ssrn.com/abstract=752065.

从"基于评级的规制"在美国的发展情况来看，主要可以分为四种类型：①美国规制机构可以利用信用评级对某些金融机构（如养老基金）实施风险敏感的投资限制。在这种情况下，一定的最低信用等级（通常是"投资级"）构成了证券投资和交易的规制门槛。②美国规制机构根据不同的信用等级对评级债券的发行人规定了差异化的披露要求。在这种情况下，信用评级可以作为披露要求的标准：评级越低，披露要求越严格。这意味着与信用风险较低的公司相比，信用风险较高的金融机构在向规制机构提交的季度报告中必须披露更多与其经营情况相关的信息。③美国规制机构利用信用评级作为某些金融产权（如抵押贷款证券）的发行条件。在这种情况下，信用评级是发行这些产权之前必须满足的规制标准。④美国规制机构利用信用评级来调整银行和机构券商的资本准备金要求，以应对其信用风险暴露（credit risk exposure）。在这种情况下，如果金融机构的交易伙伴或其持有的证券具有较高的信用等级，则其资本准备金要求可获得折扣。[1]

总体而言，从20世纪30年代至今，美国多个公共规制机构发布的大量法律和规则均采纳了"基于评级的规制"。在规制中使用信用评级的情况在美国最为普遍。2005年6月，美国国会听证会报告称，至少有8部联邦条例、47联邦规则和100部州法律提到了"基于评级的规制"。[2]

2. 信用评级在欧盟规制体系中的使用

"基于评级的规制"率先在美国政府规制体系中获得广泛适

---

[1] See Andreas Kruck, *Private Ratings, Public Regulations: Credit Rating Agencies and Global Financial Governance*, Palgrave Macmillan, 2011, pp. 35~36.

[2] See Herwig M. Langohr, Patricia T. Langohr, *The Rating Agencies and their Credit Ratings: What They Are, How They Work and Why They Are Relevant*, John Wiley & Sons Ltd, 2008, p. 431.

用,随着经济全球化的深入,这种规制模式也被其他国家或地区所采用,尤其是《巴塞尔协议Ⅱ》的实施,其允许银行使用"外部信用评估机构"的评级来确定标准化方法中的风险权重,[1]这进一步促进了"基于评级的规制"的国际扩张。在欧盟层面,早在1993年的《资本需求指令》就已经开始规定将信用评级用于规制中,主要适用于信贷机构和投资公司。不过,1993年《资本需求指令》也留了一个缺口,即欧盟成员国如果认为根据市场、发行人、发行量等特点或这些特点的某些组合判断"基于评级的规制"不合适,可以选择放弃以评级为基础的规制。即便如此,从1993年到2006年,除了德国以外,巴塞尔银行监管委员会的所有欧洲成员均在对银行的"审慎监管"(prudential supervision)中使用信用评级。[2]2006年,随着《银行指令》(Banking Directive)和新的《资本需求指令》(2006/49/EC)的出台,不具约束力的《巴塞尔协议Ⅱ》标准被转化为具有约束力的欧盟法律,而这些欧盟指令随后被转化进成员国的规制体系中。

在欧盟规制体系中,信用评级主要有两个规制用途:欧盟金融机构使用信用评级计算资本要求和欧洲央行使用信用评级

---

[1] 《巴塞尔协议Ⅱ》的目的是增加银行所持监管资本对银行所面临的经济风险的敏感度。其提出了重构资本充足性评估框架的"三大支柱",第一支柱是最低监管资本要求,保持原规定中8%的资本充足率要求,不过确定资本比率的风险加权方法有所改变,将原来依赖于公共监管机构评估的信用风险加权系统更换为使用外部信用评价来计算风险权数,从而实现目标。这些外部信用评价很大一部分将由私人机构或企业来完成,对私人或主权国借款人的信用风险予以评估。参见[英]克恩·亚历山大、拉胡尔·都莫、约翰·伊特威尔:《金融体系的全球治理:系统性风险的国际监管》,赵彦志译,东北财经大学出版社2010年版,第41页。

[2] See Andreas Kruck, *Private Ratings, Public Regulations: Credit Rating Agencies and Global Financial Governance*, Palgrave Macmillan, 2011, p.42.

确定运作的合格抵押品。[1]按照《欧盟信用评级机构条例》第3（g）条的规定，"规制目的"是指"为遵守欧盟法律或成员国为实施欧盟法律的国家立法而使用信用评级的特定目的"。[2]根据《银行指令》第80（1）条的规定，在计算风险加权时应当以信用质量（credit quality）为基础，而信用质量可以参照"外部信用评估机构"的信用评估来确定。《银行指令》第81~83条进一步就"外部信用评估"进行了规定。其中，第81（1）条规定，只有当提供外部信用评估的外部信用评估机构被主管部门认可以后才能够根据第80条的规定使用外部信用评估来确定风险权重。那么，欧盟监管部门是如何来确定某一信用评级机构是否符合"外部信用评估机构"的标准呢？按照第81（2）条的规定，需要满足两个条件：一是外部信用评估机构的评估方法符合客观性、独立性、持续审查和透明度的要求；二是由此产生的信用评估符合可信度和透明度的要求。[3]

尽管"基于评级的规制"已经扩展到很多国家或地区的规制体系中，但是各国或地区对于这种规制机制的依赖程度却存在差别。以美国和欧盟为例，总体而言，美国的公共规制机构

---

[1] 参见［西］拉克尔·高科塔·阿尔库比拉、杰威尔·瑞恩·瑞尔珀瑞：《欧洲对信用评级机构的监管：从宽松到严格》，高汉译，化学工业出版社2014年版，第74页。

[2] REGULATION (EU) No 462/2013 OF THE EUROPEAN PARLIAMENT AND OF THE COUNCIL of 21 May 2013 amending Regulation (EC) No 1060/2009 on credit rating agencies, https://eur-lex.europa.eu/legal-content/EN/TXT/PDF/?uri=CELEX：32013R0462&from=EN (Last visited on September 14, 2020).

[3] DIRECTIVE 2006/48/EC OF THE EUROPEAN PARLIAMENT AND OF THE COUNCIL of 14 June 2006 relating to the taking up and pursuit of the business of credit institutions (recast), https://eur-lex.europa.eu/legal-content/EN/TXT/PDF/?uri=CELEX：32006L0048 (Last visited on September 14, 2020).

第三章　信用规制法治化的基本思路与路径选择

对"基于评级的规制"的依赖程度要高于欧盟的公共规制机构。按照德国学者安德烈亚斯·克鲁克的总结，主要有三个方面的原因：首先，美国规制体系中金融市场规制所涵盖的市场主体的总量和多样性均要大于欧洲大陆的规制体系。这意味着受规制者的范围更加复杂，其风险状况差异更大，美国公共规制机构面临的规制压力更大。其次，美国金融市场上流行的金融产品的平均复杂程度要高于欧洲大陆市场。美国不仅是近代金融创新设计最多的地方，而且与欧洲大陆相比，美国的金融衍生品贸易量更大，不同类型的衍生品也更加多元化。最后，美国金融市场的相对波动性大于欧洲大陆市场，即美国金融市场的价格和利率波动幅度更大。这就增加了系统的不确定性，有利于对风险敏感的规制，并随着时间的推移对信用风险敞口进行调整。[1]上述因素共同导致美国公共规制机构更加重视"基于评级的规制"。

总体而言，政府规制机构对信用评级的使用已经变得非常普遍，主要涵盖了几种应用情形：①审慎性，特别是资本要求；②市场准入；③投资者保护。几乎所有拥有可投资金融资产和机构化中介的经济体，或多或少都有"基于评级的规制"。[2]

（二）信用报告在欧美规制体系中的使用

信用报告由于其自身的功能与特性，也具有广泛的用途，其中就包括政府规制机构在规制活动中利用信用报告进行规制。

---

[1] See Andreas Kruck, "The Regulatory Use of Credit Ratings in Germany and the US: A Resource Dependence View on the Transfer of (Quasi-) Regulatory Authority", *German Policy Studies*, Vol. 9, Issue 1 (2013), pp. 141~176.

[2] See Herwig M. Langohr, Patricia T. Langohr, *The Rating Agencies and their Credit Ratings: What They Are, How They Work and Why They Are Relevant*, John Wiley & Sons Ltd, 2008, p. 439.

从信用报告的发展历史与制度设计来看,美国与欧盟存在较大的不同,因此信用报告在欧美规制体系中的使用程度也存在差异。

1. 信用报告在美国规制体系中的使用

信用报告制度在美国拥有较长的制度发展历史,总体而言,可以分为三个阶段:一是建立地方性信用报告网络;二是建立全国性信用报告网络;三是建立国际化信用报告网络。[1]在19世纪以前,金融声誉(financial reputations)一般是由当地的社会共同体(community)进行调控,在狭小的地域范围之内,个人的品格、社会行为和商业行为等信息可以自由传播。一直到20世纪50年代初,信用报告还主要集中在当地市场或特定地区,传播的主要是个人的负面信息,并且收集的信息范围很广,包括个人的职业晋升、婚姻史、种族等信息。[2]此外,对于个人信用信息的查询和披露也很不规范,查询主体并不限于利益相关者,并且未对信用报告的用途予以明确。[3]美国学者路易斯·海曼(Louis Hyman)曾指出,美国联邦调查局虽然不是个人贷款、信用卡或抵押贷款的提供者,但却是信用报告机构的最大用户。[4]这引起了美国社会对信用报告乱象的不满与担忧,要求对信用报告加强规制的呼声越来越高。1970年,《公平信用

---

[1] See Nicola Jentzsch, *Financial Privacy: An International Comparison of Credit Reporting Systems*, Springer, 2007, p. 76.

[2] See Mark J. Furletti, "An Overview and History of Credit Reporting (June 2002)", *FRB of Philadelphia Payment Cards Center Discussion Paper No. 02 - 07*, Available at SSRN: https://ssrn.com/abstract=927487.

[3] See Lenore Cooper Garon, "Protecting Privacy in Credit Reporting", *Stanford Law Review*, Vol. 24, Issue 3 (1972), pp. 550~567.

[4] See Louis Hyman, *Debtor Nation: The History of America in Red Ink*, Princeton University Press, 2012, p. 210.

报告法》出台,信用报告制度在美国实现法制化发展。[1]自此以后,信用报告行业才开始关注客观的、可核实的、与信用直接相关的信息,把正面信息也纳入了信用信息的范围。[2]因此,从这个意义上看,《公平信用报告法》对于美国信用报告制度的法治化治理具有重要的里程碑意义。

在美国,有关信用报告的用途主要被规定在《公平信用报告法》第604条"消费者报告的合法用途"(permissible purposes of consumer reports)中。[3]其中,《公平信用报告法》第604条第(a)款第(4)项和第(5)项专门就消费者报告在政府规制中的使用进行了规定。从规定的内容来看,消费者报告主要被用于以社会保障为目的之政府规制或私经济行政。具体包括以下情形:①为确定个人支付子女抚养费的能力,确定此类支付的适当水平,或执行子女抚养令、裁决、协议或判决,需要信用报告。②根据州法律有关子女抚养义务的规定,确认该义务所涉子女的父母身份。此外,对于执行机构使用消费者报告还有严格限制,大致可以分为两种:一种是事前限制。当政府机构需要查询个人的信用报告时,信用报告机构应当以适当的

---

[1] 《公平信用报告法》在立法目的中作出了如下表述:本法律的立法目的是要求消费者报告机构设置合理的操作程序,以公平、公正的方式满足对消费者授信、雇用、保险和其他信息的商业需求,并按本法律的规定确保消费者信息的保密性、准确性和合理使用。参见中国市场学信用工作委员会编译:《世界各国信用相关法律译丛·北美卷》,中国方正出版社2006年版,第185页。

[2] Michael F. McEneney, Karl F. Kaufmann, *Fair Credit Reporting Act Developments*, The Business Lawyer, Vol. 59, Issue 3 (2004), pp. 1215~1225.

[3] 该法第604条规定,消费者报告机构仅可以向下列合法用户提供消费者报告:①持有辖区法院的命令或联邦大陪审团按程序发出传票;②有消费者本人的书面委托;③为了交易、雇佣、保险等目的需要使用消费者报告;④根据州或地方子女抚养执行机构主管(或由该主管授权的州或地方政府官员)的要求。Neil Vanderwoude, "The Fair Credit Reporting Act: Fair for Consumers, Fair for Credit Reporting Agencies", *Southwestern Law Review*, Vol. 39, Issue 2 (2009), pp. 395~412.

方式提前10天通知被查询对象。另一种是事后限制。政府机构对于信用报告的内容负有保密义务，并且不能将信用报告用于法律规定的目的之外，不得用于其他任何民事、行政或刑事程序。[1]

2. 信用报告在欧盟规制体系中的使用

欧洲的征信行业已有一百多年的历史，其特点是由国家的中央银行设立公共信用登记系统（public credit registers），向组织和个人提供信用报告，这是欧洲信用信息共享的一个主要特点。[2]由于个人信用信息属于个人信息的范畴，因此信用报告在政府规制中的使用通常是遵循个人信息保护法中有关个人信息使用的规定，亦即公共机构在使用信用报告时应当以"公共利益"作为主要目标。具体而言，目前信用报告在政府规制中的使用主要集中于金融规制中，一些国家的金融监管部门基于维护国家的金融秩序，在调查金融违法行为或防治金融风险时会使用信用报告。不过，近年来，随着私人信用报告机构的快速发展，信用报告或信用数据的共享主体范围也在不断扩大，警察和其他执法机构、中央和地方的公共机构以及信用评级机构的规制机构，有时也要求信用报告机构向它们提供个人信用数据。这些信用数据可以用于一系列公共目的，如预防或侦查犯罪、防止欺诈、逮捕或起诉违法者、评估或稽查税务、调查投诉或评估某一特定行业的运行情况。[3]

---

〔1〕 参见中国市场学信用工作委员会编译：《世界各国信用相关法律译丛·北美卷》，中国方正出版社2006年版，第188~189页。

〔2〕 See Nicola Jentzsch, *Financial Privacy: An International Comparison of Credit Reporting Systems*, Springer, 2007, p. 78.

〔3〕 See Callcredit, Equifax, Experian, "Credit Reference Agency Information Notice", https://www.dnb.co.uk/utility-pages/how-credit-reference-agencies-share-personal-data.html (Last visited on December 13, 2020).

三、域外信用规制的监督保障：对信用进行规制

在美国和欧盟的金融市场规制体系中，信用评级扮演着非常重要的角色，信用评级机构处于"看门人"（gatekeepers）地位，拥有准规制权力，[1] 而信用报告也被小范围地运用于政府规制，为政府作出行政决定提供参考依据。然而，"评级机构并不像人们曾经期望的那样，是中立的、技术性的和客观的仲裁员"。[2] 由于信用评级机构和信用报告机构在实施各类信用信息归集、处理和使用行为时可能存在违反法律法规的情况，这不仅会对企业、个人的合法权益造成侵害，而且还可能对整个金融规制体系的稳定性和有效性造成不利影响。因此，美国和欧盟在利用信用信息进行政府规制的同时，也采取各类措施对信用评价机构本身进行严格规制。

（一）欧美对信用评级的规制

信用评级在美国和欧盟的发展存在差异，美国和欧盟对"基于评级的规制"的依赖程度也不相同。因此，二者对信用评级的规制也有不同的制度设计。

1. 美国对信用评级的规制

在理论上，公共规制机构对信用评级本身进行规制与信用评级在规制体系中所处的地位有关。"基于评级的规制"实际上导致了国家与市场、公权与私权、硬法与软法、国际与国内等传统二元对立关系的崩溃，信用评级机构是一种"公私看门人"（public-private gatekeeper），它反映了一种重要的理论张力：国

---

[1] See Yasuyuki Fuchita, Robert E. Litan (eds.), *Financial Gatekeepers: Can They Protect Investors?*, Brookings Institution Press, 2006, p. 2.
[2] [英] 洛伦佐·费尔拉蒙蒂：《数据之巅：数据的本质与未来》，张梦溪译，中华工商联合出版社2020年版，第67页。

家主导的和市场主导的权威形式之间存在差异，前者以政治合法性为基础，而后者则主要依赖声誉合法性（reputational legitimacy）。[1]随着大数据、算法等技术在信用评价中的运用，各种数据挖掘软件和基于计算机的风险可以被统称为"新金融代码"（new financial code），这些"代码"的扩张，导致规制机构将规制金融市场的重要责任"外包"给它们。[2]然而，信用评级行业并未充分认识其在规制体系的特殊地位，而是固守纯粹的市场主体观念，认为信用评级只是一种"意见"，属于宪法言论自由和新闻自由的保护范畴，而司法实践又有意无意地支持了这一立场，这就形成了所谓的"问责空隙"（accountability gap）。[3]长期以来，美国一些学者对此种现状一直持批判态度，尤其是2001年安然公司破产事件和2008年金融危机之后，很多学者提出应当重新反思信用评级机构的法律地位和现有金融市场的规制框架。[4]

在实践中，信用评级无法准确反映市场主体的信用风险，甚至会引发新的治理风险，这直接促使政府机构开始加强对信用评级的规制。自1975年以后，美国证券交易委员会在联邦证

---

[1] See Christopher M. Bruner, "States, Markets, and Gatekeepers: Public-Private Regulatory Regimes in an Area of Economic Globalization", *Michigan Journal of International Law*, Vol. 30, Issue1 (2008), pp. 125~176.

[2] See Erik F. Gerding, "Code, Crash, and Open Source: The Outsourcing of Financial Regulation to Risk Models and the Global Financial Crisis", *Washington Law Review*, Vol. 84, Issue 2 (2009), pp. 127~198.

[3] See Theresa Nagy, "Credit Rating Agencies and the First Amendment: Applying Constitutional Journalistic Protections to Subprime Mortgage Litigation", *Minnesota Law Review*, Vol. 94, Issue 1 (2009), pp. 140~167.

[4] See Nan S. Ellis, Lisa M. Fairchild, Frank D'souza, "Is Imposing Liability on Credit Rating Agencies a Good Idea: Credit Rating Agency Reform in the Aftermath of the Global Financial Crisis", *Stanford Journal of Law*, Vol. 17, Issue 2 (2012), pp. 175~222.

第三章 信用规制法治化的基本思路与路径选择

券法规定的各项规制中,一直依靠市场认可的 NRSROs 评级来区分不同的信用等级。然而,一些重要的金融事件却不断对"基于评级的规制"提出质疑。例如,在世界通讯公司(World-Com)宣布破产前 3 个月,穆迪、标准普尔和惠誉还在对该公司的债券作出有利的信用评级。这些发行人出人意料地倒闭,使投资者损失了数十亿美元,同时也提出了一个问题:为什么信用评级机构会发布有利的信用评级,而这些评级似乎并不能准确反映公司破产的可能性? 2002 年 7 月,美国出台《萨班斯-奥克斯利法案》(Sarbanes-Oxley Act),以恢复投资者对金融市场的信心并防止上市公司欺骗投资者,该法案对美国的公司治理产生了深远影响,要求上市公司加强内部控制监督,并授权美国证券交易委员会重新评估信用评级机构在证券市场中地位。为了"通过促进信用评级行业的问责制、透明度和竞争"来提高信用评级质量,2006 年,美国国会通过了《信用评级机构改革法案》(Credit Rating Agency Reform Act),该法授予美国证券交易委员会权力,以规制 NRSROs 有关记录保存的内部程序,以及如何防范利益冲突。2007 年 6 月,美国证券交易委员会发布了《注册为 NRSROs 信用评级机构的监管规则》,并在 2008 年后对其中的信息披露、内部改革管理进行了修订。2010 年 7 月,美国国会通过了《多德-弗兰克法案》(The Dodd-Frank Act),该法案要求取消美国联邦金融规制中的信用评级,代之以其他信用标准。公共规制机构的反应是用替代性方法取代信用评级,包括改变规制模式和利用第三方评估。[1]

---

[1] 英国学者穆罕默德·赫姆拉吉(Mohammed Hemraj)对美国信用评级规制体制进行了详细研究。See Mohammed Hemraj, *Credit Rating Agencies: Self-regulation, Statutory Regulation and Case Law Regulation in the United States and European Union*, Springer, 2015, pp. 93~145.

总体而言，美国通过制定和修改一系列法律逐步确立了信用评级的规制体系，授予政府部门相应的规制权力。《信用评级机构改革法案》部分地试图解决利益冲突问题，并提供透明、客观的标准和合理的方法来规制信用评级机构。最重要的是，确保信用评级机构负责任地行事。《多德-弗兰克法案》通过加强控制和提高透明度来改善信用评级过程，该法案还极大地扩大了美国证券交易委员会的监督和执法权力，并力图在理论上使投资者更容易对信用评级机构提起民事诉讼。此外，《多德-弗兰克法案》还试图减少政府规制对信用评级的依赖，将其作为信用质量的试金石，转而采取包含多种因素和信用标准在内的更广泛的标准。

2. 欧盟对信用评级的规制

在理论上，欧洲的学者与美国学者类似，均主张从信用评级机构在规制体系中的地位来讨论政府规制的必要性。英国学者茱莉娅·布莱克认为，"公共规制机构为了规制目的而使用私人信用评级"除了可以用"基于评级的规制"进行概念化外，还可以将其纳入"基于原则的规制"（principles based regulation）、"基于风险的规制"（risk based regulation）、"元规制"等概念框架，并认为这些规制"技术"的核心在于"反应迅速、灵活，并能让其他主体参与规制计划，从而扩大其能力，甚至合法性"。[1] 德国学者安德烈亚斯·克鲁克认为，可以将"基于评级的规制"理解为公共规制机构与信用评级机构之间的"委托-代理关系"，这种关系意味着治理任务的委托，即根据信用评级机构的信用可靠度标准进行风险计量，以达到灵活的、对风险敏

---

[1] Julia Black, "Paradoxes and Failures: New Governance Techniques and the Financial Crisis", *Modern Law Review*, Vol. 75, Issue 6 (2012), pp. 1037~1063.

第三章　信用规制法治化的基本思路与路径选择

感的规制目的,实现(准)规制权力的转移。[1]德国学者迪特·克威尔(Dieter Kerwer)认为,信用评级机构是"私人非政府规制机构",由于信用评级在金融市场中无处不在,因此它们对信用流动拥有相当大的控制权,信用评级机构给全球规制的合法性问题带来了一个难题。一方面,作为追求利润的公司,信用评级机构缺乏正式的强制元素;另一方面,信用评级机构又确实在行使"非法权力"(illegitimate power),是一种"私人权威"(private authority)。此外,对问责制的广泛要求并没有对信用评级机构的运作产生很大影响。因此,对信用规制机构的问责需求与问责供给之间长期存在不匹配,即所谓的"问责空隙"。[2]

在2008年金融危机爆发之前,欧盟出台的规则主要是以国际证券委员会组织守则所规定的标准为基础,旨在提高欧盟所使用的信用评级的发布标准,强调自我规制,主要涉及信用评级的两个具体方面。一方面,信用评级是前瞻性意见,而审计师则是对所编制账目的真实性和公允性提供后向性意见。另一当面,信用评级机构应当加强内部管理,完善相应的规则和程序,确保信用评级的公平,并且符合法律法规的要求。金融危机发生以后,欧洲理事会于2008年6月和2008年10月提出一项立法建议,加强欧盟一级的信用评级机构规则及其监督。2009年9月,欧盟出台了《信用评级机构监管条例》(Regulation 1060/2009),该条例首次从欧盟层面对信用评级机构设定了一个具有法律约束力的规制框架,以确保信用评级活动符合诚实(integrity)、透明(transparency)、负责(responsibility)和善治

---

[1] See Andreas Kruck, *Private Ratings, Public Regulations: Credit Rating Agencies and Global Financial Governance*, Palgrave Macmillan, 2011, p. 68.

[2] See Dieter Kerwer, "Holding Global Regulators Accountable: The Case of Credit Rating Agencies", *Governance*, Vol. 18, Issue 3 (2005), pp. 453~475.

(good governance)的原则,确保信用评级是独立、客观和高质量的。[1]在信用评级的监管方面,该条例将"登记注册"作为首要监管措施,要求信用评级机构必须严格按照注册要求和程序进行注册登记,而主管部门则拥有审核权力。此外,该条例还授予主管部门为行使其职能所需的一切监督和调查权力,要求这些权力按照直接、与其他当局合作或向主管司法当局提出申请等方式行使。

此外,与美国公共规制机构的态度相似,欧盟公共规制机构也认为,目前信用评级机构具有"准规制机构"的作用,有必要减少对评级的依赖。2010年10月,金融稳定委员会(Financial Stability Board)颁布了《减少对信用评级依赖的原则》,其目的是减轻市场参与者对信用评级机构的依赖,建立更有力的内部信用风险评估机制;其主要内容包括"减少标准、法律和条例中对信用评级的依赖""减少市场对信用评级的依赖""改革中央银行的内部运行机制"等[2]。2016年12月,欧洲监管机构联合委员会发布《减少机械性依赖信用评级的良好监管实践最终报告》,该报告提出减少机械性依赖信用评级的良好实践指引,包括一般良好实践和具体良好实践。其中,一般良好实践包括"优化业务程序和治理""完善替代或补充信用评级的方法""合乎比例性"等。[3]

---

[1] 英国学者穆罕默德·赫姆拉吉对欧盟信用评级规制体制进行了详细研究。See Mohammed Hemraj, *Credit Rating Agencies: Self-regulation, Statutory Regulation and Case Law Regulation in the United States and European Union*, Springer, 2015, pp. 151~178.

[2] See Financial Stability Board, "Principles for Reducing Reliance on CRA Ratings", https://www.fsb.org/wp-content/uploads/r_101027.pdf (Last visited on September 16, 2020).

[3] See The Joint Committee of the three European Supervisory Authorities, "Good Supervisory Practices for Reducing Mechanistic Reliance on Credit Ratings Final Report", https://www.jdsupra.com/legalnews/european-supervisory-authorities-37664/ (Last visited on September 16, 2020).

第三章 信用规制法治化的基本思路与路径选择

(二) 欧美对信用报告的规制

尽管信用报告在欧美规制体系中的使用相对有限,但信用报告机构的不当行为仍然可能对公民合法权益,乃至整个金融市场秩序造成不利影响。因此,也有必要加强对信用报告行业的规制。

1. 美国对信用报告的规制

信用报告对企业和消费者都是不可或缺的。企业依靠信用报告机构收集的信息来决定是否给予信贷、承保保险或雇用求职者。消费者可以将信用信息作为对交易对象信用可靠度的判断基础,从而减少决策失误。然而,信用报告机构的不当行为却很有可能给企业和消费者造成损害。[1]当主观判断、识别错误、使用不可靠的信息来源或对信用调查人员施加压力,导致信用报告不准确时,消费者可能失去他们应得的信用,而企业也可能失去值得信赖的客户。[2]随着大数据技术在信用评价中的广泛使用,信用报告中的信用评分系统、信用风险评估系统越来越像一个"黑箱"(black box),信用报告中的信息主体、信息提供者、信息使用者都很难弄清楚信用报告结果的计算过程。[3]"黑箱化"的信用报告系统不仅违反了正当法律程序的基本原则,[4]而且还有可能侵犯公民隐私,[5]甚至导致歧视性

---

[1] See Carla Schiller Harwitt, "Fair Credit Reporting: Are Misleading Reports Reasonable", *New York University Law Review*, Vol. 55, Issue 1 (1980), pp. 111~127.

[2] See Richard Hynes, "The Social Costs of Credit Reporting Errors", *Journal of Law, Economics & Policy*, Vol. 11, Issue 3 (2015), pp. 329~348.

[3] See Luke Herrine, "Credit Reporting's Vicious Cycles", *New York University Review of Law & Social Change*, Vol. 40, Issue 2 (2016), pp. 305~350.

[4] See Danielle Keats Citron, Frank Pasquale, "The Scored Society: Due Process for Automated Predictions", *Washington Law Review*, Vol. 89, Issue 1 (2014), pp. 1~34.

[5] See Lenore Cooper Garon, "Protecting Privacy in Credit Reporting", *Stanford Law Review*, Vol. 24, Issue 3 (1972), pp. 550~567.

后果,〔1〕其规制框架亟待完善和加强。美国国会研究服务局于2020年在一份报告中汇总了美国民众最关注的与信用报告有关的政策议题:如何处理消费者数据报告中提供的不准确或有争议的消费者数据,消费者数据报告中的负面或贬损信息应保留多长时间,如何确保消费者了解自己的权利以及在发生消费者数据纠纷时如何行使这些权利,使用替代性消费者数据或新版本的信用评分是否可以提高准确性和获得信用的机会,等等。〔2〕

美国很早就开始建立信用报告的规制体系,这与信用报告在美国的快速发展和广泛运用密切相关。〔3〕迄今为止,美国已经出台了多部法律,共同构成了信用报告的规制框架,其中比较重要的法律包括1970年《公平信用报告法》、1996年《消费者信用报告改革法》、2003年《公平和准确的信用交易法》和2010年《多德-弗兰克华尔街改革和消费者保护法》。在所有的法律中,《公平信用报告法》直接授予了政府部门监管权力,在整个信用报告规制体系中发挥了基础性作用,该法律要求"消费者信用报告机构采用合理的程序,遵守保守私密、准确、相关联与合理使用的原则,以对消费者公平、合理的方式"。

根据《多德-弗兰克华尔街改革和消费者保护法》的规定,美国成立了消费者金融保护局(CFPB),将许多保护消费者的权力从其他联邦机构整合过来,并授权该局出于保护消费者的

---

〔1〕 See Tal Z. Zarsky, "Understanding Discrimination in the Scored Society", *Washington Law Review*, Vol. 89, Issue 4 (2014), pp. 1375~1412.

〔2〕 See Cheryl R. Cooper, Darryl E. Getter, "Consumer Credit Reporting, Credit Bureaus, Credit Scoring, and Related Policy Issues", https://crsreports.congress.gov/product/pdf/R/R44125 (Last visited on September 16, 2020).

〔3〕 See Nicola Jentzsch, *Financial Privacy: An International Comparison of Credit Reporting Systems*, Springer, 2007, p. 122.

目的,对某些消费者金融服务公司和大型储蓄机构及其附属机构进行规制。该法赋予了消费者金融保护局监督及检查权力,主要用于评估遵守联邦消费者金融法的情况、获得有关活动和合规制度或程序的信息、检查和评估消费者以及消费金融产品和服务市场的风险。此外,该法还为消费者金融保护局的监督过程确立了三大原则:以消费者为中心、数据驱动和一致性。[1] 2012年7月,消费者金融保护局宣布将对年收入在700万美元以上的信用报告机构进行监管,其中包括30家公司,约占市场的94%。[2] 消费者金融保护局对信用报告机构进行检查,审查有关消费者数据管理的程序和操作系统。[3]

2. 欧盟对信用报告的规制

与美国相比,欧盟对信用报告的规制主要是通过个人数据保护法制进行的,这意味着个人数据保护的基本规则及执法监督体制也适用于信用报告的规制。[4] 加拿大学者戴维·弗莱厄蒂(David H. Flaherty)认为,欧盟之所以采取这种规制进路,其背后有一个"隐秘的议程"(hidden agenda),即阻止纳粹盖世太保控制民众的历史重演,"力求防止一个可能将现有数据用于邪恶目的的压迫性官僚机构的再次出现。这种关切是现行数

---

[1] See Bureau of Consumer Financial Protection, "CFPB Supervision and Examination Manual", https://files.consumerfinance.gov/f/documents/cfpb_ supervision-and-examination-manual.pdf (Last visited on September 16, 2020).

[2] Bureau of Consumer Financial Protection, "CFPB to Supervise Credit Reporting", https://www.consumerfinance.gov/about-us/newsroom/consumer-financial-protection-bureau-to-superivse-credit-reporting/ (Last visited on September 16, 2020).

[3] See Bureau of Consumer Financial Protection, "Supervisory Highlights Consumer Reporting Special Edition", https://files.consumerfinance.gov/f/documents/201703_cfpb_Supervisory-Highlights-Consumer-Reporting-Special-Edition.pdf (Last visited on September 16, 2020).

[4] See Nicola Jentzsch, *Financial Privacy: An International Comparison of Credit Reporting Systems*, Springer, 2007, p.135.

据立法的重要基础,但却很少在正式讨论中表达出来"。[1]弗莱厄蒂进一步指出,这种担忧也是欧盟对公共部门和私人部门收集各种数据进行严格法律约束的理由,隐私权只能由民主社会的公共当局根据国内法在必要的情况下加以限制。因此,欧洲的隐私权保护不是以"意识形态"为基础的,而是对那些利用收集数据来实施其他不当目的的历史教训的理智思考。

1995年,欧盟制定了《欧盟数据保护指令》,其中第7条提出了合法处理个人数据的条件:①客户授权不能模棱两可;②以书面形式;③履行法律义务;④保护客户重要利益;⑤保护公共利益;⑥出于不侵犯个人权利的合法目的。《欧盟数据保护指令》不仅针对欧盟信用报告规制制定了一个严格的规制标准,而且其影响已经在经济全球化背景下扩大到全世界,"该数据保护指令证明了充分保护个人权利的基本准则和法制体系的完善性正逐渐成为全球标准"。[2]2016年4月,欧洲议会和欧洲理事会通过了《通用数据保护条例》(GDPR),取代了《欧盟数据保护指令》,新法律扩大了以往收集、存储和共享个人数据的要求,并要求数据主体明确表示同意,而不是默认同意。

从欧盟对信用报告的规制体系来看,其非常重视个人在信用报告中所享有的权利。根据欧盟个人数据保护相关法律的规定,消费者在信用报告中应当享有如下权利:①消费者有权在对机构的信息分享行为知晓的基础上同意进行信息分享。②通过提供适当的身份证明,个人有权从信用查询机构免费获得其个人信用报告。③有权了解信贷决策中由信用报告信息导致的

---

[1] David H. Flaherty, *Protecting Privacy in Surveillance Societies: The Federal Republic of Germany, Sweden, France, Canada, and the United States*, University of North Carolina Press, 1992, pp. 373~374.

[2] [日]小林麻理:《IT的发展与个人信息保护》,夏平、王俊红、周伟民译,经济日报出版社2007年版,第8页。

不利行为或不利条件。在此过程中,应当向消费者提供征信机构的名称与地址。④有权在一定期限内得以告知咨询情况。⑤有权改正或删除错误信息。⑥有权标记(标示)尚有争议的信息。⑦有权决定能否将消费者的信用信息(不以信用授予为目的)分享给第三方。⑧有权对敏感信息进行特别保护(不包括在信用报告内),如种族、政治信仰、宗教信仰、健康信息、性取向等。⑨有权在合理期限内留存信息,如将正面信息保留至少2年,或负面信息保留5年~7年等。⑩有权要求信息保密,要求采取有效安全措施以防止无授权获取、数据滥用、数据丢失或毁灭。[1]

四、中外信用规制的比较分析:参考与借鉴

通过对欧美信用规制法治化现状的梳理可知,当前我国的信用规制与域外的信用规制之间存在一些共性,但差异也很突出。因此,有必要对中外信用规制体制进行比较分析,找出其差异所在,在此基础上,有针对性地总结域外信用规制法治化的经验。

(一)中外信用规制体制的比较

公共规制机构在政府规制中使用信用信息进行规制,在中外都有相应的制度设计。不过,由于受历史、文化、政治和经济因素的影响,"基于信用的规制"在中外具有不同的适用场景和实施机制。以信用信息生命周期为视角,信用规制中的核心参与主体主要有四类:一是信用信息主体;二是信用信息提供主体;三是信用信息处理主体;四是信用信息使用主体。这些主体在不同的信用规制体制中往往处于不同的地位,具有不同

---

[1] 参见世界银行:《金融消费者保护的良好经验》,中国人民银行金融消费权益保护局译,中国金融出版社2013年版,第93页。

的权利义务,以此作为信用规制体制的要素,中外信用规制的运行机制大致如图3-1和图3-2所示。

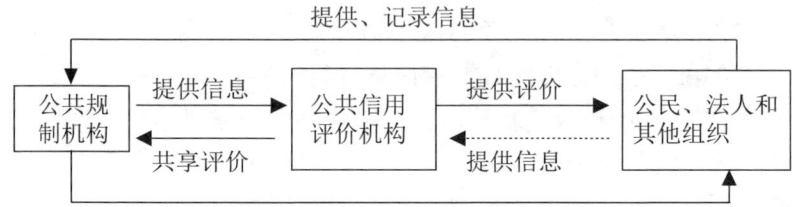

图 3-1 我国信用规制的实施机制

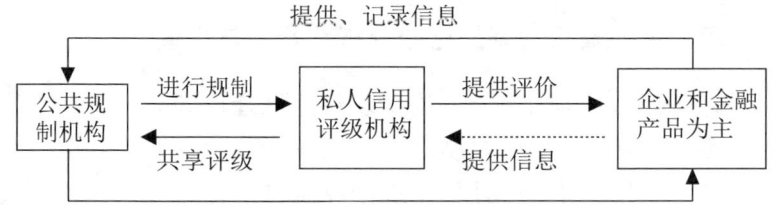

图 3-2 域外信用规制的运行机制

从中外信用规制的实施机制来看,虽然都属于"基于信用的规制",但核心参与主体存在明显的差异:①信用信息主体的范围不同。在我国信用规制体系中,信用信息主体包括公民、法人和其他组织;而在域外"基于评级的规制"中,信用信息的主体主要是企业和金融产品。②信用信息的处理主体不同。在我国信用规制体系中,信用信息的处理主体是由政府设立的行政机构,主要体现为信用信息的归集和信用评价,包括个人和组织的信用评价;在域外"基于评级的规制"中,信用信息的处理主体是私人信用评级机构,主要体现为信用信息的归集和信用评级,包括企业信用评级和金融产品信用评级。③信用信息的提供主体不同。在我国信用规制体系中，信用信息的提供主体主要是公共机构，范围比较广泛；在域外"基于评级的规制"中，信用信息的提供主体主要是信贷机构（如银行和其他金融机构），当然也包括行政机关、司法机关等，信用信息主要是信用信息主体在经济活动中产生的，类似于我国语境中的"市场信用信息"。④信用信息的使用主体不同。在我国信用规制体系中，信用信息的使用主体主要是政府规制机构，从目前的实践来看，涵盖的范围非常广；在域外"基于评级的规制"中，信用信息的使用主体也是政府规制机构，不过主要是金融市场规制机构，范围比较狭窄。

中外信用规制体系中核心参与主体在范围、地位方面的不同，导致这些参与主体之间的关系也不相同：①信用信息主体与信用信息处理主体之间的关系不同。在我国信用规制体系中，公共信用评价机构与公民、法人和其他组织之间的关系本质上属于行政机关与行政相对人之间关系，是一种典型的"强"规制关系，公共信用评价机构行使的是强制性色彩浓厚的行政权力；在域外"基于评级的规制"中，私人信用评级机构与企业、金融产品之间的关系是中"弱"规制关系，私人信用评级机构行使的是非正式的"私人权力"。②信用信息使用主体与处理主体之间的关系不同。在我国信用规制体系中，政府规制机构与公共信用评价机构之间是一种内部的、"平等的"政务协作关系，信用信息在政府部门之间的共享通常被视为政务数据资源的内部共享；在域外"基于评级的规制"中，公共规制部门与私人信用评级机构之间是一种外部的、"不平等的"政府规制关系，公共规制机构对私人信用评级机构的信用评级行为进行规制，私人信用评级机构向公共规制机构提供信用评级结果。③信用信息使用主体与信用信息主体之间的关系不同。在我国信用规制体系中，公共规制机构利用信息（原始信用信息和信用评价信息）对公民、法人和其他组织在经济社会活动中的各类行为进行规制，形成了各种强度不一的规制措施，同时对公民、法人和其他组织的信用信息进行记录和收集；在域外"基于评级的规制"中，公共规制部门利用信用评级对企业和金融产品进行规制，其可以使用的规制措施有限，只对企业、金融产品的部分信用信息进行记录。

（二）域外信用规制法治化的启示

域外信用规制发展的历史相对较长，尽管也存在诸多亟待解决的问题，但其在法治化进程中所积累的经验，仍然值得我国参考和借鉴，这也是我国信用规制体系与国际接轨的必然过程。综合起来，本书认为，域外信用规制法治化实践主要有以下几点启示：

（1）完善信用规制的法律制度体系。从域外信用规制实践来看，美国和欧盟都建立了完备的法律制度体系。就美国而言，基本形成了两个层次的信用规制法律制度体系：一方面是由国会制定信用规制的基本法律，对一些基本问题或分歧较大的问题进行原则性规定，划定界限；另一方面是由政府部门制定的行政法规，主要是围绕国会的法律，从规制操作性的角度作出了细化的操作性规定，很多执法机构均制定了内容翔实的"监管规则指南"。就欧盟而言，基本形成了纵横交错的多层次信用规制法律制度体系，一方面是在欧盟层面制定统一的法律、法规和指引，对于一些需要从"统一市场"角度予以规范的问题进行明确规定；另一方面是各成员国结合本国实际情况，或者将欧盟层面的法律法规转化为国内法，或者重新制定新的法律、法规和指引。尽管美国和欧盟的立法模式存在差异，前者的特点是"分散立法、行业为主"，后者的特点是"统一立法、整体规范",但二者所形成的信用规制法律制度体系既保证了信用规制的稳定性和连续性,也保持了应有的可操作性和适应性,可以为我国的信用规制立法提供参考。

(2) 加强对个人权利的保障。从域外信用规制实践来看,个人权利保障一直贯穿在整个信用规制过程中,尤其是信用信息的归集、处理和使用中。欧美信用规制体系从源头上对信用信息的来源、归集方式、处理条件、存储期限、使用范围都进行了明确限定,确保信用信息符合"保守私密、准确、相关联和合理使用"原则。与此同时,欧美信用规制体系还赋予了信用主体广泛的权利,如删除权、异议权、更正权、司法救济权等,从实体性的角度充实了信用规制体系。权利保护本身就是规制的重要动机之一,[1]欧美在信用规制中所建构的权利保障体系值得我国借鉴。

(3) 减少对信用评级的依赖,以合乎比例的方式寻找替代性方案。"公共规制机构使用信用评级进行规制,减轻了对受规制机构的监督,因为它允许规制机构利用第三方的判断将风险分析进行外包。从市场参与者的角度看,这种规制模式的好处是减少了规制机构的自由裁量权,使规制过程更加客观,不容易出现腐败或随意性"。[2]然而,在政府规制中不加限制地使用信用评级,则有可能导致"机械性地"依赖信用评级,进而导致规制失灵,引发严重的社会经济问题。为此,美国和欧盟均在进行"减少信用评级依赖"改革,已经初步积累了一些良好

---

[1] See Robert Baldwin, Martin Cave, Martin Lodge, *Understanding Regulation: Theory, Strategy, and Practice*, Oxford University Press, 2012, p. 22.

[2] Bianca Mostacatto, "Eliminating Regulatory Reliance on Credit Ratings: Restoring the Strength of Reputational Concerns", *Stanford Law & Policy Review*, Vol. 24, Issue 1 (2013), pp. 99~142.

实践经验，如寻找替代性方法、合乎比例性等。[1]信用信息、信用评价正在全面融入我国政府规制决策，尤其是信用分级分类规制。如何准确把握和确定信用评价在分级分类规制中的地位和作用？欧美所面临的问题需要引起我们反思自省，欧美的改革亦值得我们参考借鉴。

（4）完善信用规制的程序设定。在域外信用规制实践中，程序正义一直是信用规制法律制度体系的重点，程序的设定包括内部程序和外部程序。内部程序的设定要求主要是针对私人信用评级结构，其目的是要确保信用评级行为符合客观、准确的基本原则。外部程序的设定要求主要是针对整个信用规制体系，其目的是确保信用信息主体能够以较为容易的方式了解信息、行使权利。越是新型的政府规制措施或工具越需要通过完善的程序来增强其合法性，[2]域外信用规制中对程序设定的要求，同样值得我们参考借鉴。

第三节　信用规制法治化的目标设定

法律制度的利益取向和价值目标往往决定了制度设计的基本原则和具体规则，因此在推动信用规制实现法治化的过程中，应当首先确立信用规制法治化的基本目标。目标的形成通常源于过往的实践经验，同时又蕴含我们对未来发展的某种期许。在"法治一体化建设"的背景下，信用规制法治化的目标既要

---

[1] See The Joint Committee of the Three European Supervisory Authorities, "Good Supervisory Practices for Reducing Mechanistic Reliance on Credit Ratings Final Report", https://www.jdsupra.com/legalnews/european-supervisory-authorities-37664/ (Last visited on September 16, 2020).

[2] See Steven P. Croley, "Theories of Regulation: Incorporating the Administrative Process", *Columbia Law Review*, Vol. 98, Issue 1 (1998), pp. 1~168.

考虑过去一段时间信用规制所欲解决的现实问题以及其本身所面临的实践困境,同时也要契合推进国家治理现代化这一宏伟目标。有鉴于此,我们可以将信用规制法治化的目标分为两个层级:权利保护应当是信用规制法治化的基础目标,而良法善治则应当成为信用规制法治化的根本目标。

一、权利保护:信用规制法治化的基础目标

"基本权利可以对行政裁量权的行使作出明确的限制",[1]保障了人民的权利亦是行政法的主要目的。[2]在行政法治构建中,权利保护原则意味着行政法规范制定、行政法律制度建立,以及行政主体的各种行政活动,都应当以保障行政相对人合法权益为出发点和落脚点。

(一)权利保护的理论阐释

权利主导着现代人对哪些行为是允许的、哪些制度是公正的理解。权利构建了政府的形式、法律的内容以及现在许多人所认为的道德的形态。[3]"法律权利"(legal rights)通常是指根据法律制度的规则或根据法律制度内具有适当权威的机构之决定而存在的权利。[4]按照不同的分类标准,法律权利可以被分为很多类型。其中,"实体性权利"(substantive rights)和"程序性权利"(procedural rights)是一种重要分类,前者可以被称

---

[1] Martina Kiinnecke, *Tradition and Change in Administrative Law: An Anglo-German Comparison*, Springer, 2007, p. 114.

[2] 参见李惠宗:《行政法要义》(第7版),元照图书出版有限公司2018年版,第63页。

[3] 参见[美]朱尔斯·科尔曼、斯科特·夏皮罗主编:《牛津法理学与法哲学手册》(上册),杜宴林等译,上海三联书店2017年版,第524页。

[4] See Kenneth Campbell, "Legal Rights", in Edward N. Zalta (ed.), *The Stanford Encyclopedia of Philosophy* (*2017 Edition*), https://plato.stanford.edu/archives/win2017/entries/legal-rights/ (Last visited on September 16, 2021).

为是"抵御风险的权利",而后者则可以被称为"管辖官方'裁决'的宪法性和非宪法性法律权利"。[1]

在行政法理论中,权利保护原则的要求主要有:①保障实体性权利的实现。尽管各国对人权范畴的界定不尽相同,但人格权、政治权、人身权、财产权等却是各国都承认和保障的公民基本权利。②保障程序性权利的实现。程序性权利本身就是法律权利的重要组成部分,它与实体性权利一起,可以共同抵御法律权利面临的各种风险。此外,从权利实现的角度看,程序公正是保证行政公正,确保行政权力正确有效行使和公民权利全面实现的重要手段;不公正的程序通常会带来不公正的结果,只有程序设计得公正合理,才会增加人们对结果的可接受度,这在社会心理学的研究中已经多次得到证实。[2]因此,从权利享有和权利实现的角度看,国家应当积极保障公民享有的程序性权利,并以具体制度确保程序性权利的实现。

(二)"权利保护"对信用规制法治化的要求

信用规制作为一种新型的行政活动,公民权利保护原则也应当成为其基本原则,同时这也契合其本身所具有的信息权利保护价值。然而,已有的实践表明,信用规制在践行公民权利保护原则方面还存在较大的差距,不仅对于公民权利实体性权利和程序性权利的实现没有提供足够的制度支撑,而且还存在侵犯公民合法权利的风险。因此,按照公民权利保护原则的基本要求,权利保护成了信用规制法治化的首要目标或初级目

---

[1] Larry Alexander, "Are Procedural Rights Derivative Substantive Rights?", *Law and Philosophy*, Vol. 17, Issue 1 (1998), pp. 19~42.

[2] See John W. Thibaut, Laurens Walker, *Procedural Justice: A Psychological Analysis*, Lawrence Erlbaum, 1975.

标。在推动信用规制法治化的过程中,我们应当始终坚持把权利保护作为首要目标,积极推动规范制定和制度建构,为公民实体性权利和程序性权利的享有和保障提供支撑。这样不仅有利于解决当前信用规制实践面临的合法性困境,而且还能提高信用规制的可接受性,不断优化信用规制实践。从利益衡量或价值平衡的角度看,将权利保护作为信用规制法治化的首要目标,本身也契合法治化的内涵,同时也是发挥信用规制提高行政效能、创新社会治理、优化营商环境等工具性价值的前提和基础。

二、良法善治:信用规制法治化的根本目标

"从法律之治转型升级为良法善治"是法治现代化的实质所在,也是国家治理体系和治理能力现代化的必然要求。[1]信用规制内嵌于国家治理体系和治理能力现代化的框架,不仅包含了诸多法律规范的制定,而且还涉及很多具体的制度设计。因此,从这个意义上看,良法善治作为信用规制法治化的根本目标,既是信用规制法治化的题中之意,也是法治中国建设的必然要求。关于"良法"(good law)和"善治"(good governance)的概念和具体标准,古今中外的诸多理论大家和典籍都曾有过论述。

(一)何为"良法"

如前所述,富勒、拉兹、菲尼斯等法治理论大家都曾对"良法"的标准进行过论述,并对现代法治实践产生了深远影响。我国很多学者也曾对良法的标准进行过深入研究。例如,李龙教授等从价值建构、规范结构、文化精神三个方面提出了

---

[1] 张文显:"法治与国家治理现代化",载《中国法学》2014年第4期。

"良法"应当达到的标准。[1]李步云教授等认为,所谓"良法"就是具备"真、善、美"品格的法。[2]王利明教授认为,良法应当反映人民的意志和利益,反映公平、正义等价值追求,符合社会发展规律。[3]总体而言,学者们主要围绕内容、价值和形式等三个方面对"何为良法"展开论述。[4]

法律作为控制和规范人们行为的规则体系,无论人们是否喜欢,都必须遵守法律。由于人们在遵守法律方面别无选择,这意味着法律必须是"良好的",这样人们才不会觉得法律是一种负担。为了使一部法律具有"良法"品质,其必须具备以下特征:①法律必须符合人民的利益。所有"良法"都必须符合人民的利益,因为他们的生活和行为都是由法律来控制和规范的,法律必须满足人民的需要。②法律不得有任何歧视。这意味着法律必须以平等的方式适用于每一个受法律约束的人,任何人都不应当凌驾于"良法"之上。③"良法"必须是合理的。所谓"合理的",就是一项法律不应当是过于严厉或僵硬的法律,以至于很难遵守。④"良法"应当是能够执行的。任何法律在被称为"良法"之前,都应当具备执行能力,当一个人藐视一项"良法"时,应当能够对其进行适当的制裁,以阻止

---

[1] 李龙教授等认为,良法应当具备以下标准:在价值建构上,应当以正义为轴心、以秩序为外化、以平等为基础、以利益为归属的价值体系;在规范结构上,应进一步完善立法过程的民主化、立法表达的规范化、立法体系的科学化;在文化精神上,应当建立公民权利主导型的立法模式。参见李龙、汪进元:"良法标准初探",载《浙江大学学报(人文社会科学版)》2001年第3期。

[2] "真"是指法的内容的合规律性;"善"是指法的价值的合目的性;"美"是指法的形式的合科学性。参见李步云、赵迅:"什么是良法",载《法学研究》2005年第6期。

[3] 王利明:"法治:良法与善治",载《中国人民大学学报》2015年第2期。

[4] "任何制定法都具有内容、价值和形式三个方面的要素或成分,良法是符合法律的内容、形式和价值的内在性质、特点和规律性的法律,是符合法的'应然'的法律。"参见李桂林:"论良法的标准",载《法学评论》2000年第2期。

其他人也违反这项法律。⑤"良法"应当让将要受其约束的人知晓。由于对法律的无知不是违法的借口,因此必须向公众宣传"良法",使其知道法律的存在,了解违法的后果。⑥法律不应当压制人民。任何试图压制或恐吓人民的法律都不是"良法"。

(二)何为"善治"

"善治"不仅是法学研究者经常使用的概念,而且也是政治家和社会公众使用的概念,不同领域的学者对"善治"有不同的看法。[1]例如,在法律学者看来,善治通常被视为法律制度的一部分,用于建构特定愿望或期望的法律规则。在有关"何为善治"的争论中,每一个学科都从自己的维度做出了贡献,如果把不同的维度整合在一起,就可能创造出一套完整的善治方法,为社会带来最大的效益。荷兰学者亨克·艾迪克(Henk Addink)认为,"法治、民主和善治是现代国家的基石",法治首先从政府行为的法律基础和公民基本权利保护的需要入手;民主使法治具有深度,尤其是涉及透明度和公民参与;善治不仅关系法治和民主的进一步发展,还包括政府的责任和效率等要素。[2]"善治"不仅要以透明和参与的方式正确行使政府的权力,而且还需要良好、忠实地行使权力。从本质上讲,善治涉及政府三项基本任务的完成:一是保障个人和社会的安全;二是为公共部门管理提供一个有效的、可问责的框架;三是按照人民的意愿促进国家的经济和社会目标。

一般认为,"善治"主要包括六项基本原则:①适当性

---

[1] See S. de la Harpe, C. Rijken, R. Roos, "Good Governance", *Potchefstroom Electronic Law Journal*, Vol. 11, Issue 2 (2008), pp. 1~15.

[2] See Henk Addink, *Good Governance: Concept and Context*, Oxford University Press, 2019, pp. 20~21.

(properness),该原则又包括八项子原则,如形式上的谨慎性要求、禁止滥用自由裁量权、比例性、法律明确性、合法预期、平等性、说明理由等。②参与度(participation),该原则主要涉及在决策过程的不同阶段所涉人、物的范围。③透明度(transparency),该原则主要适用于行政行为相关的政府信息。④问责制(accountability),该原则又可以被细分为政治问责、司法问责和行政问责。⑤有效性(effectiveness),该原则主要涉及行政权力所产生的影响。⑥人权(human rights),该原则主要适用于良好行政权(right of good administration)、传统人权和社会人权。[1]

(三)"良法善治"对信用规制法治化的要求

"良法善治"并非概念或语词上的简单堆砌或拼凑,它是现代法治的本质属性,是"良法"与"善治"的辩证统一。良法是法治的内在标准,而善治是法治的实现方式。"良法善治的有机结合,构成了现代法治,尤其是社会主义法治的精神和骨髓。"[2]在现代民主法治国家,善治被描述为法律制度的一部分,也是重要的法律原则,善治与法治之间的这种联系使得"善治法"(good governance law)逐渐发展成为一个负有理论和实践意义的概念。[3]"良法"与"善治"的融合,可以通过以

---

[1] 罗马尼亚学者卡塔琳娜·斯特凡尼亚·塞凯伊(Catalina Stefania Szekely)认为,善治主要具有以下五个特征:①公民参与及其在政治领导过程中的影响。②公平和正确,这意味着无论公民的社会地位如何,法律对每个公民的执行程度都应当是相同的。③可接受(decency),在不损害特定社会阶层的情况下制定法律法规。④透明度,为了让公民能够监督决策过程及其决策的执行情况,相关信息必须清晰,并且让公民易于获得。⑤效率和效益,这意味着行政机关应当谨慎使用人力和物力。See Catalina Stefania Szekely, "Good Governance in the Contemporary Society", *Juset Civitas: A Journal of Social and Legal Studies*, Vol. 1, Issue 2 (2014), pp. 17~22.

[2] 江必新、程琥:"论良法善治原则在法治政府评估中的应用",载《中外法学》2018年第6期。

[3] See Christian Tomuschat, *Human Rights: Between Idealism and Realism*, Oxford University Press, 2008, pp. 3~5.

第三章 信用规制法治化的基本思路与路径选择

下三个步骤,让现代法治从"教义理念"转化为实证主义理念:识别原则;将原则发展成为法律规范;执行法律规范。[1]时代在变,人们对待国家的态度以及公法的核心价值也在改变。将"良法善治"作为现代法治的本质属性也契合了公法价值的变迁。澳大利亚关于司法审查的重要教科书便积极倡导"建立一个能实现依法善政(good government according to law)理想的法律体系",包含:公开、公平、参与、问责、一致性、合理性、司法和非司法申诉程序的可及性、合法性和公正性。[2]

信用规制的背后是行政权力的行使,它既涉及对社会公共利益的维护,也涉及对私人权益的保护。正如学者所指出的,它是"游走于公私两领域,具有相当高的技术难度"。[3]"良法"意味着信用规制立法在内容、形式和价值方面都应当符合法的"应然"状态;"善治"意味着信用规制应当以一种更加合理的、更加适当的方式来实现规制目标,不仅要求行政权力在法律范围内行使,而且还要强化对私人权益的保护。[4]法治本身具有可预期性、可操作性、可救济性等特点,这些都将有效地促进"善治"目标的实现;法治还可以为信用规制注入良法的基本价值,如公正、公平、人权、效率等。因此,法治化作为信用规制的一种理想状态,最有利于实现信用规制"良法善治"的进阶目标。此外,将"良法善治"作为信用规制法治化

---

〔1〕 See Henk Addink, *Good Governance: Concept and Context*, Oxford University Press, 2019, p. 6.

〔2〕 See Mark Aronson, Matthew Groves, Greg Weeks, *Judicial Review of Administrative Action (6th Edition)*, Law Book Co of Australasia, 2016, p. 1.

〔3〕 罗培新:"善治须用良法:社会信用立法论略",载《法学》2016年12期。

〔4〕 波兰学者多布罗什娜·巴赫·戈莱卡(Dobrochna Bach-Golecka)认为"善治的权利"(Right to Good Governance)是一种新兴权利,它由两个部分组成:一是对当权者设定标准;二是对公民权利提供保护。See Dobrochna Bach-Golecka, *The Emerging Right to Good Governance*, AJIL Unbound, Vol. 112, 2018, pp. 89~93.

的进阶目标也契合近年来"行政法总论革新与续造"的目标。有鉴于当代国家职能及行政任务的急剧转变,加上人民对行政权行使所应具备的条件要求的更迭,传统的行政法总论变迁加速,其目标就在于建构契合21世纪国家治理所需的"良善行政"(good administration)。[1]

第四节 信用规制法治化的认知模式

在合理确定信用规制法治化的目标后,通过何种方式来实现目标便成了一个重要问题。在众多的合法化策略或理论视角中,选择契合目标的合法化策略或理论至关重要,它可以促进目标的实现,并达到事半功倍的效果。长期以来,行政法的一个重要目标就是对行政权力进行"规训",并提供各种"合法化"的方案,在不同的历史时期,由于行政机关所处的社会背景不同,面临的行政任务也有差异,行政法所提供的"合法化"方案及其背后的学理观点也在发生变化。[2]在行政法理论中,基于对行政合法性的不同理解,学者们形成了不同的行政法观念。这些不同的行政法观念也被称为"行政法基础理论"或"行政法认知模式",[3]最具代表性的主要有以下三类:第一类被国外学者称为"红灯理论"(red light theory),我国行政法学界通常称为"控权论";第二类被国外学者称为"绿灯理论"

---

〔1〕 詹镇荣:《行政法总论之变迁与续造》,元照图书出版有限公司2016年版,序言。

〔2〕 参见毛玮:《论行政合法性》,法律出版社2009年版,第2页。

〔3〕 所谓的"行政法认知模式"是指以一定的方法和假定为前提,通过对行政法现象和本质的观察与思考,而达成的关于行政法的、具有内在逻辑的观念或理论体系。参见沈岿:《平衡论:一种行政法认知模式》,北京大学出版社1999年版,第4页。

(green light theory)，我国行政法学界通常称为"管理论"；第三类则被国外学者称为"黄灯理论"（amber light theory），我国行政法学界通常称为"平衡论"，[1]有关这三种理论的比较如表3-3所示。

表3-3 "管理论""控权论"和"平衡论"的比较[2]

基本问题	管理论	控权论	平衡论
价值导向	重国家利益，轻个体利益	重个体利益，追求个人主义	义利统一，公共利益与个人利益兼顾
权义取向	以行政主体权力为本位，或以公民义务为本位	以权利为本位	行政法主体权利义务统一，总体平衡
行政法调整对象	行政关系	监督行政关系	既调整行政关系又调整监督行政关系
作用	保障行政主体实施有效管理	保障公民权利，控制行政权	既保障又监督行政主体依法行政，既制约公民违法行为，又保护公民的合法权益
法治状态	依法行政，具有人治色彩，视法治为管理工具	依法行政，政府守法，认为法治最重要的即控制政府守法	行政法治，行政法主体各方均受法律制约
行政法律责任主体	行政救济，请愿	司法审查	多种补救渠道

---

[1]《完善中国特色社会主义法律体系问题研究》编写组：《完善中国特色社会主义法律体系问题研究》，中国民主法制出版社2015年版，第40页。

[2] 参见罗豪才主编：《现代行政法的平衡理论》，北京大学出版社1997年版，第4页。

续表

基本问题	管理论	控权论	平衡论
程序目标	行政效率	行政民主	民主与效率兼顾
公民参与	不强调	形式上强调	强调并提供实际保障

选择不同的理论视角，将直接影响信用规制法治化的具体内容和实现路径。有鉴于此，本书将分别以管理论、控权论和平衡论作为分析视角，对信用规制法治化模式进行比较，在此基础上选择最适合当前信用规制实践和未来信用规制发展的认知模式。

一、管理论视角下信用规制法治化的弊端

就行政本身而言，其与管理具有共同的渊源，并且在分析上也相互依存。在行政学中，很多学者认为，"公共行政是人与物的组织和管理，以达成政府的目的"，"公共行政是应用于国家事务的管理艺术和科学"。[1]在行政法学中，行政虽不完全等同于管理，但管理也是其概念要素之一。"行政是国家通过一定的组织为实现国家或社会职能而进行的公共管理活动及过程。"[2]正是基于行政与管理的内在联系，一些学者在对行政法进行认知时才会以管理为视角，形成了所谓的"管理论"。[3]美国著名公共行政学者大卫·罗森布鲁姆认为，行政法是公共行政的"规制法"（regulatory law），它规定了公共行政机构如何行为、

---

[1] 吴琼恩：《行政学》（增订第4版），三民书局2011年版，第7页。
[2]《行政法与行政诉讼法学》编写组：《行政法与行政诉讼法学》，高等教育出版社2017年版，第8页。
[3] 例如，苏联学者马诺辛曾对行政法作出如下定义："行政法作为一种概念范畴就是管理法，更确切一点说，就是国家管理法。"参见［苏联］B.M.马诺辛等：《苏维埃行政法》，黄道秀译，江平校，群众出版社1983年版，第29页。

第三章　信用规制法治化的基本思路与路径选择

为什么要行为,以及行为背后的权力。因此,它是现代政府最重要的方面之一。[1]罗豪才教授对"管理论"进行了如下概括:管理论者主要是从"分析实证主义"出发,信奉"法律是无限主权者的命令",认为行政法是"对国家事务进行管理的工具",行政机关是权力主体,而相对方是义务主体,二者之间是权力义务关系。[2]总体而言,在"管理论"看来,行政法是政治进程的重要工具(vehicle),它对行政国家的崛起持"欢迎"态度,[3]因此,"管理论"意义下的行政法认知模式也可以被称为"政府模式"(model of government)。

在比较法中,英国行政法中的"绿灯理论"与"管理论"颇为相似。在两次世界大战期间,各国社会百废待兴,期望国家能够积极行动,尽快恢复社会秩序。在此背景下,"绿灯理论"得以形成,该理论主张将政治和社会背景引入法律,倡导一种更为积极的国家观,强调社会民生的重要性。[4]从理论渊源来看,"绿灯理论"实质上源于功利主义传统,其道德要求是通过平等的、渐进的社会变革,实现最大多数人的最大利益。实现这一目标的首要选择便是鼓励国家积极行动,即承担最低限度的责任,包括住房、医疗、教育、卫生、社会保障和其他服务。[5]詹宁斯、格里菲斯、罗布森和拉斯基等自由主义和社

---

[1] David H. Rosenbloom, *Administrative Law for Public Managers* (*Second Edition*), Westview Press, 2015, p. 1.

[2] 参见罗豪才:"行政法之语义与意义分析",载《法制与社会发展》1995年第4期。

[3] See Carol Harlow, Richard Rawlings, *Law and Administration* (*Third Edition*), Cambridge University Press, 2009, p. 31.

[4] See Peter Leyland, Gordon Anthony, *Textbook on Administrative Law* (*Seventh Edition*), Oxford University Press, 2013, p. 7.

[5] See Carol Harlow, Richard Rawlings, *Law and Administration* (*Third Edition*), Cambridge University Press, 2009, p. 33.

会主义理论家是"绿灯理论"的坚定支持者,他们倡导出台旨在发展公共服务供给的政策,建立有组织的机构,这些机构应当可适当地问责,同时又能够有效地提供服务。[1]在他们看来,法律被视为一种有用的"武器",是一种有利的工具,这意味着立法应当是非常具体的,它至少可以在原则上提供适当的权威和框架,以便可以协商一致地进行治理。"绿灯理论"的支持者认识到,如果没有法律的支持,要实现充分和可持续地提供服务是非常困难的。因此,与其他的规则相比,以立法形式制定的法律在同等程度上体现了政治合法性和道德说服力。总而言之,"绿灯理论"认为,行政法是整个政府机构的一部分,而不是与之相分离的某种存在,它可以发挥"规制者"(regulator)和"促进者"(facilitator)的作用,使社会政策得到有效、公平的执行。[2]

从政府规制的角度看,"法律"本身确实是一种重要的手段。在行政管理实践中,对于一些政府官员而言,为了增加行政活动的"权威性",其也往往希望行政法能够在行政管理中发挥重要作用,以一种"手段"或"工具"的角色更好地帮助执法人员实现管理目标。[3]在当前的信用规制实践中,"管理论"色彩依然较为浓厚,并且占据主导地位。在"管理主义"主导下,政府部门比较注重工具理念,缺乏价值导向,行政文化内部公平、合法性价值逐渐式微。[4]从前文对信用规制实践现状

---

[1] See Peter Leyland, Gordon Anthony, *Textbook on Administrative Law*(*Seventh Edition*), Oxford University Press, 2013, p. 7.

[2] See Peter Leyland, Gordon Anthony, *Textbook on Administrative Law*(*Seventh Edition*), Oxford University Press, 2013, p. 8.

[3] 参见杨海坤、马迅编著:《中国行政法发展的理论、制度和道路》,中国人事出版社2015年版,第21页。

[4] 参见卓越主编:《国外政府改革与发展前沿》,福建人民出版社2007年版,第123页。

第三章 信用规制法治化的基本思路与路径选择

的考察来看,在信用规制立法中,大部分地方信用立法均强调信用治理或信用管理,偏重于给政府赋权,即为政府的信用规制行为提供法律依据,形成一种"师出有名"或"名正言顺"的印象,管理主义、工具主义、功利主义等色彩较为突出。以《山东省社会信用条例》为例:①在立法目的之价值导向上,强调"规范社会信用信息管理""创新社会治理方式"等,本质上还是为了激发信用规制的"工具属性",而对于公民、法人和其他组织的合法权益是否给予充分保护,则没有在立法目的中予以明确表示。②在权利义务取向方面,规定了行政机关享有大量的权力,如收集信用信息、处理信用信息、使用信用信息、披露信用信息的权力,而关于行政相对人享有的权利则明显规定不足。③在法律责任方面,尽管立法规定了行政主体在信用规制中的违法行为应当承担行政或刑事责任,但仅仅涉及部分行为,这与行政主体所享有的广泛权力不相匹配,存在权责不一的问题。④在行政相对人的权利补救措施方面,仅规定了异议申诉等救济途径,信用修复更是处于一种边缘化状态,甚至没有明确规定相对人是否享有复议权或诉讼权。

由此可知,在"管理论"视角下,信用规制法治化主要侧重于强调行政主体如何有效地行使职权,实现规制目标,它是以行政主体为中心的,信用立法被视为管理行政相对人的一种工具,过于强调行政效率,对行政相对人的权利不够重视,同时对行政权的滥用缺乏有效的监督手段。在信用规制法治化过程中,若以"管理论"作为信用规制法治化的认知模式,显然不符合"权利保护"和"良法善治"的目标,这与"法治化"本身的内涵也是不相适应的。

二、控权论视角下信用规制法治化的不足

在理论上，由于每个公共机构都需要法定权力（statutory powers）来履行其任务，因此该机构必然不能越权，所授予权力的内容和范围应当反映社会所认同的社会、经济和政治价值。[1]然而，"权力在社会关系中代表着能动而易变的原则。在权力未受到控制时，可以将它比作自由流动、高涨的能量，而其结果往往是具有破坏性"。[2]在大多数法治理论家看来，行政权力的急剧扩张均已经成为现代法治的主要威胁，为了避免公民受到行政权力恣意行使的侵害，"控权论"应运而生。[3]龚祥瑞先生认为："行政法也称为'控权法'。因为无论如何，限制政府权力总是行政法的主要目的。"[4]孙笑侠教授认为，从近代以来直至今天，行政法无论在哪一个阶段都是一种"控权法"。[5]总体而言，在"控权论"看来，行政法的首要功能应当是控制国家行政权力，更确切地说，是通过司法审查将行政权力置于法院的"统治"之下（rule of the law courts），它对行政国家的崛起持"警惕"态度。[6]因此，"控权论"意义下的行政法认知模式也可以被称为"法院模式"（model of court）。

---

[1] See Neil Hawke, Neil Parpworth, *Introduction to Administrative Law*, Cavendish Publishing Limited, 1998, p. 97.

[2] [美] E. 博登海默：《法理学：法律哲学与法律方法》，邓正来译，中国政法大学出版社 2004 年版，第 373 页。

[3] 参见楚德江："控权理论的价值与缺憾"，载《甘肃社会科学》2008 年第 3 期。

[4] 龚祥瑞：《比较宪法与行政法》，法律出版社 2003 年版，第 6 页。

[5] 参见孙笑侠：《法律对行政的控制》（修订第 2 版），光明日报出版社 2018 年版，第 4~6 页。

[6] See Carol Harlow, Richard Rawlings, *Law and Administration* (Third Edition), Cambridge University Press, 2009, p. 23.

第三章 信用规制法治化的基本思路与路径选择

在比较法中，很多行政法学者也持"控权论"观点。英国行政法学者尼尔·霍克（Neil Hawke）等认为，"行政法涉及对政府及相关行政权力的法律控制"，"法律控制代表了行政法的最小公约数"。[1]澳大利亚行政法学者马修·格罗夫斯（Matthew Groves）认为，"行政法是关于行政机关（部长、部门、机构及其工作人员）可以做什么和不可以做什么的法。更具体而言，行政法包含各种不同的机制和原则，使人们能够质疑或挑战政府机构作出的决定"，"这些不同的行政法机制的共同主题是强调对政府权力的控制。这种控制的愿望是由一系列的价值观念所引导的，而这些价值观念往往被归纳在'行政正义'的主题下"。[2]澳大利亚行政法学者彼得·坎恩（Peter Cane）在《控制行政权力：历史比较》一书中对英国、美国、澳大利亚控制行政权力的体制与机制进行了比较研究。他认为，行政法的核心意义就是为行政权力设定一套"控制体制"（control regime），推动行政行为的法治化，这些控制体制可以被分为三个部分：机构、规范和实践。控制机构包括法院和议会，控制规范包括"硬法"和"软法"，硬控制规范包含对行政决策进行司法审查的理由，软控制规范的典范是监察员在阐述"行政不当"概念时制定的"善政原则"。控制实践是指控制机构事实上履行控制职能的方式，以及控制机构之间的互动方式。[3]

此外，在域外行政法理论中，"红灯理论"更是最为集中地表达了"控权论"的核心理念。"红灯理论"源于19世界的自

---

[1] Neil Hawke, Neil Parpworth, *Introduction to Administrative Law*, Cavendish Publishing Limited, 1998, p. 1.

[2] Matthew Groves, HP Lee, *Australian Administrative Law: Fundamentals, Principles and Doctrines*, Cambridge University Press, 2007, pp. 1~2.

[3] See Peter Cane, *Controlling Administrative Power: An Historical Comparison*, Cambridge University Press, 2016, pp. 2~3.

由放任（laissez-faire）政治传统，它体现了对政府权力的根深蒂固的怀疑。[1]英国公法学者戴雪认为，法律主权的概念有利于法律至上，议会确立了社会一般规则的框架，行政部门应当根据这些规则进行管理，否则法院就可以控制行政部门，确保其合法行事。[2]这种观点与"自我纠错的民主"（self-correcting democracy）的理念密切相关。在这种理念中，所有的法律（包括行政法，在戴雪看来，行政法并不是独立于宪法而存在的）都被看作是一门自主的、连贯的学科，它发挥着重要的控制功能（属于宪法中"制衡"的一部分）。[3]此外，"红灯理论"还试图克服一个更深层次的问题，即政策或政绩问题。对于"红灯理论"的支持者而言，司法机关应当是自主和公正的，它有自己独立的、公正的标准，可以依靠它作为裁判者进行裁决，裁决的对象应当是行政行为的合法性，而不是任何决定的政治性或实效性。[4]在红灯理论看来，诉诸法院的权利、普通法上的对抗性程序及其所特有的正当程序权利是法治赋予的终极保护。[5]总而言之，在"红灯理论"看来，国家及其机构的行政权力若不受到法律控制，势必会威胁到所有人的自由和权利。

在当前的信用规制研究中，学者们大多会在对信用规制存在的合法性或合宪性困境进行考察后，最后提出用依法行政原

---

[1] See Peter Leyland, Gordon Anthony, *Textbook on Administrative Law* (*Seventh Edition*), Oxford University Press, 2013, p. 5.

[2] See Carol Harlow, Richard Rawlings, *Law and Administration* (*Third Edition*), Cambridge University Press, 2009, pp. 22~23.

[3] See Peter Leyland, Gordon Anthony, *Textbook on Administrative Law* (*Seventh Edition*), Oxford University Press, 2013, p. 5.

[4] See Peter Leyland, Gordon Anthony, *Textbook on Administrative Law* (*Seventh Edition*), Oxford University Press, 2013, p. 6.

[5] See Carol Harlow, Richard Rawlings, *Law and Administration* (*Third Edition*), Cambridge University Press, 2009, p. 449.

第三章　信用规制法治化的基本思路与路径选择

则、比例原则、法律保留原则等公法原则对信用规制进行"规训",确保其在法治轨道内运行。[1]从本质上讲,这种主张用"严格的法治要求"来推动信用规制法治化的观点体现了"控权论"的核心主张。由于我国信用规制实践在兴起之初尚未形成明确的法律框架,导致政府部门在对信用规制实践进行探索时拥有广泛的自由裁量权,并且还存在权力滥用或误用的情形,给行政相对人的合法权益造成了侵害,以至于陷入合法性危机。在这种情况下,采取"控权论"作为信用规制法治化的认知模式可以"及时止损",平息由权力滥用引发的"社会焦虑"。一方面可以确保行政权力的行使具备正当性,另一当面也有助于维护和保障公民的权利和自由。然而,从长远来看,以"控权论"为理论指导的法治化模式与信用规制所处的时代背景以及其本身的特性可能存在不相适应之处。"控权论"过于强调对行政权力的控制,而忽视对正确行使权力的激励,在客观上限制了现代法治的基本功能,即"规范行政权力的行使以实现国家任务"。[2]

在科技快速发展、社会剧烈变迁的"风险社会","控权论"可能会反过来对相对人合法权益的保护及实现产生消极作用,无法满足人们对美好生活的向往。[3]姜明安教授认为:"政府权

---

[1] 参见沈岿:"社会信用体系建设的法治之道",载《中国法学》2019 年第 5 期;贾茵:"失信联合惩戒制度的法理分析与合宪性建议",载《行政法学研究》2020 年第 3 期;张晓莹:"行政处罚视域下的失信惩戒规制",载《行政法学研究》2019 年第 5 期;沈毅龙:"论失信的行政联合惩戒及其法律控制",载《法学家》2019 年第 4 期。

[2] 楚德江:"控权理论的价值与缺憾",载《甘肃社会科学》2008 年第 3 期。

[3] 学者主张当代行政法应该致力于发展出一套超越单纯的合法性调控、更完整而足以确保行政理性的规范体系,不再将关注焦点放在行政合法性的维护,而是更进一步追求个别行政决定的正确性。这样才能既防止行政恣意,又确保行政理性。参见黄舒芃:"'行政正确'取代'行政合法'?——初探德国行政法革新路线的方法论难题",载《中研院法学期刊》2011 年第 8 期。

力有限，公权力为'恶'的机会是少了，但是，严格的、僵硬的限权、控权会把政府为'善'的手脚也束缚住了。"[1]信用规制是政府部门在面对规制失灵和信用失范时采取的一种规制创新，它是推动"放管服"改革和优化营商环境的重要举措，其制度功能的发挥有赖于行政权力的积极行使。若将信用规制完全等同于传统的行政行为，而对行政权力进行严格控制，则有可能将信用规制"锁死"，遏制其本身所具备的制度功能或工具优势，偏离政府进行规制革新的初衷。同时，从前文对信用规制实践现状的考察可知，信用规制作为一种新型的行政活动方式，其大多数行为或活动均属于"非型式化之行政行为"。[2]在"控权论"主导下，行政权力的"控制手段"比较偏重于法院的司法审查，若一味将"型式化之行政行为"的合法性标准简单套用于信用规制活动，其合理性和有效性本身也是值得怀疑的。"司法审查不是对行政部门问责的唯一形式。成功的问责制需要不同机制的'编织'，精心组合，确保它们共同发挥作用。"[3]综上所述，由于"控权论"本身存在固有缺憾，再加上信用规制有别于传统"型式化之行政行为"的特性，"控权论"不宜作为未来信用规制法治化的认知模式。

三、平衡论视角下信用规制法治化的优势

"平衡"（balancing）在法律中是一个带有强烈"操作性"

---

[1] 姜明安："行政程序：对传统控权机制的超越"，载《行政法学研究》2005年第4期。

[2] 参见程明修："非型式化之行政行为——以经济行政中之自我限制协定为例"，载程明修：《行政法之行为与法律关系理论》，新学林图书出版有限公司2005年版，第229~230页。

[3] John Bell, "Judicial Review in the Administrative State", in Jurgen de Poorter, Ernst Hirsch Ballin, Saskia Lavrijssen (eds.), *Judicial Review of Administrative Discretion in the Administrative State*, T. M. C. ASSER PRESS, 2019, p. 3.

第三章　信用规制法治化的基本思路与路径选择

色彩的术语。美国学者史蒂芬·希夫林认为，平衡是解决价值冲突的任何方法。[1]美国学者亚历山大·阿列尼科夫则认为，平衡代表一种新的思维方式，它是指对竞争性利益的识别、评价和比较，它不同于在作出决定时考虑各种因素的裁决方法，它将重点直接放在利益或因素本身，迫使每一种寻求自身认可的利益都与竞争性利益进行正面比较。[2]在几乎所有的冲突中，尤其是那些进入法律体系的冲突，总会有一些有利于两种或两种以上结果的说法。无论选择什么样的结果，总会有人处于有利地位，有人处于不利地位，某些政策的推行总会以其他政策的牺牲为代价。因此，人们常说，必须采取"平衡行动"，将"正确"的决定视为产生最大净收益的决定。这意味着政府的职责应当是取得正确的平衡，在提供适当保护的同时，确保对被规制者的影响是符合比例性的。

在我国行政法理论中，以罗豪才教授为代表的一批学者提出了"平衡论"，行政法（学）由此进入了"平衡时代的行政法"。罗豪才教授等认为："现代行政法既不是管理法，也不是控权法，而是保护行政权与公民权处于平衡状态的平衡法。"换言之，现代行政法存在的理论基础应是"平衡论"，其基本含义是"在行政机关与相对一方权利义务关系中，权利义务在总体上应当是平衡的"。[3]宋功德教授则从以下四个方面阐述了"平衡论"的理论立场：①以主体关系作为行政法视角。②行政

---

[1] See Steven Shiffrin, "First Amendment and Economic Regulation: Away from a General Theory of the First Amendment", *Northwestern University Law Review*, Vol. 78, Issue 5 (1984), pp. 1212~1283.

[2] See T. Alexander Aleinikoff, "Constitutional Law in the Age of Balancing", *Yale Law Journal*, Vol. 96, Issue 5 (1987), pp. 943~1005.

[3] 罗豪才、袁曙宏、李文栋："现代行政法的理论基础——论行政机关与相对一方的权利义务平衡"，载《中国法学》1993年第1期。

法要在公益与私益、效益与公正、秩序与自由之间取得平衡。③以积极行政和依法行政作为行为模式。④推动不同行政法规范体系之间的和谐一致。[1]

在比较法中，也有很多学者将"平衡论"作为行政法的认知模式。在美国行政法理论中，行政法在很多时候主要是关于程序的法，[2]因此"程序"本身所秉持的理念、价值对行政法的认知模式也会产生重要影响。例如，美国联邦最高法院大法官哈伦（Marshall Harlan）认为，平衡的理念是正当程序的基本要素，"正当程序并未简化为任何公式，其内容不能参照任何法典来确定。最好的说法是，通过本法院的裁决，它代表了我们的国家在尊重个人自由的基础上，在这种自由和有组织的社会要求之间取得的平衡"。[3]美国行政法学者苏珊·罗斯-阿克曼（Susan Rose-Ackerman）等认为，行政法有两项广泛的任务：第一，维护个人权利，保护他们不受国家过度干预；第二，提供外部制衡和建设性意见，加强民主问责和行政能力。[4]英国行政法学者亚德利（D. C. M. Yardley）将行政法的"平衡"界定为"对权力的控制，以及在行政机关（中央政府、地方政府或专门机构）与公民的利益冲突之间保持公平的平衡"。[5]

此外，在域外行政法理论中，"黄灯理论"更是最为集中地表达了"平衡论"的核心理念。英国公法学者彼得·莱兰德

---

[1] 参见宋功德：《行政法的均衡之约》，北京大学出版社2004年版，第26~43页。

[2] 参见[美]伯纳德·施瓦茨：《行政法》，徐炳译，群众出版社1986年版，第3页。

[3] Poe v. Ullman, 367 U. S. 497.

[4] See Susan Rose-Ackerman, Peter L. Lindseth, Blake Emerson, "Introduction", in Susan Rose-Ackerman, Peter L. Lindseth, Blake Emerson (eds.), *Comparative Administrative Law* (*Second Edition*), Edward Elgar Publishing, 2017, p. 1

[5] D. C. M. Yardley, *Principles of Administrative Law*, Butterworth, 1981, p. viii.

(Peter Leyland)等认为,随着公共行政任务的扩张,"红灯理论"和"绿灯理论"已经有了某种程度的趋同,在行政管理的外部和内部制衡之间寻求新的平衡,让公共行政人员做好自己的工作,这一立场通常被称为"黄灯理论"。[1]"黄灯永远闪烁"的立场也体现在英国学者布拉德利(Bradley)等对行政法功能的描述中。他们认为,行政法主要具有以下三种功能:首先,行政法的一个重要功能是确保政府的任务得以完成。其次,行政法的第二个功能是规范公共机构之间的关系。最后,行政法的第三项功能是对公共机构与个人之间的关系进行规范。[2]

在我国行政法理论中,"平衡论"对"描述行政法治的发展历程并指引发展方向"发挥了重要作用,已经成为"发展最为完善的一个学术流派"。[3]从"平衡论"的基本理念来看,其与信用规制法治化的科学内涵和目标设定是相一致的,可以作为信用规制法治化的认知模式。如前所述,信用规制法治化意味着信用规制权力的行使要符合形式法治、程序法治和实质法治的要求,这与"平衡论"所主张的"在公益与私益、效益与公正、秩序与自由之间取得平衡"是相一致的。信用规制法治化的目标体系包括权利保护和良法善治,这与"平衡论"主张强调程序保障、公众参与、多渠道权利救济等主张是相一致的。

综合上述分析,与"管理论""控权论"相比,"平衡论"更

---

[1] See Peter Leyland, Gordon Anthony, *Textbook on Administrative Law* (*Seventh Edition*), Oxford University Press, 2013, pp. 9~10.

[2] See A. W. Bradley, K. D. Ewing, C. J. S. Knight, *Constitutional and Administrative Law* (*Sixteenth Edition*), Pearson Education Limited, 2015, pp. 569~570.

[3] 成协中:"行政法平衡理论:功能、挑战与超越",载《清华法学》2015年第1期。

适合作为信用规制法治化的认知模式。在"平衡论"的指引下，信用规制法治化既要采取相应的措施或机制规范行政主体在信用规制过程中合法行使行政权力，同时又要设计一系列可以激发信用规制的制度优势的制度或措施。这样才能更好地发挥信用规制在应对规制失灵和信用失范问题、不断推动"放管服"改革、促进国家治理现代化等方面的作用，在促进经济社会繁荣发展的同时，最大限度地保护好私人权利和自由。

第五节　信用规制法治化的基本框架

信用规制法治化的目标包括权利保护和良法善治两个层次，为了实现上述目标，"平衡论"可以作为信用规制法治化的认知模式，那么如何才能实现信用规制法治化呢？换言之，信用规制法治化应当通过何种具体途径来予以实现呢？从方法论的角度看，传统行政法学理论的中心是对行政行为的合法性进行审查，以"事后救济"的方式为个人权利提供保障，其主要针对"干涉行政"中的各种具体行政行为。因此，行政的"执行作用"特别受到重视，而基于技术与社会环境发展变迁、国家为社会性形塑的必要而取得的"形成功能"、组织法、程序法的相关问题，则退居次要位置。[1]

由于传统行政法学理论重视行政各种行为的最终法律效果，并以极具抽象性之理论解释行政上法律关系，其核心主要集中于具有具体法效果的权力性行为，形成了"行政行为→外部法律关系、权力性、目的性→权利侵害→有法律救济可能→司法审查"这样一套严密的逻辑体系，这便是所谓的"行政行为核

---

〔1〕 参见陈爱娥："行政行为形式—行政任务—行政调控——德国行政法总论改革的轨迹"，载《月旦法学杂志》2005年第120期。

第三章 信用规制法治化的基本思路与路径选择

心论",也有学者称之为"面向司法的行政法"。[1]随着时代的发展,传统行政法面临"路线革新",学者们提出了各种行政法方法论,如福祉国家行政法论、行政特有法论、特殊法论、行政过程论等。[2]这些方法论对于实现、促进和维持政府活动法治化均有相对独立的主张,也有不同的路径依赖。信用规制并非一种单一的、型式化的行政行为,而是一种新型的、复合的行政活动,若要实现法治化,应当采取"行政行为形式理论",还是采取行政过程论等新的方法论?这需要从理论上予以回应。

一、行政行为形式理论下的信用规制法治化路径

在现代行政法学理论中,行政法的调控对象仍然集中在公共行政,特别是公共行政的各种行为形式,而且多局限于形成与人民相关之外部法律关系的行为形式之上。[3]在受德、日行政法理论影响的国家或地区,行政法体系仍然延续着德国行政法学者奥托·迈耶直接以"规范行政活动的现象"来建构行政法秩序的思考模式,并形成了所谓的"行政行为形式理论",至今仍然是行政法理论的核心内容。[4]行政机关为了实现政策目的或完成行政任务,通常会实施各种各样的活动,这些活动中的行为形式往往千差万别。如果某些行为形式能够在已经形成的法律标准中被准确定性,并且能够产生相应D法律效果,那

---

[1] 谭宗泽、杨靖文:"面向行政的行政法及其展开",载《南京社会科学》2017年第1期。
[2] 参见刘宗德:《行政法基本原理》,学林文化事业有限公司1998年版,第43~44页。
[3] 参见张锟盛:"行政法学另一种典范之期待:法律关系论",载《月旦法学杂志》2005年总第121期。
[4] 参见陈爱娥:"行政行为形式—行政任务—行政调控——德国行政法总论改革的轨迹",载《月旦法学杂志》2005年第120期。

么这些"行为形式"便可能成为"法律形式",进入司法审查的"法眼"。[1]

一般认为,行政行为"型式化"主要分为两个步骤:第一,从各种各样的行政活动现实中,通过抽丝剥茧的方式提取若干行为要素,并对这些行为要素进行比较分析,找出相互之间的关联性,进而建构出法律概念。这个步骤是作为规范科学的法学对于经验科学所确定的行为事实进行法的规范性观察。第二,对撷取的行为片段添加一定的法律要求,并配置相应的法律效果。这个步骤的主要目的是建构行政所应受法规范之拘束与合法违法之法律效果体系。[2]行政行为"型式化"的建构过程大致可以用图3-3表示。

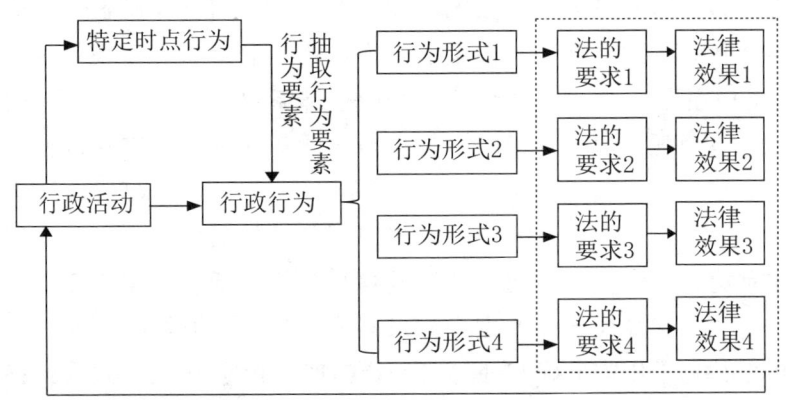

图3-3 行政行为形式理论的基本建构机制

行政行为形式理论具有很强的"归整力",它使形式多样而

---

〔1〕参见赖恒盈:《行政法律关系论之研究——行政法学方法论评析》,元照图书出版有限公司2003年版,第53页。

〔2〕参见[德]施密特·阿斯曼:《秩序理念下的行政法体系建构》,林明锵等译,北京大学出版社2012年版,第279~280页。

难以概观的行政活动，得以进入行政法所建构的秩序世界，并可以产生稳定性的基础，使得普通的社会公众也能对行政手段进行准确识别。借助行政行为形式理论，行政法学者成功地解决了许多传统法律问题，同时行政法学者也不断为各种类型的行为形式添加"生命"，使其具有法学上的意义。[1]我国学者李建良教授认为，从体系功能的角度来看，行政行为形式理论主要有以下几个功能：法律关系的形塑机制、正当程序的联结标的、行政执行的基础要件和行政争讼的构造元素。[2]

行政行为形式理论借由行政行为概念的形成与区别，试图将所有的行政活动纳入控制范围。按照行政行为形式理论的基本主张，行政行为能否"型式化"直接影响法治国家之规律精致与否。[3]然而，行政行为形式理论能否充分符合现实中与行政相关事实关系的法律规制之要求则值得怀疑。按照学者的总结，行政行为形式理论存在的不足主要体现在以下几个方面。[4]

（1）无法涵盖具体行政法律关系中的所有相关主体。行政行为形式理论提供了一个"行为形式选择的记忆库"或"行为形式选择的储藏室"，其主要关注行为或活动所产生的结果，以及触发的法律效果，无法完整地观察到概括事实的整体性。在实践中，行政机关所面临的执法环境是动态的，受到多种因素的影响，在一个具体行政行为中，其所涉及的未必只有"深陷

---

[1] 参见张锟盛："行政法学另一种典范之期待：法律关系论"，载《月旦法学杂志》2005年总第121期。

[2] 参见李建良："行政处分2.0：法治国家的制度工具与秩序理念（上）"，载《月旦法学杂志》2018年总第277期。

[3] 参见赖恒盈：《行政法律关系论之研究——行政法学方法论评析》，元照图书出版有限公司2003年版，第58页。

[4] 参见张锟盛："行政法学另一种典范之期待：法律关系论"，载《月旦法学杂志》2005年总第121期。

其中"的当事者，可能还包括其他名义上的"旁观者"。

（2）无法涵盖具体行政法律关系中的所有行为类型。在实践中，行政机关为了完成行政任务或实现行政目标，通常选择"多管齐下"，尽可能动用自己所拥有的"行政手段"。这里面涉及的行政行为通常可能不止一种，而是复数行政行为融合而成的，这些行为发生的时点可能是同时发生，也可能是先后发生。因此，对于这种行为如何进行法律定性，并规定相应的法律效果，通常比较复杂。

（3）行政以外的法主体的行为未受关注。行政行为形式理论主要集中观察具有基准行为性质的行政机关意志形成的行政行为，其他法律关系的法主体，特别是公民的行为则常常被忽略。

（4）以行政决定的结果为核心，对于"结果"以外的其他时点或阶段关注不够。行政行为形式理论是"效果集中"，而非行为相关与状态取向，其忽略了决定的过程与相关法主体的法律状态之改变，它只在"瞬间捕抓"发生法律效果的那一个"点"，而无法掌握行政与人民之间法律关系的时间与程序面向。

（5）行为形式的判断有赖于法律关系内容的认识。[1]一个行政行为到底是公法还是私法性质，是否为具体行政行为，常常无法由行政行为的行为形式直接判断，反而有赖于对具体法律关系的相关法主体的法律地位和行为的观察。

---

[1] 最高人民法院行政审判庭原审判长蔡小雪法官也表达了类似的观点。他认为："被诉行政行为是否属于行政诉讼的受案范围，不能仅仅看，行政机关对其所叫的名称，而要看它的实质内容，从实质内容上判断被诉行政行为的性质，杜绝行政机关给可诉的行政行为带上一个不可诉的行政行为的称谓，逃避当被告的做法。"参见蔡小雪："从案例出发的行政诉讼规则"，载微信公众号"中国法律评论"，2020年9月28日。

第三章　信用规制法治化的基本思路与路径选择

总而言之，传统行政行为形式理论，其基本构造乃是集中于：行政行为的合法性审查与个体权利的司法救济。对于这种理论构造，如果所涉及的事实问题比较简单明了，而拟适用的法律规范也是清晰的，那么可以通过一般的法律适用方法，即"涵摄、分类与平衡"，使行为形式与"法之要求"和"法之效果"之间建立关联，作出单一且正确的决定，进而实现行政行为和合法性控制与个体权利保护之目的。[1]反之，如果行政活动主要体现为"积极形成功能"，再加上风险社会、信息社会、智能社会等外部环境的复杂化，以"结果相关"和"效果集中"作为合法性控制逻辑的传统行政行为形式理论则可能面临适用上的局限性，无法作出单一且正确的决定。

从信用规制理论与实践的考察来看，为了将信用规制活动纳入法治轨道，学者们本能地选择了行政行为形式理论，试图将信用规制活动中的各类信用规制行为予以"型式化"，进而遵循行政行为合法性控制的基本逻辑，大致可以分为以下两种方案：第一，保持现有行政行为形式的类型不变，视个案情形及处理目的，直接将一些尚未型式化的信用规制行为作为一种独立的新的行为类型，纳入行政法的调控范围。第二，在现有的行政行为形式中，通过扩大其他行为形式的概念范围，将一些未型式化的信用规制行为纳入其中，遵循相应的法律要求，分配相应的法律效果，如将带有惩罚性的"信用黑名单"纳入行政处罚的范围。然而，这样一种"革新路线"似乎依然无法圆满解决信用规制法治化存在的问题。对于第一种方案，将一些未型式化的信用规制行为作为新的行为形式纳入行政行为体系，可能对行政行为形式理论本身造成冲击，若所有行为都是行政

---

[1] 参见赖恒盈：《行政法律关系论之研究——行政法学方法论评析》，元照图书出版有限公司2003年版，第60页。

行为，那么也可以说所有行为都不是行政行为。对于第二种方案，可能导致行政行为形式理论更加抽象化和集中化，使行政行为背负过多的功能，最终可能成为法教义学中的"理论黑洞"。[1]

综上所述，信用规制是政府部门在"技术治理"理念下的制度创新，其不同于传统的行政活动方式，所包含的要素更为复杂和多元，既有技术性要素，也有规范性因素。因此，若在信用规制法治化过程中始终以行政行为形式理论作为方法论，将各类信用规制活动"削趾适履"式地纳入法治轨道，以"信用规制—法律属性—法律效果—司法审查"作为其法律控制路径，可能会忽略信用规制的过程与程序面向，忽略受到事实效果影响的相对人，忽视作为"未型式化行政行为"的信用规制本身所具有的"动能、弹性及创意之功能"，限制行政主体的"行为选择自由"。[2]因此，对于信用规制法治化的实现路径，需要引入新的理论或分析工具作为方法论。

二、以行政过程理论建构信用规制法治化框架

传统行政法学对于行政机关与相对人之间的关系，往往流于形式判断，其概念之形成或体系之架构，普遍呈现高度的"浓缩"形态，而与现实脱节。事实上，"行政行为"的法律行为形式其实只是一个广泛开展之法律关系的"片段"，更重要的可能是其所设立、变更或废止的法律关系，尤其是持续性关系

---

[1] 参见林明锵："论型式化之行政行为与未型式化之行政行为"，载翁岳生教授六秩诞辰祝寿论文集编辑委员会编：《当代公法理论——翁岳生教授六秩诞辰祝寿论文集》，月旦出版社1993年版，第349页。

[2] 参见林腾鹞："行政法之演进与新趋势"，载《东海大学法学研究》1998年第13期。

更值得留意。[1]当行政行为的标准为特定目标设定,其因此获得广泛的作用范围时,取向于"点状"的行政行为之标准的"规整功能"就很有限。有鉴于此,一些行政法学者开始将研究视角转向"行政过程",希望借助"行政过程论"来弥补行政行为形式理论之不足,为行政行为提供新的合法化策略,[2]而这也为信用规制法治化提供了重要的方法论指引。

(一)行政过程理论的基本内容

"行政过程"(administrative process)这一术语来源于英美法,美国学者詹姆斯·兰迪斯(James M. Landis)于1938年在《行政过程》一书中对"行政过程"进行了研究。他认为,行政权力的扩张和膨胀,导致传统权力分立机制逐渐失去效用,再加上司法审查的失败,催生了行政过程的必要性,行政过程具有设计灵活性、积极参与性和专业化等优势。[3]美国学者克莱德·艾奇森(Clyde B. Aitchison)认为,"行政过程"是指行政部门在特定情况下使立法授权的职能得以实现的全部行为。在艾奇森看来,之所以对行政过程进行如此界定,原因主要有两点:一方面,美国学术界在使用"行政法"这一术语时往往采取狭义立场,将其与政策制定、政策执行等过程性概念相联结,同时对"行政规则"(administrative rule)、"行政行为"(administrative act)等概念混同使用;另一方面,行政机关的最终决定性行为往往是在行政管理范围内发生的一系列先期行为或具体活动的最终结果,所有这些行为都会影响到最终结果的

---

[1] 参见陈爱娥:"行政行为形式—行政任务—行政调控——德国行政法总论改革的轨迹",载《月旦法学杂志》2005年第120期。

[2] 参见许志雄:"战后日本行政法学之发展——以方法及对象之论争为中心",载《东海大学法学研究》1987年第3期。

[3] See James M. Landis, *The Administrative Process*, Yale University Press, 1938, pp. 19~20.

性质，因此没有比"行政过程"这一术语更适合描述行为之间这种紧密联系的了。[1]

英国公法学者伊丽莎白·费雪（Elizabeth Fisher）和美国学者行政法学者西德尼·夏皮罗（Sidney A. Shapiro）在其新著《行政能力：重塑行政法学》一书中提出"行政能力"（administrative competence）这一概念作为重塑行政法学的支点，也从侧面体现了行政过程论的思想。他们认为，当前的行政法学研究存在很大的局限性，很多行政法学者在推理法律时并未深入思考公共行政及其所解决的问题，或者换一种说法，公共行政及其所治理的东西在当前的法律想象（legal imagination）中几乎不存在，公共行政的权威和能力如何纠缠在一起并未成为行政法的组成部分，"如果不了解公共行政，就无法理解行政法"。[2]

受英美法思想的启发，再加上受到德国行政法中有关传统行政行为形式理论改革的影响，日本行政法学界开始从行政过程的角度来对行政法进行全盘的问题反思与研究。[3]远藤博也、盐野宏、原田尚彦、室井力、阿布泰隆、兼子仁、大桥洋一等众多日本行政法学者均对行政过程论展开了深入研究，提出了不同的观点。[4]盐野宏教授认为，现代行政法学之核心课题，在于将整体行政上特殊之法现象，作为宏观意义上之过程予以

---

[1] See Clyde B. Aitchison, "Reforming the Administrative Process", *George Washington Law Review*, Vol. 7, Issue 6 (1939), pp. 703~725.

[2] Elizabeth Fisher, Sidney A. Shapiro, *Administrative Competence: Reimagining Administrative Law*, Cambridge University Press, 2020, pp. 2~3.

[3] 参见杨建顺："日本行政法及行政法学的历史发展及其特色"，载《法学家》1998年第4期。

[4] 我国学者陈春生就日本行政法学者有关行政过程论的代表性观点进行了很好地综述。参见陈春生："日本之行政过程论浅析"，载陈春生：《行政法之学理与体系（二）》，元照图书出版有限公司2007年版，第271~309页。

第三章 信用规制法治化的基本思路与路径选择

把握,并预想各个阶段中之微观过程,进而分析其特征,并谋求其体系化。[1]在盐野宏教授看来,行政过程并非单纯的法律执行过程,相反,宪法原则与价值始终主导着行政过程,行政行为也只有被放置在行政法律关系的动态过程中,才能避免与现实法现象的疏离。尽管在日本行政法学理论体系中,行政过程论有各种各样的观点,但其核心主张可以概括为:应当积极拓展行政法学之观察对象,扩充其调控范围,不能只是一味地对单一行政行为进行"定点、静态、结论式"的审查,而应当把目光转向整个行政活动过程中,对其中存在的动态演进、互动关系进行全面、动态的把握,努力发现并解决行政法治过程中存在的"真问题"。[2]

行政过程论的产生,是从方法论的角度对传统行政法学进行反思,[3]其对传统行政法理论的批判主要包括以下三点:①以"行政行为合法性"作为问题考察核心,忽视了现代行政活动的复杂性。行政过程并非既存事务执行的过程,而是由立法机关的法律制定开始,对不同的行政机关、利害关系人、社会公众等主体之意见进行调整,以达到合意为目标的统合过程及创造的政策决策过程。②将"行政主体"与"私人"视为"二元对立"关系,不符合"合作国家"的发展趋势。在行政过程论看来,行政活动包括诸多复杂的阶段,牵涉其中的行政机关、利害关系人、社会公众等主体都是达成合意过程的一员。③将行政法律关系分割为"内部关系"与"外部关系",无法

---

〔1〕 参见鲁鹏宇:"日本行政法学理构造的变革——以行政过程论为观察视角",载《当代法学》2006年第4期。

〔2〕 参见赖恒盈:《行政法律关系论之研究——行政法学方法论评析》,元照图书出版有限公司2003年版,第83~84页。

〔3〕 参见[日]盐野宏:《行政法》,杨建顺译,法律出版社1999年版,第65页。

对行政决策、行政立法、行政行为等进行全过程考量。[1]

受日本行政过程论之影响，我国行政法学界的一些学者也对行政过程论展开了研究。朱维究教授认为，"行政过程论"是"以行政过程为基础，全面地、动态地考察行政活动整个过程的一种行政法学理论"。[2] 江利红教授认为，从阶段性法律构造的角度看，行政过程可以被分为宏观行政过程和微观行政过程，[3] 具体构造如表3-4所示。

表3-4 行政过程的阶段性法律构造

类型	行为数量	阶段性构造
宏观行政过程	复数行政行为	标准阶段→行为阶段→执行阶段→救济阶段
微观行政过程	单一行政行为	法律事实认定阶段→法律规范适用阶段→决定作出阶段→决定送达阶段

行政过程论为我们观察现代行政提供了一种新的视角，它改变了传统行政行为形式理论的认知与适用局限，符合现代实质行政法治的要求。具有如下重要意义：①对于传统行政法学静态的、定点的考察方法不足的反思，主张对行政活动进行全面、动态的考察。②对于行政行为也应当在行政过程中动态地

---

[1] 参见陈春生："日本之行政过程论浅析"，载陈春生：《行政法之学理与体系（二）》，元照图书出版有限公司2007年版，第277~278页。

[2] 参见朱维究："再谈现代行政过程论——从形式行政法治到实质行政法治"，载中国法学会行政法学研究会编：《行政管理体制改革的法律问题——中国法学会行政法学研究会2006年年会论文集》，中国法学会行政法学研究会2006年版，第75~82页。

[3] 参见江利红："行政过程的阶段性法律构造分析——从行政过程论的视角出发"，载《政治与法律》2013年第1期。

加以规范。③赋予相对人在行政过程中的对等地位,并发挥其重要作用。[1]因此,以行政过程论作为现代行政法的方法论,这意味着行政法不仅应当保护公民的基本权利不受行政权力的恣意侵犯,同时还应当积极促进个体权利的实现,提高行政效能,协助政策目标的达成,增进社会公共利益,[2]这也是前文提及的"平衡论"的基本立场。

(二) 行政过程理论引入信用规制法治化

如前所述,与行政行为形式理论相比,行政过程理论在分析和认识现代行政现象方面具有优势,因此,本书认为,应当在信用规制法治化中引入"行政过程论",以此作为方法论,对信用规制的各个环节、各个阶段展开动态观察,并将法治精神与法治思维融入其中,为信用规制法治化提供全过程保障。从逻辑与事实的关联性来看,信用规制法治化与行政过程论之间具有内在关联和外在契合的关系,主要体现在以下几个方面。

(1) 多阶段构分析上的契合。信用规制是以信用信息为核心,信用信息几乎贯穿在所有信用规制活动中。信用信息作为信息的一种具体类型,其运动规律也符合"信息生命周期"的基本原理,即包括收集、传输、加工、存储、维护、使用、删除等阶段,这就从根本上决定了信用规制的过程性、阶段性、动态性、连续性等特征。从信用规制的实际运行来看,其核心制度包括信用信息的归集、评价、公开、应用、修复等,每一个阶段均具有不同的任务,所遵循的具体法律规则也不尽相同。

---

[1] 参见朱维究:"再谈现代行政过程论——从形式行政法治到实质行政法治",载中国法学会行政法学研究会编:《行政管理体制改革的法律问题——中国法学会行政法学研究会2006年年会论文集》,中国法学会行政法学研究会2006年版,第75~82页。

[2] 参见谭宗泽、杨靖文:"面向行政的行政法及其展开",载《南京社会科学》2017年第1期。

此外，从信用规制的运行逻辑来看，它是对被规制对象进行事前、事中和事后的全过程规制，涵盖了被规制对象的整个生命周期。行政过程论的基本主张就是打破行政行为形式理论与现实疏离的困境，将行政活动视为包含行政行为、一般制度、私人主体等多元因素在内的动态过程，并进行阶段性划分，明确每一阶段的法律意义与规制要求，这与信用规制的过程性、阶段性、动态性、连续性等特征相契合。

（2）复数行为构造上的契合。信用规制并非单一的型式化行政行为，从前文的实证分析可知，其既包括许多传统的型式化行政行为，还有许多未被型式化的、非权力性的行为以及多阶段行政行为。譬如，在信用应用阶段，信用承诺、信用教育、信用惩戒、信用黑名单、信用公开、信用约谈等各种各样的行政活动方式被广泛运用，这些活动中既有传统的处罚、许可、强制等容易识别的行政行为，也有一些新的不易识别的行政行为，甚至还有一些由传统行政行为与新的行政行为进行融合的行为，如信用承诺。对于信用规制中出现的各种新兴非权力性、未型式化的行政行为，需要行政法理论作出回应。行政过程论主张扩大行政法的观察对象和调控范围，将那些未被型式化、非权力性的行政行为也纳入观察范围，这可以为信用规制法治化提供重要的理论支撑，避免信用规制中的某一些环节或某一些行为在法治轨道外运行，逃脱"合法性"审查，成为行政权力滥用或误用的"外衣"。

（3）多元主体关系上的契合。信用规制的组织逻辑是"协同规制"，这意味着信用规制本身具有开放性，并不是一个完全封闭的过程。从规制理论的角度看，信用规制意在形成一种"规制空间"（regulatory space），将国家行为者与正式的公共权力、非国家行为者与国家可能无法垄断的权力来源（如信息、

第三章 信用规制法治化的基本思路与路径选择

技术和组织能力)纳入其中,以应对公私融合的需要,合力解决社会治理问题。[1]在信用信息归集阶段,参与主体除了各类行政部门外,还有司法部门和具有管理公共事务职能的组织,尤其是在信用信息目录编制过程中,参与主体甚至还包括专家学者、科研机构、私营企业、社会组织、社会公众等。在信用评价阶段,参与主体包括政府部门和私营组织,政府部门负责提出要求与需求,而私营组织往往负责按照要求开发或运营信用评价系统。在信用应用阶段,政府部门应用信用的方式多种多样,既有将信用与"命令-控制"为特征的行政许可、行政处罚相结合的规制工具,也有将信用与行政指导、行政约谈等柔性行政手段相结合的规制工具,还有强调信用"本体论"的信用黑名单。按照"分类规制"的运行逻辑,针对不同的信用风险级别,行政主体往往会采取干预强度不同的规制工具,参与主体亦有所差异。因此,将行政过程论作为信用规制法治化的方法论,可以将信用规制中多元主体及其活动纳入行政法的检讨范围,能够对信用规制过程中不同阶段不同主体的权利义务进行整体性研究,增强行政法理论对信用规制实践的回应性。

(三)信用规制法治化框架的基本设想

在行政过程论的指引下,由于信用规制是由复数行为构成的,因此可以参照宏观行政过程的阶段性法律构造,即从标准、行为、执行和救济四个阶段切入。以此为参考,结合信用规制本身存在的问题,本书认为,可以从依据制定、措施运用、程序设定和权利救济四个角度建构一个系统性的法治化框架,形成有效的法律控制机制,推动信用规制在法治轨道内有序运行。

(1)依据控制,完善信用规制的法律依据。信用规制是否

---

[1] See Bronwen Morgan, Karen Yeung, *An Introduction to Law and Regulation: Text and Materials*, Cambridge University Press, 2007, p. 60.

需要法律依据，指的是行政主体在政府规制活动中采取信用规制措施时是否需要法律的明确规定。就法理而言，前文的分析已经表明，"依法"本身已经被蕴含在信用规制的内涵中，在理论上已经基本形成共识。不过，在现实意义层面，如前文的研究结果所示，立法层级太低、立法内容不明确、立法内容冲突等问题是当前法律依据未发挥制约作用的重要原因。从行政过程论的角度看，"标准阶段"的行为一般具有抽象性、前瞻性等特点，是为将来行政主体作出行为提供依据、标准或目标的。[1]因此，通过立法对信用规制进行"统制"，可以为行政权力的行使确定相应的原则与规则，划定一些不可逾越的界限，这是信用规制实现法治化的首要途径。立法机关在制定和完善信用规制的法律依据时，应当符合立法的基本规律，同时还要考虑法治在形式、程序、实体三个维度提出的要求，只有最大程度地契合这些法治要求，才有可能消除被规制对象对信用规制存在的不确定性、过度侵益性等担忧，提高信用规制的可接受性。

（2）措施控制，优化信用规制措施的使用。信用规制措施是行政主体实现规制目标的工具或手段，其表现形式多种多样，最核心的特征便是"以信用信息驱动"，如信用承诺、信用约谈、信用指导、信用惩戒等，这些措施与过去以"命令-控制"为主的干预行政手段存在明显的区别。从行政过程论的角度看，"行为阶段"的行为不同于"标准阶段"的抽象性，一般具有具体性、现时性，能够产生具体的法律效果或事实效果。[2]因此，

---

[1] 参见江利红："行政过程的阶段性法律构造分析——从行政过程论的视角出发"，载《政治与法律》2013年第1期。

[2] 参见江利红："行政过程的阶段性法律构造分析——从行政过程论的视角出发"，载《政治与法律》2013年第1期。

第三章　信用规制法治化的基本思路与路径选择

从理论上看，信用规制措施的实施除了需要有法律依据外，还应当充分考虑被规制对象的具体情况。然而，实践经验表明，当前信用规制措施的实施除了存在法律依据不足的问题外，还有过罚不当、不当关联等问题。因此，在优化信用规制措施的使用时，除了需要强调法律法规的约束、控制作用外，更为重要的是要通过一系列制度或机制促进信用规制措施的正确实施，既保护被规制对象的合法权益，又确保政府规制目标的实现。

（3）程序控制，强化信用规制的规制程序。信用规制程序是行政主体在作出规制决策或实施规制措施时应当遵循的方式、步骤、时间和顺序等因素及其相互关系的总和，这与行政程序在内容和构成要素上相同。之所以将信用规制程序作为推动信用规制法治化的一个重要切口，这与行政程序本身的功能有关。行政程序的核心问题是：如何设计一种"制衡制度"（system of checks），以尽量减少行政专断和过度干预的风险，同时为行政机关保留有效行动所需的灵活性。[1]随着行政权的扩张，行政程序越发彰显其独特的功能：①技术层面的功能。法律程序通常体现为过程，在某种程度上，行政主体作出的任何行政行为都有赖于一定的程序，"程序作为国家作出决定过程的结构安排"。[2]②价值层面的功能，行政程序不仅具有技术性功能，而且还具有公正性、准确性、效率性和可接受性等内在价值。[3]鉴于行政程序所具备的工具性、价值性特征及功能，"程序主义进路"或"程序控制"也成了推动行政法治的重要

---

〔1〕 See Ernest Gellhorn, Ronald Levin, *Administrative Law and Process in a Nutshell*, West Academic Publishing, 2016, p.3.

〔2〕 ［德］埃贝哈德·施密特-阿斯曼等：《德国行政法读本》，［德］乌尔海希·巴迪斯选编，于安等译，高等教育出版社2006年版，第103页。

〔3〕 参见［美］欧内斯特·盖尔霍恩、罗纳德·M. 利文：《行政法和行政程序概要》，黄列译，中国社会科学出版社1996年版，第3~5页。

路径。[1]因此，程序控制在信用规制法治化中也就有着不同寻常的地位，甚至发挥着决定性的作用。

（4）结果控制，健全信用规制的救济途径。在行政法律关系中，所有参与主体的行为均涉及一定的利益，它可能是物质利益，也可能是精神利益。[2]信用规制是行政主体行使行政权力的一种方式，和大多数行政活动一样，在信用规制中，既要始终坚持对公共利益的维护，同时也要保护私人利益，有时还需要在这两种利益之间进行合理的权衡。在理论上，社会公共利益的维护通常是以公权力作为后盾，相比较而言，私人利益天然地处于弱势地位，而从权力的实际运行来看，私人利益容易受到公权力的侵害，在信用规制中也不例外。因此，在信用规制中强化对私人利益的保障，为被规制对象提供多元、畅通的、稳定的、制度化的权益救济渠道，纠正违法或不当的行政行为，既是实现社会正义的必然要求，也是信用规制法治化的应有之意。

本书虽然主张采用行政过程论作为信用规制法治化的方法论，以此来建构信用规制的法治化框架，但这并不意味着对行政行为形式理论的完全放弃。[3]事实上，行政过程论所主张的

---

〔1〕 参见王万华："法治政府建设的程序主义进路"，载《法学研究》2013年第4期。

〔2〕 参见马怀德主编：《行政法与行政诉讼法》（第5版），中国法制出版社2015年版，第60页。

〔3〕 正如朱维究教授所言："行政过程论的提出并不是要以行政过程论来完全取代传统行政法学理论，而是鉴于传统行政法学理论的缺陷，运用行政过程论全面、动态的考察方法对传统行政法学理论予以某种程度的修正、补充，使行政法学理论更加贴近现代公共行政的实务，更有利于实现实质意义上的行政法治。"参见朱维究："再谈现代行政过程论——从形式行政法治到实质行政法治"，载中国法学会行政法学研究会编：《行政管理体制改革的法律问题——中国法学会行政法学研究会2006年年会论文集》，中国法学会行政法学研究会2006年版，第75~82页。

理论体系本身极具弹性，行政过程中依然包含对各类行为形式的分析与评价，以审查该行为形式的合法性。[1]因此，在信用规制法治化过程中，仍然可以利用行政行为形式理论对信用规制中的具体行政行为进行合法性检讨，实现合法性控制与权利保障的目的。

---

[1] 参见赖恒盈：《行政法律关系论之研究——行政法学方法论评析》，元照图书出版有限公司2003年版，第88~89页。

第四章
信用规制立法的法理基础与规范建构

规制立法通常决定了整个规制体制的制度设计与实践运行,[1]信用规制也不例外。目前,信用已经被广泛融入公共行政的各个领域,"以信用为基础的新型监管机制"已经成为一种必然趋势。不同层级的、不同领域的政府部门均在积极制定有关信用规制的各类规范,这些规范包括法律、法规、规章、规范性文件等,呈现出分散化、碎片化发展的面貌,尚未形成科学合理的规范体系。在当前的信用规制实践中,信用规制立法还存在诸多问题,如背离法律保留原则、法律明确性原则等公法原则,部门立法色彩严重导致规则冲突和不一致,地方信用立法注重对政府赋权而对私益保护关注不够。信用规制在法制建设方面存在的问题,引起了国家的高度重视。[2]为了推动信用规制的法治化发展,[3]首要任务便是为信用规制建立科学合理的法规范体系。我们有必要坚持以问题为导向,对信用规制

---

〔1〕 See Mathew D. McCubbins, "The Legislative Design of Regulatory Structure", *American Journal of Political Science*, Vol. 29, Issue 4 (1985), pp. 721~748.

〔2〕 例如,《国务院办公厅关于进一步完善失信约束制度构建诚信建设长效机制的指导意见》(国办发〔2020〕49号)明确提出"着力加强信用法治建设",要求"坚持遵循法治轨道,加快研究推进社会信用方面法律法规的立法进程";《法治社会建设实施纲要(2020-2025年)》亦明确提出"推动出台信用方面的法律"。

〔3〕 商务部国际贸易经济合作研究院信用研究所所长韩家平研究员信用监管机制的提出和演进过程可以分为三个阶段:一是提出和探索阶段(2015-2017年);二是深化和完善阶段(2018-2019年);三是法治化、规范化新阶段(2020年至今)。参见韩家平:"信用监管的演进、界定、主要挑战及政策建议",载《征信》2021年第5期。

立法展开深入研究,从理论上对信用规制的立法背景、现实意义、立法理念、立法模式、立法框架等重要内容予以回应,为信用规制立法提供理论支撑。

第一节 信用规制立法的背景与意义

完善信用规制立法,不仅需要我们对信用规制的基本原理、制度构成、制度逻辑等内容进行深入剖析,而且也需要我们对信用规制立法所处的时代背景、周遭环境有明确的认知,把握各种制度性、非制度性因素可能给信用规制立法带来的影响。因此,在完善信用规制立法时,我们必须对信用规制立法的背景和意义有足够清晰的认识。

一、信用规制立法的背景

"法律作为社会现实的一种现象",[1]这意味着制定良好的法律必须积极回应社会现实。信用规制立法也应当符合社会现实和社会公理,同时还要能够对社会发展起引导作用。无论是行政主体对信用活动进行直接规制,还是行政主体利用信用工具实施规制,均意味着以信用为中心的规制活动已经逐步实现常态化。因此,信用规制的常态化成了信用立法需要积极回应的社会现实。从信用规制实践现状来看,信用目前在政府规制中主要有四重作用。

(1) 信用构成了规制活动的对象。从国内外信用制度的发展经验来看,信用秩序是市场秩序和社会秩序的组成部分,推动信用制度和信用体系的建立与完善,不仅能够满足市场经济

---

[1] [德] 托马斯·莱塞尔:《法社会学导论》(第6版),高旭军等译,上海人民出版社2014年版,第6页。

发展的根本需求，而且还有助于解决社会治理中的一些难题。反之，信用失序的出现，则可能导致经济社会运行的基础受到严重破坏，不仅不利于增进社会整体福利，而且还有可能给个人和组织的合法权益造成损害，甚至威胁到个人的生命财产安全。[1]因此，对政府而言，信用一直被视为一个需要解决的重要问题，同时也经常被认为是一系列其他问题的解决方案。[2]目前，在许多事关社会民生的重要领域，"信用问题"已经成为政府制定规制策略、选择规制工具的重要出发点，"基于信用的政策制定"已经趋于普遍化，以信用之名来进行规制活动的范围，已经得到显著拓展，信用规制无疑成了现代规制国家的重要组成部分。

（2）信用成了规制活动的正当化依据。信用不仅被用于界定规制活动的对象，而且还构成了规制活动的正当化依据。在当前的政府规制中，很多规制活动的开展均以信用风险或信用状况作为决策的依据，最典型的便是"以信用为基础的分级分类监管"。[3]政府部门在执行规制的过程中，根据被规制对象的信用风险程度，选择不同干预强度的规制策略和规制措施，将有限的规制资源放在最需要的地方，高风险，便多监管，低风险，便少监管。目前，很多地方已经专门制定了有关"以信用为基础的分级分类监管"之规范，如《山东省信用分级分类管理办法（试行）》等。

---

[1] 参见陈新年：《信用论》，经济科学出版社2017年版，第13~16页。
[2] See Donncha Marron. *Consumer Credit in the United States: A Sociological Perspective from the 19th Century to the Present*, Palgrave Macmillan, 2009, p. 9.
[3] 例如，《北京市优化营商环境条例》第53条第1款规定："……市有关政府部门以公共信用信息评价结果等为依据，制定本行业、本领域信用分级分类监管标准。信用较好、风险较低的市场主体，应当减少检查比例和频次；违法失信、风险较高的市场主体，应当提高检查比例和频次。"

（3）信用改变了规制活动的方式。在实践中，为了达成政策目标和完成行政任务，行政主体往往可以选择各种各样的方式来执行法定任务，它可以制定较为抽象的规制标准，也可以发布具体的行政命令或禁令，还可以进行警示、提供建议或指导等。[1]在目前的政府规制中，信用与规制活动进行了深度融合，改变了许多传统规制活动的实施方式。例如，信用承诺被广泛运用于行政许可、行政确认、行政给付等活动，[2]还有一些地方将信用承诺用于行政执法，[3]这与日本学者大桥洋一提出的"传统行政手法发生了本质性变化"形成呼应。[4]此外，还有一些以信用为基础的新型规制活动不断出现，并且获得广泛运用，如信用黑名单、信用教育、信用约谈、信用警告等。信用正在不断改变行政主体执行法定任务的方式。

（4）信用具有内部和外部的评估和问责作用。信用在规制过程中发挥的第四种核心作用在于，它重塑了关于规制机构的可问责关系，可以根据信用来界定规制机构的活动，表明它们应当做什么，又应当如何做。所以从这个意义上看，信用是一个"规制性"的概念，它是架构和限制公共行政的一种方式。信用对规制过程中问责关系的重塑主要体现在两个方面：①重塑了内部问责关系，即行政组织可以将信用作为内部问责和评

---

[1] 参见[德]汉斯·J.沃尔夫、奥托·巴霍夫、罗尔夫·施托贝尔：《行政法》（第2卷），高家伟译，商务印书馆2002年版，第3页。

[2] 参见张鲁萍："公法视域下的信用承诺及其规制研究"，载《哈尔滨工业大学学报（社会科学版）》2020年第5期。

[3] 深圳市生态环境局："深圳首创'违法者主动道歉承诺处罚制度'成效显现"，载 http://meeb.sz.gov.cn/gkmlpt/content/8/8363/post_ 8363968.html#3766，最后访问日期：2020年12月23日。

[4] [日]大桥洋一：《行政法学的结构性变革》，吕艳滨译，中国人民大学出版社2008年版，第6页。

估的工具。[1]②重塑了外部问责关系，即行政相对方可以将信用作为对行政主体进行问责的工具。换言之，在公共行政中，行政主体自身亦将受制于信用。[2]

二、信用规制立法的意义

行政法学的最终目的是合理协调国家行政权与公民权利之间的权义关系，确定行政权运作的原则与程序，增进人民的生活福利，[3]信用规制立法亦不例外。信用规制立法的一个基础性功能就是在信用规制法律关系中妥善处理规制机构与被规制对象之间的权利义务关系。除此之外，在信息社会、智能社会已经成为一种必然趋势，信用与身份之间的关系又越发紧密的情况下，信用规制立法还有其独特意义，它既可以推动公信息秩序的建立，也可以促进公法信用制度的完善。

（一）建构公信息秩序

"没有信息化就没有现代化"，"信息化"已经成为我国的重要国家战略，[4]而推动现代信息社会向数字化、智能化发展的核心要素是数字化信息。信息是数字社会如何增加价值和重

---

〔1〕 例如，国务院在《关于加强政务诚信建设的指导意见》中明确指出，政务诚信监督体系包括三项制度：一是政务诚信专项督导机制，即上级政府对下级政府的考评；二是横向政务诚信监督机制，即同级人大及其常委会对政府的监督；三是第三方机构评估机制，即由第三方机构对政府诚信进行评价。

〔2〕 例如，《优化营商环境条例》第31条规定："地方各级人民政府及其有关部门应当履行向市场主体依法作出的政策承诺以及依法订立的各类合同，不得以行政区划调整、政府换届、机构或者职能调整以及相关责任人更替等为由违约毁约。……"

〔3〕 参见高秦男：《由法释义学到政策导向之行政法学》，元照图书出版有限公司2018年版，第7页。

〔4〕 中共中央办公厅、国务院办公厅于2016年7月印发的《国家信息化发展战略纲要》明确指出："没有信息化就没有现代化。适应和引领经济发展新常态，增强发展新动力，需要将信息化贯穿我国现代化进程始终，加快释放信息化发展的巨大潜能。"

第四章　信用规制立法的法理基础与规范建构

新分配权力的关键。互联网技术的日益成熟和普及,使得新的公共空间正在形成,"信息权力"正在对社会秩序进行重塑,人们的思维和行为都发生了重要变革。[1]"信息就是权力"(information is power),获取信息的能力导致权力从无权者到有权者的重新分配,获取数据不再是权力的来源,就像以前信息控制权主要掌握在几个"大人物"手中一样。相反,将数据处理成有意义的信息的能力变得更加重要。如今,信息的可获得性(accessibility)、耐用性(durability)、完整性(comprehensiveness)成了社会权力的主要来源。[2]

"所有行为,不论是行政的行为与个人的行为,均以信息取得为前提。"[3]对于组织而言,"良性信息是组织健康运作的关键因素,因此组织必须设计获取信息的方式,处理各类信息,并将其分送至组织内的适当接受者"[4]。由于公共部门所面临的问题通常会比个人或私人组织更为复杂,公共部门对信息的需求可能会更大,"信息是行政决策的'货币'"[5]。对于个人而言,按照理想的理性模型,个人要想作出最优决策,需要满足一些必备条件,包括有明确而稳定的偏好、了解所有可能的解决方法、能够预知每种选项的所有后果等,而这些条件的本质都与"信息"有关。由此可知,对于组织和个人而言,良性的信息秩序、通畅的信息流动是作出最优决策的基础性条件。

---

〔1〕　参见王冬梅:"信息权力:形塑社会秩序的重要力量",载《天津社会科学》2010年第4期。

〔2〕　See Sora Park, *Digital Capital*, Palgrave Macmillan, 2017, p. 166.

〔3〕　[德]施密特·阿斯曼:《秩序理念下的行政法体系建构》,林明锵等译,北京大学出版社2012年版,第260页。

〔4〕　[美]多丽斯·A. 格拉伯:《沟通的力量——公共组织信息管理》,张熹珂译,复旦大学出版社2007年版,第5页。

〔5〕　Steven P. Croley, *Regulation and Public Interests: The Possibility of Good Regulatory Government*, Princeton University Press, 2008, p. 135.

然而，在信息社会中，良性信息秩序的建构并非易事，其面临各种挑战或阻碍。首先，信息社会的来临衍生了信息利用权、信息请求权等权利类型，而大数据技术则进一步加剧了诸如隐私保护与信息合理使用之间的冲突。其次，行政主体对先进技术和信息的利用广度与深度均获得了前所未有的扩张，这不仅导致行之有年的行为模式和决定结构发生改变，而且也让现代公共信息活动比过去更为有效。[1]最后，对个人而言，信息的重要性与信息的可获得性、耐用性、完整性之间存在较大差距，个人要想获得可用信息仍然需要付出高昂的成本。对于此种现状，传统信息法主要聚焦于信息驱动型公共行政所带来的威胁，强调构思防御权，而忽视了新的信息技术所带来的正面效应，这种欠缺体系化发展的信息法将无法回应"信息社会"的要求。对此，有学者提出，行政法不能无视"作为预防因素的信息"之中心角色的存在，行政的实效性与革新能力的提升，不应当被排除在外，应当在"信息行政法"之下发展出一个公信息秩序的模式，并整合其一般性理论，而让其他部分也得以此为基础理论建构之。[2]

信用规制本质上是政府部门对公共信用信息的管理和使用，在服务于政府规制目标的同时，也在为组织和个人提供信息供给，增加信息的可获得性、耐用性和完整性。因此，信用规制立法契合公信息秩序的建构需求。在信用规制中，信用信息贯穿始终，每个阶段都需要收集和处理不同的信息流。这不是单纯的个人信息保护法制所能解决的，也不是政府信息公开或政

---

〔1〕 参见［美］多丽斯·A.格拉伯：《沟通的力量——公共组织信息管理》，张熹珂译，复旦大学出版社2007年版，第310页。

〔2〕 参见［德］施密特·阿斯曼：《秩序理念下的行政法体系建构》，林明锵等译，北京大学出版社2012年版，第262页。

第四章 信用规制立法的法理基础与规范建构

府数据开放法制所能完全涵盖的。一方面,信用信息同时具有财产属性与人身属性,其广泛使用可能引发对公民的个人信息权益、隐私权、财产权等权益的不当限制。另一方面,信用信息是个人或组织正确决策的重要参考依据,它不仅要满足个体的信息获得需求,而且还有助于提升行政的实效性。[1]信用规制立法可以很好地兼顾信用信息的合理使用与私益保护。通过完善信用规制立法,可以形成有关信用信息使用的基本规律和行为准则,为所有公共行政领域使用信用信息提供行为指引。

（二）建立公法信用制度

信用制度的本质与功能不再只是个人事务,只局限于信用关系的债权人与债务人,它应当归属于行政的核心任务。[2]经济高度发展的首要条件便是持续创造机制,使得现有的资本都能交由经济能力最强者使用,这个机制就是信用。维护稳定的信用关系,建立良好的信用秩序,对市场经济的发展至关重要,与此同时,信用关系也是一种影响深远的社会机制。[3]正如学者所言,信用关系"并不是人类意志的直接产物,而是人类社会的一种需要,是与饮食同样绝对必要的东西"。[4]社会生活的深刻矛盾不在于个人无法占有资本,而是在于他无法使用与其本身状况相符的资本,以进一步发展自我。信用制度的目的就

---

[1] "行政法固然应具有保障人民权利的功能,但行政效率与效能的提高,亦不容忽视。就此部分,行政法学必须向行政学取经,尤其是提高行政效能与达成行政目的等相关理论,应成为行政法学研究的一环。"参见翁岳生编:《行政法》(上),中国法制出版社2009年版,第39页。

[2] 参见[德]史坦恩:《行政理论与行政法》,张道义译,五南图书出版有限公司2017年版,第203页。

[3] 参见王伟:"信用监管的制度逻辑与运行机理——以国家治理现代化为视角",载《科学社会主义》2021年第1期。

[4] [法]蒲鲁东:《贫困的哲学》(下),余叔通、王雪华译,商务印书馆2017年版,第559页。

在于解决上述矛盾。从财富分配的角度看，信用制度的目的并不在于平衡财富的私有，而是在于平衡财富的使用，它并非为了创设资本秩序中的平等现象，而是在于创设发展机会的平等，通过法制的建立，实现经济能力的平等权益，以此来平衡私有财富高低所造成的不平等。"信用制度最终会创造比纯粹经济关系更高的价值状态，它实质上就是绝对私有制与个人人格发展自由的最和谐状态，因为资本代表着某人曾经拥有的价值，而信用则代表某人现在的价值。"[1]从这个意义上看，信用制度彰显着国民经济与社会秩序的未来，因此其具有强烈的公共性质。

信用制度发展到某个阶段时，一个人或一个企业的信用便会逐渐成为另一个人或另一个企业生存与发展的重要条件，而且无从确定这种相互依赖关系的界限。此时，信用制度的成立与管理便成了一种共同生活的公共事务。在这种情况下，纯粹的商业信用制度将逐渐转换成"公法信用制度"（das oeffentliche Creditwesen）。[2]从法理基础的角度看，建立统一的"公法信用制度"也是公法、私法中诚实信用原则得以实现和遵守的重要保障。随着民法典时代的来临，公法与私法交融的趋势更为明显，[3]《民法典》中诚实信用原则的实现也需要公法规范予以配合，[4]公法中诚实信用原则的实现，也需要体系化的制度予以保障。完善信用规制立法，实际上也是国家以其行政机制推进信用制度的管理，并且以立法方式进行更为周延的规范，形

---

[1] [德] 史坦恩：《行政理论与行政法》，张道义译，五南图书出版有限公司2017年版，第202~203页。

[2] 参见 [德] 史坦恩：《行政理论与行政法》，张道义译，五南图书出版有限公司2017年版，第204~205页。

[3] 参见马怀德："民法典时代行政法的发展与完善"，载《光明日报》2020年6月3日。

[4] 参见李晓安："《民法典》之'信用'的规范性分析"，载《理论探索》2020年第4期。

第四章 信用规制立法的法理基础与规范建构

成维持良好信用秩序的长效机制。通过信用规制法律规范，信用制度也能够发展出清楚、明确的组织架构与任务，可以依据自主运作的需要进行更密切的分工，进一步成为公共生活的必要部分，它的特质与价值因此形成法律制度，通过前述过程逐渐形成稳定的组织架构、运作方式、法令规范，这便是公法信用制度的整合。[1]

第二节 信用规制的立法理念与基本原则

从现代法治的发展经验来看，法律理念是任何一个法律制度都具备的内容，法律理念是贯穿于法律制度的灵魂，它可以内在地体现在法律制度的具体内容上，也可以外在地体现在法律制度的形式和结构上。[2]法律原则是法律理念在其各个发展阶段的表现，是以共同的法律意识为载体，并被融合到法律秩序中。[3]法律原则是不考虑具体法律事实的普遍适用的规范，它也为法律主体提供标准化的行为方式。因此，在完善信用规制立法的过程中，必须确立先进的立法理念，保证信用规制法律制度的性质和品味，从而推动实现良法善治。与此同时，信用规制立法也应当确立信用规制的基本原则，不仅要有助于立法理念得以贯彻执行，而且还要能够发挥行为指导作用。

一、信用规制的立法理念

在立法过程中，立法理念可以为立法者提供指导，其在很

---

[1] 参见［德］史坦恩：《行政理论与行政法》，张道义译，五南图书出版有限公司2017年版，第206页。
[2] 参见汪习根主编：《法律理念》，武汉大学出版社2006年版，第16页。
[3] 参见吕世伦主编：《现代西方法学流派》（下卷），黑龙江美术出版社2018年版，第254页。

大程度上决定了立法的目的和宗旨。一般认为，现代立法理念大致包括人本立法、客观立法、平衡立法、合法立法、民主立法、科学立法和全球立法，这些立法理念基本上反映了现代立法发展的普遍规律。[1]在已有的信用规制立法和政策中，由于专门立法比较匮乏，我们很难直接发现信用规制的立法理念。不过，已有的地方社会信用立法在某种程度上已经成为各地方政府部门推行信用规制的直接法律依据，因此从各地方社会信用立法的立法目的中也能大致推知信用规制的立法理念。

实证研究表明，当前地方社会信用立法的立法目的大致有七种表述：①限制行政权力的滥用，保护信用主体的合法权益。②践行社会主义核心价值观，提高社会信用水平和诚信意识。③创新社会治理，推动国家治理现代化。④加强信用监管，提高政府的监管能力和监管水平。⑤促进经济社会健康发展，营造良好的营商环境。⑥减少信息不对称，完善社会主义市场经济体制。⑦规范公共信用信息资源共享，实现公共信用信息的互联互通。[2]其中，相比于后六种立法目的，"制约公权和保护私益"比较少见，目前仅出现在个别地方社会信用立法中。总体而言，当前的信用规制立法受到"管理论"的影响，主要体现为一种"管理型立法"。一方面，这种立法比较强调政府的管理角色，而忽视政府的服务角色；另一方面，这种立法试图通过立法来强化政府的职权，并为社会公众设置诸多强制性义务，以此来对社会经济活动中的行为进行控制。这种立法理念与现代立法理念所提出的标准尚有一定的差距。

信用规制体系是社会信用体系的一个子体系，尽管其与社

---

[1] 参见高其才："现代立法理念论"，载《南京社会科学》2006年第1期。
[2] 参见周雨："社会信用立法的地方立法实践与路径选择"，载《征信》2020年第12期。

会信用体系建设在很多制度上存在"重叠",但二者的定位和功能各有侧重,这意味着信用规制的立法理念与社会信用的立法理念之间不能完全画等号。与社会信用体系建设相比,信用规制所具有的"权力性""强制性"和"规制性"更强,其与个人和组织的合法利益之关系更为直接,也更为密切。因此,在立法理念上,信用规制立法应当以现代立法理念为参照,同时结合信用规制本身的特性,合理确定立法理念的内容。具体而言,信用规制的立法理念应当包含以下内容:①人本立法理念,即应当在信用规制立法中始终坚持"以人为本"的基本原则。目前,"保护权益"已经被国家确立为推动社会信用体系建设进入高质量发展新阶段的总体思路之一。[1]②平衡立法理念,即信用信息的保护与使用之间维持动态平衡,既要赋予信用主体各类信息权利,同时也要发挥信用信息在优化政府规制中的作用。

在未来的信用规制立法中,应当通过立法目的内容表述将上述立法理念予以确认。若是综合性的社会信用立法,应当在立法目的和宗旨中明确表述"保护信用主体的合法权益";若是专门性的信用规制立法,则应当在立法目的中明确表述"保护信用主体的合法权益,规范信用信息处理活动,保障信用信息的自由流动,促进信用信息的合理利用"。

二、信用规制的基本原则

从理论上看,信用规制是一个跨学科研究领域,涉及多个学科的理论知识。这意味着在确定信用规制的基本原则时,仅

---

[1]《国务院办公厅关于进一步完善失信约束制度构建诚信建设长效机制的指导意见》(国办发[2020]49号)已经明确将"保护权益"确立为推动社会信用体系建设进入高质量发展新阶段的总体思路之一。

仅从某一单一学科出发,将难以准确反映信用规制的基本情况,不足以发挥原则的指导和协调作用。从实践来看,信用规制主要的应用场景是市场监管领域,因此遵循市场基本规律,也是确定信用规制基本原则的基础。借鉴国外立法经验,结合我国已有的立法经验和制度实践,以行政法的基本原则、经济法的基本原则以及信用发展规律为指引,本书认为,信用规制应当遵循以下几项基本原则。

(一) 依法规制原则

"依法行政原则乃支配法治国家立法权与行政权关系之基本原则,亦为一切行政行为必须遵循之首要原则。"[1]事实上,依法行政原则的基本内容主要聚焦于两个方面:一是行政职权来源合法;二是行政行为受法律拘束。[2]从世界各国的政府规制改革来看,尽管众多改革举措都有"去中心化"的倾向,强调规范、控制机制、控制者以及被控制者的多样性,但是并未否定法律在规制中的重要作用,健全的法制依然是政府规制的重要基础。[3]

虽然信用规制是一种新的行政活动方式,但其背后依然是行政权力的行使,理应受到依法行政原则的拘束。[4]因此,将依法规制作为信用规制的基本原则,这意味着信用规制应当符合以下基本要求:①规制机构应当依法取得信用规制权力。例

---

[1] 吴庚:《行政法之理论与实用》(增订第8版),中国人民大学出版社2005年版,第52页。

[2] 参见胡建淼:《行政法学》(第4版),法律出版社2015年版,第49页。

[3] 参见[英]科林·斯科特:《规制、治理与法律:前沿问题研究》,安永康译,宋华琳校,清华大学出版社2018年版,第129~130页。

[4]《国务院办公厅关于进一步完善失信约束制度构建诚信建设长效机制的指导意见》(国办发〔2020〕49号)亦明确将"依法依规"作为未来社会信用体系建设工作和实践的重要原则,要求"失信行为记录、严重失信主体名单认定和失信惩戒等事关个人、企业等各类主体切身利益,必须严格在法治轨道内运行"。

如，规制机构在对公民、法人和其他组织的信用信息进行记录、归集和处理时应当有法律法规的明确授权，需要由法律法规划定信用信息的范围、归集方式、归集原则、归集条件等，改变目前由行政机关主导的信用信息归集制度。此外，规制机构对信用规制措施的使用也应当有法律法规的明确规定，尤其是"干预性较强"的规制措施，如信用黑名单、信用惩戒等，应当以全国人大及其常委会制定的法律作为依据，从源头上划定边界，避免行政机关滥用或违法设定规制措施。②信用规制权力应当依法行使。信用规制权的范围、行使方式、行使程序等均应当依据法律规定，若超越权限给行政相对人造成损失则应当承担后果。③信用规制权力应当受到有效监督。在大数据、算法等先进技术的加持下，信用规制权力是由传统的"规制权力"和"技术权力"叠加而成，容易导致权力的滥用，引发新的规制失灵。因此，应当建立健全信用规制的内外部监督机制，既要激活现有的权力监督机制，同时还要采用"技术制约技术"的理念，[1]通过算法审计、算法影响评估等机制对"技术权力"进行监督。[2]

(二) 正当程序原则

程序合法本身是依法行政的一个方面，由于公权力对个体权利甚至基本权利的限制普遍存在，行政程序问题已经不再只是依法行政的一项要求，而是已经发展出一套以职权主义、当事人参与、行政效能为主要内容的独立价值体系。[3]我国学者陈敏认为，行政程序具有以下三个方面的功能：一是确保行政

---

[1] 参见季卫东："数据、隐私以及人工智能时代的宪法创新"，载《南大法学》2020年第1期。

[2] 参见张欣："算法影响评估制度的构建机理与中国方案"，载《法商研究》2021年第2期。

[3] 参见应松年主编：《当代中国行政法》，人民出版社2018年版，第139页。

行为的合法及正当；二是贯彻人民基本权利的保障；三是增进行政效率。[1]行政程序法所规范的"正当程序"可以被大致区分为三类：公正、公平和公开，前两者来源于英国的"自然正义法则"，后者是美国联邦行政程序法新创的时代产物。[2]

信用规制的开展必须遵循一定的程序，这既关系信用规制行为的合法及正当，同时也是对规制相对人程序权利的保护。不过，由于信用规制不同于传统的行政行为，智能化、自动化、技术化是其重要特征，因此将正当程序原则作为信用规制的基本原则时，除了需要符合传统"正当法律程序"的要求外，还应当满足"技术性正当程序"的要求。这里的"正当法律程序"主要是指传统意义上的正当程序原则，它包括公开、通知、听取意见、说明理由、告知等具体制度；[3]所谓"技术性正当程序"主要是指通过优化计算机程序设计提高自动化决策系统的透明度和可问责性，[4]其本质上是将"正当法律程序"通过"代码"转化为技术要求，如正当程序的"排除偏见"要求"算法的公开、透明和程序一致性"、正当程序的"说明理由"要求"算法的可解释性"、正当程序的"听取意见"要求"允许质疑、事后听证、专业审计、及时纠错"。[5]

（三）合理关联原则

关联性又被称为相关性，是指事物相互之间的某种联系

---

[1] 参见陈敏：《行政法总论》（第9版），新学林图书出版有限公司2016年版，第784~785页。

[2] 参见汤德宗：《行政程序法论》（增订第2版），元照图书出版有限公司2005年版，第462~463页。

[3] 参见应松年主编：《当代中国行政法》，人民出版社2018年版，第148页。

[4] See Citron, Danielle Keats, "Technological Due Process", *Washington University Law Review*, Vol. 85, Issue 6 (2008), pp. 1249~1314.

[5] 参见刘东亮："技术性正当程序：人工智能时代程序法和算法的双重变奏"，载《比较法研究》2020年第5期。

(如作用、影响、关系等)。[1]在行政法理论中,合理关联原则也被称为"相关性之要求"、不当联结禁止原则或禁止不当联结原则。从法律位阶的角度看,合理关联原则既是一项宪法原则,也是行政法的一般原则,这意味着它不仅拘束行政权,同时也拘束立法权、司法权。[2]行政机关与相对人之间的权利义务关系,在何种情况下属于"合理关联",何种情况下又属于"不当关联",其判断标准可以从许多方面进行阐述。一般认为,合理关联原则的形态主要有以下几种:①行政机关欲达成的目的与所采用的行政措施之间的合理关联。行政机关为了实现行政目的,其可以采取的手段可能有许多种,但是应当选择与实现目的具有合理关联的手段。换言之,就是要符合妥当性、必要性与比例性的要求。②对待给付间实质上的关联。这种情形主要出现在公法契约中,行政机关与相对人互负给付义务,此时应当使这种给付关系处于某种均衡关系,避免行政机关因为权力优势而导致相对人承担不成比例的给付义务。③不相关因素考虑的禁止。行政机关在作出行政决定时,往往会考虑诸多因素,以寻求决定的合法正当,如果该决定是根据不相关因素作出的,那么该决定便违反了合理关联原则。④公益范围内之联结。行政机关在作出行政决定时应当以公益为目的,但与此同时也应当仔细考量是否符合公益性,不能作出与公益并无实质关联的决定,更不能误用或滥用公益概念作为侵犯相对人合法权益的手段或借口。[3]

合理关联原则作为信用规制的基本原则,既是行政法基本

---

[1] 参见袁兆亿:《对称性管理》,吉林人民出版社2016年版,第192页。

[2] 参见刘建军:"论禁止不当联结原则的涵义法律地位与理论渊源",载《山东公安专科学校学报》2004年第4期。

[3] 参见赵义德:"析论不当联结禁止原则",载城仲模主编:《行政法之一般法律原则(一)》,三民书局1999年版,第230~232页。

原则在信用行政领域的具体适用，同时也符合信用学的基本规律。在信用规制过程中，信用信息的质量至关重要，它直接关系能否准确、完整、及时地反映相对人的信用状况或信用风险。为此，在信用学中，一般要求信用信息（数据）应当具备以下特征，即关联性、准确性、完备性、时效性、一致性。其中，"关联性"是指"数据要与结果有关，能够为分数和决策提供有意义的帮助"。[1]合理关联原则对信用规制的要求主要体现在两个方面：

（1）信用规制的全过程均应当贯彻"合理关联原则"的精神。在信用信息归集阶段，应当紧密围绕与"信用"相关的信息，不能盲目地坚持"应归尽归"的原则；在信用评价阶段，信用评价指标的设计、权重应当与反映相对人的信用状况或信用风险相关，不应当将不相关的信息作为评价指标；在信用应用阶段，信用规制措施的应用场景应当与相对人的信用状况或信用风险存在合理关联，不能不加区分地一概适用或统一适用；在信用修复阶段，信用修复条件和信用修复方式的设定都应当符合合理关联的要求。

（2）信用规制中的"创新"应当受到"合理关联原则"的约束。在信用规制过程中，一些行政机关根据规制需要或迫于府际竞争压力，往往会发挥自主能动性，创造出一些新的规制措施或改变已有措施的实施条件、程序、方式等。由于是"创新"，法律法规往往会规定得比较模糊，甚至没有明确规定，有的"创新"可能确实对原有规制体制具有修正或完善作用，而有的"创新"则有可能背离制度设计初衷，违反法治原理。因此，信用规制中的"创新"应当受到合理关联原则的约束。具

---

〔1〕 [加]雷蒙·安德森：《信用评分工具：自动化信用管理的理论与实务》，李志勇译，中国金融出版社2017年版，第233页。

第四章 信用规制立法的法理基础与规范建构

体而言，不得以创新为名考虑与信用规制无关的因素，不得以创新为名为信用规制设置不符合目的的条件，不得以创新为名滥用信用规制措施，不得以创新为名要求相对人承担不合理的义务。[1]

目前，在地方社会信用立法中，合理关联原则已经被一些地方性法规予以确认。例如，《天津市社会信用条例》在第19条、第26条和第29条分别将"关联"作为信用信息查询、信用惩戒措施实施的基本原则。《山东省社会信用条例》第6条明确将"关联"作为信用信息采集、披露、信用激励、信用惩戒等活动的基本原则。

（四）合作治理原则

"合作行政"并非法教义学上的理论，而是公共行政对"民营化""合作国家""重塑政府"或"新公共管理"等议题的回应，它主要指向行政活动的适用条件及其行为方式的改变。[2]美国学者约翰·多纳休等认为，"合作"是政府部门与普通民众应对激变时代的"力量倍增器"，它可以提高生产率，并且可以获得信息、合法性以及资源。[3]我国亦有学者认为，合作行政的形成与发展是行政法变革的必然趋势，[4]它也是契约理念注入行政法基本理念的基本要求，[5]也符合当前"合作型信任"的

---

[1] 参见郭庆珠："论不当联结禁止原则对行政管理创新的规制——以创新的法律界限为归宿"，载《学术探索》2010年第6期。

[2] 参见张桐锐："行政法与合作国家"，载《月旦法学杂志》2005年第121期。

[3] 参见［美］约翰·D. 多纳休、理查德·J. 泽克豪泽：《合作：激变时代的合作治理》，徐维译，中国政法大学出版社2015年版，第4~5页。

[4] 参见汪自成："合作行政：服务行政行为的一种模式"，载《南京社会科学》2013年第4期。

[5] 参见杨解君："论契约在行政法中的引入"，载《中国法学》2002年第2期。

建构需要。[1]章志远教授从体系性建构的角度提出了"合作行政法"这一概念,认为这顺应了合作行政时代的现实需求,并将"辅助性原则"和"合作原则"确立为合作行政法的新原则。[2]美国学者丽莎·布隆格伦·宾汉姆认为,"下一代行政法"应当以"协作治理"作为规范起点;[3]朱迪·弗里曼(Jody Freeman)则认为,"混合行政"应当进入行政法的研究日程,成为行政法的新趋向。[4]

"合作治理原则"作为信用规制的基本原则,不仅强调外部行政关系中的合作,同时也强调内部行政关系中的合作。王瑞雪教授认为,合作机制是信用规制的核心机制,具体包括加强惩戒型合作、信息通报型合作、风险预防型合作。[5]本书认为,合作治理原则与信用规制之间具备内在契合度。一方面,信用规制的组织逻辑是"协同规制",其基本原理与合作治理原则是相一致的;另一方面,信用规制的重要目标是提高社会信用水平,增进社会互信、社会团结与社会合作,这与合作治理的价值主张相呼应。合作治理原则作为信用规制的基本原则,意味着信用规制至少应当在以下几个方面符合合作治理的基本要求:①在信用信息归集方面,公共机构之间应当进行合作,努力打破"数据孤岛",及时、准确、完整地共享信用信息,这样才能

---

[1] 参见张康之:"在历史的坐标中看信任——论信任的三种历史类型",载《社会科学研究》2005年第1期。

[2] 参见章志远:"迈向公私合作型行政法",载《法学研究》2019年第2期。

[3] See Lisa Blomgren Bingham, "The Next Generation of Administrative Law: Building the Legal Infrastructure for Collaborative Governance", *Wisconsin Law Review*, Vol. 2010, Issue 2 (2010), pp. 297~356.

[4] 参见[美]朱迪·弗里曼:《合作治理与新行政法》,毕洪海、陈标冲译,商务印书馆2010年版,第189~191页。

[5] 参见王瑞雪:"公法视野下的信用联合奖惩措施",载《行政法学研究》2020年第3期。

为信用评价的准确性奠定基础。②在信用应用方面，信用规制措施的实施，有赖于政府、社会、市场等多个主体之间的合作，这样才能最大限度地发挥信用规制措施的作用，实现"共享共治"目标。

（五）审慎适度原则

审慎适度原则来源于"审慎监管"（prudential supervision），在广义上，"审慎监管"是指政府对银行系统的规制和监测，以确保其安全性和稳健性。[1]如今，审慎适度原则已经被扩展运用于整个市场体系，意在通过市场监管，最大限度地控制市场风险。在市场监管领域，审慎适度监管的基本理念主要有三层意涵：①尊重市场在资源配置中的基础性作用，市场能解决的问题应当尽量交由市场机制解决。②市场需要规则，不仅是为了保护人民和环境免受附带性损害，而首先是为了让市场自身得以有效运作。[2]因此，政府监管的作用应当是通过规制措施来解决重要的规制失灵问题，以弥补市场机制的不足，并创造条件让市场机制得以正常运行。③政府监管并不是万能的，各类监管措施本身应当避免给市场带来新的风险，造成大的波动。换言之，政府监管应当是建设性的，而不是破坏性的。[3]

目前，信用规制实践主要采取"政策推动、行政主导"的模式，对于一些重要的基本原则在制度设计之初并未形成广泛共识，也未有权威规范进行明确规定。随着信用规制实践的不

---

[1] See Frederic S. Mishkin, "Prudential Supervision: Why Is It Important and What Are the Issues?", in Frederic S. Mishkin (ed.), *Prudential Supervision: What Works and What Doesn't*, The University of Chicago Press, 2001, p. 1.

[2] 参见[美]斯蒂文·K. 沃格尔：《市场治理术：政府如何让市场运作》，毛海栋译，北京大学出版社2020年版，第3页。

[3] 参见吴弘、胡伟：《市场监管法论——市场监管法的基础理论与基本制度》，北京大学出版社2006年版，第20页。

断推进，一些超出制度设计预期或背离法治精神的问题开始显现，并引起了社会的广泛关注，一些比较重要的原则也逐渐上升为基本原则，获得理论和实务的认可，其中就有审慎适度原则。[1]在理论上，有观点认为，信用规制法治化不能仅仅停留在为其寻找或制定上位法依据的形式合法性证成上，还应当关注信用规制本身的局限性，对于一些可能给当事人合法权益造成巨大影响的信用规制措施，必须秉持审慎和适度的态度。[2]还有观点认为，在信用规制过程中应当尊重市场的经济理性，不能纯粹靠行政措施来治理信用问题，对于一些干预强度较高的信用惩戒措施不能过度依赖和简单适用。[3]在实践中，"审慎适度""过罚相当"等已经成为未来信用规制实践的基本原则，[4]并在重要的政策文件中予以确认。[5]

由此可知，将审慎适度原则作为信用规制的基本原则，符合理论与实践的发展需要和趋势。具体而言，审慎适度原则对信用规制提出了以下基本要求：①信用规制的有限性。这要求明确信用规制范围的边界，规制范围过宽或者过窄都将会影响

---

[1] 谢新水教授认为，正是由于信用规制是一种新的规制工具，因此在推广过程中需要包容审慎且要坚决避免泛化。参见谢新水："论作为新型治理工具的信用规制"，载《江苏行政学院学报》2021年第2期。

[2] 参见孔祥稳："信用监管应坚持适度与审慎原则"，载《法治日报》2020年10月23日。

[3] 参见王锡锌、黄智杰："论失信约束制度的法治约束"，载《中国法律评论》2021年第1期。

[4] 例如，《广东省社会信用条例》第4条规定："社会信用信息的归集、采集、公开、共享、查询和应用等活动，应当遵循合法、正当、必要、审慎的原则，……"

[5] 例如，《国务院办公厅关于进一步完善失信约束制度构建诚信建设长效机制的指导意见》（国办发〔2020〕49号）明确将"审慎适度"作为社会信用体系建设的总体思路之一，同时提出"确保过罚相当"，要求"按照合法、关联、比例原则，依照失信惩戒措施清单，根据失信行为的性质和严重程度，采取轻重适度的惩戒措施，防止小过重惩"。

规制的实施效果。立法机关或信用规制机构应当借助立法评估或规制影响评估等辅助制度，妥当界定信用规制范围，应当重点关注那些系统性风险较高、风险容忍程度较低的行业和领域，而不是盲目地将信用规制推广到所有规制领域。②信用规制的比例性，这是行政法上比例原则在信用规制中的具体应用，这意味着信用规制机构应当选择对被规制对象损害最小的方式达到规制目的，且应达成的规制目的与规制成本应当存在一定的比例关系。③信用规制的适当性，这要求信用规制机构应当准确把握对被规制对象的规制程度。在不同的规制领域中，不同失信行为的情节轻重、影响程度等均可能存在较大的差异，这决定了信用规制的复杂性和不确定性，需要具体问题具体分析，应当保持适当的弹性。④行政主体对信用规制的依赖性应当适度。在循证决策理念主导下，越来越多的政府部门倾向于在作出行政决定时将相对人的信用状况作为依据。然而，实践表明，由自动化算法评价系统得出的信用评价结果也可能存在错误。因此，行政主体在将信用状况作为行政决定的重要依据时，应当保持慎重和克制，尽可能以合乎比例的方式寻找替代性方案，而不应当将信用评价作为唯一依据。

第三节 信用规制的立法模式和框架设计

立法模式主要是指法律所采用的结构安排及外在表现形式，选择合适的立法模式，有利于确定法律制定的任务和目的，将对法律制度设计和实践产生重要影响。"信用"具有伦理性、经济性、工具性等多重属性，这意味着制定信用相关的法规范难度较大，容易引发争议。在信用规制立法中，立法模式选择是一个基础性问题，既要尊重立法的普遍规律，也有考虑信用规制的特殊情况。因此，借鉴已有的立法经验，选择适合我国信用规制实践的立法模式有助于形成科学、合理的立法框架，为信用规制建立内容明确、协调一致的法规范体系。

一、我国信用规制的立法模式选择

如前所述，目前我国在国家层面尚未有专门针对信用规制的系统性立法，仅有的立法经验主要来源于地方社会信用立法和单一信用制度立法。因此，信用规制的立法模式选择与社会信用的立法模式密切相关。

（一）已有的社会信用立法模式

在比较法中，信用立法主要可以被分为两种模式：一种是统一立法模式，即由立法机关制定统一的信用法律规范，系统地涵盖所有的信用制度；另一种是分散立法模式，即由立法机关针对不同的信用制度，分别制定不同的法律规范予以规定。[1]围绕我国社会信用应当采取的立法模式，理论上有不同的认识，而实践中亦有不同的探索。

在理论上，有观点认为，我国社会信用体系实际上是由政务信用、商务信用、社会信用和司法信用四大领域构成的。因此，以大、中、小三个切口来界定社会信用立法，可以相应地分为宏观立法、中观立法和微观立法。其中，宏观立法是从全局出发，针对社会信用体系的各个方面进行统一综合立法；中观立法是从局部出发，主要针对社会信用和商务信用，并以信用信息的归集、共享、公开、应用作为立法重点；微观立法则是从"细节"出发，聚焦于社会信用体系建设中的某一问题或事项，就某一信用环节进行专门立法。该种观点最后通过对不

---

[1] 参见李爱玲："西方发达国家信用立法及其借鉴"，载《金融理论与实践》2010年第3期。

同立法模式进行比较分析,认为我国社会信用立法应当选择"中观立法",这种立法模式具备较好的立法基础,有助于明确政府的角色,解决我国社会信用体系建设面临的实际问题。[1]还有观点认为,本着社会信用体系一体化建设的目的,国家信用立法应当采取"宏观立法",即在一部法律中统一对政务、商务、社会和司法四大领域的信用问题进行综合性、全面性、全方位的规定。[2]

在实践中,各地方社会信用立法也存在不同的立法模式。如果以宏观立法、中观立法和微观立法作为划分标准,那么对已有的地方信用立法模式大致可以做如下划分:一是以天津、上海、南京等地方为代表的宏观立法模式,即统一对商务信用、社会信用、政府信用和司法信用进行规定。其中,政府信用和司法信用主要放在"社会信用环境建设"中予以规定,其他主体部分还是围绕商务信用和社会信用展开,侧重于信用信息的归集、共享、公开和利用。二是以河北、湖北、辽宁等地方为代表的微观立法模式,即主要侧重于社会信用和商务信用,围绕公共信用信息的归集、共享、评价、公开和利用等进行规定。

(二)信用规制的立法模式选择

无论未来我国社会信用立法采取何种立法模式,信用规制无疑均是社会信用立法的重要内容,甚至可以说是核心内容。换言之,未来国家层面出台的《社会信用法》将肩负着双重"基本法"的作用,既是社会信用体系建设的"基本法",同时也是信用规制的"基本法"。由于信用规制本身是由多项核心制

---

[1] 参见肖卫兵:"我国社会信用立法若干问题探析",载《电子政务》2017年第6期。

[2] 参见周雨:"社会信用立法的地方立法实践与路径选择",载《征信》2020年第12期。

度构成。因此，仅仅依靠《社会信用法》或许并不足以对信用规制形成"全域覆盖"。有鉴于此，本书认为，我国信用规制的立法模式较为适宜采用"统一立法+分别立法"模式。

1. 信用规制的"统一立法"

就信用规制的"统一立法"而言，从我国的立法状况和立法趋势来看，比较可行的方案是将《社会信用法》作为信用规制的"基本法"。原因在于：信用规制是社会信用体系的重要组成部分，信用规制的诸多制度与社会信用体系建设之间存在高度重合，在《社会信用法》之外另行制定《信用规制法》或《信用监管法》均不太现实，很有可能造成重复立法。因此，由《社会信用法》对信用规制的核心制度、基本原则、重要规则等内容予以规定，也可以较好地发挥调控作用。此外，《个人信息保护法》在一定程度上也可以对信用规制发挥调控作用。信用规制的核心是信用信息的归集、共享、评价、利用等，而信用信息与个人信息之间密切相关，尤其是个人信用信息，其本身属于个人信息的范畴。因此，《个人信息保护法》中有关个人信息的一般处理原则与规则和国家机关处理个人信息时应当承担的义务等规定也适用于个人信用信息的处理。

目前，我国《个人信息保护法》已经正式颁布实施，而《社会信用法》尚处于起草制定过程中。为了将来能够最大限度地发挥这两部法律在信用规制中的调控作用，需要立法者在法律制定过程中进行充分沟通和协调，妥当处理好两部法律的衔接和配合，避免法律正式出台后出现不协调之处。与此同时，立法者还应当处理好《社会信用法》《个人信息保护法》和其他法律的关系，目前越来越多的法律已经将与信用信息归集、共享和利用等相关的内容进行了规定，这意味着在确定信用信息的归集范围时需要进行更加全面、细致的考量，避免出现一

第四章　信用规制立法的法理基础与规范建构

般性法律认定为应当归集的信用信息，而《社会信用法》又作出不同的规定。

在比较法中，欧盟长期以来一直采取"大一统"的立法模式为个人数据提供强力保护。以《通用数据保护条例》为例，该法对有关个人数据保护的原则和规则作出了很多新的规定，确立了以"知情-同意"为核心的个人数据处理原则，增加了被遗忘权、可携带权等新型数据保护权利，这也给征信行业带来了冲击和挑战，一些征信机构反对将被遗忘权、可携带权等权利适用于征信行业，并要求限制个人数据处理合法性条件在个人信用数据处理中的适用。[1]当然，对于征信机构提出的主张能否得到个人数据保护机构的认可、在实践中如何落地，还有待进一步观察，不过其所反映的问题却值得我们认真反思和审视我国未来的相关立法。

2. 信用规制的"分别立法"

信用规制统一立法最大的优势在于它可以对一些关键性问题作出统一协调，凝聚共识，避免由分散化和碎片化带来的不利影响。这也意味着信用规制统一立法可能较为粗疏和抽象，无法对一些具体问题或具体规则作出较为详尽的规定，为信用规制实践提供明确指引，这时候就需要一些"次级立法"来予以补充和细化，这也是域外信用规制法治化实践提供的重要经验。从现有的立法现状来看，信用规制的"分别立法"可以通

---

〔1〕 一些有名的征信机构对《通用数据保护条例》在征信行业中的适用性发布了联合说明，比较有代表性的主张包括：①数据可携带权不适用于征信数据。②消费者如果反对数据加工或申请删除数据，可以向征信机构提出申请，但这并不意味着一定会停止处理或者删除数据。③限制对个人数据的处理也并非绝对权利。See Callcredit, Equifax, Experian, "Credit Reference Agency Information Notice", https://www.dnb.co.uk/utility-pages/how-credit-reference-agencies-share-personal-data.html (Last visited on December 13, 2020).

过国务院根据信用规制"基本法"制定行政法规来予以实现。

目前,已经有一些行政法规专门就信用规制中的一些具体制度进行了规范,还有一些行政法规则可以为信用规制立法提供经验。例如,《企业信息公示暂行条例》被视为是首部信用规制"专门法",它主要对企业信用信息公开进行了规定。目前,在信用规制实践中,信用公开制度的建构主要是以《企业信息公示暂行条例》为依据,当然也包括《政府信息公开条例》。为了更好地发挥法律法规对信用规制的调控作用,贯彻落实"依法规制"这一贯穿信用规制始终的重要原则,国务院可以围绕《社会信用法》的有关内容,就以下两项核心制度制定相应的行政法规:一是针对信用评价制度,制定《信用评价条例》,对信用评价的基本原则、主要规则、权利义务等作出具体规定,为公民、法人或者其他组织的信用评价提供指引。二是针对信用修复制度,制定《信用修复条例》,对信用修复的组织机构、修复条件、修复程序、修复方式等内容予以明确规定,最大限度地保护信用主体的合法权益。

在《社会信用法》出台之前,国务院还可以通过对已有的地方信用立法和国务院各部门的信用规制实践进行经验总结,先行制定《信用信息监督管理条例》,围绕信用信息的归集、共享和应用等内容,从原则、规则、权力行使、权利保护等方面进行具体规定,既有利于推动信用规制向更加规范化、法治化方向发展,也可以促进整个社会信用体系建设迈入高质量发展的新阶段。

二、我国信用规制立法框架的总体设计

在逻辑结构上,一般认为,法律规则是由假定、处理和制

第四章　信用规制立法的法理基础与规范建构

裁构成的,[1]这三个要素共同构成了完整法律规则的基础。然而,即使立法机关严格按照上述逻辑结构要求制定法律规则,也仍然可能产生"规范执行偏离效应",导致法律实施结果与立法目的不一致。[2]立法机关在制定法律规则时,通常会授权行政机关在法定范围内作成决定,与此同时,立法机关也为自己制造了一个"代理问题"(problem of agency),即行政机关可能不会按照立法机关的预期行事。行政机关的目标与愿望与立法机关的"偏好"之间可能存在冲突。一般认为,"代理问题"大致可以被分为两大类:一是推诿(shirking);二是滑坡(slippage)。[3]为了控制"规范执行偏离效应",立法机关可以通过制度性安排实施"规制干预"(regulatory intervention),这便是所谓的"结构性安排"(structural arrangements),它试图通过限制行政机关的实质性自由裁量权,并通过使行政内部的决策导向符合立法机关意图的替代性方案解决行政机关的推诿和滑坡问题。一般认为,立法机关的"结构性安排"主要包含机构设置(institutional setting)、规制范围(regulatory scope)、规制措施(regulatory instrument)和程序要求(procedural requirements)

---

[1]　"假定"也被称为"事实状态预设",是法律规则存在与发挥作用的前提性条件和基础性因素,属于法律规则的客观方面;"处理"也被称为"行为模式安排",是对预设的事实状态下人们的行为模式的相应安排,可以被看作是法律规则的主观方面;"制裁"也被称为"法律后果处理",即对一定事实状态下人们按照一定行为模式行为或者违背一定行为模式行为所致法律后果的态度与处理,可以被看作是法律规则中客观方面与主观方面的有机统一。参见吕世伦、公丕祥主编:《现代理论法学原理》,黑龙江美术出版社2018年版,第267~268页。

[2]　参见曹炜:"环境监管中的'规范执行偏离效应'研究",载《中国法学》2018年第6期。

[3]　See Thomas Schwartz, "The Universal-instability Theorem", *Public Choice*, Vol. 37, Issue 3 (1981), pp. 487~501.

四个要素。[1]以此作为参照,本书认为,可以将权益保护作为第五个要素,对信用规制立法框架进行总体设计。

(一) 对信用规制的规制机构作出规定

不同的组织形式影响着公共组织在实践中的运作和工作方式。[2]行政机关根据预拟的组织法制,形成功能式的部门分化,这可以促进部门工作专业化与专业认同发展,也能有效降低控制成本、提高控制效益。[3]信用规制是一个专业性、系统性的长期任务,信用规制机构的组织构造不仅要符合"组织设计"的基本原理,还应当契合行政组织法制的要求,同时也要考虑信用管理、政府规制的特性。

在世界各国掀起的规制革新浪潮中,其中也要求对规制机构进行改革。英国学者托尼·普罗瑟认为,规制机构应当遵循以下几项基本原则:①规制机构应当尊重市场规律,鼓励经济发展,在必要的情况下采取干预措施;②规制机构应当全面运用风险评估,将规制资源集中在最需要的领域;③规制机构应当提供权威且能以容易、低价方式获取的建议;④没有理由,则不进行检查;⑤规制机构不应当要求企业提供不必要的信息或者两次提供同样的信息;⑥少数长期违法的企业应当迅速被锁定,并受到合比例、有意义的处罚;⑦规制机构应当对其活动的有效性和效率负责,同时保持决定的独立性。[4]上述原则或许并不

---

[1] See Mathew D. McCubbins, "The Legislative Design of Regulatory Structure", *American Journal of Political Science*, Vol. 29, Issue 4 (1985), pp. 721~748.

[2] See Per Lægreid, "Designing Organizational Tools: Tool Choices as Administrative Reforms", in Michael Howlett, Ishani Mukherjee (eds.), *Routledge Handbook of Policy Design*, Routledge, 2018, p. 276.

[3] 参见吴定等:《行政学析论》,五南图书出版有限公司2009年版,第103页。

[4] 参见[英]托尼·普罗瑟:《政府监管的新视野:英国监管机构十大样本考察》,马英娟、张浩译,译林出版社2020年版,第289~290页。

第四章　信用规制立法的法理基础与规范建构

全然适合于我国的信用规制机构,但也可为我们提供反思的参照标准。

"基于信用的规制"本质上也是"基于信用风险的规制",这里的"信用风险"主要依靠信用评价来完成,然后再由规制机构将评价结果运用到日常的规制活动中。信用风险往往具备不确定性、广泛联系性、系统性、人为性、社会性等特征,这意味着信用规制应当尽可能地保持中立和公开透明,并且应当充分调动多元主体参与到规制过程中,信用评价应当具备科学性。[1]吴晶妹教授认为,就信用监督管理而言,我国有必要在中央层面设立专门的信用监管机构,独立承担信用领域的相关监管工作,国家各部委可以成立信用监管部门,负责本系统内的信用监管工作。[2]目前,个别国家部委已经专门成立了本部门的信用监管机构,统一负责信用监管工作,如国家市场监管总局成立了"信用监督管理司"。[3]

从已有的立法实践来看,我国政府机关具体的职能配置主要由"三定方案"确定,立法通常不涉及机构、编制、职能(俗称立法的"三不主义"),但这并不影响立法对政府部门的职权、相互关系、法律责任等内容作出规定。组织的基石就是"职位"和"人在职位上执行职务";"职务"(duty)即在职者应当履行的工作内容与范围,为进行工作而享有使用组织资源的权力,因有权力而课以尽心尽力的责任(responsibility)。[4]

---

[1] 参见王贵松:"风险行政的组织法构造",载《法商研究》2016年第6期。
[2] 参见吴晶妹:《三维信用论》,当代中国出版社2013年版,第154页。
[3] 信用监督管理司的主要职能包括:①拟订信用监督管理的制度措施;②组织指导对市场主体登记注册行为的监督检查工作;③组织指导信用分类管理和信息公示工作,承担国家企业信用信息公示系统的建设和管理工作;④建立经营异常名录和"黑名单",承担市场主体监督管理信息和公示信息归集共享、联合惩戒的协调联系工作。
[4] 参见吴定等:《行政学析论》,五南图书出版有限公司2009年版,第96页。

信用规制涉及的范围较为广泛，无论是规制领域，还是被规制对象，都比较多元化，这需要多部门多组织等多重主体的协同合作和共同参与。因此，就信用规制的组织机构而言，我国采取"政府主管部门+政府其他职能部门"的模式是较为适宜的。具体而言，就是确定一个政府部门作为信用规制体制建设的主管部门，同时将信用规制权力赋予政府其他职能部门。信用规制立法应当遵循明晰权责、明确分工、协同创新、节约成本等原则，妥当处理好信用规制中政府主管部门与政府其他职能部门的关系，这样才更有利于政府职能部门之间的协同创新，避免扯皮和摩擦。目前，在地方社会信用立法中，已经有很多地方性法规对信用规制中政府主管部门和政府其他职能部门的职责分配进行了原则性规定，为信用规制的推行提供了很好的组织保障，并发挥了较好的作用。[1]

此外，借鉴国际经验，从长远发展来看，信用规制立法还应当对信用规制中政府规制机构与其他私营机构的关系进行适当调整。具体而言，在未来的信用规制体制中，应当在信用评价和信用修复环节强调多元性，以私营部门的信用评价作为参照依据，不能仅仅以政府信用评价机构作出的信用评价结果作为唯一的规制决策依据，这也符合参与性、民主性、科学性等要求，以及国际上在政府规制中弱化信用依赖的发展趋势。

（二）对信用规制的规制范围作出规定

规制范围界定了潜在的规制对象或规制机构可能解决的问题领域。通过限制潜在规制目标的范围，立法机关可以加强对

---

[1] 例如，《山东省社会信用条例》第5条规定："县级以上人民政府发展改革部门负责本行政区域内社会信用工作的综合协调和监督管理。县级以上人民政府市场监督管理、财政、公安、人力资源社会保障、住房城乡建设和人民法院、人民检察院等有关部门和单位，应当按照各自职责做好社会信用的相关工作。"

第四章　信用规制立法的法理基础与规范建构

规制机构决策的控制,同时还可以限制行政官员的实质性自由裁量权,并保护自身免受行政机关的"操纵"和"利用"。[1] 尽管规制范围本身并不能确保规制架构的稳定,但通过选择规制范围对自由裁量权的限制,可以减少推诿和滑坡的风险。在信用行政法律规则的制定过程中,立法机关应当对信用规制的范围进行适当限制。当前,信用规制的规制范围涵盖了经济、社会、教育、文化等各个领域,同时覆盖了个人与组织,包含了经济行为和社会行为,这与我国当前信用失范的社会现实和社会信用体系一体化建设有关。

从长远发展来看,信用规制的应用场景应当坚持"以市场监管领域为主,其他规制领域为辅"、其规制对象应当坚持"以市场主体为主",即依法登记的各类企业、农民专业合作社和个体工商户等主体,逐渐限缩信用规制的规制范围,将其聚焦于"市场主体的经济行为和社会行为"。信用规制不宜承担过多的功能,需要将其他领域或其他行为的调控交由其他社会规范或法律调控机制去承担,可以通过信用规制在市场监管领域形成的示范效应辐射其他领域的行为规制,这样才有利于保持信用规制本身的权威性、科学性和可接受性,否则容易掏空信用规制的内核,背离政府规制创新的初衷,引发新的规制风险,造成新的规制失灵。

此外,随着我国征信行业的不断发展,对于一般社会公众的信用管理,应当与国际经验接轨,逐渐交由征信行业去承担,由征信机构按照《征信业管理条例》等法律法规的规定,对个人信用信息进行归集和处理,并向个人或组织提供信用报告,这里的组织当然也包括政府部门,这并不会改变信用规制的实

---

[1] See Mathew D. McCubbins, "The Legislative Design of Regulatory Structure", *American Journal of Political Science*, Vol. 29, Issue 4 (1985), pp. 721~748.

质。相反，通过逐渐将一般社会公众的信用管理与信用规制进行剥离，不仅可以减轻政府部门的负担，而且还能发挥市场机制的优势。另外，还能消除国际社会对我国社会信用体系建设或信用规制体制的误解或攻讦，打消社会公众对"道德档案""良民证"的担忧，遏制各地方以"信用"之名发展出各种"文明分""诚信分"的现象。目前，中央的一些政策导向[1]和地方一些立法趋势已经释放出这种信号。[2]

（三）对信用规制的规制措施作出规定

规制措施决定了规制机构如何在其规制范围内对特定问题进行规制。[3]在规制理论中，学者们以许多不同的方式对规制措施进行了归纳和总结，并将这些规制措施的特性作为分类的基础。尽管现有的多种分类方案中尚未出现一个确定无疑的分类标准或体系，但这种多元化的分类体系实际上是对不同的规制措施进行批判性比较分析的结果，这背后体现的是不同的具体问题和规制背景。在信用规制法律规则制定过程中，立法机关就规制措施的规定应当着重关注以下两个方面的问题：

（1）应当对信用规制措施的基本类型和设定权限进行明确规定。在当前的信用立法和政策中，由于国家层面尚未制定统一的法律，对于信用规制措施的类型和设定权限并无明确的规定。信用规制措施的类型可以按照对行为的干预强度进行划分，

---

[1] 例如，国家发改委副主任连维良于2019年7月18日在国新办政策吹风会上强调，个人信用分可以与守信激励相结合，但不能用于惩戒，不能以低信用分为由，限制自然人享有基本公共服务和法律规定的权利。参见许雯："发改委：个人信用分禁用于惩戒 不得限制低分者法定权利"，载http://www.bjnews.com.cn/news/2019/07/18/605095.html，最后访问日期：2020年12月13日。

[2] 例如，《海南省社会信用条例（草案）》第13条也规定："不得以信用分为依据对自然人实施失信约束，不得以低信用分为依据限制自然人享有基本公共服务和法律法规规定的权利。"

[3] See Arie Freiberg, *The Tools of Regulation*, Federation Press, 2010, p. 82.

构建一个"规制措施金字塔",并根据不同的干预强度划定中央和地方信用立法对于信用规制措施的设定权限。对于干预强度较强的信用规制措施,如可能限制公民的基本权利和自由,只能由国家层面的法律进行设定,对于干预强度较弱的信用规制措施,如信用教育、信用约谈等,可以下放权力由地方信用立法进行设定。

(2)应当对信用规制措施的选择及创新、适用条件及程序进行明确规定。信用规制立法应当借鉴已有的立法经验和实践经验,在法律中规定相应的机制辅助信用规制措施的选择,如国际上较为常见的"规制影响评估机制"以及我国的"行政许可评价制度"等。立法机关在对信用规制措施的适用条件进行规定时,应当充分考虑信用规制措施与行政能力、[1]拟规制问题之间的匹配度,可以考虑引入"成本-收益分析"进行评估,避免因信用规制措施的适用条件设置不当而增加不必要的规制成本和规制负担。

(四)对信用规制的规制程序作出规定

规制程序规定了规制机构实施某项规制活动(即对某一规制对象使用某种规制手段)必须遵循的法律要求路径。对于立法机关而言,这种程序要求主要具有两种功能:一是结构性功能(structural function)。在立法机关确定的规制范围内,结构性程序限制了一系列可行的规制措施比较,行政机关可考虑的规制措施选择范围只限于规制范围的一小部分,避免行政机关形成政

---

〔1〕 政策工具与行政能力之间的关系是双重的。一方面,(混合的)政策工具需要特定的(混合的)行政能力。因此,关于政策工具层面的可持续性创新的任何讨论都需要考虑能够支持创新的潜在的行政能力;另一方面,行政能力发挥作用的方式也需要一系列的政策工具。参见[英]马丁·洛奇、凯·韦格里奇:《现代国家解决问题的能力——治理挑战与行政能力》,徐兰飞、王志慧译,中国发展出版社2019年版,第22~23页。

策依赖或错误选择规制措施。二是信息性功能（informational function）。程序要求可以用来积累与不确定规制策略相关的信息。立法机关在制定法律规则时，可能对各种规制措施的相对优点的预期是不确定的，这种不确定性可能与规制所要解决的问题的性质有关，也可能与解决问题的潜在成本有关。因此，立法机关可以通过为选择规制措施设置相应的程序要求来积累信息。[1]对于行政机关与相对人而言，程序正义可以增加规制活动的合法性，同时也有助于鼓励被规制对象遵守规制机构作出的决定和制定的规则。[2]立法机关在制定信用规制法律规则时，应当严格按照正当程序原则的基本要求，巧妙地将不同的程序要求融入规制过程，既包括"正当法律程序"的通知、听取意见、说明理由、告知等制度要求，也包括"技术性正当程序"的算法透明度、算法解释权等要求。

（五）对信用规制的权益保护作出规定

权益保护本身就是信用规制所蕴含的重要价值，反过来也对信用规制形成了内在约束。"信用主体权益保护的水平和能力，决定着信用信息共享共用的广度与深度"，[3]因此，信用规制立法有必要对信用主体权益保护予以规定。具体而言，信用规制立法应当从实体和程序两个方面对信用主体合法权益予以有效保护。在实体方面，信用规制立法应当为信用信息的归集、共享、评价、公开和应用等活动确定行为规则，确保其不

---

[1] See Mathew D. McCubbins, "The Legislative Design of Regulatory Structure", *American Journal of Political Science*, Vol. 29, Issue 4 (1985), pp. 721~748.

[2] See Kristina Murphy, Tom R. Tyler, Amy Curtis, "Nurturing Regulatory Compliance: Is Procedural Justice Effective when People Question the Legitimacy of the Law?", *Regulation & Governance*, Vol. 3, Issue 1 (2009), pp. 1~26.

[3] 罗培新：《社会信用法：原理·规则·案例》，北京大学出版社2018年版，第129页。

第四章　信用规制立法的法理基础与规范建构

会侵犯信用主体的实体权利,如隐私权、名誉权、平等权、商业秘密、个人信息权等。在程序方面,信用规制立法应当为信用信息的归集、共享、评价、公开和应用等活动确定程序规则,确保其不会侵犯信用主体的程序权利,同时应当明确信用主体享有知情权、异议权、更正权等权利,并为权利的行使创造条件。

总而言之,制定法律规则是一切规制体制的重要组成部分,制定良好的法律规则,则是良好规制或更好规制的必要条件。立法机关在制定信用规制法律规则时,除了需要遵循立法的基本原理(如民主立法、科学立法等)外,还应当对法律规则的作用进行准确定位,并对法律规则的内容进行精巧设计。在规制理论中,评估良好的规制标准的一个重要方法便是测量精确性,这意味着法律规则应当让人们知道什么是适当的,让人们能够明确区分适当和不适当的行为,让人们有办法区分什么是正确的和错误的行为。[1]美国学者科林·迪弗(Colin S. Diver)认为,"精确性"概念至少可以与三个方面联系起来:①透明度,即标准易于理解或"不容易出错";②可获得性,即标准的适用不需要任何重大努力;③一致性,即标准代表了一种广泛接受的因果关系。[2]当前我国的信用规制立法离前述标准尚有一段距离,尤其是有关信用信息的界定、信用规制措施的运用等,尚不能完全代表"一种广泛接受的因果关系",有必要在未来的信用规制立法中予以明确。

---

[1] See Martin Lodge, Kai Wegrich, *Managing Regulation: Regulatory Analysis, Politics and Policy*, Palgrave Macmillan, 2012, p.48.

[2] See Colin S. Diver, "The Optimal Precision of Administrative Rules", *Yale Law Journal*, Vol. 93, Issue 1 (1983), pp. 65~110.

第四节 信用规制立法的核心内容：
　　　　　信用信息保护与利用

信用信息是信用规制的基础，贯穿于信用规制的所有环节。从当前的立法实践来看，国内外普遍采取的信用立法方式便是以信用信息作为切入口，围绕信用信息的归集、处理、使用等环节进行，信用信息法律俨然成了撬动信用立法的"阿基米德支点"，其背后的理据主要是受经济学中"信息不对称理论"的影响。[1]如前所述，信用信息具有明显的私权属性，同时也具有强烈的公共属性。信用信息的保护关涉个体的人身财产权益，甚至是人格尊严。与此同时，信用信息的合理使用也与信用规制的平稳运行和社会公共利益息息相关。因此，信用信息保护与利用之间的协调成了信用规制立法的核心内容，有必要单独予以详细讨论。

一、信用信息内涵的重新界定

信用信息内涵的界定关键在于对信用内涵的界定。如前所述，在目前的理论与实务中，一般都将"信用信息"界定为"可用于识别公民、法人和其他组织守法、履约状态的数据和资料"。从这一概念内涵可知，守法信息和履约信息可以大致对应"守信信息"。反之，违法信息和违约信息则可以大致对应"失信信息"。对于履约信息与守信信息、违约信息与失信信息之间的对应关系，从一般社会观念来看，符合"一致性"要求，即代表"一种广泛接受的因果关系"。然而，对于守法信息与守信信息、违法信息与失信信息之间的对应关系，在理论与实务中

---

[1] 参见沈凯、王雨本："信用立法的法理分析"，载《中共中央党校学报》2009年第3期。

则存在较大的争议,这也直接关系信用信息范围的确定。此外,从已有的地方信用立法来看,信用信息的内涵对信用信息的外延并未起到"统摄"或"约束"作用,一些地方信用立法虽然以"守法、履约"作为信用信息的核心内涵,但在确定信用信息外延时,又将"文明"作为认定标准,导致信用信息的内涵与外延不一致。本书认为,为了能够准确界定信用信息的内涵与外延,有必要明确以下两种观念或认识。

(一)"守法/违法信息"不必然等于"守信/失信信息"

是否意味着所有"守法行为"都是"守信行为",所有"违法行为"都是"违信行为"或"失信行为"。对此,学界目前大致有三类不同的观点:①赞成违法行为就是失信行为。罗培新教授从"社会契约论"的角度对前述问题展开了论证。他认为:"法律是社会的最大公约数,是民众公共选择的结果,也是一份公民应当共同信守的契约。"[1]因此,违反法律就等同于违反"社会契约",就应当属于"失信行为"。②反对违法行为就是失信行为。沈毅龙博士认为,用"社会契约论"来证成守法行为与守信行为、违法行为与失信行为之间的关系,实际上是对社会契约论的误读,原因是社会契约只是一种假设性主张,在现实中其条件很难得到满足,作为根本大法的宪法也只是接近社会契约,更遑论普通的法律法规。他进一步认为,将"遵守法定义务"纳入信用内涵,实际上是混淆了法律的内在价值,将法律中多维的价值观缩减为单一价值。因此,不宜将"遵守法定义务"纳入信用内涵。[2]③基本赞成"守法"作为信用的

---

[1] 罗培新:"遏制公权与保护私益:社会信用立法论略",载《政法论坛》2018年第6期。

[2] 参见沈毅龙:"公共信用立法的合宪性考察与调整",载《行政法学研究》2019年第1期。

要素，但反对将所有违法行为都纳入失信行为。门中敬教授认为，将"守法"作为信用的要素，可能会模糊法律与道德的边界，还可能导致公权过度侵入私权，因此不能将所有的守法行为都纳入守信行为的范畴，应当采用折中的信用概念，将"信誉及社会责任"作为核心要素。[1]

本书基本赞同上述第三种观点，认为"守法/违法信息"不必然等于"守信/失信信息"。事实上，对于前述问题的理解本质上涉及"法律与道德的关系"这一经典命题。对于这一本源性问题，很多学者都有过观点迥异的经典阐述，如哈特和富勒就曾对法律与道德所涉及的"内容分离命题""效力分离命题"和"证立分离命题"展开过论战。尽管法律与道德之间存在明显的区别，但二者存在某种程度的"互动"（intersection），因此仍然获得了理论与实践的支持。例如，德国学者拉德布鲁赫就曾指出："只有当法律命令服务于道德目的、致力于满足道德要求时，它才能成为良知义务。法的效力建立在道德的基础上，因为法的目的取向于一种道德目标……法尽管不能直接实现道德，但却完全能使道德成为可能。"[2]还有一些学者主张用道德解释法律。例如，美国学者罗纳德·德沃金认为，《权利法案》必须被理解为规定了关于自由、平等和尊严的一般道德原则，而公民个人、律师以及法官必须通过提出并试图回答更具体的道德问题来解释和应用这些一般原则。[3]英国学者维克托·塔德罗斯（Victor Tadros）认为，"惩罚"的正当性不是基于"结

---

〔1〕参见门中敬："信誉及社会责任：社会信用的概念重构"，载《东方法学》2021年第2期。

〔2〕参见［德］古斯塔夫·拉德布鲁赫：《法哲学入门》，雷磊译，商务印书馆2019年版，第46页。

〔3〕See Ronald Dworkin, *Freedom's Law: The Moral Reading of the American Constitution*, Harvard University Press, 1997.

第四章 信用规制立法的法理基础与规范建构

果主义理由"（consequentialist grounds），而是基于"义务观"（duty view），它是在非结果主义道德理论的基础上发展起来的，这种理论认可对善的追求的约束。[1]在立法或司法实践中，"道德入法""用道德解释法"的现象已经不是个别现象，[2]当法律涉及诚实信用，当它追问故意还是过失时，当在刑罚中考虑犯罪人的思想和人格时，道德与法律都在进行互动。然而，这里的关键问题在于如何把握"道德入法"的限度。

富勒在《法律的道德性》中对"法律与道德的关系"所采用的分析模式很好地回答了"道德如何入法"这一问题，这或许有助于我们厘清"守法/违法行为与守信/失信行为之间的关系"。在书中，富勒将"道德"（morality）一词细分为四种不同的类别，并将其归纳为两组不同的道德，每组道德都包含两类相反的成分，其中一类是"义务的道德"（morality of duty）和"愿望的道德"（morality of aspiration）。富勒认为，"义务的道德"规定了基本规则，没有这些规则，一个有序的社会是不可能的；"愿望的道德"是卓越的道德，是最充分地实现人类能力的道德，未能实现这些能力中的一种或多种，并不是错误行为，而是缺点或未能发挥潜力。关于"义务的道德"与"愿望的道德"和法律之间的关系。富勒认为，由于"义务的道德"通常包含了实现有序社会的最低限度的基本要素，因此为实现社会有序而制定的法律原则应当以"义务的道德"为基础。换言之，义务的道德主要体现为法律中的命令、禁令和授权。至于"愿

---

[1] See Victor Tadros, *The Ends of Harm: The Moral Foundations of Criminal Law*, Oxford University Press, 2011.

[2] 中共中央办公厅、国务院办公厅于2016年12月25日发布的《关于进一步把社会主义核心价值观融入法治建设的指导意见》明确提出："把社会主义核心价值观的要求体现到宪法法律、法规规章和公共政策之中，转化为具有刚性约束力的法律规定。"

望的道德"，富勒认为，其与法律似乎没有直接关系，只是发挥间接影响，法律的命令、禁令和授权是为了规范可定义的人类行为，而不是为了激励非凡的成就。[1]

在立法实践中，立法者很容易混淆"义务的道德"和"愿望的道德"之间的区别。对此，富勒认为，立法者在制定旨在规范个人行为的法律时应当保持克制。他告诫立法者不要将"义务的道德"和"愿望的道德"混为一谈，在大多数情况下，法律应当针对"义务的道德"而非"愿望的道德"。如果过分关注"愿望的道德"，社会可能会建立一个无所不包的法律体系，在太多的人类活动领域规定太多的"应该做"和"不应该做"的事情。在富勒看来，这样的法律制度可能阻止个人充分发挥其能力，阻止行动的自由，而行动自由是促进人类最大利益所必需的，对人要求过多、过高的法律可能会导致僵化，反而可能会在实践中阻碍社会所追求的目标之实现。

尽管在实践中对"义务的道德"和"愿望的道德"进行明确划分存在难度，但富勒提出的分析框架仍然值得我们借鉴。本书认为，当我们将"守法/违法行为"转化为"守信/失信行为"时，可以用"愿望的道德"和"义务的道德"作为划分标准，对法律义务进行"区间设定"。[2]换言之，对基于"义务的道德"形成的"强制性法律义务"，若公民、法人或其他组织遵守或违反前述义务，则可以相应地认定为守信行为或失信行为；对基于"愿望的道德"形成的"倡导性法律义务"，若公

---

[1] 参见[美]富勒：《法律的道德性》，郑戈译，商务印书馆2005年版，第6~12页。
[2] 参见王淑荣、隋政航："富勒划定法律义务界限的法理学策略"，载《社会科学战线》2019年第4期。

民、法人或其他组织遵守或违反前述义务,则不宜认定为守信行为或失信行为。按照此分析模式,可以对实践中一些信用行为规范要求进行分析。例如,《杭州市文明行为促进条例》在第6条列举了许多"不文明行为",包括在公共场所吸烟、大声喧哗、衣着不得体等,并在第33条规定,上述不文明行为信息将被记入公共信用信息平台,实现信用信息的数据共享。首先,上述行为的界定本身存在模糊性,如何界定"大声喧哗"或"衣不得体"本身缺乏明确的标准。换言之,这类行为本身难以进行准确定义。其次,上述行为并非实现有序社会的最低限度要求,也不是人类行为的最大公约数,不属于"义务的道德"。因此,不宜将其上升为一种"强制性法律义务",更不宜将违反这些义务的行为纳入信用体系,否则可能导致失信行为认定的泛化,进而导致信用惩戒的泛化。

(二)"文明/不文明信息"不必然等于"守信/失信信息"

是否意味着所有"道德上的良好"或"文明行为"都可以被认定为"守信行为"或"信用的良好信息"。诚信是所有信用概念的价值基础或内核,对它的准确理解和定位也关系对信用的理解。在我国传统文化中,"仁、义、礼、智、信"是人们不可缺少的主观精神准则,是社会成员的常性品质涵养。具体而言,以仁爱待人接物,以适宜审量言行,以礼节节制自我,以智慧促进知识,以诚信支持交际。[1]就"诚信"而言,"言必行,行必果"成为"诚信"最朴实的表达。[2]在法律中,诚信原则作为民法的基本原则,其基本的立意也涵盖了善意、不作

---

〔1〕 参见陆建猷:《中国哲学》(卷下),上海三联书店2014年版,第570~571页。

〔2〕 参见徐国栋:"'失信联合惩戒机制'中'信'的含义之澄清",载《中国法律评论》2021年第1期。

假、不欺诈等要素。[1]因此，在信用的内涵中应当恪守"诚信"本身的价值主张，[2]不应当让"诚信"承载过多的其他价值，如谦恭、纯真、公平、正义、仁慈等德性，这样才能在实践中避免"信用是个框，什么都能装"的困境。换言之，并非所有"道德上的良好"或"文明行为"都应当被认定为"守信行为"。

当前很多地方信用立法均将"志愿服务""无偿献血""慈善捐赠"等行为认定为"守信行为"或"信用的正面信息或良好信息"而记入信用主体的信用档案。[3]事实上，"志愿服务""无偿献血""慈善捐赠"等行为都是出于"人道主义精神"的行为，其所体现的价值已经远远超出了"诚信"的范畴，其关联性很弱，也不符合一般人对诚信的直观认知。此外，将这类行为纳入信用体系还有可能引发新的"道德风险"。一些市场主体将利用偷税漏税、欺骗消费者、制假售假等手段获得的大量利润用于慈善捐赠，最后可能没有因为这些失信行为被评为"失信企业/个人"，反而因为慈善捐赠被评为"诚信企业/个人"，这样的事例在实践中并不少见。因此，对于许多"文明/不文明行为"，可以通过其他方式或措施进行奖励、倡导或惩戒，但却不宜将其纳入信用体系，否则可能导致信用信

---

[1] 参见张民安、丘志乔：《民法总论》（第5版），中山大学出版社2017年版，第105页。

[2] 刘松山教授认为，信用还是应当以"信任"为基础，不能失去"信"的原始含义，否则结果就是失信惩戒泛化。参见刘松山："失信惩戒及其立法的三大问题"，载上海市法学会编：《上海法学研究》（2020年第3卷·总第27卷——法治理论与实务文集），中国知网2020年版。

[3] 《南京市社会信用条例》第22条规定："自然人、法人和非法人组织的良好信息包括下列内容：……（二）志愿服务、慈善捐赠、见义勇为等信息；……"2018年《宿迁市社会信用条例》第12条规定："社会信用主体的下列信息，应当作为正面信息记入其信用档案：……（二）参与志愿服务、无偿献血、慈善捐赠活动等信息……"

第四章　信用规制立法的法理基础与规范建构

息认定标准的泛化,[1]最后的结果便是信用奖励、信用惩戒的滥用。

信用信息的内涵本身受到伦理、社会、文化、经济等诸多要素的影响,要通过立法来对其进行调控本身存在较大的立法难度。从国内外信用立法与实践的现状来看,信用信息的内涵也并非一成不变,其随着社会的变迁也会发生变化,并且每一次变革都充满争议。以美国的消费者信用信息为例,传统的信贷机构、信用报告机构、信用评分机构主要是按照 FICO 信用评分模型,通过"5C"标准——品德、能力、资本、抵押品、经济环境状况——来对信用信息进行收集、分析和评估。在这种情况下,信用信息主要来源于金融信息(financial information)和公共信息(public information),前者包括账单支付历史、拥有的信贷账户数量及类型、账户开立时间等,后者包括处罚、破产、刑事犯罪等。由于信用评价的前提是完备的信用信息,这就意味着对于一些刚进入市场的主体或拥有较少信用信息的主体,已有的信用信息评价标准将无法准确地反映他们的信用状况,进而影响他们的贷款、就业、租房等行为。对此,近年来,美国诸多信用报告机构开始利用"替代性数据"(alternative data)来进行信用评价。在金融服务行业,这些数据被称为包括金融和非金融信息的"非传统数据"(nontraditional data),主要有以下几种类型:①公用事业账单支付信息;②在线行为数据,如购物习惯、新闻浏览习惯等;③教育信息或职业信息;④社

---

[1] 林钧跃教授认为,"文明建设"就是文明建设,就该大张旗鼓地建设和宣传,切不可偷换"信用"或"诚信"概念,或者"张冠李戴"。如果挥动社会信用体系建设的大旗,在宣传上压制大众接受一个内涵和外延无限延伸的"信用"或"诚信"是完全没有必要的,长此以往恐怕还会伤损到社会信用体系的国内和国际声誉。参见林钧跃:"透析'失信惩戒泛化'问题的实质,寻求解决之道",载https://www.sohu.com/a/336273809_777813,最后访问日期:2020 年 9 月 7 日。

交网络关系信息。[1]尽管大数据、机器学习为信用评价提供了一个很好的契机,可以生成更为准确的信用评价报告,改善获得信用的机会。然而,研究表明,替代性数据也引发了新的诸如透明度、歧视、不公平等问题。[2]

综上所述,对于信用信息内涵的界定并非易事,并不是一个单纯的法律问题或技术问题,它有赖于不同学科、不同领域的专家以及社会公众展开讨论与对话,从而形成一个既符合信用自身规律,也符合社会现实的信用信息内涵及外延。

二、信用信息处理的基本原则

在个人信息保护中,为平衡个人信息保护与利用,欧美及世界其他国家和经济体发展出了许多个人信息保护原则,并且已经广泛融入各国的个人信息或隐私保护法制。[3]信用信息处理包括收集、存储、使用、加工、传输、提供、公开等。其中,个人信用信息处理关系个人的人格尊严、隐私权、个人信息权等权利的保护;[4]企业信用信息处理关系企业的商业秘密、商誉权、财产权等合法权益的保护。[5]因此,如何在信用信息保

---

[1] See House Financial Services, "Examining the Use of Alternative Data in Underwriting and Credit Scoring to Expand Access to Credit", https://www.congress.gov/event/116th-congress/house-event/109867 (Last visited on October 5, 2021).

[2] See Vlad A. Hertza, "Fighting Unfair Classifications in Credit Reporting: Should the United States Adopt GDPR-Inspired Rights in Regulating Consumer Credit", *New York University Law Review*, Vol. 93, Issue 6 (2018), pp. 1707~1741.

[3] 参见江波、张亚男:"大数据语境下的个人信息合理使用原则",载《交大法学》2018年第3期。

[4] 参见罗培新:《社会信用法:原理·规则·案例》,北京大学出版社2018年版,第130~136页。

[5] 参见牟爱州:"信用信息公开中个人隐私及企业商业秘密的保护问题研究",载《河南农业》2014年第14期。

护与利用之间维持平衡是信用规制立法必须予以解决的重要问题。从世界各国对信用信息的立法规定来看，由于个人信用信息属于个人信息范畴，因此信用信息处理的基本原则大多直接来源于个人信息保护原则。在当前的信用规制实践中，各地方信用立法在充分吸收我国有关个人信息保护基本原则的立法经验之上，也纷纷对信用信息处理原则进行了规定，基本上包含了"合法""客观""必要"等主要原则。综合国内外信用信息立法实践经验，本书认为，信用信息处理应当受到如下几项原则的约束。

（一）合法性原则

合法性原则是个人信息保护中的重要原则，在定位上乃是贯穿信息控制者就整个个人信息处理过程的合法性管控，亦即不论是在处理程序中的哪个时点所为的个人信息处理行为，均必须符合合法性原则的要求。我国《个人信息保护法》第5条规定，处理个人信息应当遵循合法原则。《欧盟通用数据保护条例》第5条第1款第1项也规定，个人数据应当以合法方式处理。关于合法性原则中"法"的理解，一般认为应当从广义层面去解读，即除了《个人信息保护法》之外，还应当包括其他关于个人信息保护规定的法律、行政法规、地方性法规、规章、规范性文件、司法解释以及强制性国家标准等以国家强制力保证实施的、具有普遍约束力的行为规范。[1]《欧盟通用数据保护条例》第6条第1项也对合法性之具体要求进行了规定，主要采取的是"双轨合法性事由设计"。第一阶合法性事由是"个人信息主体的同意"，无须满足"必要性"要件要求；第二阶合法性事由则是"其他事由"搭配"必要性"要件设计，亦即，除个人信息主体同意外，履践契约、履行法定义务、履践公共任

---

[1] 参见周汉华主编：《个人信息保护法条文精解与适用指引》，法律出版社2022年版，第58页。

务、其他正当利益等五个合法事由的使用都必须进一步在个案脉络下判断该个人信息的处理是否属于达成该事由的必要行为。概而言之，个人信息合法处理的基本要求是信息控制者的处理利益大于或等于信息主体的自由权利。因此，作为处理合法事由的基本条件是代表一定正当利益的存在。[1]

在信用规制框架中，行政机关对信用信息的处理目的在于创新政府规制机制和社会治理机制，提高行政效能，优化营商环境，提高社会诚信意识和水平。因此，从这个意义上看，对信用信息的处理具备一定的正当利益，符合"履践公共任务"这一合法性事由。在这种情况下，信用信息处理的合法性不是建立在信息主体同意的基础上，而是直接依据法律的规定所从事的行为，[2] 其主要适用"第二阶合法性事由"。即便如此，信用信息处理依然要接受"必要性"的检讨。换言之，行政机关对于信用信息的收集范围及方式、存储期限、加工方式、公开范围及方式、利用方式及场景等活动仍然要符合法律对"必要性"的要求。

（二）目的限定原则

目的限定原则是个人信息保护中的重要原则，关系个人信息处理行为的透明性与可预见性，以及个人信息控制权的落实。因此，只有个人信息处理目的足够特定清楚，个人信息处理过程中的利益相关者才能预见可能发生何种处理行为，透明性和法律要求的确定性才能有所提升，同时也使得个人信息主体能够有效地行使个人信息保护法律所赋予的权利。一般认为，目的限定原则主要包括三个方面的要求：①目的特定。个人信息

---

〔1〕 例如，我国《民法典》第999条便规定，为公共利益实施新闻报道、舆论监督等行为，可以合理使用民事主体的个人信息。

〔2〕 参见程啸："论我国民法典中的个人信息合理使用制度"，载《中外法学》2020年第4期。

处理必须基于特定的目的，这一要求能够促使信息控制者仔细思考为何要处理个人信息，并在此目的下评估该处理行为的必要性。至于目的的描述要到何种程度才算符合"特定"要求，其标准是：必须详尽到足够确定何种处理行为在此目的下会被进行或不被进行，并且可以用之评估应当遵守的法律规定与应当适用的信息安全保护措施。②目的明确。个人信息处理目的能够清楚、没有理解上的困难，这一要求是促进个人信息处理行为的透明度与可预见性。③目的正当。为符合目的正当要求，信息控制者除了应当符合法律要求外，还应当考虑社会习惯、各领域或各行业的行为准则、专业领域的伦理规范或契约安排等，目的正当的判断并非一成不变，而是随着科技发展和社会文化内涵的变化而变动。在信用规制框架中，行政机关在处理信用信息时应当满足目的特定、目的明确和目的正当的要求，不能将信用信息处理用于其他非公共利益目的，如恶意打击、报复或监视特定的个人或组织，更不可将信用信息处理作为谋取私利、贪污腐败的工具或手段。

（三）必要性原则

在个人信息保护中，必要性原则通常也被称为"最小必要原则"，即为某个目的所采集的信息的种类和数量应当达到该目的的最小必要标准。在信用规制框架中，大数据技术的使用通常要求种类丰富、数量巨大的信息，而信用评价也有赖于信用信息的完整性，这似乎与必要性原则之间存在矛盾。事实上，对于信用信息处理而言，必要性原则的真正目的在于抑制行政机关盲目扩大信用信息的归集范围和利用场景。具体而言，必要性原则对信用信息处理的要求主要有以下几个方面：①限制信用信息归集。行政机关在采集公民、法人和其他组织的信用信息时，应当以法律法规作为依据，所采集的信息类型应当与信用密切相关,而且对于失信信息的采集应当尤其保持克制,应当聚焦于严重违法失信行为,不能漫无边际地将所有的违法信息都作为失信信息进行归集。②限制信用信息存储。不可否认,信用信息的"累积性"对于信用评价非常重要,但这并不意味信用评价机构可以无限制地永久保存信用信息。从征信行业的发展经验来看,不同性质或类型的信用信息均有一定的保存期限,对于超过保存期间的信用信息应当及时删除或停止使用。③限制敏感信息处理。行政机关在对信用信息进行处理时,应当严格限制对宗教信仰、基因、指纹、血型、疾病、民族等信息的处理。

(四) 透明性原则

在个人信息保护中,透明性原则是满足信息主体知情权的一项重要原则,它要求个人信息的处理过程公开透明,既包括相应的处理政策,也包括基本的处理规则及流程。在自动化决策的情况下,信息控制者还有义务披露信息处理逻辑和信息处理结果等。[1]在信用规制框架中,对于行政机关而言,透明性原则要求行政机关在处理信用信息时应当履行"告知义务"。具体而言,行政机关在处理信用信息过程中应当以"使信息主体足以知悉的方式"或"方便取得的方式"将信用信息处理情况告知信息主体。例如,在信用评价中,行政机关应当将信用评价标准、评价逻辑、评价结果等内容告知信用信息主体。在信用应用中,行政机关在作出纳入信用黑名单、实施信用惩戒等决定时,应当及时、明确告知当事人。当然,行政机关的告知义务并非没有例外,为了调和告知义务所带来的行政成本或对信用信息归集效率的冲击,在一些特定情形下可以对告知义务

---

[1] 个人信息保护课题组:《个人信息保护国际比较研究》,中国金融出版社2017年版,第51页。

第四章 信用规制立法的法理基础与规范建构

设置一些合理的例外情形。[1]

(五) 信息安全原则

"安全已上升到国家最为重要的任务,国家存在的正当性也取决于是否能完成这一任务。"[2]在大数据时代,信息安全对社会与个人都至关重要。对于社会而言,信息已经成为现代社会的基石,它推动着科技创新和经济发展。[3]对于个人而言,随着个人信息的数字化,网络空间成为收集个人信息的新领域,而互联网正在迅速成为个人信息市场的中心,它使数据的贩卖和购买变得更加容易。一般认为,"信息安全"是指为保护印刷、电子或任何其他形式的机密、私人和敏感信息或数据不被擅自获取、使用、滥用、披露、销毁、修改或破坏而设计和实施的程序和方法。[4]实践证明,保障信息安全已经成为21世纪的重大挑战之一,我们的信息被存储在一个危险的世界里,网络盗窃、网络敲诈勒索、移动设备丢失、盗用商业机密信息以及未经授权披露受保护信息,对于所有组织和所有行业来说,都是真实存在的危险。[5]

---

[1] 例如,《德国联邦数据保护法》第19a节第(2)款便规定,在下列情形中,可以不向数据主体发出通知:①数据主体已经通过其他方式知晓存储的方式或者其数据被提供的事实;②通知数据主体需要付出不相称的努力;③法律明确规定了该项个人数据的存储和提供。参见李爱军、苏桂梅主编:《国际数据保护规则要览》,中国政法大学互联网金融法律研究院、中国政法大学大数据与法制研究中心译,法律出版社2018年版,第20页。

[2] [德]埃贝哈德·施密特-阿斯曼等:《德国行政法读本》,[德]乌尔海希·巴迪斯选编,于安等译,高等教育出版社2006年版,第53页。

[3] See Carol M. Hayes, "Comparative Analysis of Data Breach Laws: Comprehension, Interpretation, and External Sources of Legislative Text", *Lewis & Clark Law Review*, Vol. 23, Issue 4 (2020), pp. 1221~1284.

[4] See Josh Fruhlinger, "What is Information Security? Definition, Principles, and Jobs", https://www.csoonline.com/article/3513899/what-is-information-security-definition-principles-and-jobs.html (Last visited on March 8, 2021).

[5] See Peter Sloan, "The Reasonable Information Security Program", *Richmond Journal of Law & Technology*, Vol. 21, Issue 1 (2014), pp. 1~92.

信息安全原则成为个人信息保护的一项重要原则，并被一些重要的个人信息保护国际文件或国家法律予以确认。例如，经济合作与发展组织将"安全保障原则"作为个人信息保护的八项基本原则之一。[1]《欧盟通用数据保护条例》第 5 条也明确规定"以确保个人数据适度安全的方式处理"。[2]美国的很多州都通过立法确立了信息控制者的信息安全责任，有 16 个州要求信息控制者通过采取合理的安全措施来预防数据泄露，其中有 8 个州还要求信息控制者必须担保其传输数据的第三方有合理的安全措施。[3]我国《网络安全法》专章规定了"网络信息安全"，《个人信息保护法》第 9 条亦对个人信息安全进行了规定，而《数据安全法》更是专门对数据安全问题进行系统性规范。此外，信息安全还成了一种重要的法益，[4]受到刑法的严格保护。[5]

综合上述分析，将信息安全原则确立为信用信息处理的基本原则，既符合个人信息保护的时代需求，也与信用规制本身

---

[1] 安全保障是指："应当采取合理的安全措施对个人数据加以保护，以便应对数据丢失或未经授权而被获取、毁损、使用、修改或披露的风险。" OECD, *The OECD Privacy Framework*, OECD Publishing, 2013, pp. 14~15.

[2] 参见京东法律研究院：《欧盟数据宪章：〈一般数据保护条例〉GDPR 评述及实务指引》，法律出版社 2018 年版，第 230 页。

[3] See Carol M. Hayes, "Comparative Analysis of Data Breach Laws: Comprehension, Interpretation, and External Sources of Legislative Text", *Lewis & Clark Law Review*, Vol. 23, Issue 4 (2020), pp. 1221~1284.

[4] 信息安全受到威胁的严重程度与传统刑法保护的法益具有等价性，信息安全所波及的范围和产生的效应相较于传统法益更加严重。我国刑法也在逐步细化对信息安全的规制。参见杨磊、周楚漪："论信息安全的刑法保护"，载郎胜、朱孝清、梁根林主编：《时代变迁与刑法现代化》（下卷），中国人民公安大学出版社、群众出版社 2017 年版，第 1027 页。

[5] 例如，2009 年《刑法修正案（七）》以新设罪名的方式规定了"出售、非法提供公民个人信息罪"，2015 年《刑法修正案（九）》确立了"侵犯公民个人信息罪"，2017 年最高人民法院和最高人民检察院出台的《关于办理侵犯公民个人信息刑事案件适用法律若干问题的解释》对设立网站和通讯群组侵犯公民个人信息的情形也进行了界定。

的特性相契合。信用信息是信用规制的基础，贯穿整个信用规制过程。为了能够有效利用大数据技术，政府部门建立和开发了各种类型的信用信息数据库，汇集来自不同政府部门、不同领域的信用信息。大型信用信息数据库在给信用规制提供支撑的同时，也存在严重的信息安全隐患，它既可能是内部人员有意违反法律规定，非法披露或使用信用信息，也有可能是外部网络攻击导致信息的大面积泄露。因此，信息安全原则必须贯穿信用规制的全过程，从信用信息归集到信用修复的每个环节，都应当重视信息安全原则的要求，政府部门应当评估其信息安全风险，并采取应对该风险的政策。具体而言，政府部门应当采取以下措施来落实信息安全原则的要求：①技术措施。在开放和运行与信用信息相关的软件或硬件时，应当采取加密、防火墙等技术措施确保信息安全。②组织措施。信用信息安全应当成为本部门中负责信息安全机构的职责之一，同时还应当成为直接责任人员的工作职责之一。③人为措施。应当对工作人员定期开展信息安全培训，强化信息安全意识。④物理措施。应当对出入信用信息存储中心或处理中心的通道予以控制，并建立严格的信息访问控制机制。

三、信用主体享有的主要权利

从个人信息保护的角度看，现行个人信息保护法律制度的一个重要举措便是赋予信息主体广泛的权利，形成一个包含多种权利的"权利体系"或"权利群"。其中一些权利或是对传统权利的改造，或是根据新的情势而创造，总而言之，其目的均在于让信息主体拥有更强的控制力和决定权。[1]不过，个人

---

[1] 参见京东法律研究院：《欧盟数据宪章：〈一般数据保护条例〉GDPR 评述及实务指引》，法律出版社 2018 年版，第 54 页。

信息的使用具有重大的经济价值和社会价值,其保护模式直接关系相关产业经济、政府改革、社会创新的发展。因此,如何确定信息主体的权利边界,在保护个人合法权益的同时又"物尽其用",造福于社会发展,成了各国立法的重要课题。《欧盟通用数据保护条例》明确规定了数据主体的访问权、更正权、被遗忘权等权利。《日本行政机关电脑处理个人信息保护法》赋予了信息主体查阅、更正、利用停止等请求权。我国《民法典》第1029条规定,民事主体对于信用评价结果享有查询权、异议权、更正权、删除权等权利。[1]我国《个人信息保护法》亦规定了信息主体的知情同意权、获取权、异议更正权、拒绝权、删除权等权利。在理论上,有观点认为,个人信用信息保护虽然与个人信息保护之间存在诸多相似之处,但由于征信行业的发展宗旨以及征信立法的特性,个人信用信息之上的权利设置应当有其自身独特之处,具体包括同意权的限制、查询权的扩大、异议和修改权的强化等。[2]综合已有的立法经验和研究成果,本书认为,为了更好地保护信用主体的合法权益,应当赋予信用主体以下几项权利。

(一) 知情权

"只有充分获取政府信息,政府才会变得真正民主和负责任,其公民才会在影响他们的决策中获得有意义的参与权。"[3]在个人信息保护中,知情权也被称为"受告知权"(the right to

---

[1] 《民法典》第1029条规定:"民事主体可以依法查询自己的信用评价;发现信用评价不当的,有权提出异议并请求采取更正、删除等必要措施。信用评价人应当及时核查,经核查属实的,应当及时采取必要措施。"

[2] 参见周悦丽:"个人信用信息的法律保护研究",载《法学杂志》2007年第4期。

[3] Carol Harlow, Richard Rawlings, *Law and Administration* (*Third Edition*), Cambridge University Press, 2009, p. 47.

be informed),其基本理念是通过增加个人信息处理过程的透明性,以确保信息主体对其所属的个人信息的控制权限。[1]我国《个人信息保护法》除在第 7 条规定了"公开、透明原则"外,还在第 45 条规定"个人有权向个人信息处理者查阅、复制其个人信息"。《欧盟通用数据保护条例》第 15 条规定了数据主体的"数据访问权"。[2]从理论上看,信息主体的"知情权",往往对应信息处理者的"告知义务",即信息处理者在收集信息之时就应当告知信息主体其处理意图,这项义务并不取决于信息主体的要求。相反,无论信息主体是否对该信息表示出兴趣,信息处理者都必须主动遵守这项义务。在制度上,落实这一权利的重要举措便是设计一套告知制度(notice),以满足信息主体的知情权保障。[3]在实践中,告知制度的主要工具或载体便是"隐私政策"(privacy policy),即由信息控制者主动将个人信息处理的相关情况告知信息主体。[4]

在信用规制框架中,知情权同样是信用主体应当具有的重要权利。[5]信用信息在记录、收集、处理等过程中,既有人工方式,也有全自动化或半自动化方式,只要有人为介入,就有可能存在出错的风险。因此,必须赋予信用主体知情权。具体而言,立法应当明确规定,信用主体有权知晓其何种信用信息、

---

[1] See Mark MacCarthy, "New Directions in Privacy: Disclosure, Unfairness and Externalities", *I/S: A Journal of Law and Policy for the Information Society*, Vol. 6, Issue 3 (2011), pp. 425~512.

[2] 参见京东法律研究院:《欧盟数据宪章:〈一般数据保护条例〉GDPR 评述及实务指引》,法律出版社 2018 年版,第 238 页。

[3] See Ari Ezra Waldman, "Privacy, Notice, and Design", *Stanford Technology Law Review*, Vol. 21, Issue 1 (2018), pp. 74~127.

[4] See Mark MacCarthy, "Privacy Policy and Contextual Harm", *I/S: A Journal of Law and Policy for the Information Society*, Vol. 13, Issue 2 (2017), pp. 399~464.

[5] 参见罗培新:《社会信用法:原理·规则·案例》,北京大学出版社 2018 年版,第 146 页。

被谁、以何种方式进行记载、归集、加工、分析和利用,以及对其权利保护会产生何种风险、有何安全机制避免这些风险的发生。为了保障信用主体的知情权,立法至少应当规定以下两个方面的内容:一方面,立法应当明确规定,信用信息控制者有义务向信用主体告知相关情况,并且这种义务是一种积极义务,无论信用主体有没有知情权或有无兴趣知情,信用信息控制者均负有主动告知的义务。另一方面,立法应当明确规定,信用主体有权向信用信息控制者免费查询其信用信息的处理情况,这种方法的基本思路是将保护信用信息的主动权还给信用主体。

(二) 异议权

在法学理论中,异议权是一项历史悠久的权利,它主要被赋予接受陪审团审判的被告,即被告可以拒绝陪审团中的任何一名陪审员。[1]如今,异议权已经扩展到其他领域,尤其是信息保护领域。从世界各国信用制度的发展来看,异议权已经成为信用主体的重要权利,也可以被称为信用主体的"补救权",对于弥补不准确信用信息对信用主体的损害具有重要作用。[2]异议权与知情权密切相关,实际上是知情权的自然延伸。通过知情权,信用主体可以知晓自己的信用信息;通过异议权,信用主体可以纠正错误的信用信息。

在很多国家的信用立法中,异议权都是一项重要的权利。我国《征信业管理条例》第 15 条规定信息主体享有"异议

---

〔1〕 按照丹宁勋爵的观点,"异议"可以被分为两种:一种是"绝对异议",即被告可以说:"我拒绝",而无须讲出任何理由,陪审员必须退出法庭;另一种是"有因异议",即被告必须提出充分的理由,以证明他的拒绝是正当的。参见〔英〕丹宁:《法律的未来》,刘庸安、张文镇译,法律出版社 1999 年版,第 81~82 页。

〔2〕 参见汪路:《征信:若干基本问题及其顶层设计》,中国金融出版社 2018 年版,第 52 页。

权"。《美国公平信用报告法》规定，消费者可以对信用报告机构的档案信息在完整性或准确性方面提出异议。[1]综合已有的立法经验，本书认为，在信用规制框架中，关于信用主体的异议权，立法至少应当从以下两个方面建构相关制度：首先，立法应当明确规定信用主体享有异议权。其次，立法应当明确规定异议申请的条件、异议处理的程序、异议处理结果的救济等内容。

（三）更正权

在数据科学中，准确性是数据的基本属性，也是数据发挥价值的前提条件。对信息主体而言，个人信息的准确性对于其获得高水平的信息保护意义重大。因此，各国个人信息保护法制普遍赋予信息主体"更正权"，允许信息主体要求更正其个人信息。我国《个人信息保护法》第46条规定，个人发现其个人信息不准确或者不完整的，有权请求个人信息处理者更正、补充。《欧盟通用数据保护条例》第16条规定，数据主体应有权要求个人数据控制者更正与其相关的不正确的数据。[2]《德国联邦数据保护法》第20节第（1）款规定，个人数据有误应予修正。如果既不是以自动化程序处理也不是自动归档系统有误，或者数据主体质疑数据的准确性，则应当采取适当的方式记录。[3]《加拿大个人信息保护法》第24条第（1）款规定，当事人有权要求组织修正个人信息中的错误或者遗

---

[1] 参见中国市场学信用工作委员会编译：《世界各国信用相关法律译丛·北美卷》，中国方正出版社2006年版，第197页。

[2] 参见京东法律研究院：《欧盟数据宪章：〈一般数据保护条例〉GDPR评述及实务指引》，法律出版社2018年版，第239页。

[3] 参见李爱军、苏桂梅主编：《国际数据保护规则要览》，中国政法大学互联网金融法律研究院、中国政法大学大数据与法制研究中心译，法律出版社2018年版，第20页。

漏，这些信息包括：①关于该当事人的；②由组织控制该信息。[1]

在信用规制框架中，更正权对于维护信用主体的合法权益至关重要，同时对于信用规制活动的正常开展也很重要，"准确的信息是理性的先决条件"。[2]信用信息的完整性或准确性直接决定信用评价结果的准确性，而信用评价结果将决定信用规制机构采取何种干预强度的信用规制措施，这将对信用主体的合法权益产生重要影响。从立法经验来看，信息主体的"更正权"对应信息处理者"积极更正义务"，为了让信息处理者积极履行义务，各国立法纷纷限定了更正处理的期限，同时还规定了延迟更正应当承担的法律责任。[3]在信用规制立法中，为了确保信用主体更正权的实现，立法应当明确规定信用主体享有更正权，同时对行使更正权的条件、程序进行明确规定，应当以"用户友好"的方式设置相关条件或程序。

（四）删除权

信息处理者在收集、处理和使用个人信息的过程中，可能存在数据不准确、虚假数据、违法获得的数据等情形，为了落实个人信息保护原则，尤其是"数据最小化"原则，很多国家的个人信息保护立法均对删除权作出了规定。我国《个人信息保护法》第47条对信息主体的"删除权"进行了规定，并列举

---

[1] 参见李爱军、苏桂梅主编：《国际数据保护规则要览》，中国政法大学互联网金融法律研究院、中国政法大学大数据与法制研究中心译，法律出版社2018年版，第60页。

[2] Erica Beecher-Monas, *Evaluating Scientific Evidence: An Interdisciplinary Framework for Intellectual Due Process*, Cambridge University Press, 2007, p. 19.

[3] 例如，在"陈某与甲银行侵权责任纠纷案"中，法院指出，银行等金融机构违反监管规定，不及时更改错误征信信息，造成相对方损失的，应承担相应赔偿责任。参见上海市高级人民法院［2018］沪民再13号民事判决书。

第四章　信用规制立法的法理基础与规范建构

了4种具体情形。[1]《欧盟通用数据保护条例》第17条规定了"删除权",并详细列举了六种情形。[2]《德国联邦数据保护法》第20条规定了数据主体的"删除权",并列举了两种适用情形。[3]

在信用规制框架中,删除权也是信用主体享有的重要权利。从已有的信用立法经验来看,信用主体删除权的行使主要有以下几种情形:①信用主体可以选择删除其正面信用信息。②信用信息存储期限届满以后,信用主体可以要求删除失信信息,这在某种程度上也是对删除权的限制。[4]③信用信息作出的依据被撤销以后,信用主体可以要求删除相关信用信息。行政处

---

[1]《个人信息保护法》第47条第1款规定:"有下列情形之一的,个人信息处理者应当主动删除个人信息;个人信息处理者未删除的,个人有权请求删除:(一)处理目的已实现、无法实现或者为实现处理目的不再必要;(二)个人信息处理者停止提供产品或者服务,或者保存期限已届满;(三)个人撤回同意;(四)个人信息处理者违反法律、行政法规或者违反约定处理个人信息;(五)法律、行政法规规定的其他情形。"

[2] 数据主体在下列情形中有权要求数据控制者删除其个人数据,且数据控制者不得无故拖延:①该个人数据在处理目的下已经不再需要;②该个人数据是以数据主体同意作为合法事由时,当数据主体撤回其同意,且该处理行为也不具备其他合法事由;③该个人数据被违法处理。参见京东法律研究院:《欧盟数据宪章:〈一般数据保护条例〉GDPR评述及实务指引》,法律出版社2018年版,第240页。

[3]《德国联邦数据保护法》第20条第2款规定:"在下列情况下,以自动化程序处理或人工归档的个人数据应当删除:1.该数据未经同意而被存储;2.数据库的控制者履行其职责不再需要掌握该数据的内容。"参见李爱军、苏桂梅主编:《国际数据保护规则要览》,中国政法大学互联网金融法律研究院、中国政法大学大数据与法制研究中心译,法律出版社2018年版,第20页。

[4] 例如,《美国公平信用报告法》规定,民事诉讼、民事仲裁或逮捕记录,自执行日期已满7年,信用报告不得包含此记录;对于刑事犯罪被逮捕、起诉或定罪的记录,自服刑、释放或假释之日起,若时间满7年,则记录不得列入报告。不过,《美国公平信用报告法》也规定了例外情形,如果信用交易的金额巨大,如合理推测金额为15万美元以上,那么有关删除权行使的情形将不适用。参见中国市场学信用工作委员会编译:《世界各国信用相关法律译丛·北美卷》,中国方正出版社2006年版,第192页。

罚决定、人民法院判决等据以认定失信信息的依据被撤销后，信用信息提供单位应当及时告知信用信息共享中心删除相关信息，若信用信息提供单位或信用信息共享中心怠于履行删除义务，信用主体有权提出删除申请。④除了前述情形外，对于过时的或已经修复的信用信息，符合法定条件的，信用主体也可以要求予以删除。

（五）封存权

"封存权"是指当出现了法定或者约定的情形时，信息主体得以请求信息控制者或处理者采取措施暂时停止处理其个人信息的权利，这里的"处理"包括记录、收集、存储、公开、使用等活动。[1]与删除权不同，封存权仅是采取一定的手段暂时限制个人信息的处理，而不是使其不能复现。例如，在诉讼或异议程序中，信息主体可以要求在其个人信息中加入条目或说明，表明其准确性受到质疑，并且正在等待正式决定。我国《个人信息保护法》第47条规定，法律、行政法规规定的保存期限未届满，或者删除个人信息在技术上是难以实现的，个人信息处理者应当停止除存储和采取必要的安全保护措施之外的处理。

在比较法中，一些国家的个人信息保护法律对封存权进行了明确规定。例如，《德国联邦数据保护法》第20条专门规定了"限制权"，也被称为"封锁权"，[2]即若数据主体对于个人数据的准确性提出异议，而且无法确定该数据是否准确时，数据控制者应当封存该数据，采取适当的方式记录。《德国联邦数据保护法》第20条第3款规定，在下列情况中，个人数据应当

---

[1] 参见翟相娟：《个人征信法律关系研究》，上海三联书店2018年版，第87页。

[2] 参见孔令杰：《个人资料隐私的法律保护》，武汉大学出版社2009年版，第226~227页。

第四章 信用规制立法的法理基础与规范建构

被限制而不是被删除：①法律、法规或者合同条款规定的保留期限内不得删除相关数据；②有理由认为删除数据将会损害数据主体的合法权益；③不可能删除该数据或者由于存储的特殊方式而删除该数据需要付出不相称的努力。此外，《德国联邦数据保护法》第20条第4款还规定，在数据主体认为该数据错误且不能证实该数据是否真的有误的情况下，也应当限制该以自动化程序处理或者人工归档存储的个人数据。[1]

在信用规制中，封存权对于信用主体同样重要，应当由立法予以明确规定。在信用信息的收集、处理和使用过程中，当信用主体对其信用信息的正确性、完整性、有效性等提出异议而行政主体又尚未作出明确的处理决定时，为了避免"真相不明"的信用信息给信用主体带来损害，应当要求行政主体采取适当的措施暂时停止对该信用信息的收集、处理和使用，如采用特殊符号进行标注或说明。目前，有一些地方社会信用立法明确规定，行政主体在对信用信息的异议申诉进行处理过程中，应当对"争议信息"予以明确标注，停止共享或对外披露。不过，也有一些规范性文件规定在信用黑名单异议处理期间，不影响信用黑名单的对外公布。从保护信用主体合法权益的角度看，在未来的信用规制立法中，应当明确规定信用主体享有信用信息封存权，避免在事实不明、真相不清的情况下，给信用主体的合法权益造成难以恢复的损害，对行政主体的正常规制决策造成干扰。

---

[1] 参见李爱君、苏桂梅主编：《国际数据保护规则要览》，中国政法大学互联网金融法律研究院、中国政法大学大数据与法制研究中心译，法律出版社2018年版，第20~21页。

第五章
信用规制措施的目标设定与执行机制

从规制过程的角度看,制定规制标准和确立规制框架,仅仅只是规制的开始,要想实现预期的规制目标,还有很多工作要做。其中,规制措施的选择与运用至关重要,它既涉及政府的规制目标能否实现和社会问题能否解决,同时还关系被规制对象的合法权益保护。近年来,规制学者开始去认真思考为什么一种规制措施会比另外一种规制措施更为有效这一更为务实的问题。[1]然而,规制措施的选择与运用却并非易事。"政府的工具并非不受约束地供正式决策者使用。虽然治理工具有时可能看起来像箭筒里的许多支箭,就像等待政府官员在适当的战略时刻选择和运用,但这种表象具有欺骗性。"[2]之所以具有欺骗性,是因为措施选择是一项复杂的任务,需要清楚地考虑许多因素:规制方法的范围和性质;规制干预的时机;被规制的个人或组织的数量、性质和动因;现有的资源;每种工具的成本;规制工具可以或应当使用的顺序或组合;规制工具在特定环境中使用的效率和适应性;等等。[3]在信用规制法治化的过

---

[1] See Yves Steinebach, "Instrument Choice, Implementation Structures, and the Effectiveness of Environmental Policies: A Cross-national Analysis", *Regulation & Governance*, Vol. 16, Issue 1 (2022), pp. 225~242.

[2] Hans Th. A. Bressers, Laurence J. O'Toole Jr, "Instrument Selection and Implementation in a Networked Context", in Pearl Eliadis, Margaret M. Hill, Michael Patrick Howlett (eds.), *Designing Government: From Instruments to Governance*, McGill-Queen's University Press, 2005, p. 132.

[3] See Arie Freiberg, *The Tools of Regulation*, Federation Press, 2010, preface Ⅶ.

程中，信用规制措施的控制很重要，但同时也很复杂，所采用的控制标准及机制必须在"价值性"和"工具性"之间取得适当平衡。既不能为了"价值性"而"锁死"信用规制措施的形成、选择与实施，也不能为了"工具性"而放任信用规制措施的形成、选择与实施。本章的目的即是在法治化的框架内，为信用规制措施的控制找出一条平衡之道。

第一节 信用规制措施的执行过程与目标

在规制执行过程中，利用法律法规为规制机构提供规制原则和具体规则，对于防止规制权力滥用至关重要。当规制机构在实际执行规制时，由于其所处的规制环境、面临的规制问题是复杂多变的，因此，规制权力越轨行使的可能性也增加，尤其是规制措施的误用或滥用，[1]信用规制亦不例外。为了减少信用规制措施误用或滥用而给被规制对象的合法权益造成侵害的可能性，同时又增强规制机构对规制实践的回应性，有必要对规制措施的执行进行结构划分，设定相应目标，并提供相应的实现方案。

一、信用规制措施的过程分解：设计、选择与实施

"我们在现实世界中面临的选择不是关于市场是否应该被治理，而是市场应该如何被治理。"[2]因此，"政策工具"或"规制工具"一直受到公共行政领域的高度关注。1983年，英国学

---

〔1〕 See Sarah Maddison, Richard Denniss, *An Introduction to Australian Public Policy: Theory and Practice*, Cambridge University Press, 2009, p.115.

〔2〕 [美]斯蒂文·K.沃格尔：《市场治理术：政府如何让市场运作》，毛海栋译，北京大学出版社2020年版，第3页。

者克里斯托弗·胡德（Christopher Hood）在其名著《政府的工具》一书中提出了所谓的"NATO框架"，用以理解政府如何为其各种目的利用各种政策工具塑造个人与组织的生活。[1]2010年，澳大利亚学者阿里·弗莱伯格（Arie Freiberg）在《规制的工具》(The Tools of Regulation)一书中对规制工具的类型化、设计、选择、运用等议题进行了详细阐述。[2]近年来，国内也有学者提出应当重视公权规制过程中规制工具的选择与运用，[3]并认为政府在面对特定问题时选择何种规制工具以及如何运用规制工具应当成为现代行政国家真正需要论证的命题。[4]

在行政过程论看来，无论是宏观层面的行政活动，还是微观层面的行政行为，都是由不同的行为阶段构成的，每一阶段都具有不同的法律意义和目标。事实上，信用规制措施的执行也是由诸多"环节"构成的，并且每一环节都有不同的"标准"或"目标"。按照规制学者的总结，在规制执法过程中有五个核心任务：①探测（detecting），即获取有关不良和不合规行为的信息。②回应（responding），即制定政策、规则和工具来处理发现的问题。③执行（enforcing），即政策、规则和工具的落地应用。④评估（assessing），即衡量执法活动的成败。⑤修正（modifying），即调整工具和策略，以改善遵守情况和处理有问题的行为。[5]从广义上讲，上述五个阶段性任务均可以统一

---

[1] See Christopher Hood, *The Tools of Government*, Chatham House Pub, 1983, p. 4.

[2] See Arie Freiberg, *The Tools of Regulation*, Federation Press, 2010, pp. 82~107.

[3] 参见应飞虎："规制工具的选择与运用"，载《法学论坛》2011年第2期。

[4] 参见张力："先证后核、消极许可与规制工具试验"，载《中国行政管理》2019年第5期。

[5] See Robert Baldwin, Martin Cave, Martin Lodge, *Understanding Regulation: Theory, Strategy, and Practice*, Oxford University Press, 2012, p. 227.

归为"执行规制"(enforcing regulation)。其中,规制工具的形成、选择和运用是核心。以此作为参照,本书认为,可以将信用规制措施的执行分为三个"维度"或"环节":一是信用规制措施的设计,即根据法律法规的授权和预期的政策目标,结合具体的规制问题和规制环境,充分收集不合规行为的信息,形成可供使用的规制措施体系。二是信用规制措施的选择,即根据发现的问题和被规制对象的具体情况,确定相应的规制措施。三是信用规制措施的实施,即将选择好的规制措施落地实施,并采用评估机制,随时反馈规制效果,对规制策略和措施进行调整,促进被规制对象合规。

信用规制措施的每一个环节所要解决的问题不同,其所欲达到的目标或者用于评价的标准也会存在差异。不过,信用规制措施目标或标准的设定,需要考虑信用规制措施所具有的特性,而信用规制措施的特性又受到规制的"双重属性"影响。首先,由于规制是社会寻求规制计划(regulatory programme)所依据的集体目标(collective goals)的一种手段,因此评价规制计划的主要标准是它在多大程度上有效实现了这些目标。其次,实现这些集体目标的手段是通过使用国家资源,因此可能包括国家独特的强制力。在这种情况下,国家"强迫"被规制对象以特定的方式行事,如果他们不遵守,就会受到制裁的威胁。当规制需要对违反规制标准的人进行制裁时,可以将其视为一种"公法"形式,因为规制规则是由国家颁布和执行的,私人协议不能超越。正是规制所具有的"工具性"和"公共性"特征,使我们能够从两个不同的层面分析和评价规制计划。在第一个层面上,可以通过参考更具体的规制目标来放大规制的总体目的,从而有效地确保其集体目标。在另一个层面上,可以确定一系列影响和制约规制决策的因素,这些因素源于规制的公共方面，其基础是更广泛的宪法价值，而这些价值本身就植根于民主法治理论。在民主法治国家，国家对公民私人活动的干预必须以符合民主治理和法治的方式进行。由于规制的执行涉及公权力的行使，影响到社会和个人，因此必须符合公法原则或"宪法价值"。[1]

规制目标和宪法价值为规范性标准提供了基础，通过这些标准可以审查和评价规制计划或规制措施。规制的本质目的是实现规制干预的集体目标。一般认为，"有效性"（effectiveness）与规制计划在多大程度上成功地实现一个或多个集体目标有关。[2]具体而言，有效规制的目标可以被归纳为以下更具体的规制目标或目标群：①效率，它是指资源与结果之间的关系，如果一个决策以最低的成本产生预期的结果，那么它就是有效率的。②明确性和可预测性，鉴于规制的主要目的是改变经济行为和社会行为，以促进其集体目标，因此规制计划必须能够就允许行为的范围和不合规行为的后果向被规制对象提供有用和可靠的指导。③灵活性、回应性和及时性，在执行政策目标时，要避免形式主义，需要灵活性；规制方案还应当积极做出回应，即能够适应其运作的动态环境；规制决策的不当拖延会阻碍被规制对象规划其活动的能力，造成规制环境的不稳定性和不确定性，因此规制执行需要符合及时性。上述这些规制目标更具体地放大和阐明了有效规制执行的要求及其主要目标。然而，对有效性的追求受到了规制的公共方面影响和制约，可以确定为五组宪法原则，它们共同代表了在规制场景中具有重要意义

---

[1] See Karen Yeung, *Securing Compliance: A Principled Approach*, Hart Publishing, 2004, pp. 29~30.

[2] See D. J. Galligan, *Discretionary Powers: A Legal Study of Official Discretion*, Oxford University Press, 1990, pp. 285~286.

的基本宪法价值：依法授权、确定与稳定、可问责与透明度、程序公平、适度、一致与合理。[1]

综合上述分析，结合信用规制的实际情况，本书认为，可以将"最佳性"作为信用规制措施设计的主要目标及基本要求，将"匹配性"作为信用规制措施选择的主要目标及基本要求，将"有效性"作为信用规制措施实施的主要目标及基本要求。不过，需要说明的是，尽管在理论上可以将最佳性、匹配性和有效性相对独立地作为信用规制措施不同维度的衡量标准，但是这并不意味着它们就是唯一标准，合法性、公平性、高效性等标准仍然可以不同程度地体现在信用规制执行的各个环节。[2]

二、信用规制措施的设计：最佳性

从政策形成的角度看，一旦决策者确定了一个问题，并将该问题列入议程进行积极审议，若要将议程中的众多想法转变为一项具体政策，还有很多工作需要完成。其中，首要任务便是"政策设计"（policy design），即通过技术分析和政治程序设计政策，以实现特定目标的过程。[3]政策设计之所以值得关注，原因在于它是"普遍存在的、必要的和困难的"。具体而言，政策设计是在期望采用它将产生特定的个人或组织活动模式和一系列后果的情况下制定的。单独或结合起来，它们将足以实现

---

[1] See Karen Yeung, *Securing Compliance: A Principled Approach*, Hart Publishing, 2004, pp. 30~37.

[2] 德国学者沃尔夫等认为："从行政学的角度看，所有的行政活动方式都应当具有实用性、有效性、经济性、及时性、灵活性和透明度。"参见［德］汉斯·J.沃尔夫、奥托·巴霍夫、罗尔夫·施托贝尔：《行政法》（第2卷），高家伟译，商务印书馆2002年版，第2~3页。

[3] See Thomas A. Birkland, *An Introduction to the Policy Process: Theories, Concepts, and Models of Public Policy Making*, Routledge, 2015, p. 228.

目标的某些预期变化，这些变化作为一个整体将为有价值的结果提供必要和充分的条件。[1]总而言之，政策设计的最终任务是确定实现既定目标的最佳的（optimal）政策建议。[2]换言之，"最佳性"（optimality）是政策设计的重要衡量标准。一般认为，"最佳性"包含以下几层含义：①用以实现目标的政策在现在和将来对社会和经济产生最小的不利影响。②政策有机会被采纳和实施，并且在实施后能够发挥预期的作用。③政策能够应对预期的多种不确定因素和意外情况，在可能的情况下灵活（flexible），在必要的情况下严苛（rigid）。④政策可以发挥政策组合（policy mix）作用，能够利用政策工具之间的协同作用，有效地避免冲突。[3]

如何才能成就一个"卓越的设计过程"（superior design processes）呢？首先，政策设计是一个目的性和工具性较强的过程，需要决策者有意识地将政策工具与明确概述的政策目标联系起来。其次，决策者需要有组织地分析政策工具对政策对象的福利和行为可能产生的影响。最后，决策者应当利用各种信息、知识及分析结果制定出能够在实际情况下产生预期政策效果的对策。[4]美国学者托马斯·伯克兰（Thomas A. Birkland）

---

[1] See Davis B. Bobrow, "Policy Design: Ubiquitous, Necessary and Difficult", in B. Guy Peters, Jon Pierre (eds.), *Handbook of Public Policy*, SAGE Publications, 2006, pp. 75~76.

[2] See Geert R. Teisman, Arwin van Buuren, "Models for Research into Decision-making Processes: On Phases, Streams, Rounds and Tracks of Decision-making", In Eduardo Araral Jr. et al. (eds.), *Routledge Handbook of Public Policy*, Routledge, 2013, p. 303.

[3] See Benjamin Görlach, "What Constitutes an 'Optimal' Climate Policy?", https://cecilia2050.eu/sites/default/files/events/presentations/02_130220%20CECILIA2050%20Goerlach_optimality.pdf (Last visited on October 11, 2020).

[4] See Michael Howlett, Ishani Mukherjee, "The Importance of Policy Design: Effective Processes, Tools and Outcomes", in Michael Howlett, Ishani Mukherjee (eds.), *Routledge Handbook of Policy Design*, Routledge, 2018, p. 5.

第五章 信用规制措施的目标设定与执行机制

对政策设计的核心要素进行了总结，可以为我们提供参考借鉴。伯克兰认为，在政策设计过程中，决策者必须明确考虑政策设计的五个要素，如表5-1所示。[1]

表5-1 政策设计的五个核心要素

要素	需要询问的问题
政策的目标	政策的目标是什么？消除一个问题？缓解问题但不完全消除它？使问题不至于恶化？
因果关系模式	因果关系模式是什么？我们是否知道，如果我们做了X，就会产生Y吗？我们是怎么知道的？如果我们不知道，怎样才能知道呢？
政策的工具	将使用什么工具或手段使政策生效？它们的强制性较强还是较弱？它们会更多地依靠激励、说服还是信息？能力建设？
政策的对象	谁的行为应当改变？是否有直接和间接的对象？设计的选择是否以我们对目标人群的社会建构为前提？
政策的执行	政策将如何执行？谁负责布置执行体系？是否选择自上而下或自下而上的设计？原因是什么？

以政策设计作为参照，可以将最佳性作为信用规制措施设计的衡量标准。一方面，在现代管理学理论中，最佳性原则是重要的方法论原则之一。[2]另一方面，从经济学的角度看，行为决策的重要目标就是处于"帕累托最优"状态。[3]经济合作

---

[1] See Thomas A. Birkland, *An Introduction to the Policy Process: Theories, Concepts, and Models of Public Policy Making*, Routledge, 2015, p.231.

[2] "最佳性原则"的核心是用令人满意的行为准则代替古典决策理论的最优化原则，并提出了程序化决策和非程序化决策相应的决策程序。参见丁煌主编：《科学方法辞典》，延边大学出版社1992年版，第434页。

[3] 决策中的"帕累托最优"状态是指所有决策主体都能够因最终的决策方案获得一定的利益。参见〔美〕詹姆斯·M.布坎南、戈登·图洛克：《同意的计算：立宪民主的逻辑基础》，陈光金译，上海人民出版社2017年版，第188页。

与发展组织也指出，在进行规制决策时，规制机构应当认真思考"监管是不是政府行动的最佳方式"。换言之，规制机构应当在规制的初始阶段就开始考虑不同规制工具的比较、可能产生的成本、可能获得的收益、可能引发的次生问题等。[1]朱新力教授等认为，最佳性与合法性是新行政法的二维结构。其中，最佳性考量可以在主体、行为、程序和监督四个方面对传统行政法理论进行重塑，让行政法理论开始由"以个别性的法律行为是否符合合法性及妥当性为重点"转向"决策学"及"立法框架学"层级，并活用法学以外的专业知识，就如何有效规制、如何制定好的法律法规、如何设计和选择好的规制工具等展开研究，实现最佳行政效果。[2]综合理论与实践经验，信用规制措施设计的最佳性标准主要包括以下内容：

（1）信用规制措施的目标设定合理。任何一种政策工具或规制措施都有其特定的目标，并且与特定的问题相连接，识别真正的问题，设定合理的目标，是规制措施设计迈向"最佳性"的第一步。在当前的信用规制实践中，信用黑名单、信用承诺、信用教育、信用约谈、信用惩戒等信用规制措施已经广泛运用于不同领域的政府规制。然而，对于这些信用规制措施的目标设定却存在不合理之处，实践中有一种倾向是将信用规制措施作为解决所有规制问题的"万能工具"，甚至作为构建"文明社会"或"完人社会"的"黄金钥匙"。[3]不过，由于信用本身与道德、法律、文化、社会等多种因素相关联，因此要想准确

---

[1] 参见经济合作与发展组织编：《OECD国家的监管政策：从干预主义到监管治理》，陈伟译，高世楫校，法律出版社2006年版，第10页。

[2] 参见朱新力等：《行政法基础理论改革的基本图谱："合法性"与"最佳性"二维结构的展开路径》，法律出版社2013年版，第9~14页。

[3] 参见沈岿："社会信用体系建设的法治之道"，载《中国法学》2019年第5期。

第五章　信用规制措施的目标设定与执行机制

设定信用规制措施的目标也并非易事。美国学者德博拉·斯通（Deborah Stone）就曾指出，一般而言，政策工具主要有四大类目标：平等、效率、安全和自由。在大多数情况下，这些目标是相互冲突的，最典型的是，安全经常与自由相冲突，效率可能与所有其他目标相冲突。[1]本书认为，在信用规制法治化进程中，决策者在设定信用规制措施的目标时，应当始终以要解决的主要问题的为中心，即规制失灵和信用失范。与此同时，在设定信用规制措施的目标时应当努力避免两种倾向：一种倾向是将信用规制措施的目标"全能化"；另一种倾向是将效率作为压倒其他一切的目标。例如，在公共安全领域推行信用承诺制度，其本质上就面临效率与安全之间的冲突，在这种情况下，应当审慎地对效率与安全进行权衡，避免因为规制措施的误用而引发新的问题。美国学者凯斯·桑斯坦也曾指出："效率是相关因素，但它绝非管制的唯一目标。"[2]

（2）信用规制措施具备合适的因果关系理论。如果决策者在信用规制措施的目标设定方面达成了初步共识，那么他们接下来要做的就是了解将要实施的信用规制措施所依据的因果关系理论。因果关系理论是关于什么原因造成问题，以及什么干预措施（即对问题的政策反应）会缓解该问题的理论。如果没有良好的因果关系理论，政策设计就不可能取得预期的结果。[3]在信用规制措施的设计过程中，如果立法机关制定的法律存在诸多不确定性，或者立法机关仅仅依靠行政机关的专业

---

[1] 参见［美］德博拉·斯通：《政策悖论：政治决策中的艺术》（修订版），顾建光译，中国人民大学出版社2006年版，第40页。

[2] ［美］凯斯·R.桑斯坦：《恐惧的规则——超越预防原则》，王爱民译，张延祥校，北京大学出版社2011年版，第119页。

[3] See Thomas A. Birkland, *An Introduction to the Policy Process: Theories, Concepts, and Models of Public Policy Making*, Routledge, 2015, p.241.

知识，那么在这种情况下，就是由行政机关在实施信用规制措施时确定因果关系理论；如果立法机关在法律中规定了不同类型的信用规制措施的适用情形，那么在这种情况下，立法实际上就隐含了因果关系理论。美国学者德博拉·斯通认为："社会的世界就是控制和意图的王国。当我们能够确定一个人或一个群体的目的或者动机，并将这些目的与他们的行为联系起来的时候，我们通常就会认为我们已经对社会的因果关系有了适当的理解。"[1]在信用规制实践中，一些决策者在设计信用规制措施时并未完全形成合适的因果关系理论，有很多是出于盲目的"模仿跟风"，[2]最为典型的便是一些政府部门将信用黑名单作为促进文明行为的措施，如将违法养犬行为、违反垃圾分类行为等纳入信用黑名单，这里面所隐含的因果关系理论便值得反思。

（3）信用规制措施的类型应当合理设置。尽管政府的政策是多种多样的，但用于实现政策目标的工具类型却相对较少。因此，可以通过仔细思考规制工具的大致类型，以及政府如何使用这些工具来实现某些目标，从而更多地了解政府是如何实现其政策目标的。在信用规制实践中，信用规制措施同样有许多不同的类型，这些规制措施的干预强度、实施程序、主要功能等均存在差异，并且适用于不同的问题。因此，决策者在进行信用规制措施设计时，应当尽可能地将不同类型的规制措施纳入考量，并进行充分的比较，挖掘这些规制措施之间的异同点，建构一个相对完整的信用规制措施体系。目前已经有一些政府部门开始在这方面进行探索，如在信用黑名单、信用惩戒

---

[1] [美]德博拉·斯通：《政策悖论：政治决策中的艺术》（修订版），顾建光译，中国人民大学出版社2006年版，第200~201页。

[2] 参见刘伟：《学习借鉴与跟风模仿——基于政策扩散理论的地方政府行为辨析》，载《国家行政学院学报》2014年第1期。

等带有传统"命令-控制"型规制措施色彩的措施之外,增加了信用约谈、信用承诺、信用教育等比较柔性的规制措施,并将后者的适用情形与前者进行明显的区分。

(4)信用规制措施的规制成本应当合理。在经济学中,规制成本一般被分为"服从成本"和"实施成本"两大类。在公共政策学中,无论是规制政策的制定,还是规制政策的运行,都会产生一定的成本,它们共同构成了政府的规制成本。[1]总体而言,规制成本是评估规制正当性和规制工具最佳性的重要指标之一,只有规制成本适当的规制工具才能满足最佳性的要求。在政府规制过程中,如果规制成本远远高于规制收益,那么就证明这种规制是不适当的。此外,规制成本在符合条件的适用对象之间应当实现大体平均分配。[2]在当前的信用规制实践中,有一些市场问题或社会问题的严重程度并没有达到应当实施严格信用规制的程度,如果强行实施信用规制措施予以干预,可能会得不偿失,尤其是在信用已经成为个人或组织的"第二身份"而信用规制又需要依靠强大的信息技术作为支撑的今天,信用规制措施的规制成本更应当得到适当评估。

三、信用规制措施的选择:匹配性

在政策设计阶段,决策者在对各种可能被用来规制行为的工具和技术有了充分的认知后,就需要将注意力转向工具选择问题。在政策研究中,将政策工具与政策问题联系起来,在某种程度上主导了整个政策设计的方向。选择使用何种政策工具

---

[1] 参见李春根、廖清成主编:《公共经济学》(第2版),华中科技大学出版社2015年版,第385~386页。

[2] 参见[美]莱斯特·M.萨拉蒙主编:《政府工具:新治理指南》,肖娜等译,北京大学出版社2016年版,第19页。

来解决公共问题，是所有领域中的重要课题。当政策制定者越来越多地被要求对气候变化、农村贫困、社会诚信危机等复杂的政策问题提出创新的解决方案时，他们迫切需要更好地理解治理工具以及如何设计、选择这些工具。从广义的角度看，政策工具的选择也属于政策设计的范畴，其本质是对不同政策工具的优缺点进行准确分类和分析，为政策工具的单独运用或组合运用奠定基础。一般认为，政策工具选择需要考虑以下要素：①政治上的可行性。决策不仅是一个技术过程（technical process），同时也是一个政治过程，即使是技术上优越的政策工具也可能因为在政治上不受欢迎而不被采用。②可用于执行政策工具的资源。对于同一个社会问题或市场问题，可以采用的政策工具通常不止一种，在这些政策工具中，有的需要耗费大量的人力、物力和财力，而有的则相对较为经济。③基于目标对象（targets）的行为假设。政策的目标对象是政策试图改变其行为的实体，即个人或组织，政策工具的选择取决于政策目标对象的行为假设，不同性质的政策工具往往揭示了不同的行为假设。[1]

在规制理论中，学者们长期以来一直强调规制干预需要面向规制对象的需求。换言之，政策制定者应当努力促进或提升规制措施与规制对象之间的契合度。[2]美国学者凯斯·桑斯坦认为，"规制手段和应规制问题匹配不当"是规制方案中三种普遍存在的拙劣的政策分析之一。[3]因此，规制工具的匹配性分

---

[1] See Thomas A. Birkland, *An Introduction to the Policy Process: Theories, Concepts, and Models of Public Policy Making*, Routledge, 2015, p.247~252.

[2] See Markus Hinterleitner, David Kaufmann, Eva Thomann, *The Fit Between Regulatory Instruments and Targets: Regulating the Economic Integration of Migrants*, Regulation & Governance, First Published: 04 June 2020, doi: 10.1111/rego.12319.

[3] 参见［美］凯斯·R. 桑斯坦：《权利革命之后：重塑规制国》，钟瑞华译，李洪雷校，中国人民大学出版社2008年版，第99页。

第五章　信用规制措施的目标设定与执行机制

析是公共规制的核心议题,在规制措施的选择中,匹配性成了重要的衡量标准。所谓的规制措施的匹配性,是指政策制定者在选择规制措施解决特定的规制问题时,通过对规制问题和规制措施的特性进行分析和比较,使规制措施与规制问题之间达到较高的关联度和契合度,从而更好地实现预期的规制目标。本书认为,匹配性亦可以作为信用规制措施选择的衡量标准,它可以为信用规制提供一种理性选择分析框架。具体而言,信用规制措施选择的匹配性包括如下评判标准。

(1)信用规制措施的干预强度应当适当。如前所述,信用规制的现实动因是规制失灵和信用失范。"失灵"和"失范"通常是一种概括性判断,具体到某一种规制失灵或信用失范,其原因、表现、范围、程度等方面都有其独特性,需要用不同的信用规制措施予以解决。例如,对于一些较为严重的信用失范问题,尤其是在公共安全、食品药品安全等领域中,可能需要采取一些干预强度较强的信用规制措施;对于一些较为轻微的信用失范问题,则可以采取一些干预强度较弱的信用规制措施。对于局部的信用失范问题,可以采取单一的信用规制措施;对于系统性的信用失范问题,则需要组合运用多种信用规制措施。因此,决策者在进行信用规制措施选择时,应当对不同信用规制措施的干预强度有一个客观而充分的认知,并不是所有的社会问题或市场问题都适用相同干预强度的信用规制措施,应当建构一个有强弱之分的规制措施谱系,选择强度适当的信用规制措施,才有可能更好地实现预期的规制效果。

(2)信用规制措施的适用对象应当合理。信用规制措施的对象主要是个人和组织,不过在确定"个人"和"组织"的具体范围时,却需要决策者进行合理研判。在当前的信用规制实践中，由于信用规制与社会信用体系建设之间存在内在关联性，很多政府部门通常将信用规制与社会信用体系建设进行一体建设，有的部门甚至将信用规制等同于社会信用体系建设，于是信用规制措施的适用对象非常广泛，几乎涵盖了所有个人和组织。然而，从信用规制顶层设计的导向来看，其适用对象主要是以"市场主体"为主，即参与市场经济活动的个人、法人和其他组织。因此，决策者在设计信用规制措施时，应当主要围绕"市场主体"的行为表现、动机意图等特点进行。此外，决策者在设计信用规制措施时，还要考虑适用对象的合规成本，若合规成本太高，可能会导致规制者与被规制者之间的对立，若合规成本太低，可能导致信用规制措施难以发挥实效。

尽管在理论上可以将匹配性作为信用规制措施选择的衡量标准，并且可以细化出一些具体的评判标准，但将政策工具与政策问题进行匹配却是一项极为复杂的任务。原因主要有以下几点：①政策或目标很少是清晰和明确的，因此政策和工具无法精确匹配；②为实现同一目标，可能有多种不同的方法；③任何单一的工具都不可能是适当的或足够的；④问题、政策或工具本身缺乏充分的信息；⑤工具或手段通常取决于具体情境，如管辖范围、问题性质等；⑥工具和手段的成功和适用性取决于当地的社会、法律和政治文化；⑦经济、政治成本和收益可能是主观的、多变的，并取决于情境。[1]

四、信用规制措施的实施：有效性

一旦设计好了政策工具，政策过程中的各类行为者就会将

---

[1] See Arie Freiberg, *The Tools of Regulation*, Federation Press, 2010, p.87.

注意力转向政策的实施（implementation）。[1]在20世纪60年代之前，很少有关于政策工具实施情况的研究，学术界很少有学者试图系统地研究在立法或其他政策颁布后发生的情况，一些研究成果描述了实施过程，但却并未建立有关政策工具实施的理论。[2]尽管政策工具实施过程中的一些行为在设计、选择过程中或许是可以预料的，但是一旦政策工具与政策环境中的各种因素、与实际实施者、与政策对象发生互动，那么政策工具的实际执行情况将充满不确定性。[3]因此，了解政策工具的实施情况至关重要，它可以促使决策者从实施过程中遇到的问题中总结经验，以便更好地设计或修正政策工具，确保政策工具能够产生政策设计者所追求的效果。此外，与政策过程中的其他要素相比，实施情况的研究在更大程度上强调向决策者提供咨询意见，说明如何建构实施方案以增加执行成功的可能性。[4]如果通过的立法无法执行，法律的可信度和公民的信任度就会降低。在现有的资源范围内，有必要对新立法的执行潜力和对现有法律的执行效果进行务实的评估。

在对政策工具的实施情况进行评估或考量时，有效性（effectiveness）是重要的衡量标准之一。"有效性"一词在不同的学科中具有不同的含义。在社会学中，"有效性"是指利用实证

---

[1] See Adam Graycar, Bernadette McCann, "Implementation: Making Hard Work of Something Simple", *Australian Journal of Public Administration*, Vol. 71, Issue 3 (2012), pp. 343~354.

[2] See Neal Ryan, "Unraveling Conceptual Developments in Implementation Analysis", *Australian Journal of Public Administration*, Vol. 54, Issue 1 (1995), pp. 65~80.

[3] See Thomas A. Birkland, *An Introduction to the Policy Process: Theories, Concepts, and Models of Public Policy Making*, Routledge, 2015, p. 263.

[4] See Peter Deleon, Linda deLeon, "What Ever Happened to Policy Implementation? An Alternative Approach", *Journal of Public Administration Research and Theory*, Vol. 12, Issue 4 (2002), pp. 467~492.

调查的方法来形成关于人类社会活动的知识的方法。在经济学中，"有效性"意味着以最低的成本获得最高的质量，它与"效率"（efficiency）的定义非常接近。在法学中，"有效性"是关于法律规定或命令与人们如何行为之间存在差距的观点，当行为不符合法律规定时，法律制度就被认为不完全有效。[1]在规制理论中，"有效性"充分吸收了不同的观点，主要指规制实现预期政策目标的程度，即"是否实现了预期的结果（desired outcomes）"，不过"预期的结果"并不是显而易见或明白无误的，它受到诸多制度性或非制度性因素的影响。[2]

如今，"有效性"已经成为一项重要的"善治原则"，欧盟委员会将"有效性"作为"善治"的五项基本原则之一，并作出了如下描述："有效性。政策必须是有效的和及时的，根据明确的目标、对未来影响的评估以及现有的历史经验，提供所需的东西。有效性还取决于以合比例的（proportionate）方式执行政策，并在最适当的（appropriate）层面上作出决定。"[3]荷兰公法学者亨克·艾迪克（Henk Addink）认为，在学术文献中，经常提到行政法的三个基本要素：法治性、民主性和工具性，"有效性原则"是工具性维度的重要组成部分，它强调的重点是法律手段的目的或目标，既有程序性的一面，也有实质性的一

---

[1] 哈贝马斯认为："法律有效性涉及这样两方面：一方面是根据其平均被遵守情况来衡量的社会有效性，另一方面是对于要求它得到规范性接受的那种主张的合法性。"参见［德］哈贝马斯：《在事实与规范之间：关于法律和民主法治国的商谈理论》，童世骏译，生活·读书·新知三联书店2003年版，第37页。

[2] See Emma Gibson et al., "Effectiveness of Regulation: Literature Review and Analysis", *Environment Agency*, 2011, pp.9~11.

[3] See European Commission, "White Paper on European Governance", https://eur-lex.europa.eu/LexUriServ/LexUriServ.do?uri=COM：2001：0428：FIN：EN：PDF (Last visited on October 14, 2020).

第五章　信用规制措施的目标设定与执行机制

面，更为重要的是它是一种善治原则。[1]总而言之,"有效性是判断公共行为成功与否的最基本标准。它衡量一项行动实现其预期目的的程度"。这意味着，有效的规制工具应当是最有利于实现预期规制目标的工具。[2]

在规制理论中，规制工具或手段的实施可以用"遵守"（compliance）或"执法"（enforcement）来进行概括，而"有效性"本质上是"遵守程度"（degree of compliance）的评判标准。[3]与大多数政策领域一样，对规制执法的分析通常也采用一种决策理论框架，不过这种框架并未考虑到规制机构与被规制对象之间的"战略性互动"（strategic interaction），而是以标准的威慑模式（deterrence model）为中心，即认为被规制对象的遵守程度是由遵守规制的预期成本与收益、不遵守规制的预期成本与收益决定的。[4]在此背景下，一般认为，较高的检查率和处罚率会增加不遵守规制的预期成本。因此，从这个角度看，规制的有效性主要取决于执法水平。[5]然而，在规制实践中，规制措施的目标对象是否遵从规制机构的意图是一个比较复杂的问题。美国学者肯特·威佛（R. Kent Weaver）总结了一系列"遵守障碍"。具体包括：①激励和制裁问题，即积极和（或）消极的激励措施不足以确保合规；②监督问题，即对被规制对象的合规

---

[1] See Henk Addink, *Good Governance: Concept and Context*, Oxford University Press, 2019, p.149.

[2] ［美］莱斯特·M.萨拉蒙主编：《政府工具：新治理指南》，肖娜等译，北京大学出版社2016年版，第18页。

[3] 参见［英］罗伯特·鲍德温、马丁·凯夫、马丁·洛奇编：《牛津规制手册》，宋华琳等译，宋华琳校，上海三联书店2017年版，第134~135页。

[4] 参见［英］罗伯特·鲍德温、马丁·凯夫、马丁·洛奇编：《牛津规制手册》，宋华琳等译，宋华琳校，上海三联书店2017年版，第136~137页。

[5] See John T. Scholz, "Cooperative Regulatory Enforcement and the Politics of Administrative Effectiveness", *American Political Science Review*, Vol.85, Issue 1 (1991), pp.115~136.

情况进行监督可能很困难或成本很高；③资源问题，即被规制对象缺乏合规的资源；④自主性问题，即被规制对象没有权力作出符合政策的决定；⑤信息问题，即被规制对象缺乏能使其更有可能合规的信息；⑥态度和目标问题，即被规制对象对规制机构或规制措施有敌意或不信任。[1]对此，有学者提出，要确保规制有效性，需要对遵守进行设计，将被规制对象的行为与规制措施联系起来，而其背后的理论依据主要是行为经济学与社会营销学提供的启迪。[2]

综合已有的研究成果与实践经验，"有效性"亦可以作为信用规制措施实施的重要衡量标准。一般而言，每一类规制措施的实施都涉及一种特定的控制资源的使用，并且会针对某一特定的行为或规制对象，信用规制措施的实施亦不例外。因此，信用规制措施实施的有效性实际上受到资源部署有效性的影响，而资源部署有效性既与资源的可用性有关，也与被规制对象的预期行为有关。例如，就信用信息的使用而言，其有效性取决于知识的可获得性和传播信息的手段，但也取决于目标对象对信息准确性的信念或信任度。因此，在信用规制措施的实施过程中，为了实现高度合规，规制机构的适当反应是建立一个涉及各种信用规制措施和控制资源的"遵守体系"（compliance regime）。这种"遵守体系"包括传统的功利性的内容：①为遵守行为提供积极的激励措施；②为不遵守行为给予消极激励；③明确规定禁止和要求，并附加惩罚措施。与此同时，这种"遵守

---

[1] See R. Kent Weaver, "Target Compliance: The Final Frontier of Policy Implementation", https://www.brookings.edu/wp-content/uploads/2016/06/0930_compliance_weaver.pdf（Last visited on October 14, 2020）.

[2] See Michael Howlett, "Aligning Policy Tools and Their Targets: Nudging and Utility Maximization in Policy Design", in Michael Howlett, Ishani Mukherjee（eds.）, *Routledge Handbook of Policy Design*, Routledge, 2018, pp. 110~111.

体系"也应当包含一些非功利性的内容：①提供有关什么行为是遵守的、如何遵守以及遵守益处的信息；②基于道德、利己或其他功利性理由，提出遵守"劝告"（admonitions）；③为那些缺乏资源的人提供遵守的必要资源；④在不对个人利益造成严重影响的情况下，有目的性的设置选项和默认值，即选择结构。[1]总而言之，信用规制措施的特征与规制对象的行为之间必须具有一定的一致性（congruence）才能使信用规制措施的实施产生实际影响，发挥实效性。正如澳大利亚学者克里斯汀·帕克（Christine Parker）等所言："政治修辞往往暗示规制可以迅速实施，以实现政策目标，但其有效性却取决于个别公民和企业的反应。"[2]

值得说明的是，从政策过程的角度来看，政策设计、工具选择和政策实施在实践中通常是交织在一起的，并且对公共政策的成功都很重要。不过，为了最大限度地揭示政策工具在设计、选择和实施中的不同影响因素，从理论上对不同的维度进行深入探讨实有必要。有鉴于此，本书对"信用规制措施执行"的描述主要采取一种线性的、简化的视角，其基本假设是信用规制措施的设计、选择和实施具有相对独立性，受到不同因素的影响，具有一系列权重不一的衡量标准。这意味着最佳性、匹配性、有效性之间并非非此即彼的对立关系。相反，三者之间具有一种融合促进的关系，只不过每种标准在规制措施的设计、选择和实施这三个维度中所占权重不同。

---

[1] See R. Kent Weaver, "Getting People to Behave: Research Lessons for Policy Makers", *Public Administration Review*, Vol. 75, Issue 6 (2015), pp. 806~816.

[2] Christine Parker, Vibeke Lehmann Nielsen, "Compliance: 14 Questions", in Peter Drahos (ed.), *Regulatory Theory: Foundations and Applications*, The Australian National University Press, 2017, p. 217.

第二节　信用规制措施的设计：运用规制影响评估

最佳性是信用规制措施设计的主要衡量标准，它要求信用规制措施的目标设定合理、存在合适的因果关系理论、合理设置信用规制措施的类型、合理确定信用规制措施的适用对象。那么，通过何种途径才能实现最佳性呢？这亦是信用规制法治化不能回避的重要课题。在规制理论中，立法者或决策者在设计规制策略或工具时，必须在这一任务的两个方面取得平衡。一方面，要处理政治上的可取性和可行性问题；另一方面，要制定"技术上"合理的政策建议。后一部分任务的完成越来越多地受到规制程序和分析方法的影响。[1]规制机构在设计规制措施时越来越依靠成本-收益分析或其他形式的分析方法，并将分析结果融入决策，这就是所谓的"规制影响评估"（regulatory impact assessment）。规制影响评估是实现规制措施最佳性的重要手段，它可以为规制措施的设计（乃至选择与运用）提供建议和证据。"如果政府打算制定前后一致的有效政策，就应尽量确保决策制定者能获得最好的建议和证据。"[2]本节主要对规制影响评估的理论与实践进行阐述，并对规制影响评估在我国政府规制中的发展现状进行分析，最后探讨规制影响评估在实现信用规制措施最佳性中的具体运用。

---

[1] See Kai Wegrich, "Regulatory Impact Assessment: Ambition, Design and Politics", in David Levi-Faur (ed.), *Handbook on the Politics of Regulation*, Edward Elgar, 2011, p.397.

[2] 经济合作与发展组织：《OECD监管影响分析——经济合作与发展组织（OECD）监管影响分析指引》，席涛、吴秀尧、陈建伟译，中国政法大学出版社2015年版，第9页。

第五章 信用规制措施的目标设定与执行机制

一、规制影响评估的概念、逻辑与目标

规制影响评估是指利用一系列分析方法对即将实施或正在实施的规制措施可能产生的影响和存在的风险进行整体性评估的机制。[1]这里的"规制措施"既包括法律，也包括次级立法或其他各类"规则"；"积极影响"和"消极影响"主要是指对特定类型的利益相关者、经济、文化、社会、环境、政治等所产生的影响；"系统性"意味着评估具有融贯性，并非由松散片段组成，也并非随机而为；"机制和过程"则意味着规制影响评估既是一种决策工具，同时又是一类行政程序，是规制理论与行政过程理论的集成。[2]作为一种辅助决策的工具，规制影响评估通过提出有关成本和收益的问题，系统地考察政府行为可能产生的潜在影响；政府行为能够如何有效地实现政策目标；政府是否有更优的替代方案。作为一种决策程序，规制影响评估与政府内部的咨询、政策形成与规则制定体系相结合，以便事前传递关于政策制定者在哪一时间、以哪种形式使用规制措施，以及产生什么预期效果的信息，并且也便于事后协助政府评估现行规制机制。[3]

规制影响评估蕴含着多层次的政治逻辑。首要逻辑是基于授权，规制影响评估的主要政治维度定位于委托人与受托人的权力关系之中。随着现代规制国家的兴起，行政机关被授予了

---

[1] See OECD, *Regulatory Impact Analysis: Best Practices in OECD Countries*, OECD Publishing, 1997, p.7.

[2] 参见[英]罗伯特·鲍德温、马丁·凯夫、马丁·洛奇编：《牛津规制手册》，宋华琳等译，宋华琳校，上海三联书店2017年版，第311~312页。

[3] 参见经济合作与发展组织：《OECD监管影响分析——经济合作与发展组织（OECD）监管影响分析指引》，席涛、吴秀尧、陈建伟译，中国政法大学出版社2015年版，第9~10页。

大量的权力，用以满足不断增长的规制需求。规制影响评估一方面旨在促进放松规制，另一方面也对热望满怀的行政机关的规制创议进行遏制。第二种逻辑是民主治理，行政程序被用于改变结构条件，在这一结构中，行政机关、规制机构以及包括公民、社会组织在内的压力团体，彼此间展开互动，使得规则制定过程更好地向分散化利益开放，更好地向公民负责。最后一种逻辑是基于理性的政策制定，规制影响评估所"培育"的规制是增加社会共同体的净福利，这一理念的基础在于，要求在规则制定过程中系统性地使用经济分析方法。[1]

规制影响评估的本质是一种事前审查机制，[2]体现了"预防原则"的基本精神，可以提前消除规制措施可能带来的负面影响，是迈向"循证决策"（evidence-based policy making）的重要工具。[3]"循证决策"已经成为善治的公认原则。[4]政策和规制应当始终以现有的最佳信息、数据、分析和科学知识为基础，并考虑到问题的所有潜在替代解决办法。然而，政府的干预措施，无论是政策、法律、规制，还是其他类型的"规则"，在制定时都并不总是充分考虑其可能的影响。此外，政府干预是有成本的，在某些情况下，这些成本可能会超过预期的收益。由此导致的结果是，有许多本可避免的意外后果和最终对公民、

---

[1] 参见[英]罗伯特·鲍德温、马丁·凯夫、马丁·洛奇编：《牛津规制手册》，宋华琳等译，宋华琳校，上海三联书店2017年版，第313~314页。

[2] 参见[英]罗伯特·鲍德温、马丁·凯夫、马丁·洛奇编：《牛津规制手册》，宋华琳等译，宋华琳校，上海三联书店2017年版，第311页。

[3] 参见周志忍、李乐："循证决策：国际实践、理论渊源与学术定位"，载《中国行政管理》2013年第12期。

[4] See Amanda Williams, "Is Evidence-Based Policy Making Really Possible: Reflections for Policymakers and Academics on Making Use of Research in the Work of Policy", in Hal K. Colebatch, Robert Hoppe, Mirko Noordegraaf (eds.), *Working for Policy*, Amsterdam University Press, 2010, pp. 195~210.

企业和整个社会产生负面影响的事例，基本上都是由设计不当的干预措施造成的。社会中规模较小、无所属组织、信息不畅或被边缘化的成员通常更能感受到这些负面影响，这不利于实现包容性增长、可持续发展、建立信任和维护法治的完整性。[1]

从世界各国规制影响评估的实践来看，政府实施规制影响评估有四个主要目标：①更清楚地认识政府行为对现实的影响，包括行为所带来的收益和成本。通过规制影响评估，政府可以评估政策效率和成本有效性，为政策制定提供信息。同时，政府还可以更好地比较不同规制措施的成本和收益，确定优先适用的规制措施和优先适用规制措施的领域。②使政策目标趋于一致。规制影响评估用一个统一的框架来评估各种不同政策的影响，可以反映不同政策之间的联系，它为决策者提供信息，使其对多种政策手段进行衡量。③增强透明性和协商性。通过规制影响评估，利益相关者能够了解决策结果带来的收益以及政府行为所造成的影响，这也意味着规制影响评估需要和公众参与相结合。④加强政府行为的可问责性。规制影响评估可以加强各政府部门和各级政府决策的参与性和可问责性。[2]

二、规制影响评估的基本框架

实践经验表明，如果设计和运用得当，规制影响评估可以提高政府的效能和效率，并有助于解决创新和经济全球化中更广泛的竞争力和经济绩效问题。规制影响评估本身并不是决策

---

[1] See OECD, *Regulatory Impact Assessment*, *OECD Best Practice Principles for Regulatory Policy*, OECD Publishing, 2020, p. 8.

[2] 参见经济合作与发展组织：《OECD 监管影响分析——经济合作与发展组织（OECD）监管影响分析指引》，席涛、吴秀尧、陈建伟译，中国政法大学出版社2015年版，第234~235页。

的充分依据。相反,规制影响评估可以作为一种指引,以提高行政决策的质量,同时也服务于公开性、公众参与和问责制等重要的政治价值。经济合作与发展组织通过对其成员国规制影响评估实践的考察,总结了规制影响评估"最好实践"应当具备的十个基本要素:①最大限度地提高对规制影响评估的政治承诺;②合理分配规制影响评估各部分的职责;③对规制者进行培训;④运用连贯且灵活的分析方法;⑤开发和实施信息收集的策略;⑥明确规制影响评估的目标;⑦在政策制定程序中尽早实施规制影响评估;⑧交流分析结果;⑨公众的广泛参与;⑩对现存和新制定的规制规则同样实施规制影响评估。[1]事实上,这些要素也成了建立规制影响评估框架和程序的重要内容。

(一) 规制影响评估的框架

规制影响评估不能替代决策,但是它能为政策制定者提供信息,也能为政府干预提供正当理由。[2]在实践中,由于待解决的问题和可获得资源的不同,规制影响评估的复杂度和分析广度也不同。因此,规制影响评估框架的实施没有唯一"正确"的模式。[3]规制影响评估的复杂性与深入性通常与规制的自身特点以及预期效果成正比,同时也深受政策问题的重要性及其影响范围的影响。各国政府部门在制定规制影响评估的框架时,需要以本国特定的政治、文化、经济和社会特征为基础。高秦伟教授认为,规制影响评估的基本框架包括以下内容:方法论、

---

[1] See OECD, *Regulatory Impact Analysis: Best Practices in OECD Countries*, OECD Publishing, 1997, pp. 7~8.

[2] 参见经济合作与发展组织:《OECD 监管影响分析——经济合作与发展组织(OECD)监管影响分析指引》,席涛、吴秀尧、陈建伟译,中国政法大学出版社 2015 年版,第 226 页。

[3] 参见[英]罗伯特·鲍德温、马丁·凯夫、马丁·洛奇编:《牛津规制手册》,宋华琳等译,宋华琳校,上海三联书店 2017 年版,第 311~312 页。

第五章 信用规制措施的目标设定与执行机制

审查机构、适用范围、步骤和向公众公开规制影响评估。[1]根据经济合作与发展组织的总结,在制定规制影响评估的制度框架时,应当遵循以下五项基本原则。[2]

(1) 对规制影响评估的承诺与支持。虽然规制影响评估可以被视为一种"良好的决策过程"(good policy-making process),但仍然会有一些力量阻碍其运用,包括官僚惰性、政治上的速度需要、不经太多审查而采纳某些政治敏感的建议等。因此,有必要建立一个框架,确保规制影响评估在实践中落到实处,并能够抵制试图阻碍规制影响评估的各种阻力。同时,考虑到可行性,还应当有助于促进不同政府部门之间的共识。政治承诺是规制影响评估能否成功融入规制政策的重要因素。此外,私营部门、公民社会组织、社会媒体等利益相关者不仅创造了对规制影响评估的"需求"(demand),而且还提供了一种机制,让决策者和公务员在作出与利益相关者有关的决定时更加负责。为了确保对规制影响评估的承诺与支持是可持续的,可以采取以下措施:①政府可以通过多种方式表明其对规制影响评估的承诺。具体包括:第一,阐明政府认为哪些是规制影响评估应当为之发挥作用的"良好规制";第二,引入规制影响评估,并将其作为提高规制质量的长期计划的一部分;第三,设立一个有足够能力对规制影响评估进行监督的机构;第四,建立可信的"内部和外部约束",保障规制影响评估的有效实施;第五,确保规制影响评估的政治支持。②争取利益相关者的支持是非常重要的,这不仅是就某项更好规制策略达成共识的一

---

[1] 参见高秦伟:"行政许可与政府规制影响分析制度的建构",载《政治与法律》2015年第9期。

[2] See OECD, *Regulatory Impact Assessment*, *OECD Best Practice Principles for Regulatory Policy*, OECD Publishing, 2020, pp. 14~15.

种方式,也是确保关键支持者长期支持的一种方式。③政府必须确保决策的透明度,以使公众能够控制规制影响评估的进程。

(2)通过规制影响评估的治理推进正确的制度设计。除了通过展示政治承诺和获得利益相关者及公职人员的支持来建立关于引入规制影响评估的共识外,治理是设计一个成功的规制影响评估框架的另一个关键因素。主要包括以下内容:①规制影响评估应当与其他规制管理工具充分结合,并应当在规制治理周期(regulatory governance cycle)的背景下实施。②规制影响评估及其实施应当根据国家的法律、行政制度、文化等进行调整。例如,技术和资源的水平、技术在行政部门内部或外部的部署、外部利益相关者之间的共识程度、行政部门内部和利益相关者之间是否存在开放政府的文化等等。③政府需要决定是立即还是逐步实施规制影响评估。鉴于规制影响评估的资源和经验有限,对大多数国家而言,逐步实施可能才是可取的。④合理分配规制影响评估中各部分的责任。⑤有效的规制监督是规制影响评估的前提条件。⑥规制影响评估应当与规制的重要性合乎比例。⑦立法机关应当建立自己的程序,以保证立法的质量,包括规制影响评估的质量。

(3)将规制影响评估纳入行政机关的能力建设和问责机制。当规制影响评估被视为一种"独立"的举措时,它就不太可能成为规制政策周期的组成部分,因此对规制设计、规制结果以及社会福利的影响也十分有限。有鉴于此,规制影响评估与现有的政策制定程序进行深度融合显得非常重要。此外,政府部门应当明确这样一个事实:规制影响评估和更好规制是对政府规制的中长期投资,它们不是在短期内解决所有问题的"灵丹妙药",而是可以开启一个"学习过程",在所有利益相关者的协助下,随着时间的推进不断改进立法和优化规制。为了更好地将规制影响评估纳入行政机关的能力建设和问责机制,可以采取以下几个方面的措施:①政府应当向可能负责起草规制影响评估文件的公务员提供充分的培训,使其了解规制影响评估并在日常活动中运用它。②政府应当公布详细的指导材料,通常包括规制影响评估的程序要求和规制影响评估报告编制的实体性要求。③对于规制影响评估中的必要规则,应当对其例外情形进行限制。④应当根据特定的法律和行政制度实施以问责制和绩效为导向的制度安排。

(4)规制影响评估应当具备有针对性的、适当的方法论。一般认为,规制影响评估的运用不能"一刀切",这可能与规制影响评估的方法论有关。成本-收益分析(cost-benefit analysis)是一种已经被成功应用的方法,但这种方法的复杂性在不同国家甚至在同一国家内部都有所不同。其他方法包括比较消极影响和积极影响、定性和定量方法、多标准分析、风险分析以及评估直接影响和间接影响。规制影响评估的方法首先必须适合规制影响评估的目标以及行政背景和能力。为了使规制影响评估的方法是有针对性的、适当的,可以采取以下几个方面的措施:①规制影响评估的方法应当尽可能简单灵活,同时确保其能够涵盖某些关键特征。②不能总是将规制影响评估解释为要求对立法进行全面的、量化的成本-收益分析。对宏观经济影响的全面评估必然要求采用复杂的经济模型,但若将经济分析作为唯一的方法,在大多数情况下是不太可能的,因为大多数国家或大部分政府部门普遍缺乏开展规制影响评估的专门知识和资源。③健全的数据治理战略可以帮助建立正确的基础,以便在规制影响评估背景下制造、收集、处理、访问和共享数据。④规制影响评估应当遵循规制过程的所有阶段,并且必须从政策制定的初始阶段开始,因为在这个阶段,决策者更有动力确定现有的最佳解决方案，并且有机会考虑规制的替代方案，这样才能更好地实现政策效益。⑤确定政策背景和政策目标，尤其是系统性地确定为政府行动提供依据的问题，这是规制影响评估有效的前提条件。⑥应当考虑所有可行的替代性方案，包括非规制性的解决方案。⑦应当始终确定所有相关的直接成本和重要的间接成本，以及如果实施现有的规制政策将产生的收益。⑧应当将所有的利益相关者系统性地纳入规制影响评估过程，使得所有利益相关者都有机会参与规制过程。⑨应当酌情考虑行为科学和经济学的启迪。⑩为每项备选方案制定实施、执行和合规策略，包括评估其效能和效率，应当是所有规制影响评估的组成部分。

（5）持续监督、评价和改进规制影响评估。规制影响评估是一个持续性的过程，应当最大限度地使其与整个政策周期贴合。为了更好地监督、评价和改进规制影响评估，可以采取以下几个方面的措施：①尽可能扩大分析范围，以涵盖政策周期，更为重要的是，要在规制实施后的某个时间点验证其实际影响。②规制影响评估制度应当内置一个监督、评价和完善机制。③应当定期对规制影响评估进行全面评价，这对维持规制决定的质量至关重要。④对协调和监督规制影响评估的机构进行系统评价。

（二）规制影响评估的程序

制定规制影响评估的程序本身也是一个理性的决策过程，需要经过几个阶段或步骤。一般认为，规制影响评估过程主要包括以下基本步骤：①咨询和利益相关者的参与。在规制影响评估的所有阶段，应当尽可能让所有可能受到影响的利益相关者以及其他相关专家参与。②问题界定。最好是用定量的术语对规制建议所要解决的问题之性质和程度的评估进行描述。③目

第五章 信用规制措施的目标设定与执行机制

标。对规制建议的政策目标和目的进行明确说明。④规制建议的说明。说明现有的规制框架，拟议的规制计划、确定负责起草和执行规制的行政机关，等等。⑤确定替代方法。列出切实可行的替代方法，包括所有潜在的解决方案和其他非规制性方案。⑥成本-收益分析。概述初步确定的规制方案的预期成本和收益。⑦确定最佳解决方案。概述首选规制方案的基本情况以及其在哪些方面优于其他规制方案。⑧设定监督和评估框架。说明如何评估规制的执行情况，并预测必要的数据要求。[1]事实上，上述八个步骤可以整合为界定、确定、评估、咨询和制定五个阶段，如图5-1所示。

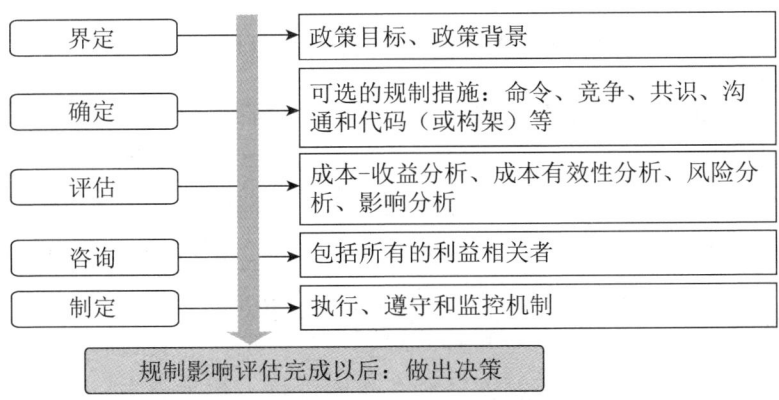

图5-1 规制影响评估的程序[2]

根据图5-1所示，规制影响评估的程序大致包括以下内容：

---

〔1〕 See OECD, *Regulatory Impact Assessment*, *OECD Best Practice Principles for Regulatory Policy*, OECD Publishing, 2020, p.16.

〔2〕 本图由本书作者改编制作。参见经济合作与发展组织：《OECD监管影响分析——经济合作与发展组织（OECD）监管影响分析指引》，席涛、吴秀尧、陈建伟译，中国政法大学出版社2015年版，第227页。

①界定规制政策的背景和目标,特别是通过对待解决问题的系统定性,为政府干预措施提供基础。②确定所有可能用以实现政策目标的规制性措施和非规制性措施。③对所有备选的规制措施进行评估,包括成本-收益分析、成本有效性分析、风险分析和影响分析等。④所有的利益相关者都有可以通过公众咨询参与规制政策的制定程序。⑤厘清各种规制方案的执行和合规策略,并评估其有效性,同时建立监督机制,用以评价政策建议是否可行,为以后提出规制建议提供经验。[1]总体而言,规制影响评估是一个不断持续反复的过程,应当系统性地纳入政策制定程序,实现政策设计的最佳性。

三、规制影响评估在信用规制中的运用

规制影响评估对于实现政策设计的最佳性意义重大。在宏观层面,整体性的规制政策设计可以借助规制影响评估,更好地实现预期的政策目标;在微观层面,局部的规制措施或工具的设计也可以借助规制影响评估,更好地实现预期的规制目标。因此,规制影响评估是实现信用规制措施最佳性的重要手段。尽管我国目前尚未建立完善的规制影响评估,但是规制影响评估的理念和一些具体制度已经在我国进行了初步探索,具备一定的制度基础,如立法前评估制度、行政许可评价制度、立法后评估制度等,这些都为规制影响评估在信用规制中的运用奠定了基础。[2]当前的重要任务是充分吸收借鉴域外规制影响评

---

〔1〕 参见经济合作与发展组织:《OECD 监管影响分析——经济合作与发展组织(OECD)监管影响分析指引》,席涛、吴秀尧、陈建伟译,中国政法大学出版社2015年版,第226~227页。

〔2〕 参见高秦伟:"行政许可与政府规制影响分析制度的建构",载《政治与法律》2015年第9期。

估的"最佳实践"经验,同时总结我国已有的制度实践经验,制定符合我国信用规制实践的规制影响评估制度。

(一) 规制影响评估在我国的制度基础

随着社会的变迁和科学技术的进步,立法和决策的外部环境变得更为复杂,节奏更快,大数据、人工智能、共享经济、数字政府等都对现有的法律体系和规制政策提出了挑战,如何作出既回应实践需要,又促进社会和技术进步的立法与决策,是立法机关和决策者必须认真对待的问题。正因为如此,立法机关和政府决策部门越来越重视对立法和行政决策的评估,这就为规制影响评估在我国的发展提供了契机。

在中央层面,一些法律法规已经将规制影响评估的一些理念或制度予以本土化、法制化。例如,我国《立法法》将"科学性"作为立法的重要原则之一,并且规定了"立法评估制度";[1]《行政许可法》对"行政许可评价制度"进行了原则性规定;[2]2004年《全面推进依法行政实施纲要》明确提出要探索建立"成本收益分析制度"以及"政策实施评估制度";2019年《重大行政决策程序暂行条例》颁布实施,其中"政策评估""风险评估"等理念和制度在该条例中予以明确规定。[3]总体而言,《重大行政决策程序暂行条例》中的很多制度设计和

---

[1]《立法法》第42条规定:"拟提请常务委员会会议审议通过的法律案,在宪法和法律委员会提出审议结果报告前,常务委员会工作机构可以对法律草案中主要制度规范的可行性、法律出台时机、法律实施的社会效果和可能出现的问题等进行评估。评估情况由宪法和法律委员会在审议结果报告中予以说明。"

[2]《行政许可法》第20条第1款规定:"行政许可的设定机关应当定期对其设定的行政许可进行评价;对已设定的行政许可,认为通过本法第十三条所列方式能够解决的,应当对设定该行政许可的规定及时予以修改或者废止。"

[3] 例如,《重大行政决策程序暂行条例》第23条第1款规定:"开展风险评估,可以通过舆情跟踪、重点走访、会商分析等方式,运用定性分析与定量分析等方法,对决策实施的风险进行科学预测、综合研判。"

安排既是对我国以往行政决策实践经验的总结,[1]同时在某种程度上也是不断吸收和借鉴国外规制影响评估先进经验的过程,或者可以将其部分视为规制影响评估制度在我国的发展与运用。

在地方层面,一些地方人大或政府部门也在积极探索符合当地实情的各类立法或决策评估机制,大部分均体现了规制影响评估的制度理念。2004年,重庆市人民政府制定了《重庆市行政许可评价暂行办法》,对行政许可评价制度进行了细化,包括行政许可评价的原则、方法、内容、程序等。2007年,海南省人民政府制定了《关于开展立法成本效益分析工作的实施意见》,首次对立法成本效益分析制度进行了系统规定。此外,还有很多地方政府对社会稳定风险评估进行了立法,如《四川省社会稳定风险评估办法》《大连市重大行政决策社会稳定风险评估办法》等。还有一些地方人大也对立法评估机制进行完善和发展。例如,陕西省制定了《陕西省地方立法评估工作规定》,对立法评估进行了系统规定。

在理论上,规制影响评估也引起了学术界的关注,尤其是成本-收益分析方法。[2]郑雅芳教授认为,成本-收益分析应当成为我国行政法的一项基本原则,原因在于,成本-收益分析原则具有问题导向性、规范性、推论性、透明性四个特征,具有很强的现实解释力。另外,将成本-收益分析作为行政法基本原

---

[1] 参见王万华、宋烁:"地方重大行政决策程序立法之规范分析——兼论中央立法与地方立法的关系",载《行政法学研究》2016年第5期。

[2] 刘权教授认为,成本-收益分析是一种科学的规制影响分析工具,也是一项决策性正当程序,还是一种实体性正当标准,其在政府规制领域的作用可以被归纳为三个方面:①提高资源配置效率;②优化行政规制,有助于预防滥规制和不规制;③提升行政合法性。参见刘权:"作为规制工具的成本收益分析——以美国的理论与实践为例",载《行政法学研究》2015年第1期。

第五章　信用规制措施的目标设定与执行机制

则还具有重要的方法论意义，为行政法学移植经济学方法论提供了可行性，同时借助"定量"和"定性"相结合的分析方法开启了行政法的"科学性"。[1]尽管成本-收益分析也存在一些缺点，面临质疑，但它对于提升规制效能，实现"更好规制"的重要价值却已经获得普遍共识。[2]

（二）规制影响评估在信用规制中的建构策略

尽管规制影响评估在我国具备一定的制度基础，但受行政制度、行政资源、规制观念、行政文化等诸多因素的影响，规制影响评估仍然存在诸多问题和现实障碍。我国规制影响评估的问题主要表现为评估制度的约束力较弱、评估主体的内部化明显、评估程序的规范性不够、评估方法的科学性不强和评估结果的回应性不足；我国引入规制影响评估的障碍因素则主要包括技术和资源的障碍、法律法规的障碍、公众参与和沟通的障碍。[3]因此，将规制影响评估运用于信用规制中时，不能忽视规制影响评估存在的普遍性问题和障碍因素。从世界各国的经验来看，除了应当加强规制影响评估的理论研究外，在建构策略上，必须清楚地意识到规制影响评估是一个"中长期投资"，需要获得政治承诺和社会支持，在建构过程上具有持续性、渐进性等特征，有必要系统规划、渐次展开。[4]高秦伟教授认为，我国在建构规制影响评估制度时，在层级上，可以中央政府引入，地方实践探索，逐渐推广；在领域上，可以从个

---

[1] 参见郑雅方："论我国行政法上的成本收益分析原则：理论证成与适用展开"，载《中国法学》2020年第2期。

[2] 参见毕洪海："作为规制决策程序的成本收益分析"，载《行政法学研究》2016年第3期。

[3] 参见梅黎明等：《中国规制政策的影响评价制度研究》，中国发展出版社2014年版，第176~182页。

[4] See OECD, *Regulatory Impact Assessment*, *OECD Best Practice Principles for Regulatory Policy*, OECD Publishing, 2020, pp. 11~12.

别的、比较容易开展的领域开始引入规制影响评估。[1]综合国内外的研究成果和实践经验,本书认为,在信用规制措施的设计过程中引入规制影响评估,可以从宏观层面和微观层面采取不同的策略。

在宏观层面,应当通过立法或政策展示政府对规制影响评估的承诺。目前,从地方信用立法和政策来看,信用规制措施是核心内容。不过,对于信用规制措施的设计程序缺乏相应的规定,尚未涉及规制影响评估制度的引入和运用。本书认为,我国应当以社会信用立法为契机,在法律中确立规制影响评估制度在信用规制中的运用,其立法模式可以借鉴"行政许可评价制度"的规定,要求信用规制措施的设定机构、实施机构应当对信用规制措施的设计进行规制影响评估。然后,再由地方立法或主要的信用规制部门制定信用规制中规制影响评估运用的规范指引。例如,目前市场监管部门是信用规制的主要规制主体,也是信用规制措施的主要实施主体,从中央到地方的市场监管部门基本上在组织机构上都设立了专门的信用规制部门,因此,可以由市场监管部门制定信用规制中规制影响评估的指引,为其他政府部门提供参考与借鉴。

在微观层面,应当制定信用规制中规制影响评估的基本框架。根据规制影响评估的基本框架和程序,政府部门在决定采取信用规制的过程中,应当通过以下基本步骤建立规制影响评估框架:

(1)描述政策背景、问题和目标。规制机构在设计信用规制措施时,应当简短地介绍政策背景,如社会信用体系建设、"放管服"改革,优化营商环境、创新社会治理等。与此同时,

---

[1] 参见高秦伟:"行政许可与政府规制影响分析制度的建构",载《政治与法律》2015年第9期。

需要陈述其所追求的政策目标是为了对规制问题进行彻底消除，还是缓解但不消除，并检验各种可以用于实现目标的信用规制措施。

（2）确定各种可用的信用规制措施。在传统的政府规制中，规制机构通常倾向于采取"命令-控制"型规制措施，这样一种思维也同样出现在信用规制中。一些政府部门在设计信用规制措施时，缺乏一种多元思维、体系思维，将信用规制措施局限于信用黑名单、失信惩戒等类型。事实上，从信用规制措施的属性来看，信用规制措施与一般的规制措施类似，也存在干预程度、技术复杂度的强弱之分。因此，规制机构应当尽可能确定所有可用的信用规制措施，并明确不同规制措施之间的区别与联系。

（3）尽可能估算出各种可选的信用规制措施的成本、收益以及其他影响。规制机构在设计信用规制措施时，应当对各种信用规制措施可能带来的成本进行评估。具体而言，规制成本可以分为合规成本、财政成本、直接成本、机会成本、宏观经济成本等。其中，合规成本又包括行政负担、实体性合规成本（如执行成本、间接劳动成本、设备成本、材料成本、外部服务成本）。[1]同时，计算出信用规制措施实施可能带来的预期收益，并检查和防止在以下几个方面带来负面影响：国家竞争力、社会边缘群体和弱势群体、市场经济制度的运行、公民基本权利、对第三方利益的影响等。

（4）通过公众参与、专家论证等形式增加信用规制措施设计的透明度。决策者在信用规制措施的设计过程中，应当广泛听取利益相关者的意见，将咨询习惯体现在规制机构的管理文

---

[1] See OECD, *Regulatory Impact Assessment*, *OECD Best Practice Principles for Regulatory Policy*, OECD Publishing, 2020, p. 27.

化中，使相关信息便于查询并且成本合理。具体而言，决策者在通过公众参与、专家论证等形式增强决策透明度时，至少应当满足以下程序要求：①应当尽早通过各种渠道公布规制方案。②应当通过听证会、论证会、公告评论等方式听取利益相关者的意见。③在政策分析结束后，应当进行规制影响分析说明，内容应当包括决策部门对公众意见、专家意见的回复及理由。

第三节　信用规制措施的选择：迈向回应性规制

即使通过规制影响评估制度，决策者设计出来的信用规制措施"成本低，收益高"，造成的各类负面影响也能降至最低，达到了"最佳"信用规制措施的标准，但若是信用规制措施与规制对象之间不能很好地契合，那么预期的规制目标仍然很难实现。匹配性是选择信用规制措施的衡量标准，它要求信用规制措施的干预强度应当适当、信用规制措施应当和受规制对象的结构与动机相契合。那么，通过何种途径才能更好地实现匹配性呢？这亦是信用规制法治化不能回避的课题。政策问题通常包含结构性驱动因素（如法律、经济激励、技术等）和行为性驱动因素（如偏见、动机等）。忽视对政策问题的行为分析，可能会导致对问题本身的误解，并错失纳入有行为依据的解决方案的机会，而这些解决方案可以带来更有效的政策结果。[1]"对人类行为的更好理解可以导致更好的政策。"[2]随着认知心理学和行为经济学对人类行为研究的推进，一些新的研究成果

---

[1] See OECD, *Regulatory Impact Assessment*, *OECD Best Practice Principles for Regulatory Policy*, OECD Publishing, 2020, p.27.

[2] OECD, *Tools and Ethics for Applied Behavioural Insights*: *The BASIC Toolkit*, OECD Publishing, 2019, p.13

被纳入规制和公共政策制定，最典型的便是"助推"（nudging）类规制措施的兴起，其目的就是利用人们决策中的认知偏差，引导他们做出"更好"的选择。[1]

行为科学（behavioral science）强调人类是如何背离完美理性（perfect rationality）的，其在公共政策中发挥着越来越大的作用。美国学者凯斯·桑斯坦认为，行为科学对诸如政府的作用、选择自由、家长制和人类福祉等基本问题提出了新的见解，在不同的国家，政府规制机构正在利用行为科学的研究成果来解决贫困、空气污染、交通安全、COVID-19、歧视、职业健康等严重问题。[2]在规制理论中，以回应性法、法律自创生理论和福柯治理术理论为理论基础的"回应性规制"理论也受到了行为科学的影响，其主要内容便是"针锋相对"（tit-for tat）的方法，即规制机构的检查执法行动应当根据被规制对象的具体情况和行为进行调整。[3]以回应性规制理论作为指导，将有利于为信用规制机构提供一套系统的方法，让信用规制措施的选择最大限度地符合匹配性要求。

一、规制措施的选择："行为洞察力"的启示

长期以来，主流经济学对个人决策模型已经基本形成共识，即所谓的预期效用最大化（expected utility maximization）或约束性偏好满足（constrained preference-satisfaction）。这种标准选择

---

[1] See Colin R. Kuehnhanss, "Nudges and Nodality Tools: New Developments in Old Instruments", in Michael Howlett, Ishani Mukherjee (eds.), *Routledge Handbook of Policy Design*, Routledge, 2018, p. 227.

[2] See Cass R. Sunstein, *Behavioral Science and Public Policy*, Cambridge University Press, 2020, pp. 1~2.

[3] 参见杨炳霖：《回应性管制——以安全生产为例的管制法和社会学研究》，知识产权出版社2012年版，第37~38页。

模型使经济学家能够解释和预测典型的经济行为，如消费、生产和投资决策，还可以解释和预测诸如婚姻和生育决策、犯罪违法活动、歧视性雇佣等非经济性行为。[1]一般认为，这种个人决策模型由三个基本要素组成：①个人具有一系列偏好，即可以对其选择的现实状态进行排序，如购买哪种规格的洗衣粉、投资哪家公司、从事哪种工作等，这些偏好通常被认为是"给定的"，不会改变。②个人面临一系列制约因素，限制其偏好的满足，这些约束通常以物质资源约束的形式呈现，如财富或资本的稀缺性、对可用于"花"在各种活动上的时间之限制等。③假设个人对世界各种不确定性状态的可能性具有一系列信念（beliefs），这些信念既包括对自己的信念（如哪些选择能够满足自己的偏好）也包括对外部事件的信念。这三个要素共同定义了决策者的"问题"：在约束条件下，根据他们的偏好和信念，实现预期效用的最大化。[2]

理性决策模型以"经济人假设"为基础，认为人们具有"完美理性"，这几乎奠定了微观经济学理论的全部基础，不过其在现实世界中的适用性却不断受到质疑。[3]用以概括人类理性的不完善和局限的"有限理性"（bounded rationality）概念，已经广泛地涵盖了有效行为的模式，这些模式削弱或完全拒绝了"经济人假设"所假定的完美理性的理想化条件。"有限理性"强调了个人议事能力和执行能力的局限性：个人的理性和意

---

［1］ 参见［美］查尔斯·F. 曼斯基：《不确定世界中的公共政策：分析和决策》，魏陆译，格致出版社2018年版，第94页。

［2］ See Mark D. White, "Overview of Behavioral Economics and Policy", in Sherzod Abdukadirov (ed.), *Nudge Theory in Action: Behavioral Design in Policy and Markets*, Palgrave Macmillan, 2016, pp. 17~18.

［3］ 参见盛晓白：《决策失误——我们为进化付出的代价》，东南大学出版社2014年版，第12页。

志力是有限的，并不总是按照教科书上的决策模型来运作。[1]近年来，行为经济学家将行为科学的许多新见解纳入了个人决策模型，随后，由从事行为法和经济学交叉领域工作的法律学者发起，行为经济学的模型被应用到政策领域。[2]该领域的学者们不仅研究了心理学家发现的各种认知偏见与功能障碍如何影响法律结果，如陪审团的决定、合同的订立甚至法官的意见，而且还提出了如何利用这些同样的决策偏差来改善政策领域的结果。基于人的认知资源稀缺这一基本见解，美国学者理查德·泰勒（Richard Thaler）和凯斯·桑斯坦提出可以通过改善人们的选择的"架构"（architecture）来影响人们的选择而不是强迫他们。[3]"助推"可以通过与现有的政府工具融合，解决行为的基本问题，通过改革政府工具的运作方式，如税收或规制，行为公共政策可以提高其"牵引力"（traction），使公民为了公共利益而自愿改变其行为。[4]

近年来，行为经济学、认知心理学、行为科学等领域形成的"行为洞察力"（behavioural insights）越来越受到公共政策制定者和政府规制机构的重视。按照以色列学者尤瓦尔·费尔德曼（Yuval Feldman）的总结，在当前的规制模式中，人类行为

---

[1] See Herbert Simon, *Models of Man: Social and Rational*, John Wiley, 1957, p.198.

[2] See Eyal Zamir, Doron Teichman, *Behavioral Law and Economics*, Oxford University Press, 2018.

[3] 在《助推》（*Nudge*）一书中，泰勒和桑斯坦将"助推"界定为："在选择体系的任何一个方面都不采用强制的方式，而是以一种语言的方式去改变人们的选择或者改变他们的经济动机及行为。"参见［美］理查德·泰勒、卡斯·桑斯坦：《助推：如何做出有关健康、财富与幸福的最佳决策》，刘宁译，中信出版社2015年版，第7~8页。

[4] See Peter John, *How Far to Nudge? Assessing Behavioural Public Policy*, Edward Elgar Publishing, 2018, p.7.

的动机可以大致被分为五种类型：①激励驱动的个体（the incentive- driven individual）。这种规制方法针对的是计算型或激励型个体，根据这种模式，个体的主要动机是基于成本收益的计算。因此，规制者的方法应当侧重于遏制"坏苹果"，并为"好苹果"提供激励。②理性驱动的个体（the reason- driven individual）。这种规制方法是假设一个由理性驱动的个体，在这种模式中，关于个体动机的主要假设是，个体希望规制者能够相信从事建设性的、有效的行为而不是破坏性行为是明智的。③以社会为导向的个体（the socially-oriented individual）。这种规制方法认为发挥主导作用的合规动机与个体的社会身份有关。在这种模式中，规制者的大部分注意力都集中在向个体传达普遍的规范，决策者的主要任务也将从传播法律本身的智慧转向传播从事守法行为的其他人的身份或数量。④以道德为导向的个体（the moral- oriented individual）。这种规制方法认为，个体动机主要是道德和公平，鉴于个体对道德的假定关怀，决策者在设计规制措施时应当强调其所隐含的道德因素或美德因素。⑤以公民身份为导向的个体（citizenship- oriented individual）。根据这种模式，以公民身份为导向的个体之所以遵守法律，只是因为他们认为公共部门有权制定规则，而且无论法律的内容为何，都需要遵守规则，因为这是良好公民应当做的事情。[1]由此可知，这五种合规动机或行为动机存在明显的不同，规制机构采取的规制策略或规制措施也不同。

2019年，经济合作与发展组织专门为政策制定者提供了一套工具箱和伦理准则，以便政策制定者可以将"行为洞察力"

---

[1] See Yuval Feldman, "Five Models of Regulatory Compliance Motivation: Empirical Findings and Normative Implications", in David Levi-Faur （ed.）, *Handbook on the Politics of Regulation*, Edward Elgar, 2011, pp.335~343.

应用于所有的政策问题中。经济合作与发展组织认为，基于行为经济学和行为科学的严谨研究，"行为洞察力"可以帮助公共机构理解公民行为的动机，并在大规模实施规制措施之前预先测试哪些措施是最有效的。通过将"行为洞察力"融入政策制定过程，政府可以更好地预测政策的行为后果，并最终设计和提供更为有效的政策，改善公民的福利。为此，经济合作与发展组织提出了所谓的"ABCD"框架，用以分析和诊断政策制定中的行为问题，如表5-2所示。

表5-2 行为政策问题"ABCD"框架概览[1]

角度	理性的观点	行为洞察力的观点	例子
注意力	个人应当根据自己的知识和喜好，把注意力放在最重要的事情上	个人的注意力是有限的，而且容易分散	遗忘预约
信念形成	个人应当按照逻辑和概率的规则形成自己的信念	个人依靠心理捷径或直觉判断，常常高估或低估结果和概率	低估了完成任务所需的时间
选择	个人的选择应当是为了使自己的预期效用最大化	个人的选择会受到框架、社会以及环境背景的影响	被我们的社交圈认为正确的事情所影响，而不是做出理性的选择
决定	只要决定追求某些长期目标，就应当坚持执行计划	个人的意志力是有限的，容易受到心理偏见的影响	戒烟失败

经济合作与发展组织认为，"ABCD"框架主要关注行为政

---

[1] 本表格由本书作者翻译自OECD报告。See OECD, *Tools and Ethics for Applied Behavioural Insights*: *The BASIC Toolkit*, OECD Publishing, 2019, p.24.

策问题的四个关键驱动因素：①注意力（Attention）。个人的注意力和记忆力有限，倾向于对环境线索作出反应。例如，患者可能会错过他们的医疗预约，一种行为策略是发送短信提醒，其中包括错过医疗系统预约的费用。②信念形成（Belief formation）。个人依靠心理捷径和直觉判断，常常会高估或低估结果和概率。例如，司机在急转弯时可能会加速，导致更多车祸，一种行为策略是在道路上画白线，制造加速的假象，使人们放慢速度。③选择（Choice）。个人往往倾向于与他人的行为或他人认为合适的行为保持一致。例如，向社区的居民发送公用事业消费短信，将他们的用电情况与邻居的用电情况进行比较，可以促使家庭提高能源效率。④决定（Determination）。当涉及长期目标时，个人的意志力是有限的，在缺乏计划和反馈的情况下，往往难以保持动力。例如，对于正在努力寻找工作的求职者而言，情况往往如此，一个可行的行为策略是使用"承诺包"（commitment pack），其中包括与就业顾问会面，制定具体的求职计划。[1] 总而言之，"ABCD"框架的重要价值在于，将政策问题分解为其行为组成部分，并确定可能破坏预期政策结果的潜在行为障碍或可以最终提高政策有效性的促进因素。

在此基础上，经济合作与发展组织提出了一个所谓的"BASIC工具箱"，目的是为政策制定者如何应用"行为洞察力"进行事前评估和事后评估提供指导。具体包括以下几个阶段：①行为（Behaviour），即识别并更好地理解所要解决的政策问题。例如，通过鼓励更多公民加入养老金计划，增加养老金储蓄。②分析（Analysis），即审查现有证据，以确定问题的行为驱动因素。例如，面对养老金计划，个人倾向于坚持"默认"，

---

[1] See OECD, *Tools and Ethics for Applied Behavioural Insights*: *The BASIC Toolkit*, OECD Publishing, 2019, p. 13.

选择不作为，而不是作为。③策略（Strategy），即将分析结果转化为有行为依据的策略。例如，更改默认值，自动将个人纳入养老金计划，并允许他们选择退出。④干预（Intervention），即设计并实施一项干预措施，以预测哪项策略最能解决这一问题。例如，测试允许个人选择退出是否会增加养老金储蓄，而不是当前选择加入的做法。⑤改变（Change），即制定计划，扩大和维持行为。例如，与公民分享结果，将结果应用于全系统的提醒，并监测干预措施的长期后果。[1]

二、回应性规制的基本内容："针锋相对"的方法

长期以来，规制理论一直面临一项重要考验，即它是否有助于解决规制机构在实践中面临的挑战。在实践中，对被规制对象的行为、行业背景和环境做出回应的规制似乎是一项复杂的任务，其通常面临形式各样的严峻挑战。一方面，行政资源往往分布不均，部门之间、地区之间差距较大，而各类违法行为越发隐蔽，难以及时发现；另一方面，规制目标并不总是明确无误的，随着相对人权利意识的提高，规制权力受到质疑的概率也会不断增加，再加上规制职能通常分散在多个规制机构中，而这些机构难以协调其活动。回应性规制的理念起源于有关传统商业规制策略的争论。一些观点认为，企业是理性的行为者，他们只了解底线，因此必须对他们的违法行为进行持续的惩罚。另一些观点则认为，企业是负责任的"公民"，可以劝导他们遵守法律。在不同的语境中，这两种立场均具有一定的合理性，这意味着一味地坚持"惩罚"（punishment）和一味地坚持"劝导"（persuasion）均是不明智的，问题的关键在于如何

[1] See OECD, *Tools and Ethics for Applied Behavioural Insights: The BASIC Toolkit*, OECD Publishing, 2019, p. 18.

决定何时惩罚或何时劝导。[1]美国学者伊恩·艾尔斯和澳大利亚学者约翰·布雷思韦特使规制执行的争论从"威慑"(deterrence)与"劝导"的二元对立中跳脱出来。他们认为,这两种策略在规制中均有一席之地。"拒绝惩罚性规制是幼稚的;完全采用惩罚性规制则无异于'轻骑兵的冲锋'。成功规制的诀窍是在惩罚和劝导之间建立协同效应。"[2]

回应性规制理论主张,规制机构在决定是否需要采取更多或更少的干预措施时,应当对规制环境和被规制对象的行为作出回应。因此,"回应能力"(responsiveness)是回应性规制的核心。约翰·布雷思韦特认为,在回应性规制中,"回应能力"主要有以下五种类型:①金字塔回应能力(pyramidal responsiveness)。这是最为重要的一种能力,它意味着回应性规制是一种动态模式,在这种模式下,先尝试劝导和(或)能力建设,然后再随着金字塔的上升,采取惩罚程度不断提高的干预措施。②微观回应能力(micro-responsiveness)。被规制对象对规制机构及其规则具有不同的动机,包括承诺、屈服、抵制、博弈、脱离等。微观回应能力意味着面对不同的动机,规制的回应应当有不同的要求。③网络化回应能力(networked responsiveness)。尽管规制措施可以形成合理的执法金字塔,但并不意味着每一层级的规制措施都能有效实施。网络化回应能力意味着在每一层级实现网络化规制,充分发挥政府规制机构与私营部门、行业组织的作用。④元规制回应能力(meta-regulatory responsiveness)。尽管自我规制可以充分利用信息优势、管理优势,为实

---

[1] See John Braithwaite, *Restorative Justice & Responsive Regulation*, Oxford University Press, 2002, p.29.

[2] Ian Ayres, John Braithwaite, *Responsive Regulation: Transcending the Deregulation Debate*, Oxford University Press, 1992, p.25.

现规制结果提供更经济、更有效的手段，但这同时也意味着自我规制容易滥用裁量权。元规制回应能力意味着"强制性自我规制"，换言之，是对自我规制的规制。⑤社会主义回应能力（socialist responsiveness）。回应性规制理论认为，在规制资本主义时代，政府规制也应当对公共价值的争取作出回应。[1]

回应性规制最初是一种商业规制理论，现在已经被应用于犯罪预防、政府规制以及其他广泛的私人治理和公共治理。为了厘清回应性规制的本质，约翰·布雷思韦特于2011年对该理论进行了简单重构，并将其核心内容表述为九项原则：第一，要结合实际情况来思考，不要将先入为主的理论强加于人。第二，积极倾听，结构化对话，并做到以下几点：①让利益相关者有发言权；②解决商定的成果以及如何监测这些成果；③通过帮助行动者找到自己的改进动机，建立承诺；④传达解决问题的坚定决心。第三，以公平的态度与抵制者接触，将他们的抵制视为学习如何改进规制设计的机会，并以示尊重。第四，通过下列方式称赞那些表现出承诺的人：①支持他们的创新；②培养持续改进的动力；③帮助领先者带领落后者不断前进。第五，发出信号，表明更倾向于通过支持和教育来实现能力建设。第六，发出信号，表明拥有一系列可以不断升级的制裁措施，同时表明最终制裁将是严厉的，尽管只是作为最后的手段，但在必要时会使用。第七，网络化金字塔治理，即随着金字塔的上升，让更多的合作伙伴参与到治理中。第八，支持主动责任（active responsibility），亦即让未来结果更好的责任，当主动责任失败时，采用被动责任（passive responsibility），即让行为

---

[1] See John Braithwaite, "Types of Responsiveness", in Peter Drahos (ed.), *Regulatory Theory: Foundations and Applications*, Australian National University Press, 2017, pp. 117~132.

者对过去的行为负责。第九,建立学习机制,评估取得成果的程度和成本,交流经验教训。[1]

回应性规制最具代表性的特征是"规制金字塔"(regulatory pyramid),其目的是解决何时惩罚、何时劝导的难题,[2]而"执法金字塔"背后的方法便是"针锋相对"的方法,这意味着规制是随机触发的,也是包容的。具体而言,当被规制对象采取合作态度时,规制机构就不采取威慑性措施,而是采取劝导性措施;当被规制对象屈服于诱惑,利用规制机构的信任弄虚作假时,规制机构就从劝导性措施转变为了威慑性措施。[3]伊恩·艾尔斯和约翰·布雷思韦特认为,在规制过程中,被规制对象的动机和行为往往是复杂的,规制机构越是重视在规制决策中考虑行为和动机,"针锋相对"方法价值就越是重要。以"针锋相对"方法为基础,伊恩·艾尔斯和约翰·布雷思韦特分别提出了"执法金字塔"(enforcement pyramid)和"执法策略金字塔"(pyramid of enforcement strategies),前者是针对单个被规制对象决定使用什么样的规制措施来改变其行为,后者是针对整个产业的规制策略的设计,也就是决定在多大程度上把规制权力下放给非政府部门。

在"执法金字塔"中,大多数规制行为都发生在金字塔的底部,主要试图通过劝导来实现合规。当劝导和教育手段无效时,执法便升级到下一阶段,即发出警告信;当警告无效时,执法便进入民事处罚;当民事处罚无效时,则采取刑事处罚,

---

[1] See John Braithwaite, "The Essence of Responsive Regulation", *U. B. C. Law Review*, Vol. 44, Issue 3 (2011), pp. 475~520.

[2] See John Braithwaite, *Restorative Justice & Responsive Regulation*, Oxford University Press, 2002, p. 30.

[3] See Ian Ayres, John Braithwaite, *Responsive Regulation: Transcending the Deregulation Debate*, Oxford University Press, 1992, p. 21.

直到最严厉的永久性吊销执照,如图5-2所示。由于不同的规制措施适用于不同的规制领域,因此执法金字塔的内容可能存在差异,但其外在形式基本相似。至于为何要优先考虑劝导或教育的手段,伊恩·艾尔斯和约翰·布雷思韦特认为:首先,惩罚成本高,劝导成本低。如果先采用劝导,并且行之有效,就会有更多的资源被用于扩大规制范围。相反,如果先采用惩罚,不但需要耗费大量成本收集证据,而且还有可能引发诉讼,导致规制机构在法院的时间比在执法现场还多。其次,优先采用惩罚性措施容易造成一种规制的"猫鼠游戏",被规制对象通过利用漏洞来违背法律精神,而国家则通过制定越来越多的规则来填补漏洞。最后,在技术和环境现实变化如此之快,以至于以具体法律内容为依据的规制无法跟上行业的发展,首先考虑劝导手段更有利于实现包容审慎规制。[1]

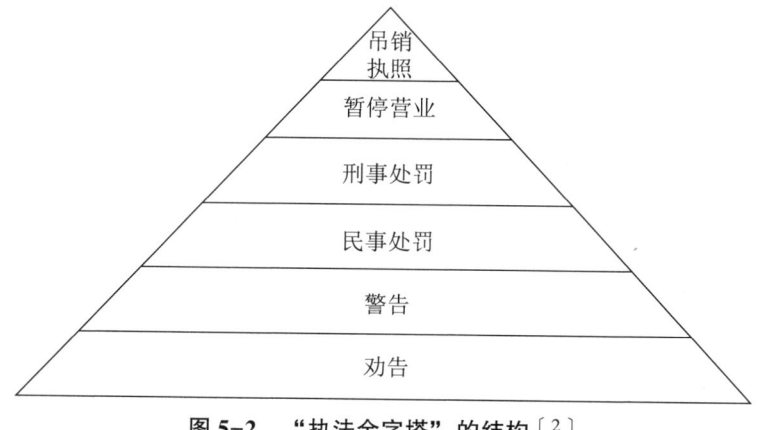

图5-2 "执法金字塔"的结构[2]

---

[1] See Ian Ayres, John Braithwaite, *Responsive Regulation: Transcending the Deregulation Debate*, Oxford University Press, 1992, p.26.
[2] 本图由本书作者翻译制作。See Ian Ayres, John Braithwaite, *Responsive Regulation: Transcending the Deregulation Debate*, Oxford University Press, 1992, p.35.

综上所述,在回应性规制中,"针锋相对"的方法对于规制金字塔的构建意义重大,其核心就是要针对被规制对象的不同动机和违法行为严重的程度采取不同的规制措施。对于具有履行守法责任意愿的个体,直到对方出现背离合作的行为之前,政府始终应当以劝导或教育类规制措施为主;针对以追求利益最大化为主要目的的个体,政府则可以采取威胁性规制措施,直到对方采取合作态势为止。[1]因此,从这个意义上看,回应性规制理论为规制措施的选择提供了一个理论框架,规制机构在处理不合规问题时可以对规制措施进行分级,采取一种渐进式的选择策略。不过,回应性规制理论自提出以来就一直面临诸多质疑和挑战。例如,有观点认为,在某些情形下,金字塔的逐步升级可能并不适当。[2]还有观点认为,在某些情况下,可能有必要在升级后将规制措施向金字塔底部移动,降低规制措施的惩罚性。[3]尽管如此,回应性规制理论仍然受到规制实践的青睐,这或许源于执法金字塔在理论上对专业自主权的认可,[4]同时也符合"相同情况相同对待,不同情况不同对待"的实质平等观。[5]英国、澳大利亚、新西兰、加拿大、美国等很多国家的规制机构均将回应性规制理论用于规制实践中,形成了内容各异的规制金字塔,这也为回应性规制理论的发展和

---

〔1〕 参见杨炳霖:《回应性管制——以安全生产为例的管制法和社会学研究》,知识产权出版社2012年版,第42页。

〔2〕 See Robert Baldwin, Julia Black, "Really Responsive Regulation", *Modern Law Review*, Vol. 71, Issue1 (2008), pp. 59~94.

〔3〕 See Robert Baldwin, Martin Cave, Martin Lodge, *Understanding Regulation: Theory, Strategy, and Practice*, Oxford University Press, 2012, p. 261.

〔4〕 See Peter Mascini, "Why Was the Enforcement Pyramid so Influential? And What Price Was Paid?", *Regulation & Governance*, Vol. 7, Issue 1 (2013), pp. 48~60.

〔5〕 See Pauline Westerman, "Pyramids and the Value of Generality", *Regulation & Governance*, Vol. 7, Issue 1 (2013), pp. 80~94.

完善提供了动力和契机。[1]

三、回应性规制下信用规制措施的类型化与选择模型

信用规制措施的匹配性要求规制机构在选择信用规制措施时，应当充分考虑信用规制措施与被规制对象的主要动力、行为类型、失信程度等方面的契合度，而回应性规制理论恰好可以提供一种理论框架。因此，以回应性规制理论为指引，信用规制措施的选择可以通过建构对应的"执法金字塔"来满足匹配性的要求。有了基本的理论框架后，并不意味着规制机构可以轻而易举地建构执法金字塔，还有必要对信用规制措施的不同维度进行分析，因为工具维度的重要性通常存在差别，而这直接关系规制措施的分级分类。

（一）信用规制措施类型化的主要依据：资源和强度

规制措施的类型化可以帮助阐明为什么规制措施特征与目标对象行为之间须具备一致性，同时也有助于澄清不同类型的规制措施在选择和运用时所使用的治理资源的性质，以及为什么不同类型的规制措施会导致不同水平的规制遵守。[2]

在公共政策理论中，政策工具按照不同的标准或维度，可以被划分为不同的类型。英国学者克里斯托弗·胡德根据工具是否依靠使用"节点"（nodality）、权威（authority）、财富（treasure）和组织（organization）来实现其有效性，将政府工具分为"两

---

[1] See Mary Ivec, Valerie Braithwaite, "Applications of Responsive Regulatory Theory in Australia and Overseas: Update", https://regnet.anu.edu.au/sites/default/files/publications/attachments/2015-05/Occasional%2520Paper%252023_Ivec_Braithwaite_0.pdf (Last visited on October 14, 2021).

[2] See Michael Howlett, "Aligning Policy Tools and Their Targets: Nudging and Utility Maximization in Policy Design", in Michael Howlett, Ishani Mukherjee (eds.), *Routledge Handbook of Policy Design*, Routledge, 2018, p.110.

大类别八种基本类型"。其中,"两大类别"主要包括"探测器"(detectors)和"效应器"(effectors),前者是指政府用来获取信息的所有工具,后者是指政府用来试图对外部世界产生影响的所有工具;"八大基本类型"则主要是指前两类工具在与所使用的资源相结合以后形成的更为具体的政府工具,如"节点"可以被分别用于"探测器"和"效应器"、权威也可以被分别用于"探测器"和"效应器"。胡德认为,"探测"和"效应"是任何控制系统在与外部世界接触时必须具备的两种基本能力。总而言之,在胡德看来,政府工具的类型化必须考虑可用的治理资源,因为每一种资源都会赋予政府不同的能力,可以用不同的方式使用,并且受到不同的限制。[1]换言之,治理资源的可用性决定政府工具的可获得性,这意味着政府通常会利用它拥有充足供应的资源或容易补充的资源来部署工具。加拿大学者迈克尔·豪利特(Michael Howlett)在胡德的分类基础上,以政策工具是否直接对社会产生影响,将政策工具分为"实体性政策工具"(substantive policy instruments)和"程序性政策工具"(procedural policy instruments)两大类。前者是指传统的、以"命令-控制"为主的、直接影响政策结果的工具,如公营事业、规制机构、财政补贴、劝告等,后者是指通过操纵政策进程来间接影响结果的一系列工具。[2]

在规制理论中,规制措施按照不同的标准或维度,也可以被分为不同的类型。布朗文·摩根和凯伦·杨根据工具试图控制行为的基本"模式"(modality)对规制措施进行了如下分类:

---

[1] See Christopher Hood, *The Tools of Government*, Chatham House Pub, 1983, p. 3~6.

[2] See Michael Howlett, *Managing the "Hollow State": Procedural Policy Instruments and Modern Governance*, Canadian Public Administration, Vol. 43, Issue 4 (2000), pp. 412~431.

①命令。理解规制措施最常见的切入点便是研究规制行为的命令式机制（command-based mechanisms），这些机制涉及国家颁布法律规则，禁止特定的行为，并在违反禁令的情况下实施强制性制裁。在这种情况下，法律通过基于规则的强制以其经典的形式运行，通常被称为"经典"规制或"命令-控制"规制。②竞争。命令类规制措施的不足，促使规制机构转向利用竞争单位之间竞争产生的竞争力量作为规范社会行为的手段。这类规制措施种类繁多，通常被被称为"经济手段"，包括收费、税收、补贴、可交易的排放权和财产权、责任规则的改变等。③共识。这类规制措施主要是指依靠共识和合作作为规制行为的工具，其与其他类别工具的区别在于，影响和约束行为的机制主要取决于参与者的同意。这类规制措施的范围非常广泛，既包括可以被称为"自我规制"形式的规制工具和技术，也包括公共部门与私人部门为规制社会行为所形成的各种形式的合作伙伴关系的规制工具和技术。④沟通。建立在沟通基础上的规制措施是以社会规范和共识的力量作为基础机制的。这类规制措施通过丰富目标受众所能获得的信息来规范行为，从而使他们能够为自己的行为作出更明智的选择，并希望他们能够选择有利于实现规制目标的方式行事。换言之，这类规制措施的目的是对个体的决策施加某种间接的社会压力，以此来导致行为的改变。⑤代码。基于代码的规制措施也被称为基于架构的规制措施，其目的是通过设计消除不良行为的可能性。"架构"作为一种控制形式由来已久，随着技术的飞速发展，人类社会已经步入"被算法操控生活"的时代，[1]美国学者劳伦斯·莱斯格由此提出"代码即法律"，通过修改软件代码来完美实现对网络

---

[1] ［瑞典］大卫·萨普特：《被算法操控的生活——重新定义精准广告、大数据和AI》，易文波译，湖南科学技术出版社2020年版，第23页。

空间的规制。[1]

综上所述，根据不同的分类标准，规制措施可以被划分为不同的类型。分类标准不仅涉及治理资源的种类，还涉及权力的来源、表达的形式和控制的方式。随着社会发展和制度变迁，新的规制措施在不断涌现，并进入了规制措施体系，这导致原有的规制措施划分体系逐渐失效。"政策工具的多维性天然地增加了对其进行描述与分类的复杂程度"，再加上"工具常常被有意无意地贴上错误的标签"，使得对规制措施进行精准分类更加困难。[2]尽管规制措施存在多维性，但总有一些重要维度与工具所具有的能力密切相关。美国学者莱斯特·萨拉蒙便认为，在"新治理"背景下，政府规制工具通常具有四个重要维度：强制性、直接性、自动性和可见性。其中，强制性是所有维度中最显著的一个，它与工具所体现的活动本质有关，其本质上是"衡量了一个工具对个人或团体活动施加的限制程度，而不仅仅是鼓励或阻碍其活动的开展"。[3]

综合已有的规制措施类型化成果，再结合"行为洞察力"带来的启示，为了更好地实现信用规制选择的匹配性要求，本书基于体系开放性和制度灵活性的考虑，根据目前信用规制措施的运作形式、制度效果、功能优劣，将信用规制措施予以初步的体系化整理。根据信用规制措施的资源和强度，将信用规制措施类型化为命令型规制措施、沟通型规制措施、竞争型规制措施、共识型规制措施，如表5-3所示。

---

[1] See Bronwen Morgan, Karen Yeung, *An Introduction to Law and Regulation: Text and Materials*, Cambridge University Press, 2007, pp. 80~102.
[2] 参见［美］莱斯特·M. 萨拉蒙主编：《政府工具：新治理指南》，肖娜等译，北京大学出版社2016年版，第17页。
[3] 参见［美］莱斯特·M. 萨拉蒙主编：《政府工具：新治理指南》，肖娜等译，北京大学出版社2016年版，第20页。

第五章 信用规制措施的目标设定与执行机制

表 5-3 信用规制措施的类型化

措施类别	资源应用	目标行为预设	具体类型	强度
命令型规制措施	权威	合法性：愿意被政府采取的惩罚和禁令约束	信用惩戒：以信用为基础的各类处罚措施和禁止性措施	强
共识型规制措施	组织	能力：愿意接受政府和非政府机构提供的服务，并签订合作协议	信用承诺、第三方信用评价、行业信用自我规制	中
沟通型规制措施	信息	信誉或信任：愿意相信政府提供的信息并根据其行事	信用黑名单、信用公开、信用警告、信用教育、信用约谈	较弱
竞争型规制措施	财富	"贪婪"：愿意接受政府强加的利益或损失	信用奖励：以信用为基础的财政补贴、税费减免、评优等	弱

尽管本书所采取的分类方法，可以包含大部分目前在规制实践中被广泛使用的信用规制措施，同时也兼顾了资源、强度和行为预设。其中，行为预设主要受加拿大学者迈克尔·豪利特在讨论"资源有效的行为需求"时所提观点的启迪。[1] 需要说明的是，任何分类方法都并非绝对，本书对信用规制措施类型化所采用的方法只是简化了规制过程中的措施选择，在划分标准上仍然比较粗疏，是否科学也还需要实践和理论进一步检验。可以预见的是，随着信用规制体制的不断成熟，实践中的

---

[1] See Michael Howlett, *Designing Public Policies: Principles and Instruments*, Routledge, 2011, p.55.

信用规制措施将不断涌现,甚至突破现有的体系划分,形成新的信用规制措施类别。

(二)信用规制措施的选择模型:执法金字塔

信用规制措施的类型化为规制措施的选择奠定了基础。为了更好地实现信用规制措施的匹配性要求,本书以回应性规制中的"针锋相对"方法为参考,设计了信用规制措施的选择模型,即信用规制"执法金字塔",如图5-3所示。该图大致展示了规制回应的层次结构,同时还揭示了一种模式,即使用较低级别的措施来处理大部分不合规行为,同时对严重的不合规行为或在较低级别的措施未能取得预期规制结果的情况下,保留更多的威慑性措施。

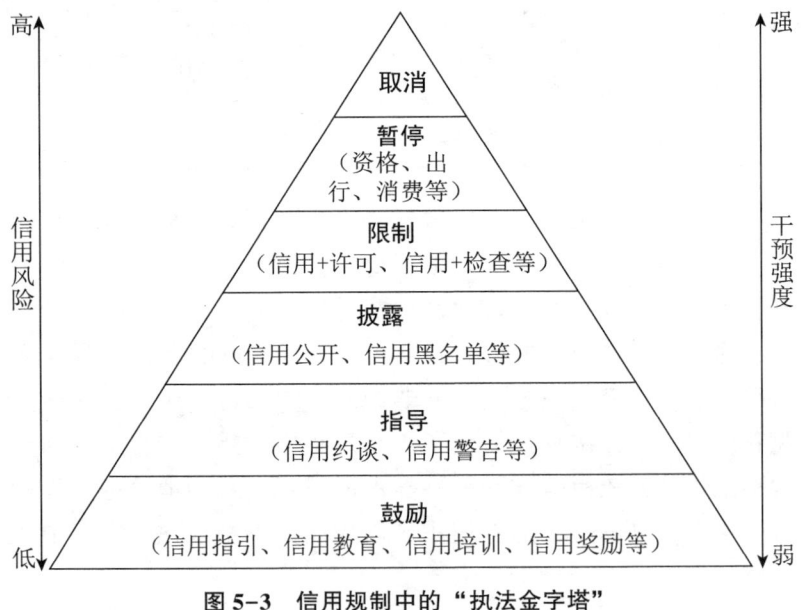

图 5-3 信用规制中的"执法金字塔"

在政府规制过程中,解决不合规问题没有"一刀切"的方法，规制机构需要一系列与被规制对象不合规所带来的风险相称的应对措施。当发现不合规行为时，规制机构必须积极采取行动，以解决不合规行为带来的风险。与此同时，还有可能需要采取额外的规制行为，以确保持续的合规。在信用规制过程中，规制机构所选择的信用规制措施应当根据所涉及的具体风险、相关法律框架以及所有参与者的需求、义务、作用和责任进行评估。信用规制"执法金字塔"可以提供一种工具分析框架，帮助规制机构认真考虑各种各样的措施，并在所追求的规制目标与规制措施之间找到正确的匹配，从决定要不要采取规制，到采用何种规制措施。信用规制"执法金字塔"可以包括关于每项规制措施特征的信息，并说明它们之间的相互关系，它还可以提供标准和方法上的考虑因素，作为规制机构在评价信用规制措施是否适当以及与其所追求的规制目标是否相符时的路线图。

在政府规制中，不合规行为的严重性和被规制对象的合规历史影响着规制机构的规制策略设计和规制措施选择。在大多数情况下，规制措施的目的是使被规制对象恢复合规。然而，在某些情况下，规制机构吊销一个被规制对象的营业许可或限制被规制对象进入市场，可能最符合公共利益。在信用规制"执法金字塔"中，规制机构在选择信用规制措施时需要考虑以下几个因素：①被规制对象的不合规行为的类型和动机；②被规制对象的不合规行为所导致的信用风险的高低，应当尽量通过有针对性的规制措施来减少信用风险；③拟选择的信用规制措施需要依赖何种治理资源，规制机构是否能够具有充分的供应或补充，应当优先将资源用于那些解决高风险的规制措施；④拟选择的信用规制措施的干预强度，其可能对被规制对象造成何种程度的限制。

目前，在信用规制实践中，已经有一些地方信用立法以回应性规制理论作为指导，试图对信用规制措施进行分级，丰富信用规制措施的体系结构，为规制机构提供更多选择。例如，《南京市社会信用条例》根据失信行为的严重程度，设计了不同的信用规制措施：对于轻微偶发失信行为，实施信用惩戒豁免；对于列入重点关注名单的失信主体，可以采取失信警示、信用约谈等措施；对于一般失信主体，则可以采取财政补贴限制、增加检查频次、加强现场检查等措施；对于严重失信主体，则采取限制进入相关市场、限制进入相关行业、限制任职资格等措施。尽管上述信用规制措施的适用情形、法律程序、救济途径等还有待进一步完善，但是其所体现的"针锋相对"理念是值得肯定的。

需要指出的是，我国信用规制体制尚处于探索发展过程中，信用规制措施的选择仍然面临诸多挑战，信用规制"执法金字塔"仍然存在很多不确定性。首先，缺乏正确认识和经验仍然是阻碍更多地考虑和选择各种更为匹配的替代性工具的障碍。其次，在中央层面，政府规制部门尚未确定如何使用信用规制措施来协助实施信用规制措施的部门。没有一个框架作为路线图，对于信用规制措施的设计和选择缺乏深入论证，也没有持续的质疑和批判。最后，在政府规制实践中，对于信用规制措施的选择缺乏明确的政策方向和合理的目标设定，这也给适当考虑和选择契合度更高的信用规制措施造成了障碍，很多规制部门在府际竞争压力下，为了"信用规制"而"信用规制"，偏离了信用规制措施本身的运作机理。因此，要使信用规制"执法金字塔"在信用规制实践中发挥实效，为规制机构合理选择信用规制措施提供指引，还需要很多配套制度的完善。

第五章　信用规制措施的目标设定与执行机制

第四节　信用规制措施的实施：采用整体遵守模型

一直以来，理论界主要从规制机构的角度出发对规制进行研究，而忽视了从被规制对象的角度出发对"规制遵守"进行研究，亦即被规制对象对规制作出的回应。规制的政治修辞通常依赖于一个隐含的假设：通过迫使被规制对象遵守规制规则，规制将有效地实现其既定的政策目标。[1]自20世纪70年代以来，为了解决社会、经济、文化等领域的诸多难题，大多数经济较为发达的国家均制定了大量内容复杂的规制规则。尽管这些规则在应对市场失灵方面取得了一定的成效，但是规制规则的增多并未带来"规制有效性"的大幅提升，反而出现了更多规制失灵问题。[2]这种现象也出现在我国政府规制中，"长期以来，行政机关把行政许可当作管理的主要手段，好像不搞行政许可就无法管理。有的管理领域一出事，就说是没有把好'入门关'，就要设许可"。[3]而在历次的行政审批改革中，更是出现了"减少—增加—变相增加"的怪圈。[4]此外，在以"命令-控制框架"为基础的规制制度中，普遍存在一种倾向，即将"执法"（enforcement）等同于对犯罪行为的"起诉"（prosecution）：正式援引法律程序，以便对违反法律的行为实施制裁。

---

〔1〕　See Christine Parker, Vibeke Lehmann Nielsen, "Introduction", in Christine Parker, Vibeke Lehmann Nielsen (eds.), *Explaining Compliance: Business Responses to Regulation*, Edward Elgar, 2011, p.2.

〔2〕　参见经济合作与发展组织编：《OECD国家的监管政策：从干预主义到监管治理》，陈伟译，高世楫校，法律出版社2006年版，第91页。

〔3〕　司法部法制宣传司组织编写：《中华人民共和国行政许可法学习讲座》，中国青年出版社2004年版，第56页。

〔4〕　参见高秦伟："行政许可与政府规制影响分析制度的建构"，载《政治与法律》2015年第9期。

然而，规制遵守和执法的理论研究成果提供了一个重要发现：教育、咨询、说服和协商等一系列非正式的执法手段在整个规制执行过程中很普遍，并且有助于促进规制遵守。[1]

一、规制遵守的理论阐释：客观主义和解释主义

在规制理论中，"遵守"是指个人和组织对规制措施作出的一系列行为和态度上的回应。近年来，越来越多的学者开始对规制遵守（regulatory compliance）展开研究，相关的理论也逐渐成熟。按照克里斯汀·帕克等的总结，目前对规制遵守的理论解释主要有客观主义进路（objectivist）和解释主义进路（interpretivist）两种立场。[2]

客观主义进路强调对概念之间的关联性进行假设性解释，并对该理论进行演绎检验。[3]在这种情况下，被规制对象对规制措施的具体回应（即"遵守"或"不遵守"）将成为因变量。具体而言，在规制遵守研究中，客观主义进路主要侧重于确定和解释个人与组织如何、为何以及在何种情况下会遵守规制，以及何时、为何不遵守规制。在此背景下，"遵守"的核心含义是服从规制义务（regulatory obligation）的行为。客观主义进路包含对遵守和不遵守情况的调查和评估，以及对遵守解释理论的建立和验证，对于那些希望对规制措施实施情况进行评

---

[1] See Bronwen Morgan, Karen Yeung, *An Introduction to Law and Regulation: Text and Materials*, Cambridge University Press, 2007, p. 151.

[2] See Christine Parker, Vibeke Lehmann Nielsen, "The Challenge of Empirical Research on Business Compliance in Regulatory Capitalism", *Annual Review of Law and Social Science*, Vol. 5, 2009, pp. 45~70.

[3] See Christine Parker, Vibeke Lehmann Nielsen, "Introduction, in Christine Parker", Vibeke Lehmann Nielsen (eds.), *Explaining Compliance: Business Responses to Regulation*, Edward Elgar, 2011, pp. 3~6.

估的人而言，客观主义进路具有重要价值。此外，客观主义进路还试图解释遵守和不遵守情况下个人的动机和态度、组织层面的制度和管理过程，以及遵守规则对实现规制目标的实际影响。总体而言，客观主义进路认为，规制遵守不仅包括"形式遵守"（formal compliance），即遵守规制标准，也包括"实质遵守"（substantive compliance），即遵守作为规制计划基础的集体目标。

解释主义进路的目的是探知社会行为者在日常生活中的意义、动机和意图。[1]在这种情况下，规制以及对规制的回应被看作是社会实践，需要从不同的角度并结合其他有意义的社会实践来加以理解。解释主义进路主要是从遵守和不遵守的概念问题出发，研究任务从绘制"遵守"或"不遵守"的程度转向描述和理解组织或个人对规制的整体认知和行为回应，包括创造性遵守（creative compliance）、组织合法化等。所有这些概念都会随着解释主义研究的推进而产生相应的变化，或许创造新的概念，或许具有新的理解。因此，从这个意义上看，可以通过解释主义进路不断丰富客观主义进路的研究对象。总体而言，在解释主义进路中，规制遵守被视为一个复杂的、模棱两可的过程。在这个过程中，规制的意义随着被规制对象在日常生活中的解释、实施和协商而转变。在这里，规制遵守可以是指在实施过程中不同行为者之间的意义和解释、社会习惯与实践之间的互动和沟通。

尽管客观主义进路和解释主义进路之间存在很大的不同，客观主义进路下的规制遵守研究可能对制定循证式规制政策有

---

[1] See Christine Parker, Vibeke Lehmann Nielsen, "Introduction, In Christine Parker", Vibeke Lehmann Nielsen (eds.), *Explaining Compliance: Business Responses to Regulation*, Edward Elgar, 2011, pp.6~8.

助益,而解释主义进路下的规制遵守研究则是批判性的、解构性的。但是,毫无疑问,两种理论视角中的规制遵守均可以帮助阐明实现政策目标以及规制实施的复杂性。

二、规制遵守的影响因素:动机、能力、检查和环境

无论是规制机构的规制目标和规制标准,还是具体的规制措施,被规制对象均有一定的理由对规制作出正面或负面的回应。因此,要改善被规制对象的规制遵守状况,确保规制措施实施的有效性,有必要对影响规制遵守程度的因素进行厘清。

在政府规制实践中,一些国家的规制机构将"规制遵守"作为整个政府规制的核心,并以目录清单的方式对影响规制遵守的因素进行了提炼和总结。例如,经济合作与发展组织通过对各国规制实践的考察研究,认为规制遵守程度的决定要素主要有四类:认识和理解规制要求、规制遵守意愿、规制遵守能力、政府运用和执行规制规则的能力。[1] 又如,荷兰司法部与伊拉斯姆斯大学合作开展了一个有关改善规制遵守的项目,由迪克·鲁姆施托尔(Dick Ruimschotel)博士设计了"11要素表"(Table of Eleven),将影响规制遵守的要素概括为11个因素,用以指导规制执行,提高规制遵守度,如表5-4所示。[2]

---

[1] 参见经济合作与发展组织编:《OECD国家的监管政策:从干预主义到监管治理》,陈伟译,高世楫校,法律出版社2006年版,第93~95页。

[2] See Dutch Ministry of Justice, *The 'Table of Eleven' a Versatile Tool*, Law Enforcement Expertise Centre, Dutch Ministry of Justice, The Hague, 2004, p. 1~25.

第五章 信用规制措施的目标设定与执行机制

表5-4 规制遵守的"11要素表"

主要维度	影响因素
自愿遵守（Spontaneous compliance）	对规制的认识
	成本-收益考虑
	对规制的接受程度
	被规制者的忠诚和服从
	非正式监督
监督（monitoring）	非官方报道的概率
	监督的概率
	检查的概率
	执法人员的选择性
制裁（sanctions）	制裁的概率
	制裁的严厉程度

"11要素表"作为"不遵守"的理由清单，在荷兰的政府规制中被广泛接受和使用，并为其他国家所借鉴。"11要素表"充分吸收了犯罪学、心理学、社会学等学科的理论成果，并吸收了政府规制的实践经验，该表的11个因素可以被视为行为科学参数，可以对被规制对象的遵守行为产生影响。从内容来看，经济性因素是"11要素表"考虑的重点，如"成本-收益考量"主要体现的便是规制实践中存在的行政负担过重、规制遵守成本过高的问题，"制裁的严厉程度"主要针对的是规制实践中制裁成本低于遵守成本，以至于被规制对象宁愿违法接受制裁也不愿意调整行为遵守规定的问题。

在理论研究中，学者们也对影响规制遵守的原因进行了探讨。克里斯汀·帕克等众多学者在《解释遵守》（*Explaining Compli-*

ance)一书中对规制遵守的影响因素进行了系统而深入的研究。他们认为,规制遵守主要有四个相对独立的变量集:①动机。是什么促使企业和个人以不同的方式应对规制呢?从行为动机的角度看,主要包括经济动机、社会动机和规范动机。②组织能力和特征。企业作为被规制对象中最为重要的组织,其对规制作出回应的内部特征和能力。③规制和执法。不同的执法策略和风格将对被规制对象对规制的回应产生影响。④社会和经济环境。规制机构与被规制对象和更广泛的社会、经济和政治环境的互动将对规制遵守产生影响。[1]

综上所述,目前有关规制遵守影响因素的探讨存在诸多共性,它们都深受行为科学、心理学、社会学等学科的影响,这为规制机构更好地制定规制执行策略提供了更为精准、可靠的依据。事实上,根据经典的威慑理论,规制遵守原则上至少是一维决策过程的结果:个人和企业都是自利的效用最大化者,如果规制机构能够迅速发现违法违规行为,并且制裁的概率加上处罚的金额大于不遵守的收益,那么个人和企业就会选择遵从规制。综合已有的研究成果和实践经验,规制遵守的影响因素可以被大致概括为以下四个方面:①动机。规制机构应当从收集的不合规行为的信息中挖掘和总结被规制对象的行为动机,主要可以从经济性和社会性两个方面进行考量,并将这些发现结果贯穿于整个规制执行过程。②能力。规制机构在规制执行中应当了解规制对象的内部特征和遵守能力,同样的规制措施对于不同行业的企业、不同规模的企业、不同性质的企业可能都会产生不一样的影响。③检查。规制机构在规制执行中,应

---

[1] See Christine Parker, Vibeke Lehmann Nielsen, "Introduction, in Christine Parker", Vibeke Lehmann Nielsen (eds.), *Explaining Compliance: Business Responses to Regulation*, Edward Elgar, 2011, p. 5.

当对自身有一个准确的定位和认知,包括其所拥有的规制资源是否充分、可用的规制工具是否充分、采用的规制方式及机制是否合理等问题。④环境。规制机构在规制执行中,应当充分考虑被规制对象所处的社会经济环境,准确把握政府规制与市场机制、社会机制之间的关系,准确把握社会对相关问题的风险容忍度。

三、促进信用规制中的规制遵守:整体遵守模型

对规制遵守的影响因素进行挖掘的目的,除了加深理论界和实务界对规制遵守本身的认识外,更为重要的是为规制措施的实施提供参考,确保规制措施能够发挥实效,顺利实现预期的规制目标。信用规制被视为推动"放管服"改革的重要举措,是应对信用失范和规制失灵的"良善之治"。然而,在当前的信用规制实践中,规制机构仍然是以传统"法律威慑模式"(legal deterrence model)的思维来运用信用规制措施,[1]并未发挥信用规制措施作为新型规制工具的制度优势,反而因为工具误用或滥用而引发合法性质疑。尽管通过规制影响评估可以帮助信用规制措施的设计实现最佳性、通过"执法金字塔"可以帮助信用规制措施的选择实现匹配性,但这离实现预期的规制目标还有一段距离。为了确保信用规制措施的有效性,规制机构应当制定一个规制实施策略,将规制遵守的影响因素纳入,以"鼓励遵守"的理念去实施信用规制措施。

克里斯汀·帕克等提出了一个"整体遵守模型"(holistic

---

[1] See Robert A. Kagan, Neil Gunningham, Dorothy Thornton, "Fear, Duty, and Regulatory Compliance: Lessons from Three Research Projects", in Christine Parker, Vibeke Lehmann Nielsen (eds.), *Explaining Compliance: Business Responses to Regulation*, Edward Elgar, 2011, p. 40.

compliance model），可以将动机、能力、检查和环境这四类影响因素融入其中，有助于了解个人和组织的日常动机、特征和商业模式如何相互作用，从而影响他们对规制义务、执法以及最终对规制遵守的看法，这可以为规制机构制定执行策略提供参考，如图5-4所示。

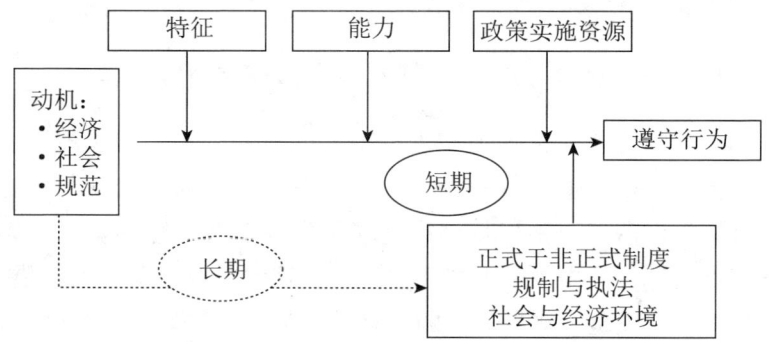

图5-4　尼尔森-帕克整体遵守模型[1]

根据图5-4所示，"尼尔森-帕克整体遵守模型"强调了不同影响因素与能够促进或鼓励规制遵守的不同行为者之间的互动，一些影响因素可能会产生短期影响，如特征、能力、资源等，而另一些影响因素则可能会根据其与其他因素的相互作用，缓慢地促进规制遵守，如各类正式与非正式制度、执法机制、社会与经济环境等。以尼尔森-帕克整体遵守模型作为参考，本书认为，在信用规制措施实施过程中，规制机构应当制定相应的执法策略，同时以"11要素表"作为自评标准，鼓励"自愿遵守"，提升整体的规制遵守程度，确保信用规制的有效性。

---

〔1〕 本图由本书作者翻译制作。See Christine Parker, Vibeke Lehmann Nielsen, "Introduction", in Christine Parker, Vibeke Lehmann Nielsen（eds.）, *Explaining Compliance: Business Responses to Regulation*, Edward Elgar, 2011, p. 5.

（1）信用规制执法机构应当对其执法范围内被规制对象的经济、社会和行为动机进行大致评估，检验信用规制措施是否与这些因素契合。罗伯特·卡根等通过对不同行业中企业环境绩效的观察和访谈研究提出了可能促使企业规制遵守和"超越遵守"行为的三个基本因素：害怕被发现和法律惩罚、担心获得不良声誉的后果、责任感。[1]这与其他一系列规制遵守研究成果的分析相吻合，即对规制遵守的动机分析应当从社会、经济、规范等多元视角出发。正是基于对这些研究成果的归纳与总结，尼尔森-帕克整体遵守模型也表明，规制遵守中的动机影响因素应当是多元互动的。在信用规制实践中，规制机构在条件允许的情况下应当尽可能收集有助于了解被规制对象不同动机的信息，这样才更有利于选择合适的信用规制措施，提高信用规制遵守的程度，实现预期的规制目标。以社会动机的评估为例，信用规制措施的执法机构应当评估受规制的个人或企业在多大程度上致力于赢得与之互动的其他行为者的认可和尊重，包括其他企业、贸易伙伴、员工、客户、社会公众等，而这些其他行为者又在多大程度上重视规制遵守或不遵守？具体而言，信用规制执法机构在实施信用黑名单这一规制措施时，对被规制对象的社会动机进行评估就很重要。对于那些重视其他人的评价和认可的企业或个人而言，信用黑名单因为契合其社会动机，就可以很好地实现影响规制遵守行为的目的；对于那些不重视其他人的评价和认可的企业或个人而言，信用黑名单由于并不契合其社会动机，因而改变被规制对象规制遵守行为的可

---

[1] See Robert A. Kagan, Neil Gunningham, Dorothy Thornton, "Fear, Duty, and Regulatory Compliance: Lessons from Three Research Projects", in Christine Parker, Vibeke Lehmann Nielsen (eds.), *Explaining Compliance: Business Responses to Regulation*, Edward Elgar, 2011, pp. 37~58.

能性就很低。

（2）信用规制执法机构应当对执法范围内被规制对象的组织能力和特征进行大致评估，检验信用规制措施是否与被规制对象的能力和特征相契合。准确把握和研判被规制对象的行为动机固然重要，但是缺乏对被规制对象的组织能力和特征的了解，要提高规制遵守程度也非易事。在规制实践中，被规制企业在经济资源、技术知识、法律意识、管理能力和监督等方面存在差异，这些差异在很大程度上导致了规制遵守行为的差异。[1]劳伦·埃德尔曼（Lauren Edelman）等认为，组织中"场域"的逻辑是理解企业回应规制的出发点，而组织的"场域"是指其他类似组织、客户和供应商对合法性、道德性和合理性的广泛制度化的信念，这种逻辑决定了每个企业对规制和规制遵守的理解。具体而言，组织"场域"逻辑的一个核心内容是维护组织内部的管理权威和自由裁量权，这种逻辑会影响法律领域的逻辑，从而影响组织规制遵守的方式和程度。[2]正因为如此，尼尔森-帕克整体遵守模型才要求规制执法机构重视能力、特征、资源在规制遵守中的作用，而且这些因素是可以在短期内产生影响的。在政府规制实践中，不同规模的企业对规制措施的回应通常不一样。很多规制措施或法律义务对于较大的、领先的企业而言，拥有更好的能力和资源来作出更好的回应，而对于中小微企业或规制遵守能力及资源欠缺的企业而言，很难

---

[1] See Christine Parker, Vibeke Lehmann Nielsen, "The Challenge of Empirical Research on Business Compliance in Regulatory Capitalism", *Annual Review of Law and Social Science*, Vol. 5, 2009, pp. 45~70.

[2] See Lauren Edelman, Shauhin Talesh, "To Comply or not to Comply-that Isn't the Question: How Organizations Construct the Meaning of Compliance", in Christine Parker, Vibeke Lehmann Nielsen (eds.), *Explaining Compliance: Business Responses to Regulation*, Edward Elgar, 2011, pp. 103~122.

作出符合规制机构预期的回应。这种情况在信用规制中也普遍存在,信用承诺、信用黑名单、信用约谈、信用教育等规制措施是否适用于所有行业、所有规模的市场主体,需要进一步进行具体分析和评估。

(3)信用规制执法机构应当对被规制对象所处的社会经济环境有一个准确的认知,同时对可以用于信用规制的其他正式或非正式制度有一个明确的把握。动机、资源、能力等因素均是从被规制对象的内部对规制遵守行为产生影响。除此之外,被规制对象的规制遵守行为还受到外部的正式和非正式制度的影响,这些制度从不同角度对规范社会行为发挥作用,而且还有可能对被规制对象的动机、资源、能力等内部因素产生制约作用,进而影响规制遵守行为。在信用规制实践中,规制执法机构应当充分调动其他组织、社会舆论共同参与到信用规制中,形成协同效应,充分吸收"自我规制""元规制"等规制方式的优点,让政府、市场、社会在信用规制中发挥不同的作用。例如,行业组织针对行业开展相应的信用教育、信用指导、信用评价等活动,可以为政府的信用规制提供良好的基础。有很多信用规制措施的实施(如信用黑名单、各类信用惩戒措施)也有赖于不同行业、不同领域、不同部门之间进行跨界合作。此外,规制机构在执行信用规制时,还应当考虑社会对相关领域的风险容忍度,如涉及食品安全、公共卫生、公共消防等与公共利益密切相关的领域,能否全面实施"信用承诺"更需要进行审慎决策。

在当前的政府规制中,信用规制已经融入了许多传统的或新兴的政府规制领域,同时信用规制措施也与许多传统的政府规制措施相结合,如许可、处罚、强制等,或创造出新的规制措施,或改变传统规制措施的实施方式,或作为混合型规制措施,其目的均在于提高被规制对象的规制遵守度,确保政策目标和行政任务的实现。然而,个人和组织在社会经济活动中的行为方式通常是复杂的,受到各种因素的影响。因此,信用规制执法机构应当尽量避免对被规制对象的行为进行过于简单化的解释,既要盯紧"典型违规"和"关键少数",充分考虑被规制对象的违规行为、违规动机、合规成本、合规资源等因素,也要优化执法检查机制,合理处理"线上监管"与"现场检查""定期抽查"与"专项检查"等不同执法检查形式之间的关系,树立"鼓励遵守"规制理念,努力提高信用规制措施的实效性。

第六章
信用规制程序的价值基础与制度完善

影响商业活动以及消费者、生产者和其他公民的福利之重要决定通常是在正式的规制和行政程序中作出的。[1]因此,在政府规制中,程序、参与和制度设计是目前所倡导的解决一系列规制问题的共同办法:从传统规制模式失灵问题到规制应当如何回应超国家主义或"风险社会"等宏大问题,再到环境、电信、公司法和破产法等较为常见的问题。[2]学术界的主要呼吁是设计使行政活动可问责的程序和制度结构,以加强审议和促进参与,而这通常是在一个更为广泛的主题——"程序化"(proceduralization)——的背景下展开的。[3]英国学者茱莉娅·布莱克认为,"程序化"是一种可以用来解决规制规范的实质性问题的技术,即通过参与和审议形成一种特殊的决策模式来对规制规范的实质性内容进行管理。具体而言,规制的"程序化"可以被分为两种形式,一种是基于自由民主模式的"薄"程序化,另一种是基于民主审议模式的"厚"程序化。[4]不过,"正

---

[1] See Tracy Lewis, Michel Poitevin, "Disclosure of Information in Regulatory Proceedings", *Journal of Law, Economics, & Organization*, Vol. 13, Issue 1 (1997), pp. 50~73.

[2] See Julia Black, "Proceduralizing Regulation: Part I", *Oxford Journal of Legal Studies*, Vol. 20, Issue 4 (2000), pp. 597~614.

[3] See Colin Scott, "The Proceduralization of Telecommunications Law", *Telecommunications Policy*, Vol. 22, Issue 3 (1998), pp. 243~254.

[4] See Julia Black, "Proceduralizing Regulation: Part I", *Oxford Journal of Legal Studies*, Vol. 20, Issue 4 (2000), pp. 597~614.

如法律存在善恶之分，程序也存在优与劣、善与恶的问题。这涉及法律程序的价值内涵问题，即程序的'正当性'问题"。[1]具备"正当性"的程序不仅是迈向"更好规制"的基本条件，也是实现"善治"的必然要求，[2]它可以帮助规制机构收集和提供有关其规制建议的信息。[3]本书第二章在对信用规制实践现状进行考察时，发现当前的信用规制程序还有待完善，尚未满足正当程序的要求，如作出信用惩戒决定时未听取当事人意见、实施信用惩戒措施时未通知当事人、自动化信用评价系统透明度及解释性不足等，这一系列"程序不当"（procedural impropriety）问题不仅让信用规制面临合法性质疑，[4]而且还侵犯行政相对人的合法权益，因此有必要从程序层面对信用规制进行法律控制。

第一节 信用规制程序的基础：程序正义

在社会经济活动中，个人和组织比较常见的社会经历是受到其他人或组织所做决定的影响，而个人和组织对此类决定的反应大致可以被分为接受和不接受。[5]在这种情况下，是什么因素形成了人们的不同反应呢？一项针对正义的社会心理学研究成果表明，除了可取性（desirability）之外，人们接受第三方

---

[1] 孙笑侠：《程序的法理》（第2版），社会科学文献出版社2017年版，第18页。

[2] See Henk Addink, *Good Governance: Concept and Context*, Oxford University Press, 2019, p.16.

[3] See Steven P. Croley, *Regulation and Public Interests: The Possibility of Good Regulatory Government*, Princeton University Press, 2008, p.259.

[4] See Peter Leyland, Gordon Anthony, *Textbook on Administrative Law (Seventh Edition)*, Oxford University Press, 2013, p.373.

[5] 参见[美]艾伦·林德、汤姆·泰勒：《程序正义的社会心理学》，冯健鹏译，法律出版社2017年版，第1~2页。

第六章 信用规制程序的价值基础与制度完善

决定的另一个原因是：做出这些决定的过程是否公平，[1]尤其是在作出使相对方承担负担或享受利益的决定之程序中，程序正义（procedural justice）问题是永恒的主题。[2]信用规制的本质是规制机构作出各种信用规制决定来改变个人或组织的行为。从这个意义上看，信用规制程序也属于"作出使相对方承担负担或享受利益的决定之程序"，因此程序正义问题也成了规制机构和被规制对象共同关注的问题。[3]美国学者汤姆·泰勒提出了"基于过程的规制模式"（process-based model of regulation），从心理学的角度对程序正义、合法性和公民守法之间的关系进行了阐述。其主要有两项基本主张：①人们只要认为警察和司法制度是合法的，就会遵守法律，并与公共当局合作；②人们对合法性的认识是由他们与警察和司法系统的互动经验所决定的。因此，促成制度合法性和公民守法的重要因素是"官民互动"中固有的程序正义。[4]有鉴于此，本书将程序正义作为信用规制程序设定的基础和价值指导。首先对程序正义进行理论阐释，明晰程序正义的基本主张，在此基础上借鉴已有的研究成果对程序正义和规制遵守之间的关系进行阐述，最后对程序正义背景下信用规制程序的功能进行分析。

一、程序正义的理论阐释

"正义"理念在道德、法律和政治哲学中都占据核心位置，

---

[1] See Tom R. Tyler, Yuen J. Huo, *Trust in the Law: Encouraging Public Cooperation with the Police and Courts Through*, Russell Sage Foundation, 2002, p. 49.

[2] 参见［美］迈克尔·D. 贝勒斯：《程序正义——向个人的分配》，邓海平译，高等教育出版社 2005 年版，第 2~3 页。

[3] See Toni Makkai, John Braithwaite, "Procedural Justice and Regulatory Compliance", *Law and Human Behavior*, Vol. 20, Issue 1 (1996), pp. 83~98.

[4] See Tom R. Tyler, "Procedural Justice, Legitimacy, and the Effective Rule of Law", *Crime and Justice*, Vol. 30 (2003), pp. 283~357.

它被适用于个人行为、法律和公共政策，罗尔斯将其描述为"社会制度的第一美德"。[1]在理论研究中，正义的"程序性"（procedural）和"实质性"（substantive）要素相互对应，用于确定如何向人们分配各种利益和负担的程序的公正性与最终分配结果本身的公正性之间的区别。乍一看，程序的公正性似乎可以被简化为应用程序所产生的结果的公正性，但事实并非如此，在某些情况下，独立公正结果的理念是没有意义的。在现代民族国家的语境中，"程序正义"既涉及法律规范适用于特定案件的审判方法，也涉及就社会利益与负担进行划分的立法程序，还涉及行政机关作出授益或损益决定的程序。[2]

在理论研究中，程序正义的研究历史并不算太长。一般认为，美国学者约翰·罗尔斯、约翰·蒂伯和劳伦斯·沃克等人于20世纪70年代率先开启了对程序正义的理论研究。罗尔斯认为，"程序正义"可以被分为三种类型：一是完美的程序正义（perfect procedural justice），即如果遵循程序，就能保证得到公正的结果；二是不完美的程序正义（imperfect procedural justice），即遵循程序很可能会产生公正的结果；三是纯粹的程序正义（pure procedural justice），即没有独立的方法来评估结果，如果我们称其为公正，那只是基于它是通过遵循相关程序产生的。[3]蒂伯和沃克在《程序正义：一种心理学分析》中研究了法律环境下的程序，比较了人们对主要适用于美国、英国的对抗制和主要适用于欧洲大陆的纠问制的满意度。调查结果显示，人们

---

[1] 参见［美］约翰·罗尔斯：《正义论》，何怀宏、何包钢、廖申白译，中国社会科学出版社1988年版，第1页。

[2] See Lawrence B. Solum, "Procedural Justice", *Southern California Law Review*, Vol. 78, Issue 1 (2004), pp. 181~322.

[3] 参见［美］约翰·罗尔斯：《正义论》，何怀宏、何包钢、廖申白译，中国社会科学出版社1988年版，第81~82页。

第六章 信用规制程序的价值基础与制度完善

认为对抗制比其他制度更令人满意。根据蒂伯和沃克的解释,可能造成这种差异的原因之一是,在对抗制中,法官是一个裁判者,其主要任务是让对抗双方进行公平的"竞赛"。此外,蒂伯和沃克还发现,让法律纠纷中的当事人拥有发言权,即解释他们以这种或那种方式行事的动机,可以增加对判决的公平性评价。最后,蒂伯和沃克得出结论:程序很重要,因为当事人认为拥有发言权可能会影响最终的结果,程序为当事人提供了对结果的真实或想象的控制。[1]

在程序正义的理论阐述中,最为重要的是判断程序是否公平的标准问题。对此,学者们提出了不同的判断标准。美国学者杰拉尔德·莱文塔尔(Gerald S. Leventhal)认为,检验程序正义有六个规则:①一致性规则(the consistency rule)。对于一种公平的程序而言,必须对任何人、在任何时候都是同样适用的。②抑制偏见规则(the bias-suppression rule)。个人对程序公平性的判断可能基于一种抑制偏见规则,这种规则规定,在分配过程的所有阶段都应当防止个人私利和盲目效忠于狭隘的先入之见。③准确性规则(the accuracy rule)。个人对程序公平性的判断可以依据准确性规则,该规则规定,分配过程必须以尽可能多的良好信息和知情意见为基础,信息和意见的收集与处理必须尽量减少错误。④可纠正性规则(the correctability rule)。即使是最善意和最称职的决策者也会犯错误或疏忽,因此可纠正性规则规定,在分配过程的所有阶段,个人必须有机会修改和扭转决定。⑤代表性规则(the representativeness rule)。个人对程序公平性的判断可以基于代表性规则,该规则规定,分配过程的所有阶段均必须反映受分配过程影响的个人群体中重要亚

---

[1] See John W. Thibaut, Laurens Walker, *Procedural Justice: A Psychological Analysis*, Lawrence Erlbaum, 1975.

群体的基本关切、价值观和观点。⑥伦理性规则（the ethicality rule）。个人对程序公正性的判断可以基于伦理性规则，该规则规定，分配过程必须符合个人所接受的基本道德和伦理价值，当分配程序违反个人的伦理和道德标准时，人们对程序的公正性评价就会降低。[1]

莱文塔尔提出的程序正义判断规则产生了广泛影响，一些学者以此为参照，提出了许多相关但又不同的判断标准。美国学者史蒂文·克拉克（Steven E. Clark）等认为，在公民与行政机关的互动过程中对程序正义进行主观评估很重要，但还远远不够。从规范性的角度，程序正义的判断标准还来自正义的基本原则，主要包括三项内容：有意义的参与、独立的记忆、独立的记忆与决策过程。[2]澳大利亚学者克里斯蒂娜·墨菲（Kristina Murphy）认为，通常用于界定程序正义的标准包括尊重（respect）、中立性（neutrality）、可信赖性（trustworthiness）和发言权（voice）。[3]尽管不同的学者基于不同的立场可能提出不同的程序正义标准，但是一些基本原则已经得到了普遍承认，主要包括保持中立性、提供陈述的机会、为决定说明理由、形式正义等。[4]总而言之，如果行政机关在与相对人的互动过程中能够

---

[1] See Gerald S. Leventhal, "What Should Be Done with Equity Theory? New Approaches to the Study of Fairness in Social Relationships", in Kenneth Gergen, Martin S. Greenberg, Richard H. Willis (eds.), Social Exchange: Advances in Theory and Research, Springer, 1980, pp. 40~46.

[2] See Steven E. Clark, Molly B. Moreland, Rakel P. Larson, "Legitimacy, Procedural Justice, Accuracy, and Eyewitness Identification", UC Irvine Law Review, Vol. 8, Issue 1 (2018), pp. 41~84.

[3] See Kristina Murphy, "Procedural Justice and Its Role in Promoting Voluntary Compliance", in Peter Drahos (ed.), Regulatory Theory: Foundations and Applications, The Australian National University Press, 2017, p. 44.

[4] 参见［美］迈克尔·D. 贝勒斯：《程序正义——向个人的分配》，邓海平译，高等教育出版社2005年版，第22页以下。

尊重相对人,以不偏不倚的方式处理事务,并且表现出值得信赖的动机,在作出决定前考虑到相对人的关切,充分听取相对人的意见,那么这种互动对于相对人而言,就是符合程序正义的。

二、程序正义与规制遵守之间的关系

如前所述,在规制研究中,对于规制机构而言,确保规制遵守始终是一个核心问题。大量实证研究成果表明,程序正义对提高公共机构的合法性和促进人们遵守法律的意愿具有积极作用。有的学者甚至从最宽泛的角度指出:"行政程序是另一种促进规制遵守的机制。"[1]

从研究方法的角度看,这些研究成果大部分采用了深度访谈、参与观察等实证研究方法,主要聚焦于警察执法、税收规制、养老规制等领域。例如,托尼·马克凯(Toni Makkai)和约翰·布雷斯韦特对341名澳大利亚小型企业组织的首席执行官就商业规制过程中程序正义的看法进行了研究。他们以莱文塔尔提出的一致性、抑制偏见、准确性、可纠正性、代表性、伦理性这六项程序正义规则作为衡量标准。研究结果表明,与规制结果的"有利性"相比,对规制程序"公平性"的看法与规制过程的满意度具有显著关系,在程序正义的六项规则中,除了准确性之外,其他所有规则均与被规制对象对程序公平性的普遍看法密切相关,这意味着这些规则实际上构成了一般意义上的程序正义。[2]杰森·森夏恩(Jason Sunshine)和汤姆·

---

[1] Mathew D. McCubbins, Roger G. Noll, Barry R. Weingast, "Administrative Procedures as Instruments of Political Control", *Journal of Law, Economics, & Organization*, Vol. 3, Issue 2 (1987), pp. 243~277.

[2] See Toni Makkai, John Braithwaite, "Procedural Justice and Regulatory Compliance", *Law and Human Behavior*, Vol. 20, Issue 1 (1996), pp. 83~98.

泰勒对警务正当性的决定因素进行了研究。研究结果表明，警务正当性与公众对警察作出决定和行使权力的程序是否公正的判断有关。如果公众认为警察行使权力时使用的程序是公正的，那么在这种情况下，公众将认为警务行为是正当的，并会配合警务工作。相反，如果警察权力的行使程序是不公正的，将有可能导致疏远、蔑视和不合作。[1]克里斯蒂娜·墨菲等对税收、社会保障、执法三种不同背景下收集的调查数据进行分析。研究结果表明，程序正义对培养那些质疑法律正当性的人遵守法律有较大的作用。这意味着，当规制机构在与被规制对象进行互动时，无论被规制对象是难缠的"钉子户"，还是听话的"良民"，无论他们是单一的个人，还是不同规模的公司，无论这种互动是在面对面的情况下进行的，还是通过自动化程序进行的，均应当始终坚持程序正义。如果规制机构能够做到这一点，那么他们的行为将大大"抑制"被规制对象提出申诉或异议的理由，并促使被规制对象长期自愿遵守法律和行政决定，即使这些法律和决定的正当性可能受到质疑。[2]

越来越多的实证研究成果表明，程序正义可以增强规制机构的正当性，鼓励人们遵守规制机构作出的决定和规则。因此，理解和解释为什么出现这种情况的理论机制非常重要。早期的研究成果主要以一种工具主义视角来看待程序正义。比较有代表性的观点是前文提到的约翰·蒂伯和劳伦斯·沃克，他们提出了"过程控制"理论。该理论假设，如果人们认为他们对有

---

[1] See Jason Sunshine, Tom R. Tyler, "The Role of Procedural Justice and Legitimacy in Shaping Public Support for Policing", *Law and Society Review*, Vol. 37, Issue 3 (2003), pp. 513~548.

[2] See Kristina Murphy, Tom R. Tyler, Amy Curtis, "Nurturing Regulatory Compliance: Is Procedural Justice Effective When People Question the Legitimacy of the Law?", *Regulation & Governance*, Vol. 3, Issue 1 (2009), pp. 1~26.

第六章　信用规制程序的价值基础与制度完善

关其争端的决定有控制权，那么他们就会认为作出这些决定的程序是公正的。相反，如果人们认为他们对纠纷的最终结果缺乏控制，那么他们就更有可能认为这一过程是不公正的。在这种理论中，人们特别关注发言权和控制权。具体而言，就是个人的发言能够最终影响公共机构作出的决定。[1]随着时代的发展，越来越多的研究成果开始偏离最初的工具主义视角，这些理论认为，程序正义对人们很重要，因为它传达了一个人在社会中的身份、价值和地位的重要象征性信息。因此，社会认同（social identity）构成了解释为什么程序正义对人们产生如此影响的核心理论机制。[2]这些理论表明，从公共部门那里获得程序正义的经历对正当性认知和遵纪守法行为有积极影响，因为这种经历加强了人们与公共机构所代表的社会群体的联系，这反过来又促进了人们对群体规范和价值观的忠诚，并鼓励遵守法律。[3]最近的理论研究成果则开始关注情绪（emotion）对于理解程序不公正对正当性、不遵守行为影响的重要性。朱莉·巴克沃思（Julie M. Barkworth）等认为，在解释程序正义对规制遵守的影响之理论模型中，应当考虑被规制对象的情绪问题；如果警察希望有效地管理公民的行为并促进法律的遵守，他们应当以程序正义对待公民。[4]

---

[1] See John W. Thibaut, Laurens Walker, *Procedural Justice: A Psychological Analysis*, Lawrence Erlbaum, 1975.

[2] See Kristina Murphy, "Procedural Justice and Its Role in Promoting Voluntary Compliance", in Peter Drahos (ed.), *Regulatory Theory: Foundations and Applications*, The Australian National University Press, 2017, p. 48.

[3] See Steven L. Blader, Tom R. Tyler, "Testing and Extending the Group Engagement Model: Linkages Between Social Identity, Procedural Justice, Economic Outcomes, and Extra-role Behavior", *Journal of Applied Psychology*, Vol. 94, Issue 2 (2009), pp. 445~464.

[4] See Julie M. Barkworth, Kristina Murphy, "Procedural Justice Policing and Citizen Compliance Behaviour: the Importance of Emotion", *Psychology, Crime & Law*, Vol. 21, Issue 3 (2015), pp. 254~273.

三、程序正义下信用规制程序的功能

通过上文的分析可知，程序正义在规制实践中可以发挥重要作用。一方面，程序正义可以提高被规制对象与规制机构合作的意愿，可以鼓励被规制对象自愿遵守法律；另一方面，程序正义可以促进被规制对象对规制机构的认同，减少消极情绪和抵触情绪，还可以建立对规制机构正当性的认识，使被规制对象感到更有义务遵守规制机构的规则和决定。此外，从最广义的角度看，行政上的程序正义之所以必须获得保障，按照我国学者蔡茂寅等的总结，主要有两方面原因：一是仅仅依靠实体规范无法达成"行政的民主统制"之目标，因此有必要通过程序保障以周全公民的权益保护；二是从民主主义、国民主权的观点出发，有必要保障国民居于主权者的主体地位，参与行政决定的作成。[1]综合上述考量，程序正义与信用规制之间存在内在关联性，因此信用规制程序应当以程序正义作为基础。在此背景下，立法机关或规制机构在设定信用规制程序时应当将程序正义贯穿于整个信用规制过程，使信用规制程序在增强信用规制正当性的同时鼓励被规制对象自愿遵法守约。

（1）以程序正义为基础的信用规制程序将更有利于实现行政程序的一般功能。有关行政程序（法）的一般功能，学者们有不同的观点和表述，但其核心主张基本趋于一致。[2]我国学

---

[1] 参见蔡茂寅等：《行政程序法实用》（第4版），新学林图书出版有限公司2013年版，第3页。

[2] 王万华教授认为，在现代民主法治国家，行政程序法主要具有三个方面的功能：①保证实体法正确实施，实现实体正义；②制约行政权力、保护相对人权利，保证行政过程的公正，实现程序正义；③实现资源合理配置，提高行政效率。参见王万华：《行政程序法研究》，中国法制出版社2000年版，第34~41页。

第六章　信用规制程序的价值基础与制度完善

者吴庚认为,从比较法的角度看,行政程序的主要功能大致有五项:①贯彻依法行政。对行政行为的合法性审查不能仅仅通过结果来予以衡量,还可以通过在过程中设置各种程序性规范,从程序上保障合法性。②维持行政决定的正确性。通过设置一定的程序规范,可以为事实认定和法律适用的正确性提供保障。③为相对人提供参与决策的机会。在现代民主法治国家,行政机关作成与相对人合法权益密切相关的决策,应当给予相对人参与的机会,如此才能符合民主原则。④代替行政争讼程序。在现行法制度下,行政决定作成后的司法审查存在漏洞,事后的行政救济制度具有局限性,有必要从事前程序着手构建完善的权利保护网络。建立完备的行政程序后,可以在一定程度上减少行政复议或行政诉讼的审级。⑤保障人民权益。在现代法治民主国家,行政程序也应当以保障人民权益作为其最终目的。[1] 以程序正义为基础的信用规制程序可以通过将诸如一致性、无偏见性、准确性、可纠正性、伦理性等程序正义标准具体化为一系列程序正义制度,实现行政程序保障人民权益、制约行政权力、提高行政效能等一般功能。

（2）以程序正义为基础的信用规制程序将更有利于增强信用规制正当性和促进信用规制遵守。如前所述,程序正义对规制遵守行为的积极作用已经在各种规制领域中得到证明。信用规制不同于传统纯粹的"命令-控制"规制模式,对个人或组织行为进行积极禁止或消极限制并非其主要目的,其终极目标是鼓励个人或组织自愿遵法守约。传统"命令-控制"规制模式是在人们担心可能被抓住和受到惩罚可能性的基础上建立公众的规制遵守。这种以威慑为基础的规制模式取决于公共机构是否

---

[1] 参见吴庚:《行政法之理论与实用》（增订第 8 版）,中国人民大学出版社 2005 年版,第 336~337 页。

有能力创造和维持对不法行为进行惩罚的可信威胁。已有的研究成果已经表明，尽管威慑会影响与法律有关的行为，但是在现代民主法治国家，公共机构难以仅仅通过事无巨细的监控来维持基于威慑的可行法律制度。[1]正当性在塑造人们与法律有关的行为方面发挥的重要作用表明，有可能建立一个自我规制的社会。在这个社会中，个人或组织将促进自愿服从法律和规制机构的价值观念内化，这样的社会是以同意和合作为基础的，这种合作来自人们在与公共机构的互动过程中对程序正义的感受，而不是被捕或惩罚的风险。汤姆·泰勒将这样的社会称为"守法社会"（law-abiding society）。[2]研究成果已经证明，创造和维护"守法社会"的一个核心要素是判断公共机构是否按照程序正义行使其权力。[3]"程序公平是任何规制机构合法性的一个重要方面"，[4]以程序正义为基础的信用规制程序，可以在很大程度上弱化行政权力单方行使的"高权"色彩，争取行政相对人的理解、信任和支持，[5]减少规制过程中可能存在的"不合作"情绪，增强信用规制正当性和可接受性，促进信用规制遵守，实现规制目标。

---

[1] See Tom R. Tyler, "Public Trust and Confidence in Legal Authorities: What do Majority and Minority Group Members Want from the Law and Legal Institutions?", *Behavioral Sciences & the Law*, Vol. 19, Issue 2 (2001), pp. 215~235.

[2] See Tom R. Tyler, "Trust and Law Abidingness: A Proactive Model of Social Regulation", *Boston University Law Review*, Vol. 81, Issue 2 (2001), pp. 361~406.

[3] See Tom R. Tyler, "Procedural Justice, Legitimacy, and the Effective Rule of Law", *Crime and Justice*, Vol. 30, 2003, pp. 283~357.

[4] Robert Baldwin, Martin Cave, Martin Lodge, *Understanding Regulation: Theory, Strategy, and Practice*, Oxford University Press, 2012, p. 340.

[5] 参见吴庚：《行政法之理论与实用》（增订第8版），中国人民大学出版社2005年版，第336页。

第二节　信用规制程序的内容：正当法律程序

如果将程序正义作为信用规制的一种"程序理性"，那么对于信用规制法治化而言，一个与此相关的也更为紧迫的问题是：程序正义如何通过制度化的方式在信用规制中予以实现？在理论上，正当法律程序被视为一种特殊的正义观念，它是在行使政治权力时适用一般正义原则而产生的，它是实现公正法律制度的一种手段。美国学者西蒙娜·格罗斯（Simona Gross）认为："正当程序原则是所有程序规则和学说蓬勃发展的源泉。该原则包含了公平、合理和效率的思想，所有这些都需要衡量、平衡。"[1]正当法律程序可以被认为是要求程序符合"程序正义"的要求，而程序正义既是一般的正义原则，也是现代法治观念的一个基本特征。[2]有鉴于此，本书认为，将正当法律程序的一般原理和基本制度应用于信用规制程序中是实现程序正义的重要途径。

一、正当法律程序在美国的兴起与发展

在美国，宪法是行政机构必须遵守的许多程序性原则的来源，尤其是"正当程序条款"（Due Process Clauses）。在理论上，"正当法律程序"也被称为"正当程序"，是一项内涵丰富且复杂的公法原则，适用于立法机关、行政机关、司法机关等不同主体的行为。对"正当法律程序"这一概念，最广为人知的理

---

[1] Simona Grossi, "Procedural Due Process", *Seton Hall Circuit Review*, Vol. 13, Issue 2 (2017), pp. 155~202.

[2] See David Resnick, "Due Process and Procedural Justice", *NOMOS: American Society for Political and Legal Philosophy*, Vol. 18, 1977, pp. 206~228.

解是：正当法律程序代表了一种最广义的"正义"。[1]美国联邦最高法院大法官菲利克斯·法兰克福（Felix Frankfurter）曾进行如下描述："归根结底，'正当程序'表达了法律对英美宪政历史和文明数百年来所形成的公正待遇感（feeling of just treatment）的尊重……它代表了人与人之间，尤其是个人与政府之间的一种深刻的公平态度（attitude of fairness），它包含了历史、理性、过去的决策过程，以及对我们所宣称的民主信仰力量的坚定信心。"[2]这种方法消除了这个概念中一些最棘手的矛盾，就好像形式上的法律理性和普遍的"公平"观念可以被正当程序的"炼金术"混合在一起。

我国行政法制深受德日的大陆法系传统影响，奉"依法行政"为圭臬，强调法律优位和法律保留在控制行政权力中的作用。正当法律程序虽源自英美法系国家，但亦为我国行政法理论与实务所采纳，并成了重要的公法原则，作为拘束行政权力行使的依据，"正当性"亦成了我国行政程序的重要标准。[3]不过，由于正当法律程序在我国的理论构筑与实践探索还相对比较薄弱，若要深入把握正当法律程序的一般原理，有必要追本溯源，求诸国外的相关理论与实务经验。美国的宪法规定、联邦最高法院的判决以及公法理论，对正当法律程序均有相当丰富的积累，适合作为学术探讨的起点。

（一）正当法律程序的历史沿革

尽管在1215年《英国大宪章》（Magna Carta）中没有出现"正当法律程序"的字眼，但该宪章通常被视为是"正当程序条

---

[1] See Michel Rosenfeld, Andras Sajo (eds.), *The Oxford Handbook of Comparative Constitutional Law*, Oxford University Press, 2013, p. 934.

[2] Joint Anti-Fascist Refugee Committee v. McGrath, 341 U. S. 123.

[3] 参见江必新："行政程序正当性的司法审查"，载《中国社会科学》2012年第7期。

第六章　信用规制程序的价值基础与制度完善

款"（Due Process Clauses）的历史先例。[1]随着英国历代国王的登基，每一任国王都重新颁布和重申宪章，有时还进行修改。"正当法律程序"这一用语在1354年重新颁布的宪章中首次提出，术语"the law of the land"被替换成"due process of law"。[2]伴随着殖民地政府在美洲新大陆的建立，移居美洲的殖民者主张自己享有与在英国相同的法律保护。因此，殖民地宪章和早期法律以某种形式保留了《大宪章》和1354年法规最初提供的保护，当然也包括"正当法律程序"。

　　1791年《美国联邦宪法第五修正案》首次将正当法律程序予以明文化，[3]其主要涉及刑事诉讼程序，紧随正当程序条款之后的是一项禁止强迫自证其罪的条款。尽管《美国联邦宪法第五修正案》的重点是刑事诉讼程序，但美国学者罗德尼·莫特（Rodney Mott）认为："毫无疑问，《美国联邦宪法第五修正案》被期望限制任意滥用政府权力，无论滥用的来源是什么，一个完全站得住脚的假设是，正当程序条款的目的是作为一种普遍的限制，在任何类型的案件中，在它应该出现的情况下制

---

[1] 1215年《英国大宪章》第39章规定："任何自由人，如未经其同等地位之人并（或）依据这块土地上的法律（the law of the land）作出合法裁判；皆不得被逮捕，监禁，没收财产，剥夺法律保护权，流放，或加以任何其他形式的损害。"参见齐延平：《自由大宪章研究》，中国政法大学出版社2007年版，第177页。

[2] 1354年英国国王爱德华三世第二十八号令第三章中规定："任何人未经审判不受处罚。并且，任何人无论其地产和社会地位如何，未经依据正当法律程序（due process of law）的讯问不得被剥夺土地、保有物，不得被逮捕、监禁、剥夺继承权，不得被处死。"参见齐延平：《自由大宪章研究》，中国政法大学出版社2007年版，第192页。

[3] 《美国联邦宪法第五修正案》规定："无论何人，除非根据大陪审团的报告或起诉书，不受死罪或其他重罪的审判，但发生在陆、海军中或发生战时或出现公共危险时服役的民兵中的案件除外。任何人不得因同一犯罪行为而两次遭受生命或身体的危害；不得在任何刑事案件中被迫自证其罪；不经正当法律程序，不得被剥夺生命、自由或财产。不给予公平赔偿，私有财产不得充作公用。"

止暴政。"[1]1868年《美国联邦宪法第十四修正案》第1款中也出现了"正当法律程序",并规定将此一原则的适用范围从法律、联邦中央政府的行为,扩大到各州政府的法律。[2]

(二)正当法律程序的主要争议

尽管"正当法律程序"获得了美国宪法修正案的确认,但是其仍然存在很多争议,并在美国宪法理论与司法实践中引发了广泛讨论。通过对这些主要争议及其基本共识的梳理,可以进一步加深我们对正当法律程序的认知。

(1)谁有资格成为受正当程序保护的"人"(person),正当程序条款是只保护"个人"(individuals),还是包括无生命实体,如公司、工会,甚至政府本身?从美国的司法实践来看,美国联邦最高法院对正当程序条款中的"人"的解释与这一词语的常识性定义有所不同。早在1886年,美国联邦最高法院就指出,《美国联邦宪法第十四修正案》的规定"普遍适用于领土管辖范围内的所有人,不考虑种族、肤色或国籍上的任何差异"。[3]长期以来,美国联邦最高法院一直将私营公司(private corporations)视为受正当程序条款保护的"人"。在得出公司是正当程序条款下的"人"这一结论时,美国联邦最高法院指出:"这些公司只是为了一个特殊目的而联合起来的个人协会(associations),并被允许以一个特定的名称开展业务。"[4]美国联邦

---

[1] Rhonda Wasserman, *Procedural Due Process: A Reference Guide to the United States Constitution*, Praeger Publishers, 2004, p. 6.

[2] 《美国联邦宪法第十四修正案》第1款规定:"所有在合众国出生或归化合众国并受其管辖的人,都是合众国的和他们居住州的公民。任何一州,都不得制定或实施限制合众国公民的特权或豁免权的法律;不经正当法律程序,不得剥夺任何人的生命、自由或财产;在州管辖范围内,也不得拒绝给予任何人以平等法律保护。"

[3] Yick Wo v. Hopkins, 118 U. S. 356.

[4] Pembina Consol. Silver Mining & Milling Co. v. Pennsylvania, 125 U. S. 181.

第六章 信用规制程序的价值基础与制度完善

最高法院和下级法院没有明确涉及县、市、自治市或州的其他分支是否属于《美国联邦宪法第十四修正案》规定的"人"的问题,但认为这些实体不得对自己的州提出《美国联邦宪法第十四修正案》的要求。美国联邦最高法院曾指出:"市政公司只是州的产物,没有资格援引宪法《美国联邦宪法第十四条修正案》的规定来违背其创造者的意愿。"[1]

(2) 由于正当程序条款只保护个人免受政府行为而非私人行为的侵害,那么谁有资格成为"国家"(state)或"政府"(government)行为者?换言之,私人行为者在什么时候参与政府行动,才有资格成为宪法意义下的国家行为者?在司法实践中,美国联邦最高法院一方面将正当程序条款的适用限定在政府行为,不包括私人行为,另一方面又仔细审查名义上的私人行为,以确定是否存在国家行为,确保在国家实际上应当对受质疑的行为负责时,宪法标准得到遵守。[2]美国联邦最高法院认为,国家行为需要具备两个要素:①所称"剥夺"必须是由于行使一项权利或特权,而该权利或特权的来源是国家;②被控剥夺权利的一方必须是国家行为者。[3]

(3) 受正当程序条款保护的"利益"包括哪些?"财产"(property)一词是否包含不动产以外的任何东西?有形个人财产是否受到保护?就业、声誉等非有形利益是否受到保护?长期以来,根据联邦最高法院的判例,每一个程序性正当程序案件都需要适用一个由两部分组成的检验标准:第一,原告是否被剥夺了受保护的"生命""自由"或"财产"利益;第二,

---

[1] Coleman v. Miller, 307 U. S. 433.
[2] Brentwood Acad. v. Tenn. Secondary Sch. Ath. Ass´n, 531 U. S. 288.
[3] Am. Mfrs. Mut. Ins. Co. v. Sullivan, 526 U. S. 40.

如果是的话，现有的程序是否符合正当程序。[1]联邦最高法院承认，正当程序保护个人不被剥夺政府分配的财富，这取决于所涉财富的类型。法院首先保护的是与个人谋生自由密切相关的各类"大礼"（largess），如职业许可证和特许经营权。随着时间的推移，在社会和政治剧烈变化的背景下，联邦最高法院在其他形式的"大礼"（包括政府就业和福利）的背景下，对权利与特权的区别进行了权衡。

（4）当政府行为者在剥夺一个人的受保护利益时，应当具备何种心态才能触发正当程序保护？是故意、过失，还是重大过失？在"Parratt v. Taylor案"中，美国联邦最高法院认为，即使是疏忽造成的损失，也相当于正当程序意义下的剥夺财产。鲍威尔大法官在一份单独意见中表达了不同意见。他认为，国家行为者的过失行为并不构成"宪法意义上的'剥夺财产'……'剥夺'是指故意拒绝向某人提供某种东西的行为，或至少是故意决定不采取行动以防止损失"。[2]几年以后，在"Daniels v. Williams案"中，鲍威尔大法官在"Parratt案"中的立场获得大多数法官的支持。美国联邦最高法院推翻了"Parratt案"，多数意见指出："根据《美国联邦宪法第十四修正案》，国家官员仅仅缺乏应有的注意，就有可能'剥夺'个人的生命、自由或财产。"[3]

在美国，正当法律程序没有被编纂成具体且明确的法律规则，也没有被简化为一个"一刀切"的公式。相反，它要求认真考虑与公平、合理有关的一系列因素，并认真平衡直接、间接涉及的各方主体和行政机构之间的各种利益冲突。因此，理

---

[1] Mathews v. Eldridge, 424 U. S. 319.

[2] Parratt v. Taylor, 451 U. S. 527.

[3] Daniels v. Williams, 474 U. S. 327.

解正当法律程序的范围和轮廓对于制定能够在民主法治制度中取得最佳结果的程序性和实质性规则至关重要。[1]

(三) 正当法律程序的两种类型

尽管"正当程序条款"在美国的宪法文本中所占篇幅相对较少,但却成了美国宪法中一项复杂而又重要的原则。"正当程序"通常也被分为程序性的和实体性的,虽然这两种类型的程序具有共同的渊源,并且在分析上互相依赖,但却形成了相当不同的学说理论和司法实践。

"程序性正当程序"(procedural due process)的概念意味着,政府行为必须符合公平(fairness)对待个人的最低标准。这一宪法原则为美国联邦法院提供了一个重要的工具,当适用的法律法规(命令)允许行政机构以非正式方式行事时,联邦法院可以用它来监督联邦行政机构的决策程序。同样重要的是,该原则使联邦司法机构对州和地方机构的决策方法有一定程度的控制,否则这些机构的决策方法几乎完全受州法管辖。总体而言,对行政行为适用正当程序条款的司法判决已经形成了一个相当明确的分析框架:①政府行政行为是否剥夺了一个人的生命、自由或财产;②如果是,那么政府作出行政决定的程序是否"正当"。[2]

"实体性正当程序"(substantive due process)意味着正当程序不仅保护某些法律程序或程序权利,而且还保护与程序无关的某些基本权利,如经济自由、隐私、生殖、教育等权利经常成为实体性正当程序案例中的争议焦点。一般认为,"Lochner

---

[1] See Simona Grossi, "Procedural Due Process", *Seton Hall Circuit Review*, Vol. 13, Issue 2 (2017), pp. 155~202.

[2] See Simona Grossi, "Procedural Due Process", *Seton Hall Circuit Review*, Vol. 13, Issue 2 (2017), pp. 155~202.

v. New York 案"使美国联邦最高法院开始正式讨论实体性正当程序的相关问题。[1]在该案中,美国联邦最高法院认为:"就其业务订立合同的一般权利是受第十四修正案保护的个人自由之一部分。"不过,早在"Lochner 案"之前,美国联邦最高法院就反驳了这样的论点,即《美国联邦宪法第十四修正案》的正当程序条款可能包含了经济性权利这一实体性内容。[2]到 19 世纪末 20 世纪初,实体性正当程序已经成为质疑州或联邦政府行为的重要依据。在"Allgeyer v. Louisiana 案"中,[3]美国联邦最高法院就以正当程序为由一致宣布一项州法规无效,从而开始使用实体性正当程序作为支持或反对社会改革的工具。

近年来,美国学术界一直在争论"正当法律程序"一词的含义,以及它是否既包括实质性内容,也包括程序性内容。有学者认为,"实质性正当程序"是一个多余的概念,因为"对某些程序的适当性(即正当性)的探究,不能或不可能不考虑相关损失的实质",这个术语实际上是一种"宪法拟制"(constitutional meme),它是一种在宪法文化中通过模仿而不是(必然)通过逻辑说服来复制的观念。[4]还有学者认为,在《美国联邦宪法第十四修正案》通过以后,法院将适用于市政府的普通公司法以及合同法和消极的商业条款学说等不同学说以"正当法律程序"的一般名义结合起来,从而产生了"实质性正当程序"。[5]由于本书主要以信用规制程序的制度建构为目标,因此

---

[1] Lochner v. New York, 198 U.S. 45.

[2] Slaughter-House Cases, 83 U.S. 36.

[3] Allgeyer v. Louisiana, 165 U.S. 578.

[4] See Jamal Greene, "The Meming of Substantive Due Process", *Constitutional Commentary*, Vol. 31, Issue 2 (2016), pp. 253~294.

[5] See Ilan Wurman, "The Origins of Substantive Due Process", *University of Chicago Law Review*, Vol. 87, Issue 3 (2020), pp. 815~882.

程序性正当程序更能直接提供相应的为借鉴经验，故而在下文的论述中主要以程序性正当程序为主。

二、程序性正当程序的基本要素

在美国，程序性正当程序最为常见和最基本的讨论领域是民事与行政领域。[1]早在"Joint Anti-Fascist Comm. v. McGrath 案"中，美国联邦最高法院就表达了如下观点："在被判决遭受任何形式的严重损失之前，即使可能不涉及刑事定罪带来的污名化和困境，公民也有发表意见的权利，这是我们社会的一项基本原则。"[2]由于美国宪法修正案并未对正当法律程序的确切标准进行明确规定，因此在有关程序性正当程序的分析中，"何种程序是正当的"（what process is due）、"有多少程序才算是正当的"（how much process is due）等问题常常引发争议。

人们寄希望于法院能够对程序性正当程序作出明确的技术性定义，并且形成一个足以判断程序正当与否的公式。然而，实际情况却相去甚远，美国联邦最高法院一直坚持其长期以来的一贯立场，即正当程序的内容极为灵活，很难进行精确定义。[3]此外，实证主义观点认为，法院不应当在界定什么程序是满足宪法要求的必要程序方面发挥作用。相反，应当将这一任务交给立法机关，如果立法机关没有承认对某一程序的权利，那么它就根本不是任何意义上的"正当"程序。[4]不过，对于此种观点，理论与实践都给予了批判与回应。美国学者马丁·瑞斯

---

[1] See E. Thomas Sullivan, Toni M. Massaro, *The Arc of Due Process in American Constitutional Law*, Oxford University Press, 2013, p. 91.

[2] Joint Anti-Fascist Refugee Committee v. McGrath, 341 U. S. 123.

[3] Schweiker v. McClure, 456 U. S. 188.

[4] See Frank H. Easterbrook, "Substance and Due Process", *Supreme Court Review*, Vol. 1982 (1982), pp. 85~126.

(Martin H. Redish)等认为,这种正当程序观点可能会让有效的程序保障沦为所有立法规范的"橡皮图章"。此外,这种观点所依据的历史证据并未提供真正的支持。[1]美国联邦最高法院在"Murray v. Hoboken Land & Improv案"中认为:"显而易见,立法权并不能制定任何可能设计的程序。该条对政府的立法权、行政权和司法权都是一种限制,不能解释为让国会仅凭自己的意愿就可以自由地制定任何程序,使之成为'正当法律程序'。"[2]

对于美国联邦最高法院采取的正当程序"灵活模式",学者们也进行了批判。马丁·瑞斯等认为,虽然在某种程度下灵活性是必要的,也是可取的,但是只有建立一个坚实的、以价值为导向的"底线",并将其作为程序性正当程序的"基础",才能发挥这种灵活性的作用。如果缺乏这样的底线,正当程序的灵活性就有可能使程序保障取决于立法选择,这与实证主义进路的结果是一致的。[3]尽管美国联邦最高法院在大多数情况下主要采取正当程序"灵活模式"立场,并未对正当程序的确切标准作出系统性界定,但是其仍然通过一系列判例,逐步确立了程序性正当程序的基本要素。

(1)通知相对一方有关的事实和权利。在"Mullane v. Cent. Hanover Bank & Trust案"中,原告Cent. Hanover Bank & Trust依据《纽约州银行法》第100-c条设立了一个共同信托基金,

---

[1] See Martin H. Redish, Lawrence C. Marshall, "Adjudicatory Independence and the Values of Procedural Due Process", *Yale Law Journal*, Vol. 95, Issue 3 (1986), pp. 455~505.

[2] Den Ex Dem. Murray v. Hoboken Land & Improv. Co., 59 U.S. 272.

[3] See Martin H. Redish, Lawrence C. Marshall, "Adjudicatory Independence and the Values of Procedural Due Process", *Yale Law Journal*, Vol. 95, Issue 3 (1986), pp. 455~505.

第六章 信用规制程序的价值基础与制度完善

并申请作为共同信托人对其第一个账户进行结算。申请提出后,被告马兰(Mullane)被指定为特别监护人,其向受益人发出的唯一通知是在当地报纸上刊登了一份严格遵守《纽约州银行法》第100-c条的公告。原告主张依据《纽约州银行法》第100-c条在报纸上刊登公告不足以满足正当程序的要求。美国联邦最高法院认为,《纽约州银行法》第100-c条规定的通知要求是不充分的,因为它没有考虑其他能够让利益相关者更容易获得信息的方式。在对程序性正当程序进行分析中,美国联邦最高法院认为:"在任何可能做出最终决定的程序中,正当程序的一项基本要求是,在所有情况下合理地发出通知,使有关各方能够了解相关情况,并向他们提供提出反对意见的机会。"[1]

(2)为相对一方提供有效的听证机会。在"Goldberg v. Kelly案"中,原告凯利(Kelly)等人主张,州主管部门在未事先通知和举行听证的情况下,终止了他们依据"对有子女家庭补助计划"(Aid to Families with Dependent Children)所领取的公共援助,这违反了宪法正当法律程序的规定。在原告提起诉讼后,州主管部门采取了通知和听证程序,原告认为在终止公共援助后再举行听证仍然不符合正当程序的要求。美国联邦最高法院认为,州主管部门如果向某一特定受益人支付公共援助金,在未提供举行听证的机会的情况下便终止给付,违反了《美国联邦宪法第十四修正案》的正当程序条款。在对程序性正当程序进行分析时,美国联邦最高法院认为:"正当法律程序的基本要求是有机会发表意见,听证必须在有意义的时间以有意义的方式进行。"在此基础上,美国联邦最高法院分析了听证程序应当具备的几个要素:①根据正当程序原则,"必须根据被听取意见者的能力和情况,提供发表意见的机会";②如果重要决

---

[1] Mullane v. Cent. Hanover Bank & Trust Co., 339 U.S. 306.

定取决于事实问题,正当程序要求提供"对质和交叉询问"的机会;③如果政府的行为严重侵害了个人利益,而行为的合理性又取决于事实的认定,那么用于证明该事实的证据就必须向个人充分披露;④如果按照正当程序要求需要举行证据的听证,还应当允许当事人聘请律师;⑤听证会必须由一位公正的听证官主持。[1]

(3) 主持程序活动的决定者必须是公平的、公正的和独立的。在"In re Murchison案"中,美国联邦最高法院认为:"在公正的法庭上进行公正的裁判是正当程序的基本要求……任何人都不能成为自己案件的法官,任何人都不允许审理与结果有利益关系的案件。"[2]在随后的诸多判例中,美国联邦最高法院不断重申前述判例中的主张,将"公正的决定制作者"(impartial decision-maker)作为程序性正当程序的基本要素之一。例如,在"Withrow v. Larkin案"中,美国联邦最高法院认为:"在公正的法庭上进行公正的裁判是正当程序的基本要求。"这适用于进行裁决的行政机构以及法院,有偏见的决定制作者不仅在宪法上是不可接受的,而且"法律制度一直在努力防止这种不公平的可能性"。[3]

美国联邦最高法院对于程序性正当程序一系列基本要素的确认推动了程序性正当程序的理论与实践发展,尤其是"Mathews v. Eldridge案",该案系统阐述了所有程序性正当程序案件的相关因素,主导了现代程序性正当程序的发展。[4]在"Mathews

---

[1] Goldberg v. Kelly, 397 U. S. 254.
[2] In re Murchison, 349 U. S. 133.
[3] Withrow v. Larkin, 421 U. S. 35.
[4] See Gary Lawson, Katharine Ferguson, Gullermo A. Montero, "Oh Lord, Please Don't Let Me Be Misunderstood: Rediscovering the Mathews v. Eldridge and Penn Central Frameworks", *Notre Dame Law Review*, Vol. 81, Issue 1 (2005), pp. 1~52.

v. Eldridge 案"中，美国联邦最高法院认为："程序性正当程序对剥夺个人'自由'或'财产'利益的政府决定施加了限制，这是第五修正案和第十四修正案'正当程序条款'的题中之意"，"在个人最终被剥夺财产利益之前，必须进行某种形式的听证……这是我们社会的一项基本原则"，"在确定行政程序是否符合正当程序时，应当考虑的一个因素是现有程序的公平性和可靠性，以及额外程序保障措施的可能价值"。[1]此外，"Mathews v. Eldridge 案"的重要意义还在于它对程序性正当程序的衡量标准进行了系统阐述，本书将在下文进行详细分析。总而言之，程序性正当程序的基本要素通过美国联邦最高法院的一系列判例得以逐步确认，并且逐渐形成一种基本共识，这种共识也获得了州法院的认可。例如，在"Commonwealth v. Thompson 案"中，宾夕法尼亚州最高法院认为："虽然无法对程序性正当程序给出确切的定义，但是其基本要素主要包括充分的通知、发表意见的机会以及在对案件有管辖权的公平、公正的法庭上为自己辩护的机会。"[2]

三、程序性正当程序的衡量标准

尽管对程序性正当程序的基本要素已经形成初步共识，但是由于行政机关的职能、结构、起源存在差异，导致它们在"移植"程序性正当程序时并不完全一致。换言之，在具体情形中如何判断程序的构成符合正当程序尚无明确的衡量标准。美国联邦最高法院在"Morrissey v. Brewer 案"中也曾发出告诫："正当程序是灵活的，需要根据具体情况来确定所要求的程序保护，但这并不意味着法官可以将其适用于任何关系；一旦确定

---

[1] Mathews v. Eldridge, 424 U. S. 319.

[2] Commonwealth v. Thompson, 444 Pa. 312.

应采取某种程序，它的灵活性就在它的范围之内，必须有一种基本认识，即并非所有需要程序保障的情形都需要同样的程序。"[1]为此，美国联邦最高法院通过一系列判例逐步形成了所谓的"埃尔德里奇平衡测试"（Eldridge balancing test），作为确定正当程序所需程序的指导原则。

从历史沿革的角度看，程序性正当程序的衡量标准经历了两种不同的分析进路。一种是所谓的"固定用法进路"（settled usage approach），也称为"历史性进路"（historical approach），它主张采用一种植根于传统的、固定的正当程序观念；另一种便是"埃尔德里奇平衡测试"，它主张采用一种灵活的、不断变化的标准来定义正当程序。[2]从"固定用法进路"发展到"埃尔德里奇平衡测试"大致经历了两次显著转变，每一次转变均是以典型判例作为标志。美国联邦最高法院在"Murray's Lessee v. Hoboken Land & Improvement Co案"中首次阐明了"固定用法进路"。在该案中，美国联邦最高法院裁定，规定财产扣押令（distress warrant）的立法必须遵守正当程序，并进行了正当程序分析，以确定是否具备合宪性。在正当程序分析中，美国联邦最高法院运用了"两部分检视"（two-part test），第一部分检视是"审查宪法本身，以确定这一程序是否与宪法的任何条款相冲突"；如果没有冲突，第二部分检视是"参照英格兰普通法和成文法中现有的既定惯例和程序模式"。[3]

在随后的半个多世纪里，联邦最高法院一直采用"固定用法进路"对程序性正当程序进行判断，同时也在逐步改变确定

---

[1] Morrissey v. Brewer, 408 U.S. 471.

[2] See E. Thomas Sullivan, Toni M. Massaro, *The Arc of Due Process in American Constitutional Law*, Oxford University Press, 2013, pp. 82~83.

[3] Den Ex Dem. Murray v. Hoboken Land & Improv. Co., 59 U.S. 272.

第六章　信用规制程序的价值基础与制度完善

程序是否违反正当程序的适用标准，将重点逐渐从历史转向公平标准。[1]直到1923年，"固定用法进路"迎来第一次重大转变，在"Moore v. Dempsey案"中，美国联邦最高法院在未采用"固定用法进路"的情况下对正当程序问题进行了判决。[2]一直到1936年，"固定用法进路"迎来第二次重大转变，在"Brown v. Mississippi案"中，美国联邦最高法院本可以采用"固定用法进路"来判断通过酷刑获得证言违反正当程序，因为酷刑在历史上是被禁止的。相反，联邦最高法院给出的理由是刑讯逼供违反"基本的正义感"（fundamental sense of justice）。[3]

自此以后，以灵活的正当程序观念为基础的"利益衡量标准"开始通过一系列判例逐渐形成。在"Joint Anti-Fascist Refugee Committee v. McGrath案"中，美国联邦最高法院大法官菲利克斯·法兰克福对灵活的正当程序观念进行了系统阐述："与某些法律规则不同，'正当程序'不是一个内容固定，且与时间、地点和情势无关的技术性概念……它不能被禁锢在任何公式的诡谲限制中。"[4]法兰克福大法官有关灵活的正当程序观念之阐述，进一步促使联邦最高法院从"固定用法进路"转向其他衡量标准。在"Cafeteria & Restaurant Workers Union v. McElroy案"中，美国联邦最高法院认为，"正当程序的本质否定了普遍适用于每种可能情况的僵化程序概念"，"当考虑在任何特定情况下需要何种正当程序时，必须首先确定所涉及的政府职能的确切性质，以及受政府行为影响的私人利益"。[5]由此可知，在该案

---

[1] See E. Thomas Sullivan, Toni M. Massaro, *The Arc of Due Process in American Constitutional Law*, Oxford University Press, 2013, p. 85.

[2] Moore v. Dempsey, 261 U. S. 86.

[3] Brown v. Mississippi, 297 U. S. 278.

[4] Joint Anti-Fascist Refugee Committee v. McGrath, 341 U. S. 123.

[5] Cafeteria & Restaurant Workers Union v. McElroy, 367 U. S. 886.

中，美国联邦最高法院初步提出了利益衡量的想法，但并未阐明具体的标准。

直到"Mathews v. Eldridge 案"，美国联邦最高法院认为，要解决行政程序是否合宪的问题，需要分析受影响的政府和私人利益。一般需要考虑三个不同的因素：①将要受到官方行为影响的私人利益；②通过使用的程序错误地剥夺这种利益的风险，以及额外的或替代的程序保障措施的可能价值；③政府利益，包括所涉及的职能，以及增加额外的或替代的程序可能产生的财产和行政负担。[1]这便是所谓的"埃尔德里奇平衡测试"，"剥夺"（deprivation）的严重程度被用来初步衡量个人有权要求政府提供的程序性保护的程度。与这一因素进行权衡的是为证明简易程序的合理性而提出的政府利益的"权重"（weight）。[2]政府利益一般表现为两种形式：保护实质性的政府目标和尽量减少行政负担。当主张第一种政府利益时，必须衡量基本政府目标的重要性，然后根据个人所要求的程序会在多大程度上损害政府实现该目标的能力，进而对该目标进行弱化或加强。例如，在"Morrissey v. Brewer 案"中，美国联邦最高法院在处理撤销假释的正当程序问题时，认为政府所追求的目标——保护社会不受反社会行为的影响——是一个极为重要的目标，但是这一目标的"权重"必须进行"打折"，因为要求举行非正式的撤销听证不会严重干扰政府实现其目标的能力。[3]不过，在有些情况下，即使没有损害任何基本的实质性目标，政府在尽量减少行政负担方面的利益有时也可能占上风。例如，在"Rich-

---

〔1〕 Mathews v. Eldridge, 424 U. S. 319.

〔2〕 See Harvard Law Review, "Specifying the Procedures Required by Due Process: Toward Limits on the Use of Interest Balancing", *Harvard Law Review*, Vol. 88, Issue 7 (1975), pp. 1510~1543.

〔3〕 Morrissey v. Brewer, 408 U. S. 471.

ardson v. Perales 案"中，美国联邦最高法院认为，社会保障残疾索赔人无权向公正的裁判庭陈述其案情，也无权对出具医疗报告、将其病情严重性降到最低的医生进行交叉询问。这一结果的部分原因便是担心这些程序要求会给主管机构带来巨大的行政负担，因为该机构每年要举行数以万计的残疾听证会。[1]

"埃尔德里奇平衡测试"提出以后，很快被诸多司法判例所采纳，同时也为行政机关遵守程序性正当法律程序提供了一般指引。不过，"埃尔德里奇平衡测试"也面临诸多质疑与批判。其中，最具代表性的批判者当属马丁·瑞斯和劳伦斯·马歇尔两位学者。他们认为，"埃尔德里奇平衡测试"从根本上讲就是一种错误方法："作为一种以效率为导向的平衡测试……将不可避免地、可立即确认的行政成本与运用特定程序保护的主要预防性利益进行权衡，这很可能导致缺乏任何最低限度的程序保护，并且将会更有利于政府利益。"[2]

综上所述，尽管随着时间的推移，确定个人在某种情况下应当获得何种程序保护的标准在发生变化，但这些程序的目的始终如一，即"确保政府作出公正、准确的裁决"，[3]而这是尊重法治的自由民主社会的核心价值。[4]尽管"埃尔德里奇平衡测试"面临挑战，但它仍然有助于政府部门在具体情形中确定何种程序设计才是符合正当程序的。

---

[1] Richardson v. Perales, 402 U. S. 389.

[2] Martin H. Redish, Lawrence C. Marshall, "Adjudicatory Independence and the Values of Procedural Due Process", *Yale Law Journal*, Vol. 95, Issue 3 (1986), pp. 455~505.

[3] Edward L. Rubin, "Due Process and the Administrative State", *California Law Review*, Vol. 72, Issue 6 (1984), pp. 1044~1179.

[4] See E. Thomas Sullivan, Toni M. Massaro, *The Arc of Due Process in American Constitutional Law*, Oxford University Press, 2013, p. 88.

四、信用规制程序中的正当程序制度

程序正义是信用规制程序的基础和价值追求,而正当程序是实现信用规制中程序正义的重要途径。然而,正如程序性正当程序在美国法语境中遭遇理论与实践困境一样,如何判断何种程序设计符合正当程序,仍然是一个普遍性的难题。从程序性正当程序在美国的实践经验来看,它需要具备充分的通知、发表意见的机会、公正的决定制作者、不同形式的听证等基本要素,在具体操作时,却需要在受保护的个人利益与政府目标、行政成本等政府利益之间进行平衡。但无论采取何种程度的程序性保护,其最终目的都应当致力于确保政府作出准确、公正的决定,保护相对人的合法权益。

长期以来,程序正义、正当程序的理念一直为我国法学界所倡导,尤其是"行政程序法典化"更是一代代公法学人孜孜以求的目标,希望发挥行政程序法在法治国家、法治政府与法治社会一体化建设中的作用。[1] 然而,在政府规制实践中,程序正义、正当程序的价值理念并未得到彻底落实,[2] 一些关键性的程序制度尚未建立或未发挥实效,导致被规制对象的程序性权利得不到实现,甚至侵犯其实体权利。在此背景下,本书认为,在信用规制程序中建立正当程序制度,实现程序正义价值,既要考虑程序性正当程序本身的基本要素和特征,同时也

---

[1] 参见姜明安等:《行政程序法典化研究》,法律出版社2016年版,第4页。
[2] 叶俊荣教授曾对程序正义、正当程序在实践中遭遇的困境进行如下描述:当谈到正当程序或程序正义时,规制机构第一时间想到的通常是加强沟通、协调或宣传等,将决策体系以外的人,当成是宣传或沟通的"对象",而非程序的主体。事实上,在现代民主法治国家,正当程序或程序正义的实现不能仅仅依靠隐晦的沟通、形式化的协调或片面的宣传,而必须强调"公开""参与""说理"及"制度化"。参见叶俊荣:《环境行政的正当法律程序》,翰芦图书出版有限公司2001年版,第5页。

要考虑信用规制活动中的利益平衡。在此基础上,规制机构应当树立"最低限度公正"的"底线"程序理念,同时也要建构内含程序的法律机制,即主要的正当程序制度。

(一)信用规制程序中的"最低限度公正"

从实证主义的角度来看,程序性保障措施就其本质而言,会在一定程度上给政府带来原本就不存在的行政成本和负担,影响行政效率。与此同时,这些程序性保障措施带来的益处并不总是能够立即显现出来,尤其是在大多数特定情形中,采用特定程序的最终结果是否会比不采用该程序的最终结果更加公正或有效,通常是不清楚的。[1]这样一种认识影响了行政机关对正当程序、程序正义的重视程度,不利于程序文化在行政机关内部建立,更不利于正当程序的制度化。对此,有学者提出,"没有地板的房子根本就不是房子",必须将程序性正当程序的核心价值和具体程序区别开来,因为核心价值是永恒的,它是正当程序的"地板",而具体程序却是多变的。一旦确定了正当程序的核心价值,行政机关、法院的任务就是评估如何以最佳方式实现这些价值。[2]如果不采用特定的程序就无法保护特定的价值,那么该程序就应当被视为是所有具体情形中实现正当程序的关键,这便是所谓的"最低限度公正",它体现了"程序正义"的价值理念。[3]

---

[1] See Laurence H. Tribe, "Constitutional Calculus: Equal Justice or Economic Efficiency", *Harvard Law Review*, Vol. 98, Issue 3 (1985), pp. 592~621.

[2] See Martin H. Redish, Lawrence C. Marshall, "Adjudicatory Independence and the Values of Procedural Due Process", *Yale Law Journal*, Vol. 95, Issue 3 (1986), pp. 455~505.

[3] 王锡锌教授认为,"最低限度公正"是指某些程序要素对于一个法律过程而言是最基本的、不可缺少、不可放弃的,否则不论该程序的其他方面如何,人们都可以感受到程序是不公正和不可接受的。参见王锡锌:《行政程序法理念与制度研究》,中国民主法制出版社2007年版,第222页。

有关"最低限度公正"的行政程序应当具备哪些要素，学者们提出了不同的主张。汤德宗认为，应当包含五项要素：①公正作为义务；②受告知权；③听证权；④说明理由义务；⑤行政资讯公开。[1]王万华教授认为，就行政程序而言，"最低限度公正"至少应当满足以下要求：①受行政程序的结果影响的人应当充分而有意义地参与到行政过程中来。②行政程序的运作应当符合理性的要求。③行政程序应当以公开的方式运行。④决定者应当公开，做到不偏不倚。⑤当事人有权知悉、获得影响其权利义务的决定。⑥行政决定应当及时作出。[2]美国学者马丁·瑞斯等主张采取一种以价值为导向的正当程序观念，并提出了正当程序应当具备七项恒久价值：①准确性；②公平的表象；③平等性；④可预测性、透明度和合理性；⑤参与；⑥揭示；⑦隐私与尊严。在瑞斯等看来，一个灵活的正当程序模式更多是建立在价值的基础之上，而不是建立在具体程序的基础上，这样才更有可能经久不衰。[3]本书赞同前述学者对行政程序"最低限度公正"的阐述，并倾向于倡导一种价值导向的正当程序观。因此，主张将瑞斯等提出的七项正当程序价值作为信用规制程序中"最低限度公正"的主要内容。

（二）信用规制中的基础性正当程序制度

行政程序的"最低限度公正"标准通常需要具体的制度来体现其要求。综合国内外程序性正当程序的理论与实践发展，

---

[1] 参见汤德宗："论正当行政程序"，载汤德宗：《行政程序法论》，元照图书出版有限公司2005年版，第9~30页。

[2] 参见王万华：《中国行政程序法典试拟稿及立法理由》，中国法制出版社2010年版，第135~136页。

[3] See Martin H. Redish, Lawrence C. Marshall, "Adjudicatory Independence and the Values of Procedural Due Process", *Yale Law Journal*, Vol. 95, Issue 3 (1986), pp. 455~505.

第六章　信用规制程序的价值基础与制度完善

结合信用规制程序本身的特点，本书认为，在信用规制过程中，至少应当建构以下几项正当程序制度。

1. 先行通知

行政程序的基本理念在于行政决定中反映利害关系人的意思，[1]而利害关系人得以表达其意见的基本前提是即时获悉与其利害攸关的事实及决定。正如英国行政法学者蒂莫西·恩迪科特（Timothy Endicott）所言："由于受影响的人通常无法在不知道哪些因素可能对其利益造成不利影响的情况下，作出有价值的陈述，为了公平起见，往往要求告知他必须知晓的案件情况"，先行通知与良好结果密切相关，也是"尊重义务"（duty of respect）的履行，更是法治的要求。[2]美国联邦最高法院在"Goldberg v. Kelly 案"中也指出，明确的通知降低了行政机关的行为建立在"不正确或误导性的事实前提或误用规则"上的可能性。[3]此外，先行通知还是相对人行使其他程序权利的基础。[4]

在当前的信用规制实践中，通知程序有待完善。在有的规制领域中，完全缺乏对通知程序的规定，导致很多当事人通常是在其他程序中才获悉自己被列入信用黑名单或被限制进入市场。这不仅不利于当事人积极表达意见，维护自身合法权益，而且还有可能对当事人的预期利益产生重大影响。此外，在个人信息泄露、"身份盗窃"等现象频繁发生的情况下，实践中经常出现当事人被他人冒用身份从事违法失信行为，最终在毫不知情的情况

---

[1] 参见［日］室井力、芝池义一、浜川清编著：《日本行政程序法逐条注释》，朱芒译，上海三联书店2014年版，第3页。
[2] Timothy Endicott, *Administrative Law*, Oxford University Press, 2011, p. 131.
[3] Goldberg v. Kelly, 397 U. S. 254.
[4] 美国学者欧内斯特·盖尔霍恩和罗纳德·利文曾指出："没有事先通知其利益有可能因政府的决定而受到影响的人，一切其他程序权利便都可能毫无价值。"参见［美］欧内斯特·盖尔霍恩、罗纳德·M. 利文：《行政法和行政程序概要》，黄列译，中国社会科学出版社1996年版，第133页。

下被列入信用黑名单或失信联合惩戒名单，严重影响其社会经济活动。在某种程度下，这也是由于行政机关在作出行政决定之前未履行先行通知义务所导致的结果。[1]因此，应当完善信用规制程序中的先行通知程序，在作出基于信用且可能对当事人的自由、财产等合法权益产生不利影响的行政决定时，事先及时通知当事人。在选择通知的方式时，应当选择能够让当事人最便捷获得相关信息的方式，若能够直接通知到当事人本人，就应当优先采用直接通知，而不是采取网络公告或媒体公告的形式。

2. 听取意见

程序性正当程序的基本要求是行政机关在作出不利于相对一方的决定前，必须给予其表达意见的机会，除非在特殊情况下，某些有效的政府利益受到即时威胁，有正当理由需要将听取意见推迟到事件发生之后。[2]在理论上，为了能够确保当事人能够公平地表达意见，也有一些最低限度的标准，而这些标准来源于自然正义所蕴含的基本规则。自然正义的第一项规则是所谓的"听对方意见"（hear the other side），即如果行政机关计划对相对一方采取某种行政措施，必须让相对一方有机会就指称的事实和情况的真实性、相关性以及所依据的法律法规发表意见，即使计划采取的行政措施是完全合法的，甚至没有明确的程序要求。因此，从这个意义上看，"听取意见"实际上本身包含一些独立要素，如陈述基本案情、查阅档案、要求重新听取意见等。[3]

听取意见已被越来越多的立法所采用，成为行政机关作出决定前的普遍程序。例如，我国《立法法》第74条、《行政处

---

[1] 辽宁省营口市中级人民法院［2019］辽08行终128号行政判决书。

[2] Bd. of Regents v. Roth, 408 U.S. 564.

[3] See Herwig C. H. Hofmann, Gerard C. Rowe, Alexander H. Türk, *Administrative Law and Policy of the European Union*, Oxford University Press, 2011, p.206.

罚法》第45条、《价格法》第22条等均规定了听取意见或听证会制度；《日本行政程序法》第13条则区分了听证程序和辨明程序的适用标准，前者是正式程序，主要采用口头主义方式，限定在对相对人作出特别重大的不利益处分之前的范围内，后者是略式程序，主要采用书面审理方式，限定于作出其他不利益决定之前。[1]

在当前的信用规制实践中，一些规制机构在作出列入信用黑名单决定、实施失信惩戒措施决定等不利于相对人利益的决定之前，并未给予当事人充分陈述意见的机会；有的规制机构虽然允许当事人提出意见，但是通常是在决定作出以后，如信用黑名单已经向社会公开后。有鉴于此，有必要完善信用规制程序中听取意见程序。具体而言，可以借鉴日本行政程序法的立法经验，对于作出的信用规制决定可能对相对人特别重大利益（如限制出行自由、限制进入市场、限制任职资格等）或不确定多数人的利益（如信用信息管理清单的制定、信用评价标准的确定等）产生不利影响时，应当给予当事人申请听证会的机会。除此以外，在对相对一方做出其他不利益信用规制决定时，应当给予当事人提出异议申诉的机会，允许当事人提出相关书面证据。

3. 说明理由

说明理由（giving of reasons）是一个程序性步骤，它要求行政机关向受某项行政决定影响的个人、组织或潜在的社会公众通报行政决定的实质内容，这是问责制和开放政府的要求，也是对受决定影响的相对方的尊重。[2] 美国行政法学者杰瑞·马

---

[1] 参见［日］室井力、芝池义一、浜川清编著：《日本行政程序法逐条注释》，朱芒译，上海三联书店2014年版，第126页。

[2] See Timothy Endicott, *Administrative Law*, Oxford University Press, 2011, p. 187.

肖在其新著《说理行政与民主正当性》一书中专门对"理由"（reason）在行政法中的作用进行了阐述。他认为："我们只有在能够解释为什么权威性的规则和原则应当被视为具有约束力的情况下，才能理解自己是一个可接受的集体治理制度的成员，被权威性的规则和原则约束在一起。一切法律的权威性都依赖于一系列复杂的理由，它让我们相信法律应当是权威的。"[1]

在现代行政法治实践中，说明理由已经成了一种普遍性的程序要求，它是行政机关的一项一般性义务，其最直接的考量是避免任意性（arbitrariness），[2]它对于说理行政（reasoned administration）的建构至关重要。《美国联邦行政程序法》第577条、《日本行政程序法》第8条（理由的明示）、《德国联邦行政程序法》第39条等都详细规定了行政机关的说明理由义务；我国的《行政处罚法》《行政许可法》《行政强制法》等重要单行立法均强调了行政机关的说明理由义务。《湖南省行政程序规定》中有关说明理由的条款有20条之多。总而言之，"一个非常突出的事实就是，'理由'在当代行政法律规范及行政活动中已经成为一个随处可见、遍布行政过程的重要概念，使得对公共行政的要求日益丰富起来"。[3]

在当前的信用规制实践中，以信用为基础的各种规制措施被广泛运用于不同领域的政府规制活动，一些规制机构在作出信用规制决定时，如个人或组织的信用风险评价结果，并未给予充分的理由说明，还有一些规制机构以信用风险评价结果作

---

[1] Jerry L. Mashaw, *Reasoned Administration and Democratic Legitimacy: How Administrative Law Supports Democratic Government*, Cambridge University Press, 2018, p. 2.

[2] See Herwig C. H. Hofmann, Gerard C. Rowe, Alexander H. Türk, *Administrative Law and Policy of the European Union*, Oxford University Press, 2011, p. 200.

[3] 苏宇：《走向"理由之治"：行政说明理由制度之透视》，中国法制出版社2019年版，第23页。

为分类规制的唯一依据，对于信用风险高的个人或组织，加大检查执法的力度和频率，但却未向被规制者说明理由。有鉴于此，应当明确规定行政机关在作出基于信用的决定时应当同时附记理由，这并非只是单纯的形式性要件，而是要发挥说明理由的程序保障功能。一方面，要求行政机关在作出基于信用的行政决定时应当慎重、合理地进行判断，抑制恣意行为，防止信用规制措施的滥用，尤其是信用黑名单和各类以信用为基础的惩戒措施；另一方面，这样也有利于被规制对象在知晓行政决定的理由的前提下提起异议申诉、行政复议或行政诉讼。

4. 事后告知

在理论上，事后告知主要分为两种：一种是"结果告知"；另一种是"救济途径告知"。[1] 在实践中，事后告知已经成为一种普遍性的程序要求，若行政机关作出决定后又不告知相对人，那么相对人将无从得知自己的合法权益是否受到影响。因此，行政机关严格履行事后告知义务，对于行政相对人的合法权益保障至关重要，也是行政相对人及时行使救济权利的前提条件。

在当前的信用规制实践中，由于信用规制所需的信用信息来源于多个公共部门，而经过处理后的信用信息，尤其是信用评价结果借助数字信息共享系统又在多个部门之间共享，涉及主体的多元化、技术的便捷性、网络空间的虚拟性，在客观上加剧了个人或组织在受到不利影响后寻求救济的难度。以信用黑名单的列入与公布为例，实践中，部分领域的信用黑名单往往是由多个部门、多次列入、多次公布，再加上规制机构没有严格执行"事先通知""说明理由""事后告知"等程序，导致相对方在寻求救济时，各部门之间互相推脱，无法及时纠正错误决定带来的不利影响。如市级主管部门作出列入黑名单决定，

---

[1] 参见杨建顺：《行政强制法18讲》，中国法制出版社2011年版，第166页。

在市级范围内公布，同时向省级主管部门报送信息；省级主管部门汇总市级主管部门的黑名单后，再次作出列入决定，并在全省范围内公布，同时向中央主管部门报送信息；最后中央主管部门又在全国范围内公布。在这种情况下，若主管部门又不严格执行事后告知程序，那么当事人想要及时维权就存在极大的困难。在"蒋某诉句容市人力资源和社会保障局劳动监察保障案"中，人社局通过短信向蒋某下发了《劳动保障监察限期整改指令》，后蒋某又被列入拖欠工资黑名单并在市住建局的官网公布，蒋某向法院起诉人社局要求撤销列入拖欠工资黑名单决定，人社局主张并未将蒋某列入黑名单，最终法院驳回了蒋某的诉讼请求。[1]因此，有必要健全信用规制程序中的事后告知程序，规制机构在作出以信用为基础的行政决定后，应当告知当事人享有的救济权利和救济途径。

总而言之，上述正当程序制度并非信用规制程序中所有的程序保障机制，而是实现程序正义的最低限度保障。"良好的程序是负责任的政府所必需的"，[2]政府规制机构在信用规制过程中，应当始终树立和坚持"最低限度公正"的"底线"程序思维，以实现程序正义作为重要价值目标，通过各种具体的程序设计实现正当程序的核心价值。在确保信用规制机构作出准确、公正的决定的同时，保障行政相对人的程序基本权。

第三节 信用规制程序的革新：技术性正当程序

大数据、算法等技术的快速发展和广泛运用使人类社会进

---

〔1〕 江苏省镇江市中级人民法院〔2020〕苏11行终7号行政裁定书。
〔2〕 See Timothy Endicott, *Administrative Law*, Oxford University Press, 2011, p.111.

入了一个"被算法操控生活"的时代,[1]算法决策（algorithmic decision-making）在私人生活和公共行政中扮演着越来越重要的角色。在私人生活中，算法决策在个人的求职、消费、出行、社交、爱好等方面的决策中发挥着越来越重要的作用。[2]在公共行政中，政府决策的自动化程度越来越高，行政机关运用算法来预测打击犯罪、评估社会风险、监控环境污染风险、治理城市交通拥堵等。[3]由于政府决策通常会对不确定多数人的合法权益产生重大影响，因此算法自动化决策系统在政府决策中的运用引发了广泛的关注。学者们纷纷提出各种术语来对自动化决策下的公共行政、政府规制状态予以概括，如"自动化行政国家"（automated administrative state）、[4]"算法治理"（algorithmic governance）、[5]"算法之治"（algocracy）[6]等。

在信用规制实践中，算法自动化决策系统也被广泛运用于信用规制活动，尤其是个人和组织的信用评价，绝大多数都是基于算法自动化决策系统而开发和运行的。[7]换言之，在信用规制中，自动化信用评价已经成了一种主要趋势。由于算法自

---

[1] [瑞典]大卫·萨普特：《被算法操控的生活——重新定义精准广告、大数据和AI》，易文波译，湖南科学技术出版社2020年版，第23页。

[2] 参见张凌寒："商业自动化决策的算法解释权研究"，载《法律科学（西北政法大学学报）》2018年第3期。

[3] 参见张恩典："人工智能算法决策对行政法治的挑战及制度因应"，载《行政法学研究》2020年第4期。

[4] See Ryan Calo, Danielle Keats Citron, "The Automated Administrative State: A Crisis of Legitimacy", *Emory Law Journal*, Vol. 70, Issue 4 (2021), pp. 797~846.

[5] Robert Brauneis, Ellen P. Goodman, "Algorithmic Transparency for the Smart City", *Yale Journal of Law and Technology*, Vol. 20 (2018), pp. 103~176.

[6] John Danaher, "The Threat of Algocracy: Reality, Resistance and Accommodation", *Philosophy & Technology*, Vol. 29 (2016), pp. 245~268.

[7] See Mikella Hurley, Julius Adebayo, "Credit Scoring in the Era of Big Data", *Yale Journal of Law and Technology*, Vol. 18 (2016), pp. 148~216.

动化决策系统普遍存在不透明、自动性、高度复杂性和模糊性等特征，这给传统的正当法律程序带来了挑战，使得很多程序性权利难以实现。[1]对此，理论界提出了许多不同的规制策略，其中部分学者主张应当采取"适应性正当程序"（adaptable due process）的观念，[2]对正当法律程序进行改革和创新，使其能够约束算法自动化决策系统带来的挑战。

一、算法自动化决策在信用规制中的应用

算法自动化决策系统是使用复杂的数学算法来识别大型数据集中有意义的关系和可能的模式。[3]例如，算法可以分析各种因素，包括互联网浏览行为、购买历史、居住地邮编、就业经历、教育背景、工资水平和家庭关系等众多变量，来预测具有特定特征的人成为高效员工、具有较低信用风险、成为有效领导者或合格医疗服务对象的可能性。从这个意义上看，算法可以被描述为"任何以一些值或一组值作为输入并产生一些值或一组值作为输出的定义明确的计算程序。因此，算法就是将输入转换为输出的一系列计算步骤"。[4]根据复杂程度的不同，算法可以分为用于解决简单、定义明确的问题和用于解决复杂、定义不清的问题。其中，定义明确的问题可以被称为结构化问题，定义不明的问题则可以被称为非结构化问题。由于结构化

---

[1] See Danielle Keats Citron, Frank Pasquale, "The Scored Society: Due Process for Automated Predictions", *Washington Law Review*, Vol. 89, Issue 1 (2014), pp. 1~34.

[2] See Jason Parkin, "Adaptable Due Process", *University of Pennsylvania Law Review*, Vol. 160, Issue 5 (2012), pp. 1309~1378.

[3] See Emily Berman, "A Government of Laws and Not of Machines", *Boston University Law Review*, Vol. 98, Issue 5 (2018), pp. 1277~1356.

[4] Thomas H. Cormen et al., *Introduction to Algorithms* (3rd Edition), The MIT Press, 2009, p. 5.

第六章　信用规制程序的价值基础与制度完善

问题缺乏内在的随机性和不确定性，因此用于解决结构化问题的算法一般都是固定不变的，不会因为不同的输入变量而改变。非结构化问题的基础过程以及输入数据都存在不确定性，简而言之，一个非结构化问题可以有多个"正确"答案，其中一些正确答案可能比其他答案更好。在这种情况下，用于得出解决方案或输出的公式通常不是一成不变的，可以根据输入数据的不同而改变。[1]

在传统的金融信用或消费信用中，评估一个人的信用度（creditworthiness）是一个非结构化的问题，因为不存在单一的规则来预测借款人的还款可能性。[2]在信用经济时代，信用评分或信用评级往往会影响成千上万人的经济命运。[3]在信用制度较为发达的国家，信用评价模式也经历了多次变迁，在早期主要是由银行的工作人员对个人或组织的信用度进行评价，后来逐渐引入专家，形成了"专家模式"。第二次世界大战以后，较为简单的自动化系统开始被运用于信用评价中。例如，世界上最为有名的消费者信用评价公司"费埃哲公司"（The Fair Isaac Corporation，FICO）于20世纪50年代开始使用简单的算法模型，整合了有限的数据类别，如个人的付款历史、未偿还的债务、信贷历史长度等。虽然FICO模型的应用可能很简单，对贷款申请人来说也相对容易理解，但这种简单也可能导致信贷决定的包容性不足，使之前没有进入信用体系的借款人处于不利地位。进入21世纪之后，随着大数据、机器学习

---

[1] See Thomas H. Cormen et al., *Introduction to Algorithms* (3rd Edition), The MIT Press, 2009, pp. 6~7.

[2] See Danielle Keats Citron, Frank Pasquale, "The Scored Society: Due Process for Automated Predictions", *Washington Law Review*, Vol. 89, Issue 1 (2014), pp. 1~34.

[3] See Mikella Hurley, Julius Adebayo, "Credit Scoring in the Era of Big Data", *Yale Journal of Law and Technology*, Vol. 18 (2016), pp. 148~216.

等技术的进步，更为复杂的自动化决策系统开始在信用评价中被应用，其所使用的数据类别更为丰富，数据的来源也更加多元，涵盖了线上数据与线下数据、消费数据与社交关系数据等。[1]

在我国信用规制实践中，大数据、算法自动化决策系统已经被广泛运用于信用评价、信用监测和信用风险抑制等活动中。[2]以自动化信用评价为例，目前主要是由公共部门委托私营企业、科研机构开发或运营公共信用评价系统，包括个人信用评价系统和企业信用评价系统。这些私营企业、科研机构在开发公共信用评价系统时，大部分都直接采用了金融信用或消费信用中的信用评价模型，既包括传统的 FICO 模型，更多的则是新型的以算法自动化决策系统为基础的"自动化信用评价模型"。例如，芜湖市的"乐惠分"系统便是由芜湖市发改委信用办联合大数据征信公司，在市民政务数据的基础上，以基本信息、社会责任、社会公益、遵纪守法、履约行为作为评分维度，运用近百项衍生指标的统计学专业模型和大数据技术对数据进行分析、提炼，最后由系统自动生成个人的信用评分及等级。[3]

还有一些地方在信用规制实践中，将公共信用信息共享平台、公共信用评价系统与其他政务信息系统进行连接，实现自

---

[1] See Frederic Huynh, "Adapting Credit Scores to Evolving Consumer Behavior and Data", *Suffolk University Law Review*, Vol. 46, Issue 3 (2013), pp. 829~844.

[2] 国家标准《信用 基本术语》（GB/T 22117—2018）将"大数据信用评价技术"界定为："综合采用信息技术，以多源、多维、多域的客观、全量明细数据为基础，以线上与线下实时或高频度、自动化的数据采集、清洗、验证、处理能力为保障，以量化分析信用主体日常行为与信用风险的关联性为核心，能够对信用个体与群体进行大批量、全过程、全动态的风险分析与管理的方法。"

[3] 参见惠国征信："社会信用体系建设及运营"，载 http://www.creditstate.cn/index.php? m=content&c=index&a=show&catid=14&id=33，最后访问日期：2020年8月5日。

动作出基于信用的各类行政决定。例如,厦门市通过将公共信用信息平台与其他的电子政务平台进行联网,实现自动比对、自动拦截、自动惩戒。[1]又如,深圳市将"信用审批"与"秒批"进行融合,形成"信用审批+秒批"。[2]由此可知,算法自动化决策系统在我国当前信用规制实践中已经开始实际运用,并将成为一种发展趋势。

二、自动化信用评价对正当法律程序的挑战

算法自动化决策系统以及大数据技术在信用规制中的运用,既是信用规制作为政府规制创新的一种典型特征,同时也是信用规制的一种制度优势,它有利于提高行政治理效率、提升行政治理的针对性与精确性、降低行政决策及行政执法的随意性。[3]然而,这种自动化信用规制模式也对传统的行政法治精神和原则提出了挑战,除了可能对隐私权、个人信息权、平等权等实体性权利造成侵害外,还可能对一系列程序性权利造成不当限制。"在越来越多的情况下,信誉等级是通过秘密程序对隐秘数据进行运算得出来的。"[4]美国学者丹妮尔·济慈·西特鲁恩(Danielle Keats Citron)和弗兰克·帕斯奎尔(Frank Pasquale)认为,自动化信用评价系统存在三个基本问题:不透明、结果随意、对妇

---

[1]《厦门经济特区社会信用条例》第 18 条第 2 款规定:"行政机关、法律法规授权的具有管理公共事务职能的组织应当与市公共信用信息平台建立网络链接,实现对失信的社会信用主体的自动比对、自动拦截、自动监督、自动惩戒和自动反馈。"

[2] 参见庄瑞玉:"深圳升级版'秒批'业务正式运作",载《深圳特区报》2019 年 2 月 28 日。

[3] 参见宋华琳、孟李冕:"人工智能在行政治理中的作用及其法律控制",载《湖南科技大学学报(社会科学版)》2018 年第 6 期。

[4] [美] 弗兰克·帕斯奎尔:《黑箱社会:控制金钱和信息的数据法则》,赵亚男译,中信出版社 2015 年版,第 21 页。

女和少数族群产生歧视性影响。[1]澳大利亚学者特里·卡尼（Terry Carney）通过对政府实施的自动化债务催收系统展开研究，发现政府决策的自动化可能对透明度、程序正义、可审查性、行政正义等法律基本原则产生不利影响。[2]

在算法自动化决策系统引发的诸多问题中，对正当法律程序的冲击引发了学者们的广泛关注。例如，加拿大学者伊恩·克尔（Ian Kerr）认为，自动化决策系统正在促成一种危险的"先发制人"（pre-emption）新哲学，这已经严重威胁到正当法律程序了，这些未经验证的预测性技术将赋予程序员和使用这些技术的人巨大的压迫性权力，他们能够利用各种软件来规制人类的行为，并在没有现实空间常用的法律制约机制的情况下对个人作出关键决定。[3]美国学者丹妮尔·济慈·西特鲁恩认为，自动化决定通常涉及对个人自由和财产的剥夺，这就触发了宪法中"正当程序条款"的保障措施。从程序保护的角度看，算法自动化决策系统首先可能对受通知权（right to be given notice）造成限制，其次可能不利于听证权的行使。从规则制定的角度看，算法自动化决策系统可能限制公众参与和透明度，不利于发挥"通知和评论"机制的作用。[4]张凌寒教授认为，行政正当程序本质上具有"信息发送功能"，其诸多原则或制度均可被视为一种"信息工具"，而反应型算法和预测型算法均对行

---

[1] See Danielle Keats Citron, Frank Pasquale, "The Scored Society: Due Process for Automated Predictions", *Washington Law Review*, Vol. 89, Issue 1 (2014), pp. 1~34.

[2] See Terry Carney, "Robo-debt Illegality: The Seven Veils of Failed Guarantees of the Rule of Law?", *Alternative Law Journal*, Vol. 41, Issue 1 (2019), pp. 4~10.

[3] See Ian Kerr, "Prediction, Pre-emption, Presumption: the Path of Law after the Computational Turn", in Mireille Hildebrandt, Katja de Vries (eds.), *Privacy, Due Process and the Computational Turn*, Routledge, 2013, pp. 107~110.

[4] See Danielle Keats Citron, "Technological Due Process", *Washington University Law Review*, Vol. 85, Issue 6 (2008), pp. 1249~1314.

第六章　信用规制程序的价值基础与制度完善

政正当程序的功能造成了限制，具体表现为算法不透明遮蔽了行政信息公开、算法技术垄断架空了公众参与、算法黑箱阻碍了说明理由。[1]综合国内外已有的研究成果，本书认为，在信用规制中，自动化信用评价同样对程序性正当程序提出了挑战，主要体现在以下两个方面。

（1）自动化信用评价的自动性、隐蔽性等特征将导致事先通知、陈述意见、听证等程序难以实现。尽管目前理论与实践对信用评价的法律性质存有争议，一时难以通过传统行政行为形式理论对其作出准确定位，但不可否认的是，公共信用评价的背后是行政权力的行使，其结果将对公民、法人和其他组织的合法权益产生重要影响。在传统行政决定的场景中，法律通常为行政决定的相对人提供事先通知、听取意见的机会，并设置各种具体的程序制度。然而，在基于算法自动化决策系统的信用评价场景中，信用评价过程具有自动化特征，它通常是由算法自动化决策系统根据输入的数据，按照预先设定的算法程式，甚至是在自主学习的基础上，由算法模型自主完成的。此外，信用评价过程还具有隐蔽性：一方面，信用评价系统的开发、部署、运行等通常是在个人或公众不知情的情况下进行的；[2]另一方面，信用评价系统中输入的数据可能是在个人或组织不知情或未经其同意的情况下收集的，还有可能是私人企业向政府机构共享数据的结果。[3]正是自动化决策系统的自动性、隐蔽

---

〔1〕 参见张凌寒："算法自动化决策与行政正当程序制度的冲突与调和"，载《东方法学》2020年第6期。

〔2〕 See Danielle Keats Citron, Frank Pasquale, "The Scored Society: Due Process for Automated Predictions", *Washington Law Review*, Vol. 89, Issue 1 (2014), pp. 1~34.

〔3〕 美国学者弗兰克·帕斯奎尔认为："黑箱代表着信息时代中的一个悖论：无论是从广度还是深度而言，数据的延伸速度都非常惊人，但有些会对我们产生重要影响的信息却只有局内人才能获得。"参见［美］弗兰克·帕斯奎尔：《黑箱社会：控制金钱和信息的数据法则》，赵亚男译，中信出版社2015年版，第259页。

性等特征导致了行政相对人和利益相关者在信用评价决定作出之前，无法通过法定的程序制度参与到行政决定过程中，无法充分行使陈述、申辩、要求听证等各项程序性权利，而只能被动接受由自动化算法系统给出的评价结果。

（2）自动化信用评价的不透明、封闭性等特征将导致说明理由这一程序机制难以实现。说明理由是正当程序的一项基本要素，它要求行政机关在作出行政决定时，应当向受决定影响的相对人说明事实和理由，以表明其合法性和合理性。在算法自动化决策中，算法系统通常不透明（opacity），即使相对一方知道自己可能受到自动化决策的不利影响，却无法确定该决策的合理依据，进而无法提出"有意义的质疑和挑战"。[1]一般认为，算法的不透明可以大致分为三种情形：①故意的不透明（intentional opacity），即故意隐瞒程序。算法系统的程式代码通常受到商业秘密或版权的保护，因此很难知道"黑箱"的确切内容。②无知的不透明（illiterate opacity），即由于缺乏专业知识无法读懂代码。算法系统的逻辑通常是由一系列符号、公式构成，即使公布了算法系统的过程（如源代码），由于受到专业知识的限制，对于普通公众而言，不透明的现状仍然存在。③固有的不透明（intrinsic opacity），是指由于算法系统的复杂性导致的，即算法系统在本质上可能是无法解释的，即使有幸掌握了打开黑箱的钥匙，但也很难揭开决策的逻辑。[2]这三种不透明也可能出现在自动化信用评价系统中，行政机关和算法系统开发者同样可能以"故意的不透明"和"固有的不透明"为由拒绝对

---

[1] Hannah Bloch-Wehba, "Access to Algorithms", *Fordham Law Review*, Vol. 88, Issue 4 (2020), pp. 1265~1314.

[2] See Jenna Burrell, "How the Machine'Thinks': Understanding Opacity in Machine Learning Algorithms", *Big Data & Society*, Issue 3 (2016), pp. 1~12.

其决策承担说明理由的义务。与此同时,个人或社会公众也可能因为"无知的不透明"而难以知晓信用评价结果到底是依据何种理由作出的、此种理由是否合法及合理。正如美国学者弗兰克·帕斯奎尔所言:"信用评价以一个三位数的形式展现在公众面前,显得非常具体、清晰,但这个美好的表象下面隐藏着隐秘的操作流程。无论是被评分者还是管理者都难以对其进行质疑和审查。"[1]

三、自动化信用评价的程序控制:技术性正当程序

科学技术的变化正在重塑我们的社会,也影响了公民可获得的程序性保障,程序性正当程序的要求必须适应不断变化的现实世界。[2]政府在采用自动化决策系统时,不仅要考虑这些决策的实质内容,还要考虑这些治理方式的转变如何影响公共控制、信任和民主监督。[3]这符合正当法律程序的基本价值,即政府程序应当是透明的、可理解的和可预测的。自动化信用评价带来的新事实、新情势、新挑战及其对正当法律程序的影响引发了新的程序保障需求。首先,有必要建立一种"预听证程序"(pre-hearing process),以确定并推翻没有事实或法律依据的部署自动化决策系统的提议。其次,有必要提高自动化决策的透明度,尤其是当行政机关试图依据自动化决定对相对方的合法权益造成限制时。再次,听取意见的时间应当更为灵活,方式应当尽可能确保利益相关者无须借助法律专业人员也能有

---

[1] [美]弗兰克·帕斯奎尔:《黑箱社会:控制金钱和信息的数据法则》,赵亚男译,中信出版社 2015 年版,第 37 页。

[2] See Jason Parkin, "Adaptable Due Process", *University of Pennsylvania Law Review*, Vol. 160, Issue 5 (2012), pp. 1309~1378.

[3] See Hannah Bloch-Wehba, "Access to Algorithms", *Fordham Law Review*, Vol. 88, Issue 4 (2020), pp. 1265~1314.

意义地参与。最后,应当通过程序机制强化行政机关的说理义务,破除算法黑箱。[1]

有鉴于此,学者们纷纷提出应当将正当程序创造性地运用到算法自动化决策系统中。[2]其中,最具代表性的便是美国学者丹妮尔·济慈·西特鲁恩于2008年提出的"技术性正当程序"(technological due process)理论。[3]该理论提出后,迅速引发理论界与实务界的广泛关注,尽管其与所有新理论一样,也遭遇了批判和质疑,[4]但也获得了广泛的支持。[5]美国学者凯特·克劳福德(Kate Crawford)和杰森·舒尔茨(Jason Schultz)以此为理论原型,提出了"数据正当程序"(data due process),主张应当建立所谓的数据程序权利体系。[6]刘东亮教授认为,对算法权力的规制和监督,需要从算法设计的源头建构"技术性正当程序",实现程序的代码化。[7]本书认为,自动化信用评价本身就是算法自动化决策的一种具体情形,因此"技术性正当程序"对于正当程序在算法自动化决策中的适用所提出的创见也

---

[1] See Jason Parkin, "Adaptable Due Process", *University of Pennsylvania Law Review*, Vol. 160, Issue 5 (2012), pp. 1309~1378.

[2] See Mireille Hildebrandt, Katja de Vries (eds.), *Privacy, Due Process and the Computational Turn*, Routledge, 2013.

[3] Danielle Keats Citron, "Technological Due Process", *Washington University Law Review*, Vol. 85, Issue 6 (2008), pp. 1249~1314.

[4] See Kenneth A. Bamberger, "Technologies of Compliance: Risk and Regulation in a Digital Age", *Texas Law Review*, Vol. 88, Issue 4 (2010), pp. 669~740.

[5] See Jay Thornton, "Cost, Accuracy, and Subjective Fairness in Legal Information Technology: A Response to Technological Due Process Critics", *New York University Law Review*, Vol. 91, Issue 6 (2016), pp. 1821~1850.

[6] See Kate Crawford, Jason Schultz, "Big Data and Due Process: Toward a Framework to Redress Predictive Privacy Harms", *Boston College Law Review*, Vol. 55, Issue 1 (2014), pp. 93~128.

[7] 参见刘东亮:"技术性正当程序:人工智能时代程序法和算法的双重变奏",载《比较法研究》2020年第5期。

第六章 信用规制程序的价值基础与制度完善

值得借鉴。

（一）技术性正当程序：西特鲁恩的分析

西特鲁恩教授对当前公共行政中算法自动化决策系统的运用现状进行了梳理，同时对政府决策的自动化可能引发的法律问题（尤其是对正当程序的挑战）进行了详细阐述。在此基础上，西特鲁恩教授提出，法律学者和系统专家必须共同努力，在自动化时代塑造正当程序的新轮廓。她认为，在方法上，"技术性正当程序"主要借鉴了理论界有关"规则与标准"的讨论，以系统性的视角来思考自动化与人工裁量之间的关系。在内容上，"技术性正当程序"主要是通过提供维护正当程序和规则制定规范的机制，重新设想了自动化时代的程序保障。在西特鲁恩教授看来，"技术性正当程序"理论在重塑自动化行政国家的程序保障机制时可以从两个方面着手。

（1）保护个人权利。西特鲁恩教授认为，算法自动化决策损害了有意义的通知和陈述意见的机会这两项正当程序保障机制，应当从技术和法律两个角度对此予以回应。具体而言，首先是要确保有意义的通知。西特鲁恩教授认为，在设计自动化决策系统时应当建立审计追踪机制（audit trails），对支持自动化决定的事实和规则予以记录。审计追踪应当详细说明系统作出的每一项细微决定所适用的实际规则，有了审计追踪，行政机关就有办法向个人提供支持自动化决策系统对其重要权利作出裁决的理由。其次是要保障听证。西特鲁恩教授认为，行政法必须正视自动化决策系统存在的偏见，这种偏见威胁到了听证官员的公正性，剥夺了个人发表意见的机会。尽管要彻底消除自动化决策系统存在的偏见非常困难，但是有两项规则至少应当实施：一是行政机关应当向听证官员明确说明，自动化决策系统是容易出错的。为此，听证官员应当接受有关自动化系统偏见现象的培训。二是行政机关应当要求听证官员详细解释其对自动化系统的依赖程度。为此，行政机关应当查明它们在作出行政决定时所依据的计算机生成的事实或法律结论。

（2）取代规则制定程序。西特鲁恩教授认为，自动化决策系统的设计必须以透明度和问责制为主要目标，以防止程序上有缺陷的规则制定，主要有以下几种基本的行为规范：①自动化决策系统的开发者应当向公众发布系统的源代码，源代码应当能够展示系统的工作原理。②行政机关应当对自动化决策系统及其软件进行测试，测试应当贯穿在系统启动前、实施过程中和每次政策改变时。③行政机关应当积极探讨如何让公众参与到自动化决策系统的建设之中，例如，行政机关可以设立"信息技术审查委员会"，为利益相关者和广大社会公众对系统设计和测试进行评论提供机会。④行政机关应当注意避免将未经过正式或非正式规则制定程序的政策自动化，如解释性规则和政策声明。换言之，由程序员编写的解释性规则和政策声明也应当遵守规则制定程序，尽管这并不能彻底解决无意中将"立法权"下放给代码编写者导致的"问责赤字"，但却可以在一定程度上减轻这方面的隐忧。

总而言之，西特鲁恩教授认为，自动化决策系统具备许多优势，它在一定程度上能够消除人为决策中存在的错误或失误，并促进决策的一致性。因此，政府决策的自动化已经不可避免。然而，自动化决策系统也带来了诸多挑战，它未能利用其纠正错误的潜力，反而成了传播错误的工具。因此，行政法应当正视自动化决策系统带来的挑战。"技术性正当程序"理论是在不放弃自动化决策系统带来的益处的前提下，为保护个人或组织在公平的、可问责的和透明的裁决和规则制定方面的利益提供

第六章　信用规制程序的价值基础与制度完善

新的程序性保障。[1]

(二) 自动化信用评价中技术性正当程序的建构

由于政府部门在个人和组织的信用评价中广泛运用算法自动化决策系统，因此算法自动化决策系统的设计、实施或运行中的缺陷有可能侵犯个人和组织的合法权益。对此，公法应当采取一种办法，除了能够保护特定个人和组织获取信息或获得救济的权利外，还应当能够解决系统性问题。[2]"技术性正当程序"理论正是公法作出的回应，其可以为理论和实践提供指引。目前，在世界范围内，有一些国家或地区已经专门为政府部门的自动化决策制定了法律规则。如纽约市于2018年1月颁布了《行政机关使用自动化决策系统的地方法》，大量条款涉及建立自动化决策系统的程序保障机制，包括信息公开、影响评估、解释决定等。加拿大政府于2019年4月颁布了《自动化决策指令》，对自动化决策系统提出了如下要求：①算法影响评估；②透明度，包括决定之前提供通知、决定之后提供解释、访问组建、发布源代码等；③质量保证，包括测试和监控结果、数据质量、同行评审、员工培训、应急程序、安全保障、法律咨询、人为干预等；④追偿权，向个人或组织提供所有可用的救济途径，允许他们对行政决定提出质疑；⑤信息公开，发布有关自动化决策系统有效性和效率的信息。新西兰政府于2020年7月颁布了《算法宪章》(The Algorithm Charter)，要求政府机构在使用算法时应当履行以下义务：①指定一个联络点，负责处理公众对算法的询问。②为质疑或起诉由算法作出的决定提供一个渠道。

---

[1] See Danielle Keats Citron, "Technological Due Process", *Washington University Law Review*, Vol. 85, Issue 6 (2008), pp. 1249~1314.

[2] 参见胡敏洁："自动化行政的法律控制"，载《行政法学研究》2019年第2期。

③明确解释人类在以算法为依据的决定中的作用。我国于2020年10月发布的《个人信息保护法草案（征求意见稿）》也对自动化决策作出了回应，其中第69条对自动化决策进行了界定、第25条对自动化决策的透明度提出了要求、第25条对自动化决策中的获得解释权作出了规定、第53条规定了自动化决策审计制度、第54条规定了自动化决策的事前风险评估制度。综合国内外已有的理论和实践经验，以"技术性正当程序"理论作为指引，本书认为，可以从以下两个方面对自动化信用评价进行程序控制。

1. 基于信息公开增强算法系统的透明度

透明度是当代治理的关键词之一，它往往与民主问责制联系在一起，但也带有市场效率的内涵。虽然透明度是经济学和政治学的一个重要概念，但其思想根源在于政府信息的获取。[1]在理论上，透明度主要被分为两种基本类型：一种是所谓的"鱼缸透明度"（fishbowl transparency），指的是公众窥探政府内部并获取有关政府官员所作所为信息的能力。这种透明度关注的重点是公众获取政府所掌握的信息和有关政府工作的信息，它包括公众对政府听证会、档案柜中的记录和计算机系统中的材料的获取。另一种是"说理透明度"（reasoned transparency），与"鱼缸透明度"强调公众获取政府工作的信息不同，这种透明度强调的是信息的有用性，即政府是否揭示其采取行动的原因。换言之，"说理透明度"强调政府通过说明理由来解释其行为的重要性。[2]

---

[1] See Tero Erkkilä, "Transparency in Public Administration", Oxford Research Encyclopedia of Politics, Retrieved 1 Nov. 2020, https://oxfordre.com/politics/view/10.1093/acrefore/9780190228637.001.0001/acrefore-9780190228637-e-1404 (Last visited on October 14, 2021).

[2] See Cary Coglianese, "The Transparency President? The Obama Administration and Open Government", *Governance*, Vol. 22, Issue 4 (2009), pp. 529~544.

第六章　信用规制程序的价值基础与制度完善

那么,如何通过信息公开来增强算法系统的透明度呢?本书认为,首先应当明确两项基本原则:一是算法自动化决策的可见性应当成为行政信息公开的基本要求;二是算法作出决策的基本规则和因素权重,应当向社会公众公开。[1]其次应当处理好信息公开与商业秘密保护之间的关系。对此,美国学者罗伯特·布劳内斯(Robert Brauneis)和埃伦·古德曼(Ellen P. Goodman)提出的方案或许值得我们借鉴。他们认为,为了在行政信息公开与商业秘密保护之间取得平衡,实现"有意义的透明度",政府部门应当利用其"订约权"(contracting powers),坚持适当的记录建立、提供和披露。具体而言,当政府部门与系统开发商在签订开发协议时,应当将行政信息公开的要求与商业秘密保护条款联系起来,要求系统开发商必须在合同中标明具体受商业秘密保护的记录以及可以公开的记录。换言之,系统开发商不能笼统地以商业秘密受法律保护为由拒绝公开算法系统相关信息,而是需要将合同中商业秘密保护条款的内容进行细化,具体区分受保护和不受保护的记录。这并不是要求系统开发商公布源代码,而是要求其公开系统所依据的法律规则以及将其转换为代码的基本原理。通过在系统开发合同中建立相关记录,公众可以通过要求公开合同来满足对算法透明度的要求。[2]

通过信息公开来增强算法透明度也越来越受到各国政府部门的重视。例如,德国信息自由专员会议于2018年10月通过一份决议文件,要求公共机构确保算法足够透明。为了实现可控制

---

〔1〕 参见张凌寒:"算法自动化决策与行政正当程序制度的冲突与调和",载《东方法学》2020年第6期。

〔2〕 See Robert Brauneis, Ellen P. Goodman, "Algorithmic Transparency for the Smart City", *Yale Journal of Law and Technology*, Vol. 20, 2018, pp. 103~176.

的运用算法,在法律允许的情况下,应当公开如下信息:①数据类别的信息;②算法的技术逻辑;③算法自动化决定可能产生的后果。为了确保能够实现前述基本要求,公共行政部门应当在制定算法系统开发方案时就考虑上述内容,通过设计实现透明度。[1]《法国公众与行政部门关系法典》(Code des relations entre le public et l'administration)第 R. 311-3-1-2 条规定,行政部门应当在不侵犯受法律保护的秘密之前提下,应个人行政决定的对象之要求,以可理解之形式向其提供以下信息:①算法处理对决定的贡献程度和方式;②处理的数据及其来源;③处理参数及其加权;④进行这种处理的具体操作。此外,法国宪法委员会于 2018 年在审查法国数据保护法与欧盟 GDPR 保持一致的法案时指出,当一种算法的操作规则不能在不侵犯受保护之秘密或利益的情况下进行传达时,行政部门不能仅根据这种算法作出个人行政决定。[2]换言之,根据法国宪法委员会的解释,如果一个行政部门在行政决定中完全依靠算法,则不得以商业秘密为借口不公开其运作情况。

2. 基于公众参与进行算法影响评估

保障公众参与是正当法律程序的基本要素之一,参与可以带来更多的信任、更多的满意度和更多的公民接受度,最终结果是公共行政绩效的正当性得以提升。[3]对于政府部门而言,

---

[1] Die Landesbeauftragte für Informationsfreiheit, "Transparence of Public Administration Using Algorithms is Indispensable for the Protection of Basic Human and Civil Rights", https://www.transparenz.bremen.de/dokument/bremen07.c.12866.de (Last visited on October 14, 2021).

[2] French Constitutional Council, "Décision n° 2018-765 DC du 12 Juin 2018", https://www.conseil-constitutionnel.fr/decision/2018/2018765DC.htm (Last visited on October 14, 2021).

[3] See Henk Addink, *Good Governance: Concept and Context*, Oxford University Press, 2019, p. 132.

第六章　信用规制程序的价值基础与制度完善

如果在没有建立适当的问责制框架的情况下就在公共行政中部署针对不特定多数人的算法决策系统，很有可能导致它们失去对决策过程的了解，从而使它们难以发现或应对偏见、错误或其他问题，最终导致合法性或正当性质疑。正如学者所指出的："如果在没有充分考虑对社群的影响的情况下建立越来越强大、无形和不负责任的技术，它们将继续加剧结构性种族主义和其他不平等。"[1]

算法影响评估（algorithmic impact assessment）是指能够帮助行政机关更好地理解和减少与自动化决策系统相关的风险，并提供与所设计的应用程序类型相匹配的适当的治理、监督和审计需求的框架。[2]算法影响评估并非一种全新的制度，影响评估目前已经在科学和政策领域被广泛实施。就宏观层面而言，最典型的是规制影响评估；就微观层面而言，环境保护、人权保护、数据保护、隐私保护等领域都已经实施了影响评估。算法影响评估可以充分吸收已有的制度框架，并结合科学和政策领域内影响评估的研究和实践成果，形成专门针对算法的评估机制，并为建构系统性的算法问责机制提供重要支撑。

尽管算法影响评估不会解决自动化决策系统可能产生的所有问题，但它确实提供了一种重要的机制，让公众了解情况，并让决策者和研究人员之间展开富有成效的对话。具体而言，算法影响评估有助于实现以下几个政策目标：①尊重社会公众的知情权，让公众能够了解影响其日常生活的自动化系统有哪些，这些系统都会在哪些方面对其合法权益产生影响。②提高政府部

---

[1] Jennifer Lee, "Power and Technology: Who Gets to Make the Decisions?", *Interactions*, Vol. 28, Issue 1 (2021), pp. 38~46.

[2] Government of Canada, "Directive on Automated Decision-Making", https://www.tbs-sct.gc.ca/pol/doc-eng.aspx? id=32592 (Last visited on October 14, 2021).

门的专业知识和能力，让政府部门能够对其开发或采购的自动化系统作出科学评价，以便能够预见应当注意的风险，如产生歧视性影响、侵犯公民隐私、违反正当程序等。③确保加强自动化决策系统的问责制，为外部研究人员提供有意义的、持续不断的机会，使他们能够利用发现和检测问题的方法审查、审计和评估这些系统。④确保社会公众具备有意义的申诉机会，能够对某一自动化系统的使用或行政机关的算法问责办法作出积极回应。[1]

算法影响评估已经成为世界范围内公认的算法治理机制。一些专家学者、技术人员、政策制定者都在积极倡导算法影响评估，甚至一些国家立法已经（准备）将算法影响评估予以法制化。例如，《加拿大自动化决策指令》规定：①在生成任何自动化决策系统之前，应当完成算法影响评估；②当系统功能或自动化决策系统的范围发生变化时，应当更新算法影响评估。[2]美国众议院议员伊维特·克拉克（Yvette D. Clarke）等于2019年4月提出了《2019年算法问责法案》。该法案规定应当建立算法影响评估机制，对下列问题进行评估：①自动化决策系统的设计、训练、数据和目的。②根据自动化决策系统的目的，评估其成本和效益，并考虑下列因素：数据最小化实践、储存个人信息与自动化决策结果的期限、公民可以获得关于自动化决策系统的信息等。③评估自动化决策系统可能对隐私、安全造成的风险，以及可能导致的不准确、不公平、有偏见或歧视性决策的风险。④评估是否采取了足够的技术性和组织性措施来尽

---

[1] See Dillon Reisman et al., *Algorithmic Impact Assessment: A Practical Framework for Public Agency Accountability*, AI Now Institute, 2018, p. 5.

[2] Government of Canada, "Directive on Automated Decision-Making", https://www.tbs-sct.gc.ca/pol/doc-eng.aspx? id=32592 (Last visited on October 14, 2021).

第六章 信用规制程序的价值基础与制度完善

量减少上述风险。[1]

综合国内外已有的研究成果和实践经验,本书认为,我国应当建立统一的算法影响评估框架,对自动化决策系统在公共行政中的运用进行评估。具体到自动化信用评价系统而言,算法影响评估框架应当至少包含以下基本要素:①行政机关应当对现有的或拟部署的自动化信用评价系统进行自我评估,评估该系统对公平、正义、公正等价值的潜在冲击,了解该系统对个人和组织的合法权益可能造成的潜在影响。②行政机关应当制定有意义的外部审查程序,允许技术专家、法律专家等组成算法影响评估工作小组,对自动化信用评价系统进行长期跟踪调查研究。③行政机关在部署自动化信用评价系统之前,应当向社会公布有关自动化信用评价系统的内部评估报告和外部评估报告。[2]④行政机关在决定采用自动化信用评价系统之前应当公开征求公众意见,主动澄清比较重要的问题以及可能引发争议的问题。⑤自动化信用评价系统在正式作出信用评价结果之前,应当通过技术设计将"通知"融入其中,自动通知个人或组织将对其信用状况进行评价,并给予个人或组织一定的时间进行回应。⑥自动化信用评价系统在正式作出信用评价结果之后,应当自动告知个人或组织,并允许其查阅具体的评价过程以及依据。允许当事人对评价结果提出异议,可以通过内部申诉、行政复议、行政诉讼等途径寻求权利救济。

---

[1] "H. R. 2231-Algorithmic Accountability Act of 2019", https://www.congress.gov/bill/116th-congress/house-bill/2231/text (Last visited on October 14, 2021).

[2] 参见张涛:"自动化系统中算法偏见的法律规制",载《大连理工大学学报(社会科学版)》2020年第4期。

第七章
信用规制中的权利救济机制

"法定权利的存在意味着一切必要和适当的救济措施之存在",[1]权利救济是现代法治的基本内涵之一,"为了保证法治主义的实效,权利救济制度的建设和完善是必不可少的"。[2]美国联邦最高法院大法官约翰·马歇尔（John Marshall）曾指出,"凡有合法权利的地方,只要该权利受到侵犯时,就可通过诉讼或其他法律行为获得法律救济,这是一条不容置疑的普遍规则。"[3]在公法理论与实践中,"获得权利救济的权利"是公民的一项基本权利,该权利不仅获得了许多国际性文件的肯认,同时也体现在诸多国家的宪法文本中。[4]"公民自由的本质当然在于每个人在受到伤害时都有权要求法律的保护。政府的首要职责之一就是提供这种保护。"[5]在信用规制过程中,不同领域的不同规制措施均可能会对被规制对象的合法权益造成侵害,这意味着必须重视信用规制中的权利救济,这是信用规制实现法治化发展的必备条件。尽管通过依据、措施、程序等方面对信用规制权力进行制约,在客观上也可以对私益起到一定的保护作用,但仍然有必要建立多元化的权利救济机制,为信用规

---

[1] Franklin v. Gwinnett County Pub. Sch., 503 U.S. 60.
[2] [日]市桥克哉等:《日本现行行政法》,田林、钱蓓蓓、李龙贤译,法律出版社2017年版,第244页。
[3] Marbury v. Madison, 5 U.S. 137.
[4] 参见林来梵:《从宪法规范到规范宪法》,商务印书馆2017年版,第241页。
[5] Marbury v. Madison, 5 U.S. 137.

制中的私益提供无漏洞保障。目前,理论与实务对于权利救济的一般原理和主要制度已经基本达成共识,并且业已建构了一套有效运行的权利救济体系,但是不同场景中权利救济路径之选择仍然受到一系列特定因素的影响,这些因素构成了不同场景中权利救济的基本理论,并对权利救济的具体实践产生了深远影响。

第一节 信用规制中权利救济的反思

在权利的世界里,侵害几乎已经成为一种常态,在某种意义上,没有侵害事实的存在,就不会产生对权利救济方法、途径和程序等内容的进一步思考,这便是所谓的"有侵害才有救济"。在公共行政领域中,私人权利与行政权力之间存在天然的紧张关系,私人权利实际受到的侵害或可能受到的威胁,均对权利救济的理论和实践产生决定性作用,信用规制亦不例外。因此,在选择信用规制中的权利救济路径时,我们有必要对信用规制中"权力-权利"的关系进行探析,在此基础上,确立信用规制中权利救济的基本原则,作为完善信用规制中权利救济机制的指导思想。

一、信用规制中"权力-权利"的失衡

尽管"规制"有很多不同的定义,但其核心理念是:由一个或多个机构管理的规则对社会行为进行约束或控制。在此背景下,规制的性质及类型主要受两个因素的影响:一是规则的性质;二是规制机构行使的权力的性质。[1]在传统的政府规制

---

[1] See Michael Moran, "Theories of Regulation and Changes in Regulation: The Case of Financial Markets", *Political Studies*, Vol. 34, Issue 2 (1986), pp. 185~201.

理论中,规制权力是基于政府履行规制职能而赋予其行使的一种行政权力,这与其他类型的行政权力之间并无实质性区别。[1]随着社会的发展,国家任务、政府职能均发生了较大变化,政府规制权力也得以空前扩张,其触角延伸到社会经济活动的方方面面,公民私权与政府公权之间的紧张关系也日益加剧。随着大数据、机器学习算法、云计算等先进技术在政府规制中的广泛运用,数据权力、算法权力等新兴权力作为第三方力量涌入原有的"权力-权利"关系中,使冲突局面进一步升级,加剧了私人权利与政府公权之间的失衡。

信用规制的典型特征就是遵循一种"技术规制"(techno-regulation)的理念,[2]采取一种"风险导向的规制路径"。风险导向的规制路径取代了过去凭空想象出来的风险排序,取而代之以清晰的、通过评估框架事先确定风险排序的科学操作方法。在风险导向的规制路径之下,政府规制机构的资源将根据信用风险评估框架所得出的排序结果进行分配,"按风险大小分配资源"的规制方式让规制机构能够提供"有针对性"和"适度比例"的干预,在最大化规制优势的同时,最小化被规制者的负担。[3]然而,魔鬼总是存在于细节处,在风险导向的规制路径所涉及的风险评估以及技术手段中,隐藏着巨大的问题。最重要的问题莫过于,数据权力、算法权力等新兴权力与传统的政府规制权力在不同领域进行高频率的互动与全方位的融合,使得政府规制权力作用范围更加具有延展性,而大数据、算法等

---

〔1〕 参见盛学军:"政府监管权的法律定位",载《社会科学研究》2006年第1期。

〔2〕 See Bert-Jaap Koops, "The (In) Flexibility of Techno-Regulation and the Case of Purpose-Binding", *Legisprudence*, Vol. 5, Issue 2 (2011), pp. 171~194.

〔3〕 参见[英]凯伦·杨、马丁·洛奇编:《驯服算法——数字歧视与算法规制》,林少伟、唐林垚译,上海人民出版社2020年版,第168页。

技术却尚未赋予相对人能够与这种"混合权力"抗衡的工具和手段。

在传统政府规制理论中,规制权力行使的范围与空间和时间基本上成正比,这意味着时间越短,空间越近,则规制权力的控制能力也就越强。在大数据、算法等先进技术的加持下,这种传统范式逐步被颠覆。当数字社会、数字政府、数字个人逐渐成为现实时,"在线世界以其看似无限的能力收集、汇总、存储和挖掘行为数据,从而整合了线下世界,创造了虚拟和物理现实的新融合"。[1]机器学习算法可以在云服务器收集、存储和处理数字数据,利用海量数据来训练和培训算法,这种能力使得机器学习算法足以担任几乎所有领域的决策工具。[2]在"万物皆数"和"万物互联"的情况下,权力的作用范围也将不再受物理世界的限制,其可以在极短的时间内覆盖社会生活中的每一个个体,涵盖其生活的每一个位置和时刻。[3]政府规制权力可以较为容易地借助技术手段予以实施,可以通过自动化的、非接触性的、隐匿性的方式对相对人的行为进行调控,当然也可能以此方式对相对人的合法权益造成侵害。

二、信用规制中权利救济的基本原则

在信用规制中,大数据、算法等先进技术对政府规制权力和公民权利的不同程度"赋权",进一步加剧了"权力-权利"的失衡局面,这也是引发学界质疑、社会焦虑、国际误解的重要

---

〔1〕 See Mireille Hildebrandt, Serge Gutwirth (eds.), *Profiling the European Citizen: Cross-Disciplinary Perspectives*, Springer, 2008, p. 23.

〔2〕 参见[英]凯伦·杨、马丁·洛奇编:《驯服算法——数字歧视与算法规制》,林少伟、唐林垚译,上海人民出版社2020年版,第21页。

〔3〕 参见郭哲:"反思算法权力",载《法学评论》2020年第6期。

原因之一。[1]为了能够扭转信用规制中"权力-权利"失衡的局面,我们除了坚持以"平衡论"作为思想指引,更多地赋予被规制对象各类新型的实体性或程序性权利外,还应当本着"有权利,就有救济"的理念,建构有效的救济制度体系。

从广义的角度看,信用规制中的权利救济制度属于行政救济的范畴,因此也应当遵循行政救济的基本原则。林莉红教授认为,行政救济至少应当包括权利无漏洞救济、行政内救济优先、司法最终救济、救济合乎比例、保持独立性等原则。[2]为了能够更为有效地保护被规制对象的合法权益,矫正信用规制中"权力-权利"的失衡状态,在完善信用规制中的权利救济制度时,应当符合行政救济制度的一般性原理,同时也要考虑信用规制的具体情况,突出强调一些重要的权利救济原则。

(1)节约成本原则。权利救济之主张,通常需要投入一定的人力、物力及时间成本。为了避免公民在寻求权利救济的过程中因维权成本过高而心生"放弃维权"或"厌恶维权"等消极情绪,进而助长违法行为的"气焰",政府在设计权利救济机制时,应当本着节约成本的理念。[3]在信用规制中,诸多权利侵害行为均是围绕信用信息的生命周期展开,因此,信用信息的准确性、完整性、时效性等要求常常会成为行政争议的诱因。与传统的行政争议相比,与信用信息相关的侵害行为更多地关涉"技术性要求",造成后果的严重性通常不会立即显现,容易给人一种违法性不高的表象。若此时还要求相对人投入过高的

---

[1] 参见虞青松:"算法行政:社会信用体系治理范式及其法治化",载《法学论坛》2020年第2期。

[2] 参见林莉红:《中国行政救济理论与实务》,武汉大学出版社2000年版,第14~23页。

[3] 参见蔡志方:《行政救济法新论》(第3版),元照图书出版有限公司2007年版,第10页。

成本来寻求权利救济，那么势必会影响相对人的维权积极性，不利于权利保护。因此，在信用规制中，权利救济制度的建构应当切合信用信息侵权的特征，更加注重经济性，在流程、时间等方面减少相对人的维权成本。

（2）及时高效原则。法谚有云："迟来的正义，即非正义。"这意味着在建构权利救济制度时应当及时高效。随着信用规制的全面推行，可以预见的是与信用规制相关的争议在一段时间内势必会急剧上升，尤其是与信用信息相关的各类争议。在大数据时代，"万物皆数"和"万物互联"逐渐成了一种趋势，借助互联网技术，信用信息可以实现实时归集、处理、共享和公开，一旦出现信用信息的不准确、不完整、非关联等问题，在"记住是常态，遗忘是例外"的"机器记忆"时代，这给相对人带来的影响将是持久的。因此，在信用规制中，权利救济制度的完善应当契合大数据时代的特征，更加注重时效性，应当借助各种技术手段，提高救济效率和正义供给。

（3）注重实效原则。在公法理论中，实效性权利救济原则是一项重要原则，它是指在公民权利利益受到侵害时必须确保权利救济途径的实效性，它强调的是救济结果的有效性。[1]为了确保实效性的权利保护，理论上提出了许多实效救济方法，如起诉保障的实效性、暂时的权利保护、适时的权利保护、武器平等原则、救济规则明确性等。[2]在信用经济时代，信用在社会经济活动中扮演着越来越重要的作用，无论是对于个人而言，还是对于企业而言，良好的信用均至关重要。在信用规制

---

〔1〕 参见许育典：《宪法》（第6版），元照图书出版有限公司2013年版，第309页。

〔2〕 参见阙铭富：《行政诉讼权保障之现代意义——以2004年日本行政事件诉讼法修正为中心》，法学图书出版有限公司2012年版，第42~43页。

中，各类以信用为基础的规制措施既是行政权力行使的新载体，同时也事关相对人的合法权益，尤其是信用信息披露、信用黑名单公开等，一旦出现违法使用想象，将对相对人的合法权益产生不可逆的影响。因此，在信用规制中，权利救济制度的完善应当契合信用经济时代的特征，更加注重实效性，应当完善信用主体的预防性保护制度。

（4）尊重信用规律原则。信用规制是信用理论与规制理论深度融合的产物。因此，信用规制的运行除了需要符合规制理论的一般原理外，还应当尊重信用规律，权利救济制度的完善也不例外。从社会控制的角度来看，"修复"（repair）与"污名化"（stigmatization）和"宽容"（tolerance）一起成了三种主要的社会控制方式。其中，"修复"是一种重要类型，它通过恢复因"越轨"（deviance）而造成的紊乱关系或群体生活，以达到与越轨个体继续合作和互惠互动的目的。主要的修复策略包括：通过惩罚改变越轨个体的行为和思想、通过医疗或治理治愈越轨个人、通过谈判或和解允许和激励越轨个人重新融入社会等。[1]具体到信用规制而言，信用修复本身就是一种规制措施，其可以发挥对被规制对象的激励和约束作用。然而，从信用规律的角度来看，信用修复更多地体现为一种救济制度，它是整个信用管理体系中不可或缺的一环，目的在于降低不良信用记录给信用主体造成伤害的程度。[2]因此，在信用规制中，我们应当更加注重信用修复的权利救济功能，以信用理论的一般原理为指引，完善信用修复制度。

---

[1] See Anton J. M. Dijker, Willem Koomen, *Stigmatization, Tolerance and Repair: An Integrative Psychological Analysis of Responses to Deviance*, Cambridge University Press, 2007, pp. 3~4.

[2] 参见林钧跃编著：《企业信用管理》，企业管理出版社2001年版，第202页。

第二节　信用规制中信用修复的完善

信用修复是信用规制中的关键环节，也是整个社会信用体系建设中的重要制度。在当前的信用规制实践中，政府部门主要聚焦于信用承诺、信用惩戒、信用黑名单等这些更具"工具性"的制度，而研究者也往往将目光聚焦于前述制度所引发的更为显性的问题，信用修复在理论研究和实践探索上总体处于"边缘化"的地位。本书第三章对当前信用修复实践现状的考察发现，由于对信用修复的功能缺乏正确认识，再加上相关制度供给不足，导致信用修复在实践中存在一些误区，有被误用或滥用的倾向，出现了"信用修复就是洗白记录""信用修复就是走过场""信用修复就是缴纳罚款"等现象。[1]在制度建构上还存在如下问题：①信用修复条件过于宽泛，信用修复机构的裁量权过大。②信用修复形式单一，难以满足失信主体的需求。③信用修复程序不完善，缺乏一致性和便捷性。④信用修复机构与信用惩戒机构合一，容易导致"寻租"和权力滥用。⑤信用修复的边界不清，导致信用修复结果各异。本书认为，在完善信用修复制度时，应当对上述问题进行积极回应。

一、矫正信用修复的误区

信用修复在我国是一个新的制度实践，由于理论储备不足，再加上缺乏统一的法律规范，在实践中难免会存在各种认识误区或错误实践。因此，要对信用修复进行制度完善，首先需要对实践中存在的一些认识误区进行矫正。

---

[1] 参见马占飞："市场主体对信用修复的若干认识误区"，载《中国信用》2019年第10期。

（一）信用修复并不等于行政决定的履行

在信用修复实践中，一些信用修复机构和申请人均存在一种误区，将信用修复等同于行政决定的履行。很多有关信用修复的规范文件均将行政决定的责任和义务之履行作为信用修复的一种条件。[1]实践中也曾出现一些企业因违法行为被处罚款，并被列入失信名单，禁止参与政府采购，企业缴纳罚款后，认为自己已经纠正失信行为，当然可以申请信用修复。[2]

本书认为，将信用修复等同于行政决定明确的责任和义务履行实际上犯了逻辑上的错误。以信用修复与行政处罚行为之间的关系为例，行政处罚行为的存在往往是因为相对人违反了法律法规的规定，这意味着相对人的信用状况不佳、信用风险较高，因此行政处罚行为成了信用惩戒的依据和信用修复的逻辑起点。在此情况下，相对人若要证明其信用已经修复可以有两种路径：一是证明之前的行政处罚决定违法，申请人民法院撤销该处罚决定，此时相对人的信用状况自动恢复到处罚之前的状态；二是通过其他方式证明其信用状况已经修复。[3]因此，无论通过何种方式来修复信用，相对人均需要提供相应的材料证明其信用已经修复。换言之，履行行政决定所确定的义务和责任只是申请信用修复的基本条件之一，并不能直接等同于信用已经修复，申请人若要申请信用修复，还需要其他形式的佐证材料或符合其他条件要求，如失信信息的最低公示期等。否

---

[1] 例如，《能源行业市场主体信用修复管理办法（试行）》第5条规定，失信信息所涉及的行政处罚、行政检查、行政裁决等行政决定明确的责任和义务履行完毕，并经作出行政决定的单位确认，可以申请信用修复。

[2] 参见罗培新："信用修复务必与信用惩戒的法律依据相衔接"，载《中国市场监管报》2019年12月10日。

[3] 参见卢护锋："信用修复的实践误区及其立法应对"，载《广东社会科学》2020年第11期。

则，可能导致行政机关一边宣布实施信用惩戒，一边又立即进行信用修复，如此循环往复，将直接动摇整个信用惩戒制度，乃至整个信用规制体系的基础，背离最初的改革初心。[1]

(二) 信用修复不等于信用信息的删除

从广义的角度看，信用修复也涉及信用信息的删除，但这种情况主要存在于因为信用信息本身存在错误或据以认定失信信息的依据被撤销而导致相对人的信用评价结果无法反映其真实的信用状况。在这种情况下，信用修复机构可依职权或根据相对人的申请对错误的信用信息予以删除。不过，在我国信用规制实践中，前述情形通常被纳入有关信用信息的异议处理程序中，不属于信用修复的范畴。[2]在信用修复实践中，一些申请人通常认为信用修复就是对失信信息的删除，是对失信信息的一种"洗白"，也有一些信用修复机构在处理信用修复结果时，将"信用信息删除"作为一种信用修复结果。[3]随着信用修复逐渐引起社会的重视，在互联网上经常有一些打着"清洗记录""洗白信用"等噱头的广告。

借助信用信息删除来实现信用修复存在局限性，并且还有可能带来社会损失。首先，信用信息很难彻底删除。在"记忆是常态，遗忘是例外"的机器记忆时代，所谓的信用信息删除

---

[1] 参见罗培新："信用修复务必与信用惩戒的法律依据相衔接"，载《中国市场监管报》2019年12月10日。

[2] 参见王丹蕾："揭秘'铲单中介'骗局：几千元可洗白信用污点"，载 http://news.cnr.cn/native/gd/20160131/t20160131_521288797.shtml，最后访问日期：2020年11月4日。

[3] 例如，《上海市社会信用条例》第38条规定，市公共信用信息服务平台应当在收到信用修复决定书之日起的3个工作日内在平台查询界面上删除该失信信息。《汕头经济特区公共信用信息管理办法》第31条第2款规定，市公共信用信息主管部门在收到信用修复决定意见书后3个工作日内完成后续修复处理工作，移除或者屏蔽相关信息。

或许只是一种假象，即使信用信息可以在公共部门的系统或平台中予以删除，也并不意味着信用信息不存在于网络空间的其他位置，如私人的数据库。其次，用信用信息删除修复信用不符合信用自身的发展规律。信用评价本身就是一个信息积累的过程，信息的完整性关系信用评价结果的准确性，即使是在传统依靠"口耳相传"来维系信用评价的时代也是如此。[1]在比较法中，即便是在信用修复制度较为成熟的美国，个人的信用信息也只有在不准确的情况下才允许删除，除此之外，所有信用信息均不得任意删除，必须遵守法律规定的保存期限。[2]最后，即使删除了信用信息也并不意味着信用主体的所预期的交易待遇和利益就因此修复了。[3]较为合理的做法是将符合信用修复条件的信息记录从信用公示网站撤下，缩短公示时限，不再对外公示或查询，但后台数据库仍然应当按照法律的规定在一定期限内以档案形式予以保留。

（三）信用修复不等于信用惩戒的终结

信用修复和信用惩戒密切相关，二者均是信用规制中的关键制度。从经济学的角度看，二者均可以对遵法守约发挥激励作用。[4]不过，从外观表象来看，信用修复更多的是发挥激励作用，而信用惩戒则更多的是发挥惩戒作用。在信用修复实践中，一些信用修复机构和申请人通常认为信用修复就意味着信

---

〔1〕 参见展西亮：《信用工程论》，中国金融出版社2015年版，第39页。

〔2〕 《美国信用修复组织法》第405条规定，信用修复组织应当向消费者披露的书面声明包括如下内容："您有权直接与信用局联系，对您信用报告中的不准确信息提出异议。然而，您或任何'信用修复'公司或信用修复组织都无权要求从您的信用报告中删除准确、最新和可核实的信息。只有当您的信用报告超过7年时，信用局才必须删除您报告中准确的、负面的信息。破产信息可报告10年。"

〔3〕 参见戴昕："声誉如何修复"，载《中国法律评论》2021年第1期。

〔4〕 参见于立、于左、丁宁："信用、信息与规制——守信/失信的经济学分析"，载《中国工业经济》2002年第6期。

用惩戒的结束。换言之，退出信用惩戒是信用修复的一种必然的法律效果。[1]

本书认为，产生这种误区的主要原因在于将信用惩戒与信用修复之间的关系化约为一一对等的关系。而事实上，无论是在法理上还是在实践中，尽管信用修复与信用惩戒之间在结构和功能上具有很大的关联性，但是仍然存在若干不宜修复或不应修复的情形。例如，有一些法律对于严重违法失信的个人规定了一定期限的市场准入限制，如导游证被吊销后3年内不能重新申领，[2]在这种情况下，即使信用修复机构将失信信息公示的期限缩短为6个月，但是3年的市场禁入规定仍然必须实施，信用修复机构无权直接以结束信用惩戒来作为信用修复的法律效果。总而言之，信用修复并不必然等于信用惩戒的终止，在信用修复的制度建构中，需要认真厘清这两者之间的关系，不能简单化处理。[3]

二、完善信用修复的标准

"标准"（standards）往往被誉为支持创新，使不同行业、服务和组织更加合理和一致。[4]一个多世纪以来，标准使互联系统成为可能，从铁轨和电报线路开始，如今已经成为现代通

---

[1] 例如，《河北省社会信用信息条例》第46条规定："……信用主体的信用信息修复后，按照规定不再作为联合惩戒对象。"

[2] 例如，《旅游法》第103条规定："被吊销导游证的导游和领队自处罚之日起未逾三年的，不能重新申请导游证，该条法律并未对信用修复进行明确规定。"

[3] 国家发改委副主任连维良于2019年7月18日在国务院举行的政策吹风会上也表示，信用修复不是简单的"退出惩戒"，而是有前提、有程序、有限度的失信整改过程。参见顾阳："对诚信者'无事不扰'对失信者'利剑高悬'"，载《经济日报》2019年7月19日。

[4] See Jean-Christophe Graz, *The Power of Standards: Hybrid Authority and the Globalisation of Services*, Cambridge University Press, 2019, p. 86.

信、计算、制造、医疗和运输行业的基本要素；在不久的将来，自动化汽车、电子配置、人工智能和物联网等技术将通过使用标准化技术而快速发展。[1]鉴于技术标准和标准化对全球技术市场的重要性，技术标准和标准化日益成为法律规制、政策辩论和诉讼的主题。在政府规制中，各种类型的标准引起了复杂的权力结构中持续不断的斗争，涉及多个参与者，包括跨国公司、有组织的利益集团和政府规制机构。换言之，标准得益于向位于政治和经济领域之间的机构大规模转移权力，成了传统政府规制的替代性方案。[2]如今，标准化本身就是一种重要的规制技术（regulatory technique），[3]技术标准在现代行政法治中发挥着越来越重要的作用，它可以使行政法治更加社会化、柔和化、自觉化和精确化。[4]"为公共政策领域所逐渐接受的事实是，许多导控社会和经济行为的能力被掌握于非政府主体之手，还应认识到，有可能通过利用非政府标准的制定，来运用各种机制，实现公共目标。"[5]对于信用规制而言，技术标准不仅是信用规制有效运行的基础，而且还能在客观上对规制机构产生制约效果。

在社会信用体系建设过程中，标准化建设一直是重要内容，

---

[1] See Jorge L. Contreras (ed.), *The Cambridge Handbook of Technical Standardization Law: Further Intersections of Public and Private Law*, Cambridge University Press, 2019, p.1.

[2] See Jean-Christophe Graz, *The Power of Standards: Hybrid Authority and the Globalisation of Services*, Cambridge University Press, 2019, p.86.

[3] See Mariolina Eliantonio, Caroline Cauffman (eds.), *The Legitimacy of Standardisation as a Regulatory Technique: A Cross-disciplinary and Multi-level Analysis*, Edward Elgar Publishing Ltd, 2020, p.4.

[4] 参见关保英："论行政法中技术标准的运用"，载《中国法学》2017年第5期。

[5] [英]罗伯特·鲍德温、马丁·凯夫、马丁·洛奇编：《牛津规制手册》，宋华琳等译，宋华琳校，上海三联书店2017年版，第129页。

第七章 信用规制中的权利救济机制

贯穿于信用信息收集、处理和使用的全过程。[1]在信用规制过程中，信用信息的供给和信用信息的需求均呈现出主体多元性，信用信息需要从各个政府部门归集到公共信用信息共享平台，经过信用评价产生的二次信用信息需要由公共信用信息共享平台传递给其他政府部门。由于各个政府部门之间的职能、信息基础设施的建设水平、信用信息的管理制度等均存在差异，因此信用标准化便成了信用规制中的一项基础性工作，需要形成机制和模式，并且要有体系化、前瞻性。[2]在国家标准《信用标准化工作指南》（GB/T 23792-2009）中，"信用标准"是指"规定从事信用活动应当满足的要求以确保其适用性的标准"。概括起来，信用标准化有五个方面的功能：①可以促进信用领域的交流。②可以促进信用信息的互联互通。③可以促进信用服务行业的健康发展。④可以为信用规制提供依据。⑤有利于保证信用产品和服务质量，维护消费者权益。[3]

目前，我国信用标准制定已经取得了一些成效，对于推动信用规制的法治化、规范化发展发挥了一定作用。在已经公布实施的信用标准中，[4]大部分聚焦于信用信息归集和信用评价，尚未制定信用修复标准。相比较而言，在国际信用标准中，世

---

[1] 参见刘碧松等："市场监管领域信用标准体系建设和发展探讨"，载《中国标准化》2020年第11期。

[2] 参见吴维海、张晓丽：《大国信用——全球视野的中国社会信用体系》，中国计划出版社2017年版，第305~306页。

[3] 参见全国信用标准化技术工作组编：《国内外信用理论研究与标准化实践》，中国计量出版社2010年版，第13页。

[4] 我国自2005年成立了"全国信用标准化技术工作组"，开始推动信用标准化工作，2016年成立了"全国社会信用标准化技术委员会"，负责完善信用标准体系总体框架，研制急需信用技术标准，推动信用标准国际化水平。根据国家标准《信用标准化工作指南》（GB/T 23792—2009）的规定，我国信用标准体系主要分为信用基础标准、信用技术标准、信用产品标准、信用服务标准和信用管理标准，已经公布实施的信用国家标准二十余项，还有一些标准正在制定过程中。

界信用组织制定了《不良信用记录修复标准》,对信用修复的原则、条件、程序和结果等内容进行了规定,可以为我国信用修复标准化建设提供参考。

为了推动信用修复的合理性和一致性,实现信用规制的规范化、法治化发展,信用标准化成了政府的必要选择。我国应当启动信用修复的编制工作,制定一套信用修复国家标准,支撑信用修复实践的开展。首先,在技术上,应当结合国际经验和已有的实践经验,对不同性质的失信信息予以类型化,并制定相应的修复程序及要求。目前,已经有一些地方出台了一些信用修复指引,可以视为是信用修复标准化的一种尝试,其基本模式就是对失信信息进行分类,并针对每一类信息的修复条件、程序、方式等予以规定和说明。其次,在内容上,信用修复国家标准应当重点对信用修复条件、信用修复方式、信用修复程序、信用修复结果等内容进行标准化,为信用修复机构和申请人提供指引。最后,在组织上,应当由"全国社会信用标准化技术委员会"负责信用修复标准化工作,组织编写信用修复国家标准,在制定标准的过程中,应当充分听取企业、科研组织、社会公众等利益相关者的意见,增加制定过程的透明度。[1]

三、明确信用修复的限度

失信成本较低是导致信用失范行为的一个重要因素,而信用惩戒、信用公开、信用黑名单等制度的重要目的就是提高失信成本,遏制失信行为的机会主义倾向。如果允许申请人在任何情形、任何时点均可通过信用修复重塑信用,将使得失信成

---

[1] 参见林钧跃:"信用修复的标准化浅析",载《中国信用》2019年第8期。

本可被忽略不计。[1]因此，需要给信用修复设定一系列排除因素，这些因素包括行为性质、主观过错、主体地位、时间期限等，结合已有的一些探索，主要有以下几种类型：①从失信行为或失信信息的性质看，严重失信行为或严重失信信息不适用申请修复。[2]在判断是否属于"严重失信"时，应当严格按照法律法规的规定，结合生效法律文书所确认的事实与责任，既要考虑失信主体的主观情况，还要考虑失信行为所产生的危害程度和社会影响，要严格控制信用修复机构的自由裁量权。②从失信主体的行为表现来看，失信行为未停止、未整改或新发生的，这类失信行为或失信信息不适用申请修复。[3]尽管失信主体履行生效法律文书所决定的义务并不意味着就完成了信用修复，但如果失信主体对于失信行为毫无"悔过之意"，在某种程度上也可以反映出失信主体遵法守约的意愿不强。③从失信主体申请信用修复的频率来看，短期之内频率过高的失信行为往往不适用申请修复。[4]

四、规范信用修复的程序

信用修复程序是信用修复所应当遵循的步骤、时限和顺序

---

〔1〕 参见卢护锋："信用修复的实践误区及其立法应对"，载《广东社会科学》2020年第11期。

〔2〕 例如，《河南省公共信用信息修复管理办法（试行）》第6条第3项规定，信用主体"存在严重失信行为的"，不得予以信用修复；《汕头经济特区公共信用信息管理办法》第30条规定"属于国家、省认定的严重失信行为的，不予信用修复"。

〔3〕 例如，《三亚市法人和自然人信用修复管理办法（试行）》第9条规定，有"未停止失信行为也未进行整改的""失信主体接到信用提醒后无故不纠正相关失信行为或者无故不参加约谈、约谈事项不落实，经督促后仍未及时履行的"等情形之一的，不得予以修复。

〔4〕 例如，《江西省失信行为主体信用修复办法（试行）》第7条规定，存在"距离上一次信用修复时间不到1年的""2年内信用修复累计满2次的""1年内同类失信行为已修复1次的"等情形之一的，不得予以信用修复。

等，属于整个信用规制程序的组成部分。如前所述，程序正义是信用规制程序的目标追求，而正当程序则是信用规制程序的主要内容，信用规制程序的设定应当满足"最低限度公正"，信用修复程序也不例外。以正当程序的基本要素作为指引，结合已有的信用修复实践经验，本书认为，信用修复程序至少应当包含以下几个基本要素。

（1）修复告知。行政主体应当将信用修复的相关规定告知行政相对人。目前，在信用修复实践中，修复告知又可以被分为两种形式：一种是行政主体在认定失信行为或失信信息时，进行信用修复告知，明确告知失信主体信用修复的渠道与方式。[1]另一种是行政主体对符合信用修复条件的行政相对人，主动通过各种方式提醒其及时进行信用修复，主要是对于需要满足一定的修复期限限制的失信行为，在限制期限届满时，而失信主体未申请修复时，行政主体可以根据实际情况主动告知失信主体申请信用修复。[2]从减轻行政主体工作负担的角度看，在未来的信用修复制度建构中，可以主要以第一种修复告知为主。

（2）提出申请。行政相对人向信用修复机构书面提交信用修复申请，并提交有关改正失信行为、履行责任或义务的证明材料。有的地方规定，行政相对人在提出申请的同时需要作出信用修复承诺，信用修复承诺书是申请材料的组成部分。[3]不

---

[1] 例如，《能源行业市场主体信用修复管理办法（试行）》第12条规定："失信信息认定单位应履行信用修复告知义务，在认定失信信息的同时，及时将信用修复的相关规定告知能源行业市场主体。"

[2] 例如，《黄山市信用修复管理暂行办法》第12条规定："失信认定单位应当建立信用修复提醒机制，对具备信用修复条件的失信主体，要通过书面、电话、网站公示等形式告知其及时进行信用修复。"

[3] 例如，2019年《三亚市法人和自然人信用修复管理办法（试行）》第10条第1项规定："……失信法人和自然人在申请时，应作出信用承诺，承诺不再发生同类失信行为。"

过,也有的地方规定,作出信用修复承诺是独一个独立的程序,失信主体在信用修复后应当作出信用修复承诺,并向社会公开。[1]本书倾向于将信用修复承诺作为提交申请材料的组成部分,并在申请信用修复阶段就向社会公开。一方面,要求失信主体在申请信用修复阶段就对自己是否具备修复条件、提交材料是否真实、修复后的行为规划等情况作出承诺,并明确违反承诺应当承担的责任,这样可以在一定程度上给失信主体形成一种心理威慑,防止信用修复中的失信行为。另一方面,要求失信主体将信用修复承诺向社会公开,可以发挥社会公众的监督作用。

(3)机构受理。行政主体在收到信用修复申请后在一定期限内对行政相对人的基本信息、申请事项及相关材料的真实性、完整性等进行核实并确定是否受理。不过,对于受理审查的形式,各地的规定存在较大的差异,有的地方规定行政主体对受理申请进行形式审查,[2]有的地方则规定行政主体对受理申请进行实质审查。[3]本书认为,行政主体在进行信用修复审查时,可以采取"形式审查+实质审查"相结合的方法进行,具体采用哪种审查方法,可以结合拟修复失信行为的性质来进行确定,对于严重的失信行为或失信主体具有不遵法守约意愿的情形,应当采用实质审查,仔细核查信用修复情况的真实性。此外,行政主体在进行信用修复审查时,对于一些比较重要的或争议

---

[1] 例如,《广西壮族自治区失信主体信用修复暂行办法》第11条第2项规定,主动作出信用承诺。失信主体作出信用修复承诺,并通过信用网站向社会公开。

[2] 例如,《浙江省公共信用修复管理暂行办法》第10条规定,行政主体对行政相对人信用修复材料的齐备性进行检查,对于材料不齐备的,应当在2个工作日一次性告知补全材料。

[3] 例如,2019年《三亚市法人和自然人信用修复管理办法(试行)》第10条第2项规定,行政主体在收到申请材料后,及时对材料进行审核,必要时可以采取实地调查、诚信约谈等方式对材料的真实性进行认定。

性比较大的信用修复情形,可以通过专家论证会、听证会的形式听取意见。

(4) 修复决定。行政主体审查申请修复的失信行为或失信信息是否符合信用修复条件,并自受理之日起在一定期限内做出是否予以信用修复的决定,并说明理由。[1]行政主体在作出信用修复决定的同时,还应当在修复决定书中载明行政相对人享有的救济权利,明确若相对人对信用修复决定不服,可以通过申请行政复议或提起行政诉讼的方式来维护权利。

(5) 修复执行。行政主体在作出信用修复决定后,通过一定方式或程序来执行信用修复决定。目前,在现有的信用修复实践中,有的地方规定,信用修复决定需要经过一定期限的公示,经公示无异议后,再由有关行政主体来执行。[2]有的地方则规定,信用修复决定一经作出,即告知行政相对人,并报送其他行政主体。[3]本书认为,信用修复决定的生效执行可以参考借鉴裁判文书的生效执行制度,在信用修复的法律规范中明确规定信用修复决定的生效期限,在生效期限届满后,若信用主体未申请复议或提起诉讼,则再将信用修复决定报送其他行政主体。换言之,应当在信用修复决定获得确定力以后,再由其他行政主体予以执行。

---

〔1〕 例如,《能源行业市场主体信用修复管理办法(试行)》第9条规定,失信信息认定单位应当审查申请修复的失信信息是否符合信用修复条件,并自受理之日起15个工作日内作出是否予以信用修复的决定,向申请人发出《信用修复意见通知书》。

〔2〕 例如,《浙江省公共信用修复管理暂行办法》第11条和第12条规定,对于符合信用修复条件的,确认信用修复,并在部门门户网站进行公示,公示期限为5个工作日,公示期间无异议的,由行政主体作出信用修复确认通知,告知行政相对人,并报送其他行政主体。

〔3〕 例如,《长治市信用修复管理暂行办法》第12条第5项规定,信用修复单位应当在受理后5个工作日内完成修复审查,出具《信用修复决定书》,告知申请人,同时将申请书和决定书共享给其他行政主体。

第三节　信用规制中异议申诉的完善

从实体权利的角度看，异议权本身应当是信用主体享有的一项重要权利，目前已经在《民法典》第1029条和诸多地方社会信用立法中实现了法制化。在已有的信用规制实践中，绝大多数的信用规制立法与政策均将异议申诉与信用修复一起作为信用主体主要的权益保护机制加以明确规定。不过，从信用规制过程的整体来看，信用修复是一种带有"终局性"色彩的权益救济机制，而异议申诉则是一种"常态化"的权益救济机制。[1]换言之，异议申诉几乎贯穿于信用规制的所有环节，无论是信用信息归集和信用评价，还是信用公开和信用应用，甚至是信用修复，均涉及异议申诉。因此，有必要对信用规制中已有的异议申诉机制进行经验总结，改进其不完善之处，建构程序规范、标准统一、渠道通畅的异议申诉机制。

一、异议申诉的功用

在传统的行政救济制度中，除了行政复议和行政诉讼这两种比较常见的正式制度外，"投诉处理"通常作为一种非正式的行政救济制度存在于公共行政中。这种制度的优点在于其所花费的金钱和时间较少，并且申请期限和成为投诉对象的行政活动不受限制，其局限性是行政机关进行一定的投诉处理并不是

---

[1]　征信行业中异议申诉机制的运行情况也可以从侧面证明异议申诉机制作为信用主体权益保护机制的重要性。中国人民银行征信中心作为国内最大的基础征信专业服务机构，2017年受理个人信用报告异议达3.7万笔，异议申诉作为征信制度要求和征信机构的一项常规服务，持续地纠正了大量的争议数据问题，进而化解了众多矛盾。参见汪路：《征信：若干基本问题及其顶层设计》，中国金融出版社2018年版，第53页。

法定义务。[1]信用规制的"异议申诉"与"投诉处理"存在相似之处，但又不完全相同，对于信用规制中的公民、法人和其他组织而言，异议申诉是一项正式的救济制度，对其合法权益的保障至关重要，并且也有许多严格的要求与条件限制。

在信用规制中，异议申诉是指公民、法人或者其他组织认为行政主体在信用信息的归集、评价、公开、应用和修复等活动中的行为侵犯了其合法权益，依法提出异议申请，由行政主体对系争行为进行审查并作出决定的活动。由于信用规制主要是围绕信用信息的归集、评价、公开等进行，因此，在信用规制中发生的纠纷绝大部分均与信用信息有关。异议申诉作为一种非诉的行政性救济机制，被广泛运用于信用规制，其主要功用如下。

（1）保护信用主体的合法权益。在信用规制中，信用主体之所以会提起异议申请，启动异议申诉机制，通常是认为行政主体在信用信息处理过程中的行为违法或不适当，并侵害了其合法权益，如错误归集信用信息、信用评价结果准确、信用公开侵犯隐私等。因此，异议申诉的第一个功能便是为信用主体的合法权益提供救济途径。此外，异议申诉作为一种程序机制，也是信用主体行使异议权、删除权、封存权等权利的重要途径。

（2）监督信用规制权力依法行使。信用规制是行政权力行使的一种新方式，其在形式上主要表现为行政主体依靠信息技术对公民、法人或者其他组织的信用信息开展归集、评价、公开、应用等活动。在此背景下，信用规制权力实际上已经演变为了一种"新型权力"，在原有的政府规制权力基础上，还叠加了所谓的"数据权力""算法权力"等。再加上信息技术的便

---

[1] 参见［日］市桥克哉等：《日本现行行政法》，田林、钱蓓蓓、李龙贤译，法律出版社2017年版，第245页。

捷性、网络空间的虚拟性，使得信用规制权力在很多场合下均是以一种悄无声息的柔性姿态在行使。在自动化行政的背景下，自动归集、自动评价、自动惩戒等已经逐渐成为现实，信用规制权力行使的结果可能给公民、法人或者其他组织的合法权益造成严重影响。异议申诉由于其自身的制度特点，通过当事人启动异议申诉机制，可以在一定程度上督促行政主体去审查自身行为的违法或不当。

（3）减轻行政复议机构和人民法院的负担。与行政复议、行政诉讼等传统的行政救济手段相比，异议申诉具有如下特点：①异议申诉的受案范围更为广泛。异议申诉是行政主体内部的一种自我纠错机制，它更为贴合由公共信息活动引发的争议。在信用规制中，信用信息处理的每一个环节均涉及信用信息的关联性、准确性、完备性、时效性、一致性等问题，而信用信息跨区域、跨领域、跨层级、跨部门快速传播和流动，使得上述问题变得更加复杂，随之而来的纠纷也会不断增多。这些由信用信息活动引发的纠纷也不太可能全部进入行政复议、行政诉讼等行政救济机制予以解决，原因在于行政复议、行政诉讼等救济机制的启动条件或门槛相对较为严格，受案范围也受到法律严格的限制。②异议申诉的效率比行政诉讼、行政复议更高，更简便、更迅速。目前，行政诉讼的一审审限为法院立案之日起 6 个月，行政复议决定的作出为受理申请之日起 60 日，并且在特殊情况下均可以适当延长。与此相对应，在现有的信用规制立法和政策中，异议涉诉处理期限相对较短，一般为 7 个工作日~15 个工作日，[1]能够更为迅速地处理信用规制中存

---

[1] 例如，《南京市社会信用条例》第 58 条第 3 款规定："市公共信用信息管理机构应当在收到异议申请之日起一个工作日内作出异议标注，并在十五个工作日内依据有关规定作出处理。对于核查确实有误的，予以更正或者删除，并告知申请人。"

在的各类争议。

二、异议申诉的类型

从信用规制实践来看，异议申诉可以被分为不同的类型，从已有的地方信用立法，[1]可以大致归纳出异议申诉的主要类型。

（1）适当性异议申诉。适当性异议申诉主要是指信用主体认为行政主体在信用信息的归集、评价、公开、应用等过程中不符合信用信息的基本要求，即关联性、准确性、完备性、时效性、一致性，进而要求行政主体对其处理的信用信息进行核验，以满足信用信息的基本要求。这也就是地方社会信用立法中所规定的"社会信用信息的采集、归集、应用等过程中存在错误、遗漏等情形"。例如，一些信用主体可能因为身份盗窃原因，被行政主体错误列入严重违法失信名单。此时，信用主体便可以提起异议申诉，通过提交相关证明材料，促使行政主体对其处理的信用信息进行审查，使其符合信用信息的关联性和准确性要求。

（2）合法性异议申诉。合法性异议申诉主要是指信用主体认为行政主体在信用信息的归集、评价、公开、应用等过程中的行为已经违反了其他相关法律法规的规定，并对其隐私权、商业秘密、个人信息权等合法权益造成侵害，进而要求行政主体对其自身的行为进行审查，以满足相关法律法规的规定。例如，在信用公开中，一些行政主体可能未对信用主体的敏感信

---

[1] 例如，《天津市社会信用条例》第40条规定："信用主体认为社会信用信息的采集、归集、应用等过程中存在错误、遗漏等情形或者侵犯其商业秘密、个人隐私和其他个人信息等合法权益的，可以向公共信用管理机构、信用服务机构等提出异议申请，并提供相关证明材料。"

息（如身份证号码、家庭住址、电话号码等）进行脱敏处理便向社会公开，这便违反了《民法典》有关个人隐私保护的规定。此时，信用主体便可以提起异议申诉，要求行政主体对其公开行为进行审查，使其符合法律法规的规定。若已经给信用主体的合法权益造成严重损害，信用主体还可以依法通过司法救济途径，要求行政主体承担相应的法律责任。

三、异议申诉的途径

由于在信用规制中发生的很多纠纷均与信用信息直接相关，这就意味着异议申诉主要倾向于依靠新兴的"在线纠纷解决机制"，即依靠计算机和网络技术来解决纠纷。近年来，随着信息技术的快速发展，再加上智能手机、互联网的广泛普及，"在线纠纷解决机制"快速兴起，已经广泛运用于电子商务、司法救济中，在线仲裁、在线调解、在线法院等新的纠纷解决模式开始快速发展，并得到了很好的实践，对于满足社会公众多元化的纠纷解决需求发挥了积极作用。[1]

在信用规制中，从已有的异议申诉实践来看，主要也是采取"在线异议申诉机制"，即通过网络平台来处理异议申诉。从长远发展来看，"在线异议申诉机制"或将成为异议申诉的主要途径，为了充分发挥"在线异议申诉机制"的灵活性、效率性、经济性等优势，需要从以下几个方面继续完善"在线异议申诉机制"。

---

[1] 相比于传统的线下纠纷解决机制，"在线纠纷解决机制"具有很多优势：①解决纠纷方式的灵活性，依托网络技术，可以针对不同领域的纠纷解决设计出相应的纠纷解决机制，从而保证了纠纷的灵活解决。②处理纠纷的效率性，依托互联网技术，信息交换几乎是即时的，这可以提高解决争议的效率。③解决争议的经济性，依托网络平台，可以实现"数据多跑路，群众少跑路"这一目标，节约纠纷解决成本。参见秦成德编著：《物联网法学》，中国铁道出版社2013年版，第305页。

（1）行政主体在设计在线异议申诉机制时应当坚持"用户友好"原则。所谓的"用户友好"就是在线异议申诉系统的界面应当简洁、操作流程应当易于掌握，要本着方便用户使用的理念来进行技术设计。[1]行政主体在自主设计或委托第三方机构设计在线异议申诉系统时，应当站在一般社会公众的角度，切实考虑社会公众的需求和要求，让在线异议申诉系统能够方便当事人行使权利。

（2）行政主体在设计和运行在线异议申诉机制时应当坚持"系统安全性"原则。在线异议申诉系统通常要求信用主体详细填写诸多个人敏感信息，如姓名、身份证号码、电话号码等，同时还要求信用主体上传相关证明材料，这就加大了系统遭受攻击的可能性。此外，在线异议申诉系统还有可能遭受网络安全威胁，如非授权人员偷看或窃取数据、物理或人为因素损害系统、病毒入侵导致系统瘫痪等。因此，行政主体在设计和运行在线异议申诉系统时，应当采取一定的技术性和组织性措施，防止"黑客"攻击，防止信息泄露，以保证系统的安全运行。若发生信息泄露事件后，应当严格按照个人信息保护法制的相关规定，及时启动应急处理方案，采取补救措施，并告知信用主体。

（3）行政主体应当加大对在线异议申诉机制的宣传。行政主体应当通过制定有较强针对性的推广宣传方案，提高在线异议申诉机制的知晓率和使用率。具体而言，可以与专门的运营公司合作，针对在线异议申诉机制的特点，制定详细的推广运营方案；或者将"异议申诉"设置在"公共信用信息共享平台"比较显著的位置，并通过设置网页链接的方式提供详细的

---

[1] 参见金新政、陈氢主编：《信息管理概论》，华中科技大学出版社2002年版，第218页。

操作指引和注意事项,帮助信用主体使用在线异议申诉机制。

需要说明的是,虽然本书倡导通过借鉴"在线纠纷解决机制"的经验来构建"在线异议申诉系统",但并不意味着信用规制中的异议申诉只能通过"在线"的方式进行。为了最大限度地方便信用主体行使其权利,也考虑到部分地区或部门信息化水平较低、信息化基础设施不健全等现状,行政主体还应当通过邮件、线下窗口等方式或渠道来受理和处理异议申诉。

四、异议申诉的程序

信用主体提起异议申请以后,异议申诉程序即开始进行。从已有的异议申诉实践来看,异议申诉的程序主要包括以下内容。

(一)提起异议申请

在制定法中,为了慎重和明确,各种程序法规范对于公民请求权利保护的行为,几乎均采取要式主义,要求以书状为之,并明确规定应记载的事项,[1]异议申诉也不例外。在信用规制中,为了明确异议申诉的基本事实及主要理由,方便行政主体尽早尽快介入处理,要求信用主体通过书面形式提起异议申请。[2]

(二)提交异议材料

现有的地方信用立法,基本上均规定信用主体在提起异议申请后,需要提交相关材料。不过,对于材料的具体内容,已有的地方信用立法并未进行明确规定。从异议申诉实践来看,

---

[1] 参见刘建宏:《诉愿法之理论与实务》,元照图书出版有限公司2017年版,第73页。
[2] 例如,《南京市社会信用条例》第58条第2款规定:"社会信用主体认为社会信用信息的归集、采集、存储存在错误、遗漏或者侵犯其商业秘密、个人隐私等合法权益的,可以向市公共信用信息管理机构、公共信用信息提供单位、信用服务机构等提出书面异议申请。"

信用主体需要提交的材料主要有三类：一是身份证明材料，对于个人而言，需要提交有效身份证件的复印件；对于法人而言，则需要提交机构信用代码证和法定代表人有效身份证件。二是异议证明材料，根据所申诉的问题对应的信息类型，提供相应的证明材料。值得说明的是，对于一般的异议申诉，可以要求异议申请人承担主要的证明责任，但是对于诸如自动化信用评价这类技术性比较强的异议申诉，则可以适当弱化异议申请人的证明责任，而主要由审查机构承担较强的说明理由义务，这既是行政法上"说明理由原则"的要求，也是"算法解释权"得以实现的重要保证。三是异议承诺材料，由异议申请人签署异议承诺书，就材料的合法性、真实性、准确性和有效性作出承诺，并且承诺违反承诺书内容自愿接受信用惩戒，并承担相应的法律责任，异议承诺书内容在"公共信用信息公示系统"向社会公开，接受社会监督。[1]

(三) 异议申诉审查

异议申诉审查是整个异议申诉程序中比较重要的环节，主要包括审查机构、审查机制和配套措施三个方面的内容：

(1) 就审查机构而言，一般是由信用规制主管部门集中优先审查，若主管部门能够直接解决，就由主管部门直接审查并作出异议决定；若主管部门不能直接解决，则由政府其他职能部门协助审查，最后由主管部门作出异议决定。[2]不过，在异

---

[1] 参见"'信用中国'网站公示信息异议申诉指南"，载 https://www.creditchina.gov.cn/home/yyss/yyssssystem，最后访问日期：2020年12月13日。

[2] 例如，《山东省社会信用条例》第39条第2款规定："公共信用信息机构或者公共信用信息提供单位、市场信用信息采集单位收到异议申请后，属于本单位处理范围的，应当自收到异议申请之日起三个工作日内进行审核并处理，并将处理结果通知异议申请人；需要其他单位协助核查信息的，应当自收到异议申请之日起七个工作日内进行核查并处理，并将处理结果通知异议申请人。"

议申诉审查中,应当避免出现政府主管部门与政府其他职能部门之间互相推诿而导致异议申诉得不到快速解决,这种现象在征信业的异议申诉制度中已经出现。[1]在未来的信用规制立法中,应当对异议申诉审查中相关主体的职责和义务作出更为清晰的规定。

(2)就审查机制而言,在异议申诉实践中,有的规范性文件规定了"专家咨询"制度,即对于一些疑难问题、专业性比较强的问题,审查机构可以启动专家咨询制度,向相关领域的专家学者征询意见。[2]

(3)就配套措施而言,主要体现为"异议停止执行"或"异议标注"措施,即审查机构在受理异议申请后,应当采取预防性保护措施,启动"异议停止执行"或"异议标注"措施,对系争信用信息进行标注,暂时停止处理该系争信用信息,如信用信息披露、信用信息评价、信用黑名单公布等。"异议停止执行"或"异议标注"措施实际上也是信用主体"封存权"得以实现的重要措施。[3]

(四)异议决定及送达

异议申请人提起异议申请后,经过审查机构审查完以后,应当在法定期限内作出异议决定。异议决定应当载明异议审查结果,并说明理由,同时还应当阐明异议申请人的救济权利和

---

[1] 例如,商业银行出现数据处理错误,应当由商业银行修改,但商业银行不愿意修改或修改存在困难的,由征信机构添加标注,从而使本应由商业银行完成的工作就被推诿给征信机构,导致大量商业银行异议数据修改稍有困难,就不考虑修改,一概推给征信机构。参见汪路:《征信:若干基本问题及其顶层设计》,中国金融出版社2018年版,第54页。

[2] 例如,《河南省社会信用条例》第41条第3款规定:"异议处理需要进行检验、检测、检疫、鉴定或者专家评审的,所需时间不计入异议申请办理时间。"

[3] 例如,《天津市社会信用条例》第41条规定"公共信用管理机构收到异议申请后,应当作出异议标注","异议处理完毕后,应当取消异议标注。"

救济方式。在异议审查作出以后，应当按照方便当事人的原则将异议决定送达异议申请人。异议送达的方式可以采用多元化策略，既可以通过在线异议申诉系统将异议决定以电子方式送达异议申请人，同时也可以通过邮寄方式将书面异议决定送达异议申请人。

五、对异议申诉决定不服的救济

信用主体在提起异议申诉后，若合法权益仍然未获救济，相关纠纷仍然未得到妥当解决，此时，信用主体仍然可以继续寻求救济。就其救济途径而言，大致可以分为两类：一类是异议复核；另一类是行政诉讼。就异议复核而言，主要是指信用主体可以在法定期限内向原审查机构的上级机构申请异议复核，由复核机构对原异议决定进行复核，并作出终局复核决定。就行政诉讼而言，主要是指信用主体按照《行政诉讼法》的相关规定，要求对异议决定进行司法审查。至于异议决定不服的行政救济为何不适用行政复议，本书认为，主要原因在于异议申诉和行政复议本身同属于行政系统内部的自我审查机制，其运作机制和制度功能大体相似，若信用主体对异议申诉决定不服，又就异议申诉决定申请行政复议，可能导致"程序重复"，不利于快速有效地解决纠纷，维护信用主体的合法权益，还有可能增加行政主体的不必要负担。

值得说明的是，异议申诉虽然是信用规制中一种"常态化"救济机制，但这并不意味着异议申诉机制排斥信用主体通过行政复议、行政诉讼、行政赔偿等传统的行政救济途径来寻求救济。换言之，只要行政主体在信用信息的归集、评价、公开、应用等活动中的行政行为违反了法律法规的规定，对信用主体的合法权益造成不利影响，信用主体便仍然可以按照《行政复议法》《行政诉讼法》和《国家赔偿法》的有关规定,维护自身的合法权益。

对于许多政府部门而言,信用规制是一项新的行政活动,可以预见的是,在未来一段时期,随着信用规制实践的持续推进,各类信用规制措施的运用广度和深度将不断拓展,由此引发的异议申诉、行政复议和行政诉讼也将会持续增加。为了避免引发巨量的异议、复议或诉讼,行政主体应当严格遵循依法规制、正当程序、审慎适度等基本原则,在发挥信用规制的制度优势的同时,对信用主体的合法权益予以认真对待。

对于人民法院而言,因信用规制而引发的争议同样是一种新的纠纷。由于信用规制中的很多行政行为并非属于明确无误的型式化行政行为,这无疑给人民法院在审查此类行政行为时增加了难度。如何根据现有的法律对信用规制的一些非型式化的行政行为进行审查,在私人诉求与公益维护之间进行平衡,成了法院需要认真对待的难题。为此,法院需要转换观念,综合运用多种审判思维和方法,构造一套科学合理的审查标准,形成一套有效的权利救济和权力监督方案。[1]

---

[1] 参见张运昊:"论信用行政评价的属性及其司法控制——一种后果取向的分析视角",载《政治与法律》2020年第2期。

结 论

在绪论中，本书提出的主要研究问题为：①信用规制为何要实现法治化？②信用规制法治化存在何种问题？③信用规制法治化应当采取何种价值定位及认知模式？④如何进一步推动信用规制实现法治化？为了回答上述问题，实现信用规制法治化发展的目标，更加科学地应对信用失范和规制失灵问题，更加有效地推动"放管服"改革和政府治理现代化，并进一步提升行政法学理论对政府规制实践的解释力。本书以完善信用规制法治化路径为目标，以建构信用规制法治化理论为依归，以剖析信用规制原理、考察信用规制实践、挖掘信用规制问题为具体目的，对"信用规制法治化"进行了系统研究，主要得出了下述结论。

（1）信用规制是一种政府规制创新，具有特定的制度构成和制度逻辑，这是信用规制法治化的前提条件。"创新"是"重塑政府"的关键，也是"规制改革"的核心。"规制创新"是对规制技术的完善，寻找更好的治理工具，发展"精巧规制"（smart regulation），它意味着规制的"技术、过程或范式"发生转变。信用规制是我国政府规制部门在深化"放管服"改革和创新社会治理的大背景下，结合以往的"信息规制"经验，借鉴私人领域中的"声誉机制"实践，为应对信用失范和规制失灵，提高行政效能和规制能力，采取的一种规制创新。从广义上看，"信用规制"既包括政府部门"对信用进行直接规制"，即以信用行为、信用活动作为规制对象,也包括政府部门"依靠信用进行规制",即以信用信息、信用风险、信用状况作为规制依据。在当前的信用规制实践中,其重心主要是"依靠信用进行规制",信用信息贯穿信用规制的全过程。从信息生命周期的角度看,信用规制主要由信用信息归集制度、信用评价制度、信用公开制度、信用应用制度和信用修复制度五项核心制度构成;从制度逻辑的角度看,信用规制以"协同规制"作为组织逻辑、以"智慧规制"作为技术逻辑、以"全过程规制"作为运行逻辑、以"分类规制"作为行为逻辑。从理论续造的角度看,信用规制是传统规制理论的发展和革新,它融合了"信息规制""声誉机制""风险规制"的诸多元素,吸收了"新治理"理论的核心理念,整合了多元治理主体和多元治理工具,在规制原因、规制目标、规制范围、规制对象、规制工具、规制趋势等诸多方面均与传统的经济性规制和社会性规制存在差异,它是一种新型的规制模式,更是一种新型的规制理论体系,这是信用规制为何要实现法治化的逻辑起点。

(2)信用规制并非"无源之水",而是具有必要的现实动因和坚实的理论基础,这是信用规制法治化的推动力量。信用规制在我国的快速兴起和广泛实践有着复杂的动机和原因。从回应现实问题的角度看,个人、企业、社会中介组织、政府部门在社会经济活动中的信用失范行为以及传统的政府规制机制在应对"老问题"或"新问题"时的效果不彰,推动了信用规制的兴起。从自身的逻辑自洽性角度看,信用信息的"公共性"要求建构一种"公信息秩序"和"公法信用制度",信用规制是实现上述目标的重要途径。从学科理据的角度看,信用规制本身是跨学科理论应用的结果,因此,其在诸多学科中均可以找到理论依据。从经济学的角度看,信用规制可以提供一种

"信号传递机制",缓解私人主体之间、公私主体之间的信息不对称,并且内嵌了"激励惩戒机制",可以抑制社会经济活动中违法失信行为的机会主义倾向。从政治学的角度看,信用规制是一种基础性的国家能力建设,它契合了现代国家在濡化、认证、规管、整合等诸多能力的要求。从哲学的角度看,信用规制是福柯意义下的"治理术",它通过技术、伦理、法律等手段的集体效应,在社会经济活动中引入"诚信公民"或"诚信企业",建构个体的自主性,促进个人和组织对其信用行为的"自我治理"。从法学的角度看,信用规制背后的原理契合了权利保障理论的基本主张,同时也是深化国家"信息提供义务"、保障公民"信息权利"的需要。必要的现实动因和坚实的理论基础,意味着信用规制具备必要性和合理性,这是信用规制为何要实现法治化的持续动力。

(3)信用规制已经逐步实现"制度化",其制度优势已经初步显现,但也伴随极大的消极影响,集中表现为"合法性危机",这是信用规制为何实现法治化的直接动因。"制度化"是一个旨在规范组织或整个社会内部的社会行为的过程。在这一过程中,至少可以区分三种行为:①制定规则;②调整规则或制定最佳实践;③更改规则或用新规则替换旧规则。在"中央文件指引,地方实践先行"的政策驱动模式下,从中央到地方均出台了许多有关信用规制的规范,尤其是在地方层面,还通过地方性法规、地方政府规章等效力层级较高的规范对信用规制予以规定,信用规制已经在不同规制领域实现了不同程度的制度化。信用规制对遏制某些领域的违法失信行为、推动"放管服"改革、增强政府规制能力、提升行政效能等方面确实发挥了重要作用,其制度优势也得以展现。然而,在实践中,由于政府部门对信用规制的基本原理、制度优势、制度局限、法治化路径等内容缺乏科学、合理、正确的认知,导致信用规制法治化的效果并不理想,在规制依据、规制内容、规制措施、规制程序等方面均面临合法性问题,这是信用规制为何要实现法治化的直接原因。

(4) 信用规制法治化是法治国家、法治政府和法治社会一体化建设的题中之意,具备多层次的目标体系,应当以平衡论作为信用规制法治化的认知模式,这是信用规制如何实现法治化的理论指引。法治化是推进国家治理体系和治理能力现代化的重要保证,也是持续优化营商环境的重要途径,而法治国家、法治政府和法治社会的一体化建设是当前任何领域实现法治化的时代背景。信用规制法治化意味着既要制定形式和实质意义上的"良法",又要将法治思维、法治理念、法治方法贯穿于信用规制过程中。在此背景下,信用规制法治化应当以权利保护作为基础目标,以"良法善治"作为根本目标,这样才能更加契合"法治一体化建设"的要求。特定的时代背景和多元的目标体系意味着信用规制法治化应当采取一种"多元、包容、权衡"的认知模式。传统的"管理论"和"控权论",由于其自身的理论局限性,与信用规制法治化之间存在内在的不契合,而以"行政机关与相对人之间权利义务总体平衡"作为核心主张的"平衡论",能够在信用规制的"权力与权利之间"、"效率与价值之间"维持适当的平衡,这是信用规制如何实现法治化的理论指引。

(5) 以现代行政过程论作为视角,可以从信用规制的依据、措施、程序和救济四个方面进一步推动信用规制实现法治化,这是信用规制如何实现法治化的基本框架。信用规制是一种新型的、复合的行政活动,并非某一种单一的行政行为,因此,以行政行为形式理论为基础形成的"行政行为→公法、外部法律关系、权力性、目的性→权利侵害→有法律救济可能→司法审查"的法治化逻辑体系难以有效应对信用规制法治化过程中的复杂性、灵活性和多变性。现代行政过程理论主张对行政活动进行阶段性解构,以全过程的视角对行政活动的动态进行观察,以便发现真正的问题,并促进问题的解决。与行政行为形式理论相比,现代行政过程论与信用规制在多阶段分析、复数行为构造、多元主体关系等方面存在明显的内在契合。因此,以现代行政过程论作为指引,可以从依据、措施、程序和救济四个方面进一步推动信用规制实现法治化。在信用规制依据的制定方面,应当遵循立法的基本原则,符合"良法"的衡量标准,既要为信用规制权力的行使划定界限,也要为私人权益的保护提供机制。在信用规制措施的运用方面,应当将最佳性、匹配性和有效性作为信用规制措施的设计、选择和实施的目标,并通过"规制影响评估""执法金字塔""尼尔森-帕克整体遵守模型"等制度或机制促进目标的实现。在信用规制程序的设定方面,应当以"程序正义"作为价值基础,同时以"正当法律程序"作为制度设计的衡量标准,既要完善先行通知、听取意见、说明理由、事后告知等基础性正当程序制度,也要考虑自动化决策系统带来的挑战,健全算法影响评估、算法解释权、算法透明度等技术性正当程序要求。在信用规制的权利救济方面,应当坚持"多元化纠纷解决"和"实效性权利保护"理念,重点完善信用规制中的信用修复制度和异议申诉机制,同时运用行政复议、行政诉讼等传统的行政救济制度,维护信用主体的合法权益,监督行政权力的合法行使,实质性解决信用规制引发的各类纠纷。

总体而言,目前,关于信用规制及其法治化的研究,尚处于起步阶段。本书的研究也还有诸多不够深入的地方,提出的

结 论

一些建议也仅仅是基于当前的实践现状和理论经验，有的建议也尚处于一种远期的设想。若要全面揭示信用规制法治化的现状，持续推动信用规制法治化发展，还需要就行政主体"对信用进行规制"展开深入研究，同时需要密切关注信用规制中出现的诸多新制度如信用承诺、信用约谈等，并对其进行细致而深入的研究，爬梳问题，总结经验与成效，不断拓展信用规制研究的广度和深度，形成符合我国实情的信用规制理论与实践。

参考文献

一、中文参考文献

(一) 学术著作

[1] 汪育明：《社会信用管理——中国社会信用体系建设理论与实践》，中国市场出版社 2020 年版。

[2] 王伟等：《企业信息公示与信用监管机制比较研究——域外经验与中国实践》，法律出版社 2020 年版。

[3] 章剑生：《现代行政法总论》（第 2 版），法律出版社 2019 年版。

[4] 范水兰：《企业信用监管法律制度研究》，法律出版社 2019 年版。

[5] 王勇等：《社会治理法治化研究》，中国法制出版社 2019 年版。

[6] 陈铭祥：《法政策学》（修订第 2 版），元照图书出版有限公司 2019 年版。

[7] 应松年主编：《当代中国行政法》，人民出版社 2018 年版。

[8] 罗培新：《社会信用法：原理·规则·案例》，北京大学出版社 2018 年版。

[9] 赵旭东等：《黑名单制度》，中国法制出版社 2018 年版。

[10] 江青编著：《数字中国：大数据与政府管理决策》，中国人民大学出版社 2018 年版。

[11] 孙笑侠：《法律对行政的控制》（第 2 版），光明日报出版社 2018 年版。

[12] 杨胜刚、吴志明：《公共信用信息采集技术及其应用研究》，中国金融出版社 2018 年版。

[13] 汪路：《征信：若干基本问题及其顶层设计》，中国金融出版社 2018

年版。

[14] 杨美沂：《电子政务与政府信息资源管理研究与探索》，吉林大学出版社 2018 年版。

[15] 张翔：《基本权利的规范建构》，法律出版社 2017 年版。

[16] 刘金瑞：《个人信息与权利配置——个人信息自决权的反思和出路》，法律出版社 2017 年版。

[17] 李新庚：《社会信用体系运行机制研究》，中国社会出版社 2017 年版。

[18] 陈新年：《信用论》，经济科学出版社 2017 年版。

[19] 渠敬东：《缺席与断裂：有关失范的社会学研究》，商务印书馆 2017 年版。

[20] 邓崧：《大数据时代的地方政府治理研究——数据开放、流程再造、行政决策》，云南大学出版社 2017 年版。

[21] 个人信息保护课题组：《个人信息保护国际比较研究》，中国金融出版社 2017 年版。

[22] 孙笑侠：《程序的法理》（第 2 版），社会科学文献出版社 2017 年版。

[23] 章政、皮定均、吴崇宇：《大数据时代的社会治理体制》，中国经济出版社 2016 年版。

[24] 李惠宗：《行政法要义》（第 7 版），元照图书出版有限公司 2016 年版。

[25] 刘莘：《中国行政法》，中国法制出版社 2016 年版。

[26] 刘新海：《征信与大数据》，中信出版社 2016 年版。

[27] 胡锦光、韩大元：《中国宪法》（第 3 版），法律出版社 2016 年版。

[28] 陈敏：《行政法总论》（第 9 版），新学林图书出版有限公司 2016 年版。

[29] 姜明安主编：《行政法与行政诉讼法》（第 6 版），北京大学出版社 2015 年版。

[30] 何立胜、杨志强：《转型期的政府社会性规制变革研究》，中国法制出版社 2015 年版。

[31] 郑也夫：《信任论》，中信出版社 2015 年版。

[32] 胡建淼：《行政法学》（第4版），法律出版社2015年版。
[33] 魏成龙等：《政府规制创新》，经济管理出版社2015年版。
[34] 马怀德主编：《全面推进依法行政的法律问题研究》，中国法制出版社2014年版。
[35] 封红梅：《信用评级法律制度研究》，法律出版社2014年版。
[36] 孙志伟：《国际信用体系比较》，中国金融出版社2014年版。
[37] 胡建淼主编：《政府法治建设》，国家行政学院出版社2014年版。
[38] 欧树军：《国家基础能力的基础》，中国社会科学出版社2013年版。
[39] 许育典：《宪法》（第6版），元照图书出版有限公司2013年版。
[40] 朱新力等：《行政法基础理论改革的基本图谱："合法性"与"最佳性"二维结构的展开路径》，法律出版社2013年版。
[41] 吴晶妹：《三维信用论》，当代中国出版社2013年版。
[42] 颜少君：《我国失信惩戒机制构建研究》，中国经济出版社2013年版。
[43] 白云：《个人信用信息法律保护研究》，法律出版社2013年版。
[44] 黄清吉：《论国家能力》，中央编译出版社2013年版。
[45] 江利红：《行政过程论研究》，中国政法大学出版社2012年版。
[46] 张维迎：《博弈论与信息经济学》，上海人民出版社2012年版。
[47] 刘瑛：《企业信用法律规制研究》，中国政法大学出版社2011年版。
[48] 焦国成主编：《中国社会信用体系建设的理论与实践》，中国人民大学出版社2009年版。
[49] 翁岳生编：《行政法》，中国法制出版社2009年版。
[50] 蔡志方：《行政救济法新论》（第3版），元照图书出版有限公司2007年版。
[51] 王锡锌：《行政程序法的理念与制度》，中国法制出版社2007年版。
[52] 洪家殷：《行政罚法论》（增订第2版），五南图书出版有限公司2006年版。
[53] 吴庚：《行政法之理论与实用》（增订第8版），中国人民大学出版社2005年版。
[54] 汤德宗：《行政程序法论》（增订第2版），元照图书出版有限公司

2005 年版。
- [55] 李晓安、阮俊杰：《信用规制论》，北京大学出版社 2004 年版。
- [56] 宋功德：《行政法的均衡之约》，北京大学出版社 2004 年版。
- [57] 张维迎：《信息、信任与法律》，生活·读书·新知三联书店 2003 年版。
- [58] 中国工商行政管理学会编：《企业信用监管理论与实务》，中国工商出版社 2003 年版。
- [59] 赖恒盈：《行政法律关系论之研究——行政法学方法论评析》，元照图书出版有限公司 2003 年版。
- [60] 林钧跃：《社会信用体系原理》，中国方正出版社 2002 年版。
- [61] 王万华：《行政程序法研究》，中国法制出版社 2000 年版。
- [62] 城仲模主编：《行政法之一般法律原则（二）》，三民书局 1997 年版。
- [63] 罗豪才主编：《现代行政法的平衡论》，北京大学出版社 1997 年版。
- [64] 曾康霖、王长庚：《信用论》，中国金融出版社 1993 年版。
- [65] 王绍光、胡鞍钢：《中国国家能力报告》，辽宁人民出版社 1993 年版。

（二）期刊论文

- [1] 张凌寒："算法自动化决策与行政正当程序制度的冲突与调和"，载《东方法学》2020 年第 6 期。
- [2] 卢护锋："信用修复的实践误区及其立法应对"，载《广东社会科学》2020 年第 6 期。
- [3] 刘东亮："技术性正当程序：人工智能时代程序法和算法的双重变奏"，载《比较法研究》2020 年第 5 期。
- [4] 李晓安："《民法典》之'信用'的规范性分析"，载《理论探索》2020 年第 4 期。
- [5] 张鲁萍："公法视域下的信用承诺及其规制研究"，载《哈尔滨工业大学学报（社会科学版）》2020 年第 5 期。
- [6] 马长山："数字时代的人权保护境遇及其应对"，载《求是学刊》2020 年第 4 期。

［7］北京大学课题组："平台驱动的数字政府：能力、转型与现代化"，载《电子政务》2020年第7期。

［8］王伟："信用秩序的法律规制：民法典与社会信用法的功能界定"，载《中国信用》2020年第7期。

［9］彭勃："技术治理的限度及其转型：治理现代化的视角"，载《社会科学》2020年第5期。

［10］李明超："行政'黑名单'的法律属性及其行为规制"，载《学术研究》2020年第5期。

［11］马长山："数字社会的治理逻辑及其法治化展开"，载《法律科学》2020年第5期。

［12］田林："行政处罚与失信惩戒的立法方案探讨"，载《中国法律评论》2020年第5期。

［13］林彦："信用惩戒制度对行政法治秩序的结构性影响"，载《交大法学》2020年第4期。

［14］孟融："国家治理体系下社会信用体系建设的内在逻辑基调"，载《法制与社会发展》2020年第4期。

［15］杨开峰："国家治理的制度逻辑：一个概念性框架"，载《公共管理与政策评论》2020年第3期。

［16］卢超："事中事后监管改革：理论、实践及反思"，载《中外法学》2020年第3期。

［17］胡仙芝、马长俊："市场信用监管的政府责任及其实现机制"，载《中国行政管理》2020年第3期。

［18］贾茵："失信联合惩戒制度的法理分析与合宪性建议"，载《行政法学研究》2020年第3期。

［19］杨丹："联合惩戒机制下失信行为的认定"，载《四川师范大学学报（社会科学版）》2020年第3期。

［20］周海源："失信联合惩戒的泛道德化倾向及其矫正——以法教义学为视角的分析"，载《行政法学研究》2020年第3期。

［21］张运昊："论信用行政评价的属性及其司法控制———种后果取向的分析视角"，载《政治与法律》2020年第2期。

[22] 虞青松:"算法行政:社会信用体系治理范式及其法治化",载《法学论坛》2020年第2期。

[23] 刘晗、叶开儒:"平台视角中的社会信用治理及其法律规制",载《法学论坛》2020年第2期。

[24] 张涛:"个人信用评分的地方实践与法律控制——以福州等7个城市为分析样本",载《行政法学研究》2020年第1期。

[25] 卓泽渊:"国家治理现代化的法治解读",载《现代法学》2020年第1期。

[26] 徐晓东:"完善以信用为核心的市场监管体系的几点思考",载《中国市场监管研究》2019年第12期。

[27] 石新中:"浅析信用修复的基本理论",载《中国信用》2019年第11期。

[28] 张占斌、孙飞:"改革开放40年:中国'放管服'改革的理论逻辑与实践探索",载《中国行政管理》2019年第8期。

[29] 刘俊海:"信用责任:正在生长中的第四大法律责任",载《法学论坛》2019年第6期。

[30] 戴昕:"理解社会信用体系建设的整体视角:法治分散、德治集中与规制强化",载《中外法学》2019年第6期。

[31] 马长山:"智慧社会背景下的'第四代人权'及其保障",载《中国法学》2019年第5期。

[32] 沈岿:"社会信用体系建设的法治之道",载《中国法学》2019年第5期。

[33] 张晓莹:"行政处罚视域下的失信惩戒规制",载《行政法学研究》2019年第5期。

[34] 林钧跃:"论政府市场信用监管的创新方向",载《中国信用》2019年第5期。

[35] 宋方青、李佳飞:"论设区的市信用立法的问题与路径",载《东南学术》2019年第5期。

[36] 陈兴华:"市场主体信用承诺监管制度及其实施研究",载《中州学刊》2019年第5期。

[37] 程关松:"个人信息保护的中国权利话语",载《法学家》2019年第5期。

[38] 王伟:"失信惩戒的类型化规制研究——兼论社会信用法的规则设计",载《中州学刊》2019年第5期。

[39] 姜野、李拥军:"破解算法黑箱:算法解释权的功能证成与适用路径——以社会信用体系建设为场景",载《福建师范大学学报(哲学社会科学版)》2019年第4期。

[40] 胡敏洁:"自动化行政的法律控制",载《行政法学研究》2019年第2期。

[41] 徐志明、熊光明:"对完善我国信用修复制度的思考",载《征信》2019年第3期。

[42] 宋立义:"信用监管的特点、意义及主要内容",载《团结》2019年第3期。

[43] 雷磊:"新兴(新型)权利的证成标准",载《法学论坛》2019年第3期。

[44] 王若磊:"信用、法治与现代经济增长的制度基础",载《中国法学》2019年第2期。

[45] 张晓冉:"我国个人失信惩罚的规范研究:类型、适用及其限制",载《电子政务》2019年第2期。

[46] 施育杰:"'资安基本权'之研究——以'线上搜索'为核心",载《世新法学》2019年第12卷第2期。

[47] 张勇:"个人信用信息法益及刑法保护:以互联网征信为视角",载《东方法学》2019年第1期。

[48] 沈毅龙:"公共信用立法的合宪性考察与调整",载《行政法学研究》2019年第1期。

[49] 袁文瀚:"信用监管的行政法解读",载《行政法学研究》2019年第1期。

[50] 王丛虎、门钰璐:"'放管服'视角下的行政审批制度改革",载《理论探索》2019年第1期。

[51] 林钧跃:"社会信用体系:社会治理工具的最佳选择",载《中国信

用》2018 年第 12 期。

[52] 陈丽君、杨宇："构建多元信用监管模式的思考"，载《宏观经济管理》2018 年第 12 期。

[53] 杨志勇、文丰安："优化营商环境的价值、难点与策略"，载《改革》2018 年第 10 期。

[54] 范伟："行政黑名单制度的法律属性及其控制——基于行政过程论视角的分析"，载《政治与法律》2018 年第 9 期。

[55] 徐晓明："行政黑名单制度：性质定位、缺陷反思与法律规制"，载《浙江学刊》2018 年第 6 期。

[56] 郭蓉："从技术理性到行政伦理——大数据时代智慧治理的伦理反思"，载《道德与文明》2018 年第 6 期。

[57] 罗培新："遏制公权与保护私益：社会信用立法论略"，载《政法论坛》2018 年第 6 期。

[58] 马英娟："监管的概念：国际视野与中国话语"，载《浙江学刊》2018 年第 4 期。

[59] 洪家殷："公务机关资料之归集与个人资料之保护"，载《东吴法律学报》2018 年第 4 期。

[60] 王方："声誉机制、信息基础与我国慈善组织规制优化"，载《四川师范大学学报（社会科学版）》2018 年第 3 期。

[61] 周汉华："探索激励相容的个人数据治理之道——中国个人信息保护法的立法方向"，载《法学研究》2018 年第 2 期。

[62] 胡建淼："'黑名单'管理制度——行政机关实施'黑名单'是一种行政处罚"，载《人民法治》2017 年第 5 期。

[63] 宋建武、徐艺心："论信息的公共性"，载《新闻与写作》2017 年第 7 期。

[64] 张太航："信用监管是市场经济条件下政府经济管理的必然选择"，载《中国市场监管研究》2017 年第 7 期。

[65] 徐嫣、王博："论失信联合惩戒视野下社会组织信用监管制度的构建"，载《法律适用》2017 年第 5 期。

[66] 王瑞雪："政府规制中的信用工具研究"，载《中国法学》2017 年第

4期。

[67] 谭宗泽、杨靖文："面向行政的行政法及其展开"，载《南京社会科学》2017年第1期。

[68] 鲁良："失信行为的社会生物学解读"，载《求索》2016年第9期。

[69] 张鸣起："论一体建设法治社会"，载《中国法学》2016年第4期。

[70] 叶必丰："行政决策的法律表达"，载《法商研究》2016年第2期。

[71] 王万华："大数据时代与行政权力运行机制转型"，载《国家行政学院学报》2016年第2期。

[72] 陈振明："政府治理变革的技术基础——大数据与智能化时代的政府改革述评"，载《行政论坛》2015年第6期。

[73] 胡凌："信息基础权力：中国对互联网主权的追寻"，载《文化纵横》2015年第6期。

[74] 王利明："法治：良法与善治"，载《中国人民大学学报》2015年第2期。

[75] 成协中："行政法平衡理论：功能、挑战与超越"，载《清华法学》2015年第1期。

[76] 张文显："法治化是国家治理现代化的必由之路"，载《法制与社会发展》2014年第5期。

[77] 张文显："法治与国家治理现代化"，载《中国法学》2014年第4期。

[78] 王绍光："国家治理与基础性国家能力"，载《华中科技大学学报（社会科学版）》2014年第3期。

[79] 张长东："国家治理能力现代化研究——基于国家能力理论视角"，载《法学评论》2014年第3期。

[80] 江必新、李沫："论社会治理创新"，载《新疆师范大学学报（哲学社会科学版）》2014年第2期。

[81] 翟学伟："信用危机的社会性根源"，载《江苏社会科学》2014年第1期。

[82] 江必新、王红霞："法治社会建设论纲"，载《中国社会科学》2014年第1期。

[83] 姜明安："论法治国家、法治政府、法治社会建设的相互关系"，载

《法学杂志》2013年第6期。

[84] 余凌云："法治国家、法治政府与法治社会一体建设的途径"，载《法学杂志》2013年第6期。

[85] 江利红："行政过程的阶段性法律构造分析——从行政过程论的视角出发"，载《政治与法律》2013年第1期。

[86] 张卫、成婧："协同治理：中国社会信用体系建设的模式选择"，载《南京社会科学》2012年第11期。

[87] 王敬波："政府信息概念及其界定"，载《中国行政管理》2012年第8期。

[88] 江必新："行政程序正当性的司法审查"，载《中国社会科学》2012年第7期。

[89] 唐清利："社会信用体系建设中的自律异化与合作治理"，载《中国法学》2012年第5期。

[90] 王青斌："社会诚信危机的治理：行政法视角的分析"，载《中国法学》2012年第5期。

[91] 姚岳绒："论信息自决权作为一项基本权利在我国的证成"，载《政治与法律》2012年第4期。

[92] 杨解君："中国行政法的变革之道"，载《江苏社会科学》2012年第4期。

[93] 应松年："行政审批制度改革：反思与创新"，载《人民论坛·学术前沿》2012年第3期。

[94] 林钧跃："社会信用体系理论的传承脉络与创新"，载《征信》2012年第1期。

[95] 刘建洲："社会信用体系建设：内涵、模式与路径选择"，载《中共中央党校学报》2011年第3期。

[96] 王锡锌："行政法治的逻辑及其当代命题"，载《法学论坛》2011年第2期。

[97] 应飞虎、涂永前："公共规制中的信息工具"，载《中国社会科学》2010年第4期。

[98] 周雪光、艾云："多重逻辑下的制度变迁：一个分析框架"，载《中

国社会科学》2010年第4期。

[99] 朱新力、唐明良:"法治政府建设的二维结构——合法性、最佳性及其互动",载《浙江学刊》2009年第6期。

[100] 沈凯、王雨本:"信用立法的法理分析",载《中共中央党校学报》2009年第3期。

[101] 骆小春、高家宝:"论市场主体信用责任之构建",载《南方金融》2008年第2期。

[102] 马怀德:"法治政府特征及建设途径",载《国家行政学院学报》2008年第2期。

[103] 李步云:"法治国家的十条标准",载《中共中央党校学报》2008年第1期。

[104] 余晖:"中国政府监管体制的战略思考",载《财经问题研究》2007年第12期。

[105] 石新中:"论信用概念的历史演进",载《北京大学学报(哲学社会科学版)》2007年第6期。

[106] 胡大武:"转型期中国社会信用危机及其治理研究",载《南京师大学报(社会科学版)》2007年第2期。

[107] 李步云、赵迅:"什么是良法",载《法学研究》2005年第6期。

[108] 朱新力、宋华琳:"现代行政法学的建构与政府规制研究的兴起",载《法律科学》2005年第5期。

[109] 易军:"私人自治与法律行为",载《现代法学》2005年第3期。

[110] 曹立前、张玉伟:"我国社会转型期信任危机的成因",载《山东师范大学学报(人文社会科学版)》2005年第2期。

[111] 张康之:"在历史的坐标中看信任——论信任的三种历史类型",载《社会科学研究》2005年第1期。

[112] 杨解君:"当代中国行政法的品质塑造——诚信理念之确立",载《中国法学》2004年第4期。

[113] 汪永成:"政府能力的结构分析",载《政治学研究》2004年第2期。

[114] 吴敬琏:"国民信用体系建设任重道远",载《中国税务》2004年

第 2 期。

[115] 张康之:"行政审批制度改革:政府从管制走向服务",载《理论与改革》2003 年第 6 期。

[116] 于立、于左、丁宁:"信用、信息与规制——守信/失信的经济学分析",载《中国工业经济》2002 年第 6 期。

[117] 李建良:"行政法上不当联结禁止原则",载《月旦法学杂志》2002 年第 82 期。

[118] 林钧跃:"失信惩罚机制的设计和维护",载《经济社会体制比较》2002 年第 3 期。

[119] 徐国栋:"客观诚信与主观诚信的对立统一问题——以罗马法为中心",载《中国社会科学》2001 年第 6 期。

[120] 李龙、汪进元:"良法标准初探",载《浙江大学学报(人文社会科学版)》2001 年第 3 期。

[121] 吴汉东:"论信用权",载《法学》2001 年第 1 期。

(三) 中文译著

[1] [英] 凯伦·杨、马丁·洛奇编:《驯服算法——数字歧视与算法规制》,林少伟、唐林垚译,上海人民出版社 2020 年版。

[2] [瑞典] 大卫·萨普特:《被算法操控的生活——重新定义精准广告、大数据和 AI》,易文波译,湖南科学技术出版社 2020 年版。

[3] [荷兰] 玛农·奥斯特芬:《数据的边界——隐私与个人数据保护》,曹博译,上海人民出版社 2020 年版。

[4] [英] 托尼·普罗瑟:《政府监管的新视野:英国监管机构十大样本考察》,马英娟、张浩译,译林出版社 2020 年版。

[5] [美] 朱尔斯·科尔曼、斯科特·夏皮罗主编:《牛津法理学与法哲学手册》,杜宴林、朱振、韦洪发等译,上海三联书店 2019 年版。

[6] [英] 马丁·洛奇、凯·韦格里奇:《现代国家解决问题的能力——治理挑战与行政能力》,徐兰飞、王志慧译,中国发展出版社 2019 年版。

[7] [日] 芦部信喜:《宪法》(第 6 版),林来梵、凌维慈、龙绚丽译,清华大学出版社 2018 年版。

[8] [英] 科林·斯科特：《规制、治理与法律前沿问题研究》，安永康译，清华大学出版社2018年版。

[9] [美] 罗伯特·戈定主编：《牛津政治行为研究手册》，王浦劬等译，人民出版社2018年版。

[10] [德] 史坦恩：《行政理论与行政法》，张道义译，五南图书出版股份有限公司2017年版。

[11] [加] 雷蒙·安德森：《信用评分工具：自动化信用管理的理论与实践》，李志勇译，中国金融出版社2017年版。

[12] [英] 罗伯特·鲍德温、马丁·凯夫、马丁·洛奇编：《牛津规制手册》，宋华琳等译，上海三联书店2017年版。

[13] [美] 丹尼尔·F.史普博：《管制与市场》，余晖等译，上海人民出版社2017年版。

[14] [美] 卡尔·罗文斯坦：《现代宪法论》，王锴、姚凤梅译，清华大学出版社2017年版。

[15] [美] 艾伦·林德、汤姆·泰勒：《程序正义的社会心理学》，冯健鹏译，法律出版社2017年版。

[16] [美] 德怀特·沃尔多：《行政国家：美国公共行政的政治理论研究》，颜昌武译，中央编译出版社2017年版。

[17] [英] 帕特里克·德富林：《道德的法律强制》，马腾译，中国法制出版社2016年版。

[18] [美] 迈克尔·费蒂克、戴维·C.汤普森：《信誉经济：大数据时代的个人信息价值与商业变革》，王臻译，中信出版社2016年版。

[19] [美] 弗朗西斯·福山：《信任：社会美德与创造经济繁荣》，郭华译，广西师范大学出版社2016年版。

[20] [德] 茨威格特、克茨：《比较法总论》，潘汉典等译，中国法制出版社2016年版。

[21] [英] 雷蒙德·瓦克斯：《读懂法理学》，杨天江译，广西师范大学出版社2016年版。

[22] [美] 莱斯特·M.萨拉蒙主编：《政府工具：新治理指南》，肖娜等译，北京大学出版社2016年版。

［23］［美］约翰·D. 多纳休、理查德·J. 泽克豪泽：《合作：激变时代的合作治理》，徐维译，中国政法大学出版社2015年版。

［24］［美］弗兰克·帕斯奎尔：《黑箱社会：控制金钱和信息的数据法则》，赵亚男译，中信出版社2015年版。

［25］［奥］路德维希·冯·米塞斯：《人的行为》，夏道平译，上海社会科学院出版社2015年版。

［26］［美］卡斯·桑斯坦：《简化：政府的未来》，陈丽芳译，中信出版社2015年版。

［27］吴逊、［澳］饶墨仕、［加］迈克尔·豪利特等：《公共政策过程：制定、实施与管理》，叶林等译，上海人民出版社2016年版。

［28］［西］拉克尔·高科塔·阿尔库比拉，杰威尔·瑞恩·德尔珀瑞：《欧盟对信用评级机构的监管：从宽松到严格》，高汉译，化学工业出版社2014年版。

［29］［美］兰登·温纳：《自主性技术——作为政治思想主题的失控技术》，杨海燕译，北京大学出版社2014年版。

［30］［英］维克托·迈尔-舍恩伯格、肯尼斯·库克耶：《大数据时代》，盛杨燕、周涛译，浙江人民出版社2013年版。

［31］郑永年：《技术赋权：中国的互联网、国家与社会》，邱道隆译，东方出版社2013年版。

［32］［英］汤姆·宾汉姆：《法治》，毛国权译，中国政法大学出版社2012年版。

［33］［德］施密特·阿斯曼：《秩序理念下的行政法体系建构》，林明锵等译，北京大学出版社2012年版。

［34］［美］杰伦·拉尼尔：《你不是个玩意儿——这些被互联网奴役的人们》，葛仲君译，中信出版社2011年版。

［35］［美］理查德·B. 斯图尔特：《美国行政法的重构》，沈岿译，商务印书馆2011年版。

［36］［美］托比·曼德尔：《信息自由：多国法律比较》（第2版），龚文庠等译，社会科学文献出版社2011年版。

［37］［美］W. 吉帕·维斯库斯、约翰·M. 弗农、小约瑟夫·E. 哈林顿：

《反垄断与管制经济学》(第4版),陈甫军等译,中国人民大学出版社2010年版。

[38] [美] 朱迪·弗里曼:《合作治理与新行政法》,毕洪海、陈标冲译,商务印书馆2010年版。

[39] [美] 布雷恩·Z.塔玛纳哈:《论法治——历史、政治和理论》,李桂林译,武汉大学出版社2010年版。

[40] [法] 米歇尔·福柯:《安全、领土与人口》,钱翰、陈晓径译,上海人民出版社2010年版。

[41] [美] 达雷尔·韦斯特:《数字政府:技术与公共领域绩效》,郑钟扬译,科学出版社2010年版。

[42] [美] 约瑟夫·斯蒂格利茨:《信息经济学:基本原理》(上),纪沫、陈工文、李飞跃译,中国金融出版社2009年版。

[43] [美] A·约翰·西蒙斯:《道德原则与政治义务》,郭为佳、李艳丽译,江苏人民出版社2009年版。

[44] [日] 大桥洋一:《行政法学的结构性变革》,吕艳滨译,中国人民大学出版社2008年版。

[45] [美] 凯斯·R.桑斯坦:《权利革命之后:重塑规制国》,钟瑞华译,中国人民大学出版社2008年版。

[46] [美] 罗伯特·诺奇克:《无政府、国家和乌托邦》,姚大志译,中国社会科学出版社2008年版。

[47] [美] 史蒂芬·布雷耶:《规制及其改革》,李洪雷、宋华琳、苏苗罕等译,北京大学出版社2008年版。

[48] [英] 安东尼·奥格斯:《规制:法律形式与经济学理论》,骆梅英译,中国人民大学出版社2008年版。

[49] [日] 盐野宏:《行政法总论》,杨建顺译,北京大学出版社2008年版。

[50] [英] 雷蒙德·瓦克斯:《法哲学:价值与事实》,谭宇生译,译林出版社2008年版。

[51] [美] B.盖伊·彼得斯、弗兰斯·K.M.冯尼斯潘编:《公共政策工具——对公共管理工具的评价》,顾建光译,中国人民大学出版社

2007年版。

[52] ［美］多丽斯·A. 格拉伯:《沟通的力量——公共组织信息管理》，张熹珂译，复旦大学出版社2007年版。

[53] ［美］约瑟夫·斯蒂格利茨:《信息经济学：应用》，纪沫、陈佳、刘海燕译，中国金融出版社2007年版。

[54] 经济合作与发展组织编:《OECD国家的监管政策：从干预主义到监管治理》，陈伟译，法律出版社2006年版。

[55] ［美］凯斯·孙斯坦:《风险与理性——安全、法律及环境》，师帅译，中国政法大学出版社2005年版。

[56] ［美］富勒:《法律的道德性》，郑戈译，商务印书馆2005年版。

[57] ［英］卡罗尔·哈洛、理查德·罗林斯:《法律与行政》（上卷），杨伟东、李凌波、石红心等译，商务印书馆2004年版。

[58] ［英］戴恩·罗兰德、伊丽莎白·麦克唐纳:《信息技术法》（第2版），宋连斌、林一飞、吕国民译，武汉大学出版社2004年版。

[59] ［美］泰勒、佩普劳、希尔斯:《社会心理学》（第10版），谢晓非等译，北京大学出版社2004年。

[60] ［西班牙］因内思·马可-斯田德勒、大卫·佩雷斯-卡斯特罗里:《信息经济学引论：激励与合约》，管毅平译，上海财经大学出版社2004年版。

[61] ［德］卡尔·拉伦茨:《法学方法论》，陈爱娥译，商务印书馆2003年版。

[62] ［美］詹姆斯·W. 费斯勒、唐纳德·F. 凯特尔:《行政过程的政治——公共行政学新论》，陈振明、朱芳芳等译，中国人民大学出版社2002年版。

[63] ［德］汉斯·J. 沃尔夫、奥托·巴霍夫、罗尔夫·施托贝尔:《行政法》（第2卷），高家伟译，商务印书馆2002年版。

[64] ［德］奥托·迈耶:《德国行政法》，刘飞译，商务印书馆2002年版。

[65] ［英］安东尼·吉登斯:《现代性的后果》，田禾译，译林出版社2000年版。

[66] ［德］哈特穆特·毛雷尔:《行政法学总论》，高家伟译，法律出版社

2000年版。

[67]［德］哈贝马斯：《公共领域的结构转型》，曹卫东等译，学林出版社1999年版。

[68]［美］罗纳德·德沃金：《认真对待权利》，信春鹰、吴玉章译，中国大百科全书出版社1998年版。

[69]［英］麦考密克、［奥］魏因贝格尔：《制度法论》，周叶谦译，中国政法大学出版社1994年版。

[70]［美］诺内特、赛尔尼兹克：《转变中的法律与社会：迈向回应型法》，张志铭译，中国政法大学出版社1994年版。

[71]［美］欧文·戈夫曼：《日常生活中的自我呈现》，黄爱华、冯钢译，浙江人民出版社1989年版。

[72]［美］埃德加·博登海默：《法理学——法哲学及其方法》，邓正来、姬敬武译，华夏出版社1987年版。

[73]［美］冯·贝塔朗菲：《一般系统论：基础、发展和应用》，林康义等译，清华大学出版社1987年版。

[74]［美］弗兰克·J. 古德诺：《政治与行政》，王元、杨百朋译，华夏出版社1987年版。

[75]［美］加布里埃尔·A. 阿尔蒙德、小 G. 宾厄姆·鲍威尔：《比较政治学——体系、过程和政策》，曹沛霖、郑世平、公婷等译，上海译文出版社1987年版。

[76]［美］伯纳德·施瓦茨：《行政法》，徐炳等译，群众出版社1986年版。

（四）学位论文

[1]姜野："算法的法律规制研究"，吉林大学2020年博士学位论文。

[2]蔡星月："公共领域算法决策下的基本权利保护"，中国政法大学2020年博士学位论文

[3]杨学科："数字宪治主义研究"，吉林大学2020年博士学位论文。

[4]刘建明："诚信品质视角下的中国企业信用建设研究"，中南财经政法大学2018年博士学位论文。

[5]尚国萍："个人信用的民法调整研究"，中南财经政法大学2018年博

士学位论文。

[6] 吴韬:"企业信用信息公示制度研究",华东政法大学2017年博士学位论文。

[7] 孙亚南:"中国个人信用管理体系建设研究",中国人民大学2008年博士学位论文。

(五) 报刊及网络

[1] 济兼:"论文代写'黑产'何时不再成新闻",载《光明日报》2020年5月15日。

[2] 胡艺萌:"让信用修复和失信惩戒相得益彰",载《中国市场监管报》2019年11月12日。

[3] 王伟:"信用修复实践与法治路径分析",载《中国市场监管报》2019年2月26日。

[4] 向楠:"84.9%公众坦言扶不扶老人很纠结",载《中国青年报》2013年12月10日。

[5] 梅新育:"企业三角债风险突增须警惕",载《国际商报》2019年4月15日。

[6] 孟凡霞、宋亦桐:"涉嫌泄露亿条公民信息 考拉征信被查",载《北京商报》2019年11月21日。

[7] 郭吉刚:"被智能时代遗忘的人",载《济南时报》2020年7月12日。

[8] 中新网:"全国法院已累计发布失信被执行人名单1443万人次",载 http://www.chinanews.com/gn/2019/07-16/8895902.shtml,最后访问日期:2020年5月25日。

[9] 艾媒咨询:"2016年中国电信诈骗事件分析报告",载 https://www.iimedia.cn/c400/45172.html,最后访问日期:2020年5月25日。

[10] 刘茜:"信用建设与优化营商环境互相辉映",载 https://finance.huanqiu.com/article/3zdZlaNVxcO,最后访问日期:2020年11月11日。

[11] 闫鹏、朱思韵:"'信用+'正成为支撑更多领域高质量发展的新支柱",载 https://baijiahao.baidu.com/s?id=1631979220621571388&wfr=spider&for=pc,最后访问日期:2020年6月3日。

［12］胡俊超、余蕊："国家发改委：以信用为基础的监管机制有'四个新'"，载 https://baijiahao.baidu.com/s? id = 1640766528203778328&wfr = spider&for = pc，最后访问日期：2020 年 6 月 1 日。

［13］王珏玢、潘晔："信用惩戒泛化乱象调查：失信行为'箩筐化'之忧"，载新华网 http://www.xinhuanet.com/2020 - 07/13/c_ 1126228656.htm，最后访问日期：2020 年 9 月 1 日。

二、外文参考文献

（一）英文著作

［1］MartinEbers, Marta Cantero Gamito (Editor), *Algorithmic Governance and Governance of Algorithms：Legal and Ethical Challenges*, Springer, 2020.

［2］Mark Burdon, *Digital Data Collection and Information Privacy Law*, Cambridge University Press, 2020.

［3］RosarioGirasa, *Artificial Intelligence as a Disruptive Technology：Economic Transformation and Government Regulation*, Palgrave Macmillan, 2020.

［4］Cass R. Sunstein, *Behavioral Science and Public Policy*, Cambridge University Press, 2020.

［5］Henk Addink, *Good Governance：Concept and Context*, Oxford University Press, 2019.

［6］Marc Steinberg, *The Platform Economy：How Japan Transformed the Consumer Internet*, University of Minnesota Press, 2019.

［7］SachaGarben, Inge Govaere (Editor), *The EU Better Regulation Agenda：A Critical Assessment*, Hart Publishing, 2018.

［8］Jerry L. Mashaw, *Reasoned Administration and Democratic Legitimacy：How Administrative Law Supports Democratic Government*, Cambridge University Press, 2018.

［9］SachaGarben, Inge Govaere (Editor), *The EU Better Regulation Agenda：A Critical Assessment*, Hart Publishing, 2018.

［10］Daniel Cash, *Regulation and the Credit Rating Agencies：Restraining An-

cillary Services, Routledge, 2018.

[11] Frédérique Six, Koen Verhoest, *Trust in Regulatory Regimes*, Edward Elgar Publishing, 2017.

[12] Peter Cane, *Controlling Administrative Power: An Historical Comparison*, Cambridge University Press, 2016.

[13] Cass R. Sunstein, *The Ethics of Influence: Government in the Age of Behavioral Science*, Cambridge University Press, 2016.

[14] OrlaLynskey, *The Foundations of EU Data Protection Law*, Oxford University Press, 2015.

[15] Marver Bernstein, *Regulating Business by Independent Commission*, Princeton University Press, 2015.

[16] MohammedHemraj, *Credit Rating Agencies: Self – regulation, Statutory Regulation and Case Law Regulation in the United States and European Union*, Springer, 2015.

[17] Thomas A. Birkland, *An Introduction to the Policy Process : Theories, Concepts, and Models of Public Policy Making*, Routledge, 2015.

[18] David Levi-Faur (Editor), *The Oxford Handbook of Governance*, Oxford University Press, 2014.

[19] Peter Leyland, Gordon Anthony, *Textbook on Administrative Law* (Seventh Edition), Oxford University Press, 2013.

[20] Ian Brown, Christopher T. Marsden, *Regulating Code: Good Governance and Better Regulation in the Information Age*, The MIT Press, 2013.

[21] E. Thomas Sullivan, Toni M. Massaro, *The Arc of Due Process in American Constitutional Law*, Oxford University Press, 2013.

[22] Mireille Hildebrandt, Katja de Vries (Editor), *Privacy, Due Process and the Computational Turn*, Routledge, 2013.

[23] Robert Baldwin, *Martin Cave, Martin Lodge, Understanding Regulation: Theory, Strategy, and Practice*, Oxford University Press, 2012.

[24] LucioPicci, *Reputation – Based Governance*, Stanford Economics and Finance, 2011.

[25] AndreasKruck, Private Ratings, *Public Regulations: Credit Rating Agencies and Global Financial Governance*, Palgrave Macmillan, 2011.

[26] David Levi-Faur (Editor), *Handbook on the Politics of Regulation*, Edward Elgar Publishing, 2011.

[27] Christine Parker, Vibeke Lehmann Nielsen, *Explaining Compliance: Business Responses to Regulation*, Edward Elgar Publishing, 2011.

[28] Herwig C. H. Hofmann, Gerard C. Rowe, Alexander H. Türk, *Administrative Law and Policy of the European Union*, Oxford University Press, 2011.

[29] Arie Freiberg, *The Tools of Regulation*, Federation Press, 2010.

[30] Mitchell Dean, *Governmentality: Power and Rule in Modern Society*, SAGE Publications Ltd, 2009.

[31] Federico Ferretti, *The Law and Consumer Credit Information in the European Community: The Regulation of Credit Information Systems*, Routledge-Cavendish, 2008.

[32] Steven P. Croley, *Regulation and Public Interests: The Possibility of Good Regulatory Government*, Princeton University Press, 2008.

[33] Peter Miller, Nikolas Rose, *Governing the Present: Administering Economic, Social and Personal Life*, Polity Press, 2008.

[34] JavierBarnes (Editor), *Transforming Administrative Procedure*, Global Law Press, 2008.

[35] Bronwen Morgan, Karen Yeung, *An Introduction to Law and Regulation: Text and Materials*, Cambridge University Press, 2007.

[36] NicolaJentzsch, *Financial Privacy: An International Comparison of Credit Reporting Systems*, Springer, 2007.

[37] Matthew Groves, HP Lee, *Australian administrative law: Fundamentals, principles and doctrines*, Cambridge University Press, 2007.

[38] JaneStromseth, *Can Might Make Rights: Building the Rule of Law After Military Interventions*, Cambridge University Press, 2006.

[39] Karen Yeung, *Securing Compliance: A Principled Approach*, Hart Publishing, 2004.

[40] Thomas A. Durkin, Michael E. Staten, *The Impact of Public Policy on Consumer Credit*, Springer, 2002.

[41] John A. Simmons, *Justification and Legitimacy: Essays on Rights and Obligations*, Cambridge University Press, 2001.

[42] NeilGunningham, Peter Grabosky, Darren Sinclair, *Smart Regulation: Designing Environmental Policy*, Oxford University Press, 1999.

[43] Barbara A. Misztal, *Trust in Modern Societies: The Search for the Bases of Social Order*, Polity Press, 1996.

[44] Ian Ayres, John Braithwaite, *Responsive Regulation: Transcending the Deregulation Debate*, Oxford University Press, 1995.

[45] David H. Flaherty, *Protecting Privacy in Surveillance Societies: The Federal Republic of Germany, Sweden, France, Canada, and the United States*, University of North Carolina Press, 1992.

[46] Christopher Hood, *The Tools of Government*, Chatham House Pub, 1983.

(二) 期刊论文

[1] Ilan Wurman, "The Origins of Substantive Due Process", *University of Chicago Law Review*, Vol. 87, Issue 3 (2020).

[2] Katja Langenbucher, "Responsible A. I. -Based Credit Scoring: A Legal Framework", *European Business Law Review*, Vol. 31, Issue 4 (2020).

[3] Carol M. Hayes, "Comparative Analysis of Data Breach Laws: Comprehension, Interpretation, and External Sources of Legislative Text", *Lewis & Clark Law Review*, Vol. 23, Issue 4 (2020).

[4] Chen Yu-Jie, Lin Ching-Fu, Liu Han-Wei," Rule of Trust: The Power and Perils of China's Social Credit Megaproject", *Columbia Journal of Asian Law*, Vol. 32, Issue 1 (2018).

[5] Steven E. Clark, et al., "Legitimacy, Procedural Justice, Accuracy, and Eyewitness Identification", *UC Irvine Law Review*, Vol. 8, Issue1 (2018).

[6] Chris Ansell, Alison Gash, "Collaborative Platforms as a Governance Strategy", *Journal of Public Administration Research and Theory*, Vol. 28, Issue 1 (2018).

[7] DanieleLorenzini, "Governmentality, subjectivity, and the neoliberal form of life", *Journal for Cultural Research*, Vol. 22, Issue 2 (2018).

[8] Vlad A. Hertza, "Fighting Unfair Classifications in Credit Reporting: Should the United States Adopt GDPR-Inspired Rights in Regulating Consumer Credit", *New York University Law Review*, Vol. 93, Issue 6 (2018).

[9] Jon Kleinberg, Jens Ludwig, Sendhil Mullainathan, Cass R. Sunstein, "Discrimination In The Age Of Algorithms", *Journal of Legal Analysis*, Vol. 10, 2018.

[10] ChenYongxi, Anne Sy Cheung, "The Transparent Self under Big Data Profiling: Privacy and Chinese Legislation on the Social Credit System", *Journal of Comparative Law*, Vol. 12, Issue 2 (2017).

[11] Mikella Hurley, Julius Adebayo, "Credit Scoring in the Era of Big Data", *Yale Journal of Law and Technology*, Vol. 18, 2016.

[12] SolonBarocas, Andrew D. Selbst, "Big Data's Disparate Impact", *California Law Review*, Vol. 104, Issue 3 (2016).

[13] R. Kent Weaver, "Getting People to Behave: Research Lessons for Policy Makers", *Public Administration Review*, Vol. 75, Issue 6 (2015).

[14] Kate Crawford, Jason Schultz, "Big Data and Due Process: Toward a Framework to Redress Predictive Privacy Harms", *Boston College Law Review*, Vol. 55, Issue 1 (2014).

[15] Neil M. Richards, Jonathan H. King, "Big Data Ethics", *Wake Forest Law Review*, Vol. 49, Issue 2 (2014).

[16] Danielle Keats Citron, Frank Pasquale, "The Scored Society: Due Process for Automated Predictions", *Washington Law Review*, Vol. 89, Issue 1 (2014).

[17] Tal Z. Zarsky, "Understanding Discrimination in the Scored Society", *Washington Law Review*, Vol. 89, Issue 4 (2014).

[18] Nate Cullerton, "Behavioral Credit Scoring", *Georgetown Law Journal*, Vol. 101, Issue 3 (2013).

[19] BiancaMostacatto, "Eliminating Regulatory Reliance on Credit Ratings:

Restoring the Strength of Reputational Concerns", *Stanford Law & Policy Review*, Vol. 24, Issue 1 (2013).

[20] AndreasKruck, "The Regulatory Use of Credit Ratings in Germany and the US: A Resource Dependence View on the Transfer of (Quasi-) Regulatory Authority", *German Policy Studies*, Vol. 9, Issue 1 (2013).

[21] Doris Schroeder, "Human Rights and Human Dignity: An Appeal to Separate the Conjoined Twins", *Ethical Theory and Moral Practice*, Vol. 15 (2012).

[22] GenevieveHanft, "Giving Arbitration Some Credit: The Enforceability of Arbitration Clauses under the Credit Repair Organizations Act", *Fordham Law Review*, Vol. 79, Issue 6 (2011).

[23] DavidDranove, Ginger Jin, "Quality disclosure and certification: theory and practice", *Journal of Economic Literature*, Vol. 48, Issue 4 (2010).

[24] GianluigiPalombella, "The Rule of Law as Institutional Ideal", *Comparative Sociology*, Vol. 9, Issue 1 (2010).

[25] Thomas J. Catlaw, Qian Hu, "Legitimacy and Public Administration: Constructing the American Bureaucratic Fields", *American Behavioral Scientist*, Vol. 53, Issue 3 (2009).

[26] Theresa Nagy, "Credit Rating Agencies and the First Amendment: Applying Constitutional Journalistic Protections to Subprime Mortgage Litigation", *Minnesota Law Review*, Vol. 94, Issue 1 (2009).

[27] PaulVerbruggen, "Does Co-Regulation Strengthen EU Legitimacy?", *European Law Journal*, Vol. 15, Issue 4 (2009).

[28] Danielle Keats Citron, "Technological Due Process", *Washington University Law Review*, Vol. 85, Issue 6 (2008).

[29] Christopher Ansell, Alison Gash, "Collaborative Governance in Theory and Practice", *Journal of Public Administration Research and Theory*, Vol. 18, Issue 4 (2007).

[30] Jerry L. Mashaw, "Reasoned Administration: The European Union, the United States, and the Project of Democratic Governance", *George Washing-*

ton Law Review, Vol. 76, Issue 1 (2007).

[31] Stephanie Rutherford, "Green governmentality: insights and opportunities in the study ofnature's rule", *Progress in Human Geography*, Vol. 31, Issue3 (2007).

[32] Tony Prosser, "Regulation and Social Solidarity", *Journal of Law and Society*, Vol. 33, Issue 3 (2006).

[33] LindaSenden, "Soft Law, Self-regulation and Co-regulation in European Law: Where do they Meet?", *Electronic Journal of Comparative Law*, Vol. 9, Issue1 (2005).

[34] Jarl G. Kallberg, Gregory F. Udell, "The value of private sector business credit information sharing: The US case", *Journal of Banking & Finance*, Vol. 27, 2003.

[35] Julia Black, "Regulatory Conversations", *Journal of Law and Society*, Vol. 29, Issue 1 (2002).

[36] Julia Black, "Critical Reflections on Regulation", *Australian Journal of Legal Philosophy*, Vol. 27 (2002).

[37] Colin Scott, "Private Regulation of the Public Sector: A Neglected Facet of ContemporaryGovernance", *Journal of Law and Society*, Vol. 29, Issue 1 (2002).

[38] Julia Black, "Decentring regulation: understanding the role of regulation and self-regulation in a 'post-regulatory' world", *Current Legal Problems*, Vol. 54, Issue1 (2001).

[39] Joseph E. Stiglitz, "The Contributions of the Economics of Information to Twentieth Century Economics", *The Quarterly Journal of Economics*, Vol. 115, Issue 4 (2000).

[40] Paul Craig, "Formal and Substantive Conceptions of the Rule of Law: An Analytical Framework", *Public Law*, Vol. 3, 1997.

[41] Mitchell Dean, "Putting the technological into government", *History of the Human Sciences*, Vol. 9, Issue 3 (1996).

[42] James P. Nehf, "A Legislative Framework for Reducing Fraud in the Credit

Repair Industry", *North Carolina Law Review*, Vol. 70, Issue 3 (1992).

[43] Nikolas Rose, Peter Miller, "Political Power beyond the State: Problematics of Government", *The British Journal of Sociology*, Vol. 43, Issue 2 (1992).

[44] Kenneth J. Meier, "The Politics of Insurance Regulation", *The Journal of Risk and Insurance*, Vol. 58, Issue 4 (1991).

[45] Cass R. Sunstein, "Paradoxes of the Regulatory State", *University of Chicago Law Review*, Vol. 57, Issue 2 (1990).

[46] T. R. S. Allan, "Pragmatism and Theory in Public Law", *The Law Quarterly Review*, Vol. 104, 1988, .

[47] Dwight M. Jaffee, "Thomas Russell, Imperfect Information, Uncertainty, and Credit Rationing", *The Quarterly Journal of Economics*, Vol. 90, Issue 4 (1976).

[48] Michael Spence, "Job Market Signaling", *The Quarterly Journal of Economics*, Vol. 87, Issue 3 (1973).

[49] George A. Akerlof, "The Market for 'Lemons': Quality Uncertainty and the Market Mechanism", *The Quarterly Journal of Economics*, Vol. 84, Issue 3 (1970).

(三) 论文集

[1] Adriaan Bedner, The promise of a thick view, In Christopher May, Adam Winchester (Editor), *Handbook on the Rule of Law*, Edward Elgar Publishing Limited, 2018.

[2] Daniel S. Weld, Mausam, Christopher H. Lin, et al., Artificial Intelligence and Collective Intelligence, In Thomas W. Malone, Michael S. Bernstein (Editor), *Handbook of Collective Intelligence*, The MIT Press, 2015.

[3] Jeremy Waldron, The Rule of Law and the Importance of Procedure, In James E. Fleming (Editor), *Getting to the Rule of Law*, New York University Press, 2011.

[4] Thomas W. Malone, What is collective intelligence and what will we do about it? In Mark Tovey (Editor), *Collective Intelligence: Creating a Prosperous*

World at Peace, Earth Intelligence Network, 2008.

[5] Julia Black, What is regulatory innovation? In Julia Black, Martin Lodge, MarkThatcher (Editor), *Regulatory Innovation*, Edward Elgar, 2005.

[6] Michel Foucault, Govemmentality, In Graham Burchell, Colin Gordon, and Peter Miller (Edior), *The Foucault Effect: Studies in Governmentality*, University of Chicago Press, 1991.

[7] Philip Selznick, Focusing Organisational Research on Regulation, In Roger G. Noll (Editor), *Regulatory Policy and the Social Sciences*, University of California Press, 1985.

(四) 网络文献

[1] Amparo San José Riestra, Credit Bureaus in Today's Credit Markets", ECRI RESEARCH REPORT NO. 4, Available at European Credit Research Institute: https://www.files.ethz.ch/isn/110578/004_Credit%20Bureaus.pdf, 最后访问时间: 2020 年 3 月 9 日。

[2] Mario Tümmler, The Social Credit System and Governmentality in China, 载 https://soziologieblog.hypotheses.org/11485, 最后访问日期: 2020 年 6 月 23 日。

[3] Jeremy Waldron, The Rule of Law, In Edward N. Zalta (ed.), The Stanford Encyclopedia of Philosophy (Summer 2020 Edition), https://plato.stanford.edu/archives/sum2020/entries/rule-of-law/, 最后访问日期: 2020 年 9 月 10 日。

[4] Financial Stability Board, Principles for Reducing Reliance on CRA Ratings, https://www.fsb.org/wp-content/uploads/r_101027.pdf, 最后访问日期: 2020 年 9 月 16 日。

后 记

本书是在我的博士学位论文基础上修改完成的。在博士就读期间，我有幸参与了王万华教授主持的中国法学会重大委托课题"市域社会治理理论研究"，便开始关注我国的社会信用体系建设实践，并尝试从政府规制与行政法治的角度来思考其中涉及的问题，最终确定了《信用规制法治化研究》这一题目，并在王万华教授的悉心指导下，顺利完成了论文。在通过答辩后，博士论文有幸获得"中国政法大学优秀博士学位论文"称号，并被学校推荐参评北京市优秀博士学位论文评选，最终获得"2022年北京市优秀博士学位论文提名奖"，由"中国政法大学优秀博士论文丛书"资助出版。从本书的选题确定、写作修改、参评获奖到最终付梓，这一路走来得到了很多人的帮助，要感谢的人也非常多。在博士论文正式提交学校之时，囿于时间匆忙，未来得及写上"致谢"，如今就以本书出版的"后记"来弥补缺憾。

感谢我的两位博士生导师刘莘教授和王万华教授。2018年6月，我从中国政法大学法学院硕士毕业，继续攻读博士学位，是刘莘老师给了我继续深造学习的机会。刘老师是我国著名的行政法大家，早在攻读硕士期间，我就在课堂上和讲座中领略了老师的风采，深知老师治学严谨，对学生要求也严格。在一次与刘老师的交谈中，我向刘老师坦言虽然自己的专业是宪法学与行政法学，但研究方向是法律职业伦理与司法制度，虽学习了宪行的课程，但毕竟不是行政法专业，怕难以达到老师的要求。刘老师听后，在微信里勉励我说："你的底子不错，我很有信心，不必担心"。在此后的多次交谈中，刘老师都给我鼓励和指导，让我在行政法学研究道路上不断前行。不幸的是，2018年圣诞夜，刘莘老师永远地离开了我们，感恩刘老师，永远怀念她。

2019年年初，承蒙王万华教授不弃，让我有幸能够跟着王老师继续攻读博士学位。王老师是国内较早从事行政程序法研究的学者，其博士论文《行政程序法研究》就曾获得全国百篇优秀博士论文，在学术界享有很高的学术声誉。在教导学生方面，王老师坚持因材施教，充分尊重和包容学生的研究领域及学术观点，并给予最大限度地鼓励和支持。在我确定论文选题的过程中，老师一方面通过"导师指导课"鼓励和引导我去挖掘自己感兴趣且有价值的选题，另一方面通过课题研究让我积极关注行政法治实践问题，同时让我提升法规范分析、文献综述、比较研究等学术研究基本功。在论文写作过程中，恰逢老师前往美国访学，但老师却能克服时空限制，定期在线上与我召开论文指导课，由我汇报论文写作进度以及遇到的问题及困惑，老师再结合自身的写作经验给予有针对性的指导。在论文修改阶段，老师多次对我的论文进行全文阅读，不仅对论文的一些基本观点提出建议，而且对其中的一些具体语句表达也进行修改或提出建议。现在想来，真是太难为老师了，三十万字体量的论文读一遍就已经很不容易了，而老师却多次阅读，还提出修改意见，由衷感谢老师。在论文评优过程中，老师不仅对论文给予了高度评价，而且还邀请杨伟东教授和李洪雷研究员为论文撰写专家推荐意见。如今，论文就要出版了，老师也毫不犹豫地答应帮我写推荐序，并不吝溢美之词。正是老师的

后 记

谆谆教导、包容鼓励和关心爱护，才使得我能顺利完成博士论文，并取得一些成绩，也使我坚定了未来以学术为志业的信心和决心。

感谢我的硕士生导师许身健教授。2013年11月，我推免至中国政法大学法学院读研后，参加了中国法学会法学教育研究会的"公益法律服务志愿者项目（2013年—2015年）"，前往四川省农民工法律援助工作站从事为期2年的公益法律服务。许老师既是公益法律服务志愿者项目的指导老师，也是作为项目参与学校的负责老师，在"出征"仪式上，许老师给予我们10位志愿者鼓励和期许，希望我们争做有公益心的法律人。2015年8月，我结束公益法律服务后，回到学校，拜入许老师门下，跟随许老师研习法律职业伦理与司法制度。正是因为有了公益法律服务这段经历，使我能够近距离接触法律纠纷中的弱势群体，感受和体会法律在个案中对普通老百姓的意义，也更加认清学术研究的价值。三年的硕士生涯学习，许老师不仅在学习科研上给予我指导，而且在待人接物上为我树立榜样。硕士毕业至今，我一直与许老师保持联系，许老师也经常关心我的学习、生活和工作，并多次给予帮助和支持。在博士论文写作过程中，老师也经常给予我鼓励，"放平心态，不要焦虑，稳扎稳打，最后自然水到渠成"，这是许老师经常对我说的话。

感谢中国政法大学的马怀德、杨伟东、高家伟、林鸿潮、刘艺、袁钢、李红勃、卞修全教授，中国社会科学院法学研究所的李洪雷研究员，南开大学的宋华琳教授，台湾政治大学的刘定基教授，首都师范大学的李昕教授，首都经济贸易大学的尹少成教授，在我的博士论文开题、收集资料、撰写、预答辩、答辩以及评优过程中提供的帮助、指导与建议，正是因为有了老师们的教导、鼓励和包容，才使得论文得以不断完善，最终能够成书出版。感谢中国政法大学法学院2018级博士二班的诸位同窗，在三年的学习生涯中，我从他们身上获得了许多启发，愿我们都能拥有美好的明天。

感谢我的妻子刘聪。我们八年前相识于蓟门桥的中国政法大学校园，今年步入了婚姻殿堂，让这份缘分如同一条生生不息的河流继续流淌延续。在博士论文写作过程中，她作为永不下线的"答辩老师"，随时听取我的"观点陈述"，并给出自己的意见和建议，同时也对答辩人给予了最大限度的尊重和鼓励，允许"只答不辩"；在论文修改过程中，她多次阅读了论文的部分章节，从普通读者的角度提出自己的感受，并承担了"纠错小能手"和"格式小能手"角色。

感谢我的父母。虽然父母对我所学的专业、所研究的问题、所写的文章了解甚少，但是他们却一直无条件地支持我的所有选择。正是他们给予的关爱、支持和包容，才使我能够义无反顾地勇往直前，不断去超越自我。

本书的出版获得了"中国政法大学优秀博士论文丛书"的资助，由衷感谢母校的培养、支持和鼓励。感谢中国政法大学出版社的丁春晖主任，他的细心编校，使得本书得以高质量出版。

最后，我想用美国作家梭罗在《瓦尔登湖》中的一句话来结束后记："使我们视而不见的光亮，对于我们就是黑暗。当我们清醒时，曙光才会破晓。来日方长，太阳只是颗启明星。"

张　涛
2023年4月于清华园